Amin Negm-Awad

SMART BOOKS

Objective-C und Cocoa –
Band 1: Grundlagen

Objective-C und Cocoa – Band 1: Grundlagen

Bibliografische Information der Deutschen Bibliothek

Die Deutsche Bibliothek verzeichnet diese Publikation in der Deutschen Nationalbibliografie; detaillierte bibliografische Daten sind im Internet über http://dnb.ddb.de abrufbar.

Copyright © 2008 SmartBooks Publishing AG

ISBN 13: 978-3-908497-82-0

Lektorat:	Jeremias Radke
Korrektorat:	Dr. Anja Stiller-Reimpell
Layout:	Peter Murr
Satz:	Susanne Streicher
Covergestaltung:	Johanna Voss, Florstadt
Druck und Bindung:	Stürtz GmbH, Würzburg
Coverfoto:	istockphoto.com
Illustrationen:	© Peter Galbraith - Fotolia.com

Umwelthinweis:
Dieses Buch wurde auf chlorfrei gebleichtem Papier gedruckt. Die Einschrumpffolie – zum Schutz vor Verschmutzung – ist aus umweltverträglichem und recyclingfähigem PE-Material.

Trotz sorgfältigem Lektorat schleichen sich manchmal Fehler ein. Autoren und Verlag sind Ihnen dankbar für Anregungen und Hinweise!

Smart Books Publishing AG	Blegistrasse 7, CH-6340 Baar ZG,
http://www.smartbooks.ch	E-Mail: info@smartbooks.ch
Aus der Schweiz:	Tel. 041 766 68 80, Fax 041 766 68 70
Aus Deutschland und Österreich:	Tel. 0041 41 766 68 80, Fax 0041 41 766 68 70

Alle Rechte vorbehalten. Die Verwendung der Texte und Bilder, auch auszugsweise, ist ohne die schriftliche Zustimmung des Verlags urheberrechtswidrig und strafbar. Das gilt insbesondere für die Vervielfältigung, Übersetzung, die Verwendung in Kursunterlagen oder elektronischen Systemen. Der Verlag übernimmt keine Haftung für Folgen, die auf unvollständige oder fehlerhafte Angaben in diesem Buch oder auf die Verwendung der mitgelieferten Software zurückzuführen sind. Nahezu alle in diesem Buch behandelten Hard- und Software-Bezeichnungen sind zugleich eingetragene Warenzeichen oder sollten als solche behandelt werden.

Besuchen Sie uns im Internet!
www.smartbooks.ch
www.smartbooks.de

Übersicht

	Vorwort	13
Kapitel 1	Einführung	19
Kapitel 2	Umrechner – Die erste Applikation	45
Kapitel 3	Objective-C	131
Kapitel 4	Container	293
Kapitel 5	Die Viewschicht	335
Kapitel 6	Die Controllerschicht	419
Kapitel 7	Die Modelschicht	559
Kapitel 8	Xcode & Co	673
Kapitel 9	Von C++ zu Objective-C	719
	Index	737

Inhaltsverzeichnis

	Vorwort	**13**
Kapitel 1	**Einführung**	**19**
	Die Sprache und das Framework	*20*
	Objective-…	*20*
	Nachrichten	*22*
	Objekte	*23*
	Klassen und Klassenobjekte	*24*
	Ableitung und Vererbung	*27*
	Überschreiben und Polymorphie	*29*
	… C …	*30*
	… und Cocoa	*32*
	Cocoa als Library	*32*
	Cocoa als Umgebung	*33*
	Xcode Developer-Tools	*33*
	Installation der Developer-Tools	*34*
	Xcode Integrated Developer Envirement	*36*
	Interface Builder	*37*
	Compiler, Linker und Build	*37*
	Debugger	*42*
	Zusammenfassung und Ausblick	*43*
Kapitel 2	**Umrechner – Die erste Applikation**	**45**
	Xcode und das Projekt	*46*
	Projekt anlegen	*47*
	Das Projektfenster	*50*
	Die Werkzeugleiste	*52*
	Projekteinstellungen	*56*
	Der Interface Builder – Unsere Legokiste	*60*
	Das Nib-Hauptfenster und die Standardelemente	*60*
	Die Library im Interface Builder	*63*
	Der Inspector für die Einstellungen	*66*
	Action-Target: Buttons, Nachrichten und Empfänger	*69*
	Der Button als Anfang allen Übels	*69*
	Function follows Design	*72*
	Das Controller-Objekt …	*73*
	… und sein Sourcetext	*74*
	Objekt herstellen	*82*
	Verbindungslinien zwischen Controller und View	*85*
	Xcode-Editor: erste Schritte des Programmierens	*89*
	Nachrichten – Wir beginnen zu sprechen	*90*
	Variablen und Returnwerte – Fragen und Antworten	*92*
	Dokumentation und Research Assistant	*95*
	Fehleranzeige	*97*
	Lesen– Denken – Schreiben	*98*
	Der Debugger	*100*
	Das letzte Drittel – Und noch eine Verbindung	*104*
	Amin's next top model: äußere Ansichten	*104*

        … und innere Werte *110*
        Verbindungen schaffen *115*
        Zusammenfassung und Ausblick *129*

Kapitel 3   Objective-C   131

Kleinkram *136*
    Typen *136*
        Einfache Datentypen *136*
        Strukturen *138*
        Zeiger *142*
        Objektvariablen *147*
    Objektarten *151*
        Klassen- und Instanzobjekte *151*
        Entitäten und Container *152*
    Mathematische Operationen *155*
    Kontrollstrukturen *157*
        Verzweigungen *157*
        Schleifen *161*
        Bedingungen *166*
        Blöcke *169*
    Ausführungseinheiten *169*
        Funktionen *169*
        Methoden *174*
Eine Beispielklasse *176*
    Header (Beschreibung) *177*
        Die Klasse und ihre Basisklasse *178*
        Instanzvariablen *178*
        Eigenschaftsangabe *180*
        Instanzerzeugung und Initialisierung *181*
        Weitere Methoden *182*
    Implementierung (Funktionalität) *182*
        Eigenschaften *183*
        Weitere Methoden *184*
        Initialisierung *186*
    Erzeugung (Allocator) *190*
    Objektdeinitialisierung *193*
    Verwendung *193*
        Erzeugung einer Instanz *193*
        Benutzen der Instanz *195*
    Properties – Kopie und Verweis *196*
Eine Subklasse als Spezialisierung *203*
Eine Subklasse als Erweiterung *208*
Speicherverwaltung *214*
    Reference Counting – Manuelle Speicherverwaltung à la Tiger *216*
        Vernetztes Denken *216*
        Zweibahnstraßen mit Objekten *219*
        Autoaccessoren als Löschwelle *222*
        Jedes Objekt ist einzigartig *230*
        … und wird allerorten benötigt *232*
        Retain und Release - Liebeserklärungen und Abschiedsbriefe *234*
        Gruppendynamik *240*
        Assign – Zyklen und der Softie unter den Settern *246*

	Luxus mit Pools	*253*
	Handwerksregeln zum Reference-Counting	*265*
	Garbage-Collection	*267*
	Die Funktionsweise	*268*
	Arbeiten mit Garbage-Collection	*271*
	Problemstellungen	*272*
	Was nun? GC oder RC?	*274*
	Kopien: objektorientiertes Plagiieren	*275*
	Dasselbe und das Gleiche – Gleichheit bei Objekten	*276*
	Implementierung von -copy	*280*
	Convenience copies	*283*
	Gleichheit	*284*
	Kategorien	*286*
	Protokolle	*290*
	Zusammenfassung	*292*

Kapitel 4   Container   293

	Arten von Containern	*296*
	Skalare Container und Collections	*296*
	Mutable und Immutable	*297*
	Skalare Container	*298*
	Formatter	*299*
	Die einzelnen Skalar-Objekte	*299*
	NSValue	*299*
	NSNumber	*301*
	NSDecimalNumber	*302*
	NSString	*308*
	NSDate	*316*
	NSData	*316*
	Collections	*317*
	Elemente und Speicherverwaltung	*318*
	Keine Collection, leere Collection und leeres Element	*320*
	Abzählung	*321*
	Die einzelnen Colletions	*323*
	NSSet	*323*
	NSCountedSet	*325*
	NSArray	*325*
	NSDictionary	*326*
	Property Lists	*328*
	Struktur	*329*
	Umwandlung von Entitäten in Property-Lists	*330*
	XML-Property-Lists	*332*
	Zusammenfassung	*333*

Kapitel 5   Die Viewschicht   335

	Grundlagen	*337*
	Fenster und Views	*337*
	Views und Cells	*344*
	Responder als Basisklasse	*347*
	NSWindow	*349*
	NSView	*349*

Nib-Files	*350*
Menüs	*353*
Windows	*353*
Wichtige Eigenschaften	*355*
Delegation	*356*
Sheets	*360*
Drawers	*368*
Toolbars	*370*
Toolbar-Struktur	*370*
Eigene Toolbar erstellen	*373*
Views und Controls	*379*
Wichtige Eigenschaften	*379*
Buttons	*382*
Imageviews	*387*
Boxen	*388*
Tabviews	*389*
Splitviews	*392*
Progressindicator	*393*
Textfields	*401*
Pop-up-Buttons	*402*
Scrollviews	*403*
Tableviews	*406*
Struktur	*406*
Data-Source	*407*
Sourceview	*408*
Selection	*409*
Cornerview	*409*
Outlineviews	*411*
Weitere Views und Eigenschaften	*412*
Animation	*412*
Zusammenfassung	*418*

Kapitel 6   Die Controllerschicht   419

Bindings-Controller, KVC, KVV und KVO	*420*
Key-Value-Coding	*422*
Einfache Accessoren (Getter und Setter)	*423*
KVC-Benutzung und To-Many-Relationships	*426*
KVC-Implementierung für Sets	*429*
KVC-Implementierung für Arrays	*430*
Fehlermethoden	*433*
Key-Value-Validation	*434*
Key-Value-Observing	*435*
Bindings	*437*
Bindbare Eigenschaften	*437*
Bindings-Optionen	*440*
Value-Transformer	*441*
Der Array-Controller	*442*
Einstellungen im Attributes-Pane	*443*
Observierbare Eigenschaften	*444*
Der Tree-Controller	*447*
Der Dictionary-Controller	*448*
Der Defaults-Controller und Voreinstellungen	*451*

Defaultssystem	451
Registrationdefaults und Application-Delegate	453
Komplexe Bindings	459
Bindingsketten	459
Selektions-Bindings	466
Binding Operators	470
Window-Controller und View-Controller	471
Aufgabe und Stellung	471
Fenstertyp	473
Document-Window-Controller	475
Der eigene Window-Controller	475
Document-Bindings	477
Outlets	478
Actions und First Responder	479
Info-Window-Controller	482
Inspector-Controller	493
View-Controller	510
Notifications	510
Lokale Notifications	511
Notification auslösen	514
Notification fangen	514
Notifications und Delegating	517
Distributed-Notifications	517
Data-Sources	519
Bindings einreißen und Data-Source vorbereiten	520
Die Urgründe	521
Manuelle Synchronisation der Auswahl	526
Personen zum Outlineview hinzufügen	529
Gruppen und ihre Elemente	533
Ansichten tauschen	536
Manuelle Synchronisation der Attribute	549
Drag & Drop-Controller	551
Dragging	553
Dropping	554
Zusammenfassung	557

Kapitel 7 Die Modelschicht — 559

Grundlagen	560
Inhalt	560
Modellierung	562
Problemstellung	563
Modellierungsregeln	565
Dokumente	568
Laden und Speichern	570
Dokumenttyp	571
Serialisieren	573
Deserialisierung	583
Handwerksregeln	585
Undo	586
Undo-Stack	587
Undo implementieren	591
Undo deaktivieren und Undo-Stack leeren	598

Handwerksregeln	601
Der Dokumentencontroller	602
Core-Data	602
Grundlagen	602
Aufgabe von Core-Data	602
Was ist Core-Data?	603
Aufbau	605
Modelbeschreibung	608
Entitätsbeschreibung	610
Klassen und Entitäten	615
Instanzverwaltung	617
Objekt-ID	617
Instanzerzeugung	617
Speicherverwaltung	619
Instanzvernichtung	619
Abweichungen zwischen Store und Kontext	623
Anpassung	623
Accessoren	623
Klasseneigenschaften	629
Eigene Attributtypen	633
Fetch-Requests	637
Prädikate	641
Eigenschaft (Key)	642
Wert	643
Operator	644
To-Many-Beziehungen und Aggregate	646
Prädikaterzeugung	647
Sortierung	648
Möglichkeiten der Sortierung	648
Sort-Deskriptoren	649
Reihenfolgeeigenschaft im Model	650
Reihenfolgeeigenschaft per Drag & Drop und die Objekt-ID	656
Applikationsmodelle	666
Zugriff	666
Ohne Core-Data-Support	667
Mit Core-Data-Support	668
Undo-Management	669
Laden und Speichern	669
Zusammenfassung	671

Kapitel 8 Xcode & Co   673

Projekt und Projektdateien	674
Externe Datei hinzufügen	674
Dateien bearbeiten und entfernen	677
File Types	678
Kontextmenü	679
Target	680
Target-Settings	680
General	680
Build	681
Rules	682
Propertys	682

>   Das Application-Bundle 683
>   Die Bundle-Struktur 684
>   Ressourcen und Lokalisierung 684
>   Lokalisierung zur Laufzeit 685
>   Lokalisierte Dateien im Projekt 686
>   Das »Über«-Fenster 692
>   Texteditor und Code-Generierung 692
>   Einstellungen 693
>   Text Edit Preferences 693
>   Indention 695
>   Key Bindings 696
>   Code-Sense 696
>   Code-Generierung 697
>   Refaktorierung 698
>   Konvertierung zu Objective-C 2 700
>   Der Build-Prozess 700
>   Build-Phasen 700
>   Xcode-Einstellungen 702
>   Building 702
>   Distributed Builds 705
>   Compilerschalter 705
>   Schaltersätze 706
>   gcc (Objective-C-Compiler) 707
>   Interface Builder Compiler 709
>   momc (Core-Data-Compiler) 710
>   Debugger 710
>   Einstellungen 710
>   Breakpoints 710
>   Step und Continue 713
>   Die erste eigene Applikation 715
>   Zusammenfassung 718

Kapitel 9 Von C++ zu Objective-C   719

>   Geschichte und Abstammung 720
>   Grundlegende Unterschiede 722
>   Polymorphie 722
>   Polymorphie in C++ 723
>   Polymorphie in Objective-C 724
>   Schlüsselwörter und Codemagie 727
>   Operatoren und Overloading 729
>   Typische Problemstellungen 730
>   Funktionalitätserweiterung 730
>   Funktionalitätsspezialisierung 731
>   Funktionalitätskombination 732
>   Typunabhängige Kodierung 733
>   Kommunikation zwischen den MVC-Schichten 734
>   Frequently asked questions 734

Index   737

Vorwort

Vorwort zu dritten Auflage

Liebe Leserin, lieber Leser,

zunächst möchte ich mich dafür bedanken, dass Sie das Buch gekauft haben. Schon die zweite Auflage hat sich in einer Weise verkauft, bei der man denken muss, dass sich im Vergleich dazu warme Semmeln wie Blei in den Regalen verhalten. Das schrie geradezu nach einer Fortsetzung.

Leider haben sich die Wege von Herrn Klaus M. Rodewig und mir getrennt. Für die »Erfindung« dieses Werkes sage ich ihm meinen ausdrücklichen Dank. Ohne ihn würde es dieses Buch, welches schon viele Leute zum Programmieren am Mac gebracht hat, nicht geben.

Weiteren ausdrücklichen Dank schulde ich erneut meiner Freundin Anja Désirée Toboll. Da ich zu Hause bewusst noch einen Tiger auf dem Rechner laufen habe, musste sie mich bei dieser Auflage auch physisch entbehren, um mich an den Bürorechner mit Leopard setzen zu können..

Es gab einige Gründe, auch konzeptionell an dem Werk etwas zu tun: Zum einen verändern sich Objective-C, Cocoa und Xcode ständig, zuletzt mit Leopard. Zum anderen will ich auch immer größere Bereiche der Thematik besprechen. Auch habe ich beobachtet, dass eine nicht unbedeutende Zahl von Lesern von dem Buch motiviert wurde, überhaupt mit dem Programmieren anzufangen. Also musste auch noch ein Einsteiger-Kapitel hinzugenommen werden, das die Leute früher »abholt«. Alles in allem wäre damit die Seitenzahl auf unhandliche 1200 Seiten, eventuell noch mehr, angestiegen. Schließlich wollte ich auch nicht, dass Leser der älteren Auflage viele Seiten mitkaufen, die sie nicht mehr brauchen.

All diese Umstände haben dazu geführt, dass das Buch nunmehr in zwei Bänden vorliegt. Band 1 dient vor allem dem Einstieg ins Programmieren und in Objective-C und Cocoa. Mit »Einstieg« meine ich aber bewusst nicht »Anfang«: Dieser Band ist so umfangreich, dass alle alltäglichen Themen von Cocoa in ihrer üblichen Benutzung angesprochen werden. Am Ende werden Sie einfache Applikationen entwickeln können. Wichtiger aber als das technische Handwerkszeug ist hier die konzeptionelle Grundlage. Mit »Einsteiger« sind daher zudem bewusst nicht nur Programmiereinsteiger, sondern alle Einsteiger in »Objective-C und Cocoa« gemeint, also Umsteiger von anderen Programmiersprachen und Frameworks.

Im zweiten Band kommen dann die tiefer gehenden Fragestellungen zum Zug. Wichtig war für mich auch, dass beide Bände für sich einen bestimmten Personenkreis sinnvoll adressieren.

Natürlich stand wieder die Frage nach der richtigen Betriebssystemversion an. Zwar hat sich diesmal nicht so viel verändert. Aber das zentrale Problem dürfte darin liegen, dass sich die Entwicklungsumgebung, insbesondere der Interface Builder, dramatisch weiter entwickelt haben. Außerdem wurde Objective-C 2.0 geboren.

Aktualität

Womit wir bei der Aktualität wären: Dieses Buch setzt – was die Entwicklungsumgebung angeht – auf Leopard mit Xcode 3.1 und Interface Builder 3.1 auf. Dies hat leider zu einer weiteren Verzögerung geführt, da zahlreiche Textstellen und Screenshots angepasst werden mussten. Dies war mir jedoch außerordentlich wichtig, da die 3.1er Versionen deutlich stabiler als ihre Vorgänger sind und ich Ihnen daher die Arbeit mit den 3.0ern nicht zumuten wollte. Außerdem entsprechen einigen Dialoge erst mit 3.1 der Entwicklungsumgebung für das iPhone.

Bezüglich des Betriebssystems habe ich mich auf Leopard eingeschossen. In diesem Band 1 besteht der wichtigste Unterschied in der Programmiersprache – Objective-C 2.0 –, die in der zweiten Version das Licht der Welt erblickt hat und in einem neuen Speicherverwaltungssystem – Garbage-Collection –, welches optional für Applikationen »Leopard only« verwendet werden kann.

Bei Objective-C habe ich mich für die neuere Version entschieden, zeige aber auf, wie Sie das in altes Objective-C übersetzen können. Die Version 2.0 lässt aber prägnantere Formulierungen zu, was einfach zur klareren Verständlichkeit und zu Seitenersparnis führt.

Bei der Speicherverwaltung habe ich es indessen in weiten Teilen beim Reference-Counting belassen, also dem System, welches sowohl unter Tiger wie auch unter Leopard unterstützt wird – und auf dem iPhone! Die Garbage-Collection wird aber erläutert.

Weiterführende Informationen

Auf meiner Webseite zum Buch

www.cocoading.de

habe ich zudem parallel zu diesem Buch verschiedene Artikel zu dem Wechsel von Tiger auf Leopard – genauer: Xcode 2 zu Xcode 3 – veröffentlicht. Dort finden sich auch weitere Tutorials und Hinweise zum Buch, ebenso wie die Errata. Auch wichtig: Die Situationen der schlimmsten Verzweiflung habe ich dort gesammelt und sammele sie weiter. Wenn Sie also einmal nicht weiter wissen …

Mich persönlich erreichen Sie über die E-Mail-Adresse

negm-awad@cocoading.de

Ich bemühe mich, auf alle Fragen einzugehen. Es kann eben bloß auch mal eine Woche dauern, bis ich die Zeit finde, einen komplizierten Sachverhalt anzuschauen. Erinnern Sie mich ruhig!

Des Weiteren existiert, betrieben von Herrn Kay Löhmann, das wichtigste deutschsprachige Forum für Cocoa-Entwickler (aber nicht nur Cocoa-Entwickler) unter der Domain

www.osxentwicklerforum.de

Hier können Sie Einzelfragen stellen, die von einer Horde hilfsbereiter Entwickler sicherlich schnell beantwortet wird. Herr Löhmann hat dankenswerterweise in der Diskussionsgruppe Cocoa eine Untergruppe für dieses Buch mit dem Namen »Fragen zum Buch „Objective-C und Cocoa"« eingerichtet. Ich bin dort – wie generell auf dem Forum – (fast) täglich zu erreichen.

Ich werde an einigen Stellen in diesem Buch auf Band 2 verweisen. Dies dient nicht der Werbung – die Existenz des 2. Bandes werden Sie ohnehin bemerkt haben. Vielmehr gelange ich zuweilen an Stellen, bei denen ich Erweiterungen, Hintergrundinformationen, vertieftes Wissen usw. aufzeigen möchte, ohne dies bereits in diesem Band besprechen zu können. Ich will es aber auch nicht verschweigen, da dies Wissen vielleicht für Ihre geplante Applikation wichtig ist und Sie daher wissen wollen, ob etwas, das sie beabsichtigen, möglich ist. Bei einem riesigen Framework wie Cocoa läuft man sonst schnell in die verkehrte Richtung und verirrt sich.

Überhaupt Apple-Dokumentation: Sie sollten die in dem Buch angesprochenen Dinge auch parallel in der Dokumentation nachschlagen und sich ruhig ein wenig umschauen. Auch in zwei Bänden kann man allenfalls die wichtigsten Punkte ansprechen. Ich habe mir auch Mühe gegeben, jeweils die interessantesten PDF-Dateien herauszusuchen, und deren Titel zitiert. Sie können sie dann mit einer Suchmaschine finden. (Apple verwendet URLs, die sich wirklich nicht zum Abdruck eignen.) Ich habe aber gleichzeitig die Links auf der Webseite zum Buch eingefügt, so dass Sie sich die Sucharbeit ersparen können. Die Liste im Internet erweitere und aktualisiere ich zudem ständig.

Gliederung und Konzeption

Dieses Buch ist nicht primär als Nachschlagewerk konzipiert. Es soll vielmehr wie in einem Roman das Wissen rund um Objective-C und Cocoa vermitteln. Gerade für den Anfänger ist es daher wichtig, die Kapitel in der angegebenen Reihenfolge durchzuarbeiten. Ich weiß, die Neugier ist groß und man schaut gerne nach vorne. Aber die einzelnen Kapitel setzen aufeinander auf.

Ich habe jedoch auch darauf geachtet, dass das Werk stärker strukturiert ist. Die Einschübe, die bereits in der zweiten Auflage abnahmen, sind noch weiter reduziert worden. Ich hoffe damit, die Nachschlagefunktionalität verbessert zu haben. Natürlich führt dies umgekehrt zu mehr Querverweisen. Ich denke, diese im Rahmen gehalten zu haben.

Die beiden ersten Kapitel dienen dem Kennenlernen vor allem für Anfänger. Kapitel 1 erläutert die grundsätzlichen Bestandteile und Konzeptionen sowohl der Programmiersprache und des Frameworks als auch der Bestandteile der Entwicklungsumgebung, mit der wir uns im Laufe des Buches befassen werden.

In Kapitel 2 werden Sie eine kleine Applikation schreiben, um die Handhabung der Entwicklungsumgebung zu erlernen. Gleichzeitig erhalten Sie einen Einstieg in Objective-C.

In den Kapiteln 3 und 4 werden Objective-C und Cocoa vertieft. Sie erhalten einen detaillierten Blick in allgemeine Themen, die Sie zur weiteren Arbeit benötigen. Da dies zuweilen nicht ganz einfach zu verstehen ist, befinden sich Handwerksregeln in den Abschnitten.

Wie Sie gelernt haben werden, strukturiert man eine Anwendung mit graphischem User-Interface (GUI) in drei Ebenen: View – Model – Controller. Diese werden in den Kapitel 5 bis 7 genauer besprochen.

Kapitel 8 enthält zusätzliche Hinweise zum Arbeiten mit der Entwicklungsumgebung und schließt damit den Kreis. In Kapitel 9 werden für C++-Programmierer im Groben die Unterschiede zu Objective-C skizziert.

Programmlistings und Screenshots
In diesem Buch sind freilich zahlreiche Listings enthalten, die den von Ihnen einzugebenden Text darstellen. Ich habe mir Mühe gegeben, zu ändernde oder in Bezug genommene Stellen durch Fettschrift hervorzuheben. Sind nur – wie fast immer – Auszüge dargestellt, so befindet sich an den offenen Enden ein Ellipsenzeichen, ebenso an den ausgelassenen Stellen.

Der Umbruch der Codezeilen orientiert sich an dem Layout, wie es in einem gedruckten Werk erforderlich ist. Da mir hier nur 65 Zeichen pro Zeile zur Verfügung stehen, ist dies zuweilen etwas gewöhnungsbedürftig. Sie können bei eigener Eingabe deutlich breiter setzen. Als Merkregel gilt: Immer wenn ein Leerzeichen oder ein

Zeilenumbruch erfolgt, können Sie dies gegeneinander austauschen. Sie können also Teile, die auf mehrere Zeilen verteilt sind, bei sich wieder zusammenfügen, wenn dazwischen ein Leerzeichen getippt wird.

Auch bei Screenshots habe ich, soweit erforderlich, Hervorhebungen durch Rahmen vorgenommen. Bitte beachten Sie diese, wenn Sie in Dialogen verschiedene Einstellmöglichkeit suchen.

Leider kann es vorkommen, dass die von Ihnen verwendeten Programme Xcode und Interface Builder Fehler haben. In diesen Fällen funktioniert dann »auf einmal gar nichts mehr«. Schauen Sie im Zweifel auf die Webseite zum Buch, ob ich dort etwas dazu publiziert habe.

Überhaupt können Sie die Projektdateien auch von der Webseite herunterladen. Es wird allerdings eher nicht funktionieren, diese ein-zu-eins mit Ihrer Eingabe zu vergleichen, da sich doch immer wieder minimale Unterschiede ergeben, die sich über die Zeit summieren. Mit etwas Verständnis kann das aber eine wichtige Hilfe zur Fehlersuche sein.

Sie sollten immer dann, wenn Sie in einer Datei eine Änderung vorgenommen haben, diese unbedingt speichern. Anfänglich empfehle ich sogar, diese zu schließen, da sehr schnell eine große Anzahl von Fenstern entsteht, so dass man den Überblick verlieren kann. Fordere ich Sie auf, ein von Ihnen geschriebenes Programm zu starten und zu testen, sollten Sie auch das Programm hiernach wieder beenden. Das funktioniert bei den von Ihnen geschriebenen Applikationen nicht anders als bei allen anderen.

Fehlersuche und -meldung

Zuweilen macht man einen Fehler, der so offensichtlich ist, dass man ihn gar nicht sieht. Auch, wenn man sich die entsprechende Stelle 283981237 Mal angeschaut hat, gelingt dies nicht. Da hilft nur eines: Besuchen Sie das vorgenannte Forum und schildern Sie das Problem. Es besteht eine hohe Wahrscheinlichkeit, dass jemand anderes dies sehr schnell sieht, einfach weil er weiter von der Thematik entfernt ist. Ich selbst habe bei einem Fehler im Code für diese Auflage stundenlang gesessen, um nach Rückfrage innerhalb kürzester Zeit von Herrn Manfred Kress auf das Unsichtbar-Offensichtliche hingewiesen zu werden. Danke noch einmal, Manfred! Ich wäre mutmaßlich über diesen Fehler verstorben.

Ich hoffe, dass Sie beim Lesen des Buches so viel Spaß haben, wie ich beim Schreiben hatte.

1

Einführung

Gleich herein: Ich habe mir das allgemein übliche Herumgerede am Anfang eines Lehrbuches gespart. Sie sollen hier einen Überblick über die verschiedenen Elemente erhalten, die Sie zur Programmierung erlernen müssen, damit Sie erst einmal eine Grundstruktur des Wissens haben.

Einführung

Sie haben es als Programmierer mit zahlreichen neuen Dingen zu tun. Das verwirrt häufig und wird verwechselt. Meist ist dies nur eine Begriffsverwechslung, die nicht wirklich schlimm ist. Wenn Sie dann aber im Internet nachforschen wollen oder Fragen in Foren stellen, ist es schwierig, an die richtige Information zu kommen. Daher hier erst einmal die Grundstruktur und wesentliche Gedanken.

Jeder Handwerker hat zwei Dinge in seiner Werkstatt: Das Material, das er bearbeitet, und die Werkzeuge, mit denen er es bearbeitet. Und Programmieren ist viel, viel Handwerksarbeit. Daher will ich mit Ihnen zunächst einen kleinen Rundgang durch die von Ihnen neu erworbene Werkstatt machen.

Das Material, die Programmiersprache »Objective-C« und das Framework »Cocoa« bespreche ich als Erstes, wobei ich ganz abstrakt bleibe, also nur die Grundkonzepte vorstelle.

Danach geht es an die Aufgabengebiete der Werkzeuge, der sogenannten Developer-Tools.

Die Sprache und das Framework

Computer werden mit Programmiersprachen programmiert. Die Programmiersprachen stellen also das Material dar, aus dem wir später unser Programm bauen. Aber bei modernen Programmiersprachen verhält es sich so, dass sie gleichermaßen nur eine leere Hülle bilden. Inhaltliche Funktionalität gibt erst das »Framework«, eine Art Grabbelkiste vorgefertigter Elemente. Man kann also vereinfachend die Programmiersprache Objective-C als »Grammatik«, das Framework Cocoa als »Vokabular« bezeichnen. Dabei können Sie an der Programmiersprache nichts ändern. Ihre Programmiertätigkeit liegt vielmehr darin, das Vokabular ständig zu erweitern.

Der Buchtitel »Objective-C und Cocoa« vermittelt dabei eine Zweiteilung. In Wahrheit geht es aber um drei Komponenten:

Objective- …

Die Programmiersprache, mit der wir hier programmieren werden, nennt sich Objective-C. Das steht ja auch auf dem Buchdeckel. Daher hier ein paar einleitende Worte zur Sprache und ihren Konzepten:

Bei Objective-C handelt es sich um eine sogenannte objekt-orientierte Sprache. Die Technologie bezeichnet man als objekt-orientierte Programmierung (OOP). Da der Begriff eine ganze Zeit ein Modewort war, ist er leider versaubeutelt worden. Objective-C verdient jedoch den Namen OOP so, wie er ursprünglich von *Alan Kay* Ende der 70er-Jahre erfunden wurde, als er die Programmiersprache Smalltalk-80 entwickelte, den Vorläufer von Objective-C.

Kay arbeitete am Xerox Palo Alto Research Center (Xerox-PARC). Richtig, Xerox-PARC, das war das Forschungsinstitut, von dem auch Apple die ersten Ideen für eine graphische Benutzeroberfläche bekam. (Später arbeitete übrigens *Kay* eine Zeit lang für Apple.) Und diese Idee der graphischen Benutzeroberfläche revolutionierte nicht nur die Bedienung von Computern, sondern auch ihre Programmierung. Denn für diese neue Art des User-Interfaces waren bisherige Programmiersprachen unbequem. Um das zu verstehen, muss man sich erinnern (wenn man alt genug ist) oder lernen, wie man damals mit Computern arbeitete:

Grundsätzlich gab das Programm dem Benutzer in einem Raster vor, was wann zu tun war. Wir schreiben gleich ein Umrechnungsprogramm. Eine Sitzung mit einem solchen Programm hätte damals vermutlich wie folgt ausgesehen:

```
Geben Sie den Ausgangswert ein: 3[Enter]
Geben Sie den Umrechnungsfaktor ein: 2.54[Enter]
Das Ergebnis ist 7,62
Möchten Sie noch eine Umrechnung vornehmen (j/n):n[Enter]
```

Hier werden also 3 Zoll in 7,62 cm umgerechnet. Der Punkt ist, dass das Programm vorgibt, wann was getan wird: Ausgangswert eingeben – Umrechnungsfaktor eingeben – Ergebnis berechnen und ausgeben – Ende des Programms abfragen. Das Programm hat also gewissermaßen vier Arbeitsschritte, die im festen Raster abgearbeitet wurden.

Eine moderne Anwendung legt Sie nicht fest.

Stellen Sie sich mal eine Anwendung für OS X vor: Hier gäbe es zwei Felder zur Eingabe der Werte (Ausgangswert und Umrechnungsfaktor), einen Button oder einen Menüeintrag *Umrechnen* und einen Menüeintrag *Beenden*. Und für Sie wäre es völlig klar, dass Sie jeden dieser Arbeitsschritte in beliebiger Reihenfolge ausführen können.

So könnten Sie etwa den Umrechnungsfaktor 2,54 vor dem Ausgangswert eingeben. Sie könnten jederzeit das Programm beenden. Natürlich würden Sie ganz häufig beim zweiten Mal nur noch den Ausgangswert eingeben und auf *Umrechnen* klicken, da sich der Umrechnungsfaktor nicht ändert, wenn Sie etwa eine ganze Zahlenkolonne von Zoll nach cm umrechnen. Wieso jedes Mal den Umrechnungsfaktor neu eingeben? Dann wäre also die Reihenfolge der Arbeitsschritte wieder eine andere.

Lange Rede kurzer Sinn: Mit der Erfindung der graphischen Benutzeroberfläche gibt nicht mehr das Programm dem Benutzer die Abfolge der Arbeitsschritte vor, sondern der Benutzer dem Programm. Die Leute, die die graphische Benutzeroberfläche entwickelten, nannten diesen ersten Lehrsatz: »Don't mode me!«, übersetzt vielleicht: »Zwinge mich nicht dazu, eine bestimmte Abfolge einzuhalten."

Und dies war für bisherige Programmiersprachen unbequem zu formulieren. Grundsätzlich denkt man beim Programmieren in Schritten, die nacheinander ausgeführt werden. Als Gleichnis werden hier gerne Kochrezepte herangezogen: ein Arbeitsschritt nach dem anderen. Sie kämen ja auch nicht auf den Gedanken, zuerst die Pizza zu belegen und dann den Teig zu machen. Geht irgendwie nicht …

Nachrichten

Versetzen wir uns also in *Kays* Situation: Er kannte Programmiersprachen, die eine feste Abfolge von Arbeitsschritten wollten, und er hatte im Nebenzimmer Gestalter sitzen, die sagten, dass der Benutzer eine freie Abfolge von Arbeitsschritten will. Und er musste das irgendwie zusammenbringen.

Der erste Schritt zur Lösung besteht darin, die Aktionen des Benutzers (Drücken einer Taste, Klicken auf einen Button oder einen Menüeintrag usw.) als Nachricht des Benutzers an das Programm aufzufassen. Schauen Sie sich oben noch einmal den Ablauf eines »herkömmlichen« Programms an: Dort schickt das Programm Nachrichten an den Benutzer, was er jetzt zu tun hat. Jetzt machen wir es genau umgekehrt: Wir schicken Nachrichten an das Programm, was es zu tun hat. Also etwa: »Taste gedrückt: 3.«

Jeder dieser Nachrichten wird dann vom Programmierer ein Stück Programm zugeordnet. Also, es gibt etwa einen Programmteil, der ausgeführt wird, wenn eine Nachricht »Taste gedrückt: 3« eintrifft. Dann wird der Programmteil tasteGedrückt: ausgeführt.

> **▶ GRUNDLAGEN**
>
> Für die OOP im Sinne von *Kay* ist die Nachricht zentral. Es gibt auch Programmiersprachen, die Nachrichten gar nicht explizit kennen. Sie sind nicht objektorientiert in *Kays* Sinne. Den Unterschied, der sich daraus ergibt, bespreche ich im Kapitel für C++-Programmierer.

Objekte

Jetzt gibt es da aber ein Problem: Wohin mit der 3? Die könnte ja im ersten Eingabefeld (Ausgangswert) oder im zweiten Eingabefeld (Umrechnungsfaktor) gedrückt worden sein. Und was soll mit der 3 geschehen? Sie muss ja irgendwie in den bereits bestehenden Text im Eingabefeld angehängt oder eingefügt werden oder was auch immer.

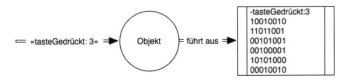

Erhält ein Objekt eine Nachricht, so führt es ein kleines Stück Programm aus.

Hier kommt das zweite Konzept zum Tragen: Jede Nachricht hat einen Adressaten. Und diesen Adressaten nennt man »Objekt«. In unserem Beispiel wäre jedes Eingabefeld ein Objekt, eben ein Eingabefeld-Objekt. Und so ein Objekt zeichnet sich durch zwei Dinge aus: Zum einen kann es aufgrund einer Nachricht ein bisschen Programm ausführen, wie bereits oben angedeutet. Man bezeichnet dieses bisschen Programm als »Methode«. In unserem Beispiel könnten die beiden Objekte also die Methode tasteGedrückt: ausführen. Dort wäre dann ein bisschen Programm, welches die Taste entgegen nimmt und in den Text einfügt.

Das Zweite ist, dass ein Objekt Daten speichern kann. Nehmen Sie an, dass im ersten Eingabefeld schon der Wert 7 steht, im zweiten 2,5. Dies bedeutet, dass das erste Eingabefeld-Objekt den Wert 7 gespeichert hat und das zweite den Wert 2,5.

> **➤ GRUNDLAGEN**
>
> Um dies gleich klarzustellen: Jedes Objekt kann mehrere Werte speichern, nicht nur einen. In unserem Beispiel benötigen wir jedoch lediglich einen. Andere Werte, die zu einem Eingabefeld-Objekt gespeichert sind, sind etwa die Textfarbe (fast immer schwarz), ob ein Rahmen vorhanden ist usw.

Wird jetzt eine Taste im ersten Eingabefeld gedrückt, so erhält dieses erste Eingabefeld-Objekt die Nachricht »tasteGedrückt: 3« und führt daraufhin seine Methode tasteGedrückt: aus. Daraufhin fragt es sich selbst, welcher Wert denn bisher gespeichert ist, und erkennt 7.

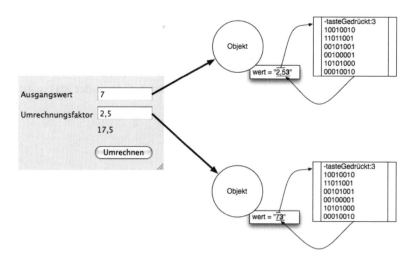

Jedes Objekt kennt zudem seine Werte.

An diese 7 hängt es die 3 an und speichert 73 als neuen Wert.

Drückt der Benutzer demgegenüber die Taste, während der Cursor im zweiten Eingabefeld ist, so erhält das zweite Eingabefeld-Objekt die Nachricht »Taste gedrückt: 3« und führt die Methode tasteGedrückt: aus. Dort sieht die Methode, dass bisher der Wert 2,5 gespeichert ist, hängt eine 3 an und speichert das wieder als Wert 2,53.

Wieso machte das *Kay* auf diese Weise? Nun, wenn früher das Programm die Arbeitsschritte festlegte, konnte es keine Missverständnisse geben: Der erste Wert, der vom Benutzer eingegeben wurde, war der Ausgangswert. Der zweite Wert, der eingegeben wurde, der Umrechnungsfaktor. Die Zuordnung der Benutzereingabe zu den Speicherstellen des Programms war also fest. Jetzt jedoch ging das ja alles durcheinander. Und daher musste eine Zuordnung der Nachricht und des Speichers erfolgen.

Zusammengefasst: Ein Objekt ist eine Einheit, die Daten speichern kann und aufgrund einer Nachricht eine Operation (Methode) ausführt.

Klassen und Klassenobjekte

Ihre Arbeit als Programmierer besteht nun darin, diese Objekte zu programmieren. Nein, ganz richtig ist das nicht. Objective-C ist eine sogenannte klassenbasierte Programmiersprache.

Schauen wir noch einmal auf unser Programm, welches wir gleich programmieren werden. Ich hatte Ihnen gesagt, dass beide Eingabefelder Objekte sind, weil sie einerseits Nachrichten empfangen können, andererseits Werte speichern.

Aber auch der weiter unten liegende Button ist ein Objekt. Er kann auch Nachrichten empfangen, etwa, wenn der Benutzer auf ihn klickt. Auch kann er Werte speichern, etwa seine Beschriftung »Umrechnen«. Also auch ein Objekt.

Aber ich muss Ihnen nicht erklären, dass die beiden Eingabefelder sehr ähnlich sind, der Button etwas ganz anderes. Überlegen wir uns mal, warum das richtig ist, was wir bereits ganz intuitiv fühlen:

Zum einen können beide Eingabefelder die gleiche Art von Daten speichern, nämlich den Wert, der gespeichert ist. Klar, der Wert kann in jedem Eingabefeld anders sein. Aber was überhaupt gespeichert wird, ist bei beiden Eingabefeldern gleich. Beim Button dagegen wird etwas anderes gespeichert, nämlich seine Beschriftung. Jeder Button kann wiederum eine andere Beschriftung haben. Aber die Art der Daten, die gespeichert wird, ist eben Beschriftung.

Ebenso verhält es sich bei den Nachrichten und Methoden: Beide Eingabefelder können auf die Nachricht »tasteGedrückt:« reagieren und dementsprechend die Methode tasteGedrückt: ausführen. Der Button dagegen kann die Methode –klick ausführen.

Der Trick besteht jetzt darin, dass man gleichartige Objekte wie unsere Eingabefeld-Objekte zusammenfasst zu einer Klasse. Ein ganz anderes Objekt (wie unser Button) gehört dagegen zu einer anderen Klasse. Also:

Das erste Eingabefeld-Objekt ist von der Klasse Eingabefeld.

Das zweite Eingabefeld-Objekt ist von der Klasse Eingabefeld.

Das Button-Objekt ist von der Klasse Button.

Und Ihre Aufgabe als Programmierer ist es jetzt, diese Klassen zu programmieren. Das sieht dann etwa so aus:

```
Eingabefeld
    Hat folgende Eigenschaften:
    Wert
    Textfarbe

    Hat folgende Fähigkeiten:
    tasteGedrückt:

Button
```

```
Hat folgende Eigenschaften:
Beschriftung

Hat folgende Fähigkeiten:
klick:
```

Dabei legen Sie also fest, welche Eigenschaften (Zahlen, Texte, Farbe usw.) das Objekt hat und welche Methoden aufgrund einer Nachricht ausgeführt werden können.

Später, wenn das Programm gestartet wird, liest der Computer diese Beschreibung und erstellt entsprechende Objekte in der gewünschten Zahl. Man kann also sagen, dass die Klasse eine Beschreibung der Objekte ist, deren Bauplan. Und man sagt, dass es den Typen festlegt. »Typ«, das ist das Fachwort.

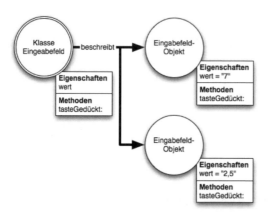

Die Klasse enthält die Beschreibung, das Objekt den konkreten Wert.

> **GRUNDLAGEN**
>
> Wer sich bereits etwas mit Programmierung auskennt, wird sich vielleicht wundern, warum die Methode dreimal vorhanden ist. Denn anders als die Werte kann sich die Methode ja nicht mehr verändern, so dass es ausreichen würde, sie bei der Klasse zu speichern. Aber in Objective-C ist es tatsächlich so, dass die ausführbaren Methoden logisch eine Frage des Objektes sind, nicht seiner Klasse. Das hängt mit der dynamischen Typisierung zusammen. Im Kapitel für C++-Umsteiger werde ich das konkreter vergleichen. Für alle anderen ist es die logisch richtige Darstellung, die Methoden als eine Frage des Objektes anzusehen.

Weil aber die Klasse der Hohe Wächter des Bauplanes ist, hat sie noch eine zweite wichtige Funktion: Sie stellt die Objekte her. Hierzu erhält sie eine Nachricht der Art: »Erzeuge mir ein Objekt nach dem bei dir gespeicherten Bauplan.« Und jetzt wird es schwierig: Wenn eine Nachricht an die Klasse geschickt wird, dann muss diese Klasse ja auch ein Objekt sein. Denn Objekte waren die Empfänger von Nachrichten.

Und so ist es auch: Jede Klasse wird gleichzeitig durch ein sogenanntes Klassenobjekt repräsentiert. Dieses Klassenobjekt ist vereinfacht gesagt bei Start des Programms einfach da. Und weil es einfach da ist, können wir es einfach benutzen. Nur eine Nachricht hinschicken, das war's. Dafür haben die Klassenobjekte einen gehörigen Nachteil: Man kann in ihnen keine Daten speichern. Das ist für ihre Aufgabe aber auch nicht erforderlich.

Um das Ganze unterscheiden zu können, nennen wir die erzeugten Objekte »Instanzobjekte« oder kurz »Instanzen« und die Klassenobjekte eben »Klassen«.

Ableitung und Vererbung

Warum macht man das aber mit den Klassen? Es hat einen einfachen Grund, den man »Ableitung und Vererbung« nennt.

Nehmen wir ein Beispiel, welches wir uns im Kapitel 3 über Objective-C programmieren werden. Dort werden wir es mit Musikinstrumenten zu tun haben, mit Klavieren und Gitarren. Beide Instrumente haben Gemeinsamkeiten, nämlich etwa Preis und Alter. Das liegt daran, dass sie Instrumente sind und jedes Instrument einen Preis und ein Alter hat. Daneben haben Klaviere und Gitarren aber auch unterschiedliche Eigenschaften: Klaviere haben die Eigenschaft Tastenanzahl. Gitarren haben die Eigenschaft Saitenanzahl. Wenn wir also nach dem obigen System die Klassen für Klaviere und Gitarren schreiben, sähe das in etwa so aus:

```
Gitarre
    Hat folgende Eigenschaften:
    Alter
    Preis
    Saiten

    Hat folgende Fähigkeiten:
    …

Klavier
    Hat folgende Eigenschaften:
    Alter
    Preis
    Tasten

    Hat folgende Fähigkeiten:
    …
```

Fällt Ihnen etwas auf? Da ist etwas doppelt. Man kann das strukturieren, indem man eine Klasse Instrument erstellt.

```
Instrument
    Hat folgende Eigenschaften:
    Alter
    Preis

    Hat folgende Fähigkeiten:
    …
```

und dann sagt, dass Gitarren und Klaviere eine besondere Art von Instrumenten sind:

```
Gitarre ist ein Instrument
    Hat folgende zusätzliche Eigenschaften:
    Saiten

    Hat folgende Fähigkeiten:
    …
Klavier ist ein Instrument
    Hat folgende zusätzliche Eigenschaften:
    Tasten

    Hat folgende Fähigkeiten:
    …
```

Man sagt, dass die Klassen »Gitarren« und »Klaviere« von »Instrument« abgeleitet sind. »Instrument« bezeichnet man als »Basisklasse«, »Gitarre und Klavier« als »Subklassen«. (Oder ausgehend von »Gitarre« wäre dies die »Basisklasse« und »Instrument« die »Superklasse«. Eine Frage des Startpunktes der Betrachtung.) Der Witz ist übrigens, dass auch eine nachträgliche Erweiterung der Basisklasse Instrument zu einer Erweiterung der abgeleiteten Klassen Gitarre und Klavier führt. Füge ich etwas in Instrument eine neue Eigenschaft Farbe ein, so haben auch die Subklassen Gitarre und Klavier diese Eigenschaften.

Das Ganze geht übrigens nicht nur mit Eigenschaften, sondern auch mit Methoden. Wir können also etwa bereits Instrument eine Methode spielen geben. Diese hätten dann auch automatisch die Subklassen Gitarre und Klavier. Und man kann ebenso die Subklassen mit Methoden erweitern, etwa der Gitarrenklasse eine weitere Methode gezupftSpielen geben.

Wir lernen also, dass man durch Ableitung Eigenschaften und Fähigkeiten strukturieren und erweitern kann.

Überschreiben und Polymorphie

Jetzt mögen Sie sich gefragt haben, wieso es überhaupt sinnvoll sein kann, bereits der Basisklasse »Instrument« eine Methode »spielen« zu geben, weil man ja nun Gitarren und Klaviere auf ganz unterschiedliche Weise spielt. Gut, ich kann einwenden, dass dennoch diese Methode logisch vorhanden ist. Aber das wird Sie wenig beruhigen, weil man einfach nicht das Programm für diese Methode schreiben kann, also abstrakt, ohne Rücksicht auf die Subklasse: Es gibt keine Musiklehrer für »Instrumente spielen«. Es gibt nur Lehrer für bestimmte Instrumente.

Und hier kommen wir zu einem weiteren Punkt: Methoden, also die Fähigkeiten, kann man in einer Subklasse nicht nur erweitern, sondern auch ändern. Der übliche Grund dafür ist, dass zwar die Basisklasse ein sinnvolles Verhalten aufweist, man aber dennoch in einer Subklasse ein geeigneteres programmieren will. Konzentrieren wir uns auf die Gitarre. Sie werden mir Recht geben, dass man die Methode »spielen« sinnvollerweise für eine Gitarre programmieren könnte. Das wäre dann das »Standardgeklimper« auf einer Gitarre. Wenn man jetzt eine Subklasse »Jimi-Hendrix-Gitarre« programmiert, so wird die Art des Spielens der Gitarre doch änderungsbedürftig. Niemand spielt so Gitarre wie Jimi Hendrix. Und jetzt schreiben wir uns einfach eine neue Methode »spielen«, die eben anders funktioniert.

Ähnlich verhält es sich bei Instrument und den Subklassen. Ich kann mutmaßlich gar keine sinnvolle Methode schreiben. Das ist aber nicht schlimm. Ich lasse sie einfach leer und übertrage damit den Subklassen »Gitarre« und »Klavier« die Verantwortung, dort etwas Sinnvolles hinein zu schreiben. Man nennt eine solche Methode wie »spielen« in »Instrument« eine »virtuelle Methode«. Sie gehört zwar logisch zum Instrument, weil jedes Instrument spielen kann, aber ist inhaltlich noch nicht da, man kann die konkreten Schritte zum Spielen eines Instrumentes eben nur in Bezug auf ein bestimmtes Instrument programmieren.

Nun stellt sich aber die Frage, welche Methode ausgeführt wird, wenn eine Nachricht »spielen« an ein Objekt geschickt wird. Die einfache Antwort: die des Objektes, welches Empfänger ist. Empfängt also ein Gitarrenobjekt diese Nachricht, so führt es die Methode aus, die in seiner Klasse »Gitarre« vorgegeben ist. Wenn übrigens eine Klasse nicht von der Möglichkeit Gebrauch macht, eine Methode zu überschreiben, so wird einfach in der übergeordneten Klasse nach einer passenden Methode gesucht. Gibt es dort keine entsprechende Methode, ... hat man sich auf diese Weise bis zur höchsten Klasse gehangelt und diese verfügt immer noch über keine entsprechende Methode, so erzeugt das Computerprogramm einen Fehler.

Also, zusammengefasst: Eine Subklasse kann bestehende Methoden einer Basisklasse überschreiben, was bedeutet, dass bei Empfang einer entsprechenden Nachricht anstelle des Programmteiles in der Basisklasse der Programmteil in der Subklasse ausgeführt wird.

... C ...

Diese Nachrichten, Objekte und Klassen bilden die große Struktur des Programms. Aber jede Nachricht führt ja dazu, dass eine Methode ausgeführt wird. Und diese einzelnen Methoden funktionieren klassisch so, wie man das vor *Kay* kannte: Schritt für Schritt wird die Aufgabe erledigt, wie in einem Rezept. Das ist sozusagen der mikroskopische Blick auf Ihre Arbeit.

Als *Brad Cox*, der Entwickler von Objective-C, *Kays* Ideen aufnahm, legte er den objekt-orientierten Teil von Objective-C fest. Dann musste er aber noch diesen Kleinkram festlegen. Nö, musste er nicht, denn das gab es ja schon zuhauf. Also nahm er einfach die klassische Programmiersprache C, um diesen Kleinkram zu erledigen. Das Ganze vermischt ergibt dann Objektive-C.

> **GRUNDLAGEN**
>
> Aber, dies sei auch gesagt: C inkorporiert einige Konzepte, die in Objective-C schlicht überflüssig sind. Wenn Sie ein C-Recke sind, so werden Sie etwa nur an ganz obskuren Ecken C-Arrays und Pointer-Arithmetik finden. Falls Sie kein C-Recke sind, so werden Sie nicht verstehen, was ich gerade gesagt habe. Das ist nicht schlimm. Zwar soll dieses Buch auch Einsteigern helfen, programmieren zu lernen. Und daher werde ich auch – ohne das zu trennen – C vermitteln. Aber eben nur immer so viel C, wie es für Objective-C nützlich ist. C ist hier also ein reines Hilfsmittel für Objective-C.

Der Grund dafür war einfach: C ist sehr verbreitet, C ist sehr gut dokumentiert, es gibt zahllose Bücher, Tutorials, was weiß ich, für C. C ist eben ein Standard.

Nun gut, Nachrichten, Objekte und Klassen waren der Objective-Anteil an Objective-C. Was ist der C-Anteil? Im Wesentlichen geht es um drei Dinge, die wir von C benutzen werden:

- Mathematische Berechnungen
- Verwendung von Datentypen
- Kontrollstrukturen

Klingt gut, nicht wahr? Richtig freakig. Eine ganz kurze Einleitung:

In unserem Programm müssen wir später eine Berechnung durchführen, nämlich den Ausgangswert mit dem Umrechnungsfaktor multiplizieren, um das Ergebnis zu erhalten. Der entsprechende Teil des Computerprogramms sieht so aus:

```
result = input * factor;
```

Das ist C. Reines C. Da tauchen keine Objekte auf, da werden keine Nachrichten ausgetauscht usw. Es werden einfach zwei Variablen multipliziert. Der Mikrokosmos eben.

> **BEISPIEL**
>
> Sie sehen den Unterschied zu OOP nicht? In einer reinen OOP-Sprache würde diese Multiplikation sinngemäß lauten: »input-Objekt, bitte multipliziere dich mit dem factor-Object." Also eine Nachricht an ein Objekt. Es gibt Programmiersprachen, die so funktionieren. Man kann das auch in Objective-C so machen. Aber Objective-C lässt es eben auch zu, dass man es »klassisch« macht.

Das Zweite sind diese (einfachen) Datentypen. Ich hatte ja bereits geschrieben, dass Objekte Daten speichern. Wenn man in Objective-C dies machen möchte, so muss man in der Regel sagen, was für eine Art von Daten gespeichert wird, also etwa kleiner Text, ganze Zahlen (-3, 5, 8 usw.) oder Dezimalbrüche (2,54, 3,7, -4,8 usw.). Auch dieses System der Datentypen ist von C gestohlen. Der Unterschied zu Objekten besteht eben darin, dass diese Werte keine Fähigkeiten haben. Sie sind einfach da, nackt.

Schließlich, und damit möchte ich diese kleine Einführung abschließen, werden nicht immer alle Arbeitsschritte nacheinander ausgeführt. Ich habe es mir da bisher ein bisschen leicht gemacht. Auch das kennen Sie bereits von Rezepten: Manchmal steht da etwas, was wiederholt werden soll, zum Beispiel:

```
Solange, bis der Teig Blasen wirft,
    Kneten Sie den Teig
```

Der Arbeitsschritt »Kneten Sie den Teig« wird also wiederholt, bis eine sogenannte Abbruchbedingung erfüllt ist. Man nennt dies eine »Schleife«. Eine andere wichtige Kontrollstruktur ist die Verzweigung. Manchmal liest man so etwas in Rezepten:

```
Falls Sie das Gericht im Ofen zubereiten wollen,
    ...
andernfalls
    ...
```

Das Rezept sieht hier also zwei Arten der Zubereitung – im Ofen und sagen wir: im Topf – vor, und die Arbeitsschritte, die Sie erledigen müssen, unterscheiden sich dann.

Dies ist alles C. Wie bereits angekündigt, werde ich das im weiteren Verlauf des Buches aber nicht weiter unterscheiden. Sie sollen Objective-C lernen, so, wie es jetzt ist.

… und Cocoa

Das letzte Element des Buchtitels bildet Cocoa. Hierbei handelt es sich um ein sogenanntes Framework. Ein solches Framework hat vornehmlich zwei Funktionen: Zum einen ist es eine Art Bauteilkiste, in der wir uns bedienen können, ohne selbst programmieren zu müssen. Zum anderen ist es so etwas wie ein warmes Plätzchen für unser Programm.

> **➤ GRUNDLAGEN**
>
> Objective-C und Cocoa sind so eng verzahnt, dass es zuweilen Haarspalterei ist, eine Technologie Cocoa oder Objective-C zuzuordnen. Ich werde das hier deshalb nicht immer haarscharf trennen. Aber Sie merken sich bitte, dass Objective-C die Programmiersprache ist und Cocoa das Framework. Ich wiederhole es gerne: Objective-C ist eine Grammatik und Cocoa das Vokabular. Erst beides zusammen hat einen sinnvollen Einsatzzweck.

Cocoa als Library

Wie bereits erwähnt ist Cocoa zunächst eine Bauteilkiste. Denken Sie etwa noch einmal an unsere Anwendung Umrechner. Hier hatten wir zwei Eingabefeld-Objekte. Sie werden in der Abbildung erkannt haben, dass diese ganz normal aussehen, wie Sie es schon bei x Anwendungen beobachtet haben. Und wenn Sie eine Taste drücken, verhalten sich diese Objekte so, wie Sie es aus x anderen Programmen gewöhnt sind. Da wäre es eine Schande, wenn jeder Programmierer jede dieser Eingabefeld-Klassen neu programmieren und jedes Mal dasselbe schreiben müsste, damit bei einem Tastendruck ein Zeichen eingefügt wird. Daher hat uns Apple bereits diese Objekte vorprogrammiert. Wenn wir in Kapitel 2 unser erstes Programm herstellen, werden Sie sehen, dass wir uns nur bei Apple bedienen müssen und entsprechend vorgefertigte Objekte holen. Man kann das also mit einer Standard-Bauteilkiste vergleichen, bei der wir uns bedienen, um etwas herzustellen. Fertighausbauweise …

Und dies ist ein großer Vorteil: Verwenden Sie immer, wenn es möglich ist, Standardbauelemente von Cocoa. Sie ersparen sich dadurch nicht nur die Arbeit, so etwas selbst programmieren zu müssen, sondern partizipieren auch gleich noch an der Horde hochqualifizierter Programmierer bei Apple.

Cocoa selbst besteht aus drei Themenbereichen:

- Foundation: Hierbei handelt es sich um grundlegende Klassen für Objective-C-Programme.
- AppKit (Application Kit): die Elemente einer Anwendung mit graphischer Benutzeroberfläche
- Core-Data: Elemente für die Datenspeicherung

Alle Klassen des Frameworks beginnen mit NS, was für »NextStep« steht. NextStep ist der »Vorfahr« von Cocoa.

Daneben existieren noch zahlreiche weitere Frameworks, die man optional einbinden kann. Zu erwähnen seien hier:

- AddressBook zur Kommunikation mit dem System-Adressbuch
- CalendarStore zur Kommunikation mit dem SystemKalendarium
- Automator zur Unterstützung des Automators

Mit diesen weiteren Frameworks werden wir uns nicht beschäftigen.

Cocoa als Umgebung

Daneben stellt uns Cocoa wichtige grundlegende Funktionen zur Verfügung, die unser Programm überhaupt erst lauffähig machen. Zum einen geht es dabei um handwerkliche Dinge. Zum anderen erschafft uns Cocoa eine Welt, die zu Objective-C passt. Was nämlich im Computer wirklich vor sich geht, ist alles andere als objekt-orientiert. Damit wir also überhaupt sinnvoll programmieren können, muss uns zunächst jemand aus der kalten Welt des Computers eine Illusion der OOP schaffen. Und auch dies ist eine Aufgabe von Cocoa.

Insgesamt ist also Cocoa eine nährende Mutter, die uns viele Dinge vorbereitet und ein beschützender Vater, der uns die heile Welt vorgaukelt.

Xcode Developer-Tools

Der nächste wichtige Grundbegriff, von dem ich hier sprechen möchte, ist Xcode. Wie Sie sicher schon gehört haben, kann man mit einem Computer nichts anfangen, wenn man kein passendes Programm hat. Und so ist es auch, was das Programmieren angeht: Wir benötigen zuerst ein Programm. Es sind die Xcode Developer-Tools. Dabei handelt es sich genau genommen um zahlreiche Programme. Mit zwei Programmen werden Sie sichtbar etwas zu tun haben: mit Xcode und dem Interface Builder.

Installation der Developer-Tools

Eigentlich können Sie sich gleich die Developer-Tools installieren. Das dauert nämlich einige Zeit und dabei können Sie hier schon weiter lesen.

Grundsätzlich gibt es zwei Bezugsquellen: Ihre Betriebssystem-DVD, also die DVD, von der Sie auch Leopard installiert haben. Dort befindet sich ein Verzeichnis »Optional Installs« und darin wiederum ein Verzeichnis »Xcode Tools«. In diesem Ordner finden Sie dann schließlich das Installationsprogramm XodeTools.mpkg. Führen Sie hieraus einen Doppelklick aus, um die Installation zu starten.

Die Developer-Tools werden gleich mitgeliefert.

Die Installation greift in Betriebssystemteile ein, weshalb ein solches Installationsprogramm erforderlich ist. Sie müssen bei der Installation auch das Admin-Passwort eingeben.

> **TIPP**
>
> Ein Wort neben der Sache: Auch unter OS X ist es dringend angeraten, dass Sie Ihre alltägliche Arbeit nicht als Admin verrichten, sondern mit einem einfachen Benutzerkonto. Sie können die Anmeldung eines einfachen Benutzers auch noch nachholen. Hierzu legen Sie in den Systemeinstellungen einen neuen Nutzer an, der der Admin wird. Geben Sie ihm einen aussagekräftigen Namen wie »Verwalter«. Bei der Anlage dieses Nutzers erlauben Sie ihm, dass er Ihren Computer verwaltet. Ihrem eigentlichen Arbeits-Account nehmen Sie nun genau dieses Recht. Diese Maßnahme erhöht die Sicherheit des Computers ganz maßgeblich und führt bei der alltäglichen Arbeit so gut wie zu keiner Einbuße an Bequemlichkeit.

Die Installation wird eine ganze Weile dauern.

Sie können ebenfalls die Developer-Tools unmittelbar bei Apple beziehen, hierzu müssen Sie sich auf der Seite connect.apple.com zunächst als Entwickler registrieren lassen. Es gibt die Möglichkeit eines freien Entwickleraccounts, der keine Kosten verursacht.

Nachdem Sie dies unternommen haben, loggen Sie sich auf developer.apple.com ein und wählen den unten links liegenden Bereich *Downloads* durch einen Klick auf den Titel aus. Auf der dann folgenden Seite klicken Sie rechts im *Downloads*-Menü auf *Developer Tools*.

Bei Apple kann man sich die aktuelle Version der Developer-Tools herunterladen.

In der links erscheinenden Liste suchen Sie bitte nach Xcode. Derzeit ist Xcode 3.0 die aktuelle Version. Es kann natürlich sein, dass Sie bereits eine neuere Version finden, wenn Sie diesen Text lesen.

Sie müssen mindestens Xcode 3.0 installieren.

Nach einem Klick hierauf erhalten Sie ein Disk-Image, also ein »virtuelles Laufwerk«, auf dem Sie wiederum das Installationspaket finden.

Nachdem Sie Xcode installiert haben, gleich, auf welchem Wege, finden Sie es nicht etwa in Ihrem Programmordner, sondern in einem speziellen Verzeichnis auf Ihrer Festplatte. Sie sehen also schon, dass Sie als Entwickler etwas ganz Besonderes sind.

Die Programme der Developer-Tools haben ein eigenes Verzeichnis.

Xcode Integrated Developer Envirement

Ein wichtiger Teil der Developer-Tools ist das Integrated-Developer-Envirement (IDE) Xcode. Wie der Name bereits ausdrückt, handelt es sich um die Schaltzentrale des Programmierers, hinter der sich viele Programme und Programmbestandteile verbergen. Sie starten daher stets Xcode selbst. Da dies etwas unbequem zu finden ist, empfiehlt es sich, nach dem ersten Start von Xcode dieses im Dock zu behalten.

Mit der Bedienung von Xcode werden wir uns im nächsten Kapitel intensiv beschäftigen. Eine ganz besondere Einsteigerhürde will ich aber schon hier nehmen: die Sonderzeichen.

Bei der Programmierung mit Objective-C und Cocoa haben wir es mit geschweiften und eckigen Klammern zu tun. Und die sind auf einer deutschen Tastatur nicht aufgedruckt. Sie verstecken sich bei gedrückter Wahltaste hinter den Tasten für die Ziffern 5 bis 9, jedoch nur im normalen Tastenfeld, nicht im Zahlenblock.

Durch Drücken der Wahltaste erreichen wir geschweifte und eckige Klammern.

Sie können sich diese Graphik auf der Webseite zum Buch herunterladen, ausdrucken und als Lesezeichen ins Buch legen. Alternativ können Sie die Tastaturübersicht von OS X einblenden. Bei gedrückter Wahltaste zeigt auch diese die geschweiften und eckigen Klammern.

Wenn Sie am Computer sitzen, hilft Ihnen vielleicht auch die Tastaturübersicht.

> **►TIPP**
>
> Auf amerikanischen Tastaturen sind die geschweiften und eckigen Klammern auf Kosten der deutschen Sonderzeichen wesentlich leichter zu erreichen. Da beim Programmieren kein Deutsch verwendet wird, setzen einige Entwickler amerikanische Tastaturen ein. Man verwechselt dann allerdings leicht [y] und [z].

Interface Builder

Der Interface Builder, abgekürzt: IB, ist das zweite wichtige Programm, welches in Ihrer alltäglichen Arbeit sichtbar wird. Es dient dazu, die Benutzeroberfläche, das User-Interface, zu gestalten, also Eingabefelder und Buttons anzuordnen, Menüs anzulegen usw.

Bis zur Version 2 des Interface Builders konnte man dort auch noch andere Dinge erledigen, die nicht unmittelbar mit der Gestaltung der Benutzerschnittstelle zusammenhingen. Dies ist glücklicherweise von Apple aufgegeben worden, da die Bedienung – bemerkenswert war. Am Anfang führte das etwas zu Verwirrung bei langjährigen Nutzern des Interface Builders. Aber hat man sich erst an sein neues Konzept gewöhnt, dürfte man jetzt schneller arbeiten.

Auch mit der Bedienung des Interface Builders werden wir uns im nächsten Kapitel beschäftigen.

Compiler, Linker und Build

Die Programmiersprache Objective-C, in der wir programmieren werden, wird vom Computer nicht verstanden. Daher können Objective-C-Programme nicht auf dem Computer gestartet werden.

Super Sache! Was ich Ihnen hier also beibringen möchte, ist völlig nutzlos? Nein, so dramatisch ist es nun nicht ganz. Wie Sie vielleicht schon wissen, verstehen Computer nur 1'en und 0'en. Sie kennen nichts anderes. Daher besteht ein letztlich lauffähiges Programm immer aus solchen 1'en und 0'en, die Befehlsfolgen in sogenannter Maschinensprache enthalten.

So werden wir etwa gleich ein kleines Programm in Objective-C schreiben, in dem – wie bereits erwähnt – folgende Anweisung vorkommen wird:

```
result = input * factor;
```

Sie werden das sicher nicht verstehen, da wir mit dem Programmieren noch gar nicht angefangen haben. Aber Sie werden vermutlich irgendwie nachvollziehen können, dass in dieser Zeile eine Variable `input` mit einer Variablen `factor` multipliziert und das Ergebnis in der Variablen `result` gespeichert wird. Wenn man das Sternchen als Multiplikationszeichen liest (was es ist), dann ist das ja fast wie normale Mathematik. Diesen Programmtext in der Ausgangssprache nennt man »Source«, »Sourcetext« oder »Sourcecode«.

Dies sind aber offenkundig keine 1'en und 0'en. Was der Computer ausführt, sieht so aus:

```
11110010 00001111 00010000 01000101 11100000
11110010 00001111 01011001 01001001 11101000
11110010 00001111 00010001 01000101 11110000
```

Sofort verständlich, nicht wahr? Und noch schlimmer: Das hier abgedruckte Programm ist indessen nur auf Intel-Macs ausführbar. Dieses Produkt in der Sprache des konkreten Computers nennt man »Maschinencode« oder »Objectcode«. Unsere Anweisung in Objective-C ist aber unabhängig davon, ob das Programm auf einem Intel-Mac oder einem PPC-Mac ausgeführt werden soll.

Wir lernen daraus also, dass die Sprache, die wir benutzen, zwar leichter zu verstehen und vom Computermodell unabhängig ist, jedoch gar nicht ausgeführt werden kann. Deshalb muss jedes Programm, das wir hier schreiben, in die Sprache des Computers übersetzt werden. Dies geschieht mit einem Programm, welches Sie niemals wirklich zu Gesicht bekommen: dem Compiler. Und der bei den Developer-Tools mitgelieferte Compiler heißt gcc. Die Buchstaben stehen für GNU Compiler Collection.

Der Compiler macht aus dem Sourcetext einen ausführbaren Maschinencode.

Allerdings erfolgt da noch mehr. Man kann Programme zur Übersichtlichkeit in verschiedene Module gliedern. Jedes dieser Module besteht aus »seinem« Sourcecode und wird unabhängig von den anderen übersetzt. Sie können sich das wie dieses Werk vorstellen, welches in zwei Bänden geschrieben ist. Jeder Band erhält unabhängig voneinander sein Layout, wird unabhängig voneinander gedruckt usw.

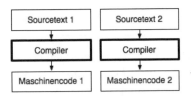
Mehrere Module werden unabhängig voneinander übersetzt.

Hierbei tauchen allerdings zwei Probleme auf. Wenden wir uns dem ersten zu: Wie Sie der Graphik entnehmen können, haben wir jetzt zweimal Maschinencode. Wir wollen aber am Ende ein Programm haben. Dies bedeutet, dass wir beide Maschinencode-Dateien zu einer Datei verschmelzen müssen. Dies macht der sogenannte Linker. Das Endergebnis nennt man das Target.

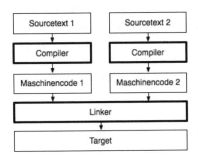
Der Linker fasst die Module zu einem Programm zusammen.

> **BEISPIEL**
>
> Ich habe mich dazu entschlossen, dieses Werk in zwei Bänden zu schreiben, also zwei Modulen. Diese können unabhängig voneinander ein Layout bekommen, also »übersetzt« werden. Wenn Sie jedoch das gesammelte Wissen über Objective-C und Cocoa haben wollen, benötigen Sie beide Bände. Daher werden sicherlich verschiedene Büchereien ein Paket mit beiden anbieten. Die beiden Bände sind dann wieder zu einem Werk gelinkt.

Das zweite Problem besteht darin, dass ich ja aus Gründen der Übersichtlichkeit zwei Module gemacht hatte. Natürlich gehören die aber zusammen. Es kann also passieren, dass ich für ein Modul die Funktionalität des anderen Moduls benötige. Der Compiler würde sich aber bei Übersetzung von beispielsweise Modul 1 weigern, irgendetwas von Modul 2 zu verwenden, weil er ja Modul 2 gar nicht kennt. Die Übersetzungen laufen ja unabhängig voneinander.

Und deshalb hat man sich etwas Feines ausgedacht: Der Sourcetext von jedem Modul wird in zwei Dateien aufgeteilt. Der eine Teil, genannt »Header«, enthält nur eine Art Lieferschein, ein Inhaltsverzeichnis. In diesem Header wird also nur gesagt: »Ich verspreche, dass dieses Modul die Methode X enthält.« In einer zweiten Datei, der Implementierung, wird dann die Methode erst programmiert.

> **BEISPIEL**
>
> Wenn ich in Band 1 auf ein Kapitel in Band 2 verweisen möchte, so muss ich ja zunächst wissen, dass dort das entsprechende Kapitel existiert. Daher habe ich mir vorher zwei Zettel geschrieben, die einfach eine Liste der Kapitel enthalten. So kann ich anhand dieses Inhaltsverzeichnisses von Band 2 sicher im Text von Band 1 verweisen.

Und jetzt kommt der Trick: Ich kann mir in Modul 1 den Header (also das »Inhaltsverzeichnis« von Modul 2) einblenden. Man nennt diesen Vorgang »importieren«. Damit weiß der Compiler, was sich dort findet und übersetzt mein Modul 1 einwandfrei auch dann, wenn ich die Methode aus Modul 2 verwende. Aber jetzt gibt es ein Problem: Damit ich Modul 1 übersetze, muss der Compiler drei Dateien haben: den Header von Modul 1 selbst, den Header vom fremden Modul 2 und die Implementierung von Modul 1 selbst. Die drei Dateien müssen also dem Compiler zusammengeklebt übergeben werden. Hierum kümmert sich der sogenannte Präprozessor.

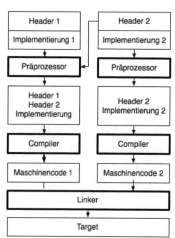

Die getrennten Teile eines Moduls können mit anderen Headern verschmolzen werden.

> **GRUNDLAGEN**
>
> Der Präprozessor kann noch mehr. Diese Import-Funktion ist aber das, was wir vor allem benötigen werden.

Hierbei passiert übrigens noch etwas: Der Compiler weiß ja nur über den Header von Modul 2, dass dort die Methode von Modul 2 vorhanden ist. Er kennt aber noch nicht die »Seitenzahl« dieser Methode. Die ist erst bekannt, wenn auch das zweite Modul übersetzt ist. Daher hinterlässt der Compiler bei der Übersetzung des Modules 1 an der entsprechenden Stelle nur einen Hinweis: »Hier soll die Methode X von Modul zwei genutzt werden.« Der Linker löst diesen Hinweis auf und setzt dafür ein, wo sich denn genau die Methode bei Modul 2 befindet. Erst dies macht das Programm lauffähig.

> **GRUNDLAGEN**
>
> Was passiert eigentlich, wenn Modul 1 sich auf den Header von Modul 2 verlässt und die dort genannte Methode aber nie in Implementierung 2 programmiert wird? Modul 1 vertraut ja einfach auf den Header von Modul 2 und das dort enthaltene Versprechen. Bei der Übersetzung von Modul 2 überprüft der Compiler, ob auch wirklich jedes Versprechen aus dem Header eingelöst wurde. Ist dies nicht der Fall, beschwert er sich bei Ihnen sinngemäß mit einer Fehlermeldung: »Du hast Modul 2 nicht vollständig programmiert, weil die Methode X fehlt, die Du im Header versprochen hattest.« Der Linker wird dann gar nicht mehr gestartet und kein Programm erzeugt.

Ein letztes Wort: Ich hatte Ihnen ja davon erzählt, dass Cocoa ein Framework ist, welches unter anderem die Aufgabe hat, Ihnen zahlreiche vorgefertigte Funktionalitäten zu bieten. Bei diesem Framework handelt sich um nichts anderes als viele zusammengefasste Module. Dies bedeutet, dass, wenn wir Cocoa nutzen wollen, wir den Header von Cocoa importieren müssen, was wir auch tun. Das sehen Sie gleich. Aber es gibt einen Unterschied zu eigenen Modulen. Bei Cocoa sind nur die Beschreibungen und der fertige Maschinencode mitgeliefert worden. Die Implementierung existiert nur bei Apple. Das funktioniert auch, wenn wir uns das mal graphisch anschauen:

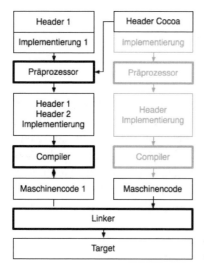

Header und Maschinencode von Cocoa sind da, der Rest ist bei Apple.

Sie können es sehen: Wir können unser Modul kompilieren, weil wir den Header von Cocoa haben, so dass für den Compiler alles Notwendige da ist. Der Linker kann auch seine Arbeit tun, weil er den Maschinencode von Cocoa hat. Was genau in Cocoa programmiert die Implementierung, bleibt geheim, das weiß nur Apple.

Abschließend sei noch gesagt, dass dieser Build-Prozess hier keinesfalls vollständig dargestellt wurde. Vielmehr habe ich mich auf die reine Programmierarbeit beschränkt. Tatsächlich gehört aber zu einem Programm noch mehr, wie Sie gleich lernen werden, so dass in der Horizontalen noch andere Dinge erledigt werden. Und zu einem vollständigen Build gehören auch noch zusätzliche Schritte, so dass die vollständige Graphik auch in der Höhe noch wächst. Eine vollständige Erläuterung des Build-Prozesses findet sich im Kapitel über Xcode.

Debugger

Ein weiterer wichtiger Bestandteil der Developer-Tools ist der »Debugger«. Ein Debugger ist ein Programm, welches es Ihnen erleichtert, Fehler zu finden und zu beseitigen. Der mitgelieferte Debugger nennt sich gdb, was die Abkürzung für GNU Debugger ist.

> **GRUNDLAGEN**
>
> Mit »Bug« bezeichnet man bei der Softwareentwicklung einen Fehler. Dies geht angeblich darauf zurück, dass sich vor geraumer Zeit ein Käfer (englisch Bug) in einen Großcomputer verirrte und dort ein Relais blockierte. Dieser funktionierte dann nicht mehr, hatte einen Fehler, einen Bug eben.

Im nächsten Kapitel werden wir den Debugger benutzen. Ich erspare mir hier Ausführungen, da das Verständnis dafür bereits einige Programmierkenntnisse voraussetzt. Das Grundprinzip sei aber schon erläutert: Sie können mit dem Debugger dem Programm bei der Arbeit zuschauen und auf diese Weise Fehlentwicklungen und deren Ursache erkennen.

Zusammenfassung und Ausblick

Sie haben in diesem Kapitel einen ersten Eindruck davon bekommen, was Ihre Tätigkeit als Software-Entwickler ausmacht. Sie haben rudimentäre theoretische Kenntnisse darüber gewonnen, was objekt-orientierte Programmierung mit Klassen, wie es Objective-C umsetzt, ausmacht. Sie werden in Kapitel 2, einem kurzen Demo-Projekt, die praktische Umsetzung dieser Ideen und Konzepte erfahren. In Kapitel 3 erfolgt dann die tiefer gehende Auseinandersetzung mit Objective-C.

Ihnen wurde das Framework Cocoa vorgestellt, welches die Standard-Klassen einer Mac-Anwendung mitbringt. Der Löwenanteil dieses Buches befasst sich ab Kapitel 4 mit der Funktionalität von Cocoa und wie Sie diese einsetzen und abwandeln können.

Außerdem haben Sie einen Überblick über die wichtigsten Werkzeuge kennengelernt und gesehen, dass Sie keinesfalls ein fertiges Programm schreiben, sondern dass vielmehr auch nachdem Ihre Arbeit getan ist, zahlreiche Schritte notwendig sind, ein lauffähiges Programm zu erstellen. Die wichtigsten Arbeitsschritte bei der Bedienung von Xcode und Interface Builder erläutere ich gleich im Anschluss in Kapitel 2. Weitere Kniffe und Tricks gibt es dann ganz am Ende in dem Xcode-Kapitel.

Und jetzt keine Müdigkeit vortäuschen und die Seite umschlagen.

Apple MacBook Air | Apple iMac | Apple MacBook

Kleine Ursache, große Wirkung. Bei GRAVIS bekommen Sie mehr – mehr Service, mehr Kompetenz, mehr Aufmerksamkeit und exklusive GRAVIS Vorteile. Kommen Sie vorbei, und probieren Sie es aus.

Ganz in Ihrer Nähe und im Internet: www.gravis.de

 GRAVIS ist ausgezeichnet mit dem European Seal of E-Excellence für höchste Kundenzufriedenheit durch ein einzigartiges Einkaufserlebnis und Servicekonzept.

2

Umrechner – Die erste Applikation

In diesem Kapitel werden Sie Ihr erstes Programm schreiben. Ziel ist es weniger, Ihnen bereits hier das Programmieren beizubringen. Vielmehr möchte ich Ihnen die wichtigsten Funktionen der Developer-Tools namens Xcode und Interface Builder erläutern und entsprechendes handwerkliches Geschick vermitteln.

Umrechner – Die erste Applikation

Es geht also weniger darum, dass Sie nach Lektüre des Kapitels programmieren können. Ich formuliere es anders: Sie wissen dann, was Sie tun müssten, wenn Sie programmieren könnten. Zentrales Thema sind also die handwerklichen Tätigkeiten mit Xcode und Interface Builder. Dennoch werde ich hier auch einführend und teilweise bewusst vereinfachend auf Dinge der Programmierung zu sprechen kommen. Das hat zwei Gründe: Erstens ist es schwierig, die Bedienung des Werkzeuges zu lernen, wenn Sie nicht gleichzeitig etwas vom bearbeiteten Werkstück verstehen (erklären Sie mal eine Säge, wenn der Zuhörer Holz nicht kennt), und zweitens nehme ich einfach dreist die Gelegenheit wahr, Ihnen schon etwas Wissen unterzuschieben.

Das erste Programm ist eine Applikation. In diesem Buch werden wir – bis auf einen Fall und dort nur aus didaktischen Gründen – stets Applikationen schreiben. Mit »Applikation« bezeichnet man ein Programm mit graphischen Benutzer-Interface, also Fenstern, Menüs usw. Dafür sind Objective-C und Cocoa wie gemacht. Das Ergebnis wird so aussehen:

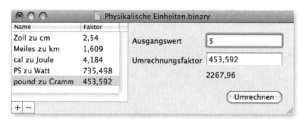

Am Ende dieses Kapitels werden Sie dieses Programm geschrieben haben.

Sie können links in der Liste verschiedene Umrechnungsfaktoren eingeben und dann rechts Umrechnungen durchführen. Die Liste können Sie als Dokument (»Physikalische Einheitenrechnung«, »Wechselkurse«, »Rezeptmaße« usw.) abspeichern und wieder laden.

Was sollen wir lange reden? Legen wir gleich los:

Xcode und das Projekt

Nach dem Start von Xcode erscheint recht schnell die Menüleiste. Damit wir aber ein Programm schreiben können, müssen wir zunächst ein Projekt anlegen. In diesem Projekt werden die Dateien gesammelt, die für das Programm benötigt werden.

Außerdem können Sie hier Einstellungen vornehmen. Auch dies werden wir Schritt für Schritt machen.

Projekt anlegen

Aber legen wir endlich ein Projekt an. Dazu wählen Sie im Menu *File* den Eintrag *New Project...* und klicken diesen an. Es erscheint als Nächstes ein Dialog, in dem Sie die Projektart bestimmen müssen. Freundlicherweise erstellt uns nämlich Xcode gleich ein ganzes Gerüst für unser Programm. Wählen Sie hier die Projektart *Core Data Document-based Application* aus:

Es gibt zahlreiche Arten von Projekten.

> **➤AUFGEPASST**
> Wenn Sie das iPhone-SDK installiert haben, sieht das Fenster etwas anders aus. Wählen Sie dann links *Mac OS X | Application* und dann rechts entsprechend *Core Data Document-based Application* aus.

Gehen wir den Namen dieser Projektart durch:

- *Core Data* steht für eine Technologie von Apple, die die Organisation der in unserem Programm gespeicherten Daten (Model) erleichtert. Diese Unterstützung werden wir auch schon hier in der ersten Applikation wahrnehmen. Durch die

Auswahl dieser Projektart ist automatisch der Support in unserem Programm enthalten. Wir müssen uns also nicht um die Speicherung von Daten kümmern.

- *Document-based* bedeutet, dass unsere Applikation Dokumente verwaltet. Dies kennen Sie etwa von Textverarbeitungsprogrammen, bei denen man ja auch verschiedene Dokumente laden kann. Andere Programme wie iTunes und iPhoto arbeiten ohne Dokumente und laden lediglich eine private Datenbank. Sie haben daher dort in dem Menüpunkt Ablage keinen Eintrag *Öffnen…*, *Sichern* usw.

- Schließlich soll *Application* darauf hinweisen, dass es sich um eine Anwendung handelt, also um ein Programm mit Menüs, Fenstern usw.

So belehrt können Sie nun auf *Choose* klicken. Es klappt dann ein Speicherndialog auf. Geben Sie als Namen *Converter* ein. Die Wahl des Ordners überlasse ich Ihnen. Es ist jedoch praktisch, wenn Sie für Ihre Projekte einen eigenen Ordner anlegen.

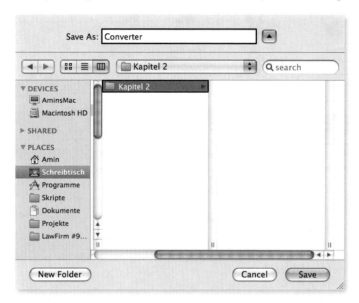

Der Name und Ort der Projektdatei lassen sich auch wählen.

Wenn Sie im Dialog auf *Save* klicken, können Sie im Finder in dem von Ihnen gewählten Ordner das neue Verzeichnis sehen. Sie erkennen dort auch gleich, dass Xcode schon ein paar Dateien hineingelegt hat. Die gehen wir auch gleich durch, allerdings nicht anhand des Finders, sondern in Xcode selbst. Wichtig ist aber die Datei *Converter.xcodeproj*, welche Sie doppelklicken, um das nächste Mal Xcode mit Ihrem Projekt zu starten.

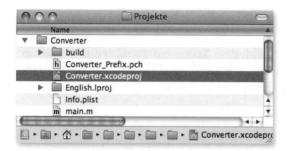

Ein Doppelklick auf die Projektdatei startet Xcode.

> **▸HILFE**
>
> Sie können das Projekt in diesem Zustand als Projekt-02-01 von der Webseite herunterladen.

Eine andere Möglichkeit, ein altes Projekt zu öffnen, ist der Menüeintrag *File | Open Recent Projects*, den Sie in ähnlicher Form (*Datei | Benutzte Dokumente*) von anderen Programmen kennen. Da man sehr viel länger an einem Projekt als etwa an einer Kalkulationstabelle oder einem Brief sitzt, findet man hier fast immer das gewünschte Projekt. Eine weitere Möglichkeit besteht natürlich darin, *File | Open...* in Xcode zu benutzen.

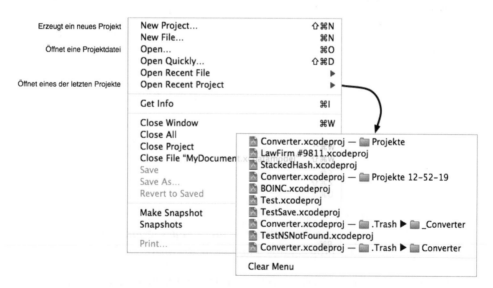

Viele Wege führen zum Projekt.

Das Projektfenster

Denn Sie haben sicherlich bereits bemerkt, dass Xcode ein zweigeteiltes Fenster geöffnet hat, das Projektfenster. Links erscheint eine Übersicht, rechts erscheinen dann die Dateien, die in dem jeweils angewählten Ordner liegen. Sie kennen dieses System aus Mail oder iTunes.

> **▶ POWER USER**
>
> Ab Xcode 3.0 können Sie die Zweiteilung des Fensters aufheben, weil man – je nach Arbeitsstil – den rechten Teil ohnehin kaum benötigt. Ein Doppelklick auf einen Eintrag in der Projektleiste öffnet dann ein eigenes Fenster. Die entsprechende Einstellung findet sich in den *Xcode | Preferences* unter *General* beim Pop-Up-Menü *Layout* und heißt *Condensed*. Sie können dies auswählen, wenn gerade kein Projekt geöffnet ist. Ich selbst mag sie sogar lieber, verwende hier aber die voreingestellte, klassische kombinierte Ansicht.

Schauen wir uns die Projektleiste *Groups & Files* mal genauer an:

Die Projektleiste Groups & Files sammelt die Projektdateien und noch viel mehr.

- Auf oberster Ebene existiert zunächst einmal der Ordner *Converter*. In ihm befinden sich zahlreiche Unterordner. Um es kurz zu machen: Hier ist alles, was von Ihnen erstellt oder benutzt werden wird. Dort werden Sie also kräftig arbeiten. Da es sich also sozusagen um den Spiegel Ihrer Arbeit handelt, werden wir ihn nach und nach erkunden.

- Darunter geht es mit *Targets* weiter. In diesem Ordner befinden sich sozusagen die Früchte Ihrer Arbeit. Hier wird bestimmt, was und vor allem wie Xcode aus

Ihren Dateien in *Converter* herstellen soll. Was ist das? Richtig, die Anwendung Converter. Deshalb ist die auch hier drin.

- Als Nächstes gibt es einen Ordner *Executables*, also alle ausführbaren Programme. Auch hier ist das Programm Converter enthalten. Allerdings müssen die beiden Ordner nicht zwingend das Gleiche enthalten, weil Sie auch andere Dinge als Programme mit Xcode erstellen können. Zu denken sei hier etwa an die bereits im ersten Kapitel erwähnten Frameworks, die dann zwar ein Produkt Ihrer Arbeit sind (also Targets), jedoch an sich nicht ausgeführt werden können (also keine Executables).

- Den Eintrag *Error and Warnings* werden Sie leidlich kennenlernen. Es kommt ständig vor, dass man als Programmierer etwas falsch macht. Die Fehler, die von Xcode gefunden werden, landen hier nach Dateien sortiert. Auch hiervon machen wir später testweise Gebrauch.

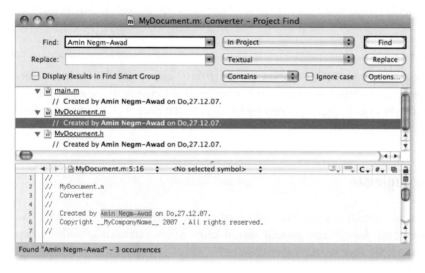

Sie können sich auch in Ihrer Source wiederfinden.

- Unter *Find Results* finden Sie wiederum Ergebnisse einer Suche, die Sie im gesamten Projekt vorgenommen haben. Versuchen wir es doch einfach mal: Schauen Sie in dem Menü *Edit* nach dem Submenü *Find* und dort wiederum nach dem Eintrag *Find in Project*. Geben Sie oben Ihren Namen (oder einen Teil davon) im System an, bei mir also »Amin«, und klicken Sie auf *Find*. Es erscheint darunter eine Liste mit den Treffern, geordnet nach Dateien. Wählen Sie einen Treffer aus, so erscheint noch darunter die entsprechende Stelle in dem Programm.
Schließen Sie das Fenster und werfen Sie einen Blick auf die Projektleiste. In der Gruppe *Find Results* befindet sich jetzt ein neuer Eintrag mit der soeben eingegebenen Suche. Wenn Sie diesen anwählen, erscheint rechts im Projektfenster die

Trefferliste. Öffnen Sie den Eintrag in der *Find Results* mit einem Doppelklick, so wird wieder das Suchfenster mit der entsprechenden Suche angezeigt.

- Der Eintrag *Bookmarks* dürfte sich selbst erklären: Sie können sich Stellen in dem Projekt wie in einem Internet-Browser markieren.

- *SCM* ist für eine Versionskontrolle da und viel zu kompliziert, um das jetzt hier zu beschreiben. Sie können es als Profi verwenden, um verschiedene Versionen Ihres Programms in einer Arbeitsgruppe zu verwalten. Im Band 2 werde ich darauf näher eingehen.

- Die Symbole (Bezeichner) Ihres Projektes landen in *Project Symbols*. Auch das werden wir schon kurz in diesem Kapitel verwenden.

- Die beiden letzten Ordner *Implementation Files* und *NIB Files* sind intelligente Ordner, wie Sie sie aus iTunes mit intelligenten Wiedergabelisten kennen. Sie werden beide Arten von Dateien noch in diesem Kapitel ausführlich kennenlernen.

> **➤AUFGEPASST**
>
> Es sei übrigens angemerkt, dass diese Ordnerstruktur keinesfalls der Ordnerstruktur im Projektverzeichnis entspricht. In Xcode erscheint eine logische Anordnung, wie sie auf der Festplatte nicht notwendig ist. Bearbeiten Sie die Dateien am besten nur in Xcode.

Die Werkzeugleiste

Als Nächstes betrachten wir die Werkzeugleiste (Symbolleiste) näher. Ich habe bei mir die Anzeige auf *Icon & Text* gestellt, damit keine Missverständnisse aufkommen. Bitte stellen auch Sie Ihre Werkzeugleiste so ein.

> **➤TIPP**
>
> Sie können mit einem [Ctrl]-Klick auf die Werkzeugleiste den Anzeigemodus auf *Icon & Text* stellen, wenn bei Ihnen der Text nicht angezeigt wird.

Die Standard-Werkzeuge von Xcode erleichtern uns das alltägliche Arbeiten.

- Ganz links können Sie mit *Active Target* das Target auswählen, also das, was übersetzt werden soll. Da wir nur ein Target haben, gibt's auch nichts auszuwählen.

- Daneben befindet sich *Active Build Configuration*. Und das ist wichtig! Wie bereits ausgeführt, muss ja unser Programm erst für den Computer übersetzt werden, damit er es versteht. Xcode nennt dies den »Build-Prozess«. Dieser Vorgang kann jedoch von Ihnen mit Einstellungen beeinflusst werden, was wir auch im nächsten Unterkapitel machen. Es gibt aber bereits zwei Sätze von Einstellungen, nämlich *Release* und *Debug*. Der erste Satz an Einstellungen dient dazu, das Programm auslieferungsfertig zu erstellen, der zweite (*Debug*) dazu, es zu testen und die Fehler zu beseitigen. Man nennt dies »Debugging«. Hiermit werden wir also auch arbeiten. Wenn Sie mit Ihrer Arbeit vollständig zufrieden sind, dann wechseln Sie in die Einstellung *Release*, um eine Version zu erzeugen, die Sie anderen Anwendern geben (oder gar verkaufen) können. Sie müssen also an dieser Stelle unbedingt dafür Sorge tragen, dass dort *Debug* ausgewählt ist, bei der Weitergabe jedoch *Release*. Stellen Sie jetzt *Debug* ein.

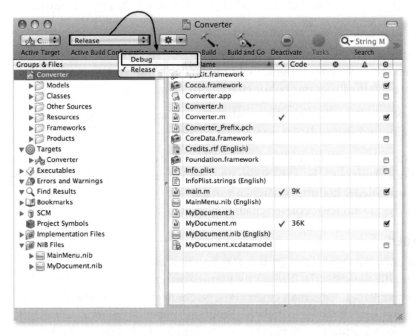

Die Debug-Konfiguration erleichtert uns die Programmentwicklung.

- Mit der nächsten Schaltfläche *Action* können Sie verschiedene Operationen ausführen. Wir werden dazu andere Stellen des User-Interfaces von Xcode verwenden, so dass Sie diese auch aus der Werkzeugleiste löschen können. Ich habe es gemacht.

> **HILFE**

Sie können die Werkzeugleiste von Xcode ebenso wie in jedem anderen Cocoa-Programm anpassen, indem Sie bei gedrückter [Ctrl]-Taste in den grauen Hintergrund klicken. Im Pop-Up-Menü ist dann *Customize Toolbar* zu wählen. Es öffnet sich eine Auswahl, die es Ihnen ermöglicht, Elemente aus der Werkzeugliste herauszuziehen oder umgekehrt aus der Auswahl in die Werkzeugliste zu legen.

- Die beiden nächsten Schaltflächen *Build* und *Build and Go* sind dagegen sehr wichtig: *Build* übersetzt Ihr Programm, macht es also für den Computer verständlich und damit ausführbar.

> **TIPP**

Sie können dort übrigens auch die Übersetzung (nicht Ihr Programm, keine Panik!) wieder beseitigen (Langklick auf die Schaltfläche, dann Clean), was zuweilen hilft, wenn Xcode mal verrückt spielt.

- Mit *Build and Go* starten Sie nicht nur einen Übersetzungsvorgang, sondern gleich auch Ihr übersetztes Programm hinterher. Sie könne mit einem Langklick (dann *Go*) auch Ihr Programm ohne eine Übersetzung starten.

- Mit dem Symbol für *Deactivate/Activate* können sogenannte Breakpoints gesammelt ein- und ausgeschaltet werden. Diese werden wir später benutzen.

- Als Nächstes kommt die Schaltfläche *Tasks*. Haben Sie den Übersetzungsvorgang gestartet oder läuft gar schon Ihr Programm, so können Sie es hier wieder stoppen. Hin und wieder kommt es nämlich vor, dass sich ein Programm nicht mehr bedienen lässt. Dann leistet diese Schaltfläche gute Dienste.

> **GRUNDLAGEN**

Die Funktionsweise entspricht in etwa Sofort beenden im Finder. Alle Daten und Einstellungen, die Sie selbst in Ihrem Programm gemacht haben, sind dann also verloren. Man sagt auch, dass man einen »Prozess abschießt«. In diesem Buch sollten Sie stets das von Ihnen geschriebene Programm über *Programmmenü|Quit* oder diesem *Tasks*-Button beenden, bevor Sie im Text fortfahren.

- Die nächste Schaltfläche *Info* kennen Sie bereits aus zahlreichen Programmen. Sie erhalten damit Informationen zu dem gerade ausgewählten Objekt. Auch diese benutzen wir gleich.

- Um *Editor* zu verstehen, öffnen Sie in der Projektleiste *Groups & Files* den obersten Eintrag *Converter*, wählen Sie dann darin *Classes*. Jetzt müsste in der rechten Fensterhälfte eine Liste mit zwei Einträgen *MyDocument.h* und *MyDocument.m* erscheinen. Wählen Sie *MyDocument.m* aus und klicken Sie in der Werkzeugleiste auf *Editor*.

Man kann sich in das Hauptfenster von Xcode den Editor einblenden lassen.

Sie sehen jetzt einen Teil des Programms, nämlich die vorhin ausgewählte Datei *MyDocument.m*. Natürlich können Sie das noch nicht wirklich verstehen, aber doch so viel, dass Sie damit an Ihre Programmdateien kommen. Da ich das Projektfenster übrigens klein halte und meine Dateien gerne in einem gesonderten, großen Fenster betrachte, halte ich diese Ansicht für überflüssig. Sie können nämlich auch einen Doppelklick auf die Datei in der Projektleiste *Groups & Files* machen. Ich habe es daher aus meiner Werkzeugleiste entfernt. Klicken Sie noch einmal darauf, um wieder in der rechten Hälfte zur Listenansicht zu gelangen.

- Auch der nächste Eintrag *Quick Model* ist nicht wichtig und würde von Ihnen hier ohnehin noch nicht verstanden werden. Auch dieses Werkzeug habe ich daher bei mir entfernt.

- Schließlich kommen wir noch zum Suchfeld *Search*. Ja, mir ist klar, dass Sie wissen, wie das funktioniert.

Mein Projektfenster sieht insgesamt kleiner aus. Hier sind auch die wichtigsten Tools enthalten, die wir im Laufe des Buches benötigen. Bitte achten Sie anhand der darunter stehenden Bezeichnungen darauf, dass Sie wirklich immer auf die von mir gewünschte Schaltfläche klicken.

▶HILFE

Auf meiner Webseite existiert übrigens ein kleines PDF, welches als eine Art Legende der wichtigsten Schaltflächen in Xcode und Interface Builder dient.

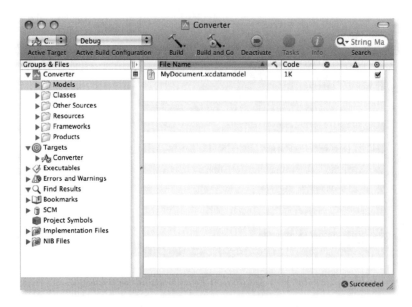

Je nach Bildschirmgröße und persönlichen Gewohnheiten kann man sich die Werkzeuge zurechtlegen. Ich mag es eher knapp.

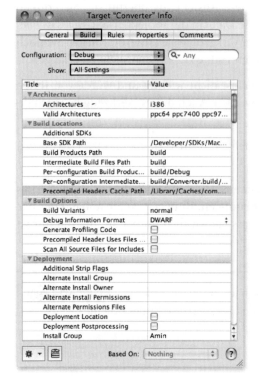

Projekteinstellungen

Nachdem Sie einen ersten Überblick über Xcode gewonnen haben, machen wir eine kleine Einstellung. Wählen Sie dazu in der linken Liste, also in der Projektleiste *Groups & Files*, den obersten Eintrag *Converter* aus und klicken Sie in der Werkzeugleiste auf das Symbol *Info*, den blauen Kreis mit dem »i«. Es öffnet sich ein Fenster. Dort gehen Sie auf den Tabulator *Build*. Nicht erschrecken, ich weiß, dass es kompliziert aussieht! Tragen Sie dafür Sorge, dass bei *Configurations Debug* ausgewählt ist und bei *Show* die Option *All Settings*.

In Xcode 3.1 sind die Build-Einstellungen gruppiert.

Ich hatte ja bereits erläutert, dass wir eine Programmiersprache verwenden, die der Computer so nicht versteht. Ihr Programm muss daher für den Computer erst übersetzt werden. Hier stellen wir nun ein, auf welche Art und Weise das geschehen soll. Wir werden uns nicht mit allen Möglichkeiten auseinandersetzen. Allerdings nehmen wir zwei Einstellungen vor:

Geben Sie oben rechts im Suchfeld den Text »other wa« ein. Die Liste wird nun gefiltert und es erscheint ein Eintrag *Other Warninig*. Wenn Sie daneben in der Spalte *Value* doppelklicken, können Sie einen Wert eingeben. Tragen Sie hier als Text -*Wall* (mit führendem Minuszeichen) ein. Nein, mit Wänden hat das gar nichts zu tun. Es ist die Abkürzung für »*Warnings all*«, was bedeutet, dass Xcode rigoros nach Fehlern in Ihrem Programm sucht und gegebenenfalls eine Warnung ausspricht. Es gibt übrigens eine noch schärfere Einstellung, die sich »pedantic« (pedantisch) nennt, allerdings zu Problemen führen kann. Wir verwenden sie daher nicht. Schließen Sie das Eingabefenster mit einem Klick auf *OK*.

Mit -Wall erreichen wir eine eingehende Überprüfung unseres Programms.

Löschen Sie jetzt wieder »other wa« und geben Sie bitte stattdessen im Suchfeld »err« ein. Klicken Sie dann darunter in der gefilterten Liste auf die Checkbox für *Treat Warnings as Errors*. Dies führt dazu, dass, wenn Sie auch nur kleine Fehler machen, Xcode die Ausführung des Programms verweigert.

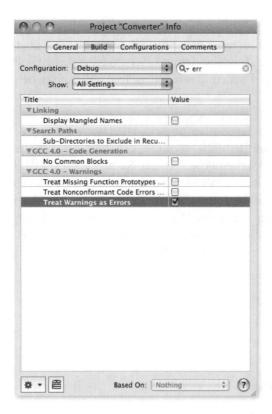

Wir heben die Unterscheidung zwischen Warnungen und Fehlern auf.

Diese beiden Einstellungen führen gemeinsam also dazu, dass Fehler in Ihrem Programm intensiv gesucht werden und der Start des Programms verhindert wird, falls Xcode etwas findet. Gerade Tippfehlerchen, die man gerne übersieht, könnten Sie ansonsten stundenlang mit sinnloser Fehlersuche plagen. Wir werden gleich auch einmal absichtlich einen Fehler machen, damit Sie sehen, wie das alles mit den Warnungen, Fehlern und der Gruppe *Errors and Warnings* in der Projektleiste zusammenhängt. Schließen Sie jetzt wieder den Info-Dialog.

> **➤AUFGEPASST**
>
> Es gibt keinen Grund, ein Programm mit Warnings laufen zu lassen. Zwar sind nicht alle gefährlich, aber alleine der Umstand, dass auf die Dauer eine größere Liste von Warnungen entsteht, lässt befürchten, dass Sie irgendwann eine wirklich wichtige Warnung übersehen. Sorgen Sie also stets dafür, dass Ihr Übersetzungsvorgang warningfrei bleibt. Ja, das geht …

Wählen Sie links in der Projektleiste noch einmal den obersten Eintrag *Converter* aus. Auf der rechten Seite des Fensters erscheinen wieder die entsprechenden Dateien. Ihnen fällt aber möglicherweise auf, dass der dritte Eintrag *Converter.App* in rot dargestellt ist. Hierbei handelt es sich um Ihr Programm, wie es später laufen soll. Die rote

Schrift bedeutet, dass Xcode die Datei nicht finden kann. Das ist ja auch klar: Damit wir ein startfähiges Programm haben, müssen wir es zunächst übersetzen. Dies machen Sie jetzt mit einem Klick auf die Schaltfläche *Build* in der Werkzeugleiste.

Es kann jetzt sein, dass Xcode eine ganze Weile benötigt. Dass Xcode beschäftigt ist, können Sie daran erkennen, dass die Schaltfläche *Tasks* rot aufleuchtet. Bei späteren Übersetzungsvorgängen werden übrigens immer nur die Änderungen übersetzt, so dass dieser Vorgang sehr viel schneller geht.

Nachdem Xcode fertig ist (*Tasks* wird wieder gräulich), erscheint *Converter.App* in gewohntem Schwarz. Unser Programm ist erzeugt! Klicken Sie in der Werkzeugleiste auf *Build and Go*. Damit starten Sie nun das Programm und es erscheint, was allerdings einen Moment dauern kann.

Hey, Sie haben gerade Ihr erstes Programm erzeugt! Okay, Sie können damit nichts Sinnvolles machen. Aber immerhin: Ihr Programm! Gratulation!

Das Programm lässt sich wie jedes andere mit **Converter|Quit Converter** *beenden.*

Sie können Ihr Programm (nicht Xcode) auf die übliche Weise mit *Quit* beenden oder eben die Schaltfläche *Tasks* in der Werkzeugleiste von Xcode verwenden, um das Programm »abzuschießen«.

Wenn Sie mal vergessen sollten, das Programm zu beenden und es aus Xcode erneut starten wollen, werden Sie mit der abgebildeten Dialogbox gefragt, ob sie das bisher laufende Programm beenden wollen. Sie können dann mit *OK* den noch laufenden Prozess abschießen oder mit *Cancel* den Neustart abbrechen, um Ihr Programm zunächst mit *Quit* zu beenden.

Gut, jetzt müssen wir dem Programm nur noch beibringen, etwas Sinnvolles zu tun.

Der Interface Builder – Unsere Legokiste

Kümmern wir uns als Erstes um das Äußere des Programms. Wir bauen uns ja einen Einheitenrechner, bei dem der Benutzer einen Wert eingeben kann und aufgrund eines Umrechnungsfaktors ein Ergebnis erhält. Also benötigen wir erst einmal in unserem Fenster drei Felder: Eingabewert, Umrechnungsfaktor und Ausgabewert. Für die äußere Gestaltung unseres Programms sind die sogenannten Nib-Files zuständig, die sich in dem intelligenten Ordner *Nib Files* am Ende der Projektleiste *Groups & Files* befinden. Wenn Sie diesen aufklappen, finden Sie zwei Dateien: *MainMenu.xib* und *MyDocument.xib*. Die erste Datei beinhaltet die Elemente, die für das Programm einheitlich sind, also etwa die Menüleiste unseres Programms. Die zweite Datei beinhaltet das Aussehen eines einzelnen Dokumentes, also insbesondere das Fenster des Dokumentes.

Da wir jetzt das Fenster des Dokumentes verändern wollen, müssen wir *MyDocument.xib* öffnen. Hierzu klicken Sie einfach doppelt auf den Eintrag in der Projektleiste von Xcode und warten kurz. Es wird ein neues Programm gestartet, der Interface Builder. Es ist, wie bereits erwähnt, das Programm zum Erstellen der Programmoberfläche, des sogenannten User Interfaces.

> ➤ **AUFGEPASST**
>
> Achten Sie unbedingt darauf, dass Sie einen Nib immer nur aus Xcode öffnen und nicht unmittelbar im Interface Builder. Nur so ist gewährleistet, dass die beiden voneinander wissen und sich synchronisieren können.

Das Nib-Hauptfenster und die Standardelemente

Nach dem Öffnen des Nib-Files erscheint ein Fenster, welches den Dateinamen *MyDocument.xib* trägt. Es enthält alles, was unser Nib-File enthält, weshalb ich es ab jetzt »Hauptfenster« nenne.

Das Hauptfenster unseres Nib-Files im Interface Builder

Achten Sie darauf, dass am unteren linken Rand unser Projekt mit einem grünen Lämpchen erscheint. Sollte dies nicht der Fall sein, so schließen Sie bitte wieder den Interface Builder und starten ihn aus Xcode mit einem Doppelklick auf einen Nib-File neu.

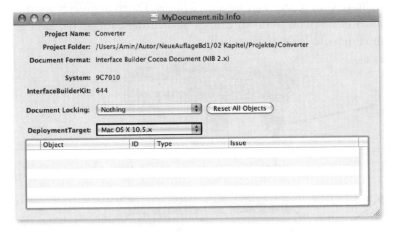

Nach einem Klick auf Info können wir das Zielsystem eingeben.

Klicken Sie in der Weerkzeugleiste auf *Info*. Im folgendem Fenster wählen Sie als *Deployment Target:* sodann *Mac OS X 10.5.x* aus. Schließen Sie das Fenster wieder.

In unserem Nib befinden sich vier Dinge. Gehen wir die Geschichte mal durch:

- *Window* ist das Fenster, welches wir vorhin ja schon sahen, als wir unser Programm testweise laufen ließen. Mit einem Doppelklick können Sie es sich anzeigen lassen, wenn es nicht bereits automatisch geöffnet sein sollte. Warten Sie aber noch.

> **▶AUFGEPASST**
>
> Nur, um Verwechselungen zu vermeiden: Das Nib-Fenster nenne ich weiterhin »Hauptfenster«, dieses enthaltene Fenster, welches von unserem Programm verwendet wird, »Document-Fenster« oder deutsch »Dokumentenfenster«. Fenster in Fenstern fordern den Sachbuchautor wirklich heraus. Sie sollten zur Klarheit zunächst auf das Fenster und dann auf den Text unterhalb des Fensters klicken und dort *Document* eintragen.

- Der *File's Owner* bezeichnet den Eigentümer unseres Nib-Files. Hiermit kann man zum Beispiel aus dem Fenster auf die Daten des Dokumentes zugreifen, um sie anzuzeigen. Das Dokument ist dann unser File's Owner. Es handelt sich dabei aber lediglich um einen Verweis: Jedes Mal wenn ein Nib-File geladen wird, wird er mit einem Objekt in unserem Programm verknüpft. Der Nib für unser Dokument erhält dabei standardmäßig eine Verknüpfung mit dem Dokumentenobjekt. Dies bedeutet aber auch, dass, wenn zwei Dokumente und damit zwei Fenster geöffnet sind, jedes Mal auf ein anderes Dokument verwiesen wird. Hiermit wird sichergestellt, dass in jedem Fenster die richtigen Daten angezeigt werden. (Sie wären ja auch überrascht, wenn Ihre Textverarbeitung anfinge, bei zwei geöffneten Dokumenten die Texte zu vermischen.)

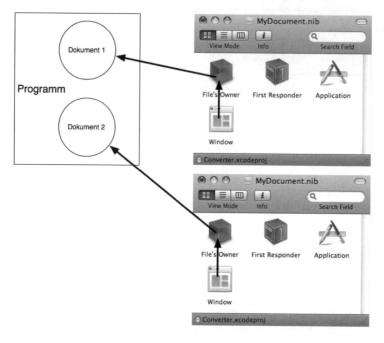

Zwei Fenster mit dem jeweiligen Verweis auf ihr Dokument

- Der *First Responder* ist auch nur ein Verweis, allerdings etwas komplizierter. Wir später näher darauf eingehen. Hier würde Sie das nur verwirren, zumal wir den First Responder nicht benötigen.

- *Application* ist ebenfalls ein Verweis. Dahinter verbirgt sich unser Programm als Ganzes.

> **HILFE**
>
> Sie haben das möglicherweise so abstrakt mit den Verweisen noch nicht verstanden. Grämen Sie sich nicht. Bereits im nächsten Kapitel müssen Sie sich damit herumquälen.

Machen Sie einen Doppelklick auf das Dokumentenfenster *Document*. Wenn es nicht schon geöffnet war, springt Ihnen jetzt das Fenster entgegen, welches wir schon aus unserem Programm kennen. Hier liegt es also, das Dokumentenfenster! Es ist kein

Verweis auf irgendwas, sondern ein richtiges Fenster. Und mit diesem müssen wir jetzt arbeiten.

Dieses Fenster wird automatisch erzeugt.

Die Library im Interface Builder

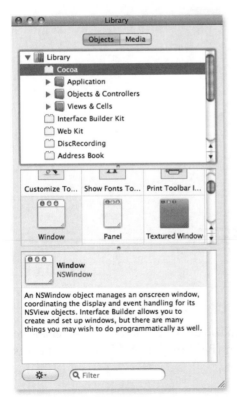

Zwei weitere Fenster werden Ihr Leben mit dem Interface Builder bestimmen: Das erste ist die sogenannte *Library*, die wir jetzt benutzen werden. Wenn Sie das Fenster nicht sehen, so können Sie es im Menü *Tools | Library* wieder hervorzaubern. Schauen wir es uns aber zunächst einmal grob an:

Die Library des Interface Builders enthält die Bausteine unseres User-Interfaces.

Im obersten Bereich erhalten wir eine Liste der verfügbaren Standardelemente. Wir benötigen nicht alle Elemente, schon gar nicht in diesem Einführungskapitel. Daher konzentrieren wir uns auf den obersten Eintrag *Cocoa*. Wenn Sie hier den Untereintrag *Views & Cells* öffnen, erhalten Sie im Bereich darunter eine Liste von ... richtig geraten: Views und Cells. Das sind sozusagen die Anzeigeobjekte in unserem Programm, also etwa Eingabefelder, Buttons, Graphiken usw. Es sind jedoch sehr viele, weshalb Sie bitte wiederum im Unterverzeichnis den Punkt *Inputs & Values* anklicken. Im mittleren Teil des Fensters erhalten Sie dann unter anderem eine Auswahlmöglichkeit *Text Field,* welche Sie selektieren.

> **►TIPP**
>
> Wenn Sie keine Bezeichnungen im mittleren Bereich sehen sollten, klicken Sie bitte mit gedrückter [Ctrl]-Taste auf ihn und wählen Sie dann im Pop-Up *View Icons and Labels.* Das erleichtert Ihnen das Auffinden.

Jetzt erscheint im untersten Teil eine kurze Erläuterung. Aha, ein solches Textfeld ist also ein Element, das den Benutzer Text eingeben lässt. Okay, jetzt wird's feinmotorisch. Sie klicken auf das Feld und ziehen es bei gedrückter Maustaste in unser Dokumentenfenster – plumps, fallen lassen.

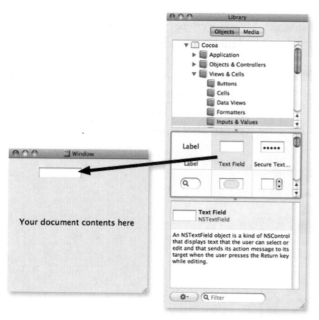

Wählen Sie nunmehr dieses Textfeld an, duplizieren Sie es mit der Zwischenablage ([Befehl]+[D] oder [Befehl]+[C] gefolgt von [Befehl]+[V]). Schieben Sie es etwas weiter herunter, bis blaue Linien erscheinen.

Zwei wichtige Sachen, bevor Sie daran verzweifeln:

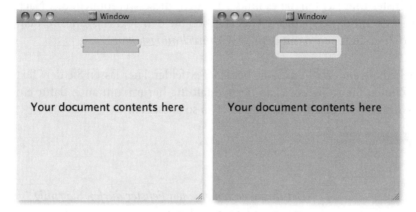

Wenn ein View umrandet erscheint (rechts), so ist seine Cell selektiert.

Erstens: Wenn das Objekt nicht in der hellblauen Selektionsfarbe erscheint, sondern aufgehellt in einen Rechteck mit abgerundeten Ecken, so haben Sie in Wahrheit nicht das View selektiert, sondern seine Cell. Das Verhältnis zwischen Views und Cells wird später in einem eigenen Kapitel erläutert. Hier arbeiten wir nur mit dem View. Achten Sie also auf die richtige Selektierung wie im Bild links. Um später die Cell zu selektieren, müssten Sie erneut auf die bereits bestehende Selektion klicken. Sollten Sie auf die Cell geraten sein, so klicken Sie einfach in den Fensterhintergrund und dann wieder auf das Textfeld.

Zweitens: Sollten beim Verschieben blaue Linien erscheinen, dann sind das Hilfslinien, die den Gestaltungsrichtlinien von Apple (Human Interface Guidelines, HIG) entsprechen. Sie sollten diese beachten.

> **GRUNDLAGEN**
>
> Dies ist kein Buch über die Gestaltung von Benutzeroberflächen. Sie sollten also unbedingt die HIGs lesen, wenn Sie nicht gleich einen Gestalter engagieren. Die Gestaltung, die in diesem Buch verwendet wird, soll nicht als Vorbild für spätere Applikationen dienen, sondern findet seine Ursache vor allem darin, dass ich wichtige Gebiete abdecke und gut zu erläuternde Screenshots erhalte. Sie dürfen aber gerne selbst Ihrer Phantasie freien Lauf lassen ...

Sie können als Nächstes den vorgefertigten Text *Your document contents here* auswählen und löschen, wozu Sie es selektieren und dann die [Backspace]-Taste betätigen.

Ziehen Sie jetzt aus dem Library-Fenster das Objekt mit der Aufschrift *Label* in das Dokumentenfenster und richten Sie es links aus. Auch dieses verdoppeln Sie. Nach einem Doppelklick auf das erste dieser Labels geben Sie den Text *Ausgangswert* ein, im zweiten verfahren Sie ebenso mit dem Text *Umrechnungsfaktor*.

Schließlich ziehen Sie ein Label unter die beiden Textfelder. Hier lassen Sie den Text unverändert. Zupfen Sie ruhig etwas an der Gestaltung herum, um auch dafür ein Gefühl zu bekommen. Insgesamt sollte das in etwa so aussehen:

Bei Ihrem ersten eigenen Fenster dürfen Sie ruhig etwas Mühe walten lassen.

Der Inspector für die Einstellungen

Bevor wir das speichern, müssen wir uns aber noch Gedanken darüber machen, was passiert, wenn das Fenster in seiner Größe verändert wird. Es soll ja auch etwas hermachen, unser Programm. In vertikaler Richtung sollten wir das verbieten, da es wenig sinnvoll ist. Es würde ja nur Fensterhintergrund erscheinen. In horizontaler Richtung wollen wir aber die Vergrößerung des Fensters zulassen. In diesem Falle sollen sich die Eingabefelder entsprechend mitvergrößern.

> **➤ AUFGEPASST**
>
> Die Werte, die Sie in den Abbildungen und im Text sehen werden, unterscheiden sich freilich von den Werten, die bei Ihnen auf dem Monitor erscheinen. Sie haben ja möglicherweise die einzelnen Elemente nicht exakt so angeordnet, wie ich das getan habe. Lassen Sie sich davon nicht verwirren. Es geht um das Prinzip.

Hiermit beginnen wir: Selektieren Sie im Dokumentenfenster das unterste Textfeld *Label*. Sie sehen jetzt, dass rechts und links zwei kleine Kügelchen erscheinen. An der rechten können Sie das Textfeld so groß ziehen, dass rechts wieder eine blaue Hilfslinie des Interface Builders erscheint. Loslassen.

Die rechte, blaue Linie zeigt an, dass wir den vorgesehenen Abstand einhalten.

Damit haben wir dieses letzte Feld erst einmal auf eine anständige Ausgangsgröße gebracht. Bleibt unsere eigentliche Aufgabe: Wenn der Benutzer das Fenster breiter macht, dann sollten diese Felder sich ebenfalls verbreitern. Um dies zu bewerkstelligen, müssen Sie zunächst die beiden Eingabefelder und das Label darunter anwählen (sonst müssten wir dieselbe Arbeit dreimal machen).

> **TIPP**
>
> Um mehrere Elemente zu selektieren, können Sie bei gedrückter Maustaste ein Rechteck aufspannen, wobei Sie im Fensterhintergrund starten. Alternativ wählen Sie das erste Element mit einem Mausklick aus und fügen weitere mit Klicks bei gedrückter [Umschalttaste] hinzu. Suchen Sie sich eins aus und vergewissern Sie sich, dass dann wirklich alle drei Textfelder angewählt wurden.

Nun müssen Sie den Inspector nach vorne holen bzw. öffnen, wenn Sie ihn geschlossen hatten. Hierzu tippen Sie bitte [Befehl]+[Umschalttaste]+[I] oder klicken im Menü *Tools* auf *Inspector*. Wählen Sie unterhalb der Titelleiste das Lineal als drittes Symbol von links, das sogenannte Size-Pane.

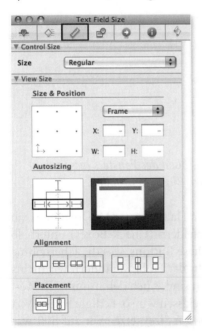

Neben der Animation stellen wir das Vergrößerungsverhalten ein.

Hier interessiert uns der Bereich *Autosizing* neben der Animation. Zu jedem Interface-Element können wir hier angeben, wie es sich bei Vergrößerungen verhalten soll. Wir beachten jetzt nur die horizontale Richtung. Durch Klicken können Sie die drei waagerechten Symbole so wie abgebildet einstellen. Dies bedeutet: Der Rand links neben dem Feld soll fest sein. Die Breite des Feldes soll variabel sein. Der Rand rechts neben dem Feld soll fest sein. Zusammengenommen bedeutet das, dass die gesamte Verbreiterung des Fensters in die Breite des Textfeldes fließt. Sie können daneben in der Animation beobachten, wie sich das Textfeld verhält, wenn sich das Fenster in seiner Größe verändert.

Über die vertikale Vergrößerung machen wir uns keine Gedanken, da wir als Nächstes dem Fenster verbieten, sich in dieser Richtung zu vergrößern.

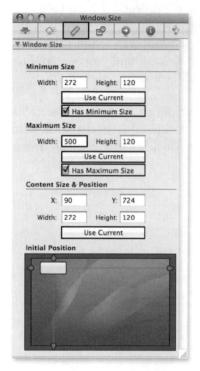

Die erlaubten Größen des Fensters lassen sich auch im Inerface Builder einstellen.

Wählen Sie das Dokumentenfenster (*Document*) im Hauptfenster MyDocument.xib aus. Jetzt setzen Sie das Häkchen in den Ankreuzfeldern (Check-Boxes) unterhalb der beiden Buttons *Use Current* und klicken auf diese Buttons, was die Übernahme der Werte des aktuellen Fensterlayouts bedeutet. In der Höhe verändern wir nichts, so dass der minimale und maximale Wert identisch sind. Auch den minimalen Wert für die Breite (*Width* im Bereich *Minimum Size*) belassen wir so. Lediglich den Wert für die maximale Breite (*Width* im Bereich *Maximum Size*) setzen wir auf *500*, was so viel wie »keine Beschränkung« bedeutet.

Speichern Sie das Ergebnis, schließen Sie das Hauptfenster *MyDocument.xib* (dann wird automatisch das Dokumentenfenster mitgeschlossen) und klicken Sie in Xcode wieder auf *Build and Go*. Sie können jetzt im Fenster in den beiden Feldern Werte eingeben, allerdings passiert noch nichts. Verändern Sie das Fenster in der Breite, um die Vergrößerung der Textfelder zu überprüfen. Sie können auch über das Menü *File* mehrere Dokumente anlegen. Gespeichert und geladen wird auch noch nichts, aber immerhin: Es lebt!

> **HILFE**
>
> Sie können das Projekt in diesem Zustand als Projekt-02-02 von der Webseite herunterladen.

Action-Target: Buttons, Nachrichten und Empfänger

Kümmern wir uns also als Nächstes um das Umrechnen. Dazu benötigen wir erst folgende Dinge:

- Einen Button, damit der Benutzer überhaupt die Umrechnerei starten kann. (Das können Sie eigentlich schon.)
- Programmcode, der die Umrechnerei vornimmt.
- Eine Verbindung zwischen dem Button und unserem Programmcode, damit dieser bei einem Klick auf den Button ausgeführt wird.

Sie werden also nun lernen, wie man eine eigene Klasse erstellt und wie diese mit dem User-Interface verbunden wird, damit die entsprechenden Nachrichten geschickt werden.

Der Button als Anfang allen Übels

Um zunächst diesen Button in das Fenster zu bekommen, müssen wir wieder zurück in unseren Nib-File. Doppelklicken Sie in Xcode wieder am Ende der Projektleiste auf *MyDocument.xib*, um diesen im Interface Builder zu öffnen. Sorgen Sie dafür, dass unser Dokumentenfenster *Document* im Hauptfenster MyDocument.xib selektiert ist. Im Size Pane des Inspectors müssen Sie jetzt zunächst das Häkchen vor *Has Maximum Size* heraus nehmen. Doppelklicken Sie jetzt wieder auf *Document* und vergrößern Sie es ein wenig in vertikaler Richtung, um Platz für den Button zu schaffen. In der Library suchen Sie dann unter *Views & Cells* den Untereintrag *Buttons*. Aus dem mittleren Teil der Library ziehen Sie dann einen *Push Button* in das Fenster.

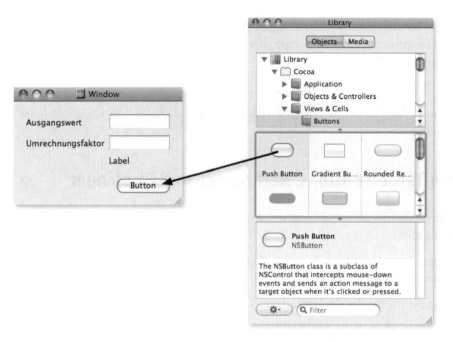

Als Ausgangspunkt aller Nachrichten ziehen wir einen Button ins Fenster.

Nachdem der Button sich dort befindet, können Sie einen Doppelklick darauf ausführen und einen anderen Text als Button eingeben. Hmmm, wie wäre es mit »Umrechnen«? Klingt nach einer guten Idee, nicht wahr? Sie müssen danach den Button neu platzieren, damit es wieder schön aussieht.

Nur Leopard unterstützt die automatische Größenanpassung von Bildern in Buttons.

Im Inspector wechseln Sie bitte bei weiterhin selektiertem Button auf das Attributes-Pane und wählen in der Zeile *Scaling* den Eintrag *None* aus. Unter Leopard ist es möglich, ein Bild, welches einem Button hinzugefügt wurde, automatisch an die Größe des Buttons anpassen zu lassen. Wir wollen aber dem Button kein Bild hinzufügen. Diese Eigenschaft nimmt uns also nutzlos die Kompatibilität zu Tiger, weshalb wir sie ausschalten.

Sie müssen jetzt wieder im Hauptfenster *MyDocument.xib* das Dokumentenfenster *Document* anwählen und im Size-Pane die Schritte für die feste Höhe des Fensters wiederholen, nachdem Sie das Häkchen *Has Maximum Size* gesetzt haben.

Schließen Sie wieder das Hauptfenster und speichern Sie Ihre Arbeit ab.

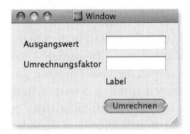

Eine klare Beschriftung macht die Sache bedienfreundlicher.

➤ TIPP

In diesem Einführungskapitel spreche ich nach getaner Arbeit im Interface Builder davon, dass Sie das Hauptfenster schließen sollen. Natürlich reicht es auch aus, einfach die Nib-Datei im Interface Builder zu sichern. Gerade am Anfang, wenn Sie mit den Begrifflichkeiten noch nicht sicher sind, kann aber die Anzahl der geöffneten Fenster schon zur Verwirrung führen. Daher halte ich das Schließen für angebracht.

Wenn Sie jetzt in Xcode das Programm erneut mit *Build and Go* starten, passiert aber nichts wirklich bei einem Druck auf den Button. Insbesondere wird nichts umgerechnet. Aber immerhin ändert er kurz seine Farbe. Der Klick kommt also beim Button an.

➤ HILFE

Sie können das Projekt in diesem Zustand als Projekt-02-03 von der Webseite herunterladen.

Verbinden wir das mit dem ersten Kapitel: Weil der Benutzer auf den Button klickt, wird diesem eine Nachricht »klick« geschickt, was wiederum zur Ausführung einer Methode `-klick` führt. Diese Methode enthält dann die Operationen, um den Button kurz blau einzufärben.

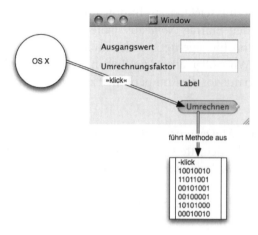

Klickt der Benutzer auf einen Button, verschickt OS X eine Nachricht an diesen.

Jetzt sind aber dieser Button und seine Methode -klick (die enthält ja die Operationen für die Nachricht »klick«) - bereits bei Apple programmiert worden. Dort gab es einen freundlichen Programmierer, der dafür sorgte, dass bei Empfang dieser Nachricht der Button blau gezeichnet wird. Können wir von ihm erwarten, dass er uns gleich die Umrechnen-Operationen programmiert? Eigentlich nicht, denn er wusste damals ja nicht einmal, dass ich ein Buch schreiben würde, in dem irgendetwas umgerechnet wird.

Function follows Design

Eigentlich sind all die Dinge auf dem Bildschirm – wie etwa Buttons, Textfelder, was wir halt so ins Fenster schoben – bei jedem Programm gleich. Sogar wenn Programme vereinzelt ganz besondere Anzeigemöglichkeiten haben, so sind dort immer noch die überwältigende Anzahl aller Views gleich. Diese kann man also bereits bei Apple programmieren und mit dem Interface Builder ausliefern, wie es ja auch geschah. Wir müssen uns dann nur noch in der Library bedienen und die Elemente in unser Fenster schieben. Programmieraufwand: 0.

Aber jedes Programm hat auch seine spezifische Funktionalität. Wenn Sie in iTunes auf einen Button klicken, wird etwa ein Lied abgespielt. In einer Textverarbeitung wird es so etwas wie einen Button zum Fettdruck des Textes geben usw. usf. Hinter dem schnöden Schein der Views liegt also die wahre Funktionalität verborgen. Und jetzt kommt der Trick: Wir teilen unser Programm in zwei Drittel. (Ja, das dritte Drittel kommt später.) Den äußeren Anschein nennen wir »View-Schicht«, die echte Funktionalität »Controller-Schicht«. Verbunden wird das Ganze, indem der Button wiederum eine Nachricht an den Controller schickt: »Ich habe hier einen Klick bekommen, jetzt mach mal etwas damit.« Und wir können dem Button sogar sagen, welche Nachricht er wohin verschicken soll. Diese Controller-Schicht ist also aus Sicht des Benutzers die nachfolgende Schicht, die er gar nicht unmittelbar sieht.

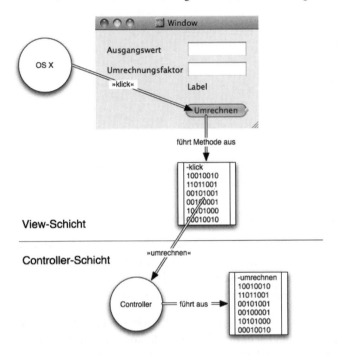

Also noch einmal kurz zusammengefasst: Klickt der Benutzer auf einen Button (View), so erhält dieser von OS X die Nachricht »klick«. Daraufhin zeichnet er sich blau und verschickt wiederum an ein weiteres Objekt (Controller) eine Nachricht. Den Button hat dabei bereits Apple programmiert. Den Empfänger der weiteren Nachricht müssen wir uns programmieren.

Das Controller-Objekt ...

Um also unsere Umrechnung zu veranlassen, benötigen wir ein neues Umrechnen-Objekt, einen Controller, der eine Nachricht »umrechnen« erhält. Außerdem müssen wir die Methode programmieren, die die Umrechnen-Operation dann schließlich ausführt.

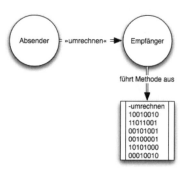

Sind wir damit fertig, so sagen wir einfach dem Button, dass er an das von uns programmierte Objekt die Nachricht schicken soll.

Zunächst eine kurze Liste des wichtigsten Vorgehens als Straßenkarte:

- Der Programmierer erstellt (programmiert) Klassen als Vorlage für Objekte, die wir »Instanzen« nennen. Beim Programmieren (also vor dem Programmstart) teilt er dem Computer mit, welche Eigenschaften und Methoden die Objekte der Klasse haben sollen. Hierum wollen wir uns zunächst kümmern.

- Während das Programm läuft, werden (Instanz-)Objekte erstellt, indem man die Klasse darum bittet. Die Eigenschaften der Objekte können dann vom Programm nach den Anweisungen des Programmierers gesetzt werden.

Das Schöne ist, dass wir uns hier noch nicht um den zweiten Teil kümmern müssen. Wenn wir nämlich unsere Klasse programmiert haben, dann machen wir das ebenso wie mit den Textfeldern und Buttons und ziehen sie einfach in unser Fenster im Nib. Schwupp – schon ist das Objekt da.

> **GRUNDLAGEN**
>
> Das Verhältnis von Objekten und Klassen wird in Kapitel 3 eingehend und ausführlich erläutert. Hier akzeptieren Sie bitte einfach, dass die Klasse die Vorlage für das Objekt ist, wie es ja auch schon im ersten Kapitel skizziert wurde.

... und sein Sourcetext

Nach all diesen langen Ausführungen sollten wir uns wieder an die eigentliche Arbeit machen. Dazu müssen wir also eine Klasse programmieren. Als Erstes erzeugen wir diese: In Xcode wählen Sie links in der Projektleiste den Eintrag *Classes* unter dem obersten Eintrag *Converter* an. Am besten, Sie öffnen ihn gleich mit einem Klick auf das kleine Dreieck (Disclosure). Dann klicken Sie im Menü *File* auf den Menü-Eintrag *New File...* . Es erscheint eine Dialogbox, welche uns nach dem Typ der neuen Datei fragt. Auch Objektive-C-Klassen sind nur eine Datei – äääh, eigentlich zwei zusammengehörige Dateien, warten Sie's ab ...

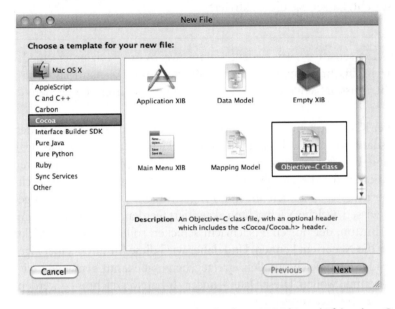

*Als Vorlage wählen wir die Standard-Klasse NSObject (**Objective-C Class**)*

Als Erstes werden wir aufgefordert, den Typ der neuen Datei auszuwählen. Wir wollen eine Klasse in Objective-C programmieren, also wählen Sie bitte in der vierten Gruppe *Cocoa* rechts den Eintrag *Objective-C class*. Klicken Sie auf *Next*.

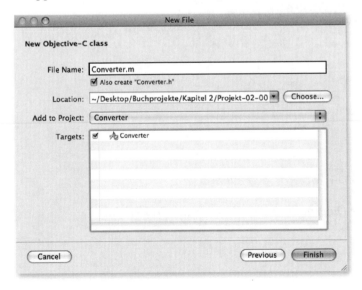

Die notwendigen Angaben für unsere neue Klasse

Nun erscheint die zweite Seite des Dialoges. Hier will zunächst Xcode den Namen unserer Klasse wissen, der zugleich auch der Dateiname ist. Tragen Sie *Converter* ein. Angehängt wird als Dateiendung ».m«. Darunter befindet sich eine Checkbox, die von *Converter.h* spricht. Lassen Sie diese aktiviert.

> **AUFGEPASST**
>
> Objective-C ist »case-sensitive«, was bedeutet, dass zwei Wörter mit unterschiedlicher Groß- bzw. Kleinschreibung verschiedene Wörter sind. Da man Klassennamen groß schreibt, müssen Sie wirklich **C**onverter und nicht **c**onverter eingeben.

Die Definition einer Klasse besteht – wie in Kapitel 1 erwähnt – aus zwei Dateien, der Implementierungsdatei mit ».m« als Endung und der Headerdatei (kurz: Header) mit ».h« als Endung. Um es hier kurz zu wiederholen: Die Implementierungsdatei enthält die Operationen für die einzelnen Nachrichten. Hier steckt also die »echte« Arbeit drin. Wir müssen aber auch anderen Programmteilen die Möglichkeit geben, überhaupt zu wissen, welche Nachrichten akzeptiert werden. Denken Sie nur an unseren wackeren Button, der uns eine Nachricht schicken sollte, wenn er geklickt wird. Dazu muss er die Nachricht kennen. Und daher wird diese für ihn in einer eigenen Datei, der Headerdatei gleichermaßen »freigegeben«, »bekannt gemacht«, wie auch immer Sie es nennen wollen. Diese Datei – unser »Inhaltsverzeichnis« – werden wir später im Interface Builder verwenden.

Klicken Sie jetzt auf *Finish*, um die Klasse – genauer: ihr Grundgerüst – erzeugen zu lassen. In der Projektleiste links sind jetzt zwei Dateien hinzugekommen.

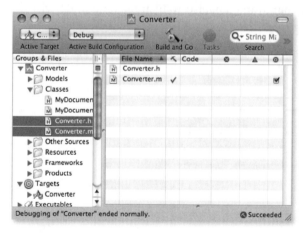

Es finden sich zwei neue Dateien für unsere Klasse in der Projektleiste.

> **TIPP**
>
> Falls diese Dateien an anderer Stelle in die Projektleiste eingefügt wurden, sollten Sie sie jetzt in die Gruppe *Classes* verschieben, damit wir auf demselben Stand sind. Können Sie sie gar nicht finden, so wählen Sie den obersten Eintrag *Converter* der Projektleiste an und geben Sie »Converter« in das Suchfeld rechts oben in der Werkzeugleiste ein. Es sollten dann rechts die einzelnen Treffer erscheinen. Ziehen Sie von dort *Converter.m* und *Converter.h* in die Gruppe *Classes*. Achten Sie künftig darauf, dass vor der Erzeugung eigener Klassen die richtige Gruppe *Classes* angewählt ist.

Schauen wir uns den Kram an, den Xcode für uns erzeugt hat. Zunächst öffnen Sie durch einen Doppelklick auf *Converter.h* die Headerdatei. Bitte nicht erschrecken! Sie wird in etwa so aussehen, wobei der Copyrighttext freilich anders aussieht:

```
//
//  Converter.h
//  Converter
//
//  Created by Amin Negm-Awad on Do,03.01.08.
//  Copyright 2007 Software #9811. All rights reserved.
//

#import <Cocoa/Cocoa.h>


@interface Converter : NSObject {

}

@end
```

Gehen wir das einmal durch:

Alle Zeilen, die mit // beginnen, sind sogenannte Kommentarzeilen. Dahinter verbirgt sich nur eine Anmerkung des Programmierers. Das eigentliche Programm wird hiervon nicht beeinflusst. Wenn Sie noch einmal in das erste Kapitel gedanklich zurückkehren, erinnern Sie sich daran, dass der Präprozessor für den Compiler die verschiedenen Sourcetexte zusammenbaute. Hierbei entfernt er automatisch alle Kommentare, so dass der Compiler sie gar nicht erst sieht.

> **TIPP**
>
> Sie sollten sich angewöhnen, Ihren Code mit derartigen Anmerkungen zu versehen, damit Sie später noch wissen, was Sie seinerzeit dachten. Ich werde hiervon auch hin und wieder Gebrauch machen, um kurze Erläuterungen einfließen zu lassen.

Als Nächstes folgt eine Zeile, die mit `#import` beginnt. Dies dient dazu, dass diese Datei alles kennt, was in Cocoa definiert ist. Ich hatte dazu im ersten Kapitel ja schon ein paar Takte verloren.

Mit `@interface` beginnt die eigentliche Programmierung unserer Klasse. Jetzt wird's spannend! Dieses Schlüsselwort leitet unsere neue Klasse ein. Daher erscheint als Nächstes der Name unserer neuen Klasse *Converter*, damit der Compiler diese kennt. Danach folgt ein Doppelpunkt sowie die Angabe der sogenannten Basisklasse *NSObject*. Ich gehe erst im nächsten Kapitel auf das System der Basisklassen und Vererbung ein, weil wir das hier noch nicht benötigen. Es wird Sie noch beschäftigen, glauben Sie mir …

Als Nächstes folgt ein Paar geschweifter Klammern, also { ([Wahltaste]+[8]) in derselben Zeile und } ([Wahltaste]+[9]), eine Zeile tiefer die Liste der Instanzvariablen. Dies sind Speicherplätze, die automatisch für unser Objekt angelegt werden. Sie können sich das hier vereinfacht als Eigenschaften des Objektes denken. Ich hatte ja schon gesagt, dass die Klasse eine Beschreibung der Eigenschaften enthält. Und genau diese gehört hierher.

> **GRUNDLAGEN**
>
> Wie Sie später noch sehen werden, ist eine Eigenschaft nicht exakt dasselbe wie eine Instanzvariable. Es besteht jedoch ein innerer Zusammenhang.

Also fangen wir mal damit an, ganz rudimentär: »Anfangen« heißt beim Programmieren stets, mit dem Denken anzufangen. Und wir müssen uns jetzt überlegen, welche Eigenschaften unser Converter haben soll. Er soll ja den Eingabewert aus einem Textfeld lesen, mit einem Umrechnungsfaktor in einem anderen Textfeld, welches den Umrechnungsfaktor enthält, multiplizieren und das Ergebnis in ein drittes Ausgabe-Textfeld schreiben. Dazu muss er diese Textfelder aber kennen. Deshalb machen wir eine Verbindung zu diesen Textfeldern als Eigenschaften unserer Instanz.

> **GRUNDLAGEN**
>
> Im ersten Kapitel hatten wir Eigenschaften, die ein Objekt beschreiben, wie etwa die Tastenzahl. Diese Eigenschaften nennt man »Attribute«. Eine Eigenschaft kann aber auch darin liegen, dass eine Beziehung zu einem anderen Objekt besteht. Diese Eigenschaften nennt man eben »Beziehung«, »Relation« oder »Relationship«.

Geben Sie folgenden Code ein. Ich habe die Änderung/Ergänzung in Fettdruck gesetzt, damit Sie sie leichter finden. Im Editor in Xcode erscheint dies freilich nicht. Vielmehr färbt Xcode den Sourcetext nach eigenen Regeln ein, den Kommentar etwa grün.

```
...
@interface Converter : NSObject {
    IBOutlet NSTextField*    inputTextField;
    IBOutlet NSTextField*    factorTextField;
    IBOutlet NSTextField*    outputTextField;
}

@end
```

Was heißt das jetzt? Beginnen wir ganz rechts. Hier steht der Name der Eigenschaft, die wir definieren. Ich habe also für die drei Textfelder die Namen inputTextField, factorTextField und outputTextField gewählt. Abgeschlossen wird übrigens eine solche Definition mit einem Semikolon, wie Sie erkennen können.

Ganz am Anfang steht stets `IBOutlet`. Dies beeinflusst unser Programm gar nicht. Es ist nur ein Hinweistext für den Interface Builder, dass wir hier eine Eigenschaft haben, die wir mit Objekten im Interface Builder verknüpfen wollen. Sie können sich das so vorstellen, dass für den Interface Builder die entsprechende Zeile mit einem Marker gekennzeichnet wird, damit er sie findet. Aber wie gesagt: Mit der Funktionalität unseres Programms hat das nichts zu tun. Bleibt der komplizierte mittlere Teil, das `NSTextField`. Jede unserer Eigenschaften hat einen sogenannten Typen. Mit diesem Typen geben wir an, welche Art von Eigenschaft wir haben, also Text, Zahlen usw. In unserem Falle geben wir an, dass unsere Eigenschaft eine Beziehung auf ein Textfeld ist. Dieses Textfeld ist ja ein Objekt und hat die Klasse `NSTextField`. Daher steht dort `NSTextField`. Das Sternchen bedeutet so viel wie »Verweis«.

▶GRUNDLAGEN

»NS« steht für »NextStep« und bezeichnet damit diejenigen Dinge, die im Kern von Cocoa vorhanden sind. NextStep ist sozusagen der Vorläufer von Cocoa.

Nach der geschweiften Klammer sind wir aber noch nicht am Ende. Ich hatte Ihnen ja als Sinn und Zweck einer Headerdatei genannt, dass man Nachrichten bekannt machen kann. Und diese Nachrichten, in unserem Falle nur eine, werden nach der geschlossenen geschweiften Klammer und vor dem `@end` aufgelistet. Fügen wir das ein:

```
…
@interface Converter : NSObject {
    IBOutlet NSTextField*     inputTextField;
    IBOutlet NSTextField*     factorTextField;
    IBOutlet NSTextField*     outputTextField;
}

- (IBAction)calculate:(id)sender;
@end
```

Der Bindestrich am Anfang signalisiert lediglich, dass es sich um eine Nachricht für unser Controller-Objekt handelt. Danach folgt in der runden Klammer wiederum ein reiner Hinweis für den Interface Builder, damit er die Nachricht erkennen kann. Mit calculate: wird die eigentliche Nachricht angegeben. sender ist ein sogenannter Parameter und erfreut uns später. id ist wiederum der Typ dieses Parameters, ebenso wie bei unseren Eigenschaften. Auf das Wesentliche reduziert bedeutet diese Zeile also, dass wir eine Nachricht des Namens calculate: empfangen können. Gut, das war jetzt die Headerdatei. Bitte speichern Sie die noch mit [Befehl]+[S] oder über das Menü *File|Save*.

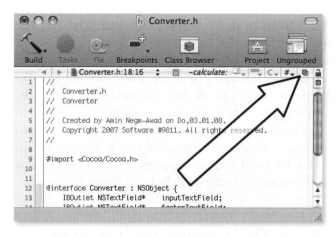

Der Wechsel zwischen den beiden Dateien einer Klasse ist schnell getan.

Kommen wir zur Implementierung. Sie könnten jetzt natürlich das Fenster mit Converter.h schließen und stattdessen Converter.m in der Projektleiste mit einem Doppelklick öffnen. Da aber Header- und Implementierungsdatei eng verzahnt sind, sieht Xcode die Möglichkeit vor, in einem Fenster zwischen den beiden hin- und herzuwechseln. Dazu dient das kleine Symbol mit zwei Blättern rechts oberhalb des eigentlichen Textes. Klicken Sie hierauf, und es erscheint die Implementierungsdatei Converter.m (achten Sie auf den Titel des Fensters!). Sie sollte in etwa so aussehen:

```
//
//  Converter.m
//  Converter
//
//  Created by Amin Negm-Awad on Do,03.01.08.
//  Copyright 2007 Software #9811. All rights reserved.
//

#import "Converter.h"


@implementation Converter

@end
```

Zunächst erscheinen hier also wieder die unwichtigen Kommentare am Anfang der Datei. Ich werde diese übrigens zukünftig nicht mehr mit abdrucken. Sie haben keinen Sinngehalt und verbrauchen nur Papier – und damit Ihr Geld. Dann folgt wieder ein Import, diesmal von Converter.h, also unserer eigenen Headerdatei. Na, das ist ja auch klar: Wir müssen uns selbst schon kennen. Daher importiert eine Implementierungsdatei stets ihre Headerdatei. Übrigens: Da die Headerdatei ihrerseits Cocoa.h importierte, ist das jetzt hier auch bekannt.

Dann folgt ein Bereich, der mit `@implementation` beginnt und mit `@end` abgeschlossen wird. Dies ist dann die Implementierung unserer Klasse. Hier muss also unsere Methode -calculate: von uns programmiert werden.

Na, dann legen wir doch einmal los und fügen den folgenden Text ein:

```
...
@implementation Converter
- (IBAction)calculate:(id)sender
{
    NSLog( @"Hallo!" );
}
@end
```

Zunächst sehen Sie, dass wir die Bekanntgabe der Methode wiederholen. Diesmal beenden wir die Zeile aber nicht mit einem Semikolon, sondern mit einer geöffneten geschweiften Klammer. Und dies ist der Unterschied: Während das Semikolon nur die Bekanntgabe (Deklaration) abschließt, befinden sich in den geschweiften Klammern dann unsere wirklichen Operationen (Definition). In diesem Falle haben wir nur eine Operation eingefügt, dieses komische `NSLog()`. Es handelt sich dabei um eine Operation, die einfach den Text in der Klammer und dann zwischen @" und " ausdruckt. Man nennt dies zwischen den Hochkommata auch eine »String-Konstante«, also einen Text, der fest in unserem Programm verankert ist. `NSLog()` kann unter anderem solchen Text ausdrucken.

Gut, das war es dann zunächst mit unserer Implementierung. Richtig, hier wurde noch nichts umgerechnet. Da Sie gerade aber ziemlich angestrengt zwischen den Dateien herumgehüpft sind, wollen wir das Gelernte zunächst abschließen und testen.

Objekt herstellen

Wechseln Sie hierzu zunächst in den Interface Builder mit *MyDocument.xib*. (Doppelklick am Ende der Projektleiste usw. Sie können das jetzt schon.) Ich hatte Ihnen ja bereits gesagt, dass wir Markierungen in unseren Text eingegeben hatten, die der Interface Builder später versteht.

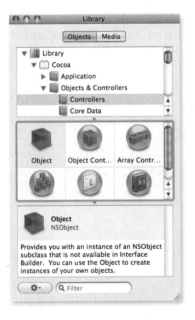

Gehen Sie in die Library und suchen Sie dort nach *Cocoa, Objects & Controllers*, darin nach *Controllers*. Anklicken. Jetzt haben Sie im mittleren Teil der Library eine Auswahlmöglichkeit *Object*. Sie erinnern sich ja an meine Rede, dass die eigentliche Funktionalität unseres Programms in der Controller-Schicht implementiert wird. Aha, deshalb müssen wir jetzt dorthin.

Die Controller-Objekte: Hier bedienen wir uns auch für unseren eigenen Controller Converter.

Gut. Das ist ja gewissermaßen wiederum nur die Klasse unseres Controllers, hatte ich ja lang und breit erklärt. Wir brauchen aber auch ein entsprechendes Objekt. Bisher hatten wir die Elemente aus der Library an die entsprechende Stelle im Dokumentenfenster gezogen. Das ist jetzt aber Blödsinn, weil unser Converter ja nicht im Fenster sichtbar ist. Deshalb ziehen wir das Element in das Hauptfenster. Bitte nennen Sie es nach einem Klick auf den Text *Object* in *Converter* um.

Umrechner – Die erste Applikation

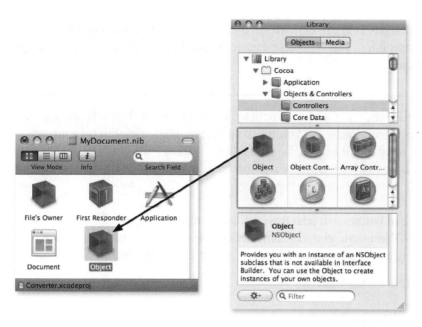

Wir ziehen uns ein Objekt in das Hauptfenster: Objekt erzeugt!

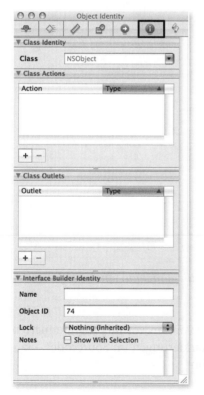

Wir haben erneut ein Objekt erzeugt. Aber irgendwie stimmt da etwas noch nicht. Mit keinem Wort haben wir dem Interface Builder gesagt, welche Klasse dieses Objekt haben soll. Und jetzt kommt wiederum der Inspector ins Spiel. Zunächst wählen Sie im Hauptfenster das neu hinzugefügte Objekt aus. Klicken Sie dann im Menü *Tools* auf den Menüeintrag *Inspector*, um das Fenster zu öffnen, falls es geschlossen sein sollte, oder um es in jedem Falle nach vorne zu holen.

Die Einstellungen für das Objekt im Interface Builder

Klicken Sie oben das Feld mit dem »i« im blauen Kreis an, um das sogenannte *Identity*-Pane auszuwählen. Das Inspector-Fenster sollte dann in etwa so wie hier abgebildet aussehen.

> **➤TIPP**
>
> Sie können hier alle möglichen Einstellungen für alle möglichen Objekte treffen, etwa die Hintergrundfarbe des von uns eingefügten Textfeldes. Ein bisschen spielen wir auch noch damit herum. Im Laufe dieses Buches wird uns aber der Inspector häufiger über den Weg laufen. Er gehört ebenso wie die Library zu den Hauptwerkzeugen.

Gleich ganz oben können wir jetzt unsere Klasse eintragen. Tippen Sie dort, wo jetzt noch grau *NSObject* steht, einfach *Converter* ein. Sie haben damit den Interface Builder angewiesen, ein Objekt unserer Klasse »Converter« zu erzeugen.

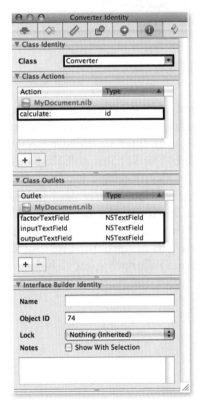

Unsere Liebesmüh glänzt auf einmal auf dem Monitor.

Und, es geschehen noch Zeichen und Wunder! Die von uns vorhin programmierten Outlets und Actions – Sie erinnern sich an die Markierungen im Sourcecode? – tauchen hier wieder auf. Die Mühe hat sich also gelohnt.

> **AUFGEPASST**
>
> Es kann passieren, dass der Interface Builder die Erweiterung des Projektes nicht mitbekommen hat. Wichtigster Fall ist hierbei, dass Sie ihn nicht aus Xcode gestartet haben. In diesem Falle beenden Sie bitte den Interface Builder und starten ihn aus Xcode erneut mit einem Klick auf die Nib-Datei in der Projektleiste. Wenn alle Stricke reißen, können Sie auch im Interface Builder *File|Reload All Class Files* anklicken.

Gehen wir das Ganze noch einmal durch:

- Wir haben eine Klasse »Converter« programmiert, damit wir unsere Funktionalität hinzufügen können.
- In der Headerdatei dieser Klasse haben wir die Eigenschaften gespeichert, wobei es sich in diesem Falle um drei Outlets handelte.
- Ebenfalls in der Headerdatei haben wir eine Methode angegeben, die unsere Klasse beherrscht.
- In der Implementierungsdatei haben wir dann die Methode programmiert.
- Die Headerdatei wurde durch den Interface Builder eingelesen. Dadurch lernt dieser unsere Outlets und Methoden kennen.
- Wir haben ein Objekt erzeugt, indem wir es aus der Library entnahmen.
- Wir haben im Inspector eingestellt, dass die Klasse des Objektes Converter sein soll.
- Dadurch kannte der Interface Builder unsere Outlets und unsere Methode und zeigt sie jetzt für das Objekt im Inspector an.

Einigermaßen klar? Keine Sorge, diese Handgriffe werden wir noch einige Male wiederholen und sie werden Ihnen ins Blut übergehen.

Verbindungslinien zwischen Controller und View

Nun, es ist schön, dass der Interface Builder unsere Arbeit angemessen respektiert. Aber irgendwie müssen wir uns diese jetzt auch zu nutzen machen. Fangen wir mit der Nachricht an. Wenn Sie noch einmal ein paar Seiten zurückgehen, erinnern Sie sich an das System: Der Button bekommt die Nachricht „klick", wenn er gedrückt wird. Und er soll dann uns eine Nachricht schicken. Das sagen wir ihm jetzt, indem Sie bei gedrückter [Ctrl]-Taste eine Verbindung vom Button auf unser neues Objekt im Hauptfenster ziehen.

Durch das Ziehen einer Verbindung teilen wir dem Button mit, an welches Objekt er die Nachricht schicken soll.

Wenn Sie dann im Converter angekommen die Maustaste wieder loslassen, erscheint ein kleines, schwarzes Fenster (HUD, Heads-up-Display), welches die von uns programmierte Methode *calculate:* anzeigt. Klicken Sie hierauf. Damit haben wir dem Button mitgeteilt, dass er bei einem Klick eine calculate:-Nachricht an unseren Converter senden soll. Dieser empfängt die Nachricht und führt daraufhin die Operationen, die wir programmiert hatten, aus. Et voilá!

> **➤TIPP**
>
> Achten Sie unbedingt darauf, dass der Button selbst selektiert ist, wenn Sie die Verbindung ziehen. Ansonsten kann der Interface Builder keine Zurodnung treffen und das HUD erscheint nicht.
>
> Vielleicht wundern Sie sich, dass von »Actions« und nicht von »Messages« die Rede ist, was ja die englische Übersetzung von »Nachricht« ist. Actions sind spezielle Nachrichten, die ein Element der View-Schicht wie unser Button verschickt. Diese Art des Programmierens, also Nachrichten von Views losschicken zu lassen, nennt man auch »Action-Target-Muster«, wobei Action eben für die Nachricht wie »calculate:« und Target für den Empfänger wie unser Converter-Objekt steht.

Bevor wir das aber probieren, setzen wir noch die Eigenschaften. Auch hier kurz rekapituliert: Wir hatten eine Klasse Converter geschrieben, die ja auch die Eigenschaften beschrieb. Die konkreten Werte der Eigenschaften wurden aber in dem Objekt gespeichert, also in dem blauen Würfel, den wir jetzt im Hauptfenster als Converter-Objekt sehen. Ziel war es, mithilfe dieser Eigenschaften auf die verschiedenen Textfelder im Fenster zu verweisen, um dort die Werte abzuholen oder herein zuschreiben. Stellen wir also die Verbindungen her:

Ziehen Sie wiederum mit gedrückter [Ctrl]-Taste eine Verbindung, diesmal vom Converter-Objekt zum obersten unserer Textfelder.

Die Eigenschaften des Converters werden ähnlich gesetzt.

Wenn Sie loslassen, geht wiederum ein kleines, schwarzes Fenster auf, in dem Sie diesmal drei Auswahlmöglichkeiten haben. Klar, wir hatten ja auch drei Eigenschaften. Wählen Sie *inputField* aus, da in dieses oberste Textfeld der Benutzer den Ausgangswert eingeben soll. Wiederholen Sie den Vorgang mit dem Textfeld darunter und wählen Sie *factorTextField* aus. Schließlich machen Sie dies ein drittes Mal mit dem Textfeld, welches mit »Label« beschriftet ist. Hier bitte im schwarzen Fenster *outputTextField* anklicken. Sie können sich diese Verbindungslinien wie Telefonleitungen vorstellen, über die wir später unsere Nachrichten verschicken werden.

Wir haben jetzt also einmal den Button mit unserem Converter verbunden, damit der Button eine Nachricht an den Converter versendet. Außerdem haben wir umgekehrt dreimal die Eigenschaften des Converters gesetzt, indem wir ihn mit den Textfeldern verbanden. Kann man sich das auch ansehen? Ja, kann man, und zwar im Inspector. Dazu klicken Sie oben in der Leiste auf den Kreis mit dem Pfeil, um zum Connnections-Pane. Wenn Sie zudem den Converter im Hauptfenster MyDocument.xib anwählen, können Sie mit der Maus über die Punkte am Ende fahren.

Er ändert sich zu einem Pfeil, und im Dokumentenfenster wird das entsprechende Objekt angezeigt. Schön, nicht wahr?

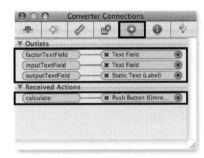

Zusammengefasst: die Beziehungen unseres Converters

Gut, jetzt aber. Hauptfenster schließen und in Xcode wieder auf *Build and Go* klicken. Unser Programm startet und wird angezeigt. Klicken Sie jetzt auf den Button, damit der Text »Hallo« ausgegeben wird. – Und es passiert nichts. [Zensiert]! Keine Panik, alles ist in Ordnung: Wir hatten ja den Text mittels `NSLog()` ausgegeben. Dieser erscheint dann nicht in unserem Dokumentenfenster, sondern in einem eigenen Textfenster. Sie können dies in Xcode im Menü *Run* unter dem Eintrag *Console* öffnen. Dort steht dann neben vielem, was hier nicht interessiert, auch unser »Hallo!«. Klicken Sie in diesem Fenster oben rechts auf *Clear Log* und wechseln Sie, ohne das Fenster zu schließen, wieder in unser Programm. Klicken Sie dort erneut auf den *Umrechnen*-Button. Siehe da, es wird stets ein »Hallo!« in der Konsole hinzugefügt.

> **➤TIPP**
>
> Da wir dieses Fenster häufiger zum Testen verwenden, empfiehlt es sich, es automatisch beim Programmstart öffnen zu lassen. Gehen Sie hierzu in die *Preferences* (Im *Xcode*-Menü) von Xcode und wählen Sie oben in der Leiste *Debugging*. Darunter können Sie dann neben der Bezeichnung *On Start* die Option *Show Console* angeben. Ich werde hier übrigens nicht immer die gesamte Zeile zitieren, wenn ich darauf Bezug nehme. Der erste Teil enthält das aktuelle Datum und die Uhrzeit, was bei Ihnen ja ohnehin anders aussieht. Außerdem wird die Prozessnummer angezeigt, sozusagen die interne Nummer des Programms in OS X. Das interessiert uns hier nicht.

Beenden Sie wieder das Programm über sein Menü mit *Converter|Quit Converter* oder im Projektfenster von Xcode mit dem *Tasks*-Button in der Werkzeugleiste.

> **➤HILFE**
>
> Sie können das Projekt in diesem Zustand als Projekt-02-04 von der Webseite herunterladen.

Aber es hat sich noch etwas getan, was ich Ihnen kurz demonstrieren möchte: Vielleicht erinnern Sie sich an die Projektleiste mit dem Eintrag *Project Symbols*. Klicken Sie ein Mal darauf. (Nicht doppelklicken!) In der rechten Seite des Projektfensters von Xcode erscheint jetzt eine ziemlich lange Liste. Geben Sie oben rechts bei *Search* in der Werkzeugleiste »cal« ein, um die Liste zu filtern. Und siehe da, rechts können Sie unsere Methode calculate: erkennen. Löschen Sie das Suchfeld wieder und geben Sie dort »outputt« ein. Und, schwubb, rechts in der Liste erscheint die von uns eingegebene Eigenschaft. Der Hinweis »Instance (Variable)« bedeutet übrigens, dass es sich um die Eigenschaft eines Objektes handelt. In der rechten Spalte sehen Sie dann den Ort. Wenn Sie auf den ersten Treffer in der Liste rechts doppelklicken, landen Sie gleich an der entsprechenden Stelle unseres Programms.

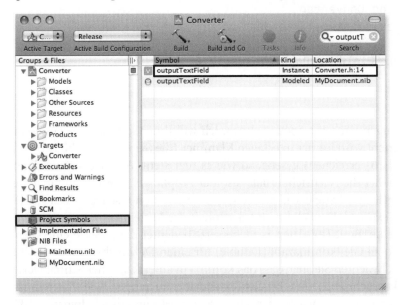

Sämtliche Symbole unseres Programmes und ihr Ort

Xcode-Editor: erste Schritte des Programmierens

Gut, dieser Log ist natürlich eine ungemein feine Sache für den Benutzer, sieht er ihn doch nicht. Sie können also Ihren Kunden sagen: »Doch, doch, das Programm macht schon, was es soll, Sie merken davon aber nichts.« Das erspart auch lästige Fehlersuche … Ja, das war Ironie. Wir müssen dem Anwender das Ergebnis schon präsentieren:

Nachrichten – Wir beginnen zu sprechen

Daher will ich nicht gleich mit der Umrechnerei loslegen, sondern zunächst irgendwas ins Fenster bringen. Dass ich dies vorziehe, hat einen einfachen Grund: Wir müssen dazu selbst eine Nachricht verschicken. Sie lernen also, wie das geht.

Öffnen Sie in Xcode wieder *Converter.m* durch einen beherzten Doppelklick hierauf in der Projektleiste. Wir ändern jetzt die Operation in der Methode -calcluate: wie folgt. Fangen Sie aber noch nicht an. Wir machen das gleich gemeinsam:

```
...
@implementation Converter
- (IBAction)calculate:(id)sender
{
    [outputTextField setDoubleValue:17.02];
}
@end
```

Lassen Sie die Augen zunächst noch im Buch. Ich will Ihnen kurz das System erläutern: Eine Nachricht wird immer in eckigen Klammer (die Sie ja mit [Wahltaste]-[5] und [Wahltaste]-[6] erreichen) gesetzt, so wie es hier steht. Als Erstes muss dann derjenige stehen, der die Nachricht erhält, also der Empfänger. Wir wollen hier eine Nachricht an das letzte Textfeld schicken, damit dort ein Wert erscheint. Also schreiben wir outputTextField. Danach kommt der Inhalt der Mitteilung, was in unserem konkretem Falle `setDoubleValue:` ist. Übersetzt bedeutet dies: »Setze eine Gleitkommazahl«, wobei Gleitkommazahl (Double) für einen Dezimalbruch wie 452,12 oder 21,88 steht. Beachten Sie aber, dass das Komma in amerikanischer Schreibweise mit einem Punkt geschrieben wird. Da das Textfeld aber auch irgendwie wissen muss, welchen Wert es setzen soll, lassen wir nach dem Doppelpunkt diesen folgen: 17.02. Man nennt dies den »Parameter der Nachricht«. Auch unsere Methode bekam einen Parameter. sender, für den wir uns nicht interessierten. Hier ist er aber interessant.

Insgesamt bedeutet diese Zeile also: »Output-Textfeld, setze die Gleitkommazahl 17,02.«

Tippen wir das in den Computer ein. Aber ich verrate Ihnen noch einen kleinen Trick: Geben Sie die neue Zeile zunächst nicht vollständig ein, sondern nur bis zum `set`.

```
[outputTextField set
```

Drücken Sie dann die [Esc]-Taste. Es geht ein kleines Fensterchen auf, welches eine ganze Liste enthält. Dies sind die Nachrichten, die ein Textfeld empfangen kann. Bitte erinnern Sie sich, dass unsere Eigenschaft outputTextField ja ein Verweis auf ein Textfeld war. Xcode bemerkt dies und bietet uns daher die passenden Nachrichten an, also jene, die ein Textfeld versteht. Tippen Sie jetzt das »D« und sehen Sie, wie sich die Auswahl verkleinert. Es verbleiben nur noch drei Nachrichten, von denen Sie *setDoubleValue:* mit den Pfeiltasten auswählen. Drücken Sie die Tabulatortaste und bewundern Sie, dass Xcode automatisch die Nachricht eingefügt hat und dahinter ein recht kryptisches Feld markiert:

```
[outputTextField setDoubleValue:(double)aDouble
```

Immer, wenn Sie eine Nachricht über dieses Menü einfügen, werden die übermittelten Parameter mit Platzhaltern versehen. Mit [Crtl]+[Shift]+7 (also [Ctrl]+[/]) können Sie den jeweils nächsten Platzhalter markieren. Der erste Parameter ist jetzt aber schon markiert. Daher können Sie gleich lostippen: »17.02«. Abschließend bitte die geschlossene eckige Klammer und das Semikolon nicht vergessen. Das muss da also am Ende stehen:

```
[outputTextField setDoubleValue:17.02];
```

> **TIPP**
>
> Die Tastaturkürzel können Sie wiederum in den Xcode-Preferences unter *Key Bindings* einstellen.

Jetzt machen Sie noch etwas Schickes: Bei gedrückter Befehlstaste doppelklicken Sie auf den Text »outputTextField«. Ah, Sie landen gleich in der Definition der Eigenschaft im Header. Das ist praktisch.

Schließen Sie jetzt beide Fenster, speichern Sie die Änderungen ab und starten Sie erneut das Programm mit einem Klick auf *Build and Go*. Wenn Sie jetzt auf den Umrechnen-Button klicken, dann erscheint im outputTextField tatsächlich »17,02«.

> **AUFGEPASST**
>
> Sollte bei Ihrer Eingabe ein krummer Wert knapp daneben erscheinen, so ist das weder schlimm noch erstaunlich. Das liegt daran, dass Computer entgegen einem sogar bei Programmierern verbreiteten Irrglauben mit Dezimalbrüchen nur ganz schlecht rechnen können. Bei meinem Rechner wird etwa der Ausgangswert 3 mit einem Faktor 1,6 zu 4,80000…001 multipliziert. Sie können sich für die Zukunft merken: Wenn es auf das exakte Ergebnis ankommt, verwenden Sie keine Dezimalbrüche.

Hey, Sie haben einen Riesenschritt gemacht! Das Programm macht jetzt schon etwas, was Sie ihm gesagt haben. Endlich sind nicht mehr Sie Sklave Ihres Computers, sondern umgekehrt.

Noch einmal rekapituliert: Wir versenden eine Nachricht »setze Gleitkommazahl« an das Textfeld und übergeben dabei den Parameter »17.02«. Daher zeigt dann das Textfeld diesen Wert an.

Noch nicht ganz klar, nicht wahr? Na, Sie haben ja auch noch einige Seiten vor sich, da können Sie ja nicht schon jetzt alles verstanden haben …

> **HILFE**
>
> Sie können das Projekt in diesem Zustand als Projekt-02-05 von der Webseite herunterladen.

Variablen und Returnwerte – Fragen und Antworten

Öffnen Sie in Xcode wieder Converter.m und erweitern Sie die Methode:

```
...
- (IBAction)calculate:(id)sender
{
    double result = 17.02;
    [outputTextField setDoubleValue:result];
}
...
```

Zuerst einmal fügen wir eine Zeile ein. Der linke Teil (vor dem Gleichheitszeichen) ist etwas komplizierter. Hier müssen Sie sich an den Mathematikunterricht erinnern. Ich hoffe doch, dass das nicht zu sehr in Angstschweiß endet. result ist eine sogenannte Variable, wie Sie sie auch aus der Mathematik kennen: »x = 5«, Sie wissen schon. Bei Computern müssen wir aber notieren, was in einer Variablen gespeichert werden soll, sozusagen welche Art von Zahl. `double` steht hierbei wiederum für Dezimalbruch. Wir sagen also: »Ich möchte eine Variable mit dem Namen result, die einen Dezimalbruch speichern kann.« Und dann geben wir auch gleich dieser Variablen einen Wert, nämlich 17,02. Dies erfolgt durch das Gleichheitszeichen.

> **GRUNDLAGEN**
>
> Auch in der Mathematik gibt es übrigens Typen von Variablen, nur nicht so ausdrücklich genannt. x enthält in etwa in der Regel eine »normale« Zahl. Aber vielleicht haben Sie auch mit Winkeln gerechnet. Das ist jetzt ein anderer Typ von Zahl. Und hier verwendet man kleine griechische Buchstaben: α Also auch in der Mathematik wurde der Typ einer Variablen angegeben, nur eben für Insider durch Auswahl des Buchstabens für den Variablennamen.

Man könnte diesen Sinn auch in zwei Zeilen schreiben:

```
double result;
result = 17.02;
```

Die erste Zeile legt die Variable fest (definiert sie), die zweite Zeile weist den Wert zu.

> **GRUNDLAGEN**
>
> Hier fällt es auf, dass die Definition der Variablen sehr der Definition der Eigenschaft im Header entsprach. Lediglich die Markierung `IBOutlet` ist unterschiedlich. Und diese beeinflusste ja gerade nicht unser Programm, sondern diente nur als Hinweis an den Interface Builder. Und so ist es auch: Bei den Eigenschaften spricht man auch von »Instanzvariablen«. Sie sind eben die Variablen eines Objektes. In dem jetzigen Falle hatten wir eine Variable innerhalb einer Methode definiert. Derlei Variablen werden umgangssprachlich und nicht ganz scharf »lokale Variablen« genannt. Und wenn Sie jetzt noch einmal in die Zeile mit unserer Methode schauen, so erkennen Sie dort »(id)sender«. Die Klammerung hat nur technische Gründe, so dass Sie das als »id sender« lesen können. Sieht wieder aus wie eine Variablendefinition … Und siehe da: Es ist eine Variablendefinition, nämlich die einer sogenannten Parametervariablen.

Gut, schauen wir wieder in unseren Sourcetext und dort auf die zweite Änderung:

```
[outputTextField setDoubleValue:result];
```

Der Parameter hinter `setDoubleValue:` hat sich geändert. Dort steht jetzt result anstelle von »17.02«. Aber wir hatten ja der Variablen result gerade erst 17,02 zugewiesen. Also wird beim Programmlauf exakt dieser Wert an der Stelle eingesetzt. Das Ergebnis ist, dass unser Programm genau das macht, was es schon vorher machte. Starten Sie es einmal mit *Build and Go* und schauen Sie nach. Sehen Sie! Programm wieder mit *Quit Converter* oder [Befehl]+[Q] im Programm selbst oder in Xcode mit der Schaltfläche *Tasks* in der Werkzeugleiste beenden.

Na, da war ich aber ein Scherzkeks. Ich erkläre Ihnen hier komplizierte Sachen mit Variablen und Zuweisungen, und am Ende kommt nichts Neues dabei heraus. Neeee, neeee, so ist das nicht: Sie haben eine grobe Vorstellung davon bekommen, was eine Variable ist. Und das brauchen wir jetzt. Wir verändern nun nämlich erneut die Methode:

```
- (IBAction)calculate:(id)sender
{
    double result = [inputTextField doubleValue];
    [outputTextField setDoubleValue:result];
}
```

Sie verstehen vielleicht schon den geänderten Teil: Wieder wird eine Nachricht verschickt, nämlich die Nachricht doubleValue an das inputTextFeld. Aber diese Nachricht unterscheidet sich von der letzten: Sie ist kein Befehl »setze die Zahl 17,02«, sondern eine Nachfrage: »Welche Zahl hast du?« Bei dem inputTextField handelte es sich ja um unser oberstes Textfeld, in das der Benutzer etwas eingeben konnte. Und das, was der Benutzer eingegeben hat, wird hier abgefragt. Als Lohn für unsere Frage-Nachricht liefert uns das inputTextField die vom Benutzer eingegebene Zahl. Und die speichern wir jetzt in der Variablen result.

Kommen wir zurück zu unserem Programm: In der nächsten Zeile

```
[outputTextField setDoubleValue:result];
```

wird exakt diese Zahl aus der ersten in das unterste Textfeld geschrieben. Wenn wir das also alles zusammen nehmen, dann müsste bei einem Druck auf den Umrechnen-Button unten die Zahl erscheinen, die vom Benutzer eingegeben wurde. Das gilt es zu überprüfen! *Build and Go* geklickt und im obersten Textfeld einen Wert eingeben. Dann ein Klick auf den *Umrechnen*-Button ... Siehe da!

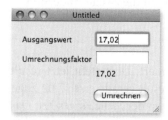

Unser Programm nimmt langsam Formen an.

Aber wenn Sie jetzt mal eine andere Zahl eingeben, dann erscheint unten nach dem Klick auf den Button eben auch eine andere Zahl. Was passiert eigentlich, wenn Sie gar keine Zahl eingeben, sondern einen Text? In diesem Falle wird einfach eine 0 genommen.

Beenden Sie wieder unser Programm über sein Menü oder schließen Sie es mit dem *Task*-Button in der Werkzeugleiste von Xcode ab.

> **HILFE**
>
> Sie können das Projekt in diesem Zustand als Projekt-02-06 von der Webseite herunterladen.

Dokumentation und Research Assistant

Als Nächstes will ich Ihnen zwei wichtige weitere Fähigkeiten von Xcode demonstrieren. Die erste ist die Dokumentationsmöglichkeit, die zweite, die Fehleranzeige folgt dann im nächsten Abschnitt.

Öffnen Sie mit einem Doppelklick in der Projektleiste Converter.m und gehen Sie mit dem Cursor auf die Stelle, in der `doubleValue` steht. Führen Sie einen Doppelklick bei gedrückter Wahltaste auf das Wort doubleValue durch. Nach einigen Sekunden des Wartens erscheint ein neues Fenster, das Dokumentationsfenster. Sie können

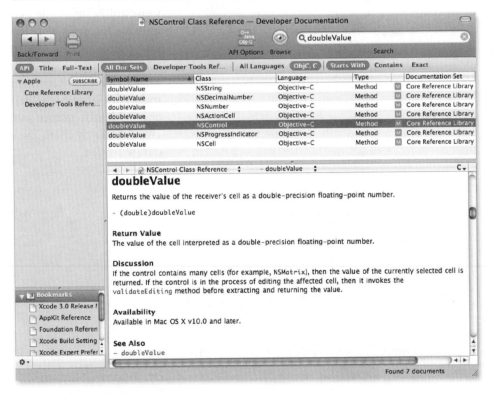

Jede Methode jeder Klasse ist in Xcode dokumentiert.

übrigens oben rechts das Suchfeld verwenden, um nach einer Methode oder einer Klasse zu forschen. Das Dokumentationsfenster lässt sich auch unabhängig vom Sourcecode im Menü *Help* mit dem Eintrag *Documentation* öffnen. Bei dem hier durchgeführten Doppelklick ist automatisch der Text »doubleValue« in das Suchfeld eingetragen worden. In der Liste darunter finden Sie alle Suchtreffer. In der zweiten Spalte sehen Sie die Klasse, in der `-doubleValue` definiert wird. Bei einem Textfeld, wie wir es verwendet haben, handelt es sich um eine Instanz der Klasse `NSControl`. Wählen Sie diese Zeile aus. Darunter erscheint dann die Beschreibung der Methode. Sie werden das vermutlich noch nicht verstehen, aber Sie sollten sich merken, dass man mit [Wahltaste]+Doppelklick an die Dokumentation kommt. Schließen Sie das Fenster jetzt wieder.

Eine andere Möglichkeit der Hilfe besteht im Research Assistant, dem länglichen Fenster, das Ihnen vielleicht schon aufgefallen ist (Sie können es jederzeit mit *Help | Show Research Assistant* öffnen). Wenn Sie mit dem Cursor auf `doubleValue` stehen, wird dort eine Kurzbeschreibung der Methode geliefert. Der Vorteil ist, dass hier Xcode auch den Kontext der Verwendung analysiert und daher häufig bereits die richtige Methode anzeigen kann. Außerdem finden sich in den unteren Bereichen Verweise auf Beispielcode und andere Texte in der Dokumentation, die hilfreich sein könnten. Natürlich verstehen Sie das hier noch nicht zur Gänze. Sie sollten aber vielleicht immer mal zwischendurch einen Blick darauf werfen.

Der Research Assistant fasst Informationen aus der Dokumentation zusammen.

Fehleranzeige

Ändern Sie nunmehr die Methode -calculate:

```
- (IBAction)calculate:(id)sender
{
    double result = [inputTextField doubleValue];
    [outputTextField setDoubleValue:result];
XXXXXXXX
}
```

Gut, welche Bedeutung hat das jetzt? Gar keine. Wie? Ja, es ist einfach Blödsinn ohne jede Bedeutung. Schließen Sie das Fenster, abspeichern und in der Werkzeugleiste auf *Build and Go* klicken. Sie werden bemerken, dass Ihr Programm nicht startet, sondern dass sich im Projektfenster Merkwürdiges tut. Zum einen ist links in der Projektleiste der Eintrag *Error and Warnings* angewählt worden, und rechts erscheint eine erstaunliche Liste, die in etwa so aussieht:

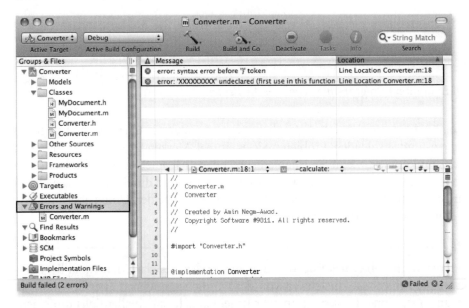

Fehler werden von Xcode nicht geduldet!

Der Grund ist einfach: Weil unser Text völliger Blödsinn war, hat sich Xcode geweigert, daraus ein Programm zu machen – in etwas verqueren Worten. Übersetzt heißt das etwa: »XXXXXXXX ist mir nicht bekannt«. Machen Sie auf einen Eintrag einen Doppelklick, und Xcode öffnet automatisch die entsprechende Stelle in unserem Programm. Dort erscheinen wieder die Fehlermeldungen:

Auch in unserem Programm erscheinen die Fehler.

Mit einem Klick auf das links befindliche Kreuz können Sie übrigens die Fehlermeldung ein- und ausblenden. Probieren Sie es einmal. Merken Sie sich bitte schon hier, wie das funktioniert, wenn Sie einen entsprechenden Tippfehler machen: Der Build-Prozess wird unterbrochen, eine Fehlerliste erscheint, und durch einen Doppelklick gelangen Sie an die entsprechende Stelle. Jetzt löschen Sie den Unfug aber bitte wieder, damit wir weiterarbeiten können.

> **►TIPP**
>
> Leider sind die Fehlermeldungen häufig alles andere als klar. Manchmal liegt die angezeigte Fehlerstelle meilenweit von der wirklichen entfernt. Hier hilft nur Erfahrung, Erfahrung, Erfahrung. In aller Regel handelt es sich allerdings um einen Tippfehler.

Lesen– Denken – Schreiben

So langsam sollten wir aber nun anfangen, unser Ziel zu erreichen. Dies war die Umrechnerei. Schauen wir unsere Methode mal an: Sie soll ja die Werte aus den beiden

Textfeldern lesen und in das dritte Textfeld das errechnete Ergebnis setzen. Kümmern wir uns zunächst um das Lesen der Werte.

Löschen Sie den bisherigen Code aus -calculate: und schreiben Sie folgenden Code zwischen die geschweiften Klammern:

```
- (IBAction)calculate:(id)sender
{
    double input = [inputTextField doubleValue];
    double factor = [factorTextField doubleValue];

    double result = input * factor;
    [outputTextField setDoubleValue:result];
}
```

> **TIPP**
>
> Sie haben es sicherlich schon wieder vergessen, daher noch einmal in gebotener Kürze: »[« erreichen Sie mit [Wahltaste] + [5], »]« mit [Wahltaste] + [6], »{« mit [Wahltaste] + [8] und »}« mit [Wahltaste] + [9]. Wie gesagt: Eine Abbildung als Lesezeichen befindet sich auf der Webseite.

Nun, die erste Zeile dürfte klar sein. Wir fragen das inputTextField nach dem eingegebenen Wert und speichern den diesmal in einer Variablen `input`. Dasselbe machen wir mit dem mittleren Textfeld, welches ja factorTextField hieß. In der nächsten Zeile wird eine Variable result angelegt, der ebenfalls ein Wert zugewiesen wird (Gleichheitszeichen!) – ja, aber welcher eigentlich? Nun, die Sache ist einfach: Das Sternchen »*« steht in Objective-C an dieser Stelle für Multiplikation. Es wird also der Wert des ersten Textfeldes mit dem Wert des zweiten Textfeldes multipliziert und das Ganze in result gespeichert. Schließlich, und das kennen Sie schon, soll das Ganze an das dritte Textfeld geschickt werden, damit es dort erscheint.

Dies bedeutet, dass dieses Programm schon ziemlich genau machen wird, was wir wollen. Es rechnet den Wert im ersten Textfeld mithilfe des Umrechnungsfaktors im zweiten Textfeld um und zeigt das Ganze im dritten Textfeld. Speichern, *Build and Go* und testen. Nach dem Test das Programm wieder beenden.

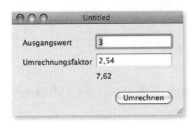

Jetzt klappt's auch mit dem Umrechnen.

> **HILFE**
>
> Sie können das Projekt in diesem Zustand als Projekt-02-07 von der Webseite herunterladen.

Der Debugger

Ein wichtiger Bestandteil einer Entwicklungsumgebung ist zudem der Debugger. Den Begriff »Bug« für einen Fehler in einem Computerprogramm haben Sie bereits im ersten Kapitel kennen gelernt Ein Debugger ist dementsprechend ein Werkzeug zum Beseitigen von Bugs. Mit den Xcode-Developer-Tools wird der GNU Debugger gdb geliefert.

> **TIPP**
>
> Der Debugger hat einen Bug – schön nicht? Stellen Sie vorsorglich in den Debugging-Preferences von Xcode (erreichbar mit *Xcode|Preferences…* und dann *Debugging* in der oberen Leiste) sicher, dass die Option *Load symbols lazily* ausgeschaltet ist. Sollte dann der Debugger immer noch nicht wie erwartet anhalten, benutzen Sie die Schaltfläche *Build* in der Werkzeugleiste und wählen Sie dort *Clean* aus. Danach das gesamte Programm neu übersetzen.
>
> Sie können das Problem übrigens daran erkennen, dass der Breakpoint dann orange eingefärbt ist. Diese Einfärbung lässt sich in etwa mit »Ich weiß, dass dort ein Breakpoint ist, habe mir aber noch nicht das Symbol geladen« übersetzen, calculate: ist in diesem Falle das Symbol, welches wir ja vorhin nachgeschlagen hatten.

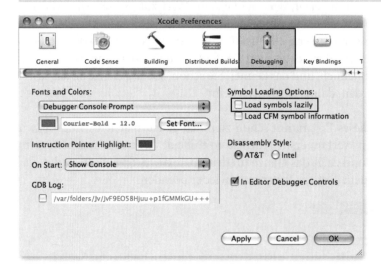

Die Option verlangsamt das Starten unserer Anwendung, sichert aber die Auflösung der Symbole

Die Funktionsweise ist im Prinzip ganz einfach: Sie können an bestimmten Stellen das Programm anhalten und es anschauen. Man nennt einen solchen Haltepunkt »Breakpoint«. Also, was soll das lange Gerede, setzen wir einen solchen Breakpoint in unserer Methode. Dazu klicken Sie in der ersten Zeile der Methode links in die Leiste.

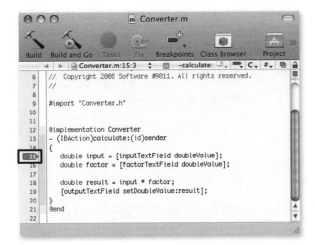

An der Leiste rechts neben der Source können wir einen Breakpoint platzieren.

> **►TIPP**
>
> In den Text-Edit-Preferences von Xcode können Sie einstellen, ob links in der Leiste Zeilennummern dargestellt werden: *Xcode|Preferences|Text Edit* und dann das Häkchen vor *Show Line Numbers* setzen.

Mit weiteren Klicks können Sie den Breakpoint deaktivieren (hellblau) und wieder aktivieren. Lassen Sie ihn jetzt aber bitte aktiviert.

Starten Sie jetzt die Anwendung mit einem Klick auf *Build and Go*. Geben Sie im Programm im Textfeld für den Ausgangswert 3 und im Textfeld für den Umrechnungsfaktor 2,54 ein. Klicken Sie auf den *Umrechnen*-Button.

Sie können nun mit *Run|Debugger* im Menü das Debuggerfenster öffnen. Alternatv können Sie in den bereits angesprochenen Debug-Preferences von Xcode den Debugger automatisch mit Ihrem Programm starten.

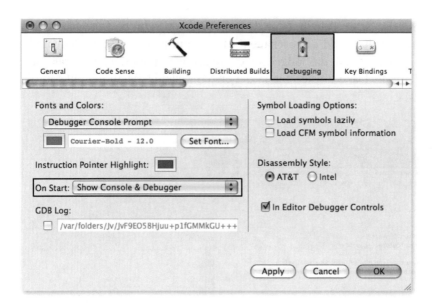

Mit dieser Option wird der Debugger automatisch mit unserer Applikation gestartet

Das Starten kann etwas dauen. Das Fenster unterteilt sich in drei Bereiche.

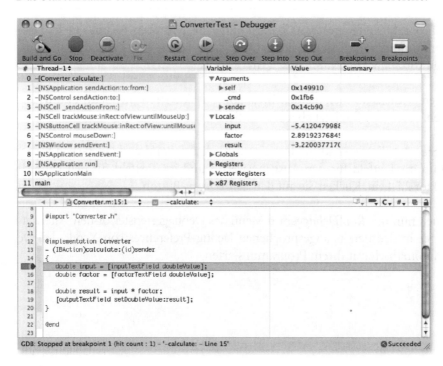

So sieht Ihr Programm im Moment aus.

Oben links sehen Sie den sogenannten Callstack. Hierbei handelt es sich um die aufgerufenen Programmteile. Der oberste Eintrag -*[Converter calculate:]* bezeichnet dabei unsere Methode in unserer Klasse. Diese wurde ausgeführt, weil die Methode -*sendAction:to:from:* der Klasse *NSApplication* eine entsprechende Nachricht an uns geschickt hatte. Das erkennen Sie in der nächsten Zeile. Diese – ersichtlich in wiederum der nächsten Zeile – ist betreten worden, weil eine Methode -*sendAction:to:* der Klasse *NSControl* (das ist unser Button) eine entsprechende Nachricht schickte usw. Mit anderen Worten: Hier sieht man immer, von welcher Anwendung aus ich an meine aktuelle Programmstelle kam. Da wir nur eine eigene Methode im Callstack haben (erkennbar an der dunklen Farbe), ist das hier ziemlich uninteressant.

Mit mehr Erkenntnisgewinn verbunden ist der obere rechte Teil, die Variablenansicht. Hier sehen wir unsere Daten. Dabei sind die beiden ersten Gruppen *Arguments* und *Locals* von Bedeutung.

Arguments bezeichnet die Werte, die unsere Methode mitgeliefert bekommen hat. Ohne darauf weiter einzugehen, ist der erste Eintrag *self* stets von Belang: Dies ist unsere eigene Instanz. Wenn Sie den Disclosure (dies ist das kleine Dreieck, welches sich bei einem Klick dreht) daneben öffnen, erscheinen auch unsere Instanzvariablen *inputTextField*, *factorTextField* und *outputTextfield*. Diese wollen wir nicht weiter verfolgen. *_cmd* bezeichnet die Nachricht, die wir gerade ausführen. Da wir das nun ja gerade wissen, lassen wir das auch liegen.

Interessant ist indessen der letzte der drei Einträge, *sender*. Bei einer Action-Methode wird als Angabe stets mitgeliefert, wer denn die Nachricht verschickt hat, in unserem Falle also der Button. Zwar benötigen wir in diesem Falle die Information nicht, aber dies kann natürlich ganz interessant sein. Schließen Sie wieder den Disclosure vor dem *self*.

Hinter der Gruppe *Locals* verbergen sich die Variablen, die wir in der Methode definiert hatten. In der zweiten Spalte sehen Sie hierbei den jeweils aktuellen Wert. Die Werte dort sind noch nicht gesetzt, weil wir noch ganz am Anfang der Methode stehen.

Das sehen Sie wiederum im unteren Teil des Fensters. Dort erscheint der Breakpoint wie im Editor. Die Zeile ist aber zusätzlich blau unterlegt, was heißt, dass der Computer gerade diese Zeile unseres Programms ausführt. Der erste Halt erfolgt bereits vor der Ausführung der Programmzeile, so dass diese noch nicht abgearbeitet wurde.

Um das Ganze zu veranschaulichen, klicken Sie auf *Step Over* in der Werkzeugleiste. Dies bedeutet, dass der Computer jetzt diese Zeile ausführen und dann gleich wieder anhalten soll. Jetzt sollte die nächste Zeile blau unterlegt sein. Gleichzeitig hat sich in der Variablenansicht etwas getan: Der Wert für die Variable *input* ist rot geworden und zeigt jetzt den von Ihnen eingegebenen Wert. Hieran können wir erkennen, dass sich ihr Wert verändert hat (daher rot). Das ist ja auch richtig, da wir gerade den Wert des ersten Textfeldes in die Variable gelesen haben.

Klicken Sie erneut auf *Step Over*, um auch die nächste Zeile unseres Programms auszuführen. Diesmal sehen Sie, wie sich die lokale Variable *factor* auf den eingegebenen Wert verändert hat. Noch mal *Step Over* und nun erscheint in der dritten Variablen das Ergebnis unserer Multiplikation.

Wenn Sie im unteren Bereich die Maus über die verschiedenen Variablen halten, wird auch der Wert der Variablen angezeigt. Das funktioniert auch bei den Outlets aus unserem Header. Es wird dann auch gleich der Typ angezeigt, also etwa bei outputTextField *NSTextField*.

Klicken Sie jetzt in der Werkzeugleiste auf *Continue*, damit das Programm fortgeführt wird. Es lässt sich erst jetzt wieder von Ihnen bedienen. Klicken Sie erneut auf den *Umrechnen*-Button, so wird unser Programm wieder angehalten.

Um den Breakpoint jetzt zu entfernen, ziehen Sie ihn einfach aus der Leiste.

Beenden Sie wieder das Programm.

Das letzte Drittel – Und noch eine Verbindung

Ich sprach bisher zwei wesentliche Teile einer Anwendung an: Die View-Schicht, die mit dem Benutzer kommuniziert und die Controller-Schicht, die spezifische Funktionalität enthält. Der dritte große Teil wird die »Model-Schicht« genannt.

Amin's next top model: äußere Ansichten ...

Was haben Models mit Software-Entwicklung zu tun? Es fehlt noch was: Die Daten und ihre Speicherung.

Zwar wurden Daten vom Benutzer eingegeben, aber letztlich wurden diese nie gespeichert. Das wäre auch nicht sinnvoll. Will der User einzelne Zahlen, die er irgendwann umgerechnet hat, speichern? Wohl eher nicht. Aber doch, da gibt es etwas Praktisches: Man könnte eine Liste von benannten Umrechnungsfaktoren (»cm zu Zoll«, »km zu Meilen« usw.) erstellen, die dann gespeichert wird. Dazu müssten wir eine entsprechende Liste abspeichern können.

Diesen Teil des Programms, der die Daten speichert, nennt man »Model« oder deutsch Modell. Der Grund für diese Bezeichnung ist, dass die Daten in unserem Programm eine Lebenswirklichkeit beschreiben. Die Buchungen in einer Buchhaltungssoftware beschreiben etwa die Lebenswirklichkeit »Geldbewegungen des Unternehmens«. Wir haben also im wahrsten Sinne des Wortes ein Modell im physikalisch-technischen Sinne.

Den Vorgang, die Wirklichkeit eines Programms in einem Model abzubilden, nennt man »Modellierung«. Und die sorgfältige Modellierung ist ein schwieriges Kapitel. Im Kapitel 7, wenn Sie sich vielleicht an eigene Projekte wagen wollen, gebe ich hierzu Tipps. Wir nähern uns zunächst ganz vorsichtig an und machen das einfachste Model, das man sich denken kann. Einfach eine simple Liste von Umrechnungsfaktoren. Die Liste enthält dann Objekte mit zwei Eigenschaften: dem Namen und dem Faktor.

Damit Sie sich darunter etwas vorstellen können, beginnen wir aber zunächst mit dem Interface im Interface Builder.

>**TIPP**

Man kann die Benutzeroberfläche für ein einfaches Model auch automatisch erstellen lassen. Ich führe Ihnen das hier von Hand vor, damit Sie die Arbeitsschritte verstehen. Außerdem gewinnen Sie so einen ersten Einblick in die dahinter stehenden Vorgänge.

Öffnen Sie wiederum MyDocument.xib und machen Sie diesmal das Dokumentenfenster breiter. (Das Dokumentenfenster war jenes, in das wir unsere Buttons usw. gezogen hatten.) Verschieben Sie alle Elemente an den rechten Rand, bis wieder die blaue Hilfslinie erscheint. Zum Schieben müssen Sie dabei auf eines der ausgewählten Elemente klicken und die Maus bei gedrückter Taste bewegen.

>**HILFE**

Wählen Sie alle Objekte aus, indem Sie ab einer leeren Fläche im Dokumentenfenster ein Rechteck über alle Elemente aufziehen. In diese Falle können Sie ebenfalls einfach [Befehl] + [A] benutzen, um alle Elemente auszuwählen.

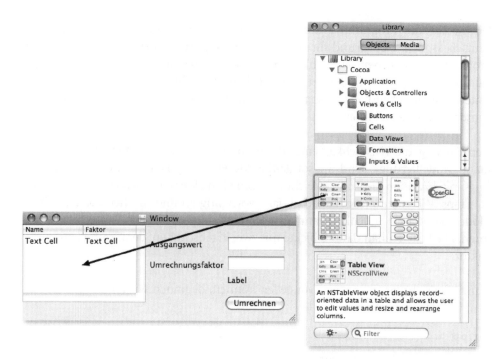

Der Tableview dient zur tabellarischen Anzeige von Daten.

Wechseln Sie dann in der Library auf *Data Views* unter *Cocoa* und *Views & Cells* und ziehen Sie das im mittleren Feld der Library oben links befindliche *Table View* links in das Fenster. Ziehen Sie es in der Größe zurecht und lassen Sie dabei am unteren Rand etwas Platz.

Die Handhabung eines Tableviews ist leider im IB nicht so einfach, weil es sich in Wahrheit um mehrere verschachtelte Views handelt. Das nennt man eine »View-Hierarchie«. Ich will Ihnen an dieser Stelle lediglich die verschiedenen Möglichkeiten der Selektion erklären:

Klicken Sie irgendwo in den Fensterhintergrund, so dass kein Element des Fensters ausgewählt ist. Jetzt klicken Sie bitte einmal auf das Tableview. Es wird jetzt selektiert und erscheint insgesamt umrandet und mit blauem Hintergrund.

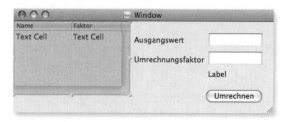

Hier ist nur ein Scrollview als äußere Hülle ausgewählt.

Wenn Sie jetzt in den Inspector auf das ganz links befindliche Attributes-Pane umschalten, bemerken Sie, dass als Fenstertitel *Scroll View Attributes* steht, nichts von einem Tableview. Dieser Scrollview ist sozusagen die Hülle des Tableviews, die für die Rollbalken (Scroller) sorgt. Klicken Sie jetzt erneut einfach auf den Tableview, äh Scrollview, äh, also dort, wo es selektiert ist, und Sie bemerken, dass jetzt nur noch der sichtbare Ausschnitt der Tabelle selektiert ist. Das ist wirklich unser Tableview, wie uns auch die Bezeichnung im Inspector belegt. Sie befinden sich jetzt sozusagen eine Ebene tiefer. (Nebenbei: Sie können auch die Rollbalken selbst anklicken und gelangen so zum Scrollerview. Machen Sie das hier aber noch nicht.)

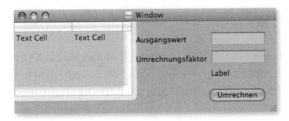

Das eigentliche Tableview und auch die anderen Elemente befinden sich im Scrollview.

Klicken Sie jetzt auf die linke Spalte des Tableviews und sie gelangen wieder eine Ebene tiefer zu der »Tablecolumn«, wie uns erneut der Inspector mitteilt. Es handelt sich um eine Spalte der Tabelle, die wiederum in der Tabelle ist.

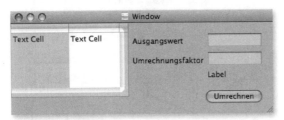

Ein Tableview verwaltet wiederum einzelne Tablecolumns.

➤GRUNDLAGEN

Eine Tablecoulmn ist eigentlich nicht erneut ein View, da es sich hier nur um eine »Verwaltungseinheit« des Tableviews handelt. Ein Tablecolumn zeichnet aber nichts selbst.

Wechseln Sie jetzt zum Inspector und klicken Sie dort auf die Auswahl für Attribute (ganz links). Geben Sie in der ersten Zeile *Title* den Namen der Spalte mit *Namen* ein. Dies sollte jetzt entsprechend im Tableview erscheinen. Selektieren Sie die zweite Spalte und geben Sie hier im Inspector als Namen *Faktor* ein.

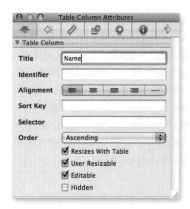

Der Spaltentitel ist ein Attribut der Tabellenspalte.

So weit, so gut. Wir haben einen Teil des User-Interfaces erstellt, damit Sie eine Vorstellung davon haben, was wir überhaupt machen wollen. Ziel soll es sein, dass bei einem Klick in eine Zeile des Tableviews der Umrechnungsfaktor übernommen wird.

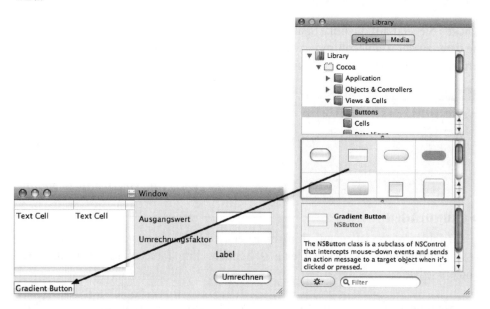

Für die Hinzufüge-Aktion verwenden wir einen schicken Gradient-Button.

Allerdings muss der Nutzer noch irgendwie die Möglichkeit erhalten, überhaupt Einträge in der Tabelle zu erstellen und wieder zu löschen. Dazu verwenden wir ganz typisch zwei Buttons mit Plus und Minus.

Wechseln Sie in der Library unter *Cocoa* und dann *Views & Cells* auf den Eintrag *Buttons* und ziehen Sie diesmal aus dem mittleren Fenster den zweiten Button von links

(*Gradient Button*) in der obersten Zeile in das Dokumentenfenster und zwar unterhalb des Tableviews ganz am unteren Rand des Fensters. Es handelt sich um einen Button mit Farbverlauf. Durch einen Doppelklick darauf können Sie ein Pluszeichen als Beschriftung eingeben. Machen Sie den Button entsprechend schmaler. Sie können dazu im Inspector wieder auf die Size-Ansicht umschalten und dort von Hand die Größe 23 x 23 bei *W:* und *H:* eingeben.

> **POWER USER**
>
> Das normale Pluszeichen sieht nicht ganz so schön aus, weil es etwas tief liegt. Wenn Sie es ganz fein machen wollen, suchen Sie in der Zeichenpalette von OS X nach dem Zeichen mit den Namen *FULLWIDTH PLUS SIGN* und dem Unicode FF0B und verwenden Sie dieses.

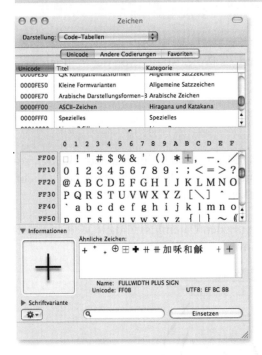

Wer es schön haben will, kann auch ein anderes Pluszeichen verwenden.

Diese Tätigkeit wiederholen Sie mit einem weiteren Button, den Sie daneben platzieren und mit »–« (oder eben *FULLWIDTH MINUS SIGN*, UTF-Code: FF0D) beschriften. Vergrößern Sie jetzt den Tableview so weit nach unten, dass er an die Buttons stößt.

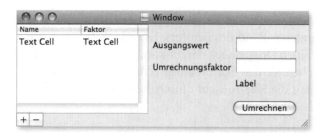

In etwa so sollte das User-Interface am Ende aussehen – doch schon recht nett, oder?

> **TIPP**
>
> Ich finde es schön, wenn der Tableview und die Buttons wirklich am Rand kleben und die Buttons sich ein wenig (genauer: ihr Rand) überschneiden. Ich – jedoch nicht der Interface Builder. Sie können nämlich nach einem Klick auf *Info* im Hauptfenster eine Liste von Mäkeleien abrufen.

> **HILFE**
>
> Sie können das Projekt in diesem Zustand als Projekt-02-08 von der Webseite herunterladen.

... und innere Werte

Gut, das war die äußere Verhüllung unseres Top-Models im Interface Builder, sozusagen die Kleidung. Schauen wir darunter, um das Model selbst zu sehen. (Nicht, dass das bei den heute üblichen Hungerhaken wirklich jemand wollte …)

Bevor wir loslegen, schauen wir uns noch kurz den Datenfluss und die Methodenaufrufe an, wie sie bereits hinsichtlich des Converters bestehen:

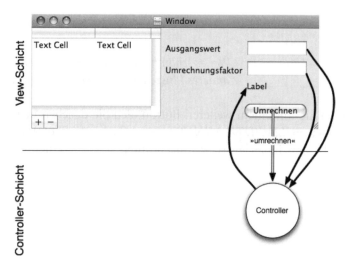

Bisher kommunizierte nur der Converter mit dem User-Interface.

Wie Sie sehen können, erhielt der Converter eine Nachricht calculate:, wenn der User auf den Button klickte. In diesem Falle holte er sich die Eingaben aus dem Fenster über seine Outlets und schrieb das Ergebnis ebenfalls wieder über ein Outlet zurück ins Fenster. Das machten wir alles von Hand in der Source von Converter.m.

Jetzt erweitern wir das für die neuen Buttons und bedienen uns dabei zweier wichtiger Technologien: Core-Data zur Modellierung und Cocoa-Bindings zur Verbindung mit unserem Restprogramm.

Kommen wir zur eigentlichen Arbeit, der Erstellung des Models. Früher war das eine zeitraubende, langweilige, mühselige und daher fehlerträchtige Arbeit. Das hat sich mit Tiger (Mac OS X 10.4) dramatisch geändert, weil eine neue Technologie namens Core-Data eingeführt wurde. Mit dieser ist es möglich, ähnlich wie im Interface Builder unsere Datenstrukturen graphisch aufzubauen.

> **POWER USER**
>
> Das Geniale an Core-Data ist nicht, dass man solche Modelle erstellen kann. Das gibt es schon lange. Der Knackpunkt liegt darin, dass hierzu nicht ein externes System wie eine Datenbank, erzeugt wird, sondern die Modellierung wirklich in unserem Programm erfolgt. Als Programmierer merkt man üblicherweise nicht einmal, dass man es mit einer automatischen Generierung des Models zu tun hat. Man behandelt es ganz normal wie ein Model, welches man selbst programmierte.

Um unser Model zu erzeugen, existiert ein sogenannter Model Designer. Um ihn zu öffnen, müssen wir in der Untergruppe *Models* in der Gruppe *Converter* in der Projektleiste *Groups & Files* von Xcode auf den entsprechenden Eintrag doppelklicken.

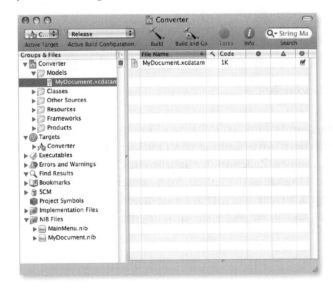

Diesen Eintrag müssen wir doppelklicken, damit wir an unser Model kommen.

Es erscheint ein ziemlich großes Fenster, welches oben drei benachbarte Felder hat und darunter ein großes Stück Millimeterpapier. Verschaffen wir uns erst einmal einen Überblick.

> **HILFE**
>
> Auch hier habe ich übrigens die für mich wichtigsten Schaltflächen in der Werkzeugleiste konfiguriert. Wenn Sie es mit einem neuen Programm zu tun haben, sollten Sie anfänglich immer mal in die Konfiguration der Werkzeugleiste schauen.

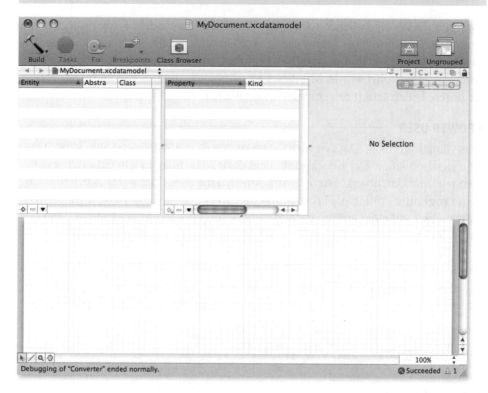

Hier werden wir unser Model beschreiben.

Oben links sehen Sie die sogenannte Entitätsliste. Eine »Entität« ist so etwas wie die Beschreibung einer gleichartigen Ansammlung von Objekten. In unserem Beispiel bedeutet dies, dass die einzelnen Zeilen in der Tabelle ein Objekt bilden. Die (stets gleiche) Beschreibung der Objekte ist die Entität. Sie beschreiben die einzelnen Objekte, indem wir hier festlegen, welche Eigenschaften sie haben werden. Das sind Name und Umrechnungsfaktor. Es handelt sich sozusagen um die Tabellenspalten.

> **GRUNDLAGEN**
>
> Damit klingen Entitäten den Klassen sehr ähnlich. Tatsächlich werden Sie später sehen, dass dem nicht so ist. Die Entitäten beschreiben nämlich lediglich die Eigenschaften eines Objektes, nicht aber die ausführbaren Methoden, eine Klasse beschreibt beides. Und tatsächlich kann ein Core-Data-Objekt in unserem Programm Eigenschaften haben, die es aufgrund seiner Entität erlangt hat, und Eigenschaften, die es aufgrund seiner Klasse erhalten hat. Im Model werden wir in der Regel die »Standardeigenschaften« mittels Core-Data modellieren, Spezialitäten über die Klasse zur Verfügung stellen. Fähigkeiten des Objektes bleiben allerdings eine Sache der Klasse. In Kapitel 7 gehe ich darauf genauer ein.
>
> Leider wird die Bezeichnung Entität nicht einheitlich verwendet. Zuweilen bezeichnet man damit das einzelne Objekt, also eine »Tabellenzeile«, während die Beschreibung im Model-Designer als Entitätstyp bezeichnet wird. Apple macht es so wie hier angegeben und nennt die Beschreibung Entität. Ich halte mich an diese Bezeichnung aus Kompatibilitätsgründen zur Dokumentation von Apple. Wenn Sie andere Literatur verwenden, achten Sie bitte auf die verwendeten Begrifflichkeiten.

Durch einen Klick auf den +-Button unterhalb der Entitätsliste erzeugen Sie eine neue Entität. Sie erscheint dann in der Liste. Klicken Sie hierauf und geben Sie ihr den Namen Conversion. Das sollte dann so aussehen:

Unsere erste Entität ist die Beschreibung einer Umrechnung.

Gleichzeitig erscheint im unteren Bereich eine Box für unsere Entität, die zwei Abteilungen enthält: *Attributes* und *Relationships*.

Begeben wir uns jetzt zu dem mittleren der drei oberen Bereiche. Hier werden die Eigenschaften unseres Models eingegeben. Klicken Sie dazu wiederum auf den +-Button, wobei diesmal ein kleines Pop-Up-Menü aufspringt. Hier wählen Sie *Add Attribute*.

> **GRUNDLAGEN**
>
> Zur Erinnerung: Attribute sind Eigenschaften, die ein Objekt beschreiben, also Dinge wie Farbe, Name, Preis usw. Daneben existieren noch Eigenschaften, die Beziehungen zu anderen Objekten herstellen. Man nennt diese »Relationship« oder eben auf Deutsch »Beziehung« oder »Relation«. Als wir unser Controller-Objekt gemacht haben, waren die Verbindungen zu den Textfeldern eben solche Beziehungen. Die anderen Einträge im Menü sind Core-Data-Spezialitäten und werden daher in diesem Kapitel besprochen.

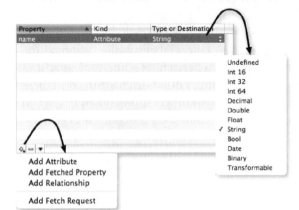

Wir fügen das Attribut name ein und weisen den Datentypen String zu.

Geben Sie in der ersten Spalte *Property* den Namen der Eigenschaft *name* ein. In der zweiten sollte bereits *Attribute* als Untertyp stehen. In der dritten Spalte müssen wir angeben, welche Art von Daten in der Eigenschaft gespeichert werden sollen. Hier wählen Sie bitte im Pop-Up-Menü *String* aus. Dies bedeutet, dass wir unformatierte Texte (Strings) speichern wollen.

Diesen Vorgang wiederholen Sie jetzt, indem Sie eine zweite Eigenschaft - *factor* - eingeben. Hier wählen Sie in der dritten Spalte jedoch *Double*.

Schließlich benutzen wir noch kurz das rechte der drei oberen Felder. Wählen Sie im mittleren Feld die Eigenschaft *factor* und geben Sie rechts in der untersten Zeile für *Default Value* 1 ein.

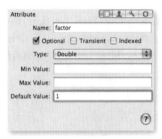

Der Default Value setzt einen Wert vor, wenn ein Objekt erzeugt wird.

Insgesamt ergibt sich Folgendes:

Wir haben eine Ansammlung von Objekten (Entitäten), welche wir Conversion genannt haben. Diese Objekte haben jeweils zwei Eigenschaften: »name« und »factor«. Unter »name« wird dabei ein unformatierter Text gespeichert, unter »factor« ein Dezimalbruch (double), der zudem noch mit dem Wert 1 initialisiert wird. Das ist genau das, was wir in der Tabelle gezeichnet hatten. Wunderbar!

Verbindungen schaffen

Verschaffen wir uns jetzt einen kleinen Überblick von dem, was wir haben. Wir befinden uns in einem Gebäude mit drei Etagen:

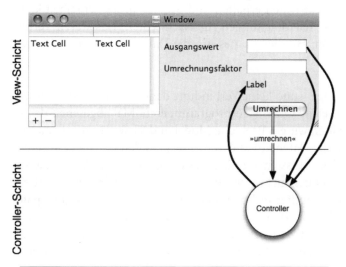

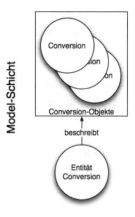

Unsere Applikation hat drei Ebenen: die Views, den Controller und das Model.

Die Verbindung zwischen den »alten« Views und dem Controller erfolgte über zwei Technologien: Zum einen haben wir dem Button gesagt, wo er die Methode zum Ausführen der Operation findet. Dies ist der doppelte Pfeil. Er beschreibt sozusagen die Tätigkeit unseres Programms, den sogenannten Kontrollfluss: »Was passiert?«

> **GRUNDLAGEN**
>
> Mit »Pattern« bezeichnet man bei der Software-Entwicklung eine vordefinierte Vorgehensweise, die vom Programmierer nur noch umgesetzt werden muss. Das Action-Target-Pattern ist die Vorgehensweise: Schicke eine Nachricht (Action) an ein bestimmtes Objekt (Target), um die spezialisierte Operation unseres Programms auszuführen. Die konkrete Auswahl von Nachricht (calculate:) und Ziel (Controller-Objekt) wurde von uns umgesetzt.

Damit unser Controller-Objekt Daten erhalten und wieder zurück schreiben kann, hatten wir Outlets angelegt, Telefonleitungen für Nachrichten. Das waren Verbindungen zu den Views. Schön. Hierbei ging es um die Datenbeschaffung, also den Datenfluss: »Womit passiert es?«

Jetzt haben wir die dritte Etage – und keine Verbindung dahin. Man könnte jetzt wieder daran denken, irgendwelche Outlets zu programmieren. Mal abgesehen davon, dass das mühselig wäre, hätten wir ein Problem: Model und View wären aufeinander angewiesen. Was ist, wenn die Daten auf andere Weise an anderer Stelle in unserem Programm angezeigt würden? Müssten wir nicht das Outlet wechseln? Was ist, wenn die Daten nun übers Internet geschickt werden sollen? Müssten wir dann nicht ein Outlet zu einem anderen Computer in Kalkutta oder Sidney haben? Es gibt später einen eigenen Abschnitt über die drei Etagen Model-View-Controller (MVC). Wir kommen dort auf die Problematik zurück. Aber um es kurz zu machen: Es gibt gute Gründe, das Model vom View getrennt zu halten. Das Controller-Objekt behandelte unser spezielles Fenster. Es darf daher auf unser spezielles Fenster spezialisiert sein. Das Model ist aber die allgemeine Datenhalde unseres Programms, unabhängig davon, welche Fenster wann wo und wie dargestellt werden. Es darf daher nicht auf unser Fenster spezialisiert sein. Ein direktes Outlet verbietet sich daher.

Gut, jetzt wissen Sie, wie es nicht geht. Aber unser Problem ist damit ja nun nicht gelöst: Wie kommt die Tabelle an die Daten? Wie schaffe ich eine Verbindung, wenn nicht mit Outlets?

Öffnen Sie wiederum *MyDocument.xib* im Interface Builder. Wechseln Sie in der Library zu *Cocoa*, dann *Objects & Controllers*, schließlich in das Verzeichnis – nein, nicht Core-Data, sondern: – *Controllers*.

> **HILFE**
>
> Mit dem Eintrag *Core Data* können Sie einfach ein komplettes User-Interface für eine Core-Data-Entität erstellen. Das klingt praktisch, weil es das auch ist. Ich möchte Ihnen hier aber beibringen, wie das alles funktioniert und zusammenhängt. Und dafür ist ein solcher Automatismus natürlich nicht zu gebrauchen, weil nicht lehrreich.

Ziehen Sie jetzt aus dem mittleren Teil das dritte Objekt von links (*Array Controller*) in das Hauptfenster des Nibs. Sie können durch einen Klick auf den Namen einen eigenen vergeben, etwa *Conversions Controller*. Die Namen im Hauptfenster haben aber keine besondere Bedeutung, sondern dienen lediglich der Übersichtlichkeit.

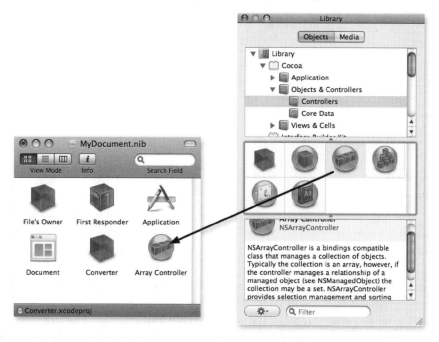

Diesmal besorgen wir uns einen vorgefertigten Array-Controller.

Sie erinnern sich daran, dass wir schon einmal an dieser Stelle waren und das obere linke Objekt entnahmen. Jetzt haben wir den spezielleren Array-Controller. Was hat es damit auf sich?

Das Erste, was Sie wissen müssen, ist, dass es sich um einen sogenannten Bindings-Controller handelt. Bindings werden wir jetzt ansprechen. Das Zweite ist, dass er sogenannte Arrays und Sets verwaltet. Das sind Ansammlungen von Objekten (Collections). Und in der Tat ist unsere Umrechnungsliste ja eine Ansammlung von Objekten. Also haben wir das schon einmal richtig ausgewählt.

Noch einmal eine Zeichnung mit all dem, was wir jetzt haben:

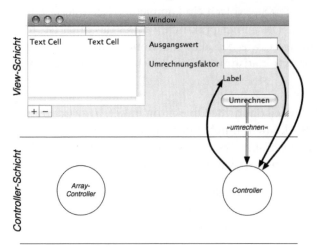

Wir haben jetzt neben unserem eigenem Controller Converter noch einen Array-Controller.

Zunächst legen wir uns eine Verbindung zwischen dem Array-Controller und unserem Model. Selektieren Sie dazu den Array-Controller im Hauptfenster und öffnen Sie den Inspector. Treffen Sie dort oben in der Leiste die Auswahl ganz links, *Attributes*.

Die Attribute des Array-Controllers legen die Verbindung.

In dem zweiten Abschnitt von oben *Object Controller* wählen Sie bei dem Mode *Entity*. Dies bedeutet, dass wir keine »normalen« Objekte verwenden wollen, sondern uns im Core-Data-Model bedienen. Das hatten wir ja auch erzeugt.

Darunter tragen wir den Namen unserer Entität *Conversion* ein. Wir könnten ja mehrere Entitäten in unserem Model haben und da müssen wir schon irgendwie mitteilen, welche wir haben wollen.

Schließlich muss das Häkchen bei *Prepares Content* gesetzt sein. Damit erreichen wir, dass der Array-Controller selbst für eine Verbindung zum Model sorgt.

Einen kleinen Punkt gibt es allerdings noch: Unser Model wird beim Öffnen des Dokumentes in den Speicher geladen. Dort residiert es in einem wohligen Kaminzimmer. Dieses Zimmer nennen wir Managed-Object-Context. Und dieses Zimmer müssen wir auch noch dem Array-Controller mitteilen («Den Flur entlang und am Ende rechts« oder so). Dazu wechseln Sie auf das vierte Element in der Titelleiste des Inspectors mit dem Namen *Bindings*. Dies verbirgt sich hinter dem Kreis mit dem Zettel. Wir kommen gleich etwas qualifizierter darauf zurück. Jetzt möchte ich Sie lediglich bitten, eine Eintragung vorzunehmen. Wählen Sie die vierte Gruppe *Parameters* und dort den ersten Eintrag M*anaged Object Context*. Wählen Sie hinter *Bind To:* im Pop-Up-Button den *File's Owner* Eintrag aus und setzen Sie danach das Häkchen. Falls dies noch nicht automatisch erfolgt sein sollte, wählen Sie im *Model Key Path* mit dem Pfeil rechts *managedObjectContext* aus oder geben das in das Feld von Hand ein.

> **AUFGEPASST**
>
> Es kann passieren, dass im Hauptfenster auf einmal ein Kästchen *Shared User Defaults* erscheint. Wenn dies der Fall ist, löschen Sie es einfach wieder.

Hier erfährt der Array-Controller den Aufenthaltsraum seiner Objekte.

Jetzt haben wir eine Verbindung zwischen Array-Controller und Model geschaffen:

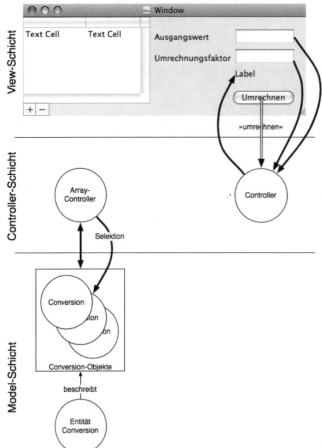

Die erste Treppe ist gebaut.

Bei genauerer Betrachtung bemerken Sie aber, dass ich zwei Pfeile gezeichnet habe. Der linke ist eigentlich klar: Er stellt die Verbindung zum Model her, wobei der Doppelpfeil andeutet, dass sich sowohl der Array-Controller im Model die Daten holt (liest) als auch umgekehrt bei einer Änderung im User-Interface sie dorthin speichert (schreibt). Der zweite, rechte Pfeil soll deutlich machen, dass der Array-Controller noch eine Aufgabe wahrnimmt: Er verwaltet die Selektion der gerade im Tableview ausgewählten Spalte. Er »weiß« also, was gerade ausgewählt ist. Das benötigen wir gleich noch.

Machen wir uns an die Treppe zwischen der Controller-Schicht und dem Tableview: Hierzu wählen Sie das Tableview (wirklich das Tableview und nicht das darüber liegende Scrollview! Sie erinnern sich an unsere Klick-Orgie?) aus und öffnen den Inspector. Diesmal gehen wir in der Leiste oben auf *Bindings*.

Bindings sind die Wunderwaffe der Synchronisation.

Öffnen Sie dort im vierten Bereich *Table Content* das erste Dreieck *Content* und setzen Sie den Haken vor *Bind To:*. Stellen Sie sicher, dass daneben im Pop-Up-Menü *Array Controller* (falls Sie diesen umbenannt haben: *Conversions Controller*) ausgewählt ist. In der Zeile *Controller Key* darunter muss *arrangedObjects* eingetragen sein. Sie können mit dem Pfeilchen rechts dies auch auswählen (oder es mit der Gefahr von Tippfehlern selbst eingeben).

Wir haben damit Folgendes gesagt: Der Inhalt des Tableviews (*Content*) soll immer synchron zu den Objekten (*arrangedObjects*) im Array-Controller sein. Diese Technologie zur Synchronisierung bezeichnet man als Cocoa-Bindings. Es bedeutet, dass im Table-View stets exakt diejenigen Conversions-Objekte gezeichnet werden, die unser Array-Controller kennt. Und der kennt ja wiederum alle aus dem Model.

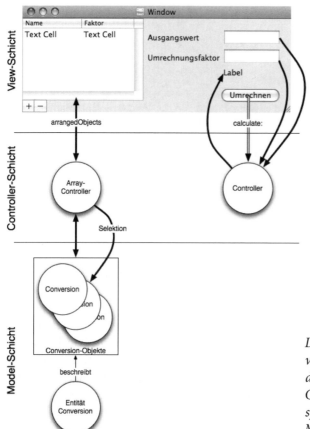

Die Zeilen der Tabelle verhalten sich synchron zu den Elementen im Array-Controller, diese wiederum synchron zu den Instanzen im Model.

Als Nächstes öffnen Sie die Abteilung für *Selection Indexes.* Dies betrifft die aktuelle Auswahl im Tableview. Wir stellen damit sicher, dass, was auch immer im Tableview ausgewählt wird, gleichzeitig das ausgewählte Objekt im Array-Controller ist.

Die Auswahl in der Tabelle soll mit der Auswahl des Array-Controllers synchron sein.

Insgesamt sieht das jetzt so aus:

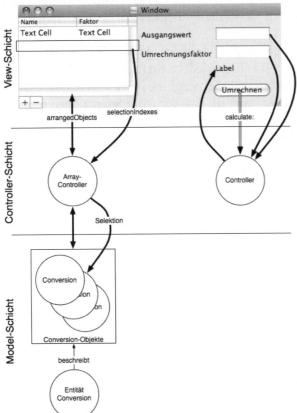

Nicht nur der Inhalt, sondern auch die Auswahl im Tableview soll synchron sein.

Damit sind wir aber noch nicht fertig. Denn wir müssen noch sagen, welche Eigenschaften in den einzelnen Spalten dargestellt werden sollen. Dazu wählen wir eine Spalte aus (zunächst die linke) und schauen wieder in den Inspector:

Die Eigenschaft in unserem Model ist der Model Key Path.

Den ersten Teil kennen Sie wieder. Aber jetzt ist der *Model Key Path* hinzugekommen. Dies bedeutet, dass die Eigenschaft *name* in der angewählten Spalte erscheinen soll. Das ist ja eine Eigenschaft, die wir im Model der Entität *Conversion* gegeben hatten.

Selektieren Sie jetzt die nächste Spalte und wiederholen Sie den Vorgang, tragen anstelle von *name* allerdings *factor* ein. Hier taucht jedoch ein Problem auf: In die Spalte werden Zeichen eingegeben, die erst einmal alles Mögliche sein können. Gespeichert werden sollen allerdings Zahlen. Dies bedeutet, dass wir dafür Sorge tragen müssen, dass die Zahlen aus dem Model hier als Text dargestellt werden und umgekehrt vom User eingegebene Texte in Zahlen umgewandelt werden. Bei unserem bisherigen Textfeld war das kein Problem, da wir in unserer Methode ja explizit die Nachricht »doubleValue« verwendeten. Jetzt werden wir aber keinen Programmcode mehr haben. Daher müssen wir auf andere Weise mitteilen, dass es uns um Zahlen geht.

Hierzu dienen sogenannte Formatter, in unserem Falle ein Number-Formatter. Gehen Sie in *Library* in die Rubrik *Cocoa*, dort öffnen Sie wieder *Views & Cells*, um dann auf den Untereintrag *Formatters* zu klicken. Jetzt wird es feinmotorisch: Sie müssen aus dem mittleren Teil links den Number-Formatter genau auf den Text *TextCell* in der rechten Spalte des Table-Views ziehen.

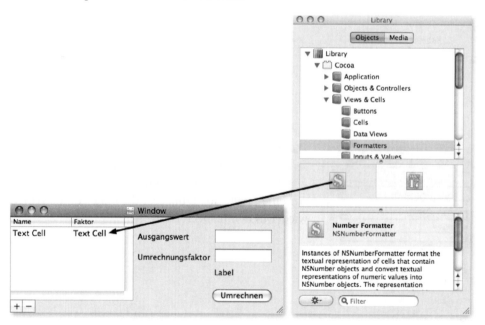

Durch den Formatter teilen wir mit, in welcher Weise welche Daten dargestellt werden sollen.

> **TIPP**
>
> Zur Bedienung schon jetzt: Um später wieder an den Formatter mit seinen Einstellungen zu kommen, müssen Sie bei ausgewählter Spalte im Tableview auf den Text 123 klicken und dann das kleine Formatter-Symbol anwählen.

In der Spalte erscheint jetzt anstelle von *Text Cell* der Text *123*, was auf den Number-Formatter hinweist. Sie sehen zudem bei den Attributes im Inspector, dass der Formatter zahlreiche Einstellungsmöglichkeiten hat, von denen wir hier allerdings nur wenig Gebrauch machen:

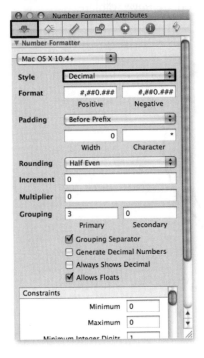

Im Formatter wählen wir einfach den Dezimal-Stil aus.

Wählen Sie in der obersten Einstellung *Style* den Pop-Up-Eintrag *Decimal* aus. Darunter sollte das Format wie in der Abbildung ersichtlich erscheinen.

Um später wieder den Formatter zu selektieren, ist einiges an Klickerei erforderlich.

Wiederholen Sie den Vorgang mit dem mittleren Textfeld auf der rechten Seite, also jenem für die Eingabe des Umrechnungsfaktors.

Eine Sache fehlt allerdings noch: Irgendwie müssen die beiden Buttons ja noch ihr Action-Target bekommen, damit etwas passiert, wenn man sie anklickt. Diese Verbindung legen wir an, indem wir mit gedrückter [Ctrl]-Taste eine Verbindung vom Button zum Hinzufügen (+) – diesmal zum Array-Controller ziehen. Wählen Sie im aufpoppenden Zielfenster die Action *add:* aus. Diese ist bereits von Apple programmiert worden und dem Interface Builder bekannt. Das Ganze wiederholen Sie für den Lösch-Button (-) –, wobei Sie die Action-Methode *remove:* wählen.

Aufgezeichnet sieht das jetzt so aus:

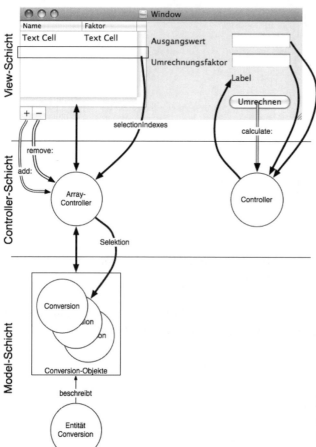

Die beiden Actions sorgen dafür, dass unser Array-Controller auch etwas zu tun bekommt.

Speichern Sie alles, schließen Sie wieder den Nib im Interface Builder und starten Sie das Programm in Xcode. Drücken Sie auf die Buttons fürs Einfügen und Löschen.

Sehen Sie, wie neue Elemente mit dem Faktor 1 erzeugt werden. Ändern Sie diesen in der Tabelle und geben Sie einen Namen ein. Spielen Sie halt etwas herum. Da diese Daten jetzt auch in unserem Modell sind, können Sie die Tabelle auch speichern und wieder laden. Ja, sogar das *Undo* funktioniert schon größtenteils.

> **HILFE**
>
> Sie können das Projekt in diesem Zustand als Projekt-02-09 von der Webseite herunterladen.

Eigentlich haben Sie da ja schon etwas ziemlich Cooles programmiert. Allerdings hat die ganze Applikation einen Fehler: Der rechte Teil und der linke Teil sind voneinander völlig unabhängig. Und solange dies der Fall ist, bringt die ganze Tabelle genau gar nichts, denn der User müsste ja selbst die Werte übertragen.

Der Grund ist einfach und kann in unserer letzten Übersichtszeichnung erkannt werden: So wie unser User-Interface zweigeteilt ist, ist das gesamte Programm zweigeteilt. Es gibt nirgendwo eine Verbindung von unserer Umrechnungstabelle zum Converter. Dies müssen wir also noch hinzufügen. Denken wir mal nach, wie die Verbindung aussehen müsste: Unser Array-Controller ist das Tor zum Model. Und er kennt auch die aktuelle Selektion. Also müssten wir sagen, dass das Textfeld mit dem Umrechnungsfaktor immer den Wert beinhalten müsste, der in der aktuell ausgewählten Zeile unseres Tableviews steht. Und genau das sagen wir jetzt dem Rechner:

Öffnen Sie dazu erneut den Nib-File für das Dokument und wählen Sie im Dokumentenfenster das (mittlere) Textfeld für die Umrechnung auf der rechten Seite an. Wechseln Sie im Inspector auf den Bereich für Bindings und geben Sie dort für das Binding *value* folgende Werte ein:

Wir verbinden den Inhalt des Textfeldes mit der aktuellen Auswahl im Table-View.

Überlegen wir uns mal, was wir gerade gemacht haben: Wir sagen dem Textfeld, dass es den Wert anzeigen soll, der der Factor-Eigenschaft der gerade aktuellen Selektion im Array-Controller entspricht. Aufgezeichnet:

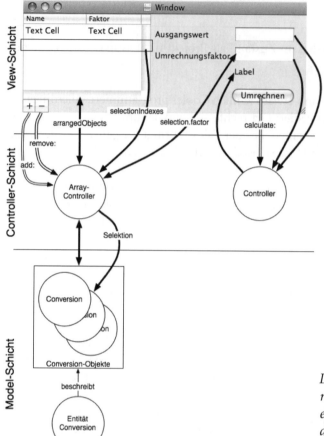

Die Verbindung von rechter und linker Seite erfolgt, indem wir rechts den aktuellen Wert übernehmen.

Schließen und das Programm in Xcode starten. Es macht jetzt genau das, was es sollte. Spielen Sie ein bisschen damit herum. Beachten Sie auch: Gleichgültig, ob Sie im Feld für den Umrechnungsfaktor rechts etwas eingeben oder in der Tabellenspalte auf der linken Seite des Fensters. Bei einem Druck auf [Enter] wird automatisch synchronisiert. Fertig!

➤HILFE

Sie können das Projekt in diesem Zustand als Projekt-02-10 von der Webseite herunterladen.

Zusammenfassung und Ausblick

Sie haben jetzt die erste Anwendung für OS X geschrieben. Phantastisch! Insbesondere sollten Sie sich folgende Dinge ins Gedächtnis rufen, da wir diese häufiger verwenden werden:

- Xcode und Interface Builder sind unsere Programmierprogramme, Xcode dabei die Zentrale.

- Xcode benötigt zunächst ein Projekt. Erzeugt wird ein Projekt mit *File | New Project...* oder wir laden ein bestehendes Projekt durch Doppelklick auf die Datei *Projektname*.xcodeproj. Die Projektart richtet sich danach, was unser Programm können soll (Dokumente oder nicht) und ob wir Core-Data nutzen wollen.

- Ein Projekt wird in Xcode mit der Projektleiste im Hauptfenster verwaltet. Dort befinden sich die Dateien des Projektes.

- Übersetzt und gestartet wird ein Projekt mittels *Build and Go* in der Werkzeugleiste. Mit *Tasks* in der Werkzeugleiste lässt es sich hart abbrechen (»abschießen«).

- In Xcode werden über *File | New File...* auch unsere Sourcen für die einzelnen Klassen erstellt.

- Zu diesen Klassen existieren zwei Dateien, der Header und die Implementierung. Sie können dort Outlets anlegen und Ihren Code eingeben. Der Editor von Xcode unterstützt Sie bei der Eingabe.

- Ein Build-Vorgang kann mit Fehlern enden. In diesem Falle werden die Fehler im Hauptfenster angezeigt. Mit einem Doppelklick auf eine Zeile der Fehlerliste gelangen Sie zur Stelle im Sourcecode.

- Im Interface Builder erstellen wir die Benutzeroberfläche für unser Programm. Wir ziehen dazu Elemente aus der Library in das Dokumentenfenster.

- Im Inspector können wir Eigenschaften der Elemente setzen. Hierzu gehören insbesondere Größe und das Verhalten bei Größenänderungen.

- Für Buttons können wir Action-Targets zuweisen, die ausgeführt werden, wenn der Benutzer auf einen Button klickt.

- Wir können auch Bindings anlegen, um Elemente der Benutzeroberfläche mit Daten zu verbinden und zu synchronisieren.

- Mit dem Debugger können Sie dem Programm bei der Ausführung zuschauen.

In den nächsten Kapiteln wird es wieder etwas trockener werden, da es an der Zeit ist, ein paar Grundlagen zu lernen. Ich werde dies dennoch immer wieder anhand von konkretem Code machen, den Sie ausführen können.

3

Objective-C

In diesem Kapitel geht es um die Grundlagen von Objective-C. Sie lernen hier also den Umgang mit Ihrem eigentlichen Programmierrüstzeug. Das Kapitel sollte daher besonders aufmerksam durchgearbeitet werden – und immer wieder aufgeschlagen werden.

Objective-C

Ja, es wird ein Stück weit theoretisch. Wir werden hier zwar auch Programme erstellen, aber doch nicht so anwendungsbezogen wie in Kapitel 2. Mehr als Lehr- und Lerncode. Aber irgendwann müssen Sie eben durch dieses Stahlbad. Daran führt kein Weg vorbei.

Wie bereits angekündigt, beschäftigen wir uns jetzt eingehend mit Objective-C. Das ist aber nicht die ganze Wahrheit, denn im Vergleich zu anderen Programmiersprachen ist Objective-C sehr schlank, und es befindet sich auch essentielle Funktionalität, die ansonsten ein Teil der Programmiersprache selbst ist, in dem Framework Cocoa. Mit anderen Worten: Ohne Cocoa kommt man bei Objective-C auf keinen grünen Zweig. Aus diesem Grunde werden bereits hier grundlegende Funktionen von Cocoa besprochen. Sie sind einfach thematisch sehr nahe an der Programmiersprache dran.

Umgekehrt muss ich Ihnen als Programmierneuling auch etwas über C sagen. Wie bereits angekündigt, beschränke ich mich dabei allerdings auf das, was für Objective-C notwendig ist.

Schließlich müssen noch ein paar theoretische Begriffe geklärt werden.

Das Kapitel wurde stärker als die anderen zum Nachschlagen strukturiert, da es wichtige Grundlagen enthält. Ich habe mich daher dazu entschlossen, dass wir nach ein paar Grundlagen zunächst einmal anhand eines praktischen Beispieles durchgehen, wie man eine Klasse programmiert und von ihr Subklassen erstellt. Dabei spare ich jedoch die Thematik zur Speicherverwaltung aus. Hierfür habe ich einen eigenen Abschnitt reserviert. Das führt leider dazu, dass ich Sie inhaltlich zuweilen auf ein späteres Kapitel vertrösten muss. Aber mir ist es wichtig, dass Sie zunächst wissen, wie man grundsätzlich Klassen programmiert.

Aber damit wir nicht völlig theoretisch herumdümpeln, operieren wir gleich am lebenden Objekt. Deshalb müssen wir uns als Erstes ein neues Projekt erzeugen. Sie sind vielleicht etwas enttäuscht, weil es sich nicht um so eine schicke Applikation mit graphischer Benutzerschnittstelle handelt. Aber mit dieser abgespeckten Version konzentrieren wir auf das Wesentliche.

> **GRUNDLAGEN**
>
> Ein weiterer Grund ist, dass ich Ihnen hiermit gleich eine weitere Projektart unterschieben kann. Zwar sind Objective-C und Cocoa auf Anwendungen zugeschnitten, man kann jedoch auch »normale« Programme damit schreiben. Wussten Sie, dass *Tim Berners-Lee*, der »Erfinder des WWW«, den ersten Webserver unter NextStep, dem Vorläufer von Cocoa schrieb …?

Um das Projekt zu erzeugen, starten Sie wieder Xcode und wählen im Menü *File | NewProject…* aus. Klicken Sie links auf *Comand Line Utility* und wählen Sie rechts dann bitte *Foundation Tool* aus. Auf *Choose* klicken. Suchen Sie sich wieder einen Speicherort, und wählen Sie als Projektnamen *ObjectiveC. Save.*

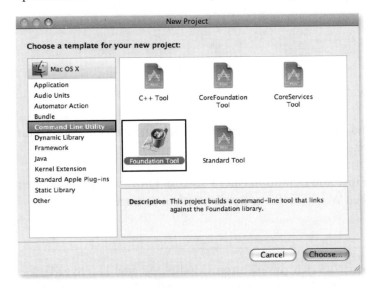

Diesmal wählen wir ein Projekt ohne GUI.

Bei einem »Foundation Tool« handelt es sich um ein Programm, welches eben ohne graphische Benutzerschnittstelle auskommt. Sie haben ja im Kapitel 1 gelernt, dass der AppKit der Teil von Cocoa ist, der die Elemente der Benutzeroberfläche enthält, und Foundation die »Basiselemente«. Und um die geht es. Soweit wir hier Ausgaben tätigen, werden wir daher `NSLog()` verwenden, welches Sie ja bereits im letzten Kapitel kennengelernt haben. Es ist daher für dieses Kapitel ratsam, wie im vorangegangenen Kapitel beschrieben in den Einstellungen von Xcode (*Xcode | Preferences | Debugging | On Start | Show Console*) das automatische Öffnen der Console zu aktivieren, da Sie dies ansonsten jedes Mal über *Run | Console* von Hand machen müssen (nerv!).

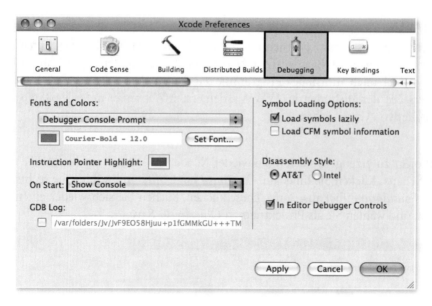

Für dieses Kapitel empfiehlt sich das automatische Öffnen der Konsole.

Setzen Sie auch anhand der Anleitung im letzten Kapitel bitte die Compiler-Optionen -Wall und -Werror.

Zunächst schauen wir uns eine Definition einer Klasse im Einzelnen an. Dazu erzeugen wir eine in derselben Weise, wie Sie es bereits aus dem vorangegangenen Kapitel kennen.

➤ GRUNDLAGEN

Vielleicht wundert es Sie, dass ich zuweilen von »Modul« (Kapitel 1) und »Klasse« spreche. Ein Modul ist eigentlich keine Einheit von C oder Objective-C, sondern des Präprozessors. Es bezeichnet das Dateienpaar aus Header und Implementierung. Sie sollten in aller Regel pro Modul genau eine Klasse definieren. Theoretisch kann man das aber auch anders handhaben.

Da wir ein einfaches Foundation Tool haben, ist die Projektstruktur etwas anders: An der Stelle der Gruppe *Classes* befindet sich jetzt eine Gruppe *Source*.

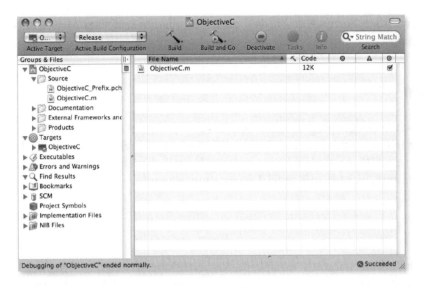

Keine Klasse, dafür eine obskure Source.

Der Hintergrund ist einfach: Ich hatte Ihnen das ja alles mit den Nachrichten, Objekten usw. mit dem Entstehen der graphischen Benutzeroberflächen erläutert. Daraus ergab sich die Notwendigkeit, »asynchron« an das Programm Nachrichten zu verschicken. Da wir jetzt ein Programm ohne graphische Benutzerschnittstelle schreiben, gibt es dies nicht mehr. Vielmehr wird jetzt unser Programm »klassisch« funktionieren und Schritt für Schritt vorgehen. (Und genau darum geht es mir in diesem Kapitel, weil die hiesige Thematik so zunächst einmal für Sie leichter zu verstehen ist.) Dabei ist es so, dass nach dem Start automatisch die Funktion main() angesprungen wird. Und genau dies haben wir, wenn Sie mal mit einem Doppelklick die Source ObjectiveC.m öffnen:

```
int main (int argc, const char* argv[]) {
NSAutoreleasePool* pool = [[NSAutoreleasePool alloc] init];

    // insert code here...
    NSLog(@"Hello, World!");
    [pool drain];
    return 0;
}
```

> **▶GRUNDLAGEN**
>
> Auch bei einem Programm mit graphischer Benutzeroberfläche wird diese Funktion angesprungen. Sie enthält dann aber einen Befehl, der sinngemäß lautet: »Okay, ich bin da, und jetzt warte ich auf Nachrichten vom Benutzer.«

Eine weitere wichtige Eigenschaft ist, dass nach Beendigung von `main()` das Programm automatisch beendet wird. Sie müssen es also nicht selbst beenden.

Kleinkram

Sie haben ja schon einiges programmiert und dabei auch schon etwas oberflächlich gelernt. Bevor wir mit der Arbeit am lebenden Objekt voranschreiten wollen, will ich diese Arbeit in einen theoretischen Kontext setzen. Dazu bedienen wir uns Beispielen aus dem Programm, welches in Kapitel 2 programmiert wurde.

Typen

Wir haben jetzt schon mehrfach Variablen deklariert. Dabei hatten Sie in Kapitel 2 sowohl Variablen von Objekten als auch lokale Variablen in einer Methode. Und jetzt ist es an der Zeit, dies mal grundsätzlich zu behandeln.

Schauen wir uns ein Codefragment noch einmal an:

```
- (IBAction)calculate:(id)sender
{
    double input = [inputTextField doubleValue];
    double factor = [factorTextField doubleValue];

    double result = input * factor;
    [outputTextField setDoubleValue:result];
}
```

Wie Sie bereits gelernt haben – und vermutlich auch schon selbst bemerkten –, besteht eine Variablendefinition aus dem Typen und dem Namen (das IBOutlet, welches keinen Einfluss auf unsere Programmausführung hat, lassen wir erneut weg).

```
Typ name;
```

Diesen Typen will ich hier näher erläutern.

Einfache Datentypen

Zunächst kennt Objective-C Grundtypen, die nur einen einzigen Wert speichern und von C stammen. Diese sogenannten Skalare sind:

- `char, unichar` – ein einzelnes Zeichen. `char` sollte nicht mehr benutzt werden, da nicht alle Zeichen dargestellt werden können. Diese Fähigkeit besitzt in Cocoa der Typ `unichar` (Unicode Character).
- `int` – eine ganze Zahl im Standard-Wertebreich
- `short (int)` – eine ganze Zahl im verminderten Wertebereich
- `long (int)` – eine ganze Zahl im vergrößerten Wertebereich
- `long long (int)` – eine ganze Zahl im stark vergrößerten Wertebereich
- `float` – ein Dezimalbruch in verminderter Genauigkeit
- `double` – ein Dezimalbruch in Standard-Genauigkeit
- `BOOL` – ein Wahrheitswert, der nur `YES` für eine wahre Aussage oder `NO` für eine unwahre Aussage sein kann. Hierbei handelt es sich um eine Objective-C-Erweiterung, die ich etwas später bei den Kontrollstrukturen besprechen werde.

Bei allen Ganzzahltypen (`int`, `long`, `long long`, `short`) kann zudem noch das Wort `unsigned` vorangesetzt werden. Dies führt dazu, dass nur 0 und positive Zahlen gespeichert werden können, die dafür aber doppelt so groß sein können.

Überhaupt Wertebereich und Genauigkeit: Was meine ich damit? Jeder dieser Datentypen verbraucht eine bestimmte Anzahl an Platz im Hauptspeicher. In C ist dabei nur rudimentär und zudem vor allem als Verhältnis zu anderen Datentypen, aber nicht in absoluten Zahlen definiert, welche Zahlen in welchen Typen gespeichert werden dürfen. Das findet seine Ursache darin, dass für verschiedene Computer ganz unterschiedliche Anforderungen gelten. Und tatsächlich ist es so, dass ein »größerer« Datentyp keinesfalls größer sein muss. Er darf lediglich nicht kleiner sein als sein kleinerer Typ. Aus diesem Grunde gibt es vordefinierte Zahlen wie `INT_MAX`, die die Grenzen angeben. Eine Aufstellung finden Sie in der Datei limits.h.

> **GRUNDLAGEN**
>
> Wenn ich hier von Dezimalbrüchen spreche, so heißt dies nicht, dass tatsächlich Dezimalzahlen gespeichert werden. Eigentlich wäre für die interne Darstellung Binärbruch treffend. Ich verwende hier bewusst die umgangssprachliche Bezeichnung, da uns derlei Interna erst einmal nicht interessieren sollten.

Hinzu kommt, dass die darstellbaren Zahlen danach variieren, ob sie eine sogenannte 32-Bit- oder 64-Bit-Applikation herstellen. Dies hat Apple veranlasst, für Ganzzahlen eigene Datentypen zu definieren, nämlich `NSInteger` für Ganzzahlen mit Vorzeichen und `NSUInteger` für Null und positive Ganzzahlen (also ohne Vorzeichen). Sie verwenden daher zunächst diese Typen und nicht die oben genannten Ganzzahltypen.

> **GRUNDLAGEN**
>
> Es gibt Fälle, in denen man die obigen C-Typen benötigt, insbesondere, wenn man sicher sein möchte, dass auch sehr große Zahlen gespeichert werden können. Auf die interne Darstellung der einzelnen Datentypen und ihren Wertebereich gehe ich in Band 2 genauer ein.

Bei den Dezimalbrüchen verhält sich die Sachlage etwas anders, da hier nicht nur der Wertebereich, sondern auch die Genauigkeit der gespeicherten Zahlen betroffen ist.

Darüber hinaus können Sie einer Variablen in bestimmten Fällen und mit Auswirkungen in bestimmten Umgebungen weitere Attribute geben, die allerdings teilweise überholt sind, teilweise einfach bei der Programmierung mit Objective-C uninteressant wurden. Letztlich sind noch `const` und `static` interessant. Auch dies nur zur Vollständigkeit.

Also zusammengefasst: Wenn Sie eine Variable haben, die ganze Zahlen speichert, verwenden Sie die Typen `NSInteger` und `NSUInteger`. Haben Sie Variablen, die Dezimalbrüche speichern müssen, verwenden Sie `double` oder `float`. Das ist die ganze Quintessenz.

Strukturen

Darüber hinaus erlaubt es C, diese Typen zusammenzufassen. Den einen Fall bilden sogenannte C-Arrays, für die es in Objective-C sinnvollere Entsprechungen gibt. Diese werden in Kapitel 4 im Abschnitt über Container behandelt.

Ein anderer Fall wird Ihnen allerdings über den Weg laufen, und zwar sogenannte Strukturen. Hierbei werden verschiedene Variablen zu einer Variablen zusammengefasst. Ein Beispiel ist etwa die Struktur `NSRange` in Cocoa. Sie ist wie folgt definiert:

```
typedef struct _NSRange {
    NSUInteger location;
    NSUInteger length;
} NSRange;
```

Dies bedeutet zweierlei: Zum einen kann ich jetzt eine Variable von einem Typen `NSRange` anlegen, ganz so wie mit `double` oder `NSInteger`. Ich könnte also etwa in einer Klassendefinition schreiben:

```
NSRange   aRange;
```

Für diese Definition des neuen Typen sorgt `typedef`. Für Sie ist es zunächst einmal aber nicht erforderlich, eigene Typen zu definieren. Wir müssen allerdings einige Datentypen von Cocoa verwenden.

Als Zweites würde eine solche Variable zwei Werte speichern, nämlich `location` und `length`. Und diese sogenannten Komponenten kann ich auch einzeln ansprechen:

```
aRange.location = 6;
aRange.length = 3;
```

Strukturen wie `NSRange` ähneln damit Klassen, deren Variablen wie unser `aRange` Objekten: Beide können verschiedene Eigenschaften zusammengefasst speichern. Allerdings kennen Strukturen keine Ableitung, so dass Sie sämtliche Eigenschaften stets angeben müssen. Methoden sind ihnen ebenfalls unbekannt. Außerdem ist es nur möglich, unmittelbar auf die Mitglieder einer Struktur zuzugreifen, was bei den Eigenschaften von Objekten höchst untunlich ist. Ich beschränke mich daher in Band 1 auf die vorhandenen Strukturen.

Die wichtigsten Strukturen und ihre Komponenten sind:

- `NSRange` mit den Komponenten `location` und `length` (beides `unsigned integer`): Sie beschreiben einen Bereich, etwa in einem Text. Haben wir etwa den Text »Amin Negm-Awad«, so lautet der Bereich von »Amin« `location` = 0 (Man zählt ab 0) und `length` = 4 (vier Buchstaben lang).
- `NSPoint` mit seinen Komponenten `x` und `y` (beides `float`): Diese Struktur speichert Koordinatenangaben für den Bildschirm, wenn Sie etwa eine Linie von einem Punkt zu einem anderen zeichnen wollen.
- `NSSize` mit seinen Komponenten `width` und `height` (beides `float`): Speichert die Ausdehnung insbesondere von graphischen Elementen, wie etwa einem Rechteck, welches Sie zeichnen wollen.
- `NSRect` mit seinen Komponenten `origin` (`NSPoint`) und `size` (`NSSize`): Diese Struktur besteht also wieder aus zwei Strukturen. Die Struktur `NSRect` bezeichnet einen Bereich auf dem Bildschirm, der seinen Ausgangspunkt in `origin` hat und seine Größe in `size`. Die Einstellungen zur Größe eines Elementes im Interface Builder werden etwa in so einer Struktur abgelegt.

Diese doppelte Struktur will ich kurz anhand eines Codebeispieles erläutern. Ändern Sie bitte den Code von `main()` wie folgt:

```
int main (int argc, const char * argv[]) {
    NSPoint corner;
```

```
        NSSize spread;
        NSRect rectangle;

        NSAutoreleasePool * pool = [[NSAutoreleasePool alloc] init];

        corner.x = 5.2;
        corner.y = 7.4;
        NSLog( @"corner %f %f", corner.x, corner.y );

        spread.width = 98.11;
        spread.height = 12.0;
        NSLog( @"spread %f %f", spread.width, spread.height );

        rectangle.origin = corner;
        rectangle.size = spread;
        NSLog( @"rectangle %f %f %f %f", rectangle.origin.x,
                                         rectangle.origin.y,
                                         rectangle.size.width,
                                         rectangle.size.height );

        rectangle.origin.x = 4.8;
        NSLog( @"rectangle %f %f %f %f", rectangle.origin.x,
                                         rectangle.origin.y,
                                         rectangle.size.width,
                                         rectangle.size.height );

        corner.x = 5.2;
        corner.y = 7.4;
        NSLog( @"corner %f %f", corner.x, corner.y );

        [pool drain];
        return 0;
}
```

Wenn Sie jetzt in gewohnter Manier auf *Build and Go* klicken, erhalten Sie folgende Ausgabe:

```
>... corner 5.200000 7.400000
>... spread 98.110001 12.000000
>... rectangle 5.200000 7.400000 98.110001 12.000000
>... rectangle 4.800000 7.400000 98.110001 12.000000
>... Corner 5.200000 7.400000
```

Gehen wir das mal im Einzelnen durch. Zunächst: Das `NSLog()` mit den seltsamen `%f` bedeutet, dass an dieser Stelle ein Dezimalbruch eingesetzt werden soll. Wir sehen also in der Ausgabe die Werte der in der Klammer angegebenen Variablen.

Aber kommen wir zu unserem Programm:

```
NSPoint corner;
NSSize spread;
NSRect rectangle;
```

Hier definieren wir uns zunächst drei Variablen. Das Ergebnis sieht so aus:

Zunächst haben wir drei Variablen ohne Wert.

Jetzt setzen wir Werte bei `corner` und `spread` vor:

```
corner.x = 5.2;
corner.y = 7.4;
spread.width = 98.11;
spread.height = 12.0;
```

Die einfachen Strukturen füllen sich.

Als Nächstes kopieren wir deren Werte in die Struktur `rectangle` der Strukturen `origin` und `size`. Es ist also auch möglich, die Struktur als Ganzes zu kopieren:

```
rectangle.origin = corner;
rectangle.size = spread;
```

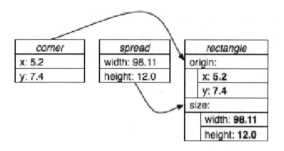

Auch ganze Strukturen lassen sich kopieren.

Wir können auch die Komponenten der Struktur der Strukturen unmittelbar ansprechen:

```
rectangle.origin.x = 4.8;
```

Der Zugriff auf die eine Struktur verändert die anderen nicht.

> **HILFE**
>
> Sie können das Projekt in diesem Zustand als Projekt-03-01 von der Webseite herunterladen.

Löschen Sie jetzt wieder die Zeilen, so dass main() wie folgt aussieht:

```
int main (int argc, const char * argv[]) {

    NSAutoreleasePool * pool = [[NSAutoreleasePool alloc] init];

    [pool drain];
    return 0;
}
```

Zeiger

Jetzt kommt etwas ganz Ekliges. Zeiger entspringen ebenfalls C und dienten dort vor allem der Flexibilität. Man kann mit Zeigern aber auch übelste Dinge anstellen. Sie sind ein ständiger Hort von Fehlern.

Glücklicherweise werden die meisten Dinge, die man in C mit Zeigern löste, in Objective-C sicherer und verständlicher gehandhabt. Eigentlich bleiben für Sie nur zwei

Aufgaben übrig: Objektzeiger und Zeiger bzw. Zeiger-Zeiger für Werterückgabe über die Parameterliste. Hä? Gut, anders formuliert: Wir werden Zeiger benötigen, um Verweise auf Objekte zu haben. So waren etwa die Outlets im Interface Builder Verweise von unserem Converter-Objekt auf die Textfelder. Das war etwa ein Zeiger. Und hier versteht man auch den Begriff »Zeiger« ganz anschaulich.

Die zweite Anwendung werden wir im Kapitel 4 über Container ansprechen. In beiden Fällen ist es jedoch so, dass man nicht hundertprozentig verstanden haben muss, was ein Zeiger ist. Wir können ihn in den beiden Fällen glücklicherweise logisch vereinfacht verwenden. Ich möchte dennoch hier eine ganz kleine Einführung geben, schon deshalb, weil manche Menschen diesen Sachverhalt besser verstehen, wenn sie die technischen Hintergründe kennen

Sie haben ja schon Variablen angelegt, sei es in einer Methode oder als Eigenschaft in einer Klassendefinition. Und jedes Mal wurde in dieser Variablen etwas gespeichert. Wenn ich etwas speichern möchte, so benötigt der Computer dafür immer Speicherplatz. Das ist eigentlich unmittelbar einsichtig. Schauen wir uns mal die Definition und Verwendung von zwei Variablen an:

```
NSInteger a;
NSInteger b;

a = 98;
b = 11;
```

Diese befinden sich im Speicher. Dabei erhält jeder Speicherplatz eine Nummer. Man kann das Ganze so zeichnen:

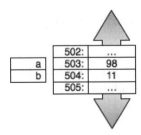

Eine Variable verbraucht Speicher, und Speicher hat eine Nummer.

Jeder Variablen wird eine solche Speichernummer zugeordnet. Man nennt diese Nummer übrigens »Adresse«. In diesem Beispiel landet die Variable a in der Speicherstelle mit der Adresse 503 und Variable b in Speicherstelle mit der Adresse 504. Es sei angemerkt, dass »in Wahrheit« mindestens vier Speicherplätze für eine Variable vom Typen `NSInteger` verbraucht werden. Das spielt aber für die grundsätzlichen Überlegungen keine Rolle.

Jetzt kann ich aber auch eine Variable anlegen, die Adressen speichert. Das klingt erst einmal wirr. Schauen wir uns das zur Entwirrung im Sourcecode an:

```
NSInteger* pointer;
pointer = &a;
```

Das sieht zunächst etwas kryptisch aus. Ich löse es auf: In der ersten Zeile legen wir uns eine Variable pointer an, die nicht eine Ganzzahl speichert, sondern einen Zeiger auf eine Ganzzahl. Erkennbar ist das am nachgestellten Sternchen. Es spielt übrigens keine Rolle, ob das Sternchen an dem Typen (`NSInteger`) klebt oder an dem Variablennamen (pointer) oder dazwischen. Das sind einfach unterschiedliche Gewohnheiten von unterschiedlichen Programmierern. Ich bevorzuge diese Notation. Gleichwertig sind also etwa auch:

```
NSInteger *pointer;
NSInteger * pointer;
```

In der zweiten Zeile speichern wir in dieser Variablen nicht den Wert von a (98), sondern die Adresse von a, also 503. Dies wird durch das kaufmännische Und-Zeichen (Ampersand) bewerkstelligt. Es kann gelesen werden als: »die Adresse (Speicherstellennummer) von«. Graphisch sieht das so aus:

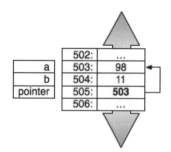

a enthält eine Ganzzahl, pointer einen Verweis auf eine Ganzzahl (a).

Man sieht zunehmend, warum man das »Zeiger« nennt, nicht wahr? Und wir können jetzt auch den Wert von a mithilfe des Zeigers pointer verändern:

```
*pointer = 99;
```

Das Sternchen vor pointer lässt sich lesen als »das, worauf pointer zeigt«. Danach hat tatsächlich a den Wert 99.

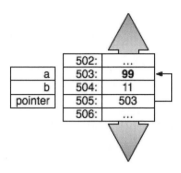

Man kann die Variable hinter dem Zeiger verändern.

Diese unterschiedliche Bedeutung des Sternchens ist eigentlich schlüssig. Man muss es nur richtig lesen: NSInteger* pointer lässt sich ja auch als NSInteger *pointer schreiben. Dann kann man das als »*pointer ist ein NSInteger« verstehen. Dementsprechend wird auch eine Ganzzahl (99) an *pointer zugewiesen.

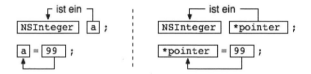

Wenn *pointer ein `NSInteger` ist, dann kann an *pointer 99 zugewiesen werden.

Dies ist dann auch der Grund, warum manche Leute das Sternchen an den Namen kleben. Ich mache es dennoch nicht, weil zum einem das Sternchen kein Teil des Namens ist, und zum anderen, weil etwa bei Methoden diese Notation nicht möglich ist.

Wo liegt der Vorteil gegenüber einem einfachen a = 99;? Gehen wir das Programm mal weiter durch:

```
pointer = &b;
*pointer = 99;
```

Jetzt wird tatsächlich b der Wert 99 zugewiesen. Das bedeutet, dass ein und dieselbe Anweisung

```
*pointer = 99;
```

das Potential hat, mal a und mal b zu verändern. Und darum geht es. Man nennt dies eine »Indirektion«, weil die Zuweisung »um eine Ecke gedacht« indirekt erfolgt.

Um das Ganze komplett zu machen, überlegen wir uns, dass pointer ja auch eine Variable ist, die eine Adresse hat. Also kann ich auch einen Zeiger auf pointer setzen. Ändern Sie main() wie folgt:

```
int main (int argc, const char * argv[]) {

    NSAutoreleasePool * pool = [[NSAutoreleasePool alloc] init];

    NSInteger    b;
    NSInteger*   pointer;
    NSInteger**  pp;
    pp = &pointer;
    *pp = &b;
    **pp = 34;
    NSLog( @"b ist %d", b );

    [pool drain];
    return 0;
}
```

Dies ergibt als Ausgabe (%d steht hier übrigens für eine von NSLog() einzusetzende Ganzzahl) Folgendes:

```
>… b ist 34
```

Sehen Sie, an dieser Stelle bin ich mir ziemlich sicher, dass Sie keine Lust mehr auf Zeiger haben. Und ich bin mir ziemlich sicher, dass Sie verstehen, warum Zeiger so fehleranfällig sind. Und ich bin mir außerdem ziemlich sicher, dass Sie es zu schätzen wissen, wenn ich im Rest des Buches nur noch die leichter zu verstehenden Fälle bespreche, die wir benötigen.

Hier übrigens die Lösung auf die Frage, wieso in Gottes Namen b 34 geworden ist:

```
pp = &pointer;
```

Hiernach zeigt pp auf die Adresse von pointer, also 505.

```
*pp = &b;
```

Das, worauf pp zeigt, also pointer, zeigt jetzt auf die Adresse von b, also 504.

```
**pp = 34;
```

Das, worauf pp zeigt, also pointer, worauf dies zeigt, also b, bekommt den Wert 34.

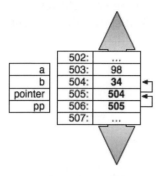

Indirektion der Indirektion ist intellektuell herausfordernd.

> **HILFE**
>
> Sie können das Projekt in diesem Zustand als Projekt-03-02 von der Webseite herunterladen.

Löschen Sie wieder den Code, damit `main()` wieder so wie am Ende des letzten Abschnittes aussieht.

Objektvariablen

Bisher haben wir aber nur einfache Daten wie Ganzzahlen und Dezimalbrüche, maximal Strukturen in Variablen gespeichert. Kann man auch Objekte in Variablen speichern? Hier ein ganz klares und entschiedenes »Jein« von mir!

Wir hatten so etwas Ähnliches schon in Kapitel 2 gemacht, wobei ich erneut den `IBOutlet`-Kram weglasse, um mich auf das Wesentliche zu konzentrieren:

```
@interface Converter : NSObject {
    NSTextField*    inputTextField;
    NSTextField*    factorTextField;
    NSTextField*    outputTextField;
}

@end
```

Und ich erzählte Ihnen damals, dass hier Verweise auf Objekte gespeichert werden. Und diese hatten Sie dann auch im Interface Builder gezogen. Das war recht anschaulich: Zeiger. Und nunmehr verstehen Sie auch den Stern: Er bedeutet eben Zeiger, Verweis. Gut, nach dem letzten Abschnitt über Zeiger wissen Sie sogar mehr, nämlich, dass die Speicherstellennummer gespeichert wird. Das interessiert hier aber nicht. Sie merken sich, dass dies ein Verweis auf ein Objekt ist. Das war also der Ja-Anteil am Jein.

Nun kommt der Nein-Anteil: Sie können überhaupt nur solche Verweise auf Objekte haben. Im obigen Beispiel könnte man ja auf den Gedanken kommen, nicht Verweise auf die Textfelder im Converter zu speichern, sondern die Textfelder selbst. Die entsprechende Variablendeklaration sähe dann so aus:

```
@interface Converter : NSObject {
    NSTextField    inputTextField;
    NSTextField    factorTextField;
    NSTextField    outputTextField;
}
```

Denken Sie an `NSInteger` und `NSInteger*`: Letzteres war ein Verweis (mit Sternchen), das erste der Wert selbst. So wäre also Obiges auch unmittelbar ein Objekt. Nur: Wenn Sie dies probieren, beschwert sich der Compiler:

```
error: statically allocated instance of Objective-C class
'NSTextField'
```

Sprich: »Fehler: Statisch erzeugte Instanz der Objective-C-Klasse NSTextField«. Mit anderen Worten: Der Compiler erlaubt uns das erst gar nicht.

Wir speichern in einer Variablen also nicht das Objekt selbst, sondern einen Zeiger hierauf, den wir uns vereinfacht (und damit ohne komische Speicherstellennummern) als Identifikation (ID) eines Objektes vorstellen können. Das sehen Sie am Sternchen bei einer Variablen-Definition: * bedeutet demnach sozusagen »ID«. Stellen Sie sich diese ID wie Ihre Personalausweisnummer vor. Das sind nicht Sie. Aber mit dieser Nummer können wir Sie eindeutig identifizieren. Eine solche ID selbst ist seinerseits kein Objekt, sondern nur ein Zeiger (wie Ihre Personalausweisnummer kein Mensch ist):

```
Komplexes Gebilde     Einfaches Gebilde
Mensch                Personalausweisnummer
Instanz               ID
```

IDs können, da sie kein Objekt, sondern Zeiger sind, von uns wie eine Ganzzahl-Variable erzeugt werden. Aber achten Sie auf Folgendes: Dass es sich um eine ID handelt, führt nicht dazu, dass eine ID wie die andere wäre. Denn immerhin steht in unserem Code ja noch: Zeiger auf eine Instanz von `NSTextField`. Das bedeutet, dass wir sehr wohl einen Typen haben. Worauf verwiesen wird, darf also nur eine Instanz der entsprechenden Klasse sein. Würden Sie etwa eine Linie von dem Converter-Objekt auf den Button anstelle eines Textfeldes ziehen, so ließe der Interface Builder dies nicht zu. Denn er weiß: »Dieses Outlet ist ein Verweis auf ein Textfeld, nicht auf einen Button«.

Man kann in Objective-C aber auch wirklich sagen: »Hierhin soll ein Zeiger auf irgendeine Instanz von irgendeiner Klasse.« In diesem Falle schreiben wir stattdessen id als Typen (und ohne Sternchen, das Sie sich hinzudenken können):

```
id   irgendeineInstanzIrgendeinerKlasse;
```

Dieses id ist kombinierbar mit Zeigern auf Instanzen aller anderen Klassen. Bevor wir dies aber ausprobieren, gibt es noch eine wichtige Regel: Bereits im ersten Kapitel hatten Sie gelernt, dass es Basisklassen und Subklassen gibt. Wir hatten uns etwa eine Basisklasse Instrument vorgestellt, von der es eine Subklasse Guitar gibt. Eine weitere wichtige Regel zur Typisierung lautet:

Man darf an einen Zeiger auf eine Basisklasse eine Instanz der Subklasse zuweisen.

Habe ich also eine Variable, die die ID eines Instrumentes enthält, darf ich eine Gitarreninstanz zuweisen, weil Gitarren eine Subklasse von Instrumenten sind. Umgekehrt gilt das nicht! Also, alle Regeln zusammengefasst:

```
id          einObjekt;
Instrument* einInstrument;
Guitar*     eineGitarre;

// Regel 1:
// An id darf man alles zuweisen:
einObjekt = einInstrument; // erlaubt: Instrument* -> id
einObjekt = eineGitarre;   // erlaubt: Guitar* -> id

// Regel 2:
// Ein id darf an alles zugewiesen werden:
einInstrument = einObjekt; // erlaubt: id -> Instrument*
eineGitarre = einObjekt;   // erlaubt: id -> Guitar*

// Regel 3:
// Eine Subklasse darf an eine Basisklasse zugewiesen werden:
einInstrument = eineGitarre; // erlaubt: Guitar* -> Instrument*

// Regel 4:
// Basisklasse darf *nicht* an Subklasse zugewiesen werden:
eineGitarre = einInstrument; // VERBOTEN!
```

Wozu das alles, und wieso ist das überhaupt so? Der Grundgedanke ist, dass eine Instanz ja bestimmte Fähigkeiten hat. Wenn wir diese Instanz ansprechen, dann wollen wir sicher sein, dass sie diese Fähigkeiten besitzt. Wir hatten im Kapitel 2 etwa `doubleValue` auf ein Textfeld angewendet. Das funktioniert nur, wenn wirklich ein Textfeld vorliegt. Dadurch, dass wir in unserer Definition von Converter gesagt hatten, dass ein Textfeld vorliegen soll, überprüft für uns der Compiler automatisch, ob wir eine Nachricht verschicken, die das Textfeld auch kennt. Ist dies nicht der Fall, so gibt es ein paar auf die Rübe. Also, es geht hier einfach zunächst nur um Klarheit und Sicherheit: Der Compiler überprüft, ob der Empfänger einer Nachricht damit überhaupt etwas anfangen kann. Wir sollen eben nicht Italienisch mit einem Schweden sprechen.

Jetzt ist auch klar, warum ich eine Subklasse an eine Basisklasse zuweisen darf: Die Subklasse erbt ja von der Basisklasse automatisch alle Fähigkeiten. Wenn ich also einen Zeiger auf eine Textfeldinstanz erwarte, kann auch eine Subklasse zugewiesen werden. Ich weiß jedoch, dass diese alle Fähigkeiten des Textfeldes geerbt hat. Daher ist das sicher:

- Ich erwarte die Fähigkeiten der Basisklasse.
- Jede Subklasse erbt diese Fähigkeiten.
- Daher erfüllt auch eine Subklasse die Erwartung.

Umgekehrt gilt das nicht. Habe ich etwa eine Variable, die auf eine Gitarre zeigen soll, so erwarte ich zum Beispiel auch die Fähigkeit -spieleGezupft. Wenn ich jetzt eine Instrumenteninstanz zuweisen würde, so hätte diese gar nicht diese Fähigkeit. Ein Programmfehler wäre die Folge. Deshalb verbietet mir Objective-C gleich von Anfang an, dass ich eine solche Zuweisung vornehme:

```
eineGitarre = einInstrument; // Compiler-Verbot, weil sich …
[eineGitarre spieleGezupft], // … ein Programmfehler ergaebe.
```

Daraus lernen Sie grundsätzlich schon einmal: Wenn wir die Klasse einer Instanz kennen, sollten wir unsere Variable auch genau so typisieren, also nicht `id` verwenden, sondern `Klasse*`.

Bei `id` ist es so, dass wir nicht nur jedes Objekt zuweisen können, sondern sogar jede Nachricht, die irgendwo mal in irgendeiner Klasse definiert wurde, an dieses Objekt verschicken dürfen.

```
einObjekt = eineGitarre; // erlaubt: Guitar* -> id
[einObjekt spieleGezupft]; // erlaubt: id hat alle Fähigkeiten!
```

Nach diesen langen Reden ist dies aber unsicher und gefährlich. Denn da wir jedes Objekt an `id` zuweisen können und `id` jede Nachricht versteht (das glaubt der Compiler zumindest), geht auch dies:

```
einObjekt = einInstrument; // erlaubt: Instrument* -> id
[einObjekt spieleGezupft]; // PROGRAMMFEHLER!
```

Denn wir dürfen ja auch ein Instrument an `id` zuweisen, weil man alles an `id` zuweisen darf. Außerdem versteht `id` jede Nachricht. Also können wir jetzt die Nachricht -spieleGezupft an ein Instrument verschicken, ohne dass sich der Compiler beschwert. Wenn das Programm dann aber ausgeführt wird, gibt es einen Fehler. Denn Instrumente haben gar nicht diese Fähigkeit, sondern nur die Subklasse Gitarren. Sie lieben doch fehlerhafte Programme genauso wie ich, nicht wahr?

Hieraus lernen wir, dass man nur in ganz bestimmten und gut begründeten Fällen `id` verwendet. Allerdings werden wir manchmal diesen Typen verwenden. An den entscheidenden Stellen komme ich darauf zurück und begründe dies.

> **BEISPIEL**
>
> Ein Beispiel haben Sie aber schon kennengelernt: Als wir im Interface Builder den Button mit unserer Converter-Instanz verbanden, speicherte der Button einen Verweis auf unser Objekt. Dieser Verweis hatte tatsächlich den Typen `id`. Grund: Die Programmierer bei Apple konnten ja, als sie den Button programmierten, nicht wissen, was für eine Klasse wir später erstellen werden. Sie konnten daher gar nicht Converter* `target;` schreiben. Daher mussten sie `id` verwenden. Und dies ist gleich einer der Hauptgründe für die Verwendung: Man will später ein Objekt ansprechen, dessen Klasse man noch gar nicht kennt.

Objektarten

In Objective-C haben wir es mit Objekten zu tun. Das hatten Sie schon bemerkt. Aber das kann man natürlich auch detaillierter betrachten.

Klassen- und Instanzobjekte

Im Kapitel 1 hatte ich schon davon gesprochen, dass es Klassenobjekte gibt, deren Hauptaufgabe die Erzeugung der Instanzobjekte ist. Und ich hatte Ihnen gesagt, dass man auch an solche Klassenobjekte Nachrichten schicken kann, insbesondere die Aufforderung, ein Instanzobjekt zu erzeugen.

Sie haben auch bereits gelernt, dass jedes Objekt eine Klasse hat, die gewissermaßen den Typ des Objektes angibt. In Objective-C ist diese Klasse jedoch wiederum ein

Objekt, ein sogenanntes Klassenobjekt. Solche Klassenobjekte besitzen keine Eigenschaften, sondern nur Methoden, eben Klassenmethoden. Sie werden auch nicht im Programm von Ihnen erzeugt, sondern sind »einfach da«. Jedes genau einmal. Diese Eigenarten kann man zuweilen nützlich einsetzen. Für Sie reicht es an dieser Stelle aus, den praktischen Nutzen von Klassenobjekten zu kennen:

- Klassenobjekte erzeugen die Instanzobjekte. Das wird etwas später am praktischen Beispiel erläutert.

- Klassenobjekte verwalten ein im System nur einmal existierendes Ding.

Wir hatten also das Klassenobjekt Converter. Und dieses Klassenobjekt Converter erzeugte uns das Instanzobjekt Converter im Nib. Wieso Sie das nicht mitbekommen haben? Ganz einfach: Wir hatten das Objekt ja in den Nib-File gezogen und als custom Class Converter angegeben. Wenn wir später das Programm starten, wird der Nib-File von Cocoa geladen und analysiert. Hierbei bemerkt Cocoa automatisch, dass wir ein Instanzobjekt von der Klasse Converter haben wollen. Jetzt bittet Cocoa unser Klassenobjekt, ein solches Instanzobjekt zu erzeugen. Dies alles ist bereits von Apple programmiert worden, so dass wir uns darum nicht kümmern mussten.

Gleichzeitig und ohne dass wir das bemerkten, haben wir uns damit aber noch ein Objekt programmiert, nämlich das Klassenobjekt. Wir benötigten das bisher nicht ausdrücklich, was sich jedoch im Laufe des Kapitels noch ändern wird.

Entitäten und Container

Die Instanzobjekte kann man wiederum in zwei Arten unterteilen: Entitäten und Container. Beide bestehen – da sie Instanzobjekte sind – aus Daten und Operationen. Der Unterschied liegt in der Organisation der Daten. Entitäten haben sogenannte Eigenschaften, denen wir Namen geben. Im Beispiel aus Kapitel 1 hat ein Instrument die Eigenschaften »Art«, »Preis« und »Alter«. Diese Beziehung zwischen der Eigenschaft und ihrem Namen ist übrigens typisch für Ihre Programmierarbeit. Sie erstellen fast immer Entitäten. Sie haben das übrigens ja auch so ähnlich schon in Kapitel 2 gemacht, als Sie die »Entity« für unser Modell anlegten.

Dies ist aber nicht bei allen Instanzen so. Manche Instanzen dienen uns nur als Ablage für irgendwelchen Daten-Krimskrams. Sie haben doch sicher auch so eine Küchenschublade, in der sich alles Mögliche tummelt: Container. Man kann da keine Eigenschaften benennen. Wichtigstes Beispiel sind Instanzen der Klasse NSString. Ein String ist ein unformatierter Text, ein Zeichenwurm. Da gibt es keine Eigenschaften. Welche auch? Daneben existieren so etwas wie Sporttaschen. Sie können einen ganzen Haufen von Instanzen sammeln. Man nennt diese »Collections«. Diese Container werden im Kapitel – na, raten Sie mal – Container näher besprechen. Sie selbst erstellen so gut wie nie solche Klassen, sondern benutzen sie einfach in Ihrem Programm.

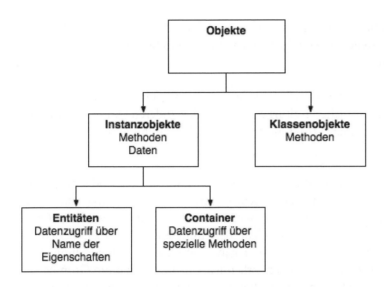

So kompliziert sind sie gar nicht, die verschiedenen Arten von Objekten

Swinger-Club für Objekte - Attribute und Beziehungen

Wie dargestellt, besitzen Entitäten Eigenschaften. In unserem Beispiel waren die genannten Eigenschaften Alter und Preis. Diese Eigenschaften beschreiben das Instrument. Man nennt sie daher »Attribute«. Daneben können Eigenschaften aber auch in Beziehungen zu anderen Entitäten bestehen. Nehmen wir an, dass wir nicht nur jede Menge Instrumente in unserem Programm haben, sondern auch Musikanten. Ein Musikant wäre kein Musikant, wenn er nicht ein Instrument besitzen würde. Also hat er die Eigenschaft »besitztInstrument«. Diese Eigenschaft verweist von einer Entität (Musikant) auf eine andere Entität (Instrument). Man nennt dies eine »Beziehung« oder »Relation« (Relationship).

> **➤GRUNDLAGEN**
>
> Es gibt vereinfacht einen (allerdings nicht zwingenden) Zusammenhang zwischen Attributen und Beziehungen einerseits und Entitäten und Containern andererseits: Attribute sind der Verweis einer Entität auf einen Container, etwa Musikant (Entität) und sein Name (Container NSString). Relationen sind Verweise einer Entität (Musikant) auf andere Entitäten (Instrument).

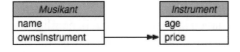

Der Musikant hat eine Beziehung zu seinen Instrumenten.

Die Beziehungen kann man übrigens wiederum nach ihrer Komplexität (Fachbegriff; »Kardinalität«) unterteilen. Hierzu bedienen wir uns eines Beispiels bei den menschlichen Beziehungen:

Jede Ehefrau hat genau einen Ehemann. Jeder Ehemann hat genau eine Ehefrau (so sieht es jedenfalls im westlichen Kulturkreis aus. Zu den anderen kommen wir noch). Diese Beziehung nennt man 1-zu-1-Beziehung (1:1-Beziehung): One man, one woman!

Beschreiten wir jetzt doch den Weg nicht-westlicher Gesellschaften und schauen uns die Polygamie an: Dort kann eine Frau mehrere Ehemänner haben. (Sie haben jetzt sicher an den umgekehrten Fall gedacht. Aber ich will Sie ja für Neues öffnen: Open up your mind!) Man bezeichnet eine solche Beziehung auch als 1-zu-n-Beziehung (1:n-Beziehung). Schließlich können wir es ganz kompliziert machen. Ohne einen Rest an sittlichem Anstand zu verlieren, erkennen wir die sogenannte Gruppenehe an. Bei dieser kann ein Mann mehrere Ehefrauen haben (1:n-Beziehung) und eine Ehefrau mehrere Männer (1:m-Beziehung). Man nennt dies eine n-zu-m-Beziehung (n:m-Beziehung). Schauen wir uns das für ein paar Freunde aus unserem Bekanntenkreis an:

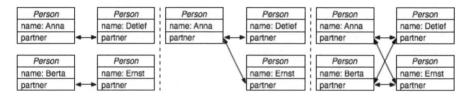

In Programmen geht es unsittlicher zu als im westlichen Kulturkreis.

Aber ich will hier gleich mal die Graphiken etwas formalisieren. Denken Sie wieder an eine Klasse »Instrument«, die die Eigenschaften »Alter« und »Preis« hat. Das Symbol für die Klasse nennt dann diese Eigenschaften und ihren Typen. Das Symbol für eine Instanz nennt ebenfalls diese Eigenschaften, stellt allerdings dann den Wert genau in dieser Instanz dar:

  Eine Klasse legt die Eigenschaften und den Typen fest, die Instanz gibt ihr Werte.

Auch die obigen Graphiken zu den Eheleuten haben konkrete Instanzen, nämlich die Personen Anna, Berta, Detlef und Ernst bezeichnet. Diese Information ist für uns aber häufig nicht wichtig, ja wir kennen sie beim Programmieren nicht einmal, weil der Anwender erst später die einzelnen Personen eingibt. Deshalb zeichnet man häufig nur die grundsätzlichen Beziehungsmöglichkeiten auf:

Die Eheformen unabhängig von konkreten Personen

Und hier spielt die Pfeilspitze eine Rolle: Haben wir eine einfache Pfeilspitze, so bedeutet dies, dass nur ein Verweis möglich ist. In der Abbildung links hat der Pfeil von der Frau zum Mann eine Pfeilspitze, also kann die Frau einen Mann haben. Umgekehrt gilt dort dasselbe: Der Pfeil vom Mann zur Frau hat eine Pfeilspitze, also kann ein Mann eine Frau haben.

Ganz rechts sehen Sie aber zum Beispiel jeweils Pfeile mit Doppelspitzen. Dies bedeutet, dass eine Frau mehrere Männer (auch drei oder vier) haben kann und umgekehrt. Betrachtet man also immer nur eine Seite der Beziehung, also nur die Frau oder nur den Mann, so ist die Sache einfach: Eine Frau kann entweder einen einzigen Mann oder mehrere Männer haben. Den ersten Fall bezeichnet man als Master-Detail-Relationship, den zweiten als To-Many-Relationship.

Die Quintessenz der Geschichte ist also, dass 1:1-, 1:n- und n:m-Beziehungen je vom Standpunkt aus *Master-Detail-* oder *To-Many-Relationships* sind.

Hinbeziehung	Rückbeziehung	Kombination
Master-Detail	Master-Detail	1-zu-1
To-Many	Master-Detail	1-zu-n
To-Many	To-Many	n-zu-m

Mathematische Operationen

Machen wir mal wieder etwas Einfaches. Besser ist das jetzt, nicht wahr? Sie haben ja bereits gelernt, wie man multipliziert. Aber es gibt noch deutlich mehr mathematische Operationen.

Objective-C hat die vier Grundrechenarten von C geerbt. Die entsprechenden Zeichen dafür lauten:

- Addition mit dem Pluszeichen:

```
float a = 5.0 + 7.3;
// a ist 12,3
```

- Subtraktion mit dem Minuszeichen:

```
double b = 12.4 - 17.8;
// b ist -5,4
```

- Multiplikation mit dem Sternchen:

```
NSInteger irgendwas = 5 * 7;
// irgendwas ist 35
```

- Division mit dem Schrägstrich ([Umschalttaste]+[7]):

```
double var = 55.0 / 2;
// var ist 27,5
```

- Rest (Modulo)

```
NSInteger rest = 17 % 5;
// rest ist 2 (17 : 5 = 3 Rest 2)
```

Hat man es mit Ganzzahlen zu tun (NSInteger, NSUInteger), so wird das Ergebnis ebenfalls ganzzahlig, und zwar stets abgerundet. C beachtet die Punkt-vor-Strich-Regel. Man kann freilich auch Klammern setzen, wie man es in der Mathematik gewohnt ist.

Wichtig ist die Möglichkeit, Zuweisungen mit Rechnungen zu kombinieren:

```
NSInteger a = 5;
a += 3;
// a ist jetzt 8. Entspricht: a = a + 3
```

Zurückhaltend eingesetzt sind auch die Inkrement- und Dekrementoperatoren von C eine bequeme Formulierung:

- Erhöhung (Inkrement) mit doppeltem Pluszeichen, das Ergebnis verändert die Variable selbst und kann auch zugewiesen werden:

```
NSInteger a;
NSInteger b;
a = 5; // a ist 5
b = a++; // a (=5) wird zugewiesen, also: b ist 5, a wird 6
a = 5; // a ist 5
b = ++a; // a wird 6, a (=6) wird zugewiesen, also: b ist 6
```

- Die Verminderung (Dekrement, übrigens nicht Erniedrigung, die gibt es nur im Domina-Studio) funktioniert entsprechend mit doppeltem Minuszeichen.

Es sei angemerkt, dass man niemals in einer Anweisung mehrfach eine Variable erhöhen oder vermindern oder auch nur die entsprechende Variable mehrfach verwenden sollte, da dann die Reihenfolge nicht definiert ist!

```
a = 5;
b = a++ * a; // b ist 6 * 6 = 36? 6 * 5 = 30?
```

Kontrollstrukturen

In unseren bisherigen Beispielen bestand jede Methode aus einer Abfolge von Anweisungen, die nacheinander ausgeführt wurden. Wie bei einem Kochrezept. Ich hatte aber bereits in Kapitel 1 darauf hingewiesen, dass zuweilen der Programmlauf wiederholt werden soll oder aber Anweisungen nur unter bestimmten Bedingungen ausgeführt werden sollen. Hierfür existieren sogenannte Kontrollstrukturen.

Kontrollstrukturen können einzelne Anweisungen unter eine Bedingung stellen oder ganze Gruppen von Anweisungen, die man »Blöcke« nennt. Hierauf gehe ich dann zuletzt ein.

Es lassen sich zwei Arten bilden: Die wiederholte Ausführung von Anweisungen nennt man »Schleifen«, die bedingte Ausführung von Anweisungen »Verzweigung«. Gehen wir die wichtigsten durch:

Verzweigungen

Um je nach Situation nur bestimmte Anweisungen auszuführen, existiert die Verzweigung mittels If-Else-Konstrukt oder die Mehrfachauswahl mittels Switch-Case-Break-Default-Konstrukt.

if-else

Mithilfe der Schlüsselwörter `if` und `else` lassen sich Anweisungen in Abhängigkeit einer Bedingung formulieren. Der allgemeine Aufbau ist wie folgt:

```
if( Bedingung ) {
    Erfüllt-Anweisungen
} else {
    Nicht-Erfüllt-Anweisungen
}
```

Beispiel:

```
NSInteger value;
NSInteger signed = …
if( signed < 0 ) {
   value = - signed;
} else {
   value = signed;
}
```

Stellen wir uns vor, signed habe einen negativen Wert, sagen wir -3. In diesem Falle wäre die Bedingung hinter `if`, also signed < 0, erfüllt, weil -3 kleiner als 0 ist. Jetzt würden die in den geschweiften Klammern folgenden Anweisungen ausgeführt, also würde unser Prorgramm so ablaufen:

```
NSInteger value;
NSInteger signed = -3;
if( signed < 0 ) {
   value = - signed;
} else {
   value = signed;
}
```

Damit wäre value gleich 3, denn -(-3) ist 3. Ist hingegen signed positiv, sagen wir +3, so wäre die Bedingung hinter dem `if` nicht erfüllt, weil +3 nicht kleiner als 0 ist. Es werden jetzt die Anweisungen in den geschweiften Klammern hinter dem `else` ausgeführt, also

```
NSInteger value;
NSInteger signed = +3
if( signed < 0 ) {
   value = - signed;
} else {
   value = signed;
}
```

Hier wird also signed einfach unverändert an value zugewiesen, so dass value den Wert 3 erhält. Unabhängig vom Vorzeichen hat also value den (stets positiven) Betrag von signed. Wir haben also gerade die Betragsfunktion programmiert.

Der Else-Zweig ist übrigens optional. Dies bedeutet, dass Sie ihn weglassen können.

Gerne will man auch mehrfache Verzweigungen haben. Soweit das sogleich besprochene Switch-Konstrukt nicht funktioniert, muss man in C mehrfach verschachteln. Nachfolgend soll etwa geprüft werden, ob ein Wert in den Bereichen > = 1000, 100 bis 999, 10 bis 99 oder 0 bis 9 liegt:

```
if( signed >= 1000 ) {
   value = 3;
} else { // signed muss kleiner als 1000 sein!
   if( signed >= 100  ) {
      value = 2;
   } else { // signed muss kleiner als 100 sein!
      if( signed >= 10 ) {
         value = 1;
      } else { // signed muss kleiner als 10 sein!
         value = 0;
      }
   }
}
```

Diese sogenannte If-Kaskade ist sehr unübersichtlich. Durch Weglassung der Blöcke im Else-Zweig und andere Schreibweise erreicht man jedoch eine Lesbarkeit wie in anderen Programmiersprachen mit einem Else-if-Zweig:

```
if( signed >= 1000 ) {
   value = 3;
} else if( signed >= 100  ) {
   value = 2;
} else if( signed >= 10 ) {
   value = 1;
} else {
   value = 0;
}
```

Bedingte Zuweisungen

In vielen Fällen, wie auch in unserem Beispiel, ist es lediglich erforderlich, die Zuweisung eines Wertes von einer Bedingung abhängig zu machen. Schauen wir uns das If-Beispiel noch einmal an:

```
NSInteger value;
NSInteger signed = …
if( signed < 0 ) {
   value = - signed;
```

```
} else {
   value = signed;
}
```

Eigentlich wird hier in Abhängigkeit von der Bedingung mal -signed, mal signed zugewiesen. Wenn die Aufgabe eines solchen If-Konstruktes lediglich die ist, eine Zuweisung anders auszuführen, so kann man auch die bedingte Zuweisung einsetzen:

```
value = (signed < 0)? -signed : signed;
```

Das sieht kompliziert aus, ist aber recht einfach: Wenn die Bedingung vor dem Fragezeichen erfüllt ist, wird an value der Wert nach dem Fragezeichen zugewiesen, also -signed. Andernfalls wird der Wert nach dem Doppelpunkt zugewiesen, also signed. Hiermit erreichen wir also dasselbe wie mit unserer If-Konstruktion, nur kürzer formuliert. Eine andere beliebte Verwendung ist das Heraussuchen eines Maximalwertes (größerer von zweien):

```
NSInteger groesser = (a > b)? a : b;
```

oder das Kappen an einer Höchstgrenze:

```
double hoechstens100 = (prozent > 100.0)? 100.0 : prozent;
```

Switch

Die echte Mehrfachauswahl wird in C durch ein `switch` eingeleitet. Sie ist in ihrem Aufbau sehr merkwürdig, was die Herkunft aus der Maschinensprache verrät. Der grundsätzliche Aufbau:

```
switch( wert ) {
case 0:
   Anweisungen für den Fall wert = 0
   break;
case 1:
   Anweisungen für den Fall wert = 1
   break;
...
default:
   Anweisungen für alle anderen Fälle
   break;
}
```

Die Anweisungen unter dem `case` werden also ausgeführt, wenn der hinter dem `case` genannte Wert gleich dem Wert in der Klammer des `switch` ist. Dabei können zu einem Case-Zweig mehrere Werte durch Kommata getrennt aufgezählt werden. Es ist unbedingt zu beachten, dass nur die Einfügung des `break` am Ende eines Zweiges dazu führt, dass der nächste Zweig nicht ausgeführt wird. Sonst fällt die Programmausführung zu diesem durch. Das ist fast nie gewollt und eine sehr beliebte Fehlerquelle. Sie sollten daher stets einen Case-Zweig mit einem `break` beenden. Gleich angewöhnen!

Ebenfalls fällt auf, dass die Anweisungen eines einzelnen Case-Zweiges nicht in geschweifte Klammern gesetzt werden müssen. Hierauf komme ich sogleich bei der Besprechung der Blöcke zurück.

Schleifen

Schleifen dienen der wiederholten Ausführung von Anweisungen. Dabei unterscheidet man den Schleifenkörper (oder Schleifenrumpf), der die einzelnen zu wiederholenden Anweisungen enthält, und den Schleifenkopf, der bestimmt, ob bzw. wie oft der Schleifenkörper ausgeführt wird.

while

Bei der `while`-Schleife werden Anweisungen so lange wiederholt, wie eine Bedingung erfüllt ist. Allgemein sieht sie so aus:

```
while( Bedingung ) {
   Anweisungen …
}
```

Ein einfaches Beispiel, welches eine Ganzzahl halbiert, bis 0 erreicht ist. Fügen Sie wiederum folgenden Code in `main()` ein:

```
int main (int argc, const char * argv[]) {

   NSAutoreleasePool * pool = [[NSAutoreleasePool alloc] init];

   NSInteger exponent = 0;
   NSInteger counter = 7;
   while( counter > 0 ) {
      counter = counter / 2;
      exponent = exponent + 1;
      NSLog( @"cnt %d, exp %d", counter, exponent );
   }
```

```
    [pool drain];
    return 0;
}
```

Sie erhalten als Ausgabe:

```
>… ObjectiveC[78234:813] cnt 3, exp 1
>… ObjectiveC[78234:813] cnt 1, exp 2
>… ObjectiveC[78234:813] cnt 0, exp 3
```

Am Anfang ist counter gleich 7 und die Bedingung erfüllt. Dann wird counter halbiert. Weil wir es hier mit Ganzzahlen zu tun haben, wird der Rest der Division »weggeworfen«, also stets abgerundet. Daher ist nach der Ausführung der Zeile in der Schleife counter gleich 3 (7 : 2 = 3 Rest 1). Außerdem wird exponent um 1 erhöht, ist jetzt also 1. Dies wird am Ende der Schleife ausgedruckt.

Jetzt wird wieder die Bedingung getestet und festgestellt, dass counter immer noch größer als 0 ist. Also wieder rein in die Schleife und dividieren. counter wird jetzt nach der Halbierung 1 (3 : 2 = 1 Rest 1), und exponent wird zu 2. Wieder die Bedingung abfragen. 1 ist immer noch größer als 0, weshalb die Schleife erneut ausgeführt wird. counter wird jetzt 0 (1 : 2 = 0 Rest 1), und exponent wird auf 3 erhöht. Da counter jetzt tatsächlich 0 ist, ist die Bedingung im Schleifenkopf jetzt nicht mehr erfüllt. Die Ausführung der Schleife wird abgebrochen und das Programm fährt mit der nächsten Anweisung nach der Schleife fort.

Ich hatte Ihnen übrigens bei den mathematischen Funktionen erzählt, dass man die Grundrechenarten (und einiges mehr, was wir nicht benötigen) gleich auf der Variablen selbst anwenden kann. Hier bedeutet dies, dass man anstelle von

```
    counter = counter / 2;
```

auch

```
    counter /= 2;
```

schreiben könnte. Außerdem kann man statt der Addition von 1 auch den Inkrement-Operator verwenden. Dann sieht unsere Schleife so aus:

```
NSInteger exponent = 0;
NSInteger counter = 7;
while( counter > 0 ) {
    counter /= 2;
```

```
    exponent++;
    NSLog( @"cnt %d, exp %d", counter, exponent );
}
```

> **HILFE**
>
> Sie können das Projekt in diesem Zustand als »Projekt-03-03« von der Webseite herunterladen.

Löschen Sie nach dem Testen bitte wieder die neuen Zeilen zwischen `NSAutoreleasePool * …` und `[pool drain];`.

Man muss aufpassen, dass die Bedingung wirklich einmal nicht mehr vorliegt, weil sonst die Schleife bis in alle Ewigkeit wiederholt wird und das Programm daher für den Benutzer hängt.

```
NSUInteger counter = 3;
while( counter >= 0 ) {
    counter--;
    …
}
```

Sehen Sie, warum die Schleife nie beendet wird? `NSUInteger` ist der Datentyp für eine Ganzzahl ohne Vorzeichen. Diese Variable kann also nie kleiner als 0 sein. Ist vielmehr 0 erreicht und wird dann erneut mittels des Dekrement-Operators eins abgezogen, so nimmt counter den höchsten möglichen Wert an. Dieser ist aber ebenfalls größer null, so dass die Schleifenbedingung noch wahr ist. Das Ding hört nie auf.

Ebenso ist zu beachten, dass der Schleifenkörper auch gar nicht ausgeführt werden kann, wenn bei Eintritt in die Schleife bereits die Bedingung unwahr ist. Man nennt dies »abweisendes Verhalten«.

```
NSInteger exponent = 0;
NSInteger counter = -1;
while( counter > 0 ) {
    counter = counter / 2;
    exponent = exponent + 1;
}
```

do

Die do-Schleife verhält sich ebenso, führt aber den Schleifenkörper mindestens ein Mal aus, weil erst am Ende der Schleife die Bedingung geprüft wird:

```
NSInteger exponent = 0;
NSInteger counter = -1;
do {
   counter = counter / 2;
   exponent = exponent + 1;
} while ( counter > 0 );
```

Man nennt dies »annehmendes Verhalten« im Gegensatz zum vorhin erläuterten »abweisenden Verhalten«. In aller Regel ist dies nicht gewünscht. Zu beachten ist hier das gerne vergessene Semikolon nach der Bedingung.

for

Die for-Schleife ist sehr flexibel und wird daher gerne missbraucht. Sie dient dazu, eine bestimmte Anzahl von Wiederholungen durchzuführen. Ihr genereller Aufbau ist bereits kompliziert.

```
for( Startanweisung; Bedingung; Inkrement )   {
   Anweisungen
}
```

In aller Regel wird mit ihr ein Zähler durchgezählt:

```
NSInteger counter;
for( counter = 0; counter < 4; counter++ )   {
   Anweisungen
}
```

Hier wird also die for-Schleife vier Mal durchlaufen, und zwar für counter = 0, counter = 1, counter = 2 und counter = 3. Da die Bedingung vor jedem Schleifendurchlauf geprüft wird (abweisendes Verhalten), erfolgt kein Durchlauf mit counter = 4. Der letzte Teil enthält die Anweisung zur Erhöhung des Zählers. Er wird am Ende der Schleife ausgeführt. Das obige Beispiel ist daher letztlich identisch mit:

```
NSInteger counter;
counter = 0; // Startanweisung
while( counter < 4 ) { // Bedingung
   Anweisungen
   counter++; // Erhöhung
}
```

Nach diesem Muster kann man umgekehrt ziemlich wüst eine »normale« while-Schleife in eine for-Schleife umbauen, auch dann, wenn es gar nicht um abgezählte Durchläufe geht. Verständlicher wird Ihr Programm damit nicht ...

for in

Eine Schleife mit einer speziellen Funktion ist die For-In-Schleife, welche es aber nur in Objective-C 2 gibt. Hierauf gehe ich näher im Kapitel 4 über Container ein.

break

Bei allen Schleifen ist es möglich, die Ausführung mit break vorzeitig abzubrechen. Stellen Sie sich vor, Sie möchten die Elemente einer Liste miteinander multiplizieren. Symbolisch:

```
produkt = 1;
while( nochWerteDa? ) {
    produkt = produkt * nächsterWertAusDerListe;
}
```

Es wäre jetzt überflüssig, weitere Multiplikationen vorzunehmen, wenn einmal das Produkt 0 wurde. Denn jede weitere Multiplikation, mit welchem Wert auch immer, führt wieder zu 0.

```
produkt = 1;
while( nochWerteDa? ) {
    produkt = produkt * naechsterWertAusDerListe…;
    if( produkt == 0 ) {
        break; // hat keinen Sinn mehr …
    }
}
```

Der Abbruch gilt unabhängig davon, an welcher Stelle das break im Schleifenkörper steht. Es wird unmittelbar die Schleife verlassen, auch dann, wenn im Schleifenkörper noch Anweisungen folgen. Man kann daher mit break Bedingungen »in der Mitte« des Schleifenkörpers prüfen.

```
while( YES ) { // YES ist immer erfüllt
    Annehmende Anweisungen
    if( Bedingung ) {
        break;
    }
    Abweisende Anweisungen
}
```

continue

continue führt ebenfalls dazu, dass die im Schleifenkörper folgenden Anweisungen nicht ausgeführt werden, aber die Schleife weiter läuft. Die Erhöhung bei einer For-Schleife wird ebenfalls durchgeführt. Hiermit kann man bestimmte Schleifendurchläufe »auslassen«. Bleiben wir beim Beispiel mit dem Produkt: Wir können die Schleife so ändern, dass bei einer 0 einfach keine Multiplikation durchgeführt wird:

```
produkt = 1;
while( nochWerteDa? ) {
    NSInteger naechsterWert = naechsterWertAusDerListe…;
    if( naechsterWert == 0 ) {
        continue; // lass diesen Durchlauf aus.
    }
    produkt = produkt * naechsterWert;
}
```

Bedingungen

In allen Beispielen spielte irgendwie eine Bedingung eine Rolle, etwa ein Vergleich. Es gibt zahlreiche Möglichkeiten des Vergleiches:

- Gleichheit mit dem doppelten Gleichheitszeichen: ==

```
if( value == 0 ) {
    Ausführung, wenn value gleich 0 ist
}
```

- Ungleichheit wird mit einem Ausrufezeichen und einem Gleichheitszeichen verglichen: !=

```
if( value != 0 ) {
    Ausführung, wenn value ungleich 0 ist
}
```

- Es gibt die Größer- und Kleiner-Vergleiche, ähnlich denen in der Mathematik mit < (ist kleiner), > (ist größer), <= (ist kleiner oder gleich), >= (ist größer oder gleich).

```
if(value >= 100 ) {
    Ausführung, wenn value größer als 100 oder gleich 100
}
```

> **TIPP**
>
> Man sollte niemals Dezimalbrüche (float, double) auf Gleichheit prüfen, da diese ungenau sind und Rundungsfehler aufweisen können. Wenn es auf Genauigkeit ankommt, sollte man Ganzzahlen verwenden (also bei Kontoständen etwa nicht Dezimalbrüche von Euro, sondern Ganzzahlen von Cents). Cocoa bietet auch eine spezielle Klasse, die wir im Kapitel 4 über Container besprechen werden.

Daneben können Bedingungen verknüpft werden.

- Mit einem doppelten senkrechten Strich | ([Wahltaste]+[7]) werden mehrere Bedingungen »Oder-Verknüpft«. Das heißt, dass die Bedingung insgesamt wahr ist, wenn mindestens eine der Teilbedingungen wahr ist:

```
if( (value > 100) || (value < -100) )
    Ausführung, wenn value größer als 100 oder kleiner als -100
}
```

- Soll eine Anweisung ausgeführt werden, wenn genau eine von zwei Teilbedingungen wahr ist (»Entweder-Oder«), dann kann man dazu den Vergleich auf Ungleichheit verwenden. (Denken Sie mal in einer ruhigen Minute darüber nach, warum das funktioniert!) Man braucht das aber vergleichsweise selten, daher nur der Vollständigkeit halber:

```
if( (value1 > 100) != (value2 < -100) )
    Ausführung, wenn entweder die eine Bedingung oder die
    andere Bedingung erfüllt ist, aber nicht bei beiden!
}
```

- Wichtiger ist die Und-Verknüpfung, die insgesamt nur wahr ist, wenn alle Verknüpfungen wahr sind. Hierzu verwendet man doppelte kaufmännische Und-Zeichen: &&

```
if( (value1 > 100) && (value2 < -100) )
    Ausführung, wenn beide Bedingungen erfüllt sind
}
```

Die »Punkt-vor-Strich-Regeln« von C sind dabei meist richtig. Man sollte aber zur Klarheit die Einzelbedingungen klammern, wie ich es getan habe.

Man kann übrigens derlei Bedingungen nicht nur in Kontrollstrukturen einsetzen, sondern auch in Variablen speichern. Dabei wird der Datentyp BOOL verwendet, der nur zwei Werte kennt: YES und NO.

```
NSInteger value = -3;
BOOL valueIsNegative = (value < 0);
// valueIsNegative hat jetzt den Wert YES
```

Es muss allerdings beachtet werden, dass C die Sache etwas anders als nur mit wahr oder falsch bzw. YES oder NO sieht: Für C ist alles wahr, was nicht 0 ist. Daher wird der folgende Code ausgeführt:

```
NSInteger value = 5;
if( value ) { // entspricht: value != 0
    // Wird ausgeführt, da value nicht 0
}
```

Das macht man sich an manchen Stellen zur kürzeren Formulierung zunutze. Ich werde darauf zurückkommen, wenn sich so eine Situation stellt.

Außerdem stellt es eine Besonderheit von C dar, dass auch eine Zuweisung einen Wert hat. Dies führt zu besonderen Ausdrücken:

```
if( value = 5 ) {
    // value wird 5 -> 5 ist ungleich 0: Ausführung!
}
```

In Wahrheit war hier mutmaßlich

```
if( value == 5 ) {
    // value wird mit 5 verglichen
}
```

gemeint. Es gab schon C-Programmierer, die über dem vergessenen zweiten Gleichheitszeichen verstorben sind. Ich hatte Ihnen ja im zweiten Kapitel empfohlen, die Option –Wall einzuschalten. Diese würde im ersten Fall eine Warnung auswerfen: »Hey, hey, willst du wirklich zuweisen und nicht vergleichen?« Weil man dies aber manchmal wirklich will, muss man dann die Zuweisung klammern:

```
if( (value = 5) ) {
    // Gewollt!
}
```

Im Kapitel über Container komme ich darauf zurück. Löschen Sie jetzt wieder die eingefügten Zeilen in main().

Blöcke

Wie Sie gesehen hatten, befanden sich alle Anweisungen, die einer Bedingung unterlagen, in geschweiften Klammern, Ausnahme: Case-Zweige. Und auch die Anweisungen einer Funktion waren entsprechend geklammert. Man nennt dies einen »Block«. Hierzu noch ein paar Worte:

Wenn Sie einen Block haben und innerhalb des Blockes eine Variable definieren, gilt diese auch nur innerhalb des Blockes. Das hatten wir bereits bei unserer Methode -calculate: gemacht. Es geht aber auch an jeder anderen Stelle im Programm:

```
if( value > 5 ) {
    NSInteger variable;
    variable = value - 2;
    …
} else {
    variable = 3; // Fehler!
}
```

Die Variable variable ist wirklich nur zwischen den geschweiften Klammern gültig, zwischen denen sie definiert wurde. Im Else-Zweig ist sie unbekannt, und daher führt ihre Verwendung zu einer Fehlermeldung.

Übrigens ist ein Block ausschließlich durch geschweifte Klammern festgelegt, und zwar unabhängig davon, ob diese in der gleichen oder der nächsten Zeile stehen. Ebenfalls spielt die Einrückung keinerlei Rolle. Man kann sie bei vielen Konstrukten auch weglassen. Davon rate ich unbedingt ab!

Ausführungseinheiten

Funktionen

Thematisch verwandt sind sogenannte Funktionen. Es handelt sich dabei auf den ersten Blick um etwas Ähnliches wie eine Methode. Allerdings ist eine Funktion nicht irgendwie an ein Objekt oder eine Klasse gebunden, sondern lässt sich unabhängig ausführen. Insbesondere muss man keine Nachrichten erzeugen, da es ja auch kein Empfängerobjekt gibt. Der Aufbau ist einfach:

```
Typ Funktion( Typ Parameter1, Typ Parameter2, … )
{
```

    Anweisungen
}

Machen wir das an einem Beispiel deutlich: Denken Sie an unsere If-Konstruktion, die immer den Betrag einer Ganzzahl ermittelte. Benötigen wir das häufiger in einem Programm, so kann man daraus eine Funktion machen. Fügen Sie Folgendes vor der Funktion main() ein:

```
…
NSInteger betrag( NSInteger signedValue )
{
   NSInteger value;
   if( signedValue < 0 ) {
      value = -signedValue;
   } else {
      value = signedValue;
   }
   return value;
}
…
```

Der erste Teil der Funktion ist der sogenannte Funktionskopf:

```
NSInteger betrag( NSInteger signed ) {
```

Diese Funktion bekommt einen sogenannten Parameter oder deutsch »Übergabewert«, den ich signedValue genannt habe. Diese Parameter stehen in der Klammer. Man kann mehrere Parameter übergeben, die man dann mit Kommata trennt. Es ist sogar möglich, durch Einfügung des Ellipsenzeichens … am Ende der Liste der Parameter zu sagen, dass eine beliebige Anzahl von Werten übergeben werden kann. Dies ist aber recht kompliziert in der Handhabung der Funktion, weshalb ich darauf nicht weiter eingehe.

Zudem sagt uns das NSInteger vor dem Namen der Funktion (betrag), dass diese Funktion ein Ergebnis als Rückgabewert liefert, nämlich eine Ganzzahl. Daher muss in der Funktion das Schlüsselwort return auftauchen, das diesen Wert zurückgibt.

Diesen Block an Anweisungen – der Funktionskörper oder Funktionsrumpf – kann man dann mit einem Schlag ausführen lassen. Ändern Sie main():

```
int main (int argc, const char * argv[]) {
```

```
    NSAutoreleasePool * pool = [[NSAutoreleasePool alloc] init];

    NSInteger value;

    value = betrag( -3 );
    NSLog( @"value ist %d", value );

    value = betrag( 5 );
    NSLog( @"value ist %d", value );

    NSInteger signedValue = -7;
    value = betrag( signedValue );
    NSLog( @"value ist %d", value );

    [pool drain];
    return 0;
}
```

Nach Klick auf *Build and Go* bekommen Sie dieses Ergebnis in der Konsole:

```
>... value ist 3
>... value ist 5
>... value ist 7
```

> **HILFE**
>
> Sie können das Projekt in diesem Zustand als »Projekt-03-04« von der Webseite herunterladen.

Gehen wir das mal durch: Durch den Text betrag(-3) wird sozusagen in der Funktion betrag überall an der Stelle von signedValue dieser Wert eingesetzt. »Virtuell« sieht jetzt also unsere Funktion so aus:

```
NSInteger betrag( -3 )
{
    NSInteger value;
    if( -3 < 0 ) {
        value = --3;
    } else {
        value = -3;
    }
    return value;
}
```

Beim nächsten Aufruf wird 5 eingesetzt. Das dürfte klar sein. Im letzten Fall wird signedValue eingesetzt? Nein! Im letzten Fall wird der Wert von signedValue, also -7 eingesetzt! Das ist wichtig zu verstehen: Wenn wir in der Funktion den Wert des Parameters ändern, wird dadurch nicht der Wert der Variablen signedValue in unserem Hauptprogramm verändert. Ein Beispiel, um das zu überprüfen. Bitte ändern Sie die Funktion betrag() wie folgt:

```
NSInteger betrag( NSInteger signedValue )
{
    NSInteger value;
    if( signedValue < 0 ) {
        value = -signedValue;
    } else {
        value = signedValue;
    }

    signedValue = 0;
    NSLog( @"signed in betrag() ist %d", signedValue );

    return value;
}
```

Und in main() fügen Sie am Ende eine Zeile ein:

```
...
    NSInteger signedValue = -7;
    value = betrag( signedValue );
    NSLog( @"value ist %d", value );
    NSLog( @"signed in main() ist %d", signedValue );
...
```

Wieder Build and Go, und wir bekommen ...

```
...
>... signed in betrag() ist 0
>... signed in main() ist -7
```

Also: Der Wert von signedValue, also die -7, wird an die Funktion übergeben. Damit hat signedValue in der Funktion betrag() den Wert -7. Dies ist aber nicht dasselbe signedValue, sondern ein neues. Wenn ich dieses in der Funktion ändere, dann ändert sich deshalb nicht das signedValue im Hauptprogramm!

> **GRUNDLAGEN**
>
> Man nennt dieses Verhalten Call by Value, was man am klarsten mit »Führe mit Wert aus« übersetzen kann. Das Gegenteil ist Call by Reference, was dann eben »Führe mit Verweis aus« bedeutet. In C wird das nicht explizit angegeben, sondern vielmehr einfach ein Zeiger auf den Parameter übergeben. Wir werden damit noch unsere liebe Not haben.

Tipp: Das return in der Funktion beendet übrigens jede weitere Ausführung von Anweisungen in der Funktion. Daher können wir unseren obigen Sourcetext vereinfachen:

```
NSInteger betrag( NSInteger signed ) {
   if( signed < 0 ) {
      return -signed;
   } else {
      return signed;
   }
}
```

Es ist aber darauf zu achten, dass in jedem Fall ein Wert zurückgeliefert wird. Dies ist hier gewährleistet, da beide Zweige des If-Else-Konstruktes einen Wert zurückliefern. Der Compiler kontrolliert dies! Um das klarer zu machen, tendieren manche Anwender auch zu einer anderen Schreibweise einer solchen Funktion:

```
NSInteger betrag( NSInteger signed )
{
   if( signed < 0 ) {
      return -signed;
   }
   return = signed;
}
```

Die Funktionen werden grundsätzlich in die Implementierungsdatei geschrieben. Man kann allerdings im Header ein Versprechen eingehen, eine Funktion zu programmieren (Funktionsdeklaration). Dabei geht man exakt wie bei der Funktionsdefinition vor, lediglich mit dem Unterschied, dass keine geschweifte Klammer mit dem Code folgt, sondern lediglich ein Semikolon:

```
NSInteger betrag( NSInteger signed );
```

Damit wird also im Header gesagt: »Ich verspreche hiermit, dass es die Funktion betrag() geben wird.«

Löschen Sie jetzt wiederum die Änderungen in `main()`. (Die Funktion betrag() können Sie auch löschen, sie schadet aber auch nicht.)

Methoden

Wir werden im Laufe des Buches etliche Methoden programmieren. Daher soll hier nur eine kleine, abstrakte Einführung in den Aufbau erfolgen.

Wie Sie bereits gelernt hatten, sind Methoden ein kleines Stück Code, das ausgeführt wird, wenn ein Objekt eine Nachricht erhält. Sie erhalten Parameter und können einen Rückgabewert liefern. Insoweit gleichen sie Funktionen – und sind etwas ganz anderes.

Ihr genereller Aufbau ist wie folgt:

```
± (Typ)nameParameter:(Typ)parameter1 parameter:(Typ)parameter2
{
   ...
}
```

Was den Methodenrumpf angeht, gibt es keinen wesentlichen Unterschied im Aufbau zu Funktionen. Zunächst der Methodenkopf. Dazu zwei einfache Beispiele:

```
+ (Instrument*)instrumentWithName:(NSString*)name
- (void)growOld
```

Klassenmethoden und Instanzmethoden

```
+ (Instrument*)instrumentWithName:(NSString*)name
- (void)growOld
```

Zunächst schauen wir uns das erste Zeichen an, welches einmal ein Pluszeichen und einmal ein Minuszeichen ist. Ich hatte Ihnen bereits erläutert, dass es Klassenobjekte und Instanzobjekte gibt. Ferner hatte ich ausgeführt, dass die Klassenobjekte Instanzobjekte erzeugen. Die erste Methode ist genau eine solche Erzeugermethode: Sie erstellt eine neue Instanz der Klasse »Instrument«. Deshalb handelt es sich um eine Klassenmethode. Um das zu kennzeichnen, beginnt die Methodendeklaration mit einem Pluszeichen.

Die zweite Methode ist eine Instanzmethode. Dies wird durch das Minuszeichen klargestellt.

Rückgabewert
+ (**Instrument***)instrumentWithName:(NSString*)name
- (**void**)growOld

Hiernach folgt in Klammern der Rückgabewert der Methode. Es existiert hierbei kein Unterschied zwischen Funktionen und Methoden, auch was das `return` angeht. Lediglich verhält es sich so, dass bei Methoden der Typ des Rückgabewertes in runde Klammern gesetzt wird.

Name
+ (Instrument*)**instrumentWithName**:(NSString*)name
- (void)**growOld**

Als Nächstes folgt der Name der Methode. Hier schauen wir uns zunächst den unteren Fall an. Die Methode heißt also -growOld. Bei der ersten Methode ist es etwas komplizierter, weil sie einen Parameter enthält:

Parameter
+ (Instrument*)instrumentWithName**:(NSString*)name**
- (void)growOld

Die zweite Methode nimmt keinen Parameter. Wir brauchen sie daher nicht zu beachten. Der Methodenkopf ist bereits fertig.

Anders bei der ersten: Verbunden mit dem Namen wird die Bezeichnung eines Parameters geschrieben, es folgt ein Doppelpunkt, dann in runden Klammern der Typ des Parameters und schließlich der Name. Man kann das mit einem Leerzeichen und Doppelpunkt getrennt fortführen, etwa wenn man zwei Parameter übergeben möchte:

- (NSInteger)addX:(NSInteger)x to**Y:(NSInteger)y**

Wichtig ist, dass der Parametername bei Methoden anders als bei Funktionen zum Namen der Methode gehört. Ebenso der Doppelpunkt. Daher hat die obige Methode den Namen `-addX:toY:`.

> **AUFGEPASST**
>
> Es ist nicht vorgeschrieben, dass jeder Parameter vor dem Doppelpunkt einen Namen bekommt. Man könnte also auch eine Methode `-(NSInteger)add:(NSInteger)x :(NSInteger)y` definieren, die dann konsequenterweise den Namen `-add::` hat. Tatsächlich gibt es wenige Methoden in Cocoa, die so bezeichnet sind. Machen Sie es nicht. Es gibt überhaupt keinen Grund dafür, eine Beschreibung des Parameters vorzuenthalten.

Methodenrumpf, self und _cmd

Ebenso wie bei Funktionen kann man ein Semikolon anschließen, wenn man im Header lediglich sagen möchte, dass eine Methode später in der Implementierung programmiert wird. Und ebenso wie bei Funktionen kann man die Anweisungen einer Methode in geschweifte Klammern setzen. Das hatten wir ja schon gemacht.

Allerdings gibt es einen riesigen Unterschied zwischen Methoden und Funktionen: Methoden gehören immer zu einem Objekt. Und dies macht etwas ganz anderes aus ihnen, was man an einem kleinen Wörtchen fest machen kann: `self`.

Dieses `self` bedeutet übersetzt etwa »ich selbst«. Man kann damit zum Beispiel Nachrichten an das eigene Objekt schicken, wenn man `self` als Empfänger einer Nachricht einsetzt, was wir auch machen werden. Außerdem hatten Sie ja bereits gelernt, dass zu jeder Instanz Speicher angelegt wird. Auch dieser Speicher ist innerhalb einer Methode des Objektes ansprechbar. Auch dies hatten Sie ja schon gemacht, als wir etwa die Instanzvariablen outputTextField usw. benutzten.

Das Ganze hat aber eine gedankliche Konsequenz: Eine Methode befindet sich immer in einem Kontext. Die Methode -spiele ist überhaupt nur sinnvoll, wenn es ein Instrument gibt, das gespielt werden kann. Das ist der wahre Unterschied: Methoden sind überhaupt erst sinnvoll im Kontext zum Objekt.

Ferner erhält die Methode als »unsichtbaren Parameter« den Namen der Nachricht in einer Variablen `_cmd` (Command, Befehl). Sie haben das in Kapitel 2 bereits im Debugger gesehen. In aller Regel benötigen wir diesen nicht, da wir ja in der Methode wissen, dass wir uns in der Methode befinden.

Eine Beispielklasse

Wählen Sie dazu in der Projektleiste *Source* an und gehen Sie wie im Kapitel 2 vor, klicken Sie also auf *File | New File…* . In der darauf erscheinenden Dialogbox scrollen Sie bis zu der Gruppe *Cocoa* und wählen dort wiederum *Objective-C class* aus. Auf *Next* klicken und dann im nächsten Dialog den Namen »Instrument.m« vergeben. Auf *Finish* klicken.

In der Projektleiste sehen Sie jetzt in der Gruppe Source zwei Dateien: Instruments.h und Instruments.m, also Header als Inhaltsverzeichnis und Implementierung als Text. Dies wollen wir jetzt genauer erkunden. Bereits, gewissermaßen als Orientierungskarte, zeige ich Ihnen aber vorab schon den Grobaufbau, den wir in den folgenden Abschnitten nach und nach durchgehen werden:

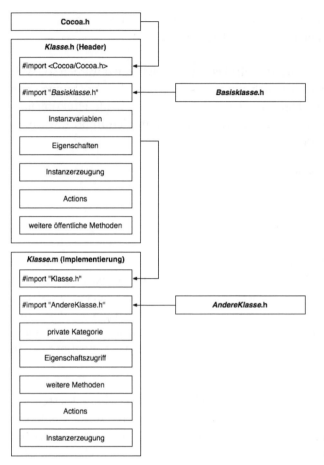

Die wichtigsten Elemente einer Klasse

Header (Beschreibung)

Öffnen Sie die Datei Instruments.h, indem Sie links in der Liste *Groups & Files* auf diese doppelklicken. Sie sehen eine leere Klassenbeschreibung, die jetzt Schritt für Schritt aufgefüllt werden wird:

```
// ...

#import <Cocoa/Cocoa.h>

@interface Instrument : NSObject {

}
@end
```

Zunächst kommen wieder die für die Ausführung des Programmes unerheblichen Kommentare (wie angekündigt, nicht mehr abgedruckt).

Das Schlüsselwort `import` bedeutet, dass die Datei Cocoa.h benutzt werden soll. Wie Sie bereits gelernt haben, befinden sich die gesamten Klassenbeschreibungen von Cocoa in Cocoa.h. Mit dieser einen Zeile kann daher die eingebaute Funktionalität von Cocoa von uns benutzt werden. Es handelt sich eben um den Import, wie er in Kapitel 1 bereits skizziert wurde.

Die Klasse und ihre Basisklasse

Die nächste Zeile …

```
@interface Instrument : NSObject
```

… lässt sich in etwa wie folgt lesen: »Wir haben eine neue Klasse »Instrument« und diese erbt von der Klasse `NSObject`.« Oder anders: »Instrument ist eine Untergattung der Gattung `NSObject`.« Sie erinnern sich noch an diese Vererbungsgeschichte aus dem ersten Kapitel? Mit dieser Zeile wird also inhaltlich gesagt, dass »Instrument« alle Eigenschaften hat, die bereits `NSObject` hat (für uns sind dies keine), und außerdem alle Methoden ausführen kann, die auch `NSObject` ausführen kann. Zweites ist wichtig und wird uns hier noch beschäftigen.

`NSObject` ist die sogenannte Wurzelklasse von Cocoa, und (fast) alle Klassen, die sich bereits in Cocoa befinden oder die wir jemals programmieren werden, sind von `NSObject` abgeleitet oder von einer Klasse, die von `NSObject` abgeleitet ist oder von einer Klasse, die von einer Klasse abgeleitet ist, die von `NSObject` abgeleitet ist … Also kurz gesagt: (Fast) jede Klasse hat `NSObject` unmittelbar oder mittelbar als Vorfahr. Es handelt sich sozusagen um den Urvater Adam. (Ich meine den Adam mit der Eva.)

Instanzvariablen

Zwischen den geschweiften Klammern werden die Instanzvariablen der Klasse aufgelistet. Wie der Name schon sagt, sind dies die Variablen eines Instanzobjektes, also sozusagen der Speicher der Instanz. Diese Variablen werden jedes Mal angelegt, wenn wir uns eine Instanz erstellen.

Wir wollen die drei Eigenschaften »Namen«, »Alter« und »Preis« haben. Damit wir diese speichern können, benötigen wir entsprechende Instanzvariablen.

Das mag jetzt etwas missverständlich sein: Wenn eine Instanz Eigenschaften hat wie ein Instrument, etwa Preis und Alter, so bedeutet dies nicht in jedem Falle, dass ein entsprechender Satz an Instanzvariablen vorhanden ist. In der Regel werden zwar diese Eigenschaften beim Objekt gespeichert, so dass sich Eigenschaften und Instanzvariablen decken. Es gibt aber auch Abweichungen:

- Bei sogenannten berechneten Eigenschaften wird der Wert einer Eigenschaft aus anderen Eigenschaften ermittelt. Die Eigenschaft wird also nicht gespeichert und benötigt daher keine Instanzvariable. Ein Beispiel ist etwa ein Programm, welches Personen verwaltet und dazu die Eigenschaften »Vorname« (»Amin«) und »Nachname« (»Negm-Awad«) speichert. Hierfür werden entsprechende Instanzvariablen benötigt. Nun soll das Programm aber auch ein Namenskürzel liefern können, was einfach durch Kombination der beiden ersten Buchstaben des Vor- bzw. Nachnamens erfolgt (»AmNe«): Dies muss nicht gespeichert werden, sondern kann aus den anderen Eigenschaften ermittelt werden. Daher ist hier keine Instanzvariable erforderlich.

- Umgekehrt kann es sein, dass Ihre Instanz Variablen (nur) zur internen Verwaltung benötigt, die keine Eigenschaft darstellen. Dann existiert zwar eine Instanzvariable, aber keine Eigenschaft. Dies ist etwa der Fall, wenn eine Instanz komplizierte Berechnungen durchführen muss und sich zur Programmbeschleunigung Zwischenwerte merkt. Diese sollen von außen nicht sichtbar sein: Zum einen stellen sie keine wirklichen Eigenschaften dar. Zum anderen könnte es sein, dass man später das Problem anders löst. Dann würde man diese Eigenschaft wieder entfernen, was Schwierigkeiten bereitet, wenn andere sich auf die Existenz verlassen haben. Sie sollten generell vorsichtig damit sein, einfach alles bekanntzugeben. Dieses »Verheimlichen« nennt man *Information-Hiding*, und es ist beabsichtigt.

Hier haben wir es aber einfach: Jede Eigenschaft bekommt genau eine Instanzvariable zur Speicherung. Geben Sie daher folgenden Code zwischen den geschweiften Klammern ein:

```
...
@interface Instrument : NSObject {
    NSString*  name;
    NSInteger  age;
    NSInteger  price;
}
...
```

Jede Zeile repräsentiert eine Instanzvariable und besteht aus dem Typen und dem Namen. Sie haben das ja auch schon einmal in Kapitel 2 gemacht, dort noch mit `IBOutlet` vorne dran. Ich hatte Ihnen schon da erzählt, dass dies nur ein Marker für den Interface Builder ist, damit dieser die Instanzvariablen erkennt. Da wir hier aber keinen Interface Builder verwenden wollen, benötigen wir diesen Marker auch nicht.

> **GRUNDLAGEN**
>
> Wenn Sie sich in Kapitel 2 noch einmal die Graphiken zum Drei-Schichten-Modell Modell – View – Controller anschauen, bemerken Sie ja auch, dass das Interface ohnehin nur mit Controller-Instanzen in Verbindung tritt. Unsere Instrument-Klasse soll aber Daten speichern, gehört also in die unterste Modell-Schicht. Hier haben wir also nie Outlets.

`NSString` ist dabei wiederum eine Klasse, die ja einfach eine Zeichenkette speichern kann. Dies ist also ein einfaches Attribut unserer Klasse. Die weiteren Eigenschaften werden durch `NSInteger` festgelegt, enthalten also lediglich ganze Zahlen.

> **TIPP**
>
> Statt des hier verwendeten einfachen Datentypen `NSInteger` könnte man auch ein Objekt der Klasse `NSNumber` wählen. Das hätte den Vorteil, dass sämtliche Eigenschaften durch Objekte repräsentiert würden. An dieser Stelle sollen jedoch alle Möglichkeiten aufgezeigt werden, weshalb wir auch ein `NSInteger` nehmen. Später werden wir jedoch auch ein `NSNumber`-Objekt verwenden.

Noch ein Wort zu den Namen der Instanzvariablen für die Eigenschaften, auch ein wenig in eigener Sache: In der letzten Auflage hatte ich auch eigene Instanzvariablen mit einem Unterzug »_« begonnen und an dieser Stelle darauf hingewiesen, dass das Apple nicht so gerne sieht. Es hat jedoch dazu Diskussionen gegeben, die vor allem auf der Behauptung fußten, dies könne zu Konflikten führen. Um das hier klipp und klar zu sagen: Mit oder ohne Unterzug gibt es dieselben Konflikte. Wenn man sich an die Apple-Regel hält, also für eigene Instanzvariablen keinen Unterzug verwendet, so fällt dieser Konflikt nicht auf und mündet in einem sich obskur verhaltenden Programm. Wenn man so wie ich in der Vorauflage den Unterzug verwendet und sich einen feuchten Kehricht um Apple kümmert, werden diese Konflikte vom Compiler bemerkt. Ich halte es daher weiter für tunlich, einen Unterzug voranzusetzen, bin davon aber abgekommen, weil sich mittlerweile die Mehrzahl der Entwickler an die Apple-Regel hält.

Also benennen Sie eine Instanzvariable wie hier mit einer leicht zu verstehenden Bezeichnung und beginnen Sie dabei mit einem Kleinbuchstaben. Setzt sich die Bezeichnung aus mehreren Wörtern zusammen, so beginnt das nächste Wort mit einem Großbuchstaben. Sie haben in diesem Buch bereits einige Beispiele gehabt. Es kommen noch viele hinzu.

Eigenschaftsangabe

Ich hatte Ihnen bereits erklärt, dass die Instanzvariablen nicht die Eigenschaften selbst sind. Vielmehr wird auf die Eigenschaften mittels spezieller Methoden zugegriffen. Der Witz bei Objective-C 2 ist, dass man diese Methoden nicht selbst programmieren muss. Vielmehr kann man sich diese automatisch im Header angeben lassen und dann in der Implementierung erzeugen lassen. Hierzu dient das Schlüsselwort `@property`. Geben Sie folgenden Code nach der geschlossenen geschweiften Klammer ein:

```
…
}
@property( readwrite, copy ) NSString* name;
@property( readwrite )       NSInteger age;
@property( readwrite )       NSInteger price;
@end
```

Die erste Zeile hat folgende Bedeutung: Wir haben eine Eigenschaft name, die durch eine Instanz der Klasse `NSString` dargestellt wird. Durch die Angabe `readwrite` geben wir kund, dass diese Eigenschaft sowohl gesetzt als auch gelesen werden darf. Die beiden weiteren Zeilen lauten entsprechend. Es sei nur darauf hingewiesen, dass bei einfachen Datentypen anders als bei Objekten die Angabe `copy` unsinnig ist. Sie fehlt daher hier. Die genaue Bedeutung von `copy` wird bei der Speicherverwaltung erläutert.

Der Compiler ist jetzt so schlau, dass er weiß, dass diese Eigenschaften in den gleichnamigen Instanzvariablen gespeichert werden. Man könnte dieses Verhalten auch ändern, indem man etwa schreibt:

```
@property( readwrite, copy ) NSString* name = familienName;
```

Dann würde der Compiler die Eigenschaft name in der Instanzvariable `familienName` ablegen. Also noch einmal zusammengefasst:

- Jede Instanz bekommt Instanzvariablen verpasst. Diese werden mit jeder Instanz unabhängig voneinander angelegt.
- Die Eigenschaften werden durch `@property` bestimmt, wobei wir in der Regel für jede Instanzvariable genau eine Eigenschaft haben. Der Compiler verbindet die Eigenschaften mit den gleichnamigen Instanzvariablen, wenn wir ihm nichts anderes sagen.

Instanzerzeugung und Initialisierung

Die Liste der Methoden einer Klasse besteht in der Regel aus der Standard-Gruppe *Objekterzeugung* sowie weiteren Gruppen, die charakteristisch für unser Objekt sind und die eigentlichen Operationen beinhalten. Wir fangen mit der ersten Gruppe an. Bitte ergänzen Sie folgende Methoden in »Instrument.h« nach der

```
...
@property( readwrite )        NSInteger price;

// Objekterzeugung
+ (Instrument*)instrumentWithName:(NSString*)name;
- (id)initWithName:(NSString*)name;
@end
```

Die Funktionsweise dieser Methoden besprechen wir in der Implementierung.

Weitere Methoden

Als Letztes benötigen wir noch eine Methode, die auch einmal etwas wirklich Sinnvolles macht:

```
...
- (id)initWithName:(NSString*)name;

// Sonstiges
- (void)growOld;
@end
```

Diese Methode soll das Instrument altern lassen: Das Alter wird um 1 erhöht und der Wert um 10 Prozent vermindert (wie die Implementierung weiter unten zeigen wird). Wir sind jetzt mit der äußerlichen Beschreibung der Klasse fertig und speichern Instruments.h; schließen Sie die Datei (*File | Close File Instrument.h*).

Implementierung (Funktionalität)

Jetzt müssen wir noch die eigentliche Programmierung der Methoden vornehmen. Dies erfolgt in der Datei Instruments.m. Auch diese ist bereits von Xcode erzeugt worden und sieht bisher so aus:

```
...
#import "Instrument.h"

@implementation Instrument

@end
```

Ich geb's ja zu: Das ist weder sonderlich spannend noch sehr aussagekräftig. Aber ein paar Sachen gibt es schon zu erörtern:

Der Import bedeutet jetzt wiederum, dass der Inhalt der Datei Instruments.h bekannt gemacht wird. Da sich dort unsere Klassenbeschreibung befand, kennt also »Instrument.m« ab diesem Zeitpunkt die Beschreibung. Es mag merkwürdig erscheinen, dass diesmal der Dateiname in Anführungszeichen(") steht, zuvor aber in spitzen Klammern (< und >). Der Grund ist einfach: Wir haben vorhin Cocoa.h importiert, also eine (System-)Datei, die uns Apple mitlieferte. Jetzt wird aber eine von uns erstellte Projektdatei einbezogen. Damit Xcode an den richtigen Stellen sucht, müssen wir diese Unterscheidung deutlich machen.

> **GRUNDLAGEN**
>
> Es gibt verschiedene Stellen, an denen Xcode nach System-Headern sucht. Die wichtigste ist wohl /Developer/SDKs. Unsere eigenen Header werden vor allem in unserem Projektverzeichnis gesucht.

Als Nächstes fällt das Schlüsselwort `@implementation` ins Auge. Hiermit wird unsere Programmierung der Klasse eingeleitet. Sie endet wiederum mit einem `@end`. Dazwischen müssen wir also unsere Methoden programmieren. Ich gehe hierbei etwas anders vor als im Header Instruments.h, wobei die Reihenfolge auch eine Frage des Geschmackes ist. Grundsätzlich gilt jedoch: Objective-C wird im 1-Pass-Verfahren übersetzt, was bedeutet, dass die Datei nur ein Mal gelesen wird. Wir können daher in jeder Datei nur Dinge benutzen, die wir vorher deklariert haben. Wenn wir also in unserer Klasse eine Methode benutzen wollen, muss sie entweder im Header stehen oder in der Implementierung vorher programmiert worden sein.

Ich gehe nach der Bottom-up-Struktur vor (»von einfach nach kompliziert«), so dass in den allermeisten Fällen alle Methoden bekannt sind, bevor sie benutzt werden. Ist dies nicht der Fall, so muss eine Methode vorher deklariert werden. Meist ist das bereits ganz automatisch im Header geschehen. Haben wir eine Methode, die zwar vorher deklariert werden muss, aber nicht als öffentliche Methode im Header auftauchen soll, so gibt es einen Trick mit Kategorien, den wir in dem entsprechenden Abschnitt besprechen werden. Dies ist aber ein sehr seltenes Problem. Bleiben wir hier erst einmal beim Wesentlichen.

Eigenschaften

Los geht's: Zunächst müssen wir dem Compiler sagen, dass er für unsere Eigenschaften aus dem Header entsprechende Methoden für den Zugriff benötigt. Mit Objective-C 2 müssen diese nicht mehr programmiert, sondern können vom Compiler erzeugt werden. Hierzu dient das Schlüsselwort `@sythesize`.

```
@implementation Instrument

@synthesize name, age, price;

@end
```

Weitere Methoden

Als Nächstes programmieren wir die Methode aus dem Header:

```
@synthesize name, age, price;
...
#pragma mark Weitere Methoden
- (void)growOld
{
    self.age = self.age + 1;
}
#pragma mark -
@end
```

Das `#pragma mark` ganz am Anfang ist eine Anweisung an Xcode, Unterteilungen in der Datei vorzunehmen. Sie beeinflusst den Ablauf des fertigen Programmes nicht. Wenn Sie die Datei am Ende dieses Abschnittes gespeichert haben, dann können Sie oben im Fenster im zweiten Pop-up von links die einzelnen Methoden sehen. Zur Übersichtlichkeit kann man diese Liste mit dem Mark-Pragma unterteilen, wobei ein einfaches Minuszeichen als horizontale Trennlinie dient. Das macht die Suche nach einer Methode effizient.

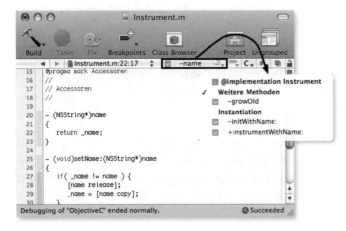

Ein Beispiel für eine später erzeugte Methodlist

In der Methode wird der Wert der Instanzvariable age um eines erhöht. Dazu ein paar Worte: Ich hatte gesagt, dass es innerhalb jeder Methode eine Variable `self` gibt, die das eigene Objekt bezeichnet. Durch den angehängten Punkt kann ich seit Objective-C 2 einzelne Eigenschaften auf diese Weise ansprechen (sogenannte Dot-Notation). Es wird hier also auf die Eigenschaften desjenigen Objektes zugegriffen, das gerade die Nachricht growOld erhalten hat, also die Methode -growOld ausführt. Dabei kann ich den Wert sowohl lesen (rechte Seite) als auch setzen (linke Seite).

Auf die eigenen Instanzvariablen kann auch direkt zugegriffen werden. Dazu würde der Code lauten:

```
age = age + 1;
```

In diesem Falle wird also ebenso der Wert der Instanzvariable um eins erhöht. Aber – und dies ist ein dickes Aber – hier geschieht etwas völlig anderes: Es wird direkt die Variable benutzt, also so wie eine lokale Variable in einer Methode.

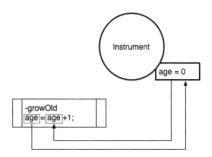

Wenn wir nur den Namen der Instanzvariable verwenden, wird diese unmittelbar geändert.

Bei der Dot-Notation werden spezielle Methoden, eben die »Accessoren« benutzt. Dies bedeutet, dass das Objekt an sich selbst Nachrichten zum Lesen und Setzen der Instanzvariablen versendet. Ohne dem Kapitel zur Speicherverwaltung vorzugreifen, erwähne ich bereits hier, dass diese Methoden die Namen -age und -setAge: haben. Wir könnten also obigen Code auch so schreiben (und müssten das tun, wenn wir in Objective-C 1 schrieben):

```
[self setAge:[self age] + 1];
```

Es werden also Nachrichten zum Setzen der Instanzvariable verschickt. Dies ist für bestimmte Technologien von Cocoa unbedingt erforderlich, weshalb Sie heute, morgen, nächste Woche, ewig und auch noch danach Accssormethoden (auch über Dot-Notation) zum Zugriff auf Instanzvariablen verwenden und diese nicht unmittelbar ansprechen.

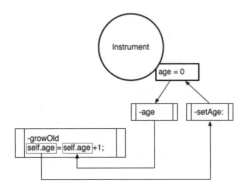

Verwendet man die Dot-Notation, so werden Nachrichten verschickt.

Diese Dot-Notation ist also nichts anderes als die Kurzschreibweise für diese Accessor-Nachrichten. Nichts mehr, nichts weniger, nichts anderes. Es geht ausschließlich um Bequemlichkeit (Tipparbeit) und Lesbarkeit des Codes.

Diese Accessormethoden -setAge: und -age sind übrigens schon automatisch erzeugt worden. Hierfür diente das `@synthesize`. Wir müssen sie also nicht mehr programmieren.

Allerdings muss noch der Wert um 10 Prozent herabgesetzt werden. Dies erreicht man durch eine Multiplikation mit 0,9. Endlich sieht unsere Methode -growOld so aus:

```
...
- (void)growOld
{
   self.age = self.age + 1;
   self.price = self.price * 0.9;
}
@end
```

Initialisierung

Nun ist nur noch die Objekterzeugung und -initialisierung übrig, die es allerdings ganz schön in sich hat. Wir hatten im Header eine Methode -initWithName: bekannt gemacht. Sie dient dazu, eine bereits erzeugte Instanz von Instrument zu initialisieren, also auf vernünftige Startwerte zu bringen. Es existiert ebenfalls eine Methode `-init`, die wir von `NSObject` ererbt haben. `NSObject` ist ja unsere Basisklasse. Wir mussten sie daher nicht mehr bekannt geben. Unsere erste Aufgabe ist es, diese Initialisierung zu überschreiben:

```
...
#pragma mark Instantiation
```

```
- (id)init {
    return [self initWithName:@"Kein Name"];
}
@end
```

Diese Methode macht also nichts anderes, als eine Nachricht an sich selbst (`self`) zu verschicken, nämlich »initWithName:@"Kein Name"«. Der Grund ist verständlich: -init ist von `NSObject` ererbt. Daher hat unsere Subklasse Instrument ebenfalls diese Methode, deshalb darf man eine solche Nachricht an eine Instrumenteninstanz schicken. Diese Instrumenteninstanz lässt es aber zu, dass man bei der Initialisierung einen Namen mitgibt. Deshalb leiten wir sozusagen die Nachricht an uns selbst weiter, wobei wir einen besonderen Namen einsetzen müssen. So weit, so gut, so weit ansatzweise verstanden?

Damit landen wir also bei -initWithName:. Hier kann sich dann unsere Instrumenteninstanz initialisieren. Bleibt die von uns angekündigte Methode -initWithName:, die diese Nachricht in Operationen umsetzen soll:

```
...
- (id)initWithName:(NSString*)initName
{
    // Zunaechst Initialisierung der Superklasse ausfuehren
    self = [super init];

    // Bei Erfolg ...
    if( self ) {
        // ... eigene Instanzvariablen setzen
        self.name = initName;
        self.age = 0;
        self.price = 0;
    }
    return self;
}
@end
```

Fangen wir das mal an:

```
self = [super init];
```

Die erste Nachricht [super init] ist neu. Aufgepasst, jetzt kommt eine goldene Regel: Wenn eine Instanz einer Subklasse sich initialisiert, muss sie zunächst der Basisklasse die Gelegenheit geben, sich ebenfalls zu initialisieren. Es könnte ja sein, dass in `NSObject` bereits Instanzvariablen definiert wurden, die ebenfalls auf vernünftige Werte vorgesetzt werden müssen. Was heißt hier »es könnte sein«? Es ist so!

Daher muss ich der Implementierung der Basisklasse die Chance geben, sich zu initialisieren. Jetzt kann ich aber nicht

```
self = [self init];
```

schreiben, weil dann ja wieder meine erste Methode aufgerufen würde. Ich habe ja gerade `-init` von `NSObject` überschrieben. Dieses `-init` würde aber wieder die Methode `-initWithName:` ausführen. `-initWithName:` würde wieder `-init` ausführen, `-init` wieder ... `-init` und `-initWithName:` würden bis in alle Ewigkeiten Pingpong spielen.

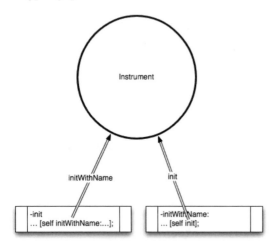

-init ruft -initWithName:, ruft -init, ruft -initWithName, ...

Um diesen Zirkelschluss zu vermeiden, sorgt `super` dafür, dass `-init` von der Basisklasse (also `NSObject`) aufgerufen wird. Dort steht aber eine ganz andere Methode. Insbesondere initialisiert diese Methode von `NSObject` nur die Instanzvariablen von sich selbst, also nicht unsere. Und daher wird auch nicht `-initWithName:` aufgerufen. Denn `NSObject` kennt diese Methode der Subklasse ja gar nicht.

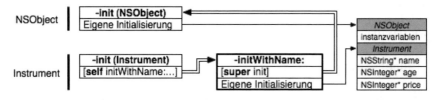

Der Ablauf einer Initialisierung ist nicht ganz einfach, aber konsequent.

Also, was passiert:

1. `-init` wurde von `NSObject` ererbt und muss von uns überschrieben werden, damit die neuen Instanzvariablen gesetzt werden. Dazu benutzt `-init` die Methode -initWithName:
2. -initWithName: sorgt zunächst für die Initialisierung der Superklasse. Hierzu verwendet es die Initmethode der Superklasse: `[super init]`.
3. Danach initialisiert -initWithName: in unserer Klasse die von uns hinzugefügten Instanzvariablen.
4. Wenn wir gleich eine eigene Subklasse von unserer Instrumentenklasse erstellen, gehe ich darauf noch einmal ein. Merken Sie sich aber ruhig schon diesen Ablauf.

Als Nächstes ist Ihnen vielleicht aufgefallen, dass der Initialisierer einen Rückgabewert hat. Das ist eine Besonderheit von Objective-C: Ein Initialisierer ist berechtigt, die bereits erzeugte Instanz wieder wegzuwerfen und eine neue Instanz zu erstellen. Er darf sozusagen einen Klon erzeugen, der besser auf die Initialisierungsparameter passt. Die Hintergründe sind sehr komplex und werden daher erst im zweiten Band besprochen. Wie auch immer die Begründung ausfallen mag: Da ein Initialisierer berechtigt ist, eine neue Instanz zu erzeugen, müssen wir das Ergebnis von `-init` wieder unserer Variablen zuweisen. Das ist `self`. Daher wird das Ergebnis von `-init` an `self` zugewiesen.

> **GRUNDLAGEN**
>
> Dies ist übrigens der Grund dafür, dass sämtliche Init-Nachrichten nur unmittelbar nach der Erzeugung der Instanz aufgerufen werden dürfen, dann aber aufgerufen werden müssen. Also: Die erste Nachricht nach der Erzeugung eines Objektes heißt immer `-init…` und eine solche Nachricht darf danach nie wieder an das Objekt verschickt werden.

Die Initialisierungsmethoden müssen übrigens mit `id` typisiert sein. Die einfache Begründung: Sowohl `NSObject` als auch Instrument haben eine solche Methode und geben Instanzen unterschiedlicher Klasse zurück.

Kommen wir zum `if`: Jeder Initialisierer ist berechtigt, die Initialisierung als gescheitert zu markieren. Er muss dann einen bestimmten Wert zurückgeben, nämlich `nil`. Dieser ist als 0 definiert, so dass unser If-Zweig nicht ausgeführt würde, wenn uns `-init` (`super`) `nil` abliefern würde.

> **GRUNDLAGEN**
>
> Eigentlich ist diese if nicht richtig, denn es müsste heißen: `if( self != nil )`, also in Worten: »Wenn self nicht den Wert nil hat.« Da aber nil als 0 definiert ist und sich diese Schreibweise eingebürgert hat, darf man das schon machen.

In den If-Zweig, wenn also die Initialisierung funktionierte, setzen wir dann unsere Instanzvariablen auf vernünftige Werte vor. Am Ende der Methode geben wir dann die initialisierte Instanz zurück.

Es ist keine schlechte Idee, aber nicht zwingend notwendig, einen vollständigen Initialisierer zu haben. Ich erspare Ihnen hier die Tipparbeit. Ein Initialisierer ist vollständig, wenn alle Eigenschaften als Parameter übergeben werden können. Er sähe für Instrument wie folgt aus:

```
- (id)instrumentWithName:(NSString*)initName
                     age:(NSInteger)initAge
                   price:(NSInteger)initPrice
{

    // Zunächst Initialisierung der Superklasse ausfuehren
    self = [super init];

    // Bei Erfolg ...
    if( self ) {
       // ... eigene Instanzvariablen setzen
       self.name = initName;
       self.price = initPrice;
       self.age = initAge;
    }
    return self;
}
```

Erzeugung (Allocator)

Ich hatte im letzten Abschnitt gesagt, dass die Methoden mit dem Namen -init... eine bereits erzeugte Instanz initialisert. Bleibt also die Frage, wie man eine Instanz zunächst erzeugt. Hierzu muss die Nachricht +alloc an ein Klassenobjekt geschickt werden. Stellen wir uns vor, wir wollen irgendwo in unserem Programm eine Instanz der Klasse Instrument erzeugen:

```
Instrument* anInstrument;

// Instanz erzeugen:
anInstrument = [Instrument alloc];

// Instanz initialisieren:
anInstrument = [anInstrument initWithName:@"a guitar"];
```

Die erste Nachricht ist eine Nachricht an das Klassenobjekt Instrument. Diese Nachricht erzeugt stets eine Instanz von der Klasse und liefert uns diese zurück. Damit steht in anInstrument jetzt die ID einer Instanz der Klasse Instrument. Die Klasse hat gekalbt.

Wie bereits erwähnt, muss jetzt diese Instanz sofort initialisiert werden. Dies geschieht in der nächsten Zeile. Und weil der Initialisierer die Instanz austauschen darf, müssen wir das Ergebnis wieder an anInstrument zuweisen.

Wir können diesen Code noch etwas vereinfachen, weil ja immer wieder die Variable anInstance verwendet wird. Wir setzen dazu einfach die erste Zeile in die zweite ein:

```
// alles in einem
anInstrument = [[Instrument alloc] initWithName:@"a guitar"];
```

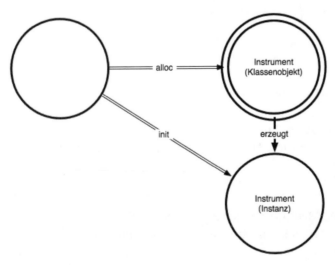

Eine Instanzherstellung benötigt mindestes zwei Nachrichten.

Nun, das ist ziemlich lang und wäre unbequem, wenn man das jedes Mal eintippen müsste, bloß weil man so eine Instanz erzeugt. Aus Gründen der Höflichkeit schreibt man sich daher häufig einen sogenannten Convenience Allocator, der also die Erzeugung und Initialisierung in einem Rutsch vornimmt. Fügen Sie dies am Ende von »Instrument.m« ein:

```
...
+ (Instrument*)instrumentWithName:(NSString*)name
{
    return [[[self alloc] initWithName:name] autorelease];
}
@end
```

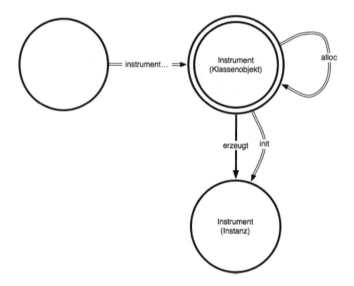

Ein Convenience-Allocator ist zuvorkommend.

Das zusätzliche -autorelease am Ende ist kein Fehler, sondern bereitet die Objektvernichtung vor. Die Bedeutung wird im Abschnitt über die Speicherverwaltung ausgiebig besprochen werden.

> **TIPP**
>
> Einige Klassen bieten eine Methode new*Klasse*… . Diese sieht wie die obige aus, enthält aber kein -autorelease. Ich rate von der Verwendung ab. Den Hintergrund verstehen Sie sogleich.

Wir haben jetzt also einfach diese ständig wiederkehrenden Befehle zur sauberen Herstellung einer Instanz in die Klasse selbst verschoben. Diese Convenience-Allocator tragen immer als erstes Wort ihres Methodenbezeichners den Namen der Klasse, bei uns also instrument…

Objektdeinitialisierung

Zuletzt muss das Objekt noch aufgeräumt werden, wenn wir es freigeben. Hierzu ruft Cocoa eine Methode -`dealloc` unserer Klasse auf. Da Aufräumen das Gegenteil von Initialisieren ist, sieht -`dealloc` sozusagen spiegelbildlich aus:

```
...
- (void) dealloc {
    self.price = 0;
    self.age = 0;
    self.name = nil;

    [super dealloc];
}
@end
```

Um dies bereits hier klarzustellen: Diese Methode wird nicht von jemanden aufgerufen, wenn er die Instanz wieder löschen will. Die Löschanforderung geschieht unabhängig hiervon und gehört wieder in den Abschnitt Speicherverwaltung. Aber wenn Cocoa sich entscheidet, unser Objekt zu löschen, dann wird diese Methode ausgeführt, damit wir die Instanz wieder deinitialisieren können.

Verwendung

Jetzt haben Sie also schön Ihre erste Klasse programmiert – wenn man mal von der Abtipperei in Kapitel 2 absieht –, und wir sollten die jetzt auch verwenden. Dabei gibt es noch ein paar Probleme zu erörtern:

Erzeugung einer Instanz

Da wir jetzt die Klasse programmiert haben, wollen wir sie nutzen. Öffnen Sie die ObjectiveC.m. Es erscheint folgender Code, den wir uns ja schon einmal angeschaut hatten. Der muss geändert werden. Zunächst wollen wir die Klasse Instrument benutzen und müssen diese daher bekannt machen. Dazu fügen Sie nach dem ersten Import einen zweiten hinzu:

```
#import <Foundation/Foundation.h>
#import "Instrument.h"

int main (int argc, const char * argv[]) {
...
```

Wie Sie im ersten Kapitel gelernt haben, sorgt dies dafür, dass das »Inhaltsverzeichnis« der Klasse Instrument gelesen wird. Alle Methoden, die dort deklariert wurden, sind daher jetzt auch in dieser Datei »Objective-C.m« bekannt und können benutzt werden.

Als Nächstes legen wir uns gleich am Anfang eine lokale Variable für ein Instrument an. Das Ergebnis sieht so aus:

```
...
int main (int argc, const char * argv[]) {
   Instrument*    aGuitar;

   NSAutoreleasePool * pool = [[NSAutoreleasePool alloc] init];

   [pool drain];
   return 0;
}
```

Unser Programm läuft zwischen `NSAutoreleasePool` ... und `[pool drain]`. Zwischen diesen Zeilen erzeugen wir ein Objekt und lassen Daten ausgeben. Insgesamt sollte das Folgende herauskommen:

```
#import <Foundation/Foundation.h>
#import "Instrument.h"

int main (int argc, const char * argv[]) {
   Instrument* aGuitar;

   NSAutoreleasePool * pool = [[NSAutoreleasePool alloc] init];

   aGuitar = [Instrument instrumentWithName:@"Eine Gitarre"];
   NSLog( @"Wir haben: %@", aGuitar.name );

   [pool drain];
   return 0;
}
```

Übersetzen Sie das Programm, indem Sie in dem Projektfenster von Xcode oben auf *Build and run* klicken. Es folgt in dem Log-Fenster folgende Ausgabe:

```
>... Wir haben: Eine Gitarre
ObjectiveC has exited with status 0.
```

Gehen wir das Programm durch; es besteht ja nur aus drei (neuen) Zeilen. Zunächst legen wir eine lokale Variable aGuitar an. Da diese Variable ja nur eine ID enthält, müssen wir das Objekt selbst erst noch erzeugen. Dies geschieht in der Zeile

```
aGuitar = [Instrument instrumentWithName:@"Eine Gitarre!"];
```

Dass die Methode +instrumentWithName: ein Objekt erzeugt, war ja bereits erwähnt. Erinnern Sie sich bitte daran, dass es sich um eine Klassenmethode handelte. Daher ist Empfänger dieser Nachricht das Klassenobjekt Instrument.

In der nächsten Zeile

```
NSLog( @"Wir haben: %@", aGuitar.name );
```

wird der Name der soeben erzeugten Instanz aGuitar per NSLog dann schließlich auf den Bildschirm ausgegeben.

> **HILFE**
>
> Sie können das Projekt in diesem Zustand als »Projekt-03-05« von der Webseite herunterladen.

Benutzen der Instanz

Wir können nun auch etwas mehr mit der Gitarre herumspielen. Wir setzen einfach mal mit den Settern das Alter auf 0 und den Preis auf 1000. Dann lassen wir mittels der Methode -growOld die Gitarre ein Jahr altern:

```
int main (int argc, const char * argv[]) {
   Instrument*    aGuitar;

   NSAutoreleasePool * pool = [[NSAutoreleasePool alloc] init];

   aGuitar = [Instrument instrumentWithName:@"Eine Gitarre"];
   NSLog( @"Wir haben: %@", aGuitar.name );

   // Wir setzen das Alter und den Preis einer Gitarre
   aGuitar.age = 0;
   aGuitar.price = 1000;
   NSLog( @"Alter %d Preis: %d", aGuitar.age, aGuitar.price );

   // Ein Jahr vergeht
   [aGuitar growOld];
```

```
    // Und jetzt noch einmal die Ausgabe
    NSLog( @"Alter %d Preis: %d", aGuitar.age, aGuitar.price );

    [pool drain];
    return 0;
}
```

Schauen Sie auf die Ausgabe! Wie erwartet, wird das Alter um eins erhöht, und der Wert vermindert sich um 10 Prozent. Wunderbar!

```
2006-02-10 16:19:31.201 ObjectiveC[1982] Wir haben: Eine Gitarre
2006-02-10 16:19:31.202 ObjectiveC[1982] Alter 0 Preis: 1000
2006-02-10 16:19:31.202 ObjectiveC[1982] Alter 1 Preis: 900
```

> **HILFE**
>
> Sie können sich das Projekt in diesem Zustand als »Projekt-03-06« von der Webseite herunterladen.

Properties – Kopie und Verweis

Es gibt da aber noch eine Sache, die ich hier schon einmal ansprechen will. Ändern Sie das Hauptprogramm ObjectiveC.m wie folgt:

```
int main (int argc, const char * argv[]) {
    Instrument*     aGuitar;
    NSMutableString* name;

    NSAutoreleasePool * pool = [[NSAutoreleasePool alloc] init];

    name = [NSMutableString stringWithString:@"Gitarre"];

    aGuitar = [Instrument instrumentWithName:name];
    NSLog( @"Name: %@", name );
    NSLog( @"Wir haben: %@", aGuitar.name );

    [name appendString:@" möp"];
    NSLog( @"Name: %@", name );
    NSLog( @"Wir haben: %@", aGuitar.name );
```

```
    [pool drain];
    return 0;
}
```

Wir konzentrieren uns also auf den Namen. Zur Erläuterung: `NSMutableString` ist ein Objekt, welches einen Text aufnimmt. Das »mutable« deutet aber an, dass man diesen Text verändern kann. Gut, zunächst sagen wir, dass dieser Text auf »Gitarre« lauten soll. Dann erzeugen wir ein Instrument mit just diesem Namen, das kennen Sie ja schon. Beides wird ausgegeben.

Im nächsten Schritt hängen wir an den Namen mit `-appendString:` einen weiteren Text an. Wieder ausgeben. Als Ergebnis erhalten Sie:

```
>… Name: Gitarre
>… Wir haben: Gitarre
>… Name: Gitarre möp
>… Wir haben: Gitarre
```

Vermutlich haben Sie das erwartet: Die Änderung der Variablen name in unserem Hauptprogramm hat nicht die geringste Auswirkung auf unser Instrument und seinen Namen, also – um das genauer zu sagen – auf die Instanzvariable name unseres Instrumentes. Jetzt machen wir aber eine kleine Änderung in »Instrument.h«:

```
…
}
@property( readwrite, retain ) NSString* name;
…
```

Klicken Sie erneut auf *Build and Go* und beachten Sie, was nunmehr in der Konsole erscheint:

```
>… Name: Gitarre
>… Wir haben: Gitarre
>… Name: Gitarre möp
>… Wir haben: Gitarre möp
```

Obwohl bei uns im Hauptprogramm nur die Rede davon ist, den Text »möp« an die lokale Variable name zu hängen, ändert sich der Name des Instrumentes wie von Geisterhand mit! Wieso das?

Der Grund ist zwar relativ einfach, aber leider nicht einfach zu verstehen. Unser kleiner Text ist ein Objekt. Bei der Initialisierung geben wir dieses Objekt an die Instanz.

Halt nein! Überall steht NSString*. Was also übergeben wird, ist die ID des Objektes. Wenn wir also unser Objekt verändern, so ändert es sich bei jedem, der sich mal die ID gespeichert hat.

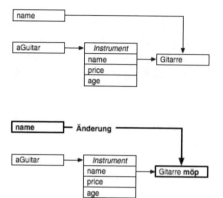

Wird nur die ID gespeichert, so hat eine Änderung umfassende Auswirkungen.

Anders war es, als wir noch copy in der Property-Definition stehen hatten. Dies veranlasst den Computer, eine Kopie von diesem Text zu machen und die Kopie bei unserem Instrument zu speichern. Eine Änderung des Ausgangstextes wirkt sich dann nicht aus.

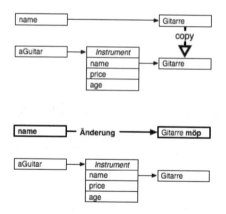

Wird eine Kopie erzeugt, so besteht Unabhängigkeit.

Sie müssen mir das übrigens nicht glauben. Man kann sich nämlich die ID auch anzeigen lassen. Ändern Sie wieder das Hauptprogramm und fügen Sie zwei NSLog() ein:

...

```
    aGuitar = [Instrument instrumentWithName:name];
    NSLog( @"Name: %@", name );
    NSLog( @"Wir haben: %@", aGuitar.name );

    NSLog( @"Main-Name-ID: %p", name );
    NSLog( @"Guitar-Name-ID: %p", aGuitar.name );

    [name appendString:@" möp"];
…
```

Jetzt erhalten Sie in der Konsole folgende Ausgabe:

```
>… Name: Gitarre
>… Wir haben: Gitarre
>… Main-Name-ID: 0x105740
>… Guitar-Name-ID: 0x105740
>… Name: Gitarre möp
>… Wir haben: Gitarre möp
```

Nein, Sie müssen diese komische ID nicht wirklich verstehen und sie wird vermutlich bei Ihnen auch anders lauten, möglicherweise sogar mit Buchstaben. (Es handelt sich um die Speicherstellennummer.) Entscheidend ist, dass beide IDs identisch sind (hier: 0x105740). Die Variable in unserem Hauptprogramm zeigt also auf *dasselbe* Objekt wie die Instanzvariable der Instanz. Wenn es dasselbe Objekt ist, so muss man jede Änderung anstecken. (Das Ganze ginge übrigens auch umgekehrt.)

Jetzt ändern Sie in Instruments.h wieder die Angabe im Property von `retain` auf `copy` und starten das Programm erneut. Als Ausgabe erscheint jetzt:

```
>… Name: Gitarre
>… Wir haben: Gitarre
>… Main-Name-ID: 0x105740
>… Guitar-Name-ID: 0x105890
>… Name: Gitarre möp
>… Wir haben: Gitarre
```

Aha! Wir haben *zwei verschiedene* IDs für den Text. Also sind es auch zwei verschiedene Instanzen. Also wirkt sich die Änderung des einen nicht auf das andere aus. Das ist das ganze Geheimnis.

Zusammengefasst, weil es wirklich wichtig ist:

- Eine Instanz speichert stets nur einen Verweis auf ein Objekt, die ID eines Objektes.
- Bei einer Retain-Property wirkt sich daher jede Änderung an dem gesetzten Objekt auch automatisch auf die Eigenschaft der Instanz aus.
- Bei einer Copy-Property wird ein neues Objekt erzeugt, so dass sich die Änderungen nicht auswirken.

Bleibt die Frage, was denn jetzt richtig ist. Das hängt in aller Regel von der Art der Eigenschaft ab:

Haben wir ein Attribut, also eine Eigenschaft, die lediglich unsere Instanz beschreibt wie Name usw., so will man in der Regel, dass diese Eigenschaft isoliert ist. Daher verwendet man für derlei Attribute `copy`.

Haben wir dagegen eine Beziehung, also den Verweis von einer Entität auf eine andere Entität, so will man in der Regel, dass die Änderung abhängig ist. Daher verwendet man für Beziehungen `retain`.

Sie glauben das noch nicht ganz? Die Begründung pro `copy` ist eigentlich einfach: Wenn ich irgendein Attribut setze, möchte ich nicht, dass Änderungen an ganz anderen Stellen des Programmes bei mir auf einmal aus dem Nichts Auswirkungen zeigen. Das `copy` sichert also meine Instanz vor heimlichen Änderungen. Und da Programmierer Kontrollfreaks sind, will man das so.

Bei Beziehungen stimmt das aber nicht mehr wirklich: Denken Sie an unsere Eheleute, sogar an den einfachsten Fall der Einehe. Beide hatten Attribute, nämlich ihren Namen. Aber beide hatten auch Beziehungen, nämliche ihren jeweiligen Ehepartner. Wenn jetzt irgendwer im Programm an dem Ehepartner herumfummelt (räusper), seinen Namen ändert, sein Alter usw., so will der andere das mitbekommen. Würde aber jedes Mal ein Klon des Ehepartners erzeugt, so wären diese Kopien unabhängig. Stellen wir uns das mal als Code vor, zunächst die Erzeugung der Instanzen:

```
Person* frau = [Person personWithName:@"Anna"];
Person* mann = [Person personWithName:@"Detlef"];
```

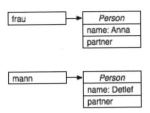

Wir erzeugen zwei Personen, die wir gleich verkuppeln.

Als Nächstes sollen die heiraten. Wir setzen hierzu die Eigenschaft (die Beziehung) partner der Frau auf den Mann (die umgekehrte Beziehung lassen wir hier der Einfachheit halber weg).

```
frau.partner = mann;
```

Nehmen wir an, es würde eine Kopie erzeugt:

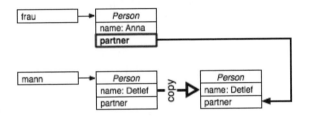

Bei einer Kopie entsteht ein neuer Mann.

Ich finde es an sich ja schon verwerflich, dass wir einen neuen Mann haben, obwohl der nur heiratet. Aber gut, das mag sogar gesellschaftlich stimmen ...

Jetzt will aber unser Mann seinen Namen ändern, weil Detlef immer wieder Anlass zu seltsamen Bemerkungen war. Er nennt sich jetzt Dieter. Diese Änderung geschieht über unsere Variable mann.

```
mann.name = @"Dieter"
```

Jetzt schauen wir uns mal an, was da angerichtet worden ist:

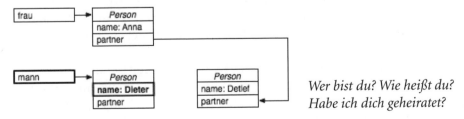

Wer bist du? Wie heißt du? Habe ich dich geheiratet?

Der Mann heißt jetzt Dieter. Die Frau ist allerdings fest davon überzeugt, dass ihr Partner Detlef heißt. Die Gute weiß nicht mal mehr den richtigen Namen Ihres Mannes! Na bravo, dieses Programm hat einen erstklassigen Scheidungsgrund geliefert. Die armen Kinder!

Anders ist das, wenn wir von vornherein gar nicht erst eine Kopie des Mannes erzeugen, also `retain` bei der Property angeben:

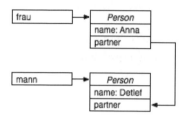

Männer sind einzigartig …

Es ist hier sofort klar, dass jede Änderung beim Mann sich automatisch auf das Wissen der Frau über ihren Mann auswirkt. Und das ist genau richtig: Eine Frau sollte schon wissen, was so mit ihrem Manne geschieht.

Drei Sachen will ich noch klarstellen. Erstens: Die Eigenschaft name der beiden ist ein Attribut. Hier wird also kopiert, wenn der Name gesetzt wird. Dies ist unschädlich. Ich drösele das mal graphisch auf:

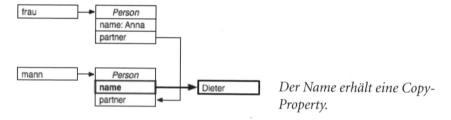

Der Name erhält eine Copy-Property.

Weil die Frau immer den »Umweg« über ihren Mann gehen muss, kann niemals ein Missverständnis über den Namen auftreten. Also es bleibt bei der Regel: Attribute erhalten eine Copy-Property, Beziehungen eine Retain-Property.

Zweitens: Es gibt noch eine dritte Art, nämlich die Assign-Property. Der Unterschied liegt alleine in der Behandlung durch die Speicherverwaltung. Für unser Problem an dieser Stelle verhält sich aber eine Assign-Property wie eine Retain-Property.

Drittens: Dieser gesamte Zirkus mit `copy`, `retain` und `assign` ist nur dann relevant, wenn der Typ unserer Eigenschaft eine Klasse ist. Haben wir es mit einem skalaren Typen aus C zu tun oder C-Strukturen, so gibt es diese Unterscheidung nicht, es wird immer eine Kopie erzeugt (und zwar mit `assign`, was Sie jetzt aber wirklich nicht verstehen müssen). Daher haben die anderen Eigenschaften von mir auch keine Angabe hierzu beim `@property` erhalten.

> **HILFE**
> Sie können das Projekt in diesem Zustand als »Projekt-03-07« von der Webseite herunterladen.

Eine Subklasse als Spezialisierung

Es wurde bereits mehrfach erwähnt, dass Klassen abgeleitet werden können zu spezielleren Subklassen. Dabei existieren vor allem zwei Ziele:

- Eine Operation der Basisklasse soll geändert werden. Wir werden etwa den jährlichen Wertverlust für Gitarren anpassen, da Gitarren schneller an Wert verlieren: Spezialisierung.
- Eine Methode oder eine Eigenschaft soll hinzugefügt werden. Wir werden etwa der Klasse Klavier die Eigenschaft Anzahl der Tasten hinzufügen, nebst entsprechenden Accessoren als Methoden: Erweiterung.

Fangen wir mit einer Subklasse Guitar an, die die Fähigkeiten der Basisklasse spezialisiert.

Beginnen wir einfach damit, eine neue Klasse für Gitarren zu erzeugen. Klicken Sie in Xcode auf das Menü *File* und weiter auf *New File...*. Wählen Sie im Dialog unter der Rubrik *Cocoa* wieder *Objective-C class* mit einem Doppelklick aus. In dem neuen Dialog geben Sie eben als Klassennamen *Guitar.m* ein.

Es öffnet sich automatisch »Guitar.h«. Als Erstes ändern Sie

```
#import <Cocoa/Cocoa.h>
#import "Instrument.h"

@interface Guitar : Instrument {
...
```

Die erste Änderung dient dazu, dass die Basisklasse Instrument bekannt ist. Nur dann kann von ihr abgeleitet werden. Durch Austausch von `NSObjekt` mit Instrument in der untersten Zeile wird festgelegt, dass Guitar eine Subklasse von Instrument ist. An dieser Stelle hat also die Subklasse Guitar alle Fähigkeiten und Instanzvariablen, die auch Instrument hatte.

Wenn man also ableitet, muss man die Basisklasse importieren. Aber auch nur dann: Es ist ein häufig auftauchender Fehler, dass in einer Header-Datei eine andere Header-

Datei importiert wird, obwohl die andere Klasse dort lediglich in Bezug genommen wird, etwa als Klasse einer Instanzvariable. Dies kann zu Problemen führen. In diesen Fällen benutzt man keinen Import, sondern lediglich die Anweisung

```
@class AndereKlasse;
```

Damit weiß der Compiler genug. In der .m-Datei muss freilich dann ein Import der anderen Header-Datei erfolgen:

```
#import <Cocoa/Cocoa.h>
#import "MeineKlasse.h"
#import "AndereKlasse.h"
```

> **AUFGEPASST**
>
> Schauen Sie noch einmal auf die Graphik zum generellen Aufbau einer Klasse. Wie Sie dort sehen können, wird in den Header die Basisklasse importiert, in der Implementierung andere Klassen, die lediglich benutzt werden sollen. Soll die andere Klasse der Typ einer Instanzvariablen sein, so muss mit `@class` diese im Header bereits angekündigt werden. Man nennt dies eine *Forward-Declaration* oder kurz einen *Forward*.

Da Guitar keine neuen Instanzvariablen erhält, bleiben die geschweiften Klammern leer. Die Instanzvariablen von Instrument werden ja automatisch ererbt, und mehr benötigen wir nicht. Wir benötigen auch keine neuen Methoden. Wir müssen allerdings noch einen Convenience-Allocator für die Klasse bekannt machen, weshalb wir in der Methodenliste vor dem `@end` folgende Zeile einfügen:

```
…
+ (Guitar*)guitarWithName:(NSString*)name;
@end
```

Allerdings lassen wir Gitarren schneller altern und geben ihnen einen jährlichen Wertverlust von 20 Prozent. Öffnen Sie bitte »Guitar.m« und fügen Sie den folgenden Code ein:

```
#import "Guitar.h"

@implementation Guitar

- (void)growOld
{
    self.age = self.age + 1;
```

```
        self.price = self.price *0.8;
}

@end
```

Da auch keine neuen Eigenschaften existieren, benötigen wir auch keine weiteren Methoden. Alle Methoden der Objekterzeugung können ebenso übernommen werden. Mit einer Ausnahme: Der Convenience-Allocator muss jetzt ein Objekt der Klasse Guitar als Ergebnis liefern. Also fügen wir einen vor dem @end hinzu:

```
...
+ (Guitar*)guitarWithName:(NSString*)name
{
    return [[[self alloc] initWithName:name] autorelease];
}
@end
```

Guitar bietet jetzt alle Funktionalität, die auch Instrument geboten hat. Wir mussten diese jedoch nicht neu programmieren, sondern lediglich die Abweichung von der Basisklasse. Arbeitsersparnis!

Wie verhält es sich eigentlich mit -initWithName:? Da unsere Subklasse keine neuen Instanzvariablen einführt, gibt es ja keinen Grund, die Initialisierung zu ändern. Daher schreiben wir uns keinen neuen Initialisierer. Im obigen Code wird daher der Initialisierer aus der Basisklasse Instrument genommen. Das ist richtig, weil der uns wie gesagt reicht.

Allerdings hat unsere Basisklasse zwei Initialisierer gehabt, nämlich -initWithName: und -init. Es gibt tatsächlich bestimmte Situationen, in denen die Angelegenheit ziemlich kompliziert wird. Aber ich muss Sie auch nicht im Regen stehen lassen, denn es existieren einfache Regeln zur Anwendung:

- Jeder Convenience-Allocator ruft den passenden Intialisierer auf, also denjenigen, der dieselben Parameter bekommt: -*klasse*WithName: nutzt also -initWithName: usw., siehe oben.

- Jede Klasse hat einen sogenannten Designated-Initializer, einen bevorzugten Initialisierer. Bei diesem handelt es sich in der Regel um denjenigen, der am mächtigsten ist, also die meisten Parameter bekommt. In unserem Falle ist das -initWithName: Außerdem kann sie weitere Initialisierer (Secondary-Initializer) haben, in unserem Beispiel `-init`. Nur der Designated-Initializer setzt dann wirklich die Instanzvariablen. Schauen Sie vielleicht noch einmal auf die Abbildung zum Initialisierer der Basisklasse Instrument.

- Die weiteren Initialisierer rufen stets den Designated-Initializer auf. Da der ja mehr Parameter hat, müssen entsprechende Standardwerte eingesetzt werden. So hatten wir es etwa in Instruments.m gemacht.

```
- (id)init {
    return [self initWithName:@"Kein Name"];
}
```

- Der Designated-Initializer nutzt wiederum mittels super den Designated-Initializer der Superklasse. Auch das hatten wir gemacht.

```
- (id)initWithName:(NSString*)initName
{
    // Zunächst Initialisierung der Superklasse ausführen
    self = [super init];
    ...
```

Das ganze System als Graphik:

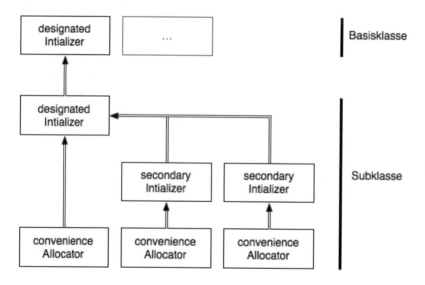

Jeder CA hat seinen Initialisierer, der Designated-Initializer ist das Tor zur Basisklasse.

Wir ändern jetzt das Hauptprogramm ObjectiveC.m, um etwas mit der Gitarre zu machen. Und zwar nur zwei Zeilen:

```
#import <Foundation/Foundation.h>
```

```
#import "Instrument.h"
#import "Guitar.h"

int main (int argc, const char * argv[]) {
   Instrument* aGuitar;

   NSAutoreleasePool * pool = [[NSAutoreleasePool alloc] init];

   aGuitar = [Guitar guitarWithName:@"Eine Gitarre"];
   NSLog( @"Wir haben: %@", aGuitar.name );

   // Wir setzen das Alter und den Preis einer neuen Gitarre
   aGuitar.age = 0;
   aGuitar.price = 1000;
   NSLog( @"Alter %d Preis: %d", aGuitar.age, aGuitar.price );

   // Ein Jahr vergeht
   [aGuitar growOld];

   // Und jetzt noch einmal die Ausgabe
   NSLog( @"Alter %d Preis: %d", aGuitar.age, aGuitar.price );

   [pool drain];
   return 0;
}
```

Der erste Unterschied liegt darin, dass nunmehr am Anfang noch die Klasse Guitar durch den Import bekannt gemacht wird. Der zweite Unterschied ergibt sich daraus, dass das Hauptprogramm jetzt also eine Gitarre anstatt eines Instrumentes erzeugt. Übersetzen und starten Sie das Programm.

```
[Session started at 2006-02-10 22:57:08 +0100.]
>… Wir haben: Eine Gitarre
>… Alter 0 Preis: 1000
>… Alter 1 Preis: 800
ObjectiveC has exited with status 0.
```

Die Gitarre erlebt jetzt also einen Wertverlust von 20 Prozent. Das liegt daran, dass anstelle der Basisklasse die Methode -growOld der abgeleiteten Klasse ausgeführt wird. Bedenken Sie aber auch, dass in dem Hauptprogramm Methoden verwendet werden, die wir nur in der Basisklasse programmiert haben und die an die Klasse Gitarre vererbt wurden. Sogar noch erstaunlicher. Wenn Sie genau hinschauen, zeigt sich ja, dass die Instanz der Klasse Guitar weiterhin an eine Variable mit dem Type Instrument* zugewiesen wird! Dies bedeutet Folgendes:

- Wir benutzen eine Methode, die bereits in der Basisklasse vorhanden war. Daher beschwert sich der Compiler nicht: Er geht von einem Instrument aus und weiß, dass Instrument-Instanzen -growOld kennen.

- Wir weisen eine Subklasse an die Basisklasse zu. Das macht der Compiler mit, da er weiß, dass eine Subklasse die Methoden der Basisklasse kennt. Deshalb sieht er ein, dass es ungefährlich ist.

- In der Zeile, in der die Nachricht »growOld« verschickt wird, ist jetzt eigentlich unklar, ob die Methode der Basisklasse oder der Subklasse ausgeführt wird. In einem so kurzen, übersichtlichen Programm sieht man das natürlich sofort. Aber: In der Zeile mit dem Versand der Nachricht ist als einzige Information enthalten, dass es sich um eine Instanz von Instrument oder der Subklasse Guitar handelt. Diese Zeile haben wir auch gar nicht verändert. Deshalb kann bei der Übersetzung des Programmes noch nicht entschieden werden, welche Methode ausgeführt wird. Erst wenn das Programm läuft, wird die richtige Methode gefunden. Dies nennt man Polymorphie (Vielgestaltigkeit), weil die gleiche Zeile, die gleiche Nachricht zu verschiedenen Methoden führen kann.

Eine Subklasse als Erweiterung

Wir dürfen jedoch nicht vergessen, die Klasse Piano als Erweiterung der Basisklasse Instrument zu schreiben. Wieder klicken Sie auf *File | New File*, wählen dann erneut *Objective-C class* in der Gruppe *Cocoa* aus, um im nächsten Fenster Piano.m als Namen zu vergeben. Wieder erzeugt uns Xcode zwei Dateien Piano.h und Piano.m, deren erste sich automatisch öffnet.

Den Header erweitern Sie bitte wie folgt:

```
#import <Cocoa/Cocoa.h>
#import "Instrument.h"

@interface Piano : Instrument {
    NSNumber*  keyCount;
}
@property( readwrite, copy ) NSNumber* keyCount;

+ (Piano*)pianoWithName:(NSString*)name;
@end
```

Beachten Sie bitte, dass diesmal eine Instanzvariable und dementsprechend eine Eigenschaft hinzugefügt wurden. Auch hier hätte man ein `NSInteger` für die Instanzvariable nehmen können. Allerdings sollen ja verschiedene Aspekte vorgestellt werden, so dass dieses Mal der Container `NSNumber` Verwendung findet. In der Implementierung von Piano.m müssen wir ebenso vorgehen:

```objectivec
#import "Piano.h"

@implementation Piano
@synthesize keyCount;

- (id)initWithName:(NSString*)initName
{
   self = [super initWithName:initName];

   if( self ) {
      self.keyCount = [NSNumber numberWithInt:42];
   }

   return self;
}

+ (Piano*)pianoWithName:(NSString*)name
{
   return [[[self alloc] initWithName:name] autorelease];
}

- (void) dealloc {
   self.keyCount = nil;
   [super dealloc];
}
@end
```

Gehen wir das einmal durch: Zunächst lassen wir die Accessoren für die neue Eigenschaft erzeugen. Das kennen Sie ja schon aus der Basisklasse.

Die Initialisierung ruft die der Basisklasse (Instrument) auf und setzt die neue Eigenschaft. Sind jetzt alle Instanzvariablen gesetzt? Gehen wir das durch:

- In der Basisklasse Instrument waren drei Eigenschaften name, age, price definiert.

- Wir benutzen den Designated-Initializer der Basisklasse.

- Dieser setzt alle Eigenschaften, die bereits in der Basisklasse definiert waren.
- In der Subklasse Piano wird eine weitere Eigenschaft keyCount definiert.
- Initialisierer von Piano initialisiert seine weitere Eigenschaft.

Also sind alle Eigenschaften initialisiert:

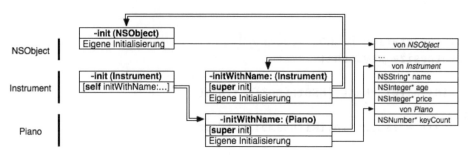

Jeder ist sich selbst der Nächste und verlässt sich auf den Anderen.

Aber Moment einmal? Da gab es noch den weiteren Initialisierer -init. Muss der nicht auch überschrieben werden? Nein, muss er nicht. Bereits in der Basisklasse leitete dieser die Initialisierung an den neuen Designated-Initializer weiter. Diesen haben wir jetzt überschrieben, so dass jetzt der Designated-Initializer von Piano ausgeführt wird. Und der funktionierte wiederum.

Jetzt können wir grundsätzliche Regeln aufstellen:

- Wir überschreiben stets den Designated-Initializer der Basisklasse, wenn wir eigene Instanzvariablen haben.
- Ändert sich der Designated-Initializer wie bei der Ableitung von NSObject (-init) nach Instrument (-initWithName:), so wird in der Ableitung vom ursprünglichen zum neuen Designated-Initializer weitergeleitet:

```
// Designated-Initializer der Basisklasse
- (id)init {
    // leitet zum Designated-Initializer der Subklasse
    return [self initWithName:@"Kein Name"];
}
```

- Haben Subklasse und Basisklasse hingegen denselben Designated-Initializer (Instrument und Piano), so rufen wir einfach nur den designated Initiaizer der Basisklasse auf und setzen danach unsere eigenen Instanzvariablen. Weitere Ableitungen sind nicht notwendig.

Oder anders formuliert und alle Regeln zusammengefasst:

- Man schreibt sich einen Designated-Initializer, der den Designated-Initializer der Basisklasse benutzt, wenn man eigene Instanzvariablen hat.
- Man überschreibt den Designated-Initializer der Basisklasse und leitet ihn an den eignen Designated-Initializer weiter, wenn sich der Designated-Initializer ändert.

Der `-dealloc` muss entsprechend diese neue Eigenschaft löschen und dann den `-dealloc` der Basisklasse aufrufen, damit dieser wiederum die in der Basisklasse definierten Instanzvariablen löscht.

Ein Wort noch zu dem seltsamen

```
self.keyCount = [NSNumber numberWithInt:42];
```

Ich hatte eingangs gesagt, dass wir diesmal keinen `NSInteger` für die Instanzvariable nehmen, sondern ein Nummern-Objekt. Das ist so etwas Ähnliches wie `NSString` für Texte. In dieser Zeile wird ein solches Nummern-Objekt erzeugt.

Schließen Sie die Datei und ändern Sie das Hauptprogramm Objective-C am Anfang:

```
#import <Foundation/Foundation.h>
#import "Guitar.h"
…
…
```

In `main()` müssen wir größere Änderungen vornehmen. Bitte beachten Sie dabei die Änderung des Variablennamens.

```
int main (int argc, const char * argv[]){
   Instrument* anInstrument;

   NSAutoreleasePool * pool = [[NSAutoreleasePool alloc] init];

   anInstrument = [Guitar guitarWithName:@"Gitarre"];
   anInstrument.age = 0;
   anInstrument.price = 1000;

   NSLog( @"Wir haben: %@", anInstrument.name );
   NSLog( @"Alter %d Preis: %d",
          anInstrument.age, anInstrument.price );
```

```objc
    // Ein Jahr vergeht
    [anInstrument growOld];
    
    // Und jetzt noch einmal die Ausgabe
    NSLog( @"Alter %d Preis: %d",
        anInstrument.age, anInstrument.price );
    
    // Jetzt ein Klavier
    anInstrument = [Piano pianoWithName:@"Klavier"];
    
    NSLog( @"Wir haben: %@", anInstrument.name );
    anInstrument.age = 0;
    anInstrument.price = 1000;
    
    NSLog( @"Alter %d Preis: %d",
        anInstrument.age, anInstrument.price );
    
    // Ein Jahr vergeht
    [anInstrument growOld];
    
    // Und jetzt noch einmal die Ausgabe
    NSLog( @"Alter %d Preis: %d",
        anInstrument.age, anInstrument.price );
    
    [pool drain];
    return 0;
}
```

Nach einem Klick auf *Build and Go* sehen wir das Ergebnis unserer Bemühungen:

```
>… Wir haben: Gitarre
>… Alter 0 Preis: 1000
>… Alter 1 Preis: 800
>… Wir haben: Klavier
>… Alter 0 Preis: 1000
>… Alter 1 Preis: 900
```

Nun, irgendwie war das ja zu erwarten. Aber dennoch sollten Sie sich das klar machen. Wir haben eine Variable vom Typen Instrument*, also neutral. Wir haben zwei Nachrichten »growOld« an diese Variablen, also neutral. Aber dennoch wird eine unterschiedliche Methode ausgeführt.

Ich bin aber noch gar nicht auf die Erweiterung eingegangen. Wir haben ja die neue Instanzvariable keyCount. Ändern Sie `main()` nun so:

```
int main (int argc, const char * argv[]) {
   Instrument* anInstrument;

   NSAutoreleasePool * pool = [[NSAutoreleasePool alloc] init];

   // Jetzt ein Klavier
   anInstrument = [Piano pianoWithName:@"Klavier"];
   NSLog( @"Wir haben: %@", anInstrument.name );

   anInstrument.age = 0;
   anInstrument.price = 1000;
   NSLog( @"%@ Tasten", anInstrument.keyCount );

   [pool drain];
   return 0;
}
```

Wenn Sie auf *Build and Go* klicken, werden Sie enttäuscht. Denn es gibt einen Compilerfehler:

```
/Users/Amin/ObjectiveC/ObjectiveC.m:34: error: request for member
'keyCount' in something not a structure or union
```

Zunächst einmal: Diese Fehlermeldung ist sensationell. Ich hatte ja schon erwähnt, dass uns Fehlermeldungen manchmal eher verwirren, als dass sie sinnvolle Erläuterungen geben. Das ist aber wirklich von besonderer Größe! Was ist der Grund dafür? Wie Sie am Anfang des Kapitels gelernt hatten, gibt es ja Strukturen, bei denen man ebenfalls mit einem Punkt auf die einzelnen Komponenten zugreift. Und der Compiler beschwert sich jetzt darüber, dass in unserer Zeile

```
NSLog( @"%@ Tasten", anInstrument.keyCount );
```

keine solche Struktur vorliegt. Damit hat er ganz formal auch Recht. Dennoch liegt der Fehler ganz woanders:

Unsere lokale Variable ist vom Typen Instrument*. Damit kann der Compiler immer etwas mit dieser Variablen anfangen, wenn wir etwas machen, was bereits in der Klasse Instrument definiert war. Wir können also etwa die Nachricht »growOld« schicken, weil diese bereits in der Klasse Instrument vorhanden war. Wir können auch auf diejenigen Eigenschaften zugreifen, die in der Klasse Instrument vorhanden waren. Aber auch nur auf diese!

Was tun, wenn wir nun wirklich eine Methode des Klaviers benutzen wollen? Hierzu müssen wir entsprechend unsere Variable typisieren:

```
int main (int argc, const char * argv[]) {
    Piano* anInstrument;

    NSAutoreleasePool * pool = [[NSAutoreleasePool alloc] init];
...
```

Sie müssen zudem hiernach alles bis zu der Kommentarzeile »// Jetzt ein Klavier« löschen, da natürlich unsere Variable nunmehr keine Gitarre aufnehmen kann.

Jetzt weiß der Compiler in der Zeile

```
NSLog( @"%@ Tasten", anInstrument.keyCount );
```

dass es sich um ein Klavier handelt, und kann dementsprechend auch die Eigenschaft heraussuchen. Also: Erweiterungen in Subklassen können nur dann angesprochen werden, wenn die Variable entsprechend typisiert ist.

> **➤ GRUNDLAGEN**
>
> Das ist in Objective-C nicht ganz und auch nicht für alle Fälle richtig, reicht hier aber zunächst aus.

Das Ganze kompiliert jetzt nicht nur einwandfrei, sondern liefert uns auch das richtige Ergebnis:

```
>… Wir haben: Klavier
>… 42 Tasten
```

Übrigens: Wir mussten jetzt wieder %@ in der `NSLog()` schreiben, weil wir ja ein Objekt hatten und kein `NSInteger`.

Speicherverwaltung

Einige Male habe ich Sie auf diesen Abschnitt verwiesen. Und nun kommt eines der schwierigsten Themen überhaupt zum Zuge.

Dieser Abschnitt ist eigentlich falsch einsortiert. Denn die Speicherwaltung ist zu großen Teilen eine Sache von Cocoa, nicht von Objective-C. Ja, von Cocoa. Denn genau genommen kennt Objective-C kein Schlüsselwort, welches im Zusammenhang mit der Speicherverwaltung steht. Dies ist allein Aufgabe des Frameworks. Allerdings sind Objective-C und Cocoa so eng miteinander verschmolzen, dass die Unterscheidung zuweilen Haarspalterei ist.

Aber da hat sich etwas geändert: Mit Objective-C 2 können Sie sich das Speicherverwaltungsmodell auswählen. Das neue Modell, genannt »Garbage-Collection«, ist deutlich einfacher als das alte, genannt »Reference-Counting«. Es setzt aber voraus, dass Sie Leopard nutzen. Denn Software, die dieses Modell nutzt, ist auf Tiger nicht lauffähig. Das ist der erste große Nachteil.

> **AUFGEPASST**
>
> Übrigens auch nicht auf dem iPhone! Denn die Frameworks auf diesem lassen nur Reference-Counting zu.

Der zweite ist, dass die derzeitige Implementierung der Garbage-Collection alles andere als einen guten Ruf genießt. Sicherlich spielen dabei auch noch Umgewöhnungseffekte eine Rolle, aber insgesamt scheint mir die Beliebtheit von Garbage-Collection eher gering zu ein. Ich bespreche daher beide Modelle. Wir werden sehen, dass Sie sie gegebenenfalls ziemlich leicht umentscheiden können. Denn haben Sie einmal verstanden, was passiert, so werden Sie erstaunlich wenig Aufwand haben. Das gilt insbesondere dann, wenn Sie Leopard als Zielsystem bevorzugen, aber dennoch zum Reference-Counting greifen.

Es geht eigentlich um eine ganz einfache Sache, um die wir uns noch nicht wirklich gekümmert haben: Wenn wir Objekte erzeugen, müssen diese auch irgendwann wieder gelöscht werden. Ansonsten verschwenden sie Speicher. Tagtäglich begegnen uns jedoch Programme, die nutzlos den Speicher verschwenden, auch Applikationen von Apple und anderen namhaften Firmen leiden darunter. Ein nicht unbedeutender Grund dafür dürfte sich darin finden, dass sowohl die Apple-Dokumentation als auch Standardwerke zu Cocoa dieses Thema stiefmütterlich behandeln. Das will ich – wie schon in der Vorauflage – ändern, und daher ist dieses Kapitel besonders sorgfältig zu bearbeiten. Ich habe am Ende einige Handwerksregeln aufgestellt, an die Sie sich halten können, auch wenn Sie noch nicht alle Feinheiten verstanden haben sollten. Denn das ist ein großes Glück: Das System ist kompliziert, die Anwendung einfach! Ich will Ihnen die Sache aber nicht so einfach machen, wie man es sich machen könnte. Sie sollen das auch verstehen.

Bevor es losgeht, will ich Sie an die Objekterzeugung erinnern, die wir schon besprochen hatten. Der Convenience-Allocator hatte drei Nachrichten. Jetzt geht es um die letzte:

```
return [[[[Instrument alloc] initWithName:name] autorelease];
```

Reference Counting – Manuelle Speicherverwaltung à la Tiger

Die Speicherverwaltung von Cocoa ist vollständig dynamisch aufgebaut. Dies erkennen wir daran, dass sich, anders als in anderen Programmiersprachen, ein Objekt gar nicht statisch erzeugen lässt. Wir hatten auch schon probiert, eine Variable den Typen NSString anstelle von NSString* zu verpassen und sind daran gescheitert: Der Compiler ließ uns nicht. Stattdessen haben wir dann die Instanzen in unserem Programm selbst erzeugt. Und deshalb müssen wir es auch wieder selbst löschen.

Früher bediente man sich dazu eines einfachen Systems: Man hat die Instanz erzeugt (kennen Sie schon, das mit dem +alloc und dem -init...), dann hat man es benutzt und schließlich wieder gelöscht. Dieses System hat aber gehörige Nachteile:

Vernetztes Denken

In Kapitel 2 hatten wir schon ein bisschen mit Verweisen zwischen Objekten gearbeitet. Dort beschäftigten wir uns nur mit Instanzen, die für sich alleine standen. Das ist aber absichtlich von mir so einfach gehalten worden, weil ich Ihnen andere Dinge beibringen wollte. In Objective-C sind allerdings »echte« Programme Netze von Objekten, die sehr kompliziert verknüpft sein können.

Schauen wir uns ein einfaches Beispiel an: Wir haben eine Firmendatenbank. Diese enthält eine Liste von Gruppen. Jede Gruppe hat wiederum einen Namen, einen Gruppenleiter als Person und eine Liste von Mitgliedern, ebenfalls als Personen. Man kann die Beziehungen der Entitäten recht einfach darstellen:

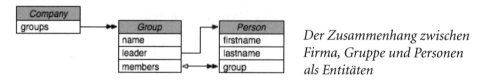

Der Zusammenhang zwischen Firma, Gruppe und Personen als Entitäten

Bitte beachte Sie auch die Pfeilspitzen. In der Entität Group wird etwa über die Beziehung members auf ganz viele Personen verwiesen. Umgekehrt verweist Person nur auf eine Group. Eine Gruppe kann also aus vielen Personen bestehen und eine Person gehört zu genau einer Gruppe.

Das Ganze wird zeichnerisch etwas komplizierter, wenn wir uns mal die konkreten Instanzen der Entitäten während eines gedachten Programmlaufes aufzeichnen:

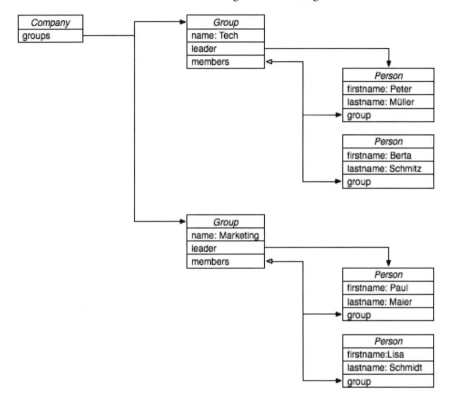

Eine gedachte Firma zur Laufzeit und ihre Instanzen

Also haben wir hier eine Firma mit den beiden Gruppen »Tech« und »Marketing«, denen wiederum konkrete Personen angehören.

Aber das ist immer noch nicht die ganze Wahrheit: Sie hatten soeben gelernt, dass auch die Attribute wiederum in Objekten gespeichert werden können. So hatten wir etwa den Namen eines Instrumentes in einer `NSString`-Instanz gespeichert. Auch die Anzahl der Tasten des Klavieres war in einem Objekt gespeichert, nämlich in einer `NSNumber`-Instanz. Als ich Ihnen das mit dem Copy- und Retain-Setter erläuterte, wurde das auch in einer Graphik sichtbar. Dröseln wir also auch das auf:

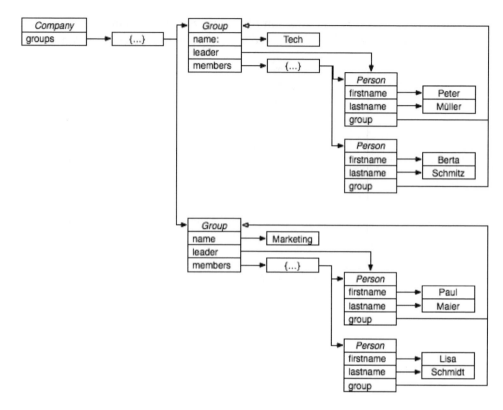

Nimmt man wirklich jede Instanz in die Graphik, so wird es noch komplizierter.

Bemerkenswert sind in diesem Zusammenhang die Objekte, die ich mit »…« kennzeichnete. Schauen wir uns mal an, wie eine Person-Instanz – nach dem, was Sie bisher gelernt haben – aussähe:

```
@interface Person : NSObject {
   NSString* firstname;
   NSString* lastname;
   Group*    group;
}
@property( readwrite, copy ) NSString* firstname;
@property( readwrite, copy ) NSString* lastname;
@property( readwrite, retain ) Group* group;
...
@end
```

Wir hätten also eine ID des Vornamens, eine für die Nachname-Instanz und eine für die Gruppen-Instanz. Und wie sähe die Group-Klasse aus?

```
@interface Group : NSObject {
   NSString* name;
   Person*    leader;
   Person*    members;
}
@property( readwrite, copy ) NSString* name;
@property( readwrite, retain ) Person* leader;
@property( readwrite, retain ) Person* members;
…
@end
```

Hier taucht aber ein Problem auf: Es wird in members die ID einer Person-Instanz gespeichert, genau einer! Wir wollen aber mehrere Personen als Mitglieder speichern. Aus diesem Grunde nimmt man ein Zwischenobjekt, welches in der Lage ist, die IDs beliebig vieler Instanzen zu speichern. Man nennt dies eine »Collection« (Sammlung). Es handelt sich um eine Untergruppe der Container, die wir ja im nächsten Kapitel besprechen. Hier soll nur klargestellt werden, dass sich diese Collections mehrere IDs merken können. Eine solche Collection ist etwa durch die Klasse NSSet (Menge) abgebildet, welche einfach wie ein alter, zweckentfremdeter Schuhkarton IDs ablegt. Und nun speichert man in der Gruppe eben nicht die Person, sondern die ID eines solchen Schuhkartons, und zwar wie ein Attribut kopiert:

```
@interface Group : NSObject {
   NSString* name;
   Person*    leader;
   NSSet*     members;
}
@property( readwrite, copy )   NSString* name;
@property( readwrite, retain ) Person*   leader;
@property( readwrite, copy )   NSSet*    members;
…
@end
```

Zweibahnstraßen mit Objekten

Erstellen wir uns ein kleines Programm. Erst einmal ein Projekt mit dem Namen *Speicherverwaltung* anlegen, wobei Sie wiederum als Projektart *Foundation Tool* in der Gruppe *Command Line Utility* auswählen. Machen Sie auch wieder die Einstellungen für Warnungen und Fehler. So langsam müssten Sie das können. Sonst einfach noch einmal im Buch zurückblättern.

Öffnen Sie zunächst wieder das Hauptprogramm, also Speicherverwaltung.m, in der Gruppe *Sources*. Wir werden gleich eine neue Klasse Person schreiben. Diese müssen wir hier auch bekanntmachen. Deshalb müssen Sie eine weitere Zeile einfügen, so dass die Import-Liste wie folgt aussieht:

```
#import <Foundation/Foundation.h>
#import "Person.h"
...
```

Jetzt legen wir uns eine Person an und machen ein bisschen etwas damit. Dazu müssen wir uns erst einmal am Anfang von `main()` eine ID für das Person-Objekt anlegen:

```
...
int main (int argc, const char * argv[]) {
    Person* aPerson;
    ...
```

Unsere Person-ID heißt hier also `aPerson`. So weit, so gut. Wir haben jetzt aber wieder nur die ID und müssen die Instanz noch wie oben dargestellt mit `+alloc` und `-init` anlegen. Wenn wir ein Objekt erstellen, müssen wir es aber auch wieder vernichten. Also müssen wir auch eine Zeile mit `-release` einfügen, weil diese Methode die Freigabe signalisiert. Dies machen wir am Ende. Auch löschen wir wieder die Kommentarzeile »insert ...« und die Zeile mit dem `NSLog()`. Unser Programm sollte jetzt so aussehen:

```
#import <Foundation/Foundation.h>
#import "Person.h"

int main (int argc, const char * argv[]) {
    Person* aPerson;

    NSAutoreleasePool * pool = [[NSAutoreleasePool alloc] init];

    // Person-Objekt erstellen
    aPerson = [[Person alloc] init];

    // Hier können wir unser Objekt benutzen

    // Am Ende müssen wir es wieder vernichten
    [aPerson release];

    [pool drain];
    return 0;
}
```

Irgendeinen Sinn soll unser Programm schon haben. Also geben wir der Person einen Namen. Dazu fügen wir etwas Code ein:

```
...
// Hier können wir unser Objekt benutzen.
//    Wir setzen den Namen und Vornamen
aPerson.firstname = @"Berta";
aPerson.lastname = @"Schmitz";

//    und schreiben ihn auf den Bildschirm
NSLog( @"Vorname: %@", aPerson.firstname );
NSLog( @"Name:    %@", aPerson.lastname );

// Am Ende müssen wir es wieder vernichten
...
```

Nun muss aber noch die Klasse *Person* geschrieben werden. Dazu klicken Sie wieder aus *File | New File…*. Im folgenden Fenster wählen Sie in der Gruppe *Cocoa* den Eintrag *Objective-C class* aus. Nach einem Klick auf *Next* geben Sie den Namen der Klasse ein: *Person.m*. Klicken Sie auf *Finish*. Hiernach öffnet sich ein Fenster mit der leeren Klassendefinition:

```
...
#import <Cocoa/Cocoa.h>

@interface Person : NSObject {

}
@end
```

Hier tragen Sie bitte folgenden Code ein:

```
...
#import <Cocoa/Cocoa.h>

@interface Person : NSObject {
    NSString*  firstname;
    NSString*  lastname;
}
@property( readwrite, copy ) NSString* firstname;
@property( readwrite, copy ) NSString* lastname;
@end
```

Fügen Sie in Person.m folgenden Code ein:

```
#import "Person.h"

@implementation Person
@synthesize firstname, lastname;

- (id)init
{
   self = [super init];
   if( self ) {
      self.firstname = [NSString string];
      self.lastname = [NSString string];
   }

   return self;
}
@end
```

Das Ganze scheint zu funktionieren, wenn Sie das Programm übersetzen und starten. Es erscheinen schön die Ausgaben:

```
>… Vorname: Berta
>… Name: Schmitz
```

> **HILFE**
>
> Sie können das Projekt in diesem Zustand als »Projekt-103-01« von der Webseite herunterladen.

Autoaccessoren als Löschwelle

Sehen wir uns mal den Ausschnitt an, in dem wir herumgekaspert haben:

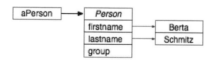

Eine Person mit zwei String-Instanzen

Und wir haben am Ende unseres Programmes ja mit dem `-release` unsere Person-Instanz gelöscht. Das Ganze sieht dann so aus:

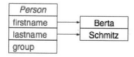

Das `-release` löscht unsere Person-Instanz.

> **TIPP**
>
> Unsere lokale Variable `aPerson` hält jetzt die ID einer gelöschten Instanz. Sie darf also nicht mehr verwendet werden. Einige Entwickler setzen diese daher gleich auf `nil`, also »nichts«. Dieses Problem lässt sich jedoch auch eleganter mit Autorelease-Pools lösen, wie wir gleich sehen werden.

Jetzt haben wir aber immer noch zwei Instanzen im Speicher, nämlich die beiden String-Instanzen, die ja als kleine Texte den Vornamen und Nachnamen der Person enthalten. Diese müssen wir auch löschen. Es wäre aus verschiedenen Gründen untunlich, dies im Hauptprogramm zu machen. Der einsichtigste: Wie Person was und wo speichert, geht das Hauptprogramm gar nichts an. Nur die Person-Instanz kennt ihre interne Arbeitsweise. Und: Eine Änderung der Klasse darf nicht zu einer Änderung des Programmes an jeder Stelle führen, die diese Klasse benutzt.

Deshalb muss die Person-Instanz auch das Löschen übernehmen. Also müssen wir im Code von Person.m das unterbringen. Und hier gibt es einen kleinen Trick: Wenn die Person-Instanz gelöscht wird, wird automatisch eine Nachricht »dealloc« geschickt, also unsere Methode -`dealloc` aufgerufen. Und hier können wir jetzt unsere String-Objekte löschen. Das sähe so aus:

```
- (void)dealloc {
   [firstname release];
   [lastname release];

   [super dealloc];
}
```

Das geht auch, ist sogar einigermaßen einsichtig. Manche machen das so. Dennoch: Nach der ersten Zeile wäre zwar firstname bereits gelöscht, aber wir hätten immer noch die ID gespeichert. Bei so einem kleinen Stück Code mag das nicht schlimm sein, weil es übersichtlich ist. Aber es ist immer besser, seiner eigenen Klasse die Kontrolle zu überlassen. Deshalb probieren wir ein anderes Stück Code, welches Sie bitte am Ende von Person.m (vor dem `@end`) einfügen:

```
...
- (void)dealloc {
   self.firstname = nil;
   self.lastname = nil;

   [super dealloc];
}
@end
```

Das kennen Sie auch schon. Was passiert hier genau? Eigentlich sagen wir ja nur, dass als ID der einzelnen String-Objekte jetzt »nichts« gespeichert werden soll, denn `nil` bedeutet einfach »nichts«. Zeichnen wir uns das jetzt auf:

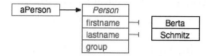

Wir löschen nur den Verweis.

Hmm, eigentlich ergibt sich hieraus ja gar nichts für die Löschung unserer String-Instanzen.

Dot-Notation und Accessoren – Backstage

Wir müssen etwas hinter die Kulissen schauen. Das Erste ist die sogenannte Dot-Notation:

```
self.firstname = nil;
```

klingt ja eigentlich so, als ob wir unserer Instanzvariablen etwas zuweisen würden. Das ist nicht richtig, wie ich bereits andeutete. Vielmehr ist das eine seit Objective-C 2 erlaubte Kurzschreibweise für eine Nachricht:

```
    [self setFirstname:nil];
```

Dies bedeutet übrigens, dass Sie, wenn Sie mit Objective-C 1 programmieren (Tiger-Kompatibilität!), genau dies schreiben müssen. Die Dot-Notation existiert dort nämlich noch nicht.

Wir rufen also in Wahrheit nur eine Methode auf. Glauben Sie mir nicht? Ändern Sie mal in Speicherverwaltung.m eine Zeile

```
...
    // Wir setzen den Namen und Vornamen
    [aPerson setFirstname:@"Berta"];
...
```

und starten Sie das Programm erneut. Dies funktioniert genauso wie vorher! Die beiden Zeilen sind also synonym.

Nun sind Sie aber hoffentlich überrascht. Diese Methode `-setFirstname:` haben wir nämlich weder im Header freigegeben, noch haben wir sie in der Implementierung programmiert. Haben wir nicht? Haben wir doch! Wir haben nämlich im Header die Zeile

```
@property ( readwrite, copy ) NSString* firstname;
```

gehabt. Und diese in Objective-C 2 mögliche Property wird einfach vom Compiler in folgende Zeilen übersetzt:

```
- (NSString*)firstname;
- (void)setFirstname:(NSString*)value;
```

Dies hätten Sie auch schreiben müssen, wenn Sie in Objective-C 1 programmieren wollten. Es geht hier aber wirklich zunächst nur um reinen Textersatz, Bequemlichkeit, vermiedene Tipparbeit. Würden Sie übrigens `readonly` anstelle von `readwrite` schreiben, so würde nur die erste Methode erzeugt.

Man nennt diese beiden Methoden ein »Accessorenpaar«. Sie ermöglichen uns den Zugriff auf die Eigenschaften einer Instanz. Dabei haben sie stets den gleichen Namen:

```
- (Typ)eigenschaft;
- (void)setEigenschaft:(Typ)value;
```

Die erste Methode, genannt »Getter«, sorgt dafür, dass wir eine Eigenschaft lesen können, die zweite, genannt »Setter«, dafür, dass wir eine Eigenschaft setzen können. Sie haben das auch schon im zweiten Kapitel genutzt: Die Werte der Textfelder wurden so gelesen und gesetzt: `-doubleValue` und `-setDoubleValue:`. Sie erinnern sich?

Gut, daraus lernen wir, dass wir in unserem `-dealloc` auch schreiben könnten (und bei Objective-C 1 sogar müssen):

```
- (void)dealloc {
   [self setFirstname:nil];
   [self setLastname:nil];

   [super dealloc];
}
```

Funktionsweise von Accessoren

Immer noch gut, bleiben immer noch zwei Fragen offen, nämlich erstens woher der Code für diese Methoden kommt, und zweitens, wieso das zu einer Löschung der String-Instanzen führt.

Die Lösung der Geheimnisse ist wiederum Objective-C 2. Wir hatten am Anfang unserer Implementierung folgenden Code stehen:

```
@synthesize firstname, lastname;
```

Und dieser erzeugt uns auch gleich die Methoden, die im Header für die Property versprochen wurden. Zu Lernzwecken programmieren wir uns die mal selbst für firstname: (erneut: Wenn wir Objective-C 1 nutzen würden, müssten wir das sogar machen, weil dann ebenfalls kein `@synthesize` existiert.)

```
...
@synthesize lastname;
- (NSString*)firstname
{
   return firstname;
}

- (void)setFirstname:(NSString*)value {
   if( value != firstname ) {
      [firstname release]
      firstname = [value copy];
   }
}
...
```

Schauen wir uns diesen Code im Einzelnen an: Zunächst haben wir aus der automatischen Code-Generierung (`@synthesize`) die Eigenschaft firstname herausgenommen. Wir wollen das jetzt ja selbst machen.

Der Getter -firstname macht nichts anderes, als auf die Instanzvariable zuzugreifen, um sie als Ergebnis zu liefern. Es wird damit also die ID der String-Instanz zurückgegeben.

Der Setter ist etwas komplizierter: Zunächst fragt er ab, ob überhaupt eine Instanz gesetzt werden soll, die eine andere ID hat. Es ist ja ziemlich dämlich (und übrigens auch gefährlich), irgendwas zu tun, wenn die neue ID gleich der alten ist. Dann setze ich nämlich einfach gerade dasselbe Objekt und muss gar nichts tun.

Wenn aber eine Änderung vorliegt, dann muss das alte Objekt gelöscht werden. Dies geschieht in der Zeile mit dem `-release`. Gleichzeitig wird von dem neuen Objekt eine Kopie erzeugt und deren ID gespeichert. Wir können jetzt einfach mal testhalber »virtuell« das `nil` aus unserem `-dealloc` einsetzen. Dann stünde dort »virtuell«:

```
- (void)setFirstname:(NSString*)nil {
   if( nil != firstname ) {
      [firstname release];
      firstname = [nil copy];
   }
}
```

Noch einmal: `nil` bedeutet »nichts«. Es wird also zunächst geprüft, ob wir bereits etwas anderes als nichts gespeichert haben. Dies ist das `if`. Wenn wir etwas anderes als nichts, also irgendwas gespeichert haben, dann wird dies in der nächsten Zeile freigegeben (Release-Nachricht). Schließlich wird von nichts eine Kopie erzeugt und deren ID gespeichert. Ich darf es gleich sagen: Die Kopie von nichts ist nichts. (Überraschung?)

Es geschehen ein paar uninteressante Dinge mit diesem Nichts, und ansonsten erhält das vorher gespeicherte Objekt ein -`release` – und löscht sich damit. Wird jetzt also unsere Eigenschaft zu `nil`, so erhält das davor verbundene Objekt ebenfalls -`release` und löscht sich:

Durch das Setzen von `nil` löscht sich auch die verwiesene String-Instanz.

Also bis hierher zusammengefasst:

- Wenn unsere Person-Instanz gelöscht wird, wird -`dealloc` ausgeführt.
- -`dealloc` setzt alle Instanzvariablen auf `nil`.
- Dadurch erhält wiederum die verwiesene Instanz ein -`release`.

Aber gilt das wirklich in jedem Falle? Machen wir mal ein kleines Experiment im Hauptprogramm:

```
…
// Hier können wir unser Objekt benutzen
// Wir setzen den Namen und Vornamen
[aPerson setFirstname:@"Berta"];
aPerson.lastname = @"Schmitz";

//     und schreiben ihn auf den Bildschirm
NSLog( @"Vorname: %@", aPerson.firstname );
NSLog( @"Name:    %@", aPerson.lastname );
```

```
// Wir ändern den Vornamen
[aPerson setFirstname:@"Martha"];
// Bei ObjC2 alternativ:
// aPerson.firstname = @"Martha";

//    und schreiben ihn auf den Bildschirm
NSLog( @"Vorname: %@", [aPerson firstname] );
NSLog( @"Name:    %@", aPerson.lastname );

// Am Ende müssen wir es wieder vernichten
[aPerson drain];
```
...

Wenn Sie das Programm ausführen, wird klar, dass es funktioniert. Aber schauen wir uns das gleich in mehrfacher Hinsicht genauer an:

Zunächst fällt auf, dass ich diesmal wirklich im `NSLog()` eine Getter-Nachricht verwendet habe. Wie gesagt: Das ist kein Unterschied, die Dot-Notation ist nur aus Bequemlichkeit eingeführt worden. Sie können sie bei Objective-C 2 verwenden. Bei Objective-C 1 müssen Sie es mit einer expliziten Nachricht machen, wie es jetzt da steht.

Aber es bleibt noch die Frage, ob jetzt wirklich alles ordnungsgemäß gelöscht wurde. Schauen wir uns mal an, was passiert, wenn der neue Vorname gesetzt wird. Der Zustand vorher (nur den Vornamen betreffend):

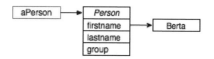

Zunächst ist die ID von @"Berta" gespeichert.

Jetzt rufen wir den Setter auf. Weil das Bertha-Objekt und das Martha-Objekt verschiedene Instanzen sind, wird das If bejaht und wir landen in der Abarbeitung.

```
- (void)setFirstname:(NSString*)value {
  if( value != firstname ) {
    [firstname release];
    firstname = [nil copy];
  }
}
```

Die erste Anweisung schickt ein `-release` an @"Bertha", so dass diese Instanz gelöscht wird:

```
- (void)setFirstname:(NSString*)value {
   if( value != firstname ) {
      [firstname release];
      firstname = [value copy];
   }
}
```

Das sieht also so aus:

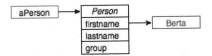

Die alte Instanz erhält ihr -release.

Jetzt wird eine Kopie des neuen Textes erzeugt und deren ID in der Instanzvariable gespeichert:

```
- (void)setFirstname:(NSString*)value {
   if( value != firstname ) {
      [firstname release];
      firstname = [value copy];
   }
}
```

Setzen wir also unsere Variablen zur Überprüfung ein, so entsteht folgender »virtueller« Code:

```
- (void)setFirstname:(NSString*)@"Martha" {
   if(@"Martha"!= @"Berta") {
      [@"Berta" release];
      firstname = [@"Martha" copy];
   }
}
```

Oder graphisch:

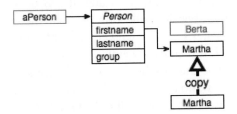

Zuletzt wird @"Martha" *kopiert und die ID gespeichert.*

Eigentlich alles richtig, nicht wahr? Na, ich vermute, dass Sie das noch nicht ganz verstanden haben. Mit etwas Erfahrung werden Sie es aber immer tiefer durchdringen. Hier stürzen auf Sie ja viele neue Gedanken in hoher Konzentration ein.

> **HILFE**

Sie können das Projekt in diesem Zustand als »Projekt-103-01« von der Webseite herunterladen.

Jedes Objekt ist einzigartig ...

Wir haben jedoch noch ein Problem, welches Sie vermutlich noch gar nicht erkannt haben. Ist das wirklich immer so einfach? Die eingangs dargestellte Graphik der Unternehmensstruktur hat bei genauer Betrachtung nämlich zwei Besonderheiten. Wenn wir unten rechts nur die Gruppe und die beteiligten Personen betrachten, dann erhalten wir folgendes Bild:

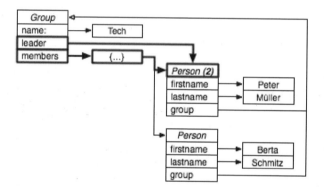

Der Blick wird größer: Wir beziehen die Gruppe mit ein.

Zum einen ist Group eine Entität und Person ist eine Entität. Und ich hatte Ihnen bereits gesagt, dass man Entitäten nicht kopiert. Der Hintergrund war, dass man die Änderung bei der verwiesenen Entität miterleben möchte. Das war die Geschichte mit den Eheleuten, bei denen der Mann seinen Namen änderte. Lesen Sie das vielleicht noch einmal durch. Aber eigentlich ist das nur eine Randerscheinung, denn das zweite Problem ist schwieriger:

In unserer Graphik führen zwei Wege von der Group-Instanz zur Person-Instanz: Einmal können wir unmittelbar dem Pfeil von der Eigenschaft leader der Gruppe folgen. Andererseits führt ein Weg von members über die Collection zu genau dieser Person-Instanz. Hier liegt ein Problem vor, welches schon vielen Leuten Kopfzerbrechen bereitet hat. Um es zu verstehen, stellen wir uns eine ganz einfache Frage: Wann kann ich das Person-Objekt wieder aus dem Speicher löschen? Es muss ja gelöscht werden, wenn wir es nicht mehr brauchen. Aber wann ist das der Fall? Stellen wir uns als Szenario vor, dass der Leiter der Gruppe wechselt. Dann sähe die Graphik wie folgt aus:

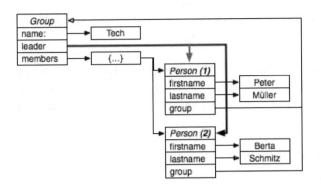

Wenn der Leiter wechselt, stellt sich die Frage nach der Löschbarkeit von Objekten.

Ein einfacher Code, der so etwas macht, ließe sich leicht programmieren:

```
// Hole den alten Gruppenleiter
Person* oldLeader = [aGroup leader];

// Hole das Person-Objekt des neuen Gruppenleiters
Person* newLeader = ...;

// Setze den neuen Gruppenleiter
[aGroup setLeader:newLeader];

// den alten Gruppenleiter können wir löschen, oder nicht?
[oldLeader release]; // ?
```

Können wir jetzt die Person oben (also den alten Gruppenleiter rechts) löschen? Nein, natürlich nicht! Denn trotz der »Degradierung« ist er weiter Mitglied des Teams, wird also noch benötigt. Diese Instanz muss also im Speicher bleiben.

Schauen wir uns mal den Setter für die leader-Beziehung an, wenn wir die Group-Klasse bereits programmiert hätten. Er sähe so aus:

```
- (void)setLeader:(Person*)value {
   if( value != leader ) {
      [leader release];
      leader = [value retain];
   }
}
```

Es fallen Ihnen zwei Dinge auf: Zum einen wird der neue Wert nicht kopiert: Anstelle des -copy erscheint ein -retain. Das besprechen wir gleich ellenlang, es ist ein Bestandteil der Lösung. Zunächst fällt Ihnen aber hoffentlich auf, dass der alte leader, also unser gute Herr Peter Müller, eine `release`-Nachricht erhält, also gelöscht wird! Das darf er aber nicht! Hatte ich ja gerade gesagt!

Und jetzt muss ich Ihnen etwas beichten: Ich habe im letzten Unterabschnitt geschwindelt: `-release` löscht gar nicht eine Instanz. Im obigen Beispiel mit dem firstname-Attribut war es zwar so, aber das war Zufall. Die Wahrheit ist viel komplizierter. Aber der Reihe nach:

Wie wäre es jetzt, wenn die Person auch aus der Gruppe abgezogen würde. Dies sähe so aus:

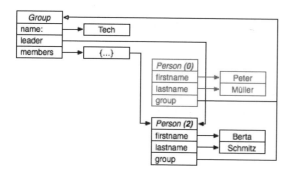

Wird der alte Leiter aus der Gruppe entfernt, könnte er gelöscht werden.

Würden wir denn jetzt noch die Person-Instanz benötigen? Nein, denn die Person hat in dieser Gruppe nichts mehr verloren. Weg mit dem Objekt! Wir können also formulieren: Wenn eine Person-Instanz nicht mehr Gruppenleiter ist und nicht mehr Teammitglied ist, dann darf sie gelöscht werden. Na ja, nicht so ganz: Es könnte ja sein, dass diese Person in einer anderen Gruppe noch tätig ist (Versetzung). Dann müsste das Objekt für diese andere Gruppe noch erhalten bleiben. Das ist endlos. Denn ein Programm baut ein unendlich kompliziertes Netz von Objekten auf: Der Gruppenleiter wird vielleicht an ganz anderen Stellen des Programms noch verwendet. Stellen Sie sich vor, dass in einem Teil des Programms die Weihnachtsfeier geplant wird. Unser alter Gruppenleiter gibt dort alljährlich den Komiker. Also wird er in der Liste der »Weihnachtsfeier-Darsteller« noch benötigt. Die Entscheidung, ob eine Instanz gelöscht werden kann, betrifft also das gesamte Programm. Solche Beziehungen können wir als Programmierer nicht überblicken, geschweige denn bei Programmänderungen warten. Wenn wir irgendwo eine Funktion in das Programm einbauen würden, die Personen benötigt, müssten wir das gesamte Programm danach absuchen, ob irgendwo eine Person gelöscht wird, und dort dann die Bedingung erweitern. Das geht früher oder später definitiv in die Hose.

... und wird allerorten benötigt

Wir brauchen also eine andere Lösung: Bei Betrachtung der drei Bilder fällt auf, dass im letzten Fall kein einziger Pfeil mehr auf das Objekt zeigt. Und diese Bedingung können wir verallgemeinern: Gleichgültig, wo, wann und wie ein Objekt in unserem Programm benötigt wird, so muss ja ein Pfeil von einer ID darauf zeigen. Wenn also kein Pfeil mehr auf die Instanz zeigt, dann können wir uns sicher sein, dass das Objekt gefahrlos entfernt werden kann. Oder programmtechnisch ausgedrückt: Wenn kein anderes Objekt mehr die ID des Objektes speichert, ist es zu löschen.

Wie erfahren wir aber jetzt, ob eine ID auf das Objekt verweist? Ganz einfach: Cocoa zählt für uns. Und das auf eine primitive Weise, die uns an den Kopf schlagen lässt. Jedes Mal, wenn ein Objekt von uns mit +alloc erzeugt wird, wird ein interner Zähler des Objektes auf 1 gesetzt. Etwa in der Zeile

```
aPerson = [[Person alloc] init];.
```

Und -release vermindert den Zähler um 1, löscht aber gar nicht die Instanz. *Falls der Zähler nach einem -release 0 ist, dann, aber nur dann* wird die Instanz auch gelöscht, ansonsten aber nicht!

Gleiches wie für das +alloc gilt, wenn ein Objekt mittels -copy erzeugt wird: Der Zähler wird auf 1 gesetzt, also etwa in unserem Copy-Setter aus dem vorangegangenen Abschnitt:

```
- (void)setFirstname:(NSString*)value {
   if(value!= firstname) {
      [firstname release];
      firstname = [value copy];
   }
}
```

Wegen des -copy hat die erzeugte Kopie hiernach einen Zähler von 1, weil -copy stets Instanzen mit einem Zähler von 1 erzeugt. Wird also später der Setter wieder aufgerufen, sei es mit nil, sei es mit einem anderen Namen, so führt das -release auf die alte ID dazu, so dass sich der Zähler um eins vermindert und 0 wird. Deshalb wird dann auch der alte Name gelöscht.

Diesen Zähler nennt man »Retain-Count« oder »Reference-Count«. Man kann sich das auch anzeigen lassen. Ändern Sie main() und beachten Sie dabei auch den entfernten Code:

```
int main (int argc, const char * argv[]) {
   Person* aPerson;

   NSAutoreleasePool * pool = [[NSAutoreleasePool alloc] init];
```

```
// Person-Objekt erstellen
aPerson = [[Person alloc] init];
NSLog( @"person wird %d Mal genutzt", [aPerson retainCount] );

// Hier können wir unser Objekt benutzen
//    Wir setzen den Namen und Vornamen
[aPerson setLastname:@"Negm-Awad"];
[aPerson setFirstname:@"Amin"];

//    und schreiben ihn auf den Bildschirm
NSLog( @"Vorname: %@", [aPerson firstname] );
NSLog( @"Name: %@", aPerson.lastname );

// Am Ende müssen wir es wieder vernichten
NSLog( @"person wird %d Mal genutzt", [aPerson retainCount] );
[aPerson release];

[pool drain];
return 0;
}
```

Sie werden im Run-Log sehen, dass der Retain-Count 1 ist.

Noch einmal zusammengefasst:

- Wenn ein Objekt erzeugt wird, so erhält es den Retain-Count 1.
- Wenn das Objekt eine `release`-Nachricht erhält, vermindert sich der Retain-Count.
- Erreicht der Retain-Count dabei 0, *dann* wird es von Cocoa automatisch gelöscht.

Hieraus folgt, dass ein mit `+alloc` oder `-copy` erzeugtes Objekt gelöscht wird, wenn wir einfach ein `-release` schicken. Das haben wir oben gemacht und es funktionierte.

Retain und Release – Liebeserklärungen und Abschiedsbriefe

Aber wir können damit noch viel mehr machen. Und das löst uns gleich das Problem. Die Regel ist einfach: Jeder, der mit einem Objekt in Beziehung tritt, es also benötigt, erhöht den Zähler. Jeder, der ein Objekt nicht mehr benötigt, vermindert den Zähler. Die Verminderung haben wir bereits kennengelernt: `-release`. Der Befehl zur Erhöhung lautet `-retain`. Richtig, das »retain«, welches oben in unsrem Setter für den Gruppenleiter stand. Mit anderen Worten: Sobald wir bei einer Beziehung zwischen einer Entität und einer anderen Entität die ID eines Objektes speichern, müssen wir ein `-retain` an das Objekt schicken. Sobald wir die ID eines Objektes nicht mehr speichern, müssen wir ein `-release` schicken. Schauen wir uns den Code für den Setter der Eigenschaft leader in der Group-Kasse noch einmal an:

```
- (void)setLeader:(Person*)value {
   if( value != leader ) {
      [leader release];
      leader = [value retain];
   }
}
```

Und Sie sehen hier die Befehle zur Erhöhung und Verminderung des Retain-Counts. Mit diesen Befehlen gehen Sie jetzt oben noch einmal die Graphiken durch.

Sie hatten vielleicht schon bemerkt, dass ich hinter die Person-Instanzen in Klammern Zahlen geschrieben hatte. Dies ist der jeweilige Retain-Count. Und Sie können so nachvollziehen, dass erst bei der endgültigen Entfernung der Person-Instanz dort eine 0 erscheint und diese gelöscht wird.

Man nennt den Setter so, wie er oben steht, übrigens einen »Retain-Setter«, weil er `-retain` anstelle von `-copy` benutzt. Wenn Sie mit Objective-C 1 arbeiten, müssen Sie ihn so hinschreiben. Bei Objective-C 2 können Sie einen mit `@synthesize` erzeugen lassen, wenn bei der Property `retain` anstelle von `copy` steht.

> **AUFGEPASST**
>
> Wenn jetzt die Person-Instanz gelöscht wird, so wird ja ihr `-dealloc` aufgerufen. Dieses sorgt wiederum für die Löschung der einzelnen String-Objekte in den Attributen.

Erzeugen Sie sich mit *File | New File...* eine neue Klasse Group. Als Vorlage wählen Sie erneut `NSObject`. Na, funktioniert das jetzt schon ohne weitere Anleitung? Sonst einfach ein paar Seiten zurückblättern und nachschlagen.

Zunächst lassen wir die Beziehung members noch weg. Dann sieht der Header der neuen Klasse wie folgt aus:

```
…
#import <Cocoa/Cocoa.h>

@class Person;
```

```
@interface Group : NSObject {
   NSString* name;
   Person*   leader;
}
@property( readwrite, copy ) NSString* name;
@property( readwrite, retain ) Person* leader;
@end
```

Wir sehen hier etwas Neues, das ich allerdings schon angesprochen hatte:

```
@class Person;
```

Hier wird die Klasse Person bekannt gemacht, weil sie von uns verwendet wird. Man könnte auch darüber nachdenken, einen entsprechenden Import zu formulieren:

```
#import "Person.h"
```

Was allerdings nicht nur den Aufwand vergrößern würde, sondern auch schlicht unnötig ist. Mit @class versprechen wir dem Compiler, dass es eine entsprechende Klasse in unserem Programm geben wird. Mehr muss er nicht wissen, da wir nicht von Person ableiten. (Fehlt später die Klasse in unserem Programm, so bemerkt dies der Linker, wenn er Verweise auflösen will. Der Bau des Programmes wird dann abgebrochen.)

Ansonsten haben wir nichts Neues. Wechseln Sie bitte zu Group.m und geben Sie dort folgenden Code ein:

```
...
#import "Group.h"


@implementation Group
@synthesize name;

- (Person*)leader
{
   return leader;
}

- (void)setLeader:(Person*)value
{
   if( value != leader ) {
```

```
      [leader release];
      leader = [value retain];
   }
}

- (id)init
{
   self = [super init];
   if( self ) {
      self.name = @"";
      self.leader = nil;
   }

   return self;
}


- (void)dealloc {
   self.name = nil;
   self.leader = nil;

   [super dealloc];
}
@end
```

Die Accessoren für die Eigenschaft name lasse ich also weiter erzeugen, während ich die Accessoren für leader zu Lehrzwecken hier ausgeschrieben habe. Den Convenience-Allocator spare ich mir wieder, um die Sache übersichtlich zu halten.

Jetzt ändern wir entsprechend das Hauptprogramm. Zunächst fügen Sie am Anfang der Datei einen Import für unsere neue Klasse Group ein, da wir die ja jetzt im Hauptprogramm benutzen wollen:

```
#import <Foundation/Foundation.h>
#import "Person.h"
#import "Group.h"
```

Als Nächstes erweitern wir main():

```
…
   // Hier koennen wir unser Objekt benutzen
   // Wir setzen den Namen und Vornamen
```

```
    [aPerson setLastname:@"Schmitz"];
    [aPerson setFirstname:@"Berta"];

    // und schreiben ihn auf den Bildschirm
    NSLog( @"Vorname: %@", aPerson.firstname );
    NSLog( @"Name: %@", aPerson.lastname );

    // Gruppe erzeugen
    Group* aGroup = [[Group alloc] init];

    // Person als Leiter eintragen
    [aGroup setLeader:aPerson];
    NSLog( @"Person ist Leiter" );
    NSLog( @"person wird %d Mal genutzt", [aPerson retainCount] );

    // Und wieder austragen, diesmal Objcective-C 2
    aGroup.leader = nil;
    NSLog( @"Person ist weg" );
    NSLog( @"person wird %d Mal genutzt", [aPerson retainCount] );

    // Gruppe loeschen
    [aGroup release];

    // Am Ende müssen wir es wieder vernichten
    NSLog( @"person wird %d Mal genutzt", [aPerson retainCount] );
...
```

Zunächst wird also eine Gruppe erzeugt, die auch – Kontrollblick – ganz am Ende wieder freigegeben wird. Dazwischen setzen wir mal kurz die Person als Gruppenleiter. Wenn Sie sich den Log in der Konsole anschauen, sieht das schon gut aus:

>... person wird 1 Mal genutzt
>... Vorname: Berta
>... Name: Schmitz
>... Person ist Leiter
>... person wird 2 Mal genutzt
>... Person ist weg
>... person wird 1 Mal genutzt
>... person wird 1 Mal genutzt

Also, zunächst haben wir eine Gruppe und ein unabhängiges Person-Objekt. Dieses hat einen Retain-Count von 1, den es ja noch vom +alloc hat. Dann wird es als

Leiter der Gruppe gesetzt, wobei das `-retain` im Setter den Retain-Count auf zwei erhöht. Dann setzen wir den Leiter auf `nil`, so dass die alte Person-Instanz ein `-release` bekommt und seinen Retain-Count wieder vermindert. Ganz am Ende der Funktion wird dann noch die Person erneut freigegeben, was den Retain-Count auf 0 vermindert.

Ich habe hier mal wieder – zur Gewöhnung – sowohl explizite Accessoren à la Objective-C 1 als auch Dot-Notation à la Objective-C 2 verwendet.

>**AUFGEPASST**

Vielleicht fragen Sie sich, warum ich danach nicht noch einmal den Retain-Count, der ja 0 sein müsste, anzeigen lasse. Ganz einfach: Jetzt ist das Objekt freigegeben und man darf dorthin keine Nachricht mehr schicken. Sie können es ja mal versuchen, indem Sie das letzte Log nach dem `-release` der Person-Instanz kopieren. Sie erhalten dann einen Fehler im Log.

Jetzt sind wir aber noch eine Idee gemeiner: Löschen Sie bitte in `main()` diejenige Zeile, in der der Leiter wieder auf `nil` gesetzt wird, und schieben Sie das `NSLog()` nach unten:

```
...
    // Gruppe erzeugen
    Group* aGroup = [[Group alloc] init];

    // Person als Leiter eintragen
    [aGroup setLeader:aPerson];
    NSLog( @"Person ist Leiter" );
    NSLog( @"person wird %d Mal genutzt", [aPerson retainCount] );

    // Gruppe loeschen
    [aGroup release];
    NSLog( @"Gruppe ist weg" );
    NSLog( @"person wird %d Mal genutzt", [aPerson retainCount] );

    // Am Ende müssen wir es wieder vernichten
    NSLog( @"person wird %d Mal genutzt", [aPerson retainCount] );
    [aPerson release];
...
So sieht der Log aus, ziemlich interessant:
>… person wird 1 Mal genutzt
>… Vorname: Berta
>… Name: Schmitz
```

```
>… Person ist Leiter
>… person wird 2 Mal genutzt
>… Gruppe ist weg
>… person wird 1 Mal genutzt
>… person wird 1 Mal genutzt
```

Jetzt vermindert sich ebenfalls der Retain-Count der Person-Instanz um eins, wenn die Gruppe gelöscht wird, obwohl wir weder ein `-release` an die Person-Instanz schicken noch diesen aus der Gruppe entfernen. Ist das nicht seltsam? Nein, nicht wirklich: Wir schicken ja ein `-release` an die Gruppe, die sich daraufhin mangels weiteren Verweises verabschiedet. Deshalb wird ihr `-dealloc` ausgeführt. Und dort steht ja:

`self.leader = nil;`

Mit anderen Worten: Wenn die Group-Instanz gelöscht wird, setzt sie ihren Leiter auf `nil`, womit der bisherige Leiter automatisch ein `-release` erhält. Die Löschung der Gruppe pflanzt sich also auf die Person fort, wenn diese nicht anderweitig benutzt wird.

> **HILFE**
>
> Sie können das Projekt in diesem Zustand als »Projekt-103-02« von der Webseite herunterladen.

Gruppendynamik

Jetzt haben Sie also gelernt, wie ein Copy-Setter bei Attributen eingesetzt wird und ein Retain-Setter bei 1:1-Beziehungen zwischen Entitäten. Wir haben in unserem Modell aber auch noch eine 1:n-Beziehung, nämlich die Eigenschaft members der Group-Instanzen. Ich hatte ja schon angedeutet, dass man sich hierzu so genannter Collections bedient. Öffnen Sie Group.h und ändern Sie den Code:

```
…
@interface Group : NSObject {
   NSString* name;
   Person*    leader;
   NSSet*    members;
}
@property( readwrite, copy ) NSString* name;
@property( readwrite, retain ) Person* leader;
@property( readwrite, copy ) NSSet* members;
@end
```

Natürlich können wir uns wieder die entsprechenden Accessoren synthetisieren lassen. Aber ich will Ihnen hier ja gerade einen Blick hinter die Kulissen gewähren. Deshalb schreiben wir uns entsprechende Accessoren in Group.m, die Sie bitte nach denen für die Eigenschaft leader einfügen:

```
...
- (NSSet *)members
{
    return members;
}

- (void)setMembers:(NSSet *)value
{
    if (members != value) {
        [members release];
        members = [value copy];
    }
}
...
```

Warum eigentlich Copy-Setter? Hatte ich Ihnen nicht gesagt, dass man für Beziehungen Retain-Setter nimmt? Nun ja, dieses -copy kopiert ja gar nicht Person-Instanzen. Übergeben wird ja die Collection. Diese erhält das -copy, nicht die in ihr enthaltenen Elemente. Und sie gibt das auch nicht weiter. Kopiert werden nur die IDs. Wenn man das mal auf das Wesentliche reduziert:

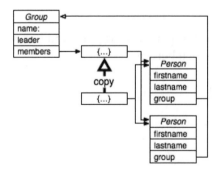

Wird eine Collection kopiert, so bleiben die originalen Instanzen in ihr erhalten.

> **TIPP**
>
> Man kann übrigens immer Retain-Setter verwenden, auch hier. Man muss sich nur darüber im Klaren sein, dass, wenn man ein veränderliches Objekt hat und daran »herumfummelt«, diese Änderungen jeden angehen, der das Objekt mal als Eigenschaft erhalten hat. Copy-Setter schützen eben mehr.

Da wir eine neue Instanzvariable haben, dürfen wir auf keinen Fall vergessen, `-init` und `-dealloc` entsprechend aufzubohren:

```
- (id)init
{
   self = [super init];
   if( self ) {
      self.name = @"";
      self.leader = nil;
      self.members = [NSSet set];
   }

   return self;
}

- (void)dealloc {
   self.members = nil;
   self.name = nil;
   self.leader = nil;

   [super dealloc];
}
```

Was Sie da übrigens im `-init` als neue Zeile sehen, ist ein Convenience-Allocator für die Klasse `NSSet`. Er beginnt ja auch mit dem Klassennamen. Erzeugt wird eine leere Menge (also keine Mitglieder in der Gruppe).

Ändern wir unser Hauptprogramm Speicherverwaltung.m, um Gruppen und Personen zu benutzen. Wir spielen einfach mal ein bisschen herum:

```
int main (int argc, const char * argv[]) {
   Person* negm;
   Person* miller;
   Group*  tech;
   NSSet*  members;

   NSAutoreleasePool * pool = [[NSAutoreleasePool alloc] init];

   // Person-Instanzen erstellen
   negm = [[Person alloc] init];
   [negm setLastname:@"Negm-Awad"];
   [negm setFirstname:@"Amin"];
```

```
miller = [[Person alloc] init];
[miller setLastname:@"Miller"];
[miller setFirstname:@"Pete"];

NSLog( @"1 Personen erzeugt" );
NSLog( @"RC Negm: %d, RC Miller %d",
       [negm retainCount], [miller retainCount] );

// Collection mit beiden Personen
members = [[NSSet alloc] initWithObjects:negm, miller, nil];
NSLog( @"2 Personen in die Collection gestopft" );
NSLog( @"RC Negm: %d, RC Miller %d",
       [negm retainCount], [miller retainCount] );

// Gruppe erzeugen
tech = [[Group alloc] init];
tech.members = members;
NSLog( @"3 Members gesetzt" );
NSLog( @"RC Negm: %d, RC Miller %d",
       [negm retainCount], [miller retainCount] );

// Collection wird nicht mehr benötigt
[members release];
NSLog( @"4 Collection geloescht" );
NSLog( @"RC Negm: %d, RC Miller %d",
       [negm retainCount], [miller retainCount] );

tech.leader = negm;
NSLog( @"5 Negm als Leiter gesetzt" );
NSLog( @"RC Negm: %d, RC Miller %d",
       [negm retainCount], [miller retainCount] );

tech.leader = miller;
NSLog( @"6 Miller als Leiter gesetzt" );
NSLog( @"RC Negm: %d, RC Miller %d",
       [negm retainCount], [miller retainCount] );

// Gruppe loeschen
[tech release];
NSLog( @"7 Gruppe ist weg" );
NSLog( @"RC Negm: %d, RC Miller %d",
```

```
            [negm retainCount], [miller retainCount] );

    // Personen loeschen
    [negm release];
    [miller release];

    [pool drain];
    return 0;
}
```

Schauen Sie in den Log. Zunächst ist die Sache klar:

```
>… 1 Personen erzeugt
>… RC Negm: 1, RC Miller 1
```

Es werden die einzelnen Personen hergestellt, und diese haben nach ihrer Herstellung einen Retain-Count von 1. Als Nächstes werden Sie in die Collection gestopft. Hierbei ist es wichtig zu wissen, dass ja die Collection die IDs der enthaltenen Instanzen speichert, so dass sich der Retain-Count um 1 erhöht:

```
>… 2 Personen in die Collection gestopft
>… RC Negm: 2, RC Miller 2
```

Als Nächstes wird diese Collection in die Group-Instanz kopiert. Das erhöht den Retain-Count der Objekte nicht:

```
>… 3 Members gesetzt
>… RC Negm: 2, RC Miller 2
```

Möglicherweise stocken Sie hier. Und damit haben Sie Recht. Wenn die members-Eigenschaft gesetzt wird, wurde die Collection kopiert. Wir hatten ja einen Copy-Setter verwendet. Wenn diese aber kopiert wird, gibt es jetzt eine Collection mehr als vorher, und wie ich sagte, schickt die Set an jedes ihrer Mitglieder ein -retain, weil ja die ID des Objektes gespeichert wird. Aber hier kommt es zu einem kleinen Trick: Weil NSSet eine Collection ist, die man nicht nachträglich verändern kann, wäre es dämlich, eine Kopie zu erzeugen. Beide Objekte würden ja bis ans Ende ihrer Tage den gleichen Inhalt haben. Aus diesem Grunde wird gar nichts kopiert. Die Collection, die man nach einem -copy erhält, ist dieselbe Collection, die man vorher hatte. Allerdings muss notiert werden, dass virtuell eine weitere Instanz, nämlich die Kopie, im Umlauf ist. Deshalb wird bei einem -copy ihr eigener Retain-Count um eins erhöht. Im Band 2 werde ich damit noch experimentieren.

Als Nächstes werfe ich einfach das Original weg. Und hier kommt es zu einer wichtigen Grundregel über das Referenz-Counting: Da das Hauptprogramm diese Instanz nicht mehr benötigt, kann das Hauptprogramm diese Instanz freigeben. Das Hauptprogramm ist für seine eigenen Retains verantwortlich. Die Klasse Group ist für ihre eigenen Retains verantwortlich. Jeder kümmert sich um sein »Behalten«. Jeder kümmert sich einen feuchten Kehricht um das »Behalten« des anderen.

```
>… 4 Collection geloescht
>… RC Negm: 2, RC Miller 2
```

So wie das `-copy` den Retain-Count nicht erhöhte, so wird er jetzt durch das Löschen der Collection nicht vermindert. Wie gesagt: In Wahrheit wurde gar keine zweite Instanz der Collection beim `-copy` erzeugt.

Nun werde ich als Leiter der Gruppe gesetzt. Neuer Verweis auf mich, also erhöht sich mein Retain-Count.

```
>… 5 Negm als Leiter gesetzt
>… RC Negm: 3, RC Miller 2
```

Wird der Leiter gewechselt, so verändert sich der Verweis in der Gruppe, und entsprechend wird mein Retain-Count vermindert, der des Kollegen Miller erhöht:

```
>… 6 Miller als Leiter gesetzt
>… RC Negm: 2, RC Miller 3
```

Nun löschen wir die Gruppe. Damit passiert im `-dealloc` (Group) Folgendes: Es wird der Verweis auf Miller als Leiter der Gruppe gelöscht. Das vermindert seinen Retain-Count um 1, so dass wir beide wieder bei 2 stehen, nämlich 1 von der Erzeugung und 1 von der Collection, die noch in der Gruppe gespeichert ist: 1+1=2. In der Dealloc-Methode wird aber zudem die Collection auf `nil` gesetzt. Da sie niemand mehr benutzt, löscht sich auch diese. Dabei gibt sie wiederum alle Retains auf die enthaltenen Personen frei. Also vermindern sich von beiden Personen noch einmal die Retain-Counts. Damit sind sie jetzt auf 1:

```
>… 7 Gruppe ist weg
>… RC Negm: 1, RC Miller 1
```

Diese letzte 1 stammt von der Objekt-Erzeugung im Hauptprogramm. Da das Hauptprogramm diese 1 verursacht hat, muss es auch abschließend diese mittels `-release` beseitigen. Die Personen werden gelöscht.

Puh, das war jetzt ein hartes Stück Arbeit. Sie sollten vielleicht eine kleine Pause einlegen und den Abschnitt danach noch einmal durchgehen, bevor Sie weitermachen.

> **TIPP**
>
> Es könnte für Sie vielleicht klarer werden, wenn Sie in jedes `-dealloc` noch ein kleines `NSLog()` einbauen, welches die Löschung kurz ausgibt. Probieren Sie es!

Wir haben beide Personen an drei verschiedenen Stellen benutzt: Im Hauptprogramm, als Leiter in der Gruppe und über deren Mitgliederliste wiederum in einer Collection. Wir haben ziemlich wild herumgeschoben. Dennoch wurde am Ende alles richtig gelöscht. Wir könnten jetzt auch noch unsere Liste der Weihnachtsfeier-Darsteller hinzufügen. Würden die Personen dort benutzt, so wäre ihr Retain-Count eins höher und sie würden nicht gelöscht, was richtig ist. Würden wir sie aber auch von dieser Liste entfernen, und zwar gleichgültig, wann, dann würden sie auch früher oder später ordnungsgemäß gelöscht. Das bedeutet: Gleichgültig, wie kompliziert wir unser Netz machen. Dieses System funktioniert immer. Eine weitere Liste von Personen muss eben nur die Benutzung der Person-Instanz mit `-retain` anmelden und mit `-release` mitteilen, dass die Benutzung wieder aufgegeben wird. Zusätzliche Features, die wir in unser Programm einbauen, bleiben daher alleine Sache dieses Features. Wir müssen nicht mehr nachträglich unser ganzes Programm ändern.

Ja, das ist erst einmal schwierig. Deshalb habe ich Ihnen am Ende des Abschnitts noch einmal Regeln zur alltäglichen Arbeit bereitgestellt.

Assign – Zyklen und der Softie unter den Settern

Wenn Sie jetzt noch einmal das Firmennetz vom Anfang des Kapitels anschauen, dann bemerken Sie vielleicht, dass die Klasse Person noch nicht so ist, wie sie dort aufgezeichnet wurde. In der Graphik hatte nämlich jede Person wieder einen Verweis auf die Gruppe, der sie angehörte. Dieser Pfeil ist jedoch anders gezeichnet. Der beginnt mit einem hohlen statt einem ausgefüllten Punkt. Und das ist Absicht!

Wir könnten jetzt die Beziehung der Person zu ihrer Gruppe genau so mit einem Setter programmieren, wie wir es vorher getan haben. Der Setter setzt dann brav ein `-retain` auf die Gruppe und zeigt damit seine Benutzung an. Das hätte nur schreckliche Konsequenzen. Wir machen das jetzt einmal, um dem Problem auf den Grund zu gehen. Öffnen Sie Person.h und fügen Sie folgende Zeile ein:

```
...
@class Group;

@interface Person : NSObject {
    NSString* firstname;
```

```
   NSString* lastname;
   Group*    group;
}
@property( readwrite, copy ) NSString* firstname;
@property( readwrite, copy ) NSString* lastname;
@property( readwrite, retain ) Group* group;
@end
```

In der Implementierung Person.m fügen Sie wiederum Accessoren ein, wobei ich jetzt firstname synthetisieren lasse, und erweitern -init und -dealloc:

```
@implementation Person
@synthesize firstname, lastname;

- (Group*)group
{
   return group;
}

- (void)setGroup:(Group*)value
{
   if( value != group ) {
      [group release];
      group = [value retain];
   }
}

- (id)init {
   self = [super init];
   if( self ) {
      self.firstname = @"";
      self.lastname = @"";
      self.group = nil;
   }

   return self;
}

- (void)dealloc {
   self.group = nil;
   self.firstname = nil;
   self.lastname = nil;
```

```
        [super dealloc];
}
@end
```

Bauen wir uns ein kleines Hauptprogramm. Sie sollten es vielleicht komplett abtippen, um den Überblick zu behalten.

```
int main (int argc, const char * argv[]) {
    Person* negm;
    Group*  tech;

    NSAutoreleasePool * pool = [[NSAutoreleasePool alloc] init];

    // Person-Instanzen erstellen
    negm = [[Person alloc] init];
    [negm setLastname:@"Negm-Awad"];
    [negm setFirstname:@"Amin"];

    // Gruppe erzeugen
    tech = [[Group alloc] init];
    NSLog( @"Gruppe und Person erzeugt" );
    NSLog( @"RC Group: %d, RC negm: %d",
        [tech retainCount], [negm retainCount] );

    // Leiter der Gruppe und Gruppe des Leiters setzen
    [tech setLeader:negm];
    [negm setGroup:tech];
    NSLog( @"Beziehungen gesetzt" );
    NSLog( @"RC Group: %d, RC negm: %d",
        [tech retainCount], [negm retainCount] );

    // Gruppe und Leiter loeschen
    [tech release];
    [negm release];

    NSLog( @"Alles geloescht" );
    NSLog( @"RC Group: %d, RC negm: %d",
        [tech retainCount], [negm retainCount] );

    [pool drain];
    return 0;
}
```

Schon eine Frage? Hatte ich nicht gesagt, dass wir nach der letzten Löschung keine Nachricht mehr an die Instanzen senden dürfen? Übersetzen und starten Sie das Programm und wundern Sie sich:

```
>... Gruppe und Person erzeugt
>... RC Group: 1, RC negm: 1
>... Beziehungen gesetzt
>... RC Group: 2, RC negm: 2
>... Alles gelöscht
>... RC Group: 1, RC negm: 1
```

Das ist schon erstaunlich: Vor unserer Auflösung, die bis vorhin noch funktionierte, ist jetzt der Retain-Count 2. Danach, also wenn eigentlich alles gelöscht sein sollte, immer noch 1. Dies bedeutet, dass weder Gruppe noch Person gelöscht werden und stattdessen Speicher verschwenden. Woran liegt das? Bisher war es ja so, dass durch das -`release` im Hauptprogramm die Gruppe gelöscht wurde, da ihr Retain-Count auf 0 ging. Dies hat den -`dealloc` von Group ausgelöst. Hierin wurde wiederum 1 Referenz (wir hatten Negm nicht in die Members gelegt) von der Person-Instanz genommen, so dass deren Retain-Count auf 1 stand. Das anschließende -`release` auf die Person im Hauptprogramm löschte dann auch die Person-Instanz. Wir zeichnen uns noch einmal auf, wie der Zustand ohne den Verweis von Person auf Gruppe sich darstellt:

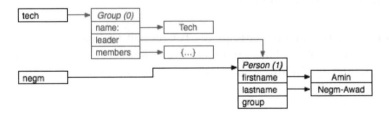

Bisher führte das -`release` *auf die Gruppe zu* -`dealloc`.

Jetzt ist das aber anders: Der Rückverweis von der Person auf die Gruppe erhöht den Retain-Count der Gruppe, so dass er weiter auf 1 steht. Daher wird -`dealloc` nicht für die Gruppe aufgerufen. Da dieser nicht aufgerufen wird, wird auch die Person nicht freigegeben und bleibt erhalten. Denn hier beträgt auch nach dem -`release` aus dem Hauptprogramm der Retain-Count der Gruppe immer noch 1, weil die Person sie referenziert:

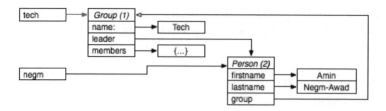

Die Person hält den Retain-Count der Gruppe auf 1.

Weil der Retain-Count der Gruppe nun nicht auf 0 geht, existiert auch für Cocoa kein Anlass, den `-dealloc` auszuführen. Damit bleiben die Retains der Gruppe auf die Person erhalten. Schlimmer noch: Sogar dann, wenn wir im Hauptprogramm in der nächsten Zeile auch noch den Retain-Count der Person durch ein `-release` auf sie vermindern, wird nichts gelöscht. Beide Retain-Counts stehen auf 1:

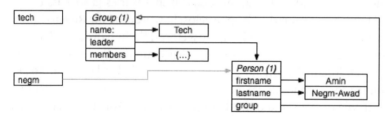

Auch das Release auf die Person ändert nichts.

Das Ganze bleibt im Speicher, weil die Gruppe die Person hält und die Person die Gruppe. Bis in alle Ewigkeit. Obwohl niemand mehr drankommt. Schade eigentlich. Man nennt dies einen »Retain-Zyklus«, weil sich die Instanzen im Kreis im Speicher halten. Wie löst man den auf?

> **HILFE**
>
> Sie können sich das Projekt in diesem Zustand als »Projekt-103-03« von der Webseite herunterladen.

Wie bereits erwähnt, hatte ich dem Rückverweis eine hohle Spitze gegeben. Und das hat einen Grund: Bei einem Rückverweis zeigen wir die Benutzung nicht an, schicken also keine `retain`- und `release`-Nachrichten an die Instanz, deren ID wir haben. Man nennt einen solchen nackten Setter »Assign-Setter«, weil er nur eine Zuweisung (Assignment) enthält, aber weder `-copy` noch `-retain`. Um einen solchen Setter mittels `@synthesize` automatisch erzeugen zu lassen, müssen Sie in dem Header `assign` angeben:

```
…
}
@property( readwrite, copy ) NSString* firstname;
@property( readwrite, copy ) NSString* lastname;
@property( readwrite, assign ) Group* group;
@end
```

Ich will ihn aber einmal mit Ihnen ausdrücklich durchgehen, wie man es bei Objective-C 1 auch machen muss:

```
…
- (void)setGroup:(Group*)value
{
    group = value;
}
…
```

Um das Ganze sprachlich zu ordnen, nennen wir eine solche weiche Beziehung (weak reference) ohne -retain und -release einen »Verweis«. Eine Beziehung mit Anzeige der Benutzung nennen wir »(harte) Referenz« (hard reference). Bauen wir unseren Code in Person.m entsprechend der obigen Methode um.

Jetzt ist das Problem gelöst: Da die Personen nicht mehr an die Gruppe ein -retain schicken, wird der Retain-Count der Gruppe nicht erhöht. Es besteht kein Referenzkreis mehr, und das ganze Gebilde kann ordnungsgemäß gelöscht werden.

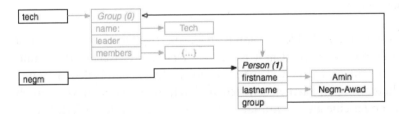

Der Rückverweis erhöht den Retain-Count der Gruppe nicht mehr und diese wird daher gelöscht.

Wenn Sie nach dieser Änderung das Programm starten, ist der Retain-Count der Gruppe entsprechend um eins vermindert. Und die Abfrage nach dem -release löst auch eine anständige Fehlermeldung aus, da wir ein gelöschtes Objekt ansprechen. Geht doch!

```
>… Gruppe und Person erzeugt
>… RC Group: 1, RC negm: 1
>… Beziehungen gesetzt
>… RC Group: 1, RC negm: 2
>… Alles gelöscht
Program received signal:   "EXC_BAD_ACCESS".
```

> **HILFE**
>
> Sie können das Projekt in diesem Zustand als »Projekt-103-04« von der Webseite herunterladen.

Diese weichen Verweise haben aber eine ganz große Gefahr: Es muss peinlich genau darauf geachtet werden, dass bei Löschung der Group-Instanz keine Person-Instanz mehr die ID der Gruppe hat. Sie existiert ja nicht mehr! Daher setzen wir derlei Beziehungen meist über spezielle Methoden wie -addPersonToGroup:(Group*)group, um die erforderliche Kontrolle dort durchführen zu können.

> **GRUNDLAGEN**
>
> Man könnte etwa auch daran denken, das Setzen des Leiters besser zu kontrollieren, insbesondere darauf zu achten, dass er auch Mitglied der Gruppe ist. Auch das automatische Setzen des Rückverweises, wenn ein Leiter gesetzt wird, ist probat.

Wir merken uns also: Bei hierarchischen Strukturen darf eine untere Hierarchie zwar auf die obere verweisen, sie aber niemals referenzieren! Der entsprechende Setter für den Rückverweis darf kein -`retain` und -`release` enthalten, sondern funktioniert über einen Assign-Setter.

Es bleibt allerdings noch das Problem, wenn man gleichartige Objekte hat, wie etwa Ehepartner. In unserer Gesellschaft gibt es keine Hierarchie zwischen Mann und Frau. Daher gibt es kein »unteres« und »oberes« Objekt. In solchen Fällen, in denen Kreise von gleichberechtigten Partnern entstehen, durchbricht man den Kreis durch ein Sammelobjekt oder eine andere Entität, welche alle Objekte referenziert. Die Beteiligten verweisen dann lediglich noch aufeinander:

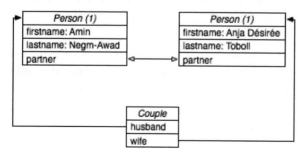

Erst jemand anderes hält die Beziehung am Leben.

Kreis weg, Problem gelöst. Aber auch hier muss peinlich genau darauf geachtet werden, dass kein Objekt gelöscht wird, ohne dem anderen Objekt den Verweis zu nehmen!

Luxus mit Pools

Erläutert wurde bisher nur die Objekterzeugung mit +alloc und -init und die Freigabe mit -release. In den Code-Beispielen vor dem Abschnitt »Speicherverwaltung« wurde es jedoch gerade nicht so gemacht, sondern ein Convenience-Allocator verwendet. Dieser enthielt ein sogenanntes -autorelease. Was ist dies und warum verwendet man das? Es gibt ein paar Probleme mit dem Reference-Counting:

Die Problemstellung

Zum einen kann es ja sein, dass ich eine Person nur erzeuge, um sie gleich zum Leiter zu machen. Nach dem bisherigen Kenntnisstand sähe das so aus:

```
Group* tech = [[Group alloc] init];
Person* negm = [[Person alloc] init];
tech.leader = negm;
[negm release];
```

Wir erzeugen also die Instanzen, setzen die Person und können sie dann gleich wieder befreien. Bedenken Sie: Die Gruppe hat ja ein -retain auf die Person gesetzt, weil die Gruppe die ID in der Instanzvariable speichert. Noch einmal die Grundregel: Jeder kümmert sich um seine Beziehungen. Wenn das obige Programmfragment negm nicht mehr benötigt, so kann dieses Programmfragment eine Release-Nachricht schicken.

Es ginge aber auch noch einfacher:

```
Group* tech = [[Group alloc] init];
tech.leader = [[Person alloc] init];
// Objective-C 1:
// [tech setLeader:[[aPerson alloc] init]];
```

Hier wird in einer Zeile die Person-Instanz erzeugt und gleich als Leiter gesetzt. Aber auch hier muss das Hauptprogramm wieder ein -release schicken. Nur wie? Es gibt ja keine lokale Variable, die die ID gespeichert hat. (Man könnte sich in diesem Beispiel noch geschickt helfen. Aber tricksen wir mal nicht herum.)

Auch ist das mit dem -retain nach der Instanzerzeugung so eine Sache: Man vergisst es leicht. Und manchmal überblickt man auch nicht genau, wann man es schicken darf. War Ihnen im gerade angeführten Beispiel das -release wirklich sofort einsichtig? Und vorher hatten wir an die Collection members mal ein `-release` geschickt. Hatten Sie da nicht gestockt und sich gefragt, ob das wirklich schon geht? (Ging auch dort, weil das Objekt bereits in der Gruppe gesetzt war.) Hier drohen Fehler!

Außerdem gibt es noch ein Problem bei der Erzeugung: Schauen wir uns mal einen stinknormalen Convenience-Allocator an und lassen diesmal dieses merkwürdige `-autorelease` weg:

```
+ (Person*)person
{
    return [[self alloc] init];
}
```

Und seine Benutzung etwa in einem Hauptprogramm:

```
Person* negm = [Person person];
...
[negm release];
```

Jetzt haben wir ein Problem: Das `+alloc`, welches den Retain-Count von 1 erzeugt, steht in einer anderen Datei (Person.m) als das `-release`, welches den Retain-Count wieder beseitigt (Speicherverwaltung.m). Das verstößt gegen die Grundregel, die ich Ihnen genannt hatte: Jeder räumt seinen Retain-Count wieder auf. Wer die Musik bestellt hat, muss sie auch bezahlen. Hier wird aber vom Convenience-Allocator in Person.m die Musik bestellt (`+alloc`) und von Speicherverwaltung.m bezahlt (`-release`).

> **▶ TIPP**
>
> Diese Regel ist kein Freizeitspaß von mir! Wenn sich nicht jeder um seinen Retain-Count kümmert, sondern dies im Programm verteilt wird, verliert man den Überblick. Irgendwann geht so etwas schief. Definitiv!

Das lässt sich übrigens noch an einem ähnlichen Beispiel erläutern:

Unsere Person-Instanz hatte die Eigenschaften firstname und `lastname`. Es ist praktisch, dass man diese getrennt setzen und abfragen kann. Hierfür haben wir unsere Accessoren. An vielen Stellen wäre es aber vielleicht auch bequem, gleich einen Text zu haben, der Vor- und Nachnamen beinhaltet.

Programmieren wir uns mal eine solche Methode für die Klasse Person:

```
- (NSString*)fullName {
    NSMutableString* fullName;

    fullName = [[NSMutableString alloc] init];
    [fullName appendString:self.lastname];
    [fullName appendString:@", "];
    [fullName appendString:self.firstname];

    return fullName;
}
```

Kurz: NSMutableString ist ein veränderlicher Text. Er wird mit +alloc zunächst leer erzeugt. Dann werden nacheinander drei Bestandteile angehängt: Der Nachname, ", " und zuletzt der Vorname. Endlich enthält der String also zum Beispiel »Negm-Awad, Amin«.

Hier interessiert jedoch etwas anderes: Das NSMutableString-Objekt wird mit einem +alloc erzeugt. Demnach muss es ein -release geben, welches dies auch wieder frei gibt. Sonst haben wir ein Speicherloch. Wo sollte das aber stehen? In der Methode selbst kann es nicht stehen, da sie dann ja ein gelöschtes Objekt zurückgäbe. Also müsste es im Hauptprogramm stehen, welches die Methode nutzt. Das hat aber wieder das Problem: Die Erzeugung und die Vernichtung des Objektes würden in verschiedenen Dateien stehen, nämlich die Erzeugung in Person.m und die Vernichtung in Speicherverwaltung.m.

Aber außerdem könnte sich das Verhalten von -fullName ändern. Bei komplizierteren Instanz-Erzeugungen ist es etwa durchaus üblich, nur bei der ersten Anforderung das Objekt zu erzeugen und danach das immer gleiche Objekt zu verwenden. Ein solcher »lazy Getter« sieht in etwa so aus:

```
- (NSString*)fullName {
    // Haben wir schon erzeugt?
    if( fullname ) {
        // Dann zurueckgeben
        return fullName;
    } else {
        // sonst herstellen
        NSMutableString* newFullName;

        newFullName = [[NSMutableString alloc] init];
        [newFullName appendString:self.lastname];
        [newFullName appendString:@", "];
```

```
    [newFullName appendString:self.firstname];

    self.fullname = newFullName;
    [newFullName release]; // ?

    return newFullName;
  }
}
```

Gehen wir das durch: Zunächst wird gefragt, ob bereits in der Instanzvariable full-Name etwas gespeichert ist. Ist dies der Fall, so wird diese alte Instanz zurückgegeben. Ist dies nicht der Fall, so wird eine Instanz erzeugt und gespeichert.

Dieses dürfte dann nicht mehr vom Hauptprogramm gelöscht werden – anders als noch vorhin. Aber wie soll das Hauptprogramm das wissen? Mal hü, mal hott.

Die Arbeitsweise

Langer Rede kurzer Sinn: Solche Methoden, die neue Objekte erzeugen, nennt man »Factories« (Fabriken). Und das zentrale Problem ist, wie man sicherstellt, dass so erzeugte Objekte später sicher freigegeben werden. Cocoa bietet hierfür den sogenannten Autorelease-Pool (ARP). Bereits jetzt wird am Anfang und am Ende des Programms ein solcher verwendet.

```
NSAutoreleasePool * pool = [[NSAutoreleasePool alloc] init];
…
[pool drain];
```

Wie funktioniert das also mit dem Autorelease-Pool? Der Name ist Programm: Er sorgt dafür, dass das -release automatisch erfolgt. Und zwar später. Wann später? Wenn er selbst gelöscht wird oder eine drain-Nachricht erhält, in unserem Hauptprogramm also bei [pool drain]. Und das ist die Lösung aller Probleme!

Schauen wir uns mal folgenden Beispiel-Code an:

```
int main (int argc, const char * argv[]) {
  Person*   negm;

  NSAutoreleasePool* pool = [[NSAutoreleasePool alloc] init];

  // Wir erzeugen ein Person-Objekt
  negm = [[[Person alloc] init] autorelease];
  [negm setLastname:@"Negm-Awad"];
```

```
    [negm setFirstname:@"Amin"];
    NSLog( @"Das Person-Objekt negm wird %d mal benutzt",
           [negm retainCount] );

    // Wir geben das Objekt nicht frei!

    // Es folgt die Loeschung des ARP
    NSLog( @"Pool wird geloescht." );
    [pool drain];

    // Damit ist auch unsere Person-Instanz geloescht.
    return 0;
}
```

Der Unterschied zum bisherigen Source-Code liegt darin, dass main() selbst nicht mehr die Instanz mittels -release freigibt. Stattdessen wird gleich bei der Erzeugung ein -autorelease gemacht, also Cocoa gesagt: »Gib das Objekt später und automatisch wieder frei!« Fügen Sie in den -dealloc von Person ein Log hinzu, wie ich es oben bereits einmal probehalber anregte.

```
- (void)dealloc {
    NSLog( @"%@ %@ loeschen", self.firstname, self.lastname );
    self.group = nil;
    self.firstname = nil;
    self.lastname = nil;

    [super dealloc];
}
```

Wenn wir jetzt das Programm starten, bemerken Sie im Log, dass auch in diesem Falle das Objekt freigegeben und gelöscht wird. Und zwar bei der Methode [pool drain]:

>... Das Person-Objekt negm wird 1 mal benutzt
>... Pool wird geloescht.
>... Amin Negm-Awad loeschen

> **GRUNDLAGEN**
>
> Also merken wir uns: An ein Objekt, welches ein `-autorelease` bekommt, wird bei Löschung oder Leerung des ARP automatisch ein `-release` geschickt. Logisch formuliert: Die Verantwortung für den Retain-Count vom `+alloc` wird auf den Autorelease-Pool übertragen. Es ist so, als ob er das `+alloc` ausgeführt habe, und deshalb muss auch er es beseitigen.

Wir weichen hier also endgültig von der Vergangenheit ab: Kein »Objekt erzeugen – Objekt benutzen – Objekt löschen« mehr, sondern einfach gleich bei der Erzeugung sagen, dass man es selbst demnächst nicht mehr braucht. Aufgrund des »demnächst« kann aber unser Convenience-Allocator gleich das Objekt freigeben:

```
...
+ (Group*)group
{
    return [[[self alloc] init] autorelease];
}
...
- (void)dealloc
...
```

Fügen Sie diese Methode vor der `-dealloc`-Methode in Group.m ein. Im Header (Group.h) müssen Sie diese Methode noch bekanntgeben. Fügen Sie den folgenden Text nach den Propertys ein:

```
...
@property( readwrite, copy ) NSSet* members;

+ (Group*)group;
@end
```

In *Person.h* machen wir etwas anderes. Da eine Person immer einen Vornamen und Nachnamen hat, schreiben wir uns einen superbequemen convenience Allocator für den totalen Luxus. Zuerst müssen wir uns eine neue `init`-Methode machen, die die Instanz mit einem Namen und Vornamen initialisiert:

```
...
- (id)initWithFirstname:(NSString*)initFirstname
           lastname:(NSString*)initLastname
{
    // Die Superklasse initialisieren
```

```
    self = [super init];

    // Bei Erfolg selbst initialisieren
    if( self ) {
        self.firstname = initFirstname;
        self.lastname = initLastname;
            self.group = nil;
    }

    return self;
}

- (void)dealloc
...
```

Diese Methode macht nichts anderes, als was auch -init gemacht hat, jedoch werden als Name und Vorname die übergebenen Texte gleich eingesetzt. Natürlich müssen wir jetzt den geerbten Initialisierer -init überschreiben:

```
...
- (id)init {
    return [self initWithFirstname:@"" lastname:@""];
}
...
```

Der Convenience-Allocator (bitte nach dem entsprechenden Initialisierer einfügen) sieht dann so aus:

```
...
+ (Person*)personWithFirstname:(NSString*)firstname
                      lastname:(NSString*)lastname
{
   return [[[self alloc]
                    initWithFirstname:firstname
                             lastname:lastname]
                    autorelease];
}

- (void)dealloc
...
```

Bitte sowohl den Initialisierer als auch den Convenience-Allocator in den Header eintragen! Kontrolle:

```
@interface Person : NSObject {
   NSString* firstname;
   NSString* lastname;
   Group*    group;
}
@property( readwrite, copy ) NSString* firstname;
@property( readwrite, copy ) NSString* lastname;
@property( readwrite, assign ) Group* group;

+ (Person*)personWithFirstname:(NSString*)firstname
                 lastname:(NSString*)lastname;

- (id)initWithFirstname:(NSString*)firstname
            lastname:(NSString*)lastname;
@end
```

So, jetzt ist unsere Klasse langsam rund. Ändern wir unser Hauptprogramm (Speicherverwaltung.m), um die neuen Convenience-Allocator zu benutzen. Als Ausgangspunkt erinnere ich an die Version, die wir vorhin schon einmal hatten:

```
int main (int argc, const char * argv[]) {
   Person*  negm;
   Person*  miller;
   Group*   tech;
   NSSet*   members;

   NSAutoreleasePool * pool = [[NSAutoreleasePool alloc] init];

   // Person-Instanzen erstellen
   negm = [[Person alloc] init];
   [negm setLastname:@"Negm-Awad"];
   [negm setFirstname:@"Amin"];

   miller = [[Person alloc] init];
   [miller setLastname:@"Miller"];
   [miller setFirstname:@"Pete"];

   // Collection mit beiden Personen
   members = [[NSSet alloc] initWithObjects:negm, miller, nil];
```

```
    // Gruppe erzeugen
    tech = [[Group alloc] init];
    tech.members = members;

    // Collection wird nicht mehr benötigt
    [members release];

    tech.leader = negm;
    tech.leader = miller;

    // Gruppe loeschen
    [tech release];

    // Personen loeschen
    [negm release];
    [miller release];

    [pool drain];
    return 0;
}
```

Und jetzt die Fassung mit Autorelease-Pool und convenience Allocators, die Sie bitte komplett eingeben:

```
int main (int argc, const char * argv[]) {
    Person* negm;
    Person*  miller;
    Group*   tech;
    NSSet*   members;

    NSAutoreleasePool * pool = [[NSAutoreleasePool alloc] init];

    // Person-Instanzen erstellen
    negm   = [Person personWithFirstname:@"Amin"
                                lastname:@"Negm-Awad"];

    miller = [Person personWithFirstname:@"Pete "
                                lastname:@"Miller"];

    // Collection mit beiden Personen
    members = [NSSet setWithObjects:negm, miller, nil];
```

```
    // Gruppe erzeugen
    tech = [Group group];
    tech.members = members;

    tech.leader = negm;
    tech.leader = miller;

    [pool drain];
    return 0;
}
```

Das ist doch schon prägnanter ... Wichtiger: In diesem Code taucht kein `+alloc`, kein `-copy`, kein `-retain` auf. Deshalb ist es richtig, dass kein `-release` auftaucht: Niemand erhöht den Retain-Count, also vermindert ihn auch niemand. Niemand hat die Musik bestellt, niemand muss sie bezahlen.

In unseren convenience Allocators ist es exakt umgekehrt: Jemand erzeugt einen Retain-Count mit `+alloc`, also vermindert er ihn auch mit `-autorelease`. Wieder alles balanciert. Mit anderen Worten: Wir können ohne Schielerei über mehrere Dateien hinweg immer leicht kontrollieren, ob alles in Ordnung ist. Und jeder bleibt für sich, hat keinen Einfluss auf den anderen.

> **HILFE**
>
> Sie können das Projekt in diesem Zustand als »Projekt-103-05« von der Webseite herunterladen.

Nachts kommt der Poolboy

Mancher, der aufmerksam den Text verfolgt hat, wird sich jetzt aber beschweren: »Alle Objekte die im Autorelease-Pool erzeugt wurden, bleiben ja bis zum Programm-Ende erhalten. Das ist doch eine riesige Speicherverschwendung!« *Schäm* Ja, das stimmt. Habe ich da etwas übersehen?

Ich freue mich, Ihnen mitteilen zu dürfen, dass ich nichts übersehen habe! Der Vorwurf stimmt zwar in unserem Programm, welches wir nur aus didaktischen Gründen gemacht haben. In einem »echten« Programm ist das anders: Applikationen haben ja üblicherweise ein GUI. Diese funktioniert so, dass Cocoa den Benutzer überwacht. Macht er etwas Interessantes, etwa einen Mausklick, so ruft Cocoa in unserem Programm eine Methode auf, die dann eine entsprechende Aktion auslöst. Die Methode arbeitet dann schön vor sich hin, bis sie fertig ist. Meist geht das so schnell, dass es nicht einmal der Benutzer merkt. Ist unsere Methode fertig, bekommt wieder Cocoa die Kontrolle. Das kennen Sie ja schon aus dem zweiten Kapitel mit der Methode `-calculate:`.

Jetzt der Trick: In dem Moment, in dem Cocoa uns die Kontrolle gibt, also unsere Methode aufruft, legt es einen Autorelease-Pool an. In dem Moment, in dem wir fertig sind und die Kontrolle wieder an Cocoa abgeben, wird dieser Autorelease-Pool gelöscht – und damit die Instanzen freigegeben. Verlieren wir also alle Instanzen, die wir zwischendurch gemacht haben? Nein, denn wenn wir eine Instanz einem Setter übergeben, wird ja der Retain-Count um eins erhöht, und sie bleibt bestehen.

Aber es muss natürlich mal einen Anker geben. Klar, wenn wir eine Instanz mittels eines Setters speichern, erhält sie ein `-retain` und bleibt bestehen. Aber diese Instanz dahinter muss ja auch bestehen bleiben. Gehen wir das mal durch:

Wenn wir ein GUI-Programm benutzen, so werden stets von Cocoa Objekte angelegt, welche nicht im Autorelease-Pool sind und daher immer bestehen bleiben. Der Grund dafür ist, dass diese Objekte »klassisch« mit `+alloc` erzeugt und mit `-release` freigegeben werden. Sie bekommen also kein `-autorelease` und sind daher unabhängig vom Autorelease-Pool. Hier sind drei Objekte wichtig:

- Während unseres Programmlaufes existiert immer ein Application-Objekt.
- Wenn ein Nib geladen wird, existieren die dort aufgeführten Objekte.
- Wenn unsere Anwendung mit Dokumenten arbeitet, wie etwa Xcode mit den Projekten, so existiert ein Dokumenten-Objekt.

Noch mal: Alle diese Objekte werden nicht im Autoreease-Pool erzeugt und daher auch nicht mit dem Autorelease-Pool freigegeben. Wir haben also immer einen festen Anker, der niemals durch den Autorelease-Pool gelöscht wird! Es ist bei diesen Objekten übrigens nicht unsere Aufgabe, sie im Speicher zu verwalten. Das macht Cocoa für uns.

Gehen wir mal davon aus, dass wir ein Programm mit Dokument haben. In diesem Dokument existiert die Eigenschaft leader, warum auch immer. Dieses Dokument wird von Cocoa automatisch mit einem Retain-Count von 1 erzeugt und bleibt daher erhalten, bis es vom Benutzer geschlossen wird:

Document (1)
leader

Dokumente sind immer da.

Jetzt macht der Benutzer etwas, klickt etwa auf einen Button. Cocoa legt einen Autorelease-Pool an:

Document (1)		ARP
leader		{...}

Sobald die Kontrolle an unser Programm kommt, wird ein ARP erzeugt.

Nachdem dies geschehen ist, gibt Cocoa die Kontrolle an unser Programm ab, indem es, sagen wir mal, die Methode -mausklick aufruft. Diese sähe etwa so aus:

```
- (void)mausklick
{
    Person* miller;
    Person* negm;

    // Miller im ARP erzeugen
    miller = [Person personWithFirstname:@"Miller"
                                lastname:@"Pete"];
    // Etwas mit miller machen
    ...

    // Negm im ARP erzeugen
    negm = [Person personWithFirstname:@"Negm-Awad"
                              lastname:@"Amin"];
    // Etwas mit negm machen
    ...

    // Jetzt kommt es:
    // negm wird über einen Setter gespeichert:
    [self setLeader:negm];

    // fertig
}
```

Zuerst erzeugen wir uns die Instanz miller durch einen convenience Allocator. Da wir selbst kein +alloc und auch kein -retain aufrufen, haben wir keine eigene Benutzung des Objektes, sondern einen reinen Verweis. Also zählen unsere lokalen Variablen nicht. Nur der Autorelease-Pool referenziert das Objekt. Denn das +alloc aus dem Convenience-Allocator wurde durch -autorelease aufgehoben und damit an den Autorelease-Pool die Verantwortung für diesen Retain-Count gegeben. Dasselbe machen wir mit dem Objekt negm. Das Ganze sieht dann so aus:

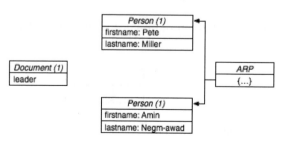

Zwei Objekte sind im ARP erzeugt. Sie werden nur von diesem referenziert.

Als Nächstes gibt es aber einen Unterschied: Wir setzen die Person-Instanz negm über einen Setter.

```
[self setLeader:negm]; // entspricht: self.leader = negm;
```

Der Setter führt ja bekanntlich ein `-retain` aus und meldet daher die Benutzung der Instanz an:

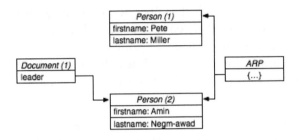

Durch den Setter im Dokument wird der Retain-Count erhöht.

Da wir jetzt mit unserer Methode fertig sind, geht die Kontrolle zurück an Cocoa. Dieses löscht den Autorelease-Pool wieder und schickt damit `-releases` an die von ihm referenzierten Instanzen. Dabei reißt er Herrn Miller mit:

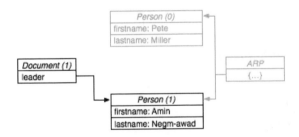

Da Miller nur durch den Autorelease-Pool referenziert wurde, überlebt er dessen Ende nicht.

Mit anderen Worten: Wenn wir ein Objekt in unserem Code dauerhaft benutzen wollen (negm), bleibt es selbstverständlich bestehen, auch wenn die Kontrolle an Cocoa zurückgeht. Haben wir uns nur kurz ein Zwischenobjekt (miller) erzeugt, so wird es automatisch von Cocoa gelöscht. Voilá!

Handwerksregeln zum Reference-Counting

Nachdem Sie wirklich das wohl schwierigste Thema von Cocoa durchgearbeitet haben, kann ich wahrscheinlich nicht verlangen, dass Sie schon alles verstanden haben. Auch mir erging es nicht anders. Aber es ist jetzt nicht so, dass Sie ewig an dieser Stelle hängen bleiben müssen. Vielmehr habe ich Ihnen Regeln zusammengestellt, mit denen Sie munter programmieren können, auch wenn es hier und dort noch Fragen geben sollte.

- Schreiben Sie für jede Klasse einen convenience Allocator, der eine Instanz mit `-autorelease` zurückgibt. Schreiben Sie einen passenden Initialisierer, der alle

Instanzvariablen auf vernünftige Werte vorsetzt. Schreiben Sie ein `-dealloc`, welches alle Instanzvariablen auf `nil` setzt.

- Erzeugen Sie beim Benutzer der Klasse Instanzen stets mit dem convenience Allocator, nie mit `+alloc` und `-init`! Wenn die Klasse keinen convinience Allocator bietet (kommt zuweilen vor), dann bilden Sie diesen nach:

```
Person* negm = [[[Person alloc] init] autorelease];
```

- Alle Eigenschaften einer Klasse werden ausschließlich über Accessoren angesprochen. Diese können Sie sich entweder synthetisieren lassen oder selbst programmieren. Letzteres ist notwendig, wenn Sie aus Grüden der Kompatibilität zu Tiger kein Objective-C 2 verwenden wollen. Ebenso bleibt es Ihnen überlassen, ob Sie die Dot-Notation oder explizite Accessor-Nachrichten verwenden wollen. Das bedeutet keinen Unterschied.

- Wenn Sie Attribute speichern wollen, so benutzen Sie ein Accessor-Paar mit Copy-Setter. In Objective-C 2 geht dies einfach mit `@property( readwrite, copy )` und `@synthesize`. In Objective-C 1 lautet der Code:

```
- (Klasse*)eigenschaft
{
    return eigenschaft;
}
- (void)setEigenschaft:(Klasse*)value
{
    if( value != eigenschaft ) {
        [eigenschaft release];
        eigenschaft = [value copy];
    }
}
```

- Wenn Sie eine 1:1-Beziehung haben, also einen Verweis auf eine andere Entität, dann benutzen Sie einen Retain-Setter. Hierzu verfahren Sie wie im vorangegangenen Punkt, schreiben allerdings in `@property` ein `retain` anstelle von `copy`. In Objective-C 1 verwenden Sie folgenden Code:

```
- (void)setOther:(Klasse*)value
{
    if( value != other ) {
        [other release];
        other = [value retain];
    }
}
```

- Wenn Sie eine 1:n-Beziehung haben, hat ihre Instanzvariable eine Collection als Klasse. Hier können Sie also wiederum einen Copy-Setter verwenden.

- Wenn Sie Rückverweise etwa innerhalb einer Hierarchie haben, verwenden Sie einen einfachen Assign-Setter. In Objective-C 2 heißt das Schlüsselwort im @property hierfür assign, in Objective-C 1 schreiben Sie sich den Setter so:

```
- (void)setAbove:(Klasse*)value
{
    above = value;
}
```

Garbage-Collection

Seit Leopard existiert in Cocoa eine deutlich einfachere Speicherverwaltung namens Garbage-Collection. Sie können diese für ein Projekt in den Build-Einstellungen anfordern:

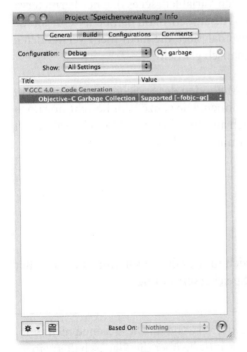

Die Garbage-Collection muss ausdrücklich eingeschaltet werden.

Hierbei existeren drei Einstellungen:

- Unsupported: Ihr Code benutzt das klassische Reference-Counting mit -release und -retain.

- Supported: Ihr Code geht wie bei unsupported klassisch vor, kann aber auch mit Garbage-Collection laufen. Dazu gleich mehr.
- Required: Ihr Code benötigt Garbage-Collection, das heißt im Klartext, dass Sie keine `Release`- und `Retain`-Nachrichten benutzen.

Wenn Sie Garbage-Collection benutzen, so werden Objekte mit `+alloc` erzeugt und mit `-init...` initialisiert. Insoweit ändert sich nichts. Kopien werden weiterhin mit `-copy` erzeugt. Auch keine Änderung.

Die Methoden `-autorelease`, `-release`, `-retain` und `-retainCount` sind jedoch funktionslos. Und: `-dealloc` wird nicht mehr aufgerufen. Das war die Kurzfassung.

Nun die Langfassung:

Die Funktionsweise

Sie können sich das so vorstellen, dass die Garbage-Collection selbst überwacht, wer auf wen verweist. Jede ID, die irgendwo in Ihrem Programm mal benutzt wird, sei es in einer Instanzvariablen, sei es in einer lokalen Variablen, sei es in einer Parametervariablen, wird »gescannt«. In unregelmäßigen Abständen, dann nämlich, wenn gerade wenig zu tun ist, wird das entstandene Netz analysiert, die nicht mehr verwendeten Instanzen werden dabei erkannt und automatisch gelöscht.

Das Schöne dabei ist, dass Sie also all diese Methoden der Speicherverwaltung nicht benötigen, sondern einfach IDs zuweisen können. Die ganze Welt besteht nur noch aus simplen Assign-Settern oder eben einfach aus Zuweisungen. Also sehen ab sofort Ihre Setter so aus, wenn Sie diese ausprorammieren wollen:

```
- (void)setEigenschaft:(Typ)value
{
    eigenschaft = value;
}
```

Der Einsatz von Copy-Settern bleibt natürlich für Attribute weiterhin sinnvoll! Hier geht es ja um die Kapselung, nicht um die Speicherverwaltung.

> **▶ AUFGEPASST**
>
> Sie sollten dennoch weiterhin Setter und Getter verwenden. Diese dienen nicht nur zur Speicherverwaltung, sondern auch zur Kontrolle über die Eigenschaften einer Instanz. Hier dürfen wir also nicht sparen. Allerdings macht es uns die Dot-Notation ja auch einfach.

Da `assign` der Standard für eine Property ist, müssen Sie gar nichts mehr angeben. Das also genügt:

`@property( readwrite ) Person* leader;`

Schauen wir uns einfach mal ein Netz an, welches wir ja schon hatten:

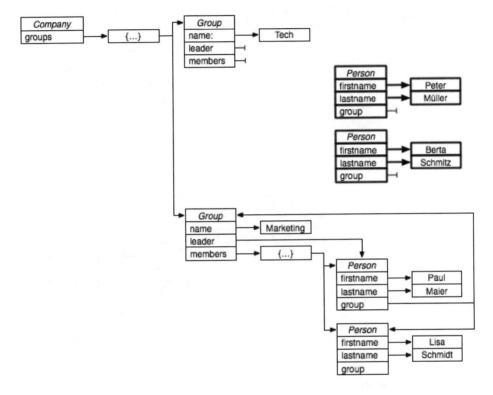

Die Gruppe wird nicht mehr benötigt.

Zunächst fällt auf, dass es keine hohlen Pfeile mehr gibt. Es ist zwar nicht so, dass keine weichen Verweise mehr existeren – dazu später mehr – aber in aller Regel speichere ich ja einfach Verweise in Variablen und dies sind meine Verweise. Ich habe also keine Unterscheidungsmöglichkeit und -notwendigkeit mehr.

Im obigen Bild habe ich nun die Verweise der Gruppe auf die Person-Instanzen entfernt. Sie sind daher nicht mehr erreichbar. Das führt dazu, dass sie demnächst gelöscht werden. Ebenfalls sind ihre Attribut-Objekte nicht mehr erreichbar. Auch sie werden daher gelöscht. Allerdings geschieht dies irgendwann, man weiß nicht, wann. Wie gesagt: Wir haben kein `-retain` mehr, wir haben kein `-release` mehr! Das geschieht alles durch Analyse der Graphik.

Die Person-Objekte wären übrigens auch dann zu löschen, wenn sie selbst noch auf die Gruppe verweisen. Es kommt nur darauf an, ob sie selbst noch zu erreichen sind, nicht darauf, ob sie noch etwas erreichen.

Ändern wir den Zustand ein wenig:

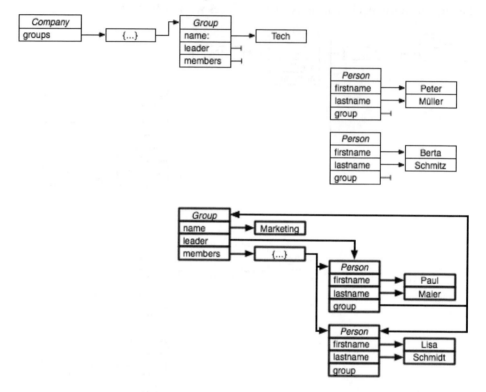

Auch Zyklen werden erkannt.

Wir haben ja keine hohlen Pfeile mehr. Daher wäre in dieser Graphik eine Speicherleiche entstanden: Personen und Gruppe halten sich gegenseitig. Das haben wir ja nun zur Genüge durchgekaut. Anders bei Garbage-Collection. Diese erkennt diesen Zustand und löscht automatisch die Gruppe, die Personen und natürlich auch die zugehörigen Attribut-Instanzen.

Also: Sie weisen einfach IDs zu, als ob es keine Objekte wären. Sie kümmern sich um gar nichts mehr. Die Garbage-Collection analysiert für Sie.

Das heißt: Copy-Setter sind weiterhin sinnvoll, weil ja die Kopie vor allem zum Schutz der Attribute dienten. Den will man natürlich weiter haben. Aber auch hier kümmert sich die Garbage-Collection um das ordnungsgemäße Aufräumen.

Arbeiten mit Garbage-Collection

Ein wenig klingt das so, als ob Sie sich in Zukunft einfach gar nicht mehr um die Zerstörung von Objekten kümmern müssten: Sie weisen Instanzen (deren IDs) einfach zu, so wie Sie gerade lustig sind. Sollte eine Instanz nicht mehr benötigt werden, weil nirgendwo mehr ihre ID gespeichert ist, wird sie eben bei Gelegenheit gelöscht. Das klingt nach der schönen neuen Welt. Und es ist im Prinzip so.

Sie können allerdings einige Anfragen an den Garbage-Collector stellen.

Es gibt einen Default-Collector, den Sie mittels einer Klassenmethode erhalten:

```
NSGarbageCollector* collector:
   = [NSGarbageCollector defaultCollector];
```

Haben Sie sich so die Default-Instanz des Garbage-Collectors besorgt, gibt es zunächst die Möglichkeit, seine aktuelle Arbeit zu ermitteln. Mit `-collectExhaustively` weisen Sie den Garbage-Collector an, sofort eine Collection zu starten. Das ist wie gesagt nicht erforderlich, da er ohnehin von sich aus asynchron dies von Zeit zu Zeit durchführt. Etwas weniger besserwisserisch ist die Methode `-collectIfNeeded`, bei der durch den Garbage-Collector selbst beurteilt wird, ob sich eine Collection lohnt. In beiden Fällen wird aber die Collection abgebrochen, wenn der Benutzer etwas mit dem Programm macht. Das Programm wird also nicht blockiert. Um umgekehrt zu erfahren, ob gerade eine Collection läuft, existiert die Methode `-isCollecting`.

Sie können auch die Garbage-Collection zeitweise ausschalten. Dies kann sinnvoll sein, wenn Sie in Ihrem Programm etwas Rechenintensives und Zeitkritisches erledigen wollen. Hier kann es störend wirken, wenn zwischendurch eine Garbage-Collection den Computer belastet. Ein Code-Fragment, das dies bewerkstelligt:

```
// Hole den Collector
NSGarbageCollector* collector = [NSGarbageCollector defaultCollector];

// Bevor wir sperren, sollte wir schon noch eine Chance geben
[collector collectIfNeeded];

// BITTE NICHT STOEREN!
[collector disable];

// Der Code hier: hurtig, hurtig
...
```

```
// Okay, es kann weitergehen
[collector enable];
```

Die Collection wird wieder gestartet, wenn es ebenso viele Freigaben wie Sperr-Nachrichten gab. Sie können also auch zwei- oder dreimal sperren und dann entsprechend häufig freigeben.

Problemstellungen

Allerdings gibt es ein paar Probleme, die beachtet werden müssen. Ich will sie hier zusammenfassen, um Ihnen eine Liste zu geben. Sie werden sie nicht alle verstehen, weil es zum Teil Themen betrifft, die wir noch gar nicht abgehandelt haben. Und Sie sind auch noch weit von der Fachkenntnis entfernt, dies zu benötigen. Dennoch als Übersicht zum Nachschlagen bereits hier zusammengestellt. Machen Sie sich vielleicht einfach einen gelben Notizzettel an dieser Stelle, um später nachzuschlagen.

Kein -dealloc...

Ein Garbage-Collector entscheidet selbst, wann Objekte noch benötigt werden. Sie müssen daher nicht explizit in einem `-dealloc` freigegeben werden, um eine Löschwelle auszulösen. Aus diesem Grunde wird diese Methode auch nicht aufgerufen, was wegen des asynchronen Verhaltens der Garbage-Collection ohnehin »irgendwann« der Fall wäre.

Aber: Manchmal »zweckentfremdet« man eine `-dealloc`-Methode, um etwas Funktionales zu machen. Stellen Sie sich vor, dass Sie eine Instanz haben, die eine Verbindung zu einem Internetserver verwaltet. Es liegt nahe, in der Dealloc-Methode gleich die Verbindung »zu kappen«. Benötigt keiner mehr die Instanz, benötigt auch keiner mehr die Verbindung. Dies geht nun nicht mehr, allerdings können Sie stattdessen eine `-finalize`-Methode einfügen, die bei Zerstörung des Objektes aufgerufen wird.

dafür -finalize...

Wenn wir diese Methode `-finalize` implementieren, müssen wir auf zwei Dinge aufpassen:

Es kann vorkommen, dass mehrere Objekte »gleichzeitig« ihre `finalize`-Nachricht bekommen. Denken Sie an unsere Gruppe oben und die verwiesenen Personen.

Aber welche Instanz zuerst? Dies ist unbestimmt! Wir können uns also nicht darauf verlassen, dass im `-finalize` unserer Group-Instanz die Eigenschaft leader noch auf ein Person-Objekt verweist, welches `-finalize` schon hatte oder nicht. Dieses kann bereits sein `-finalize` bekommen haben, vielleicht ist es aber auch erst im nächsten Schritt dran. Wissen wir nicht.

Der Aufruf der `-finalize`-Methode bedeutet zudem so etwas wie das Begraben der Instanz. Der Collector schaufelt ein Loch in die Erde und schmeißt das Objekt herein. Wenn im `-finalize` nun das Objekt noch seine ID an jemand anderen gibt, so ist sie wieder gespeichert. Das bedeutet, dass die Instanz nun wiederbelebt ist. Toll: Lebendig begraben!

Also: In `-finalize` darf man sich ausschließlich um sich selbst kümmern! Aber in aller, aller Regel benötigt man kein `-finalize` und man sollte es auch nur im Notfall implementieren. Finalisierung ist ein übles Thema, Satanswerk!

Weiche Verweise

Manchmal möchte man sich ein Objekt merken, wenn es noch da ist. Wird es aber ansonsten nicht mehr benötigt, so will man auch nicht selbst daran schuld sein, dass es noch lebt. Bei der Garbage-Collection geht dies grundsätzlich nicht, da ja alleine die Speicherung der ID dazu führt, dass die verwiesene Instanz nicht gelöscht wird. Man kann (und muss) daher explizit mitteilen, dass der Garbage-Collector diese ID nicht berücksichtigen soll. Wenn es also nur solche weichen Verweise gibt, dann wird die verwiesene Instanz dennoch gelöscht. Dies geschieht durch Voranstellen von __weak.

```
__weak NSString* nichtWirklichInteressant;
```

Es ist dabei wichtig zu wissen, dass, wenn der Garbage-Collector dieses Objekt dann löscht, er vor dem Aufruf der `finalize`-Methode diese Variable auf `nil` setzt, so dass sie nicht auf eine gelöschte Instanz verweist.

Aber verwechseln Sie das bitte nicht mit den weichen Verweisen des Reference-Countings. Diese benötigen wir grundsätzlich nicht mehr. Es geht um ganz besondere Spezialfälle wie etwa die Sammlung von Instanzen zur Wiederverwertung.

Weiche Collections

Im Reference-Counting haben Sie gelernt, dass Collections Instanzen sammeln. Diese erhalten dort ein `-retain`, bleiben also erhalten. Bei Garbage-Collection ist das nicht erforderlich: Allein durch die Tatsache, dass die ID der enthaltenen Elemente gespeichert ist, bleibt das Objekt ja am Leben.

Gerade im Zusammenhang mit den weichen Verweisen möchte man das aber zuweilen nicht. Daher existieren sogenannte Weak-Collections, die nur weiche Verweise auf ihre Elemente setzen. Sie werden also sozusagen »mitentleert«, wenn der Garbage-Collector die Elemente ansonsten für unerreichbar hält.

Abzählung

Collections haben Sie bereits kennengelernt, ganz rudimentär. Man kann die Elemente in einer Collection abzählen, also sozusagen »durchgehen«, weil man mit allen etwas machen möchte. Dazu gibt es sogenannte Enumerator.

Allerdings nehmen diese es Ihnen krumm, wenn sich die Collection während der Abzählung verändert. Das kann bei Garbage-Collection passieren, wenn die Collection eine weiche Collection ist.

Um dies zu vermeiden, sollten weiche Collections nur mit der sogenannten Fast-Enumeration abgezählt werden. Bei den Collections komme ich hierauf zurück.

Asynchrone Verweise

Es gibt Situationen, bei denen Objekte, die für eine Operation mit dem Betriebssystem interagieren, erhalten bleiben müssen. Nach dem beim Reference-Counting Gesagten muss ich diese Controller in einen Setter stopfen, damit sie den Autorelease-Pool überleben. Es gibt jedoch auch eine andere Technik, ich nenne sie »Self-Releasing«, bei der einfach nur am Anfang ein `-retain` geschickt wird. Die `release`-Nachricht erzeugt sich das Controller-Objekt selbst, wenn vom Betriebssystem das Ende der Operation angezeigt wird.

Da diese Methoden wirkungslos geworden sind, aber auch kein Verweis auf die Controller existiert, besteht die Gefahr des Verschwindens. Gleiches gilt, wenn zwar der Controller in einem Setter gespeichert, aber das haltende Objekt nicht mehr benötigt wird und daher verschwindet.

Man kann dies lösen, indem man die Funktion `CFRetain()` benutzt, die weiterhin funktioniert – oder einfach Sorge dafür tragen, dass die ID irgendwo noch gespeichert wird.

Was nun? GC oder RC?

Die obige Sammlung von Problemen klingt ja schauerlich, nicht wahr? Nein, klingt sie nicht. Denn es handelt sich um Probleme, die Sie in der nächsten Zeit nicht haben werden, da Sie einfach noch nicht versiert genug sind, derlei Tricks umzusetzen. Daher werden Sie von den Problemen nichts bemerken und Sie können sich überlegen, ob Sie Garbage-Collection verwenden wollen. Einfacher ist sie ganz bestimmt, da keine Zyklen mehr auftreten können.

Aber muss man sich entscheiden? Wenn Sie Ihre Klassen weiter so wie bisher programmieren, dann schaden die Methoden des Reference-Countings auch nicht. Sie werden von der Garbage-Collection ja schlicht ignoriert. Und wenn Sie noch bedenken, dass diese Fragestellung ohnehin nur sinnvoll ist, wenn Sie Software nur für Leopard schreiben, dann können Sie zudem ja `@property` und `@synthesize` benutzen. Wenn Sie sich dort einfach Gedanken machen, ob Sie `copy`, `retain` oder `assign` verwenden, damit dies alles mit Reference-Counting funktioniert, wird diese Klasse auch mit Garbage-Collection funktionieren. Allerdings: Die große Gefahr bei Reference-Counting ist, dass man sich heimliche Zyklen programmiert, die man gar nicht erkennt. Hier ist Garbage-Collection stärker.

> **TIPP**
>
> Apple rät nur zur »zweigleisigen« Entwicklung, wenn man sich ein eigenes Framework schreibt. Ansonsten solle man sich entscheiden. Grundsätzlich halte ich das für sinnvoll, zumal es gleichzeitig bedeutet, dass Apple mindestens eine nicht unerhebliche Zeit lang Reference-Counting unterstützen muss. Nichtsdestotrotz: Es kann nicht schaden, wenn man sich schon jetzt Gedanken darüber macht, dass ein einfach mal mit `-retain` gesichertes Objekt eben bei der Garbage-Collection verschwinden kann. Wer aber auch bei Reference-Couonting seine Hausaufgaben sauber macht und zudem `-dealloc` nicht missbraucht, hat allerdings deutlich weniger Umstiegsschwierigkeiten.

Derzeit genießt die Garbage-Collection unter Entwicklern – soweit ich das überblicke – allerdings noch keinen besonders guten Ruf, und es gibt auch ein paar Äußerungen dazu, dass sie noch nicht zuverlässig funktioniert. Ich gehe daher in diesem Buch den Weg, weiterhin Reference-Counting zu verwenden. Dabei werde ich allerdings die Möglichkeiten von Objective-C 2 ansonsten ausnutzen. Für Sie ist es daher vor allem eine Frage der Einstellung in den Build-Settings.

Aber damit dies noch einmal klargestellt ist: Mit Garbage-Collection läuft Ihre Anwendung weder unter Tiger noch auf dem iPhone.

Kopien: objektorientiertes Plagiieren

Zuweilen – viel seltener, als man denkt – ist es erforderlich, ein Objekt zu kopieren. Wir haben das ja auch bereits im Abschnitt über die Speicherverwaltung gemacht. Hier waren allerdings nur einfache Klassen wie `NSString` oder `NSNumber` oder Collections betroffen. Entitäten mussten wir bisher nicht kopieren. Und umgekehrt ist es fast stets so, dass Sie Entitäten programmieren. Dies zusammengenommen, gibt es also nur selten Fälle, in denen Sie wirklich für eine eigene Klasse eine `-copy`-Methode programmieren müssen.

> **AUFGEPASST**

Andere Lehrbücher halten die `-copy`-Methode für einen Grundbestand einer Klasse, auch dann, wenn es sich um eine Entität handelt. Ich habe es ehrlich gesagt nur in einem Projekt benötigt. Und an fast allen Stellen verlangt Cocoa selbst von uns auch kein `-copy`. Nun gut, wir besprechen es hier.

Neben der Notwendigkeit, selbst eine `-copy`-Methode zu programmieren, besteht natürlich noch das Erfordernis, diejenige von Cocoa zu verstehen.

> **TIPP**

Wir verwenden hier weiterhin die Klassen aus dem letzten Projekt. Wenn Sie wollen, können Sie sich von diesem eine Kopie (hehehehe) anlegen.

Dasselbe und das Gleiche – Gleichheit bei Objekten

Nachdem das erledigt ist, öffnen Sie die Datei Speicherverwaltung.m. Diese erweitern Sie bitte so, dass sich folgendes Ergebnis einstellt:

```
#import <Foundation/Foundation.h>
#import "Person.h"
#import "Group.h"

int main (int argc, const char * argv[]) {
    Person* theOriginal;
    Person* aCopy;

    NSAutoreleasePool * pool = [[NSAutoreleasePool alloc] init];

    // Wir erzeugen ein Original
    theOriginal = [Person personWithFirstname:@"Amin"
                                     lastname:@" Negm-Awad "];

    // Jetzt kopieren wir lediglich die ID des Objektes.
    aCopy = theOriginal;

    // Beide ausgeben
    NSLog( @"Original: %@", theOriginal.lastname );
    NSLog( @"Copy:     %@", aCopy.lastname );

    // Sind es zwei Objekte? Ändern wir mal die Kopie.
    aCopy.lastname = @"Toboll";
```

```
    // Beide ausgeben *huch*
    NSLog( @"Original: %@", theOriginal.lastname );
    NSLog( @"Copy:     %@", aCopy.lastname );

    [pool drain];
    return 0;
}
```

Übersetzen und starten Sie das Programm und achten Sie auf die Ausgabe:

```
>… Original: Amin
>… Copy:     Amin
>… Original: Toboll
>… Copy:     Toboll
>… Amin Toboll loeschen
```

> **HILFE**
>
> Sie können das Projekt in diesem Zustand als »Projekt-103-06« von der Webseite herunterladen.

Obwohl lediglich von der Kopie die Eigenschaft `lastname` geändert wurde, ist auch im Original der Nachname verändert! Das verwundert zunächst, ist aber klar: In dem Programm wurde nämlich gar kein Objekt kopiert, sondern in der Zeile

`aCopy = theOriginal;`

lediglich die ID des Orignialobjektes zugewiesen. Mit anderen Worten: Wir haben weiterhin nur ein Objekt, dessen ID jetzt zweimal gespeichert ist. Mal wieder aufgedröselt, sogar bis zu den einzelnen Attribut-Instanzen:

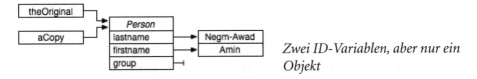

Zwei ID-Variablen, aber nur ein Objekt

Da es nur ein Person-Objekt mit einem `NSString`-Objekt für den Nachnamen gibt, müssen die beiden Ausgaben gleich lauten.

> **BEISPIEL**
>
> Bleiben wir in dem Firmenbeispiel: Leitet eine Person mehrere Gruppen, so gibt es nur ein und dasselbe Person-Objekt. Ändert sich deren Namen, etwa weil die Person heiratet, so muss der Name überall geändert sein. Das geschieht automatisch, da nur diese eine Person existiert. Es ist eigentlich die Diskussion, die wir bereits bei der Verwendung von retain und copy im Rahmen von @property geführt haben.

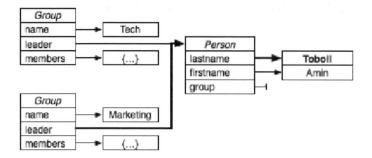

Wenn der Name einer Person »über« eine Gruppe geändert wird, soll diese Person auch in der anderen Gruppe den Namen haben.

Umgekehrt, wenn wir wissen wollen, ob zwei IDs auf ein und dasselbe Objekt verweisen, können wir einfach die IDs mit == vergleichen:

```
if( theOriginal == aCopy ) {
    NSLog( @"Ein und dasselbe Objekt" );
}
```

Manchmal, wie gesagt bei Entitäten eher selten, möchte man jedoch auch eine echte Kopie erstellen. Es soll eine neue, eigenständige Person-Instanz entstehen. Wir klonen also.

> **BEISPIEL**
>
> Ein typisches Anwendungsbeispiel ist es etwa, wenn ein Objekt als Vorlage für andere Objekte dient. Hier sollen die Änderungen unabhängig sein, so dass wir eine Kopie benötigen.

Aber wie sieht eigentlich eine »echte« Kopie aus? Es gibt nämlich zwei Möglichkeiten:

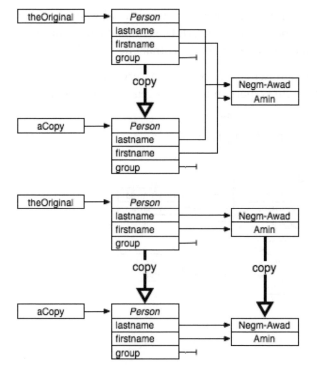

Bei der »flachen Kopie« wird lediglich die Instanz selbst kopiert.

Die »tiefe Kopie« kopiert auch die verwiesenen Objekte.

Aber welche Art von Kopie wendet man an? Das Ganze kann ja noch komplizierter werden. Nehmen Sie die Gruppen dazu. Diese kopieren sich bei -copy. Aber auch die enthaltenen Personen? Und die enthaltenden Attribut-Instanzen der Personen? Und noch eine Ebene drauf und vor die Group-Instanzen setzen wir noch die Companys. Die Frage nach »echter« Kopie oder nicht stellt sich ja auf jeder Ebene.

Hier gibt es wiederum goldene Grundregeln:

- Jede Klasse entscheidet für sich, ob sie für ihre Eigenschaften eine flache oder tiefe Kopie erstellt. Also: Die Klasse Company entscheidet, ob sie bei -copy auch die Gruppen-Instanzen kopiert oder nicht. Die Klasse Group entscheidet, ob sie die Personen kopiert oder nicht. Die Klasse Person entscheidet, ob sie die Attribut-Instanz kopiert oder nicht.

- Wenn der Setter ein Copy-Setter ist, so wird man in der Regel auch eine Kopie haben wollen. Dies ist bei Attrbibuten der Fall, weshalb man hier meist auch eine tiefe Kopie erzeugt.

- Bei 1:1-Beziehungen ist dies nicht der Fall, weshalb man hier auch meist keine tiefen, sondern flache Kopien erzeugt.

- Bei 1:n-Beziehungen befand sich ja eine Collection zwischen Verweiser und Verwiesenen. Diese wird eben wie beim Setter kopiert. Die enthaltenen Instanzen jedoch nicht, da die Kopie einer Collection nicht die enthaltenen Objekte kopiert!

- Rückverwiesene Objekte (Assign-Setter!), also etwa ein Verweis von Person zur Gruppe werden in der Regel nicht kopiert, müssen aber gegebenenfalls korrigiert werden.

Schauen wir uns das einmal für -copy (Group) an:

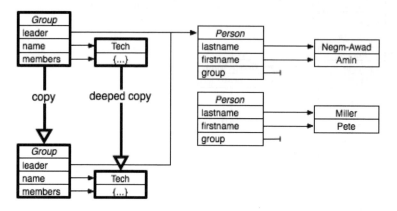

Eine Gruppe würde ihr Attribut und die Collection kopieren, nicht aber den Leiter.

> **AUFGEPASST**
>
> Das Kopieren einer Gruppe ist übrigens eine heikle Angelegenheit: Die Personen können immer nur zu einer Gruppe gehören, da wir ja eine 1:n-Beziehung hatten. Die members-Eigenschaft in der Kopie würde also auf Personen verweisen, die nur auf das Original rückverweisen, nicht auf die Kopie. Das lässt sich auch nicht dadurch bewerkstelligen, dass man den Verweis ändert, da dann die Personen noch Mitglieder im Original wären, aber auf dieses nicht mehr verweisen würden. Die Hierarchie ist also immer inkonsistent. Aus diesem Grunde wäre es durchaus anzuraten, bei der Kopie die Eigenschaft members zu leeren oder -copy gleich ganz zu verbieten.

Implementierung von -copy

Und wie macht man nun Kopien von Objekten? Wir programmieren mal für die Klasse *Person* eine Kopiermethode. Diese heißt bei Cocoa-Objekten -copy. Allerdings macht diese Methode nichts selbst, sondern ruft -copyWithZone: auf.

> **GRUNDLAGEN**
>
> »Zones« sind in Cocoa Speicherbereiche, die zusammenhängen. Sie müssen sich nicht um diese Zones kümmern, da Cocoa und OS X selbst eine Standardzone erzeugen. Wir nehmen sie «dumm zur Kenntnis» und reichen sie wieder an Cocoa weiter. Und hier gleich der erste Bezug zur Garbage-Collection: Diese kennt keine Zones und verwendet daher immer die Standardzone.

Öffnen Sie Person.m und fügen Sie vor dem -init folgenden Code ein:

```
...
- (Person*)copyWithZone:(NSZone*)zone
{
    Person* copy = [[[self class] allocWithZone:zone] init];
    copy.lastname = self.lastname;
    copy.firstname = self.firstname;
    copy.group = nil;

    return copy;
}
...
- (id)init
...
```

In dem Code wird also mit +allocWithZone: eine neue Person-Instanz erzeugt. Vielleicht verwundert Sie, dass dort

```
[[self class] allocWithZone:zone]
```

nicht aber

```
[Person allocWithZone:zone]
```

steht, wie wir es bisher bei Instanzerzeugungen getan hatten? (Wie gesagt: Das »Zone« vergessen Sie hier einmal.) Der Grund ist ganz einfach: Stellen Sie sich eine Subklasse von Person vor, etwa Developer. Damit bei einem -copy diese ebenfalls ihre Instanzvariablen kopieren kann, muss die Methode überschrieben werden:

```
- (Developer*)copyWithZone:(NSZone*)zone
{
    Developer* copy = [[[self class] allocWithZone:zone] init];
    ...
```

Jetzt müsste man auch die Instanzvariablen der Basisklasse kopieren. Naheliegender ist es, einfach die Basisimpletierung zu nutzen:

```
- (Developer*)copyWithZone:(NSZone*)zone
{
    Developer* copy = [super copyWithZone:zone];
…
```

Würde aber in der Basisklasse tatsächlich

```
[Person allocWithZone:zone]
```

stehen, so würde eine Instanz von Person, nicht von Developer erzeugt. Durch den Trick, [self class] zu benutzen, liegt darin nunmehr eine Instanz, von derjenigen Klasse (class) erzeugt, die auch das Original (self) hat. Die Basisklasse erzeugt hier also eine Instanz der Subklasse!

Kompliziert, nicht wahr? Richtig, das ist es. Sie merken sich bitte hier wieder Regeln:

- Implementiert die Superklasse nicht -copyWithZone:, so erzeugen Sie wie hier gezeigt eine neue Instanz mit +allocWithZone:. Dann kopieren Sie alle Instanzvariablen, die Sie angelegt haben.

- Implementiert die Superklasse -copyWithZone:, so erzeugen Sie diese Kopie mit dieser Methode und kopieren nur noch Ihre eigenen Instanzvariablen.

- Manchmal – auch innerhalb Cocoas – kommt es vor, dass der Entwickler der Basisklasse diesen Trick nicht anwendet. Sie können dann nicht die Basisimplementierung aufrufen, da diese eine Instanz der Basisklasse herstellen würde. Sie erzeugen sich dann selbst eine Instanz mit +allocWithZone:, als ob es keine entprechende Methode in der Basisklasse gäbe, und kopieren auch die Instanzvariablen, die Sie bereits in der Basisklasse vorfinden.

> **GRUNDLAGEN**

> Wenn ich in Band 2 auf die Tiefen und Untiefen des Klassensystems und der Laufzeitmaschinerie eingehe, bekommen Sie einen Überblick darüber, was hier wirklich detailliert passiert. Das würde uns hier aber weit vom Thema forttragen. Wenn Sie dennoch einfach neugierig sind, können Sie sich auf der Webseite zum Buch den Artikel von Jérôme Lang durchlesen.

Dadurch, dass anschließend die Setter für die erzeugte Kopie verwendet werden, werden automatisch tiefe bzw. flache Kopien nach den obigen Regeln erzeugt. Haben wir einen Copy-Setter, so haben wir eine tiefe Kopie, haben wir einen Retain-Setter, so haben wir eine flache Kopie. Dies wird der Anwender unserer Klasse in der Regel so erwarten.

Wenn Sie ein `-init…` haben, welches bereits die Instanzvariablen setzt, sollten Sie dieses verwenden. Wir passen unsere Methode entsprechend an:

```
- (Person*)copyWithZone:(NSZone*)zone
{
    return [[[self class] allocWithZone:zone]
                    initWithFirstname:self.lastname
                             lastname:self.firstname];
}
```

Es ist hier nur eine verkürzte Schreibweise, weil `-initWithLastname:firstname:` ja automatisch Namen und Vornamen setzt. Wir können gleich diese Methode benutzen. Sie können sich den Sachverhalt aber auch einmal im Debugger Schritt für Schritt anschauen.

Bedenken Sie bitte noch eines: `-copy` verhält sich vom Standpunkt des Reference-Countings wie ein `+alloc` mit folgendem `-init…`. Steht da ja auch. Wenn also jemand mit `-copy` eine Kopie erzeugt, so muss er auch gleich ein `-autorelease` hinterherschicken:

```
Person* aCopy =[[theOriginal copy] autorelease];
```

Convenience copies

Das ist jetzt aber ein wenig blöde: Bei der Speicherverwaltung hatten wir uns extra einen Convenience-Allocator programmiert, damit wir uns das `-autorelease` sparen können und alles immer perfekt so da steht, wie es sein soll: Wer für den Retain-Count sorgt, hat ihn auch wieder zu beseitigen. Jetzt haben wir aber wieder den Zustand, dass der `+alloc` in Person.m steht, die passende Freigabe aber bei dem Benutzer der Klasse, also etwa unserem Hauptprogramm. Und wir lösen das Problem jetzt genau so:

Wir schreiben uns eine weitere Methode, einen convenience Copy, der eben noch das `-autorelease` schickt, bevor er die Kopieinstanz zurückliefert.

```
+ (Person*)personWithPerson:(Person*)person
{
```

```
    return [[self copy] autorelease];
}
```

Sie sehen schon, wie eine solche Methode heißt: +*klasseWithKlasse*:.

Gleichheit

Wie bereits ausgeführt, kann die »Gleichheit« von Objekten nicht mittels == überprüft werden. Hierbei wird die Identität verglichen. Um die inhaltliche Gleichheit zu ermitteln, existiert ein eigener Satz von Methoden, welche alle -isEqual…: heißen. Die Grundmethode -isEqual: soll dabei YES zurückgeben, wenn der Empfänger der Klasse gleich dem übergebenem Parameter ist. Dabei ist der Parameter nicht typisiert, also von der »Klasse« id. In aller Regel wird man daher schon von Ungleichheit ausgehen, wenn der Parameter nicht dieselbe Klasse oder eine Subklasse des Empfängers hat. Dies kann man abfragen:

```
- (BOOL)isEqual:(id)other
{
    if( [other isKindOfClass:[Person class]] ) {
        // Vergleich durchführen
        return …;
    } else {
        return NO;
    }
}
```

Hierbei sollte übrigens wirklich die Klasse explizit angegeben, also nicht der Trick mit -class verwendet werden. Wenn man dies dennoch macht, müsste nämlich die Subklasse ohnehin die Methode überschreiben. Ansonsten kann es Situationen geben, in denen nur die Eigenschaften der Basisklasse verglichen werden, obwohl eine Subklasse weitere definiert.

> **HILFE**
>
> Mir ist völlig klar, dass dieses Herumeiern mit -class ziemlich schwierig zu verstehen ist. Meine Erfahrung ist, dass man dies bei der späteren Programmierung merkt, wenn man selbst auf einmal auf ein solches Problem stößt. Und darauf kommt es mir an: In diesem Falle werden Sie sich hieran erinnern oder diesen Abschnitt einfach noch einmal nachlesen.

Wie der Vergleich dann im Einzelnen aussieht, ist freilich eine Frage des Einzelfalles. Man könnte hier daran denken zu vergleichen, ob Vor- und Nachname der beiden Instanzen gleich sind:

```
- (BOOL)isEqual:(id)other
{
   if( [other isKindOfClass:[Person class]] ) {
      if(    [self.firstname isEqualToString:other.firstname]
          && [self.lastname isEqualToString:other.lastname] ) {
         return YES;
      } else {
         return NO;
      }
   } else {
      return NO;
   }
}
```

Allerdings ist das natürlich mutig. Schauen Sie selbst ins Telefonbuch, wie viele Menschen mit dem Namen Dieter Müller existieren. Sie sollten dann an dieser Stelle darüber nachdenken, eine Personalnummer einzuführen, die jede Person eindeutig identifiziert, und diese miteinander vergleichen.

Das If kann man übrigens wegkürzen:

```
- (BOOL)isEqual:(id)other
{
   if( [other isKindOfClass:[Person class]] ) {
      return    [self.firstname isEqualToString:other.firstname]
             && [self.lastname isEqualToString:other.lastname];
   } else {
      return NO;
   }
}
```

Hier wird einfach das Ergebnis der Stringvergleiche und-verknüpft und das Gesamtergebnis an den Sender der Nachricht zurückgegeben.

In diesem Ausschnitt haben Sie bereits die zweite wichtige Gruppe von isEqual-Methoden kennengelernt, nämlich die typisierten. Sie hören auf den Namen -isEqualTo*Klasse*:. Und sind entspechend typisiert:

```
- (BOOL)isEqualToPerson:(Person*)person
{
   return    [self.firstname isEqualToString:other.firstname
          && [self.lastname isEqualToString:other.lastname];
}
```

Da man sich eine solche programmieren sollte, vereinfacht sich auch die allgemeine Vergleichsmethode:

```
- (BOOL)isEqual:(id)other
{
   if( [other isKindOfClass:[Person class]] ) {
      return [self isEqualToPerson:other];
   } else {
      return NO;
   }
}
```

Kategorien

In Objective-C exitiert eine Möglichkeit, bestehende Klassen nachträglich um weitere Methoden zu erweitern, sogar dann, wenn sie nicht als Source vorliegen. Und der Witz ist, dass sich diese Erweiterungen auf die Subklassen auswirken, sogar dann, wenn die Subklasse längst von jemand anderem erstellt wurde. Stellen Sie sich vor, Sie haben die tolle Idee, alle Klassen um eine Methode zu erweitern.

> **BEISPIEL**
>
> Das gibt es nicht? Doch, das gibt es, wenn Sie etwa das Tutorial auf der Webseite des Buches zu »Unproxy« durchlesen. Genau das wird dort gemacht.

Jetzt muss man also NSObject zu einer neuen Klasse (sagen wir UnproxyObject) ableiten und seine neue Methode, nennen wir sie -unproxy, einfügen. Alle weiteren Klassen müssen wir dann von UnproxyObject ableiten, um diese Methode zu erben. Mal abgesehen davon, dass das unpraktisch ist, wenn man schon häufig von NSObject abgeleitet hat, ist es zudem unmöglich, wenn man fremden Code hat. Alle Klassen in Cocoa sind ja von NSObject (oder Subklassen von NSObject) abgeleitet – na ja, fast alle. Ich glaube nicht, dass Sie jemanden bei Apple davon überzeugen können, nunmehr Ihre Klasse zu verwenden. Dies bedeutet also, dass Sie fremde Klassen nicht nachträglich durch Ableitung in der Art erweitern können, dass auch fremde Subklassen diese Erweiterung haben.

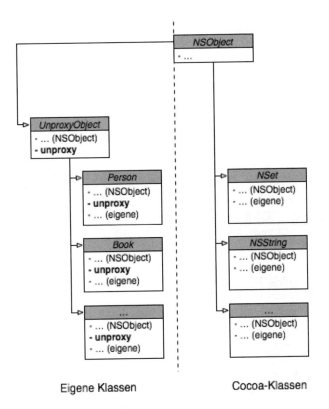

Wenn wir eine Subklasse erzeugen, kommen nur wir in den Genuss der Erweiterung.

Geht nicht gibt's nicht: In Objective-C geht das tatsächlich und wird als Kategorie bezeichnet. Sie suchen sich die entsprechende Klasse aus und schreiben dafür eine Kategorie. Wie in einer Klasse gibt es zwei Teile, von denen einer in den Header gehört und der andere in die Implementierung. Sie erzeugen sich also wiederum zwei Dateien. Im Header geben Sie die neue Methode bekannt:

```
@interface NSObject( UnproxyCategory )
- (void)unproxy;
@end
```

und implementieren Sie dann in der Implementierungsdatei:

```
@implementation NSObject( UnproxyCategory )
- (void)unproxy
{
    // Insert your innovation here
}
@end
```

Und diese Erweiterung findet sich dann ohne Neukompilierung der alten Klasse in allen abgeleiteten Klassen wieder:

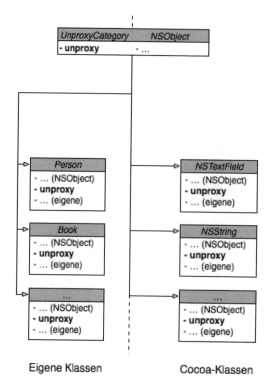

Kategorien wirken sich auch auf fremde Ableitungen aus.

Apple hat übrigens NSObject um zahlreiche Kategorien erweitert, die man keinesfalls in jeder Klasse benötigt. In seiner Dokumentation schreibt Apple, dass man genau das nicht tun soll ... Also, hier der Tipp vom Fachmann: Nehmen Sie als Basisklasse Ihrer Kategorie schon eine Klasse, bei der die Erweiterung sinnvoll ist. Wenn Sie also etwa für Views etwas erweitern wollen, dann nehmen Sie als Basisklasse NSView, nicht NSObject.

Eine praktische Funktion von Kategorien ist es dann, die Fähigkeiten einer großen Klasse in einzelne Kategorien zu verpacken. Auf diese Weise erhält man Dateien, die nicht so überladen sind, und hat das Ganze gleich thematisch strukturiert.

In diesem Zusammenhang steht auch ein Trick, von dem ich bereits sprach: Manchmal kommt es vor, dass sich zwei Methoden wechselseitig benutzen wollen und daher vorher deklariert sein müssen. Das könnte man nun im Header machen:

```
...
@interface MyClass: NSObject {
```

```
}
- (void)hue;
- (void)hot;
@end
```

In der Implementierung hieße es dann:

```
...
#import "MyClass.h"

@implementation MyClass
- (void)hue
{
   ...
   [self hott];
}

- (void)hott
{
   ...
   [self hue];
}
@end
```

Wenn aber die Methoden nicht öffentlich bekannt sein sollen, sind sie ja nicht dort deklariert. Das Problem ist es dann, dass -hue nicht -hott benutzen kann, weil der Compiler noch nichts von -hott weiß, wenn er gerade -hue übersetzt. In diesem Falle schreibt man sich eine Kategorie an den Anfang der Implementierungsdatei:

```
...
@ interface MyClass( MySecretHueHott )
- (void)hue;
- (void)hott;
@end

@implementation MyClass
- (void)hue
{
   ...
   [self hott];
}
```

```
- (void)hott
{
   ...
   [self hue];
}
@end
```

Wir müssen dann nicht einmal eine entsprechende Kategorie implementieren, weil es dem Compiler gleich ist, ob Methoden aus einer Kategorie in der Klasse selbst, der genannten Kategorie oder in einer anderen Kategorie ausprogrammiert sind.

Protokolle

Protokolle sind so etwas wie Methodenbündel. Man sagt damit einfach, dass bestimmte Methoden zusammen ein Protokoll bilden.

```
@protocol MyProtocol
    - (void)methode1;
    - (void)methode2;
@end
```

Eine solche Festlegung nennt man ein »formelles Protokoll«. Man kann damit so etwas Ähnliches wie Typisierung mittels Klassen erreichen, auch dann, wenn die eigentliche »Klasse« id ist:

```
id<MyProtocol> instance;
```

An diese Variable darf ja jede Instanz jeder Klasse zugewiesen werden, da wir lediglich mit id typisiert haben. Durch die Angabe des Protokolles in den spitzen Klammern überprüft aber der Compiler, ob diese Instanz auch zu einer Klasse gehört, die die Einhaltung des Protokolls verspricht.

Um dieses Versprechen abzugeben, muss das Protokoll in der Klassendefinition aufgeführt sein:

```
@interface MyClass : NSObject <MyProtocol> {
...
}
...
@end
```

Der Compiler überprüft dann bei der Übersetzung dieser Klasse, ob wirklich alle Methoden in dem Protokoll in der Implementierung vorhanden sind.

> **AUFGEPASST**
>
> Man kann in einer Klasse mehrere Protokolle implementieren, indem man diese in den spitzen, durch Kommata getrennte Klammern aufzählt.

Ebenfalls als Protokoll, dann aber als ein »informelles«, bezeichnet man es, wenn bestimmte Methoden vorhanden sein können. Der Nutzer der Klasse muss dann, während das Programm läuft, nachschauen, ob diese Methode vorhanden ist, denn der Compiler hat keine Möglichkeit, dies nachzuprüfen.

Mit Objective 2 ist es aber auch möglich, solche optionalen Anforderungen in ein Protokoll zu schreiben:

```
@protocol MyProtocol
@required
    - (void)methode1;
@optional
    - (void)methode2;
@end
```

Zur Klarstellung: Auch hier überprüft der Compiler lediglich die `required`-Methoden. Die Existenz der optionalen Methoden muss wieder während des Programmlaufes überprüft werden.

> **AUFGEPASST**
>
> Die Apple-Dokumentation verwendet jüngst den Begriff »informale Protokolle« für Kategorien, die nicht implementiert werden. Ich halte diese Technik für nicht gut. Es wird etwas versprochen, was nicht vorhanden ist: Igitt! Außerdem landet das Ganze dann noch gerne bei `NSObject`, so dass tatsächlich alle Klassen dieses informale Protokoll angeblich beherrschen. Ich weiß nicht, was der Sinn davon ist, dass mein Modell Methoden wie »mausGedrückt« versprechen soll. Was hat ein Modell mit dem User-Interface am Hut? Ich selbst benutze daher diese Technik gar nicht. Ein bisschen Ordnung muss schon sein.

Wenn aber Methoden nur möglicherweise vorhanden sind, sei es, weil sie als optional markiert wurden, sei es, weil sie in einem informellen Protokoll deklariert werden, dürfen sie nicht einfach benutzt werden. Vielmehr muss der Absender einer Nachrichten vorher nachfragen, ob die Methode vorhanden ist. Hierzu dient die Methode `-respondsToSelector:`.

```
// ein Objekt von irgendwo
id anObject = …;

// bevor wir eine informelle oder optionale Methode verwenden,
// muessen wir nachfragen:
SEL anOptionalMessage = @selector( doSomething );
if( [anObject respondsToSelector:anOptionalMessage ] ) {
   [anObject doSomething];
}
```

> **GRUNDLAGEN**
>
> Es sei in diesem Zusammenhang erneut an die interne Bezeichnung der Methoden erinnert. Eine Methode - `(int)add:(int)summand1 to:(int)summand2` heißt dementsprechend `add:to:`.

Zusammenfassung

So, Sie haben das dickste Kapitel hinter sich gelassen und nunmehr Ahnung von Objective-C. Und auch wenn ich an manchen Stellen auf Band 2 zur Vertiefung verwiesen habe, darf ich Ihnen doch sagen, dass Ihre Kenntnisse schon ganz schön fortgeschritten sind. Natürlich bedarf das noch der Erfahrung, Erfahrung, Erfahrung, … Es ist noch kein Meister vom Himmel gefallen.

Dennoch, und darauf kommt es mir an, wissen Sie jetzt schon, wie man wichtige Details richtig umsetzt. Wenn Sie es anfänglich wieder vergessen, dann schlagen Sie einfach hier nach. Die neue Kapitelstruktur dient auch dazu, dieses häufig nachzuschlagende Wissen in einem Kapitel konzentriert zu haben.

Wichtige Dokumente von Apple zu der hier angesprochenen Thematik sind:

- The Objective-C 2.0 Programming Language
- Memory Management Programming Guide for Cocoa

Auf der Webseite zum Buch existieren die Tutorials

- Das Kind beim Namen nennen
- Lauf, Forest, lauf

4

Container

Container sind so etwas wie die Fließbandarbeiter von Cocoa. Sie ermöglichen uns erst, die eigentlichen Daten in Entitäten zu speichern. Programmiert werden sie von uns fast nie, benutzt ständig. Da lohnt sich ein detaillierter Blick auf die Angelegenheit.

Container

Wie bereits erwähnt, sind sowohl Container als auch Entitäten Instanzobjekte. Sie unterscheiden sich dadurch, dass ich auf Entitäten mittels eines Schlüssels auf eine Eigenschaft zugreife, während bei Containern spezielle Zugriffsmethoden existieren.

Bevor wir aber loslegen, erzeugen Sie sich bitte ein neues Projekt mit dem Namen »CocoaConverter« *(File | NewProject* in Xcode), bei dem Sie aber bitte als Vorlage *Cocoa Document-based Application* nehmen, also nicht Core Data Document-based Application wie im Kapitel 2. Ich möchte die Gelegenheit wahrnehmen, Ihnen möglichst viele Projekttypen zu zeigen. Außerdem kann noch ein bisschen Übung im Interface Builder nicht schaden, zumal das letzte Projekt ja nun gar nicht dort spielte. Bei dieser Projektart müssen wir uns das Model selbst erstellen und können nicht Core-Data und den Modeller benutzen. Das ist eine wichtige Übung zum Erzeugen eigener Klassen.

Erzeugen Sie in Xcode mit *File | New File...* eine neue Klasse.

1. Im ersten Fenster wählen Sie wiederum *Objective-C class* als Vorlage und klicken sich auf das nächste Fenster.

2. Dort geben Sie als Klassennamen wiederum *Converter.m* an und achten darauf, dass das Häkchen zur Erzeugung des .h-Files gesetzt ist.

Wenn dies noch nicht leicht von der Hand gehen sollte, schlagen Sie zurück zu Kapitel 2. Aber versuchen Sie schon, sich ein wenig durchzubeißen. Da ist der Lerneffekt einfach größer.

1. Öffnen Sie »Converter.h« durch einen Doppelklick auf die Datei in der Projektleiste *Groups & Files*, Gruppe *Classes*.

2. In »Converter.h« legen wir gleich die Outlets und eine Methode an. Das mussten Sie sich nicht gemerkt haben, daher hier in aller Kürze:

```
@interface Converter : NSObject {
    IBOutlet NSTextField*    inputTextField;
    IBOutlet NSTextField*    factorTextField;
    IBOutlet NSTextField*    outputTextField;
}
- (IBAction)calculate:(id)sender;
@end
```

Ebenso fügen Sie in »Converter.m« die entsprechende Actionmethode ein, die Sie aber bitte noch leer lassen:

```
@implementation Converter
- (IBAction)calculate:(id)sender
{
}
@end
```

Speichern nicht vergessen!

Öffnen Sie nun MyDocument.nib mit einem Doppelklick auf die Datei in der Projektleiste *Groups & Files* von Xcode (befindet sich ja in der Gruppe *NIB Files*, ganz am unteren Ende) und bauen Sie dort das Interface aus Kapitel 2 nach, einschließlich des Tableviews. Die Einstellungen zum Auto-Sizing können Sie erst einmal weglassen, wenn Sie wollen. Hier eine Checkliste:

- Auf der rechten Seite zwei Textfelder mit Labels und ein Label unterhalb der Textfelder; noch darunter einen Button
- Auf der linken Seite ein Tableview mit zwei Buttons zum Hinzufügen bzw. Löschen darunter

Aus der Library wieder ein *Object* (liegt in *Cocoa | Objects & Controllers*) in das Hauptfenster ziehen, den Inspector öffnen und dort in der Info-Ansicht oben als Klasse *Converter* auswählen. Verbinden Sie auch gleich die Outlets mit den Textfeldern und umgekehrt den Button mit der Action.

Schließen Sie wieder den Nib im Interface Builder. Sie können auch den Interface Builder ganz verlassen, da wir ihn zunächst nicht mehr benötigen. Unser User-Interface haben wir diesmal in einem Zug erstellt.

Na, geht noch nicht alles leicht von der Hand? Glauben Sie mir, dass Sie das alles schon bald in weniger als einer Minute machen. Alles nur eine Frage der Übung.

Arten von Containern

Man kann in zweierlei Hinsicht die von Cocoa bereitgestellten Container unterteilen:

Skalare Container und Collections

Zum einen gibt es solche, die ein einziges zusammengesetztes Datum (als Einzahl von Daten, nicht als kalendarisches Datum) speichern (skalare Container), und solche, die gleich eine ganze Menge an Daten speichern (Collections).

> **AUFGEPASST**
>
> Die Dokumentation von Apple nimmt diese Unterscheidung nicht immer vor und spricht in Bezug auf Collections von Containern. Ich halte die Unterteilung allerdings für sinnvoll, weil Collections ganz besondere Fragestellungen haben.

Wir können also unsere Übersicht über die verschiedenen Objektarten verfeinern:

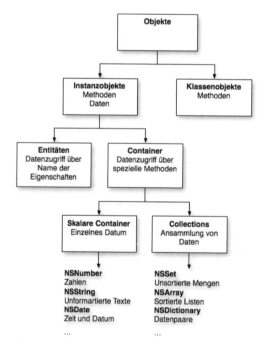

Container organisieren ihre Daten speziell und unterschiedlich.

Mutable und Immutable

Zum anderen lassen sich alle Container danach unterscheiden, ob sie veränderlich oder unveränderlich sind. Man mag sich zunächst fragen, warum es überhaupt unveränderliche Container geben muss. Schließlich würde es ja ausreichen, wenn veränderliche existieren. Niemand ist ja gezwungen, diese zu modifizieren. Aber es gibt Optimierungsvorteile, wenn man weiß, dass ein Container unveränderlich ist. Dies hatten wir auch schon bei der Speicherverwaltung bemerkt:

Wir hatten den Setter für ein Attribut mit dem Schlüsselwort `copy` versehen, damit er eine eigenständige Kopie bekommt. Dies führte dazu, dass Änderungen am Parameter keine Auswirkungen auf das Attribut hatten (Kapselung). Nur: Dies bedeutet ja gleichzeitig, dass eine Kopie erstellt werden muss, die dieselben Daten wie das Original enthält: Speicherverschwendung!

Eine Instanz von einer Klasse wie `NSString` weiß aber, dass sie unveränderlich ist. Sie weiß daher auch, dass es gar nicht erforderlich ist, eine Kopie zur Sicherung der Kapselung zu erstellen – und unterlässt es. Durch die Verwendung der unveränderlichen Variante können wir hier Speicher sparen.

Einen ähnlichen Effekt erleben wir übrigens bei Instanzen der Klasse `NSNumber`, die ja Zahlen speichern. Die Ganzzahlen von 1 bis 12 werden dabei in Programmen sehr häufig benutzt, da es sich um Uhrzeiten und Monatsangaben handeln kann. Wenn ich eine entsprechende Instanz erzeuge, gibt mir Cocoa in Wahrheit eine alte zurück. Wieso sollte Cocoa jedes Mal eine neue Instanz für die 3 geben, wenn ich das ohnehin nie wieder verändern kann und wenn sie schon 245273 Mal im Programm herumfliegt?

Es gibt von fast allen Containern veränderliche und unveränderliche Varianten. Dabei bilden die unveränderlichen Varianten die Basisklassen (wie `NSString` oder `NSSet`) und die veränderlichen die Subklassen (wie `NSMutableString` und `NSMutable-Set`).

Um in unserem Code zwischen den veränderlichen und den unveränderlichen Varianten zu wechseln, existieren zum einen die Methoden `-copy` und `-mutableCopy`. Außerdem erzeugen uns die convenience Copys immer Instanzen ihrer Klasse. Beispielcode:

```
NSString* text;
NSMutableString* mutableText;

text = @"Eine Zeichenfolge";
// Unveraenderbare "Kopie" des Textes
```

```
text = [text copy]; // RC = 1
// Veraenderbare Kopie
mutableText = [text mutableCopy]; // RC = 1
[text release]; // RC-- -> RC = 0 -> Loeschung
// Unveraenderbare Kopie
text = [mutableText copy]; // RC = 1
[mutableText release]; // RC-- -> RC = 0 -> Loeschung
[text release]; // RC-- -> RC = 0 -> Loeschung

// Unveraenderbar "Kopie"
text = [NSString stringWithString:@"dadada"]; // ARP!
// Veraenderbare Kopie
mutableText = [NSMutableString stringWithString:text]; // ARP!
```

Die veränderlichen Varianten sind Subklassen der unveränderlichen.

Skalare Container

Die skalaren Container speichern einen Wert in einem Objekt. `NSString` dient zur Speicherung von Zeichenketten: `NSValue` für komplexere Werte und `NSNumber` für einfache Zahlen. Damit ersetzen sie objektorientiert klassische C-Typen, enthalten aber auch einige eigene Typen, die man sich in C erst zusammensetzen müsste.

Art der Daten	Basisklasse	C-Äquivalent
Zahl	`NSNumber`	`int`, `float` usw.
Zusammengesetzter Wert	`NSValue`	`struct`
Zeichenkette	`NSString`	Array von Zeichen
Zeit und Datum	`NSDate`	`time_t`
Binäre Daten	`NSData`	Array von Bytes
Dezimalbruch	`NSDecimalNumber`	-/-

Es gibt noch ein paar andere Klassen, die allerdings eine spezielle Bedeutung haben.

> **TIPP**
>
> `NSValue` bietet noch mehr Möglichkeiten. Bei der oben genannten handelt es sich aber mit Abstand um die wichtigste. Diese Umwandlung von C-Typen in Objekte hat zum einen den Vorteil der Vereinheitlichung. Zum anderen verlangt Cocoa an gewissen Stellen Objekte. So nehmen etwa die gleich zu erläuternden Collections nur Objekte auf.

Formatter

Zu beachten ist, dass insbesondere die numerischen und kalendarischen Klassen der Datenspeicherung nicht der Datenanzeige dienen. Daher kann derselbe Wert zu ganz unterschiedlichen Darstellungen führen. Sie kennen das alle von Datumsangaben: Da mag es der eine kurz (17.2.69), der andere lang (17. Februar 1969), der Deutsche notiert den Tag zuerst, die Amerikaner den Monat. Es handelt sich freilich stets um die Angabe desselben Wertes.

Genau genommen machen wir das auch ständig mit Zahlen, etwa der 9811. Sie meinen, dies sei eine Zahl? Weit gefehlt! Dass ist eine Darstellung einer Zahl im Dezimalsystem. Man kann diese Zahl auch anders schreiben, etwa im römischen Zahlensystem. Oder im binären, wie es der Computer tut: 10011001010011.

Also auch hier: Damit wir diese Zahl ausgeben können, bedarf es einer Angabe, wie dies geschehen soll.

Hierfür dienen besondere Klassen, die sogenannten Formatter. Sie wandeln einen Wert in eine Textdarstellung um und umgekehrt. Dabei gibt es eine Basisklasse für numerische Formatter (nämlich `NSNumberFormatter`) und eine für kalendarische (nämlich `NSDateFormatter`). Üblicherweise haben wir damit nichts zu tun. Im Interface Builder kann man allerdings jedem Textfeld einen solchen Formatter verpassen, wie wir es ja auch schon in Kapitel 2 getan haben. Ich will hier Ihre Aufmerksamkeit dafür schärfen, dass die Speicherung der Daten unabhängig von ihrer Darstellung ist. (Was letztlich auch eine Ausprägung des MVC-Musters ist.)

Die einzelnen Skalar-Objekte

Im Folgenden stelle ich die wesentlichen Eigenschaften von wichtigen Skalar-Klassen vor. Wie Sie sehen können, liegt mir dabei vor allem an `NSString`, weil diese Klasse ungemein wichtig ist, und an `NSDecimalNumber`, weil diese Klasse viel zu unbekannt ist. Aber sicherlich sind alle hier zu besprechenden Klassen mit der Zeit so mächtig geworden, dass auch nach Lektüre dieses Kapitels für Sie noch Forschungsbedarf besteht. Am besten, Sie schauen sich in der Dokumentation wenigstens einmal die Methodenliste von `NSString` an. Sie ist lang, sehr lang.

NSValue

`NSValue` dient vor allem zur Speicherung von Strukturen, die Cocoa vordefiniert: `NSPoint`, `NSRange`, `NSRect`, `NSSize`. Daraus ergeben sich auch die wichtigsten Methoden: `+valueWithStruct:` erzeugt ein `NSValue`-Objekt für die genannten Strukturen, wobei das Präfix NS weggelassen wird. Den Wert kann man dann wiederum mit -*struct*Value lesen.

Daneben ist es mit +value:withObjCType: auch möglich, eigene Strukturen in eine Value-Instanz zu speichern. Ein kleines Beispel für eine Struktur, die einen 3D-Vektor mit den Komponenten x, y und z speichert:

```
typedef struct _Vector3 {
      double x;
      double y;
      double z;
 } Vector3;


Vector3 aVector;
aVector.x = 17.0;
aVector.y = 2.0;
aVector.z = 19.69;

NSValue* aVectorAsAnObject = [NSValue value:&aVector
                              withObjCType:@encode( Vector3 )];
```

Wird diese Struktur häufiger verwendet, so bietet es sich an, eine Kategorie daraus zu machen. Damit hätten wir dann auch gleich das versprochene Beispiel:

```
@interface NSValue( ValueVector3Addition )
+ (NSValue*)valueWithVector3:(Vector3)value;
- (Vector3)vector3Value;
@end
…
@implementation NSValue( ValueVector3Addition )
+ (NSValue*)valueWithVector3:(Vector3)value {
    return [NSValue value:&value
            withObjCType:@encode( Vector3 )];
}
- (Vector3)vector3Value
{
   Vector3 value;
   [self getValue:&value];
   return value;
}
@end
```

▶GRUNDLAGEN

Drei Dinge sind hier bemerkenswert: Zum einen bekommt -getValue: einen Zeiger auf unsere Struktur als Parameter. Dies liegt daran, dass die Methode ja den Wert in unserem Programm verändern soll. Würde er einfach nur übergeben, so wären die Änderungen in -getValue: nur dort erkennbar. Lesen Sie vielleicht noch einmal die Abschnitte über Parameter und Zeiger. Außerdem taucht dieses merkwürdige @encode auf, welches in Band 2 besprochen wird. Hier wieder die Kurzfassung: Mit diesem Objective-C-Schlüsselwort kann ich die Definition eines Typen in einer Zeichenkette speichern, damit NSValue weiß, was es ablegen muss. Schließlich wundert Sie vielleicht der Methodenname -getValue und Sie hätten eher -value erwartet, wie man es von Gettern kennt. Wird eine Eigenschaft nicht als Returnwert zurückgegeben, sondern über die Parameterleiste mittels eines Zeigers, so kennzeichnet man dies im Parameternamen durch ein vorangestelltes get.

NSValue bietet weder eine mutable Subklasse noch Methoden, um neue, veränderte NSValue-Objekte zu erzeugen. Sind also Bearbeitungen erwünscht, so wandelt man die Objekte in C-Typen um und nach erfolgreichem Abschluss der Operation in eine Instanz von NSValue zurück.

```
NSRect    rectStruct1;
NSRect    rectStruct2;
NSRect    intersectionStruct;

NSValue* rectObject1 = … // Irgendwoher
NSValue* rectObject2 = … // Irgendwoher

rectStruct1 = [rectObject1 rectValue];
rectStruct2 = [rectObject2 rectValue];

intersectionStruct
   = NSIntersectionRect( rectStruct1, rectStruct2 );

NSValue* intersectionObject
   = [NSValue valueWithRect:intersectionStruct];
```

Natürlich liegt es auch hier nahe, bei häufiger Verwendung eine Kategorie NSValue hinzuzufügen.

NSNumber
NSNumber, eine Subklasse von NSValue, dient entsprechend zur Speicherung der einfachen C-Typen BOOL, char, double, float, int, long, long long, short, un-

signed char, unsigned int, unsigned long, unsigned long long, unsigned short. Dementsprechend existieren die Methoden +numberWithCType:, um Instanzen mit dem entsprechenden C-Typen zu erstellen. Auslesen lassen sich die Werte wiederum mit -CTypeValue. Die Schreibweise richtet sich dabei nach den Objective-C-Regeln, also etwa -boolValue, *nicht* -BOOLValue. Man benötigt diese Klasse recht häufig, um Attribute von Entitäten in Objekten zu speichern.

Auch hier existieren keine veränderlichen Varianten, so dass man zur Durchführung von Berechnungen zunächst eine Umwandlung in den entsprechenden C-Typen vornehmen muss.

NSDecimalNumber

Ich hatte Sie bereits davor gewarnt, float und double für exakte Berechnungen etwa in finanzmathematischen Anwendungen zu verwenden. Um NSDecimalNumber einen Sinn zu geben, will ich das ausführen:

Grundsätzlich speichert ein Computer einen Wert in einer Speichereinheit fester Größe. Die konkrete Größe wird von dem Datentypen festgelegt, also etwa double. In diesem Speicher ist nur eine bestimmte Anzahl von Kombinationen darstellbar. Es können Millionen sein, aber eben nur eine bestimmte Anzahl. Demgegenüber existieren unendlich viele Dezimalbrüche. Daher kann ein Computer gar nicht alle darstellen und muss zu Rundungen greifen. Von irrationalen Zahlen wollen wir hier noch gar nicht sprechen.

Sie können sich das im Wesentlichen wie bei Ihrem Taschenrechner vorstellen, der nur eine bestimmte Anzahl von Stellen anzeigt. Man nennt dies die »Mantisse«. Dies ist dementsprechend bei Werten, die sich mit 8 Stellen ausdrücken lassen, auch unproblematisch. Hat die Zahl allerdings mehr Stellen, so lässt sie sich nicht mehr im Computer speichern. Die überzähligen Stellen werden daher rechts abgeschnitten, der Wert entspricht nicht mehr der ursprünglichen Zahl. Die Länge der Mantisse gibt also die maximale Genauigkeit an Stellen wieder. Das ist zu akzeptieren.

Jetzt kommt aber hinzu, dass der Computer nicht mit 10 Ziffern 0 bis 9 (Dezimalsystem) rechnet, sondern mit 2 Ziffern 0 und 1 (Binärsystem). Man kann sich das vereinfacht so vorstellen, dass die Stellen hinter dem Komma nicht die Werte Zehntel, Hundertstel usw. haben, sondern Halb, Viertel usw. Zwar lässt sich das problemlos umwandeln. Aber beim Abschneiden der Zahlen entstehen dann nicht mehr »glatte« Dezimalbrüche, sondern »glatte« Binärbrüche. Und das sieht dann doch zuweilen seltsam aus, weil dies in einen Dezimalbruch zurückgewandelt etwas völlig Krummes ergeben kann.

Aus diesem Grunde existiert eine Klasse NSDecimalNumber, die Dezimalbrüche wirklich als Dezimalzahlen speichert. Wenn diese also an die Grenzen ihrer Genauigkeit kommen, so werden »wenigstens« für uns Menschen glatte Rundungen vorgenommen.

> **AUFGEPASST**
>
> Übrigens lassen sich Zahlen darstellen, die mehr Stellen besitzen, als gespeichert werden. Man bedient sich dann sogenannter Exponenten, wie Sie es vom Taschenrechner kennen, wenn er etwa »E-14« anzeigt. So hat `NSDezimalNumber` etwa eine Genauigkeit von 38 Stellen. Eine Zahl, die 40 Stellen vor dem Komma hat, wird dann mit ihren ersten 38 Stellen gespeichert, wobei die letzten beiden Stellen vor dem Komma 0 sind: Aus 3.756.675.[…].516.**318** wird also 3.756.675.[…].516.**300**. Addiere ich auf eine solche Zahl zum Beispiel 0.000.000.[…].000.04, so ändert sie ihren Wert nicht!

`NSDecimalNumber`-Instanzen sind selbst zwar unveränderlich, lassen aber Berechnungen zu, die eine neue Instanz liefern:

```
NSDecimalNumber* value1;
NSDecimalNumber* value2;
NSDecimalNumber* result;

value1 = [NSDecimalNumber decimalNumberWithString:@"10"];
value2 = [NSDecimalNumber decimalNumberWithString:@"5"];
result = [value1 decimalNumberByAdding:value2];
```

Bei Berechnungen können Berechnungsfehler auftreten. Der bekannteste ist die Division durch Null. Es existiert daher die Möglichkeit, einer Operation eine Instanz mitzugeben, die das Fehler- und Rundungsverhalten der Operation beeinflusst. Öffnen Sie wieder »Converter.m«. Wir wollen jetzt doch ein bisschen herumspielen. Erweitern Sie in »Converter.m« die Methode -calculate wie folgt:

```
- (IBAction)calculate:(id)sender
{
    NSString*        text;
    NSDecimalNumber* input;
    NSLocale* locale = [NSLocale currentLocale];

    text = [inputTextField stringValue];
    input = [NSDecimalNumber decimalNumberWithString:text
                                              locale:locale];
    NSLog( @"input %@", input );
}
```

Und starten Sie das Programm mit *Build and Go*. Ohne einen Wert einzugeben, klicken Sie auf den Umrechnen-Button. Dann geben Sie einen Wert in das Feld für den Ausgangswert ein und klicken erneut auf den Umrechnen-Button. Schauen Sie nun in den Log:

```
>… input NaN
>… input 35.8
```

Im Kapitel 2 hatten wir ja 0 erhalten, wenn wir ein leeres Textfeld mit `-doubleValue` abfragten. Hier holen wir uns zunächst den Text selbst und erzeugen daraus eine `NSDecimalNumber`-Instanz. Dieses merkwürdige `NSLocale` sorgt übrigens dafür, dass das Kommazeichen den Spracheinstellungen des Benutzers entspricht. Aber als Resultat erhalten wir bei einer Dezimalzahl – also einer Instanz der Klasse `NSDecimalNumber` – nun den Wert NaN. Dies ist die Abkürzung für »Not A Number« und schlicht richtig. Kein Text eingegeben ist nämlich nicht 0 eingegeben. Haben wir einen Wert eingegeben, so wird der ordentlich abgeholt und dargestellt. Probieren Sie es einfach aus. Erweitern wir die Methode:

```
- (IBAction)calculate:(id)sender
{
    NSString*          text;
    NSDecimalNumber*   input;
    NSDecimalNumber*   factor;
    NSDecimalNumber*   result;

    NSDecimalNumber* noNumber = [NSDecimalNumber notANumber];
    NSLocale* locale = [NSLocale currentLocale];

    text = [inputTextField stringValue];
    input = [NSDecimalNumber decimalNumberWithString:text
                                              locale:locale];

    text = [factorTextField stringValue];
    factor = [NSDecimalNumber decimalNumberWithString:text
                                               locale:locale];

    if(    [input isEqualToNumber:noNumber] ) {
        text = @"Kein Eingabewert";
    } else if( [factor isEqualToNumber:noNumber] ) {
        text = @"Kein Umrechnungsfaktor";
    } else {
```

```
      result = [input decimalNumberByMultiplyingBy:factor];
      text = [result descriptionWithLocale:locale];
   }
   [outputTextField setStringValue:text];
}
```

Gehen wir das zunächst durch: Am Anfang holen wir nun erst einmal die Werte beider Felder. Ist der Ausgangswert gleich dem Wert NaN, so wird Text auf einen Fehlertext gesetzt. Andernfalls wird überprüft, ob der Umrechnungsfaktor als Wert NaN hat. Ist dies auch nicht der Fall, wird die Umrechnung durchgeführt.

Ich möchte Ihr Augenmerk auf die Art der Abfrage lenken: In der Zeile

```
NSDecimalNumber* noNumber = [NSDecimalNumber notANumber];
```

wird eine Zahl erzeugt, die den Wert NaN hat. Mit dieser Zahl werden dann in den If-Abfragen die vom Benutzer eingegebenen Werte verglichen, um die Gültigkeit der Eingabe zu ermitteln.

Starten Sie das Programm und lassen Sie zunächst beide Felder leer. Bei einem Klick auf den Umrechnungsbutton erscheint nun die entsprechende Fehlermeldung. Ebenso, wenn Sie im obersten Textfeld einen Wert eingeben, aber nicht im unteren. Erst wenn beide Textfelder einen Wert erhalten haben, wird ein Ergebnis angezeigt.

Ändern Sie jetzt nur zu Testzwecken eine Zeile:

```
...
} else {
   result = [input decimalNumberByDividingBy:factor];
   text = [result descriptionWithLocale:locale];
}
...
```

Wir teilen jetzt also einmal. Starten Sie das Programm erneut und geben Sie zunächst zwei sinnvolle Werte in die Textfelder ein. *Umrechnen* anklicken. Nun ändern Sie den Umrechnungsfaktor auf 0 und klicken erneut auf *Umrechnen*. Das Ergebnis ändert sich nicht! Schauen Sie mal in den Log:

```
>... NSDecimalNumber divide by zero exception
```

Es ist eine sogenannte Exception geworfen worden. Dies geschieht, wenn etwas im Programm passiert, mit dem der Computer gar nichts anfangen kann. Die weitere Ausführung der Methode wird dann standardmäßig abgebrochen. Daher wurde auch kein Wert im Fenster mehr gesetzt. Ein solches Verhalten ist natürlich für ein Programm nicht akzeptabel. Wir haben drei Möglichkeiten, darauf zu reagieren:

- Wir fragen vorher ab, ob der Wert gleich null ist. Allerdings können bei der Ausführung auch andere Fehler entstehen, die wir nicht so leicht abfragen können. Das bringt also auf Dauer nicht viel.
- Wir behandeln die Exception. Das ist nicht schlecht, würde hier aber viel zu kompliziert sein und weit vom Thema abführen.
- `NSDecimalNumber` erlaubt es uns, bei Rechenfehlern ein Verhalten festzulegen. Dies nutzen wir jetzt aus.

Ändern Sie -calculate: wie folgt:

```
...
} else {
   result = [input decimalNumberByDividingBy:factor
                          withBehavior:self];
   if( [result isEqualToNumber:noNumber] ) {
      text = @"Fehler!";
   } else {
      text = [result descriptionWithLocale:locale];
   }
}
...
```

Wir übergeben der Operation ein weiteres Objekt, nämlich uns selbst. Hierbei handelt es sich der Sache nach um ein »Delegate«. Ein Delegate ist ein Objekt, welches eine Aufgabe für ein anderes Objekt wahrnimmt. In diesem Falle delegiert die Decimal-Number-Instanz an uns das Verhalten für Rundungen und Fehler.

Mit Delegates haben Sie es recht häufig zu tun. Ich nehme hier die Gelegenheit wahr, ein paar Worte darüber zu verlieren: Derjenige, der delegiert (Delegierer, hier: `NSDecimalNumber`), erwartet von demjenigen, an den delegiert wird (Delegate, hier: Wir selbst), dass er auf bestimmte Methoden reagiert. Kommt der Delegierer an eine knifflige Situation, so schickt er eine Nachricht an das Delegate, um die nötigen Informationen zu erhalten. Hier sind die erwarteten Methoden durch ein formales Protokoll abgesichert, so dass wir zunächst mitteilen, dass wir dieses Protokoll zu implementieren gedenken. Dazu müssen Sie den Header ändern:

```
@interface Converter : NSObject<NSDecimalNumberBehaviors> {
...
```

Wie Sie bereits theoretisch gelernt haben, geben wir damit bekannt, dass Converter die Methoden des `NSDecimalNumberBehaviour`-Protokolles implementiert. Das müssen wir jetzt freilich auch noch in unserem Code machen. Vor -calculate: fügen Sie den folgenden Sourcetext ein:

```
- (NSRoundingMode)roundingMode
{
    return NSRoundPlain;
}

- (short)scale
{
    return NSDecimalNoScale;
}

- (NSDecimalNumber*)exceptionDuringOperation:(SEL)method
                    error:(NSCalculationError)error
               leftOperand:(NSDecimalNumber*)leftOperand
              rightOperand:(NSDecimalNumber*)rightOperand
{
    NSLog( @"Error: %d", error );
    return [NSDecimalNumber notANumber];
}
```

Die beiden ersten Methoden werden aufgerufen, wenn `NSDecimalNumber` wissen will, wie es runden soll. Wir geben als Rundungsart die wissenschaftliche Rundung (`NSRoundPlain`) und als Stellenbegrenzung »keine« (`NSDecimalNoScale`) zurück. Um die Rundungsarten zu erfahren, bemühen Sie bitte die Dokumentation: Doppelklicken Sie bitte bei gedrückter [Wahltaste] auf `NSRoundPlain`.

Mir geht es hier aber vor allem um die letzte Methode: Diese wird aufgerufen, wenn ein Fehler aufgetreten ist. Sie muss dann einen Ersatzwert zurückgeben, was wir hier mit NaN machen. In unserer -calculate:-Methode fragen wir exakt diesen ab und schreiben im Fehlerfalle »Fehler!« in das Ausgabefeld.

> **POWER USER**
>
> Natürlich gibt es elegantere Lösungen: So könnte man nach der Fehlernummer fragen und dementsprechend in einer Instanzvariable einen detaillierteren Fehlertext setzen. In -calculate: wäre der abzufragen, falls ein Fehler aufgetreten ist.

Übersetzen und starten Sie das Programm. Wenn Sie jetzt eine Division durch 0 durchführen, sollte der entsprechende Fehlertext erscheinen. Im Log können Sie übrigens die Fehlernummer 4 für die Division durch 0 erkennen.

Bauen Sie jetzt aber wieder die Methode zu einer Multiplikation um, wobei wir die Fehlerbehandlung im Code lassen:

```
…
} else {
   result = [input decimalNumberByMultiplyingBy:factor
                                  withBehavior:self];
   if( [result isEqualToNumber:noNumber] ) {
      text = @"Fehler!";
   } else {
      text = [result descriptionWithLocale:locale];
   }
}
…
```

NSString

Mit Instanzen der Klasse NSString lassen sich unformatierte Texte speichern. Diese Klasse gehört wohl zu den wichtigsten in Cocoa. Daher werde ich diese besonders intensiv besprechen.

Zeichenkodierung

Eine wichtige Frage bei der Speicherung von Texten ist stets die verwendete Zeichenkodierung. Die Älteren von uns erinnern sich vielleicht noch an lustige Effekte, wenn man Umlaute im Text hatte und diese ausdruckte: Da tauchten auf einmal geschweifte Klammern auf. Auch der Austausch von Dokumenten zwischen Macs und Windows-PCs war zuweilen eine rechte Freude. Ich darf Ihnen aber sagen, dass dies nunmehr sicher kein Problem von OS X mehr ist. Denn OS X verwendet systemweit den Unicode als Zeichenkodierung. Und dieser erlaubt derzeit die Kodierung von bis zu 1.114.112 Zeichen, wovon etwa 100.000 Zeichen schon kodiert wurden. Ziel ist es, sämtliche jemals auf der Erde benutzten Schriftzeichen in den Unicode zu überführen. Und wenn Sie mal die Zeichenpalette von OS X anschauen, finden Sie sogar für uns doch eher abwegige Zeichen wie die Gruppe »Silbenlaute kanadischer Indianerstämme«. Oder suchen Sie in der deutschen Wikipedia mal nach dem Artikel für Unicode und wechseln Sie dann auf die chinesische Wikipedia. Nach einem Klick auf den ersten Link im Text erhalten Sie dort eine besondere URL:

Nun versuchen Sie das Gleiche mal mit einem anderen Browser auf Windows ...

Um die Speicherung jedes einzelnen Zeichens aber nicht verschwenderisch zu gestalten, gibt es zu Unicode zwei verbreitete Speichersysteme: Bei UTF-8 werden Zeichen in Ketten von Bytes gespeichert, wobei die gebräuchlichsten Zeichen eben nur ein Byte verbrauchen, seltener verwendete mehrere Bytes. Bei UTF-16 gilt dasselbe für Doppelbytes.

Da aber noch immer andere Zeichenkodierungen als Unicode im Umlauf sind, muss und kann man `NSString` zuweilen bei der Erzeugung von Instanzen sagen, welche Kodierung die Ausgangsdaten haben. Hierfür definiert Cocoa den eigenen C-Datentypen `NSStringEncoding`.

String-Erzeugung

Von `NSString` erzeugte Instanzen sind nach der Erzeugung nicht mehr zu verändern. Es ist aber mit verschiedenen Methoden möglich, aus einem String zum Beispiel durch Anhängen eines Textes einen neuen String zu erzeugen. Denken Sie daran, dass Methoden von `NSString` in der Regel eine unveränderbare, die von `NSMutableString` veränderbare Instanzen zurückliefern.

Zu beachten ist auch, dass ein mit @" und " eingeschlossener Text eine String-Instanz ist, und daher die ID einer Instanz der Klasse `NSString` liefert. Auf diesen können also die hier zu besprechenden Methoden angewendet werden!

```
NSString* name = [@"Negm" stringByAppendingString:@"-Awad"];
```

Die wichtigsten Methoden zur Erzeugung:

`+string`

Liefert eine leere String-Instanz zurück.

`+stringWithString:`

Erzeugt eine Kopie der übergebenen Instanz, die bereits ein `-autorelease` erhalten hat (Convenience Copy).

`+stringWithFormat:`

Mithilfe dieser Methode ist es wie bei `NSLog()` möglich, sich Texte zusammenzubauen. Die wichtigsten Platzhalter für Texte:

%@	Die Beschreibung eines Objektes
%d	Eine Ganzzahl als Dezimalzahl
%ld	Eine große Ganzzahl (long) als Dezimalzahl
%u	Eine vorzeichenlose Ganzzahl als Dezimalzahl
%lu	Eine vorzeichenlose große Ganzzahl als Dezimalzahl
%f	Ein Dezimalbruch
%p	Eine Speicherstellenummer (ID eines Objektes)

Es werden aber auch die weiteren Platzhalter unterstützt, die bereits in C definiert sind. Eine vollständige Liste mit allen Möglichkeiten finden Sie auf der Webseite zum Buch. (Ich beschränke mich hier auf den Cocoa-Hausgebrauch.)

> **GRUNDLAGEN**
>
> Wir arbeiten hier ja mit `NSInteger`. Da Sie sowohl 32-Bit- als auch 64-Bit-Programme erzeugen können, muss je nach Architektur `%d` oder `%ld` gearbeitet werden. Glücklicherweise ist das so gut wie nie relevant.

```
NSString* firstName = @"Amin";
NSInteger age = 37;
NSNumber* ageObject = [NSNumber numberWithInt:age];
NSString* text = [NSString stringWithFormat:@"%@ ist %@ (%d)",
                                            firstName,
                                            ageObject,
                                            age];
// text = @"Amin ist 37 (37)"
```

Für Missverständnisse sorgt dabei häufig der Platzhalter für Objekte `%@`. Er führt dazu, dass an das übergebene Objekt eine Nachricht `-descriptionWithLocale:` geschickt wird, wenn diese Methode in der entsprechenden Klasse implementiert ist, andernfalls `-description`. Beide Methoden müssen ein String-Objekt mit einer Beschreibung zurück liefern. Daher kann man durch Überschreiben der Methoden seinen eigenen Text als Beschreibung liefern lassen, etwa wenn bei einer Entität keyCount als Integer definiert ist:

```
@implementation Piano
…
- (NSString*)description
{
    return [NSString stringWithFormat:@"%d Tasten",
                                      self.keyCount];
```

```
}
...
```

```
+stringWithContentsOfFile:enconding:error:
+stringWithContentsOfURL:enconding:error:
```

Die Methoden lesen einen String aus einer Datei, die mittels einer Pfadangabe (`...File...`) bzw. einer URL (`...URL...`) angegeben wurde. Damit lassen sich zum Beispiel Internetseiten herunterladen. Als Nächstes wird angegeben, welche Kodierung der Zeichen vorausgesetzt werden soll. Hier gibt es einige Konstanten wie `NSUTF8String-Encoding`, der heutzutage am häufigsten anzutreffenden Kodierung.

Wichtig ist das Verständnis vom Parameter `error`, der als `NSError**` typisiert ist. Nein, das doppelte Sternchen ist kein Teppfehler, sondern bedeutet »Zeiger-Zeiger«. Oje, jetzt kommen wieder die seltsamen Zeiger! Hierbei haben wir es mit der zweiten wichtigen Anwendung von Zeigern zu tun. Ich hatte Ihnen das ja bereits angekündigt. Eigentlich wird ein Parameter ja nur in die Methode übergeben. Eine Veränderung hat keine Auswirkungen auf den Aufrufer:

```
- (void)aMethodCausingAnError:(NSError*)causedError
{
...
    if( ... ) { // Irgendetwas Schlimmes passiert
        causedError = [NSError error...];
        return;
    }
}
...
// Hauptprogramm
NSError* error = nil; // Noch haben wir keinen Fehler
[object aMethodCausingAnError:error];
// error ist unveraendert! Wir erfahren den Fehler nicht
```

Noch einmal graphisch:

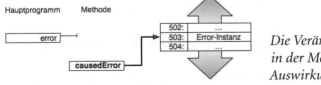

Die Veränderung des Parameters in der Methode hat keine Auswirkungen auf den Aufrufer.

Um die neue Instanz mitzuteilen, erzeugen wir einen Zeiger auf einen Zeiger:

```
- (void)aMethodCausingAnError:(NSError**)causedError
{
…
    if( … )  { // Irgendetwas Schlimmes passiert
        *causedError = [NSError error…];
        return;
    }
}
…
// Hauptprogramm
NSError* error = nil;
[object aMethodCausingAnError:&error];
// error ist veraendert! Wir erfahren den Fehler
```

Hier geschieht Folgendes: Beim Aufruf wird nicht der Wert der Variable `error` des Hauptprogramms übergeben, sondern ein Zeiger hierauf. Dies bedeutet also, dass der Parameter `causedError` jetzt auf `error` zeigt. Denn auch die Variable im Hauptprogramm ist Speicher, hat also eine Speicherstellennummer und kann deshalb verwiesen werden.

```
[object aMethodCausingAnError:&error];
```

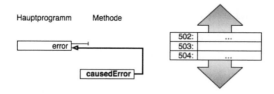

causedError *verweist auf die Variable im Hauptprogramm.*

Wird jetzt in der Methode eine Instanz erzeugt, so wird deren ID an das, worauf `causedError` zeigt, zugewiesen, worauf `causedError` zeigt, also an `error` aus dem Hauptprogramm:

```
*causedError = [NSError error…];
```

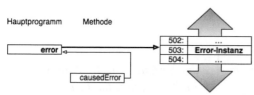

Die ID landet im Hauptprogramm.

Damit hat nach dem Aufruf `error` aus dem Hauptprogramm die ID der neuen Instanz. Der Wert von `error` hat sich also verändert und nicht der von `causedError`!

Da üblicherweise Error-Parameter nicht angerührt werden, wenn kein Fehler auftrat, muss die Variable im Hauptprogramm auch zunächst auf einen »sicheren« Wert gebracht werden, was wir auch gemacht haben:

```
NSError* error = nil;
```

Ich weiß, dass das schwierig ist. Daher noch einmal ein paar Handwerksregeln:

- Wenn ein Wert (etwa die ID einer Instanz) über die Parameterliste zurückgegeben werden soll, so muss dem Typen des Parameters ein * hinzugefügt werden.

```
- (void)aMethodCausingAnError:(NSError**)causedError
```

- Im Hauptprogramm müssen wir die Variable initialisieren.

```
NSError* error = nil;
```

- Wir übergeben die Variable mit einem zusätzlichen &.

```
[object aMethodCausingAnError:&error];
```

- In der Methode (oder auch Funktion) weisen wir den Wert mit einem führendem * zu.

```
*causedError = [NSError error…];
```

Glücklicherweise ist man nur äußerst selten gezwungen, derartige Methoden zu schreiben. Es kommt allerdings zuweilen vor, dass Cocoa uns derlei Parameter präsentiert.

`-stringByAppendingString:`

Hiermit wird eine neue String-Instanz geliefert, bei der an den Empfänger eine weitere String-Instanz angehängt wurde:

```
NSString* firstName = @"Amin";
NSString* lastName = @" Negm-Awad";
NSString* name = [firstName stringByAppendingString:lastName];
```

Hiernach enthält `name` den Text »Amin Negm-Awad«.

`-stringByReplacingCharactersInRange:withString:`

Ersetzt die Zeichen im angegebenen Bereich durch einen anderen Text.

```
NSRange range = NSMakeRange( 2, 1 );
```

```
NSString* name = [@"Amen" stringByReplacingStringInRange:range
                                            withString:@"i"];
// name = @"Amin"
```

Der Ersatzstring darf kürzer oder länger sein. Zu beachten ist, dass das erste Zeichen die Location 0, nicht 1 hat.

```
-stringByReplacingOccurrencesOfString:withString:
-stringByReplacingOccurrencesOfString:withString:options:range:
```

tauschen alle Vorkommen eines Suchstrings durch einen Ersatzstring aus. Die Länge darf unterschiedlich sein. Mit der zweiten Methode können zusätzlich Suchoptionen und -bereiche angegeben werden.

Zeichen, Teilstrings und Stringketten

Man kann auch einen String abfragen. Wichtigste Methode ist hierbei wohl `-length`, welches die Anzahl der enthaltenen Zeichen liefert und `-characterAtIndex:`, welches das Zeichen an der übergebenen Stelle liefert. Zu beachten ist hierbei jedoch noch, dass das erste Zeichen den Index 0, nicht 1 hat.

Um Teilstrings zu erhalten, bieten sich die Methoden `-substringToIndex:`, `-substringFromIndex:` und `-substringWithRange:` an.

`-stringByTrimmingCharactersInSet:` liefert einen String zurück, bei dem am Anfang und am Ende diejenigen Zeichen gelöscht wurden, die im sogenannten Characterset enthalten sind. Üblicherweise nimmt man einen Whitespace-Characterset, der nur aus Leerzeichen besteht.

```
NSCharacterSet* spaces=[NSCharacterset whitespaceCharacterSet];
name = [@" Amin " stringByTrimmingCharactersInSet:spaces];
// name = @"Amin"
```

Ebenfalls ist es möglich, einen String durch ein Trennzeichen gleich in seine Einzelteile zerlegen zu lassen. Hierzu dienen die Methoden `-compontentsSeperatedByString:` und `-componentsSeperatedByCharactersInSet:`.

Strings als Dateipfade

Es existieren eine ganze Reihe von Methoden, die Strings als Dateipfade interpretieren. Die wohl häufigste Anwendung ist das Auflösen eines Pfades, der sich relativ zum Nutzerverzeichnis befindet, in einen absoluten Pfad:

```
// Pfad, relativ zum Heimverzeichnis des Nutzers
```

```
NSString* path = @"~/Library/Application Support/MyApp";

// absoluter Pfad:
path = [path stringByExpandingTildeInPath];
// /Users/Amin/Library/Application Support/MyApp";
```

Dies ist deshalb wichtig, weil man zuweilen vom System eine Pfadangabe in relativer Notation bekommt, Methoden zur Speicherung aber den absoluten Pfad verlangen. Die »Umkehrmethode« ist -stringByAbbreviatingTildeInPath.

Mit -pathComponents und +pathWithComponents: lassen sich die einzelnen Pfadkomponenten eines Strings zerlegen bzw. zusammensetzen.

NSMutableString

Instanzen der Klasse NSMutableString lassen sich verändern, so dass viele der obigen Methoden ein Pendant haben, welches kein neues Objekt liefert, sondern auf dem bestehenden arbeitet:

```
// Immutable
NSString* text;
text = [NSString stringWithString:@"Amin Negm-Awad"];
text = [text stringByReplacingOccurrencesOfString:@"Negm-Awad"
                          withString:@"Toboll"];

// Mutable Variante
NSMutableString* text;
text = [NSMutableString stringWithString:@"Amin Negm-Awad"];
text = [text replaceOccurrencesOfString:@"Negm-Awad"
                     withString:@"Toboll"];
```

Es lässt sich übrigens keinesfalls sagen, dass die eine Variante ein besseres Laufzeitverhalten hat als die andere. Es ist generell schwierig, in dieser Frage zwischen der Mutable- und Immutable-Variante abzuwägen. Als Faustregel gilt jedoch, dass mit Zunahme der Änderungen die Mutable-Subklasse besser geeignet ist.

NSScanner

Eng mit der Klasse NSString hängt die Klasse NSScanner zusammen. Mit ihr lassen sich Strings scannen und dabei Elemente »herausziehen«. Die Anwendung stößt zunächst häufig auf Verständnisschwierigkeiten, einmal verstanden, ist die Funktionalität jedoch recht hübsch. Grundsätzlich muss man sich zunächst einen Scanner für einen String zulegen.

```
NSString* text = @"MyFormat 1.0:Hund;Katze;Maus;-9.811;17,02"];
NSScanner* scanner = [NSScanner localizedScannerWithString:text];
```

-localizedScannerWithString: besorgt dabei einen Scanner, der die Schreibweise des aktuell angemeldeten Benutzers kennt, insbesondere, was die Verwendung von 1.000-er-Trennern und Dezimalkommata angeht. Das will man häufig nicht, wenn man einen Text scannt, der vom Benutzer stammt und wenn es sich um eine standardisierte Datei handelt, da hier meist »englischsprachige« Notierungen Verwendung finden. In diesem Falle das localized weglassen (und natürlich Scanner kleinschreiben).

Dieser String kann dann mit dem Scanner durchlaufen werden. Hierzu dienen etwa Methoden wie -scanUpToString:intoString:, welche bis zu einem gewissen String lesen. Da der Rückgabewert der Anzeige des Erfolges dient, wird auch hier das Ergebnis über die Parameterliste übergeben:

```
...
NSString* scannedString = nil;
if( [scanner scanUpToString:@":" intoString:&scannedString] ) {
    // My Format 1.0
}
...
```

Die aktuelle Scan-Position im String kann durch die Methode -scanLocation bestimmt und mit -setScanLocation: festgelegt werden.

NSDate

NSDate bildet die Basisklasse für kalendarische Daten einschließlich der Uhrzeit. Die Zeitpunkte werden dabei als Double in Sekunden ab dem 1.1.2001, 0.00 Uhr gespeichert. Als Subklasse existiert die Klasse NSCalendarDate, welche Daten als solche des gregorianischen Kalenders interpretiert. Außerdem gibt es die Helferklasse NSCalendar, welche auch ferner liegende Zeiteinheiten (10 Monate, 10 Stunden am Tag, 100 Minuten pro Stunde usw.) abbilden kann.

Zur Umwandlung von Daten in leserliche Form können Instanzen der Klasse NSDateFormatter benutzt werden.

NSDate hat keine veränderliche Subklasse NSMutableDate.

NSData

NSData speichert unformatierte Daten. Die Bedeutung liegt vor allem darin, dass sich viele Instanzen vieler Klassen in Data-Objekte umwandeln lassen. Die Data-Objekte können dann gespeichert werden. Umgekehrt können Dateien als Data-Objekt geladen und dann in die eigene Datenstruktur umgewandelt werden.

Dieses System der Umwandlung in ein oder von einem Data-Objekt hat den Vorteil, dass die Kodierung der eigenen Daten unabhängig vom Ort der Datensenke oder -quelle ist. Es spielt also keine Rolle, ob etwa diese Daten von einer Datei (…File…), einem Webserver (…URL…) stammen oder über das lokale Netz transferiert wurden. Die Kodierung ist meist Ihre Aufgabe, da nur Sie wissen können, welche Daten wie kodiert werden sollen. Der eigentliche Datentransfer kann in großen Teilen Cocoa überlassen werden. Ich werde hierauf im Kapitel 7 über die Modelschicht genauer eingehen.

Von `NSData` existiert eine Subklasse `NSMutableData`.

> **POWER USER**
>
> Eine Besonderheit für technisch Versierte: Die Klasse erlaubt sogenanntes Mapped-Data, bei dem ein Data-Objekt nicht geladen, sondern die externe Datei als Swapfile zugewiesen wird. Dadurch wird mehrfaches Swapping verhindert, wenn große Dateien geladen werden. Sie sollten davon, wenn möglich, Gebrauch machen.

Collections

Collections sind Container, die eine Vielzahl von anderen Objekten aufnehmen können, wie etwa eine Adresskartei. Sie unterscheiden sich lediglich in der Art, wie auf die Elemente zugegriffen wird und ob ein Element doppelt in einer Collection enthalten sein darf. So nummerieren Arrays etwa alle gespeicherten Elemente mit einem Index ab 0. Vorab eine kleine Übersicht:

Collection	Klasse	Zugriff auf bestimmtes Element	Doppelte Elemente
Array, Feld, Liste	`NSArray`	Index (`NSUInteger`)	erlaubt
Map, Dictionary	`NSDictionary`	Schlüssel, meist `NSString`	erlaubt (nicht: doppelte Schlüssel!)
Set, Menge	`NSSet`	Nicht möglich	nicht erlaubt
Bag, counted Set	`NSCountedSet`	Nicht möglich	erlaubt

Oder ausformuliert: Arrays nummerieren ihre Elemente, sind also so etwas wie Tabellen, Dictionarys geben ihnen Namen, sind also so etwas wie die Beziehung zwischen Namen, und Telefonbucheintrag und Sets lassen sie unsortiert herumfliegen, sind also so etwas wie Damenhandtaschen.

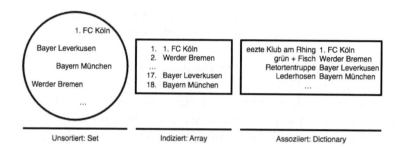

Unsortiert: Set Indiziert: Array Assoziiert: Dictionary

Es kann nicht ausgeschlossen werden, dass der Autor gewisse Sympathien einfließen ließ.

Elemente und Speicherverwaltung

Eine wichtige Eigenschaft von Cocoa-Collections ist die, dass sie nur Instanzen aufnehmen. Aus diesem Grunde sind die zuvor besprochenen Klassen NSValue und NSNumber besonders relevant: Mit ihnen kann man C-Typen in Objekte »umwandeln«.

Die Objekte müssen jedoch nicht einen speziellen Typen haben. Sie werden als typlose id übergeben, nehmen also prinzipiell jede Instanz auf. Dabei ist es ohne Weiteres möglich, Objekte verschiedenster Klassen zu mischen. Man nennt dies eine »heterogene Collection«.

```
NSArray* anArray;

// Objekte unterschiedlicher Klassen
NSNumber* aNumber = [NSNumber numberWithInt:9811];
NSString* aString = [NSString stringWithString:@"Negm-Awad"];
Person*   aPerson = [Person personWithName:@"Negm"
                                 firstname:@"Amin"];

// Alle in einem Array
anArray = [NSArray arrayWithObjects:aNumber, aString, aPerson,
nil];
```

Da sie Instanzen aller Klassen aufnehmen können, können sie auch wiederum Instanzen der eigenen Klasse oder einer anderen Collection aufnehmen. Da sich auch dies beliebig mischen lässt, lässt sich letztlich jede hierarchische Datenstruktur auf diese Weise darstellen, auch wenn sie heterogen ist. Hierauf komme ich in dem Abschnitt über Property-Lists zurück.

In aller Regel hat man jedoch Collections als Ansammlung von Instanzen ein und derselben Klasse.

Jedes Objekt erhält ein `-retain` beim Hinzufügen zu einer Collection und ein `-release` beim Entfernen aus derselben. Dies bedeutet, dass in einer Collection enthaltene Elemente nicht aus dem Speicher entfernt werden, bis die Collection selbst gelöscht wurde.

Bei Garbage-Collection verweisen die Collections auf ihre Mitglieder, so dass diese Regel ebenfalls gilt. Allerdings kann man dieses Verhalten ja nicht beeinflussen. Daher gibt es Collections, deren Verweise bei der Garbage-Collection nicht beachtet werden. Dies sind: `NSMapTable`, welche einem `NSMutableDictionary` entspricht, `NSHashTable` entsprechend `NSMutableSet` und `NSPointerArray` entsprechend `NSMutableArray`. Sie dürften auf absehbare Zeit nicht in die Verlegenheit kommen, dies nutzen zu müssen.

Ein ebenfalls bei Anfängern beliebter Irrtum ist es, anzunehmen, eine Collection würde die Elemente kopieren. Dies ist nicht der Fall. Es werden reine Referenzen gespeichert. Dies bedeutet ebenfalls, dass, wenn ich die Collection kopiere, nicht die in ihr enthaltenen Objekte kopiert werden:

```
NSMutableString* text = @"Amin";

// text wird nicht kopiert
NSSet* set1 = [NSSet setWithObject:text];
```

Hiermit haben wir – zur Abwechslung mal – ein Set erstellt, welches lediglich ein Element enthält. Das Set enthält aber eben nicht das Element selbst, sondern nur einen Verweis darauf:

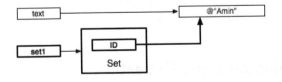

Collections speichern Referenzen, nicht Kopien.

Wird der String geändert, so ändert dies daher auch den in der Collection »enthaltenen« String:

```
[text appendString:@" Negm"];
// Jetzt lautet das Element in set1 auch @"Amin Negm"
```

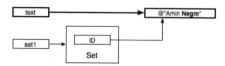

Es gibt nur eine String-Instanz: Diese wird für alle verändert.

Hieran ändert sich übrigens auch nichts, wenn man eine Collection kopiert, da auch hier nur Referenzen kopiert werden (Shallow-Copy), nicht aber die Elemente:

```
// Convenience Copy
// text wird nicht kopiert, sondern die ID
NSSet* set2 = [NSSet setWithSet:Set1];
```

führt zu:

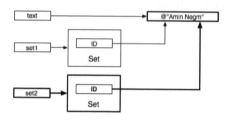

Auch bei einer Kopie der Collection werden von den Elementen keine Kopien angefertigt.

Womit sich nun eine Änderung der String-Instanz weit auswirkt:

```
[text appendString:@"-Awad"];
```

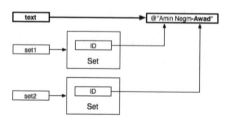

Jede weitere Referenz dehnt die Auswirkungen aus.

Keine Collection, leere Collection und leeres Element

Gerne werden verschiedene Fälle gedanklich durcheinander geworfen, die man trennen muss:

Eine Collection ist zunächst einmal eine normale Instanz. Dementsprechend kann es sein, dass ein Zeiger darauf schlicht nur leer ist. Wir haben die Instanz also noch nicht erzeugt:

```
NSArray* myFriends = nil;
```

Wörtlich gelesen bedeutet dieses also: »`myFriends` ist nichts«. Davon zu unterscheiden ist der Fall, dass bereits eine Collection erstellt wurde, diese aber noch keine Mitglieder enthält:

```
NSArray* myFriends = [NSArray array];
```

Hier besteht die Collection also, nur habe ich keine Freunde: »myFriends ist eine Liste, die leer ist.« Erst mit dieser leeren Liste können wir inhaltlich etwas anfangen, also insbesondere durch Hinzufügen neuer Elemente eine neue Collection erzeugen.

Ein ebenso beliebtes Missverständnis liegt vor, wenn »kein Element« mit einem leeren Element verwechselt wird. Kein zulässiges Objekt für Collections ist nämlich `nil`. Soll ein »leerer« Platzhalter eingefügt werden, so muss das Dummy-Objekt `NSNull` verwendet werden. Häufig deutet die Notwendigkeit hierzu allerdings darauf hin, dass die falsche Collection verwendet wird.

> **▶BEISPIEL**
>
> Ohne nachzudenken, werden etwa gerne Arrays verwendet, weil es die schon immer gab. So sieht man es häufig, dass beliebige Listen, etwa die Schüler einer Klasse, in einem solchen Array gespeichert werden. Das ist Quatsch: Es gibt keine Reihenfolge der Schüler. Die Durchnummerierung suggeriert aber genau dies. Soll indessen eine »Rangfolge« aufgestellt werden, so sind Arrays genau das Richtige.

Abzählung

Sämtliche Collection-Klassen implementieren eine Methode `-count`, mit der man die Anzahl der gespeicherten Instanzen ermitteln kann, bei einem Array mit drei Elementen also 3. Bitte bedenken Sie im Hinblick auf Arrays, dass das letzte Element den Index count-1 – im Beispiel also 2 – hat, da ab 0 gezählt wird.

Ebenfalls bei (fast) allen Collections einheitlich ist die Abzählung geregelt. Darunter versteht man, dass man in einer Schleife alle Elemente einer Collection nacheinander abarbeitet. Sie kommen vielleicht schon selbst auf den Gedanken, ein Array mit einer For-Schleife zu traversieren:

```
NSUInteger index;
id object;
for( index = 0; index < [array count]; index++ ) {
   object = [array objectAtIndex:index];
```

```
    // damit was tun ...
}
```

Das sieht man – leider – immer wieder. Es liegt wohl daran, dass es früher nur Arrays gab, die ausschließlich diese Art der Abzählung zuließen. Besser wird es freilich nicht dadurch, sondern mit einer Enumerator-Instanz. NSEnumerator ist nämlich eine Klasse, die extra objektorientierte Abzähler implementiert:

```
NSEnumerator itemsEnum = [array objectEnumerator];
id object;
while( (object = [itemsEnum nextObject) ) {
    // damit etwas tun ...
}
```

Das ist nicht ganz einfach zu verstehen: Ich hatte schon darauf hingewiesen, dass wir eine Zuweisung in einer Bedingung sehen werden. Hier ist sie! -nextObject liefert das jeweils nächste Element in einer Collection. Ist keines mehr vorhanden, so wird nil geliefert. Dies weisen wir unserer lokalen Variablen object zu. Bei C hat aber jede Zuweisung ein Ergebnis, nämlich den Wert der Zuweisung. Dies bedeutet, dass while gleichzeitig überprüft, ob der Wert nil geliefert wurde. Und da nil auch 0 bedeutet, bricht in einem solchen Falle die Schleife ab. Die Klammern sind erforderlich, weil bei der Einstellung -Wall der Compiler uns sonst warnt, ob wir nicht doch == statt = gemeint haben. (Auch dieses Jahr wieder ein gern genommener Flüchtigkeitsfehler, der einen zum Wahnsinn treiben kann.) Merken Sie sich diesen Aufbau einer Abzählung von Colletions.

Mit Objective-C 2 existiert noch eine vereinfachte Schreibweise, die Fast-Enumeration:

```
id object;
for( object in array ) {
    // mit jedem Element etwas tun ...
}
```

oder noch kürzer:

```
for( id object in array ) {
    //mit jedem Element etwas tun ...
}
```

Dabei können hinter dem in alle Collections stehen – und noch mehr. Zuweilen gibt es nämlich mehrere Möglichkeiten, eine Collection zu durchlaufen. Denken wir an unser Array: Vielleicht muss ich rückwärts, also vom letzten zum ersten Element vorgehen. Klassisch, also in Objective-C 1, lasse ich mir dafür einen entsprechenden Enumerator geben:

```
NSEnumerator itemsEnum = [array reverseObjectEnumerator];
id object;
while( (object = [itemsEnum nextObject]) ) {
   // damit etwas tun ...
}
```

Da man bei der For-in-Schleife nicht angeben kann, welcher Enumerator verwendet werden soll, lasse ich mir entsprechend vorab einen erzeugen und führe die Schleife über diesen aus:

```
NSEnumerator* itemsEnum = [array reverseObjectEnumerator];
for( id object in itemsEnum ) {
   // mit jedem Element etwas tun ...
}
```

> **TIPP**
>
> Jede Klasse kann in einem For-in fungieren, wenn Sie die Methoden des Fast-Enumeration-Protokolles implementiert hat.

Schließlich ist noch zu erwähnen, dass man keinesfalls die Collection verändern darf, während sie abgezählt wird. Dies gilt sowohl beim klassischen Ansatz mit einer While-Schleife als auch bei einer Fast-Enumeration. Im letzteren Fall wird allerdings explizit ein Fehler von der Laufzeitumgebung erzeugt, so dass sich diese Patzer leichter erkennen lassen.

Die einzelnen Colletions

NSSet

Die gedanklich einfachste Collection ist das Set. Es entspricht einer unsortierten Ansammlung von Elementen, die nur abgezählt werden können. Damit ist das Set vor allem für eines geeignet: die Mehrfachbeziehung zu anderen Entitäten. Denn entgegen einem allgemeinen Irrglauben gibt es in aller Regel keine Notwendigkeit, diese zu sortieren.

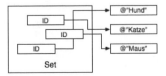

Ein Set sammelt einfach Instanzen ungeordnet.

Dass möglicherweise die enthaltenen Entitäten etwa in einem Tableview nach einem Begriff sortiert angezeigt werden, hat nichts mit dem Set selbst zu tun und ist keine Frage des Models. Das lässt sich spätestens dann erkennen, wenn es mehrere Tableviews im Programm gibt, die unterschiedlich sortiert sein können. Letztlich ist es eine denkgesetzliche Frage: Ist die Sortierung einer 1:n-Beziehung wirklich aus der Sache heraus notwendig? Dann sollte zum Array gegriffen werden, ansonsten eher nicht.

Wir werden das daher gleich mal praktisch anwenden; immerhin haben Sie ja noch ein Projekt offen. Öffnen Sie die Datei »MyDocument.h«, welche das Dokument darstellt. Dort erweitern Sie den Code wie folgt:

```
#import <Cocoa/Cocoa.h>

@interface MyDocument : NSDocument
{
    NSSet* conversions;
}
@property( readwrite, copy ) NSSet* conversions;
@end
```

In »MyDocument.m« lassen wir uns die Accessoren erzeugen und die Initialisierung durchführen:

```
#import "MyDocument.h"

@implementation MyDocument
@synthesize conversions;

- (id)init
{
    self = [super init];
    if (self) {
        self.conversions = [NSSet set];

    }
    return self;
}
- (void)dealloc {
    self.conversion = nil;
    [super dealloc]; }
@end
```

> **GRUNDLAGEN**
>
> MyDocument stellt unser Dokument dar und ist eine Subklasse von NSDocument. Es existiert hierzu ein eigenes Kapitel. Dort beschäftigen wir uns auch mit dem Speichern und Laden der Daten.

Hier werden also später die einzelnen Umrechnungsfaktoren gespeichert.

Zum Erzeugen bedienen wir uns einfach eines convenience Allocators, den es freilich in dieser Form auch für Collections gibt. Ein weiterer, wichtiger convenience Allocator ist +setWithObjects:. Beispiel:

```
NSString* anObject = @"Hund";
NSString* anotherOne = @"Katze";
NSString* theLastOne = @"Maus";
NSSet* pets = [NSSet setWithObjects:anObject,
                                    anotherOne,
                                    theLastOne,
                                    nil];
```

Hier werden also die einzelnen Elemente aufgezählt und die Liste mit nil abgeschlossen. Auf den Abschluss ist unbedingt zu achten, da man dies gerne vergisst!

Um an die einmal gespeicherten Instanzen heranzukommen, existiert nur die Möglichkeit der Abzählung. Das Set kennt ja keinen Schlüssel, um auf die Daten zuzugreifen. Allerdings existiert auch die Methode -anyObject, welche irgendein Element aus der Collection liefert.

NSCountedSet

NSCountedSet ist eine Subklasse von NSMutableSet, also stets veränderbar. Die Klasse unterscheidet sich insoweit von NSMutableSet, als dass ein Objekt mehrfach aufgenommen werden darf. Die praktische Anwendung ist gering.

NSArray

Objekte der Klassen NSArray und NSMutableArray nehmen (praktisch) beliebig viele Objekte auf und zählen diese durchgehend von 0 bis count-1. Sie bilden daher ein sogenanntes Feld (umgangssprachlich: Liste) ab und sind damit sortiert. Eine Instanz darf mehrfach in der Collection vorhanden sein, wie in der Abbildung etwa die String-Instanz @"Katze".

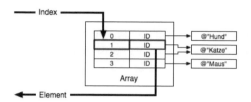

Ein Array nummeriert die Objekte.

Arrays bieten die üblichen convenience Allocators. Daneben gibt es die Möglichkeit, mit -allKeys (NSDictionary), -allValues (NSDictionary) und -allObjects (NSSet) ein Array aus anderen Collections zu erzeugen. Ebenso wie bei dem Set existiert die Erzeugung mittels Aufzählung der Elemente mit abgeschlossenem nil: -arrayWithObjects:.

Abgefragt werden Arrays zumeist mit -objectAtIndex:. Es gibt aber auch die Möglichkeit, aus einem Array einen Teilarray auszuschneiden. Hierzu dient die Methode -subarrayWithRange:. Für mutable Arrays existieren Methoden, die mit sogenannten Index-Sets zusammenarbeiten. Ein Index-Set ist so etwas wie ein simples und schnell zu bedienendes Array, welches nur Zahlen (NSUInteger) speichern kann. Dies hat eine besondere Bedeutung im Zusammenhang mit Key-Value-Observing und wird dort in Band 2 besprochen.

Zur Bearbeitung von Arrays werden wie bei Strings entweder neue Instanzen geliefert oder in der Subklasse NSMutableArray die Beabreitung auf das Array selbst durchgeführt. Der Methodensatz umfasst vor allem solche zum Einfügen, Löschen und zum Austausch von Elementen.

Die veränderliche Variante kennt zudem einen convenience Allocator, der für Missverständnisse sorgt, nämlich +arrayWithCapacity:. Die Kapazität ist keinesfalls die maximale Anzahl von Elementen, die gespeichert werden können, sondern lediglich ein Richtwert. Es ist also durchaus erlaubt, eine Kapazität von etwa 5 anzugeben und 7 Elemente zu speichern.

NSDictionary

Das Dictionary (Map) weist den aufgenommenen Instanzen einen Schlüssel (Key) zu, der ebenfalls eine Instanz ist. Meist, jedoch nicht zwingend, ist das Schlüssel-Objekt von der Klasse NSString. Der Schlüssel (nicht das verwiesene Objekt!) wird allerdings mittels -copy kopiert, so dass diese Methode für die Klasse des Schlüssels implementiert sein muss. Sowohl Schlüssel als auch Elemente können unterschiedlicher Klasse sein. Ein Dictionary kann also in zweierlei Hinsicht heterogen sein.

Dictionarys können ebenfalls ein Element beliebig häufig aufnehmen. Jeder Schlüssel darf allerdings nur einmal verwendet werden. Damit ähnelt das Dictionary etwa einer Telefonliste, bei der Telefonnummern als Schlüssel dienen und das Element eine Person ist, wobei eben gleiche Personen unter verschiedenen Telefonnummern erreichbar sind.

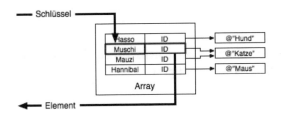

Dictionarys verbinden Schlüssel (Keys) mit Objekten.

Programmtechnisch ergibt sich eine große Nähe zu Entitäten, da ja auch diese Daten (Eigenschaften) über Schlüssel speichern. Damit lassen sie sich hervorragend dafür verwenden, eine noch nicht geschriebene Entität zu simulieren. Wenn man mal schnell eine Entität benötigt, bietet es sich daher an, entweder eine Klasse zu machen, die nur ein Dictionary als Instanzvariable hat, oder gleich ein Dictionary zu nehmen, das man entsprechend »befüllt«, oder ein mutables Dictionary zu nehmen. Dies werden wir gleich mal machen. Eine Dauerlösung sollte das indessen nicht sein.

Erstellt werden kann ein Dictionary über die üblichen Convenience-Allocator. Ein Unterschied ergibt sich für die Aufzählung, da ja nicht nur die Elemente, sondern auch die Schlüssel angegeben werden müssen:

```
NSString* aDog = @"Hund";
NSString* aCat = @"Katze";
NSString* aMice = @"Maus";
NSDictionary* pets = [NSDictionary dictionaryWithObjectsAndKeys:
                    aDog,   @"Hasso",
                    aCat,   @"Muschi",
                    aCat,   @"Mauzi",
                    aMice,  @"Hannibal",
                    nil];
```

NSDictionary bietet nicht die Möglichkeit, durch Änderungen neue Instanzen zu erzeugen. Wenn daher eine Änderung erwünscht ist, muss eine Instanz von NSMutableDictionary erzeugt werden:

```
@property( readwrite, copy ) NSDictionary* settings;
…
// Dictionary abholen und veraenderbare Variante erzeugen
NSMutableDictionary* mutable = [self.settings mutableCopy];
[mutable autorelease];
```

```
// Veraendern
[mutable setObject:@"Amin" forKey:@"Vorname"];

// Setzen
self.settings = mutable;
```

Bitte beachten Sie hierbei, dass wegen des `copy` in der Eigenschaftsdefinition in der letzten Zeile wieder eine (unveränderbare) Kopie erzeugt wird.

Property Lists

Property-Lists (kurz: Plist, PList) sind eine häufig missverstandene Materie. Dies dürfte darin liegen, dass sie einem meist aus Anwendersicht als Datei über den Weg laufen. Diese Dateien stellen aber nur die persistente Form der Property-Lists dar und nicht die eigentlichen Property-Lists. Man bezeichnet diese Datei auch als »XML-Property-List«.

> ### ➤ GRUNDLAGEN
> »Persistieren« bedeutet wörtlich übersetzt »verharren«. Meist drückt man damit aus, dass eine Datenstruktur auf Festplatte gespeichert wird, die also die Beendigung des Programms und sogar das Ausschalten des Computers »überlebt«, eben verharrt. In dieser Beziehung sind persistente Daten also (in einer Datei) gespeicherte Daten. Die Dokumente unseres Converters aus Kapitel 2 persistierten demnach, wenn sie gespeichert wurden.

Tatsächlich definiert Apple ein Format für die Persistenz von Property-Lists. Dieses Format wird aber nicht als verlässlich bezeichnet, weshalb man die von Cocoa verwendeten Methoden zum Laden und Speichern von Property-Lists verwenden sollte. So gewährleistet man, dass auch bei künftigen Änderungen das Speichern und Laden funktioniert.

> ### ➤ GRUNDLAGEN
> Bei dem bevorzugten Format handelt es sich um eine XML-Datei. XML ist eine »Definitionssprache«, die es erlaubt, Formate festzulegen. Dabei ist die Definition (DTD, Document Type Definition, Dokumententyp-Definition) selbst zugänglich. Ich verwende etwa auf meiner Webseite Property-Lists zur Speicherung von Artikeln. Dies zeigt die weite Interoperabilität von Property-Lists.

Hier einige Stellen, an denen einem Property-Lists über den Weg laufen:

- Die info.plist beschreibt ein sogenanntes Bundle. Bundles sind Verzeichnisse, die dem Benutzer auf dem Desktop wie eine einzelne Datei erscheinen. Alle Applikationen etwa sind Bundles. Führen Sie mal einen [ctrl]-Klick auf ein Programm in Ihrem Programmverzeichnis aus und klicken Sie im Pop-up-Menü auf *Paketinhalt zeigen*. Es erscheint ein Ordner *content*, den Sie bitte öffnen. Darin findet sich eine *info.plist*. Sie beschreibt zum Beispiel, welches Icon für das Bundle angezeigt werden soll. Im Xcode-Kapitel werden wir uns das etwas genauer anschauen.
- Die Programmeinstellungen (*Programmmenü\Einstellungen*) werden in Property-Lists dargestellt. (Wird im Kapitel »Application« besprochen.)
- iTunes exportiert die Musikdatenbank als Property-List, damit andere Programme darauf zugreifen können.
- …

Struktur

Nachdem nun klar sein sollte, dass Property-Lists nicht die Dateien auf der Festplatte sind, stellt sich natürlich die Frage, was sie dann sind. Das ist ganz einfach: Es handelt sich um eine Struktur von bestimmten Elementen. Dabei kennt die Definition von Propert-Lists folgende Elementtypen und ihre Entsprechungen in Cocoa:

Elementtyp	Cocoa-Klasse	**Beschreibung**
String	`NSString`	Zeichenkette, Text
Integer	`NSNumber` mit Ganzzahl	Ganzzahl
Real	`NSNumber` mit Dezimalbruch	Dezimalbruch
Date	`NSDate`	Datum mit Uhrzeit und Zeitzone
Data	`NSData`	Unformatierte Daten
True	`NSNumber` mit YES	Boolscher Wert »wahr«
False	`NSNumber` mit NO	Boolscher Wert »falsch«
Array	`NSArray`	Collection mit Index
Dict	`NSDictionary` mit `NSString`-Instanzen als Key	Collection mit Schlüssel

Sie sehen aber schon, dass Property-Lists keineswegs für Cocoa gedacht sind. Sie sind ein allgemeines Format. Es existieren auch keine Wertedefinitionen. Welche Genauigkeit ein Real hat, welchen Wertebereich ein Integer, ist daher nicht für die Property-List an sich festgelegt. Sie müssen dies vielmehr der Definition für die konkreten Property-Lists entnehmen.

Da man mit Property-List eine Datenstruktur bezeichnet, nicht die entsprechende Datei, ist jede Instanz der Klasse NSString in Ihrem Programm eine Property-List. Ebenso jedes Array, jedes Dictionary usw. Collections dürfen dabei als Elemente nur Property-Lists enthalten, also Instanzen aus der obigen Tabelle. Bei Instanzen der Klasse NSDictionary ist zudem darauf zu achten, dass der Key nur ein NSString-Objekt sein darf. Beispiel:

```
NSString* lastname = @"Negm-Awad";
NSString* firstname = @"Amin";
NSDictionary* names
   = [NSDictionary dictionaryWithObjectsAndKeys:
                   lastname, @"Nachname",
                   firstname, @"Vorname",
                   nil];
NSNumber* birth = [NSNumber numberWithInt:1969];
NSArray* person = [NSArray arrayWithObjects:
                        names,
                        birth,
                        nil];
```

Wie gesagt: Jedes einzelne Objekt im obigen Listing ist eine Property-List. Auch die Collections sind Property-Lists, da sie nur Property-Lists enthalten.

Umwandlung von Entitäten in Property-Lists

Natürlich kann es sein, dass Sie eigene Objekte in eine Property-List legen wollen. Dazu müssen Sie diese in ein zulässiges Element konvertieren. Dabei kann man zwei Ansätzen folgen: Sie können Ihre Entitäten in Dictionary-Instanzen umwandeln:

```
// In Person.m:
- (NSDictionary*)dictionary {
   return [NSDictionary dictionaryWithObjectsAndKeys:
                   person.lastname, @"lastnameKey",
                   person.firstname, @"firstnameKey",
                   nil];
```

```objc
}
...
// Irgendwo:
NSArray* persons = … // Ein Array von Personen
NSMutableArray* personsPlist = [NSMutableArray array];

// Alle Person-Instanzen umwandeln
for( Person* person in persons ) {
   [personsPlist addObject:[person dictionary]];
}
```

> **TIPP**
>
> Eine andere Möglichkeit besteht darin, ein Data-Objekt zu erzeugen. Dies bespreche ich im Kapitel über Serialisierung.

Beide Möglichkeiten kranken aber an einem: Wenn nicht nur Attribute, sondern auch Beziehungen zu anderen Objekten gespeichert werden sollen, so müssen die bezogenen Objekte ebenfalls in der Property-List landen. Und dies ist spätestens dann problematisch, wenn es mehrere Beziehungen auf ein Objekt gibt, wie es etwa bei unserer Person in der Gruppe war, die auf zwei Wegen referenziert werden konnte: einmal als Gruppenleiter und einmal als Gruppenmitglied. Die Umwandlung sähe wie folgt aus, wobei ich mich auf ein paar Eigenschaften konzentriere:

```objc
Group* group = … // Von irgendwoher
NSDictionary* groupPlist;

NSMutableArray* members = [NSMutableArray array];
// Alle Mitglieder umwandeln
for( Person* person in group.members ) {
   // Dictionary fuer eine Person anfordern und speichern
   [members addObject:[person dictionary]];
}

// Leiter umwandeln
NSDictionary* leader = [group.leader dictionary];

groupPlist = [NSDictionary dictionaryWithObjectsAndKeys:
                           leader,  @"leaderKey",
                           members, @"membersKey",
                           nil];
```

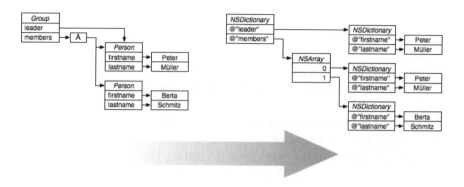

Bei der Umwandlung wird die Person verdoppelt.

In diesem Falle würde jetzt der Gruppenleiter zweimal in ein Dictionary umgewandelt: einmal als Gruppenmitglied in der Schleife und einmal über die Referenz als Leiter. Das entspricht aber nicht der Wahrheit und wirkt sich spätestens dann aus, wenn sich ein Attribut ändert. Glücklicherweise existiert für genau diese Fälle eine Umwandlungsklasse, die das Problem löst. Wir werden sie bei dem Thema »Serialisierung« besprechen. Hier merken Sie sich bitte, dass die Umwandlung von einem Objektnetz (man nennt dies übrigens »Graph«) in eine Property-List nicht unproblematisch ist. Bei einfachen Attributsaufzählungen oder nur strikt hierarchischen Beziehungen droht dies allerdings nicht.

XML-Property-Lists

Um aus einer Datenstruktur eine XML-Property-List (also eine Datei) zu machen, gibt es zwei Vorgehensweisen: Bei einer Collection, also Instanzen von NSArray oder NSDictionary, gibt es Methoden, um derlei Dateien zu erzeugen: -writeToFile:atomically: und -writeToURL:atomically:. Umgekehrt existieren die Methoden -dictionaryWithContentsOfFile: , -dictionaryWithContentsOfURL: , -arrayWithContentsOfFile: und -arrayWithContentsOfURL:.

Wesentlich eleganter und flexibler gestaltet sich allerdings die Serialisierung mit der Klasse NSPropertyListSerialization:

```
NSString* errorDescription = nil;
NSData* data;

// Umwandeln in ein Data-Objekt: Serialisierung
data = [NSPropertyListSerialization
        dataFromPropertyList:groupPlist
```

```
                  format:NSPropertyListXMLFormat_v1_0
            errorDescription:&errorDescription];

if( errorDescription ) {
   NSLog( @"%@", errorDescription );
   [errorDescription release];

} else {
   // Abspeichern: Archivierung
   //     relativer Pfad: Desktop des Nutzers
   NSString* path = @"~/Desktop/Tutorial.plist";

   // Umwandeln in absoluten Pfad:
   path = [path stringByExpandingTildeInPath];

   // Speichern
   [serialized writeToFile:path atomically:YES];
}
```

Der Parameter `atomically:` gibt dabei an, dass die Dateioperation zunächst in eine temporäre Datei vorgenommen und nach Erfolg diese Datei an den gewünschten Platz verschoben wird. Die Formatangabe in der Serialisierungsmethode bezeichnet das XML-Format.

Der umgekehrte Vorgang, also das Laden einer Property-List, erfolgt mit `+propertyListFromData:mutabilityOption:format:errorDescription:`, wobei zunächst die Daten in eine `NSData`-Instanz dearchiviert werden müssen, um sie dann zu deserialisieren.

Hier taucht übrigens wiederum der etwas merkwürdige doppelte Zeiger auf, weil die Error-Description über die Parameterleiste zurückgegeben wird. Wie gesagt: Merken Sie sich zunächst, wie das funktioniert.

Mit `mutabilityOption` kann angegeben werden, ob Instanzen der veränderlichen Subklassen erzeugt werden sollen.

Zusammenfassung

Das waren sie also, die wichtigsten Container von Cocoa. Natürlich kann ich hier nicht alle Methoden im Einzelnen besprechen. Aber wenn Sie in der Dokumentation nach der jeweiligen Klasse suchen, finden Sie reichhaltiges Material. Wichtig ist zunächst einmal, dass Sie verstanden haben, wie Container grundsätzlich funktionieren. Aber dennoch: Begeben Sie sich auf eigene Entdeckungsreise und probieren Sie ruhig etwas herum.

Wichtige Dokumente von Apple zu dem Thema sind:

- Value and Number Programming Topics for Cocoa
- String Programming Topics for Cocoa
- Collections Programming Topics for Cocoa
- Property List Programming Guid

Auf der Webseite zum Buch findet sich ein Tutorial

- Property-Lists

5

Die Viewschicht

Sie haben jetzt einen Einblick in alle wichtigen allgemeinen Elemente von Cocoa gewonnen. Hiermit beginnen wir eine Reise in speziellere Themengebiete, zunächst in die Viewschicht.

Die Viewschicht

In diesem Kapitel geht es mir darum, dass Sie die verschiedenen Elemente der Viewschicht kennenlernen und ihre Beziehung zueinander verstehen. Sie sollen diese also sinnvoll anwenden können, insbesondere was die Einstellungen angeht. Außerdem möchte ich Ihnen einen Überblick über dieses Thema als Eintrittskarte in fortführende Dokumentation geben.

> **➤HILFE**
>
> Wir arbeiten am Projekt aus Kapitel 2 weiter. Fertigen Sie sich am besten hiervon eine Kopie an oder laden Sie das Projekt-05-start von der Webseite herunter.

Damit wir nicht unser mühsam zusammengebautes Fenster zerstören, müssen Sie erst einmal ein weiteres Fenster in den MyDocument.xib ziehen. Öffnen Sie daher diese Datei. Das Fenster findet sich in der *Library* des Interface Builders unter *Cocoa|Application|Windows*. Sie sollten dann das *Window* im Hauptfenster durch einen einfachen Klick auf den Text unterhalb des selektierten Symbols in *Experimentierfenster* umbenennen. Achten Sie bitte noch im Attributes-Pane des Inspectors darauf, dass der Haken bei *Visible at Launch* gesetzt ist. Dies sorgt dafür, dass beim Laden des Nibs das Fenster auch angezeigt wird.

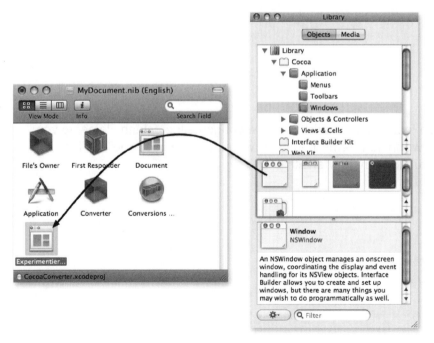

Ein neues Fenster für unsere Versuche

> **TIPP**
>
> Sie werden freilich in diesem Kapitel viele Views kennenlernen. Ich gebe Ihnen stets den Ort in der Library an, in dem diese nur darauf warten, von Ihnen verwendet zu werden. Sie können aber natürlich auch das ganz unten in der Library befindliche Suchfeld verwenden. Es werden dann die Treffer in dem mittleren Bereich angezeigt. Zur Übersicht finde ich es aber gar nicht schlecht, wenn Sie sich zunächst einmal durch die Gruppen der Library hangeln und umschauen.

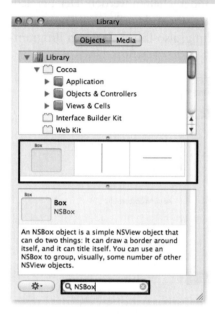

Bequemer ist das schon, aber auch mit dem gleichen Lerneffekt verbunden?

Grundlagen

Schauen wir uns zunächst das Gesamtsystem an. Die wesentlichen Elemente, die in der Viewschicht eine Rolle spielen, sind Fenster (Windows), Views und Cells.

Fenster und Views

Ausgangspunkt sind die Fenster. Fenster reservieren einen Bereich des Bildschirms für die Ein- und Ausgabe. Außerdem sind Fenster hintereinander angeordnet, so dass bestimmt werden kann, wie sie sich gegenseitig (teilweise) verdecken und welche Flächen von ihnen sichtbar sind. Man nennt dies das »Z-Ordering«.

> **POWER USER**
>
> Hier sieht man übrigens einen deutlichen Unterschied zum Framework Cocoa Touch auf dem iPhone: Dort gibt es keine überlappenden Fenster wie aus einem Desktop-Computer, weshalb das Fenster eine Subklasse von `NSView` ist. Wie Sie gleich sehen werden, verhält sich dies unter Cocoa völlig anders.

Zwei Bereiche des Fensters müssen dabei auseinandergehalten werden: Der Bereich, der etwa die Titelleiste oder eine Toolbar enthält, gehört dem System. Der untere Bereich des Fensters gehört dagegen der Anwendung, also Ihnen als deren Programmierer.

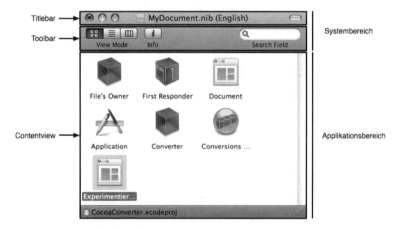

Teile und herrsche: die beiden Bereiche und ihre Funktion am Beispiel eines Nib-Fensters

Fenster, und das ist wichtig zu verstehen, zeichnen jedoch nicht selbst. Sie bedienen sich der Views, um Ausgaben zu erledigen. Dabei existiert für jedes Fenster zunächst ein »geheimes Hintergrundview«, welches sozusagen das Fenster abdeckt. Dies ist deshalb geheim, weil es keine offizielle Methode gibt, dieses View zu ermitteln.

Die Unterteilung der Bereiche wird durch sogenannte Subviews bewerkstelligt. Jedes View kann nämlich wiederum »Unterviews« haben. In dem »Hintergrundview« befinden sich wiederum Views für Elemente des Systems (Titelleiste, Toolbar, Fensterknöpfe usw.) und – dieses View ist für uns wichtig – wiederum ein sogenanntes Contentview, das den Applikationsbereich markiert. Es ist für jedes Fenster mittels der Methode `-contentView` abrufbar. Dieses Contentview stellt sozusagen das oberste View in der Hierarchie dar, so weit es unsere Sicht der Dinge als Anwendungsprogrammierer angeht.

Die Views, die Sie als Elemente in das Fenster ziehen, sind dann wiederum Subviews des Contentviews. Ein Beispielfenster, bei dem ich allerdings nicht alle Beziehungen eingezeichnet habe:

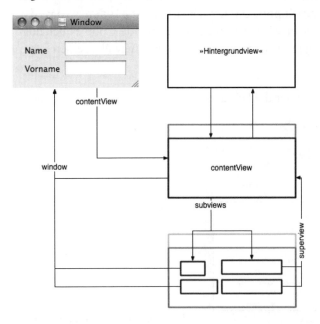

Unsere Elemente sind wiederum Subviews des Contentviews.

Diese Struktur ab dem Contentview ist wie erwähnt für den Anwendungsprogrammierer dokumentiert und offen. Die wichtigsten Methoden zur Verwaltung dieser Struktur:

- -subviews liefert uns ein Array der Subviews eines Views. In obiger Zeichnung würden wir also die vier Textfelder erhalten, wenn wir diese Nachricht an das Contentview versenden.
- -superview gibt das jeweilige Superview zurück. Wenn wir also oben in dem Beispiel diese Methode auf ein Textfeld anwenden, so erhalten wir den Contentview.
- -window liefert für jedes View (nicht nur das Contentview) das Fenster.
- -addSubview fügt das als Parameter übergebene View dem Empfänger der Nachricht hinzu.
- -removeFromSuperview entfernt den Empfänger aus der Kette der Subviews.

> **AUFGEPASST**
>
> Auch hier gelten wiederum die Regeln des Reference-Countings: Ein Superview schickt ein `-retain` an seine Subviews, um seine Benutzung anzuzeigen. Es schickt bei einem `-removeFormSuperview` umgekehrt ein `-release`, so dass das Subview möglicherweise gelöscht wird. Wenn der entfernende Code es behalten möchte, muss dieser die Benutzung anzeigen, also etwa das View über einen Setter speichern.

Wir können uns im Interface Builder die Hierarchie der Views teilweise anschauen:

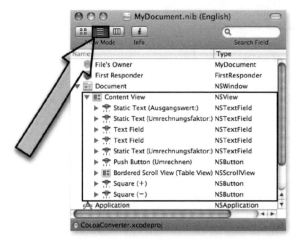

Die Hierarchie der Views im Interface Builder

Öffnen Sie hierzu das Hauptfenster *MyDocument.xib* und klicken Sie oben in der Toolbar auf den mittleren *Viewmode*. Öffnen Sie dann die Disclosures wie in der Abbildung angezeigt. Sie können jetzt die Elemente sehen, die in dem Contentview liegen. Achten Sie darauf, dass das Tableview als *Bordered Scroll View (Table View)* angezeigt wird. Welche Bewandtnis es damit hat, sehen Sie, wenn wir gleich die entsprechenden Klassen besprechen. Manchmal ist die Welt nämlich komplizierter, als sie uns der Interface Builder zeigt. Das können Sie bereits daran erkennen, dass das Hintergrundview gar nicht erst in der Aufstellung auftaucht. (Er ist ja auch geheim.) Wechseln Sie den Viewmode wieder zur ursprünglichen Ansicht, indem Sie auf den linken der drei Buttons klicken.

Programmieren wir mal etwas herum. Erweitern wir unsere Controller-Klasse Converter um eine weitere Action. Zunächst »Converter.h«:

```
…
- (IBAction)calculate:(id)sender;
- (IBAction)playWithViews:(id)sender;
@end
```

Diese Actionmethode muss dann freilich noch in der Implementierungsdatei Converter.m nach -calculate: eingefügt werden. Beginnen wir mit etwas Leichtem:

```
...
- (IBAction)playWithViews:(id)sender
{
    NSLog( @"Titel: %@", [sender title] );
}
@end
```

Sichern, damit der Interface Builder wieder von der Erweiterung erfährt. Fügen Sie nun eben im Interface Builder in das Document-Fenster – also dem bereits vor diesem Kapitel existierenden Fenster – einen weiteren Button ein, den Sie mit *Spielkind* beschriften. Durch [ctrl]-Ziehen verbinden Sie diesen mit der neuen Actionmethode unseres Controllers. Kompilieren und starten. Nach einem Klick auf den neuen Button erscheint im Log-Fenster folgende Ausgabe:

```
>... Titel: Spielkind
```

Nun, die Sache ist einfach: Eine Actionmethode bekommt als Parameter mitgeliefert, wer die Action ausgelöst hat. Das ist in unserem Falle der Button. Auf diesen Button können wir die Methode -title anwenden, um die Beschriftung zu erhalten. That's it!

Wenn aber sender der Button ist, so können wir auch das Superview abfragen. Dieses müsste dann das Contentview sein. Probieren geht über studieren:

```
...
- (IBAction)playWithViews:(id)sender
{
    NSRect frame;
    NSLog( @"Titel: %@", [sender title] );
    frame = [sender frame];
    NSLog( @"%f %f %f %f", frame.origin.x,
                           frame.origin.y,
                           frame.size.width,
                           frame.size.height );

    NSView* contentView = [sender superview];
    frame = [contentView frame];
    NSLog( @"%f %f %f %f", frame.origin.x,
                           frame.origin.y,
```

```
                    frame.size.width,
                    frame.size.height );
}
@end
```

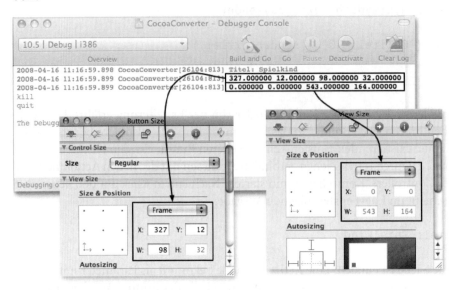

Die Werte im Log und im Interface Builder stimmen überein.

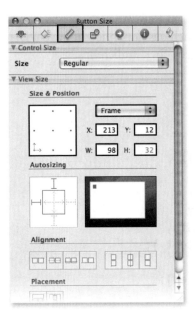

Nach dem Start mittels *Build and Go* und einem Klick auf den Button erhalten Sie im Log verschiedene Werte. Dies sind die Position und die Größe des jeweiligen Views. Diese Koordinaten beziehen sich auf das jeweilige Superview: Also, die Koordinaten des Buttons beziehen sich auf das Contentview, die Koordinaten des Contentview beziehen sich auf das »geheimen Hintergrundview«. Bei Ihnen weichen diese Werte selbstverständlich von den hier abgebildeten ab, sollten aber in sich übereinstimmen. Sie können sich auch dies im Interface Builder anzeigen lassen und die Werte aus Ihrem Log vergleichen:

Die Koordinatenangaben des Views

> **HILFE**
>
> Sie können das Projekt in diesem Zustand als Projekt-05-01 von der Webseite herunterladen.

Sie können übrigens in der großen, linken Fläche die Ausrichtung des Koordinatensystems ändern. Dies gilt aber nur für die Anzeige der Werte im Interface Builder. Probieren Sie es aus und starten Sie das Programm erneut. Im Log habe ich die Koordinatenwerte nicht verändert.

> **POWER USER**
>
> Jedes View hat neben diesen Koordinaten, die seine Lage und Größe im Superview angeben, ein weiteres Rechteck (Bounds, Boundaries), welches das Koordinatensystem im Inneren beschreibt. Wir benötigen dies in diesem Band nicht.

Damit Sie mir wirklich glauben, dass die Views im Interface Builder Subviews des Contentviews sind, verändern wir die Methode:

```
...
- (IBAction)playWithViews:(id)sender
{
   NSRect frame;

   NSView* contentView = [sender superview];
   for( NSView* subview in [contentView subviews] ) {
      frame = [subview frame];
      NSLog( @"%@:", NSStringFromClass( [subview class] ) );
      NSLog( @"%f %f %f %f", frame.origin.x,
                             frame.origin.y,
                             frame.size.width,
                             frame.size.height );
   }
}
@end
```

Hier wird also zunächst das Contentview geholt und dann mit einer For-in-Schleife durch alle Subviews iteriert. Für jedes Subview werden der Name der Klasse und die Koordinatenangaben gedruckt. Vergleichen Sie die Ausgabe im Log bitte wieder mit dem Werten im Interface Builder.

> **HILFE**
>
> Sie können das Projekt in diesem Zustand als Projekt-05-02 von der Webseite herunterladen.

Zuletzt ziehen Sie bitte den *Spielkind*-Button in das neue *Experimentier*-Fenster. Sie können überprüfen, dass die Verbindung zur Actionmethode hierbei erhalten bleibt. Die Actionmethode -playWithView: leeren Sie bitte, ohne sie zu löschen:

```
...
- (IBAction)playWithViews:(id)sender
{
}
@end
```

Views und Cells

»Die Geschichte der weiblichen Menstruation ist eine Geschichte voller Missverständnisse«, lautete mal ein Werbeslogan. Ich kann das nicht wirklich beurteilen, weiß aber, dass die Geschichte von Views und Cells ganz sicherlich voller Missverständnisse steckt.

Fangen wir mal damit an, warum es überhaupt Cells gibt: In unserem Dokumentfenster wird in den Textfeldern Text dargestellt. Deshalb muss irgendwo in der Klasse `NSTextField` Code existieren, der Text zeichnet, Tastendrücke entgegennimmt usw. Gut, das war jetzt noch keine intellektuelle Herausforderung. Aber jetzt schauen wir etwa auf einen Tableview: Auch dieser kann Text darstellen. Also muss jetzt auch ein Tableview Code haben, der Text darstellt, zum Editieren Tastendrücke annimmt usw. Das geht noch weiter: Ein Imageview stellt ein Bild dar. Auch in einem Tableview kann aber ein Bild enthalten sein. Denken Sie hier etwa an Apples Mailclient Mail. Dieser enthält in einer Spalte etwa ein Symbol für Werbung.

Damit man jetzt nicht den bereits in Textfields und Imageviews enthaltenen Code für Tableviews erneut programmieren muss, liegt es nahe, das Zeichnen vom View selbst zu isolieren und in eine eigene Klasse Cells zu packen. Die einzelnen Views bedienen sich dann der Cells. Viele Views wie ein Button oder ein Textfeld haben dann »ihre« Cell, während andere Views wie ein Tableview verschiedene Cells kombinieren. Dies spart Code und macht die Sache übersichtlicher.

Die Viewschicht

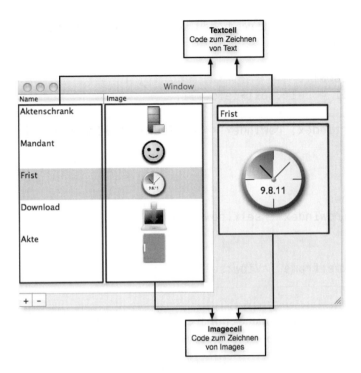

In verschiedenen Views, aber doch immer dasselbe: Cells modularisieren

> **►AUFGEPASST**
>
> Meist werden Cells von Controls benutzt. Das System der Cells lässt sich jedoch auch bei Views anwenden.

Kommen wir zum zweiten wichtigen Punkt und damit zum eigentlichen Missverständnis: In einem Tableview verfällt man leicht auf den Gedanken, dass die einzelnen Felder in einer Spalte jeweils eine Cell darstellen, also etwa eine Textfieldcell für das Feld Aktenschrank, eine für das Feld Mandant usw. Eine Cell wäre dann letztlich so etwas wie ein View mit einem Bereich, in dem er sich zeichnet. Dies ist grundfalsch.

Cells haben nämlich keinen Zeichenbereich, für den sie zuständig sind. Dann wären es ja Views. Anders: Ein solches Tableview wie in der Abbildung hat in der Regel eine einzige Textfieldcell für sämtliche Zellen in einer Spalte. Wenn es die Mitteilung bekommt, sich neu zu zeichnen, dann wird damit die entsprechende Textfieldcell beauftragt und ihr mitgeteilt, wo sie zeichnen soll. Der Zeichenbereich ist also nicht eine Eigenschaft der Cell, sondern ein Parameter für die konkrete Malerei. Die richtige Parallelvorstellung von Cells in der Wirklichkeit ist also ein Stempel oder eine Zeichenschablone, die an die richtige Stelle geschoben werden. Der Code in `NSTableView` sieht dann symbolisch so aus:

```
// zeichne eine Textspalte
NSTextFieldCell* cell = self.textFieldCell;
NSRect frame = …
for( rowIndex = startIndex; rowIndex <= endIndex; rowIndex++ ) {
    // Wert setzen
    cell.stringValue = …

    // Rahmen berechnen
    frame.origin.y = rowIndex * self.rowHeight;

    // Zeichnen
    [cell drawWithFrame:frame inView:self]
}
```

Sie sehen also, dass lediglich vor der Schleife einmal eine Cell geholt und diese dann einfach an die richtige Position verschoben wird. Ausmalen, fertig ist die Malerei.

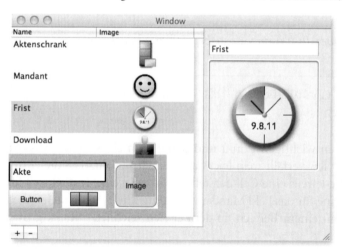

Wenn in der fünften Zeile ein Text gemalt werden muss, wird eine Textfieldcell an eben diese Stelle verschoben.

> **►GRUNDLAGEN**
>
> Neben der Funktionalität zum Zeichnen enthält die Cell ebenfalls solche, um auf Benutzereingaben zu reagieren. Aber auch hier ist es so, dass dies eigentlich die Aufgabe des Views ist und dieses vom View an die Cell weitergeleitet wird.

Viele Eigenschaften eines Views sind übrigens gar nicht Eigenschaften von ihm selbst, sondern von seiner Cell. Wir hatten etwa gesehen, dass man die Textfarbe einer `NSTextField`-Instanz setzen kann. In Wirklichkeit wird aber der Methodenaufruf nur an die mit der `NSTextField`-Instanz verbundenen Instanz der Klasse `NSTextFieldCell` weitergeleitet.

> **▶POWER USER**
>
> Ich erzähle das alles hier, weil Sie bei manchen Views, wie dem Tableview, die Cells einstellen können. Natürlich wollte ich Ihnen auch einen Einblick in die Struktur geben. In Band 2 werden wir eigene Cells programmieren und benutzen.

Responder als Basisklasse

Die beiden Klassen `NSWindow` und `NSView` stammen nicht unmittelbar von `NSObject` ab, sondern erben von der Klasse `NSResponder`. `NSResponder` ist dafür verantwortlich, Nachrichten des Benutzers (letztlich also des Systems) auszuführen. Sie hatten ja bereits gesehen, dass etwa Buttons eine Nachricht »klick« erhalten. Nein, in Wirklichkeit existiert eine Methode mit diesem Namen nicht, sondern Methoden wie `-mouseDown:`, `-mouseUp:` usw. Diese Methodenaufrufe werden durch den Responder verarbeitet. Man nennt diese Systemnachrichten »Events«, den Gang habe ich kurz skizziert:

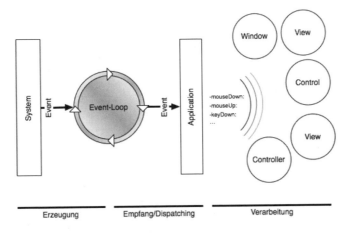

Die grobe Struktur des Event-Versandes. Am Ende steht ein Responder.

> **GRUNDLAGEN**
>
> Die Verteilung von derlei Nachrichten des Systems in der Applikation ist alles andere als einfach zu verstehen und erfordert bereits gute Kenntnisse von Cocoa, weil verschiedene Klassen beteiligt sind und zudem die Verteilung je nach Art des Events auf unterschiedliche Weise erfolgt. Glücklicherweise verhält es jedoch umgekehrt so, dass man sich allermeist nicht darum kümmern muss, weil bereits alles funktioniert, wie man es benötigt. Ich habe daher die Einzelheiten in den zweiten Band gestopft. Ein bisschen werden wir aber auch schon hier damit experimentieren.

Es gibt übrigens weitere Responder. Denn auch Objekte, die nicht auf dem Bildschirm sichtbar sind, können Nachrichten vom System empfangen. So kann es sinnvoll sein, eine Operation wie Undo nicht von einem View ausführen zu lassen, sondern auf einer höheren Ebene: Wenn Sie sich gerade bei der Eingabe in einem Textfeld befinden, erwarten Sie etwa auf die Nachricht »Undo«, dass Ihre letzte Operation in diesem Feld zurückgenommen wird. Dies bezieht sich also nur auf das Textfeld als View. Haben Sie gerade in eine Tabelle einen neuen Eintrag eingefügt, würden Sie eher erwarten, dass dieser wieder entfernt wird. Dies betrifft die Controllerschicht. Sie sehen also, dass die gleiche Nachricht von Instanzen unterschiedlicher Klassen »gefangen« werden kann. Diese Klassen sind Subklassen von NSResponder.

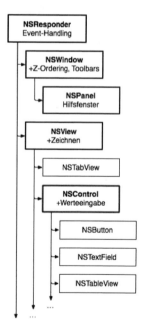

Ein Überblick der Viewklassen

NSWindow

`NSWindow` fügt `NSResponder` etwa die Funktionalität des Z-Ordering hinzu sowie zum Beispiel Toolbars. Darüber hinaus ist das Fenster dafür zuständig, Events an seine Views (also das Contentview und dessen Subviews) zu verteilen.

Es existiert noch eine wichtige Subklasse von `NSWindow`, nämlich `NSPanel`, welches wiederum Subklassen hat. Ein »Pane« ist ein Hilfsfenster wie ein Inspector, das sich üblicherweise durch eine schmalere Titelleiste auszeichnet und zudem verschwindet, wenn die Anwendung in den Hintergrund gerät.

Keine Fenster stellen indessen sogenannte Drawer (`NSDrawer`) dar, die ebenfalls von `NSResponder` abgeleitet sind. Bei diesen handelt es sich um die etwas aus der Mode gekommenen Schubladen, die manche Fenster haben. Sie sind jedoch stets mit einem Fenster verbunden.

NSView

`NSView` addiert zur Klasse `NSResponder` vor allem Methoden, die mit dem Zeichnen zusammenhängen. Außerdem verwaltet ein View sogenannte Subviews, von denen ja schon die Rede war. Keine Sorge, wir gehen das gleich im Einzelnen durch.

Eine bedeutende Subklasse von `NSView` ist `NSControl`. Controls – die nichts mit Controllern zu tun haben – sind diejenigen Views, welche vor allem Benutzereingaben, insbesondere Texteingaben, zu Daten verarbeiten. Ob allerdings eine Viewklasse unmittelbar von `NSView` oder über den Zwischenschritt `NSControl` abgeleitet wurde, hing bei Apple offenkundig vor allem an Praktikabilitätserwägungen. Eine scharfe Trennlinie lässt sich nicht erkennen.

Manchmal kommt offenbar auch Apple etwas durcheinander: Die Klasse `NSTabView` (besprechen wir später) wird etwa in dem Dokument über Controls besprochen. Sie ist aber unmittelbar von `NSView` abgeleitet. Auch die Fortschrittsanzeige (`NSProgressIndicator`) ist ein einfacher View, befindet sich aber in der Interface Builder-Library bei *Input & Values*, einer Gruppe, in der sich ansonsten Controls tummeln.

Sie können sich übrigens die Klassenhierarchie anzeigen lassen, indem Sie in Xcode bei geöffnetem Projekt im Menü *Project* auf *Class Browser* klicken. Öffnen Sie den obersten Eintrag *NSObject* und scrollen Sie in der Auswahlliste links bitte bis zu *NSResponder*. Ebenfalls öffnen. Sie sehen jetzt die Subklassen von *NSResponder*, also all jene Klassen, die Ereignisse vom Benutzer empfangen können. Öffnen Sie nun den Eintrag *NSView*, um zu den Klassen dieses Kapitels zu gelangen. Hierin können Sie dann noch *NSControl* erweitern.

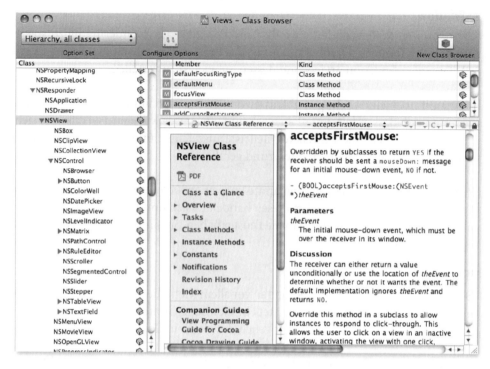

Wie Matrjoschkas ineinander verschachtelt sind die Responderklassen.

▶GRUNDLAGEN

Viele Eigenschaften von Objective-C führen dazu, dass man derlei verschachtelte Klassenhierarchien häufig nicht braucht. In aller Regel sind auch die Hierarchien in Cocoa sehr flach. `NSResponder` bildet da die Ausnahme. Im Kapitel über das Vorgehen bei der Programmierung einer eigenen Applikation gehe ich auf die verschiedenen Möglichkeiten ein, eine vorgefertigte Klasse zu erweitern. Selten muss man dazu ableiten.

Nib-Files

»Nib-Files« (Nibs) sind Ansammlungen von Objekten, die beim Laden des Nibs automatisch im Speicher angelegt werden. Dabei existieren mehrere Möglichkeiten, Nibs zu laden. Wir werden uns hier nur mit dem sogenannten Automatic-Support beschäftigen, also dem automatischen Laden. Darüber hinaus existieren noch andere Vorgehensweisen, die allerdings wesentlich unbedeutender sind und zudem ein gewisses – sagen wir – veraltetes Verständnis von der Speicherverwaltung mit sich bringen.

> **GRUNDLAGEN**
>
> Wie Sie bemerkt haben, spreche ich immer von Nib-Files, während Sie in der Projektleiste Dateien mit der Endung xib finden. Diese existieren erst mit Leopard und werden erst ab Xcode 3.1 als Standardformat gewählt. Es handelt sich gleichermaßen um die Source der Nib-Files. Sie werden also zu einem Nib-File kompiliert. Deshalb hat sich auch die Bezeichnung Nib-Files gehalten. Im Kapitel 8 gehe ich hierauf näher ein.

Arten von Nibs

Wie Sie bereits gesehen hatten, muss ein Nib-File irgendeine Verbindung zu unserem Programm haben, um etwa Daten darzustellen. Dies wird mit dem File's Owner bewerkstelligt, der stets ein Verweis auf ein Objekt aus unserem Programm ist. Dabei kann man in aller Regel drei Arten von Nibs an ihrem File's Owner unterscheiden:

- MainMenu.xib enthält Elemente, die für die gesamte Anwendung gelten. Dies ist zunächst das Applikationsmenü. Es kann sich auch darin ein Fenster befinden, wenn die Anwendung nicht mit Dokumenten arbeitet. Der File's Owner ist dann unsere Applikation selbst, dargestellt durch eine Instanz von `NSApplication`.

- MyDocument.xib enthält die Elemente, die pro geöffnetem Dokument existieren, insbesondere als das Dokumentenfenster. Hier befinden sich aber auch häufig Helferobjekte und Controller, die nur lokal auf Objekte im Nib arbeiten. File's Owner ist in diesem Falle die eigene Dokumentenklasse (defaultsmäßig `MyDocument`) als Ableitung von `NSDocument` oder `NSPersistentDocument` bei der Benutzung von Core Data.

- Es können weitere Nibs existieren, die einzelne Elemente enthalten, die dynamisch nachgeladen werden sollen.

Sowohl dem MyDocument.xib als auch weiteren Nibs kann man zudem einen speziellen Nib-Controller spendieren. Damit ist es möglich – und auch ratsam – einzelne nachladbare Elemente der Benutzerschnittstelle, etwa Inspector-Windows oder eingeblendete Views, erst später in den Hauptspeicher zu holen. Damit bleiben auch bei größeren Anwendungen die Nibs übersichtlich. Der File's Owner ist hier meist eine Instanz der Klasse `NSWindowController` oder `NSViewController` (nur bei Leopard) oder einer Subklasse hiervon.

Alle der genannten Klassen bieten Controller-Funktionalität. Sie werden daher im Kapitel über Controller näher besprochen. Diese Controller kümmern sich übrigens automatisch darum, dass die geladenen Objekte im Nib-File wieder aus dem Speicher entfernt werden.

Initialisierung

Etwas interessiert hier allerdings schon, nämlich die Initialisierung von Instanzen im Nib. Dabei sind drei wesentliche Stufen zu beachten:

1. Zunächst wird einer der Initialisierer des Objektes aufgerufen. Welcher dies ist, hängt von der Art des Objektes ab. In diesem ersten Band interessieren uns nur Controller-Objekte wie unser Converter. Er erhält eine einfache init-Nachricht.
2. Nachdem sämtliche im Nib-File befindlichen Objekte entsprechend initialisiert sind, werden die Outlets für alle Objekte gesetzt. Dies ist auch der Grund dafür, dass ich keine Accessoren für Outlets programmiere: Der Nib-Loader macht dies von »Geisterhand« auch so. Ich sehe den Nib-File immer als Ganzes.
3. In der dritten Stufe erhalten alle Objekte im Nib und der File's Owner eine Nachricht namens -awakeFromNib. Auf jeder Stufe ist die Reihenfolge der einzelnen Instanzen untereinander (also in der Graphik in horizontaler Richtung) ungewiss.

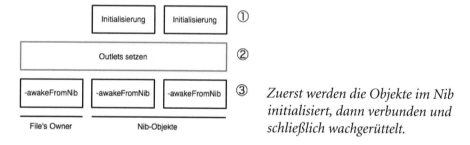

Zuerst werden die Objekte im Nib initialisiert, dann verbunden und schließlich wachgerüttelt.

Dies hat bestimmte Folgen für die Initialisierung von Instanzen eigener Klassen in einem Nib:

- In der -init-Methode unserer eigene Klasse können wir uns nur selbst initialisieren, aber noch nicht unsere Outlets benutzen. Der Verstoß gegen diese Regel ist ein gern gemachter Anfängerfehler. Der fortgeschrittene Anfänger macht so belehrt gerne den umgekehrten Fehler und verschiebt zu viel auf das -awakeFromNib. Dies ist ebenfalls nicht richtig, da im -awakeFromNib die Initialisierung jeder einzelnen Instanz bereits vollständig erfolgt sein muss. Dies geschieht ja auf Stufe 1. Daher: Initialisieren Sie die Instanz selbst im -init soweit möglich vollständig, aber ohne Benutzung von Outlets.

- Im -awakeFormNib erledigen Sie dann all diejenigen Arbeiten, die zwischen den Objekten notwendig sind, die also Kenntnis der Outlets verlangen. Verlassen Sie sich darauf, dass jedes verbundene Objekt bereits eine Initialisierung erhalten hat, jedoch nicht darauf, dass das verwiesene Objekt bereits selbst das -awakeFormNib durchgeführt hat.

Menüs

Menüs – modelliert mit der Klasse `NSMenu` – tauchen an verschiedenen Stellen von Cocoa auf. So zeigt etwa ein Pop-up-Button ein Menü an. Wenn wir jedoch von Menüs sprechen, meinen wir meist das Applikationsmenü.

Und wie der Name schon sagt, ist es unter OS X so, dass eine Applikation ein Hauptmenü hat. Dieses liegt daher im Nib-File MainMenu.xib. Wenn Sie diesen einmal öffnen, sehen Sie mit einem Doppelklick auf *MainMenu* das Menü so, wie Sie es aus der späteren Applikation kennen. Na ja, nicht ganz, denn zur Laufzeit werden noch Einträge hinzugefügt.

Sie können auch selbst aus der *Library* unter *Cocoa|Application|Menus* mit den Einträgen *Item* und *Menu* dem Hauptmenü Einträge hinzufügen. Spielen Sie ruhig ein bisschen damit herum, ohne das Ergebnis zu speichern. Ich komme darauf noch zurück. Bei der Arbeit mit Menüs gibt es nämlich ein ganz anderes Problem als ein bisschen zu editieren: Man will ja, dass bei einem Klick auch etwas passiert. Und dies ist leider nicht ganz trivial. Der Grund dafür liegt darin, dass das Objekt, welches reagieren soll, sich meist nicht im MainMenu.xib befindet. Wie Sie dann weiterkommen, erläutere ich im Abschnitt über Window-Controller.

Windows

Das Standardwindow kennen Sie ja bereits. Als versierter Anwender werden Sie aber wissen, dass es auch weitere Fenster gibt, die sich vor allem im Stil unterscheiden. Eine Übersicht finden Sie in der *Library* des Interface Builders in der Gruppe *Cocoa|Application|Windows*.

Mir ist es fast das Wichtigste, Sie von modernem Schnickschnack abzuhalten. Leider hält sich auch Apple nicht mehr immer an die Regeln, wobei vor allem die Apple-Anwendungen unter Tiger ein buntes Sammelsurium von Ideen offenkundig nicht ausgelasteter Gestalter waren. Ich fände es gut, wenn Sie die Gepflogenheiten beherzigen würden. Ohne den ausführlichen Regeln der Human-Interface-Guidelines (HIG) vorgreifen zu wollen, hier ein paar Faustregeln:

- *Dokumentenfenster* sollten im normalen »Aqua-Look« bleiben. Dies sind diejenigen Fenster, die unter Leopard einen hellgrauen Hintergrund erhalten haben.

- *Applikationsfenster*: Haben Sie eine nicht auf Dokumenten basierende Anwendung, die insbesondere ein Gerät simuliert, wie etwa iTunes, so können Sie auch den »Textured-Look« verwenden. Dieser sah unter Tiger wie »zerkratztes Blech« aus, unter Leopard besteht er aus einem mittelgrauen Farbverlauf.

- *Inspektoren* sind meist Panels und daher von der Subklasse `NSPanel`. Sie zeichnen sich in der Regel durch kleinere Titelzeilen aus und verschwinden automatisch, wenn die Anwendung deaktiviert wird. Ihre Besonderheit liegt darin, dass sie sich dynamisch auf ein oder mehrere ausgewählte Objekte in einem Hauptfenster beziehen.

- *Infofenster* beziehen sich in der Regel ebenfalls auf ein in einem anderen Fenster ausgewähltes Objekt, verhalten sich dann aber statisch. Ein typisches Beispiel hierfür sind die Dateiinformationen des Finders. Anders als bei Inspektoren können auch mehrere Infofenster gleichzeitig geöffnet sein.

▶ BEISPIEL

Im aktuellen Finder kann man die Unterscheidung ganz gut erkennen. Wählen Sie in einem Verzeichnisfenster eine Datei aus und drücken Sie [Befehl]+[I]. Jetzt ändern Sie im Verzeichnisfenster die Selektion: Nichts passiert.
Nun unternehmen Sie noch einmal dasselbe, drücken aber stattdessen [Wahl]+[Befehl]+[I]. Sie bemerken bereits an der schmaleren Titelzeile, dass sich ein Inspector geöffnet hat. Wenn Sie jetzt die Selektion im Verzeichnisfenster ändern, synchronisiert sich der Inspector.

- *HUD-Fenster* (Head-up-Display) dienen in der Regel der kurzfristigen Einblendung von Aktionen oder Einstellungen zu einem Objekt. Sie haben einen schwarzen, jedoch leicht transparenten Hintergrund. Sie kennen diese aus dem Interface Builder, wenn Sie Actions der Outlets ziehen. Wie der Name aber schon sagt, dienen sie der Einblendung von Information, ohne den Blick des Benutzers vom eigentlichen Objekt abzulenken.

Ja, ja, HUDs sind gerade mega-trendy. Deshalb sollte man jetzt alle Fenster schön in diesem schicken Schwarz machen. Sieht total cool aus.

Wahrscheinlich bekomme ich für den vorstehenden Absatz von meinem Lektor wieder eine Nachfrage, ob ich mir sicher sei, dass man den ironischen Unterton erkenne. Deshalb noch einmal klar: Wenn sich Ihre Applikation vor allem durch graphische Gimmicks auszeichnet, scheint sie nicht gerade nützlich zu sein. Gestaltung ist Mittel zum Zweck und mit »Zweck« ist nicht »Selbstzweck« gemeint. Halten Sie sich also bitte von derlei „Neu ist cool"-Gestaltungen fern. Und überlegen Sie sich doch selbst, was Sie etwa von diesen aufdringlichen Blinky-Bill-Webseiten halten …

Wichtige Eigenschaften

Diese Fenstertypen beruhen auf einigen Einstellungen, die Sie für ein Fenster machen können. In aller Regel sollte es ausreichen, sich in der Library bei den vorgefertigten Fenstern zu bedienen.

Die vorgefertigten Fenster des Interface Builders

Dennoch haben natürlich auch Windows wichtige Eigenschaften, die man verallgemeinern kann:

Typeigenschaften

Die Eigenschaften, die den Typ betreffen, lassen sich freilich auch von Hand im Interface Builder setzen, wobei dieser allerdings wiederum die Ansicht sinnvoll »filtert«.

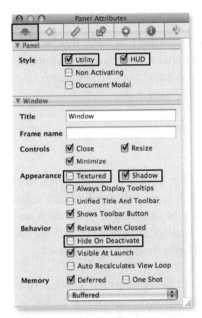

Die wichtigsten Attribute zur Einstellung der Fensterart

Da sich das Aussehen auf die Funktionalität des Fensters bezieht, müssen wir uns ein weiteres Mal damit beschäftigen. Dies geschieht im Abschnitt über Window-Controller im Kapitel für Controller.

Window-Level, Z-Ordering

Ein weiteres wichtiges Kriterium ist der Window-Level. Sie wissen selbst, dass Inspektoren über den anderen Fenstern liegen. Wenn Sie das Dock dauerhaft eingeblendet lassen, bemerken Sie, dass dieses noch vor den Inspektoren liegt. Umgekehrt ist es beim Desktop: Der liegt hinter allen Fenstern.

Wenn Sie sich die Fensteranordnung in der Tiefe anschauen, müssen Sie sich dies so vorstellen, dass zum einen Schichten existieren, die aufgrund des Fenstertypen festgelegt werden: Hintergrund, Dokumentenfenster, Inspector, Dock usw. Innerhalb dieser Schichten können aber Fenster nach vorne und hinten rücken, wenn der User entsprechende Fenster durch Klicken aktiviert. Sie verlassen aber nicht ihre Schicht: Also rückt etwa ein Dokumentenfenster vor ein anderes. Es bleibt jedoch stets vor dem Desktop und immer hinter den Inspektoren.

Sie bedienen sich bitte nur an den vorgefertigten Fenstern mit ihren Level-Einstellungen. Es gibt üblicherweise keinen Grund, daran etwas zu ändern. Es geht mir hier um das reine Verständnis.

> **TIPP**
>
> Es gibt übrigens von Peter Maurer das Programm »Desktop Curtain«, welches ein Fenster erzeugt, dass einen Window-Level knapp vor dem Desktop hat. Damit verdeckt es den Desktophintergrund, was für Screenshots praktisch sein kann. Sie können es unter www.manytricks.com kostenlos herunterladen.

Delegation

Ich hatte bereits die Entwurfsmuster »Delegation« angesprochen. Damit bezeichnet man die Idee, eine Aufgabe nicht durch das eigentlich angesprochene Objekt selbst erledigen zu lassen, sondern einem anderen Objekt zu übertragen. Eigentlich war unsere Bastelei mit NSDecimalNumber im dritten Kapitel schon so etwas: Weil die Instanz gewisse Entscheidungen nicht selbst treffen kann, fragt sie bei uns nach.

Auch Windows unterstützen diese Idee. Sie können ein Delegate haben, welches über bestimmte Dinge unterrichtet wird oder über das Verhalten des Fensters entscheiden kann. Wir haben in unserer Applikation keinen wirklichen Verwendungszeck. Ich will diese Technologie aber dennoch kurz vorstellen. Wir kommen im Kapitel über die Controller-Schicht darauf zurück.

Zunächst ziehen Sie im Hauptfenster *MyDocument.xib* von unserem Experimentierfenster zu dem Converter-Objekt eine Verbindung bei gedrückter [ctrl]-Taste. Im aufspringenden HUD-Fenster wählen Sie *delegate* aus. Damit ist jetzt unser Converter das Delegate des Fensters.

Jetzt müssen die Delegate-Methoden der Klasse `NSWindow` im Converter implementiert werden. Müssen sie? Nein!

Delegation ist in der Regel ein gut gemeintes Angebot, keine Pflicht. Die Klasse `NSWindow` bietet seinem Delegate an, Methoden zu implementieren, falls das Delegate informiert werden oder Einfluss nehmen möchte. Es muss aber nicht die Delegatemethode implementieren. Um das besser zu verstehen, wählen Sie im Hauptfenster das Experimentierfenster aus und klicken im Interface Builder auf *Help|Documentation For Selection*. Auch hierüber können Sie die Dokumentation zu einer Klasse öffnen, was nun auch geschieht. Wenn Sie in der Dokumentation ein wenig durch die Methodenliste scrollen, fällt Ihnen auf, dass zuweilen hinter einer Methode in kursiver und brauner (was für eine Farbe ist das eigentlich? Und wieso erschleicht mich der Gedanke, dass die Bezeichnung nur von Frauen gekannt wird?) Text *delegate method* steht.

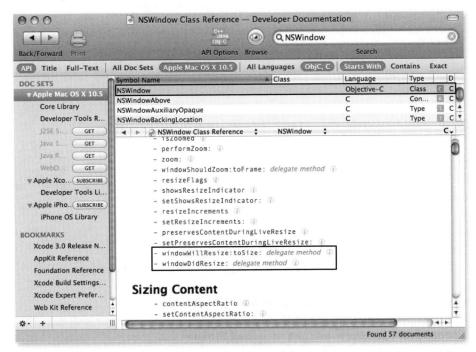

Die Delegate-Methoden in der Dokumentation

Wenn Sie auf die Methode *-windowDidResize:* klicken, gelangen Sie in gewohnter Manier zu dieser. In dem über dem eigentlichen Text befindlichen Pop-up-Menü, in dem gerade *-windowDidResize:* steht, können Sie etwas hochscrollen und sehen, dass es einen eigenen Abschnitt für Delegate-Methoden gibt:

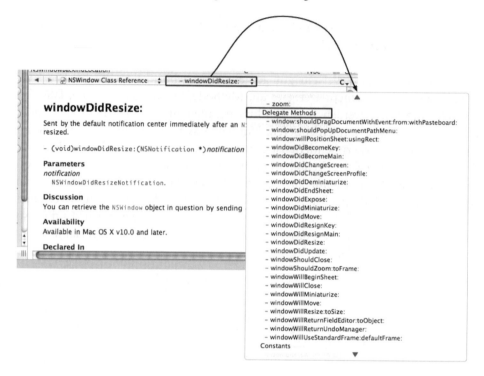

Die Liste der Delegate-Methoden eines Fensters ist recht umfangreich.

Wir werden nun im Converter eine Delegatemethode implementieren. Öffnen Sie dazu Converter.m und fügen Sie folgenden Code vor der Actionmethode -playWith-Views: ein:

```
...
- (NSSize)windowWillResize:(NSWindow *)window
                    toSize:(NSSize)proposedFrameSize
{
    int height = (int)proposedFrameSize.height;
    height = height - (height % 50);
    proposedFrameSize.height = (float)height;
    return proposedFrameSize;
}
...
```

Wenn Sie das Programm starten, sehen Sie, dass sich das Experimentierfenster in der Höhe nur noch auf bestimmte Größen skalieren lässt, auf die es einrastet. Gehen wir das einmal durch:

Das Fenster weiß durch unsere Verbindung im Interface Builder, dass es ein Delegate hat. Deshalb schaut es vor jeder Vergrößerung nach, ob die Delegatemethode -windowWillResize:toSize: implementiert wurde. Ist dies der Fall – wie gesagt: Delegating ist in der Regel eine Möglichkeit, keine Pflicht –, so ruft die Instanz von NSWindow diese Methode auf. Daher landen wir in unserem Code. Dort mache ich etwas Einfaches: Ich hole mir die vorgesehene Größe ab und wandele die Höhe von einem Float in einen Integer um. Mit dem Modulo-Operator % runde ich die Höhe auf das Vielfache von 50 ab und setze sie wiederum in der Höhe. Dieses wird dann an das Fenster zurückgegeben.

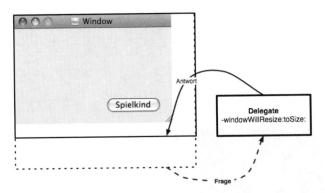

Das Delegate bekommt die Chance mitzureden.

> **TIPP**
>
> Sämtliche Delegatemethoden von Cocoa zu besprechen, würde bei Weitem das Buch sprengen. Wenn Sie aber das Verhalten einer Klasse von Cocoa ändern wollen, sollten Sie zunächst einmal nachschauen, ob eine Delegatemethode existiert, die die Lösung Ihres konkreten Problems bereitstellt. Delegation ist in aller Regel der Ableitung vorzuziehen, wenn es um Anpassungen von Verhalten geht.

> **HILFE**
>
> Sie können das Projekt in diesem Zustand als »Projekt-05-03« von der Webseite herunterladen.

Löschen Sie bitte die Methode wieder. Sie können und sollten auch im Interface Builder das Outlet wieder löschen, indem Sie im Connections-Pane des Inspectors auf das Kreuzchen links neben *Converter* klicken.

Selten benötigt, aber möglich: Ein Klick auf das Kreuzchen löscht das Outlet wieder.

Sie können sich auch mit einem Rechtsklick auf das Experimentierfenster selbst die Connections anzeigen lassen und dann im HUD das Outlet entfernen.

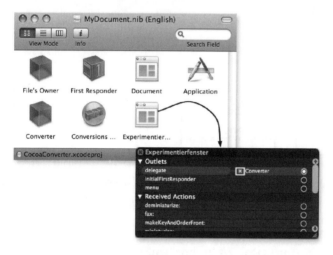

Die Connections sind auch mit einem Rechtsklick erreichbar.

Sheets

»Sheets« sind besondere Fenster, die Sie sicherlich als »Ausklappfenster« kennen. Klassisches Beispiel sind die Dateidialoge zum Öffnen und Sichern von Dateien. Ein besonderer Fall von Sheets sind sogenannte Alerts (Alert Sheets). Hierbei handelt es sich um Meldungen, die in einem gesonderten Fenster wichtige Hinweise und Warnungen aussprechen.

Sie mögen sich wundern, dass es sich hierbei wirklich um zwei ganz ähnliche Dinge handelt, weil sie ja doch auf dem Bildschirm ganz unterschiedlich aussehen. Die Gemeinsamkeit liegt in etwas anderem, der sogenannten Modalität. In beiden Fällen ist nämlich das Programm nur noch eingeschränkt benutzbar. Bei einem Ausklappfenster gilt dies für das Fenster, aus welchem das Sheet heraussprang. Bei einem Alert Sheet gilt dies sogar für das gesamte Programm. Man sagt deshalb, dass ein Sheet »fenster- oder anwendungsmodal« ist.

> **GRUNDLAGEN**
>
> Sie erinnern sich aus dem ersten Kapitel an den Grundsatz »Don't mode me!« Diese Sheets sollen Sie gerade in einen Modus zwingen, weshalb sie auch »modal« heißen. Hintergrund ist, dass etwas passiert, was jegliche weitere Arbeit unterbinden soll.

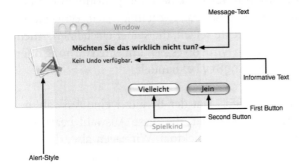

Ein fenstermodales Alert-Sheet

Die einfachste Methode sind dabei Alert-Sheets. Hierbei bedienen wir uns der Klasse NSAlert, die selbst für die Erzeugung des Fensters und die Abarbeitung der Benutzerinteraktion sorgt. Erweitern Sie die Methode -playWithViews: wie folgt:

```
…
- (IBAction)playWithViews:(id)sender
{
    // Eine Alert erzeugen
    NSAlert *alert = [[[NSAlert alloc] init] autorelease];

    // Buttons hinzufuegen
    [alert addButtonWithTitle:@"Jein"];
    [alert addButtonWithTitle:@"Vielleicht"];

    // Text hinzufuegen
    [alert setMessageText:@"Möchten Sie das wirklich nicht tun?"];
    [alert setInformativeText:@"Kein Undo verfügbar."];

    // Symbol setzen
    [alert setAlertStyle:NSWarningAlertStyle];

    // Alert ausführen
    SEL callback = @selector(alertDidEnd:returnCode:contextInfo:);
```

```
        [alert beginSheetModalForWindow:[sender window]
                       modalDelegate:self
                       didEndSelector:callback
                          contextInfo:nil];
        NSLog( @"-playWithView: beendet" );
}
@end
```

Zunächst erzeugen wir also eine Instanz von NSAlert nach der gewohnten Manier. Wir fügen ihr ein paar Knöpfe hinzu, wobei diese später von links nach rechts dargestellt werden. Schließlich können wir zwei Texte setzen, die später erscheinen. Auch lässt sich ein Style setzen, mit dem angegeben wird, ob es sich um eine Warnung oder eine kritische Warnung (NSCriticalWarningStyle) handelt.

Etwas komplizierter ist die Zeile mit dem SEL. Hat der Benutzer eine Auswahl getroffen, wird automatisch eine Nachricht gesendet, die diese Auswahl bearbeitet. SEL ist sozusagen ein Nachrichtenidentifikator (Selektor). Wir sagen also, dass die Nachricht -alertDidEnd:returnCode:contextInfo: verschickt werden soll. In dem eigentlichen Aufruf übergeben wir die Nachricht und das Objekt, an das sie verschickt werden soll (self).

Daher müssen wir auch noch eine entsprechende Methode programmieren. Diese fügen wir vor -playWithViews: ein:

```
- (void)alertDidEnd:(NSAlert*)alert
         returnCode:(int)button
        contextInfo:(void*)context
{
   switch( button ) {
      case NSAlertFirstButtonReturn:
         NSLog( @"Der erste" );
         break;

      case NSAlertSecondButtonReturn:
         NSLog( @"Der zweite" );
         break;

      default:
         NSLog( @"Ein anderer" );
         break;
   }
}
```

Wenn Sie das Programm starten und auf den *Spielkind*-Button klicken, wird aus dem Fenster ein entsprechendes Alert klappen und bedienbar sein. Das Fenster ermitteln wir, indem ich bei dem Button abfrage, zu welchem Fenster es gehört. Dagegen ist der Button im eigentlichen Fenster nicht mehr klickbar. Die Alert ist eben modal.

Bei einer Auswahl in dem Alert-Sheet wird zudem unsere neue Methode aufgerufen. Das Icon ist übrigens unser Applikationslogo. Wie man dies verändert, lernen Sie im Kapitel über Xcode.

> **HILFE**
>
> Das Projekt in diesem Zustand kann als »Projekt-05-04« von der Webseite heruntergeladen werden.

Ändern wir zwei Kleinigkeiten im Code:

```
- (IBAction)playWithViews:(id)sender
{
   // Eine Alert erzeugen
…

   // Buttons hinzufuegen
…

   // Text hinzufuegen
…

   // Symbol setzen
   [alert setAlertStyle:NSCriticalAlertStyle];

   // Alert ausführen
   SEL callback = @selector(alertDidEnd:returnCode:contextInfo:);
   [alert beginSheetModalForWindow:nil
                     modalDelegate:self
                    didEndSelector:callback
                       contextInfo:nil];
   NSLog( @"-playWithView: beendet" );
}
```

Zum einen besorgen wir uns ein anderes Bild, damit der Anwender den ganzen Ernst der Lage kapiert. Zum anderen wird die Alert jetzt nicht auf ein Fenster bezogen. Dadurch wird sie programmmodal, und in keinem der Fenster können Sie jetzt noch auf Buttons klicken.

Eine andere Methode, Alerts modal herzuzaubern, lautet wie folgt:

```
if( [alert runModal] == NSAlertFirstButtonReturn ) {
    [self deleteRecord:currentRec];
}
```

Löschen Sie wieder den Inhalt von -playWithViews: und die Callbackmethode ganz.

Wichtiger ist die Möglichkeit, selbstgebaute Sheets laufen zu lassen. Wie ich Ihnen bereits sagte, sind Sheets nichts anderes als Fenster. Diese können daher Buttons für Aktionen enthalten, Textfelder für Eingaben usw. Wir wollen uns mal ein Sheet bauen, welches ein Textfeld und zwei Buttons enthält. Dazu müssen wir zunächst den Header von Converter anpassen:

```
...
@interface Converter : NSObject<NSDecimalNumberBehaviors> {
    IBOutlet NSTextField*    inputTextField;
    IBOutlet NSTextField*    factorTextField;
    IBOutlet NSTextField*    outputTextField;

    IBOutlet NSWindow*       sheet;
    IBOutlet NSTextField*    dataTextField;
}
- (IBAction)calculate:(id)sender;
- (IBAction)playWithViews:(id)sender;

- (IBAction)performButtonClicked:(id)sender;
- (IBAction)cancelButtonClicked:(id)sender;
@end
```

Wir fügen also ein Outlet auf das Sheet hinzu, um dieses starten zu können. Das zweite Outlet dient dazu, das Textfeld zu lesen. Die beiden neuen Actionmethoden werden wir mit den Buttons im Sheet verbinden.

Nachdem Sie das gespeichert haben, wechseln Sie wieder in den Interface Builder und ziehen sich aus der Library unter *Cocoa|Application|Windows* ein Panel in das Hauptfenster MyDocument.xib, welches Sie am besten gleich mit *Sheet* benennen. Im Attributes-Pane des Inspectors schalten Sie unbedingt *Visible at Launch* aus, damit das Fenster erst auf unser Kommando erscheint.

Ein Sheet erscheint erst auf unsere Anforderung.

Verbinden Sie im Hauptfenster MyDocument.xib das Sheet-Outlet des Converters mit diesem Sheet. Legen Sie in das Sheet ein Label, ein Textfeld und Buttons wie hier abgebildet:

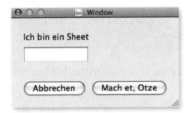

Das erwähnte Textfeld und zwei Buttons

Wie stets ziehen Sie eine Verbindung von den Buttons zu unseren neuen Actionmethoden. Umgekehrt verbinden Sie das dataTextField-Outlet des Converters mit dem Eingabefeld. Speichern.

Der Start des Sheets, -playWithView:, muss natürlich jetzt dafür sorgen, dass überhaupt das Sheet angezeigt wird. Hierzu verändern wir die Methode:

```
...
- (IBAction)playWithViews:(id)sender
{
    NSApplication* application
       = [NSApplication sharedApplication];
    SEL callback = @selector(sheetDidEnd:returnCode:contextInfo:);
```

```
    [application beginSheet:sheet
           modalForWindow:[sender window]
            modalDelegate:self
            didEndSelector:callback
              contextInfo:nil];
}
...
```

Das sieht etwas anders aus, als Sie sich das vielleicht gedacht haben. Eigentlich wird wieder ein Sheet angezeigt und ein entsprechendes Callback definiert. Das ist so ähnlich wie oben. Der Unterschied liegt darin, dass wir die Nachricht nicht an das Sheet schicken, auch nicht an ein Stellvertreterobjekt wie Alert, sondern an die Instanz `application`. Diese wiederum entstammt einem bemerkenswerten Aufruf in der ersten Anweisung der Methode. Ohne bereits hier darauf näher einzugehen, handelt es sich bei dieser Instanz um eine Abbildung unserer Anwendung. Und diese ist für Sheets verantwortlich. Das liegt darin begründet, dass unser Sheet ja modal sein soll, also Events für das andere Fenster sperrt. Da aber die Applikation für das Abholen von Events verantwortlich ist, muss diese von unserem Trachten wissen. Schauen Sie sich vielleicht noch einmal die Abbildung zur Event-Loop in dem Abschnitt »Responder« an.

> **GRUNDLAGEN**

> In Wahrheit geschah etwas Ähnliches bereits in dem Beispiel mit der Alert. Diese erledigt das nur für uns, so dass wir davon nicht merken.

Wir müssen jetzt zunächst vor -playWithViews: unsere neuen Actionmethoden implementieren:

```
...
- (IBAction)performButtonClicked:(id)sender
{
   NSLog( @"Eingabe: %@", [dataTextField stringValue] );
   [NSApp endSheet:sheet];
}

- (IBAction)cancelButtonClicked:(id)sender
{
   NSLog( @"Abgebrochen!" );
   [NSApp endSheet:sheet];
}
...
```

Dies sind ganz normale Actionmethoden. Die einzige Besonderheit liegt darin, dass sie das Sheet wieder deaktivieren. Das ist übrigens keinesfalls zwingend. Selbstverständlich könnte auf die jeweils letzte Nachricht auch verzichtet werden. Dann bliebe das Sheet eben aktiv.

Beachten Sie aber, dass ebenso wie bei der Erzeugung des Sheets auch hier die entsprechende Nachricht an NSApp geschickt wird. Hierbei handelt es sich um eine Kurzschreibweise für das obige [NSApplication sharedApplication]. Sie können es beliebig austauschen.

Wenn wir das Sheet deaktivieren, wird endlich unser Callback -sheetDidEnd:… aufgerufen. Also müssen wir auch das implementieren, am besten vor den Actionmethoden:

```
...
- (void)sheetDidEnd:(NSWindow*)openSheet
         returnCode:(int)button
        contextInfo:(void*)context
{
   [openSheet orderOut:self];
   NSLog( @"Weg isses" );
}
...
```

Hier wird dann das Sheet endgültig mit -orderOut: (NSWindow) beendet und vom Schirm genommen. Ein kompletter Zyklus sieht also so aus:

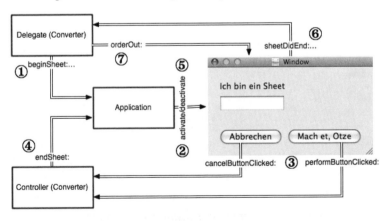

Unser Converter nimmt zwei Aufgaben wahr.

Das ist freilich kompliziert und bedarf der Erläuterung: Eigentlich bietet unser Converter zwei Gruppen von Funktionalität:

- Unser Converter ist dafür verantwortlich, dass das Sheet erscheint (-playWithViews:) und wieder verschwindet (`sheetDidEnd:...`). Er übt also die Kontrolle *über* das Sheet aus.

- Zum anderen stellt er die Actionmethoden für die Buttons im Sheet zur Verfügung. Er übt also die Kontrolle *im* Sheet aus.

Diese beiden Rollen können aber durchaus getrennt sein: Stellen Sie sich vor, dass Sie eine komplizierte Funktionalität im Sheet haben, die einen ausgefuchsten Controller verlangt. Diesen packen Sie mit seinen Actionmethoden in eine eigene Klasse `MyOutfoxedSheetController`. Dann wollen Sie das Sheet in verschiedenen Fenstern, Projekten gar, verwenden. Hier haben Sie jedes Mal ein anderes Delegate. Gut lässt sich das eigentlich auch an den File-Dialogen erkennen: Die Funktionalität in den Sheets stammt von Apple, die Funktionalität, was dann mit dem Ergebnis geschehen soll, kann von Ihnen programmiert werden.

> **➤HILFE**
>
> Sie können das Projekt in diesem Zustand als »Projekt-05-05« von der Webseite herunterladen.

Löschen Sie im Nib wieder das Panel und den Code in Converter, sowohl im Header wie in der Implementierung. (Natürlich mit Ausnahme der aus dem letzten Kapitel stammenden Methoden und Instanzvariablen.) -playWithView: leeren Sie bitte wieder und lassen es auch im Header stehen.

Drawers

Unter Leopard etwas old-fashioned: Drawers

Bei Drawern handelt es sich um Schubladen, die man unter dem Fenster herausziehen kann.

Zunächst ist zu bemerken, dass Drawers eben nicht besondere Arten von Fenstern sind, sondern unmittelbar von NSResponder abgeleitet werden. Sie ähneln aber insoweit Fenstern, als dass sie ein Contentview haben, das sie darstellen. Damit lassen sie sich in vielerlei Hinsicht wie Fenster behandeln. (Dies führt immer wieder zum Missverständnis, dass es sich tatsächlich um NSWindow-Subklassen handelt.)

Ein wenig wollen wir das einmal probieren. In der Library des Interface Builders finden Sie keinen gesonderten Drawer mehr. Sie können aber in der Gruppe *Cocoal-Application|Windows* ein Fenster mit einem Drawer auswählen. Ziehen Sie diesen in das Hauptfenster MyDocument.xib.

Sie sehen nunmehr drei neue Instanzen:

- Das Fenster *Window (Window)*, an welches der Drawer andockt. Dies wollen wir nicht mehr, da wir bereits ein Fenster haben, nämlich unser Experimentierfenster. Löschen Sie es daher und ziehen Sie eine Verbindung von dem blauen Würfel *Drawer* zu unserem Experimentierfenster. Im HUD bitte das Outlet *parentWindow* anwählen.

- Der Drawer selbst, den wir soeben neu mit dem Window verbunden haben.

- Das *Drawer Content View*, das den Inhalt des Drawers zeichnet. Doppelklicken Sie hierauf und ziehen Sie ein Textfeld *Label* in dieses View. Beschriften Sie irgendwas, was Ihnen gerade einfällt.

Selektieren Sie bitte den Drawer in dem Hauptfenster MyDocument.xib und setzen Sie im Attributes-Pane des Inspectors das Pop-up neben *Edge* auf *Bottom*. Hierbei handelt es sich um diejenige Seite, an der der Drawer später erscheinen soll.

Man kann nicht unbedingt behaupten, dass der Drawer über umfangreiche Einstellungsmöglichkeiten verfügt.

Ziehen Sie jetzt vom *Spielkind*-Button im Experimentierfenster eine Action auf den Drawer und wählen Sie im HUD den Eintrag *toggle:* aus. Dieser bedeutet, dass der Zustand des Drawers (geöffnet bzw. geschlossen) hin- und hergeschaltet werden soll.

Wechseln Sie bei selektiertem Drawer im Inspector auf das Size-Pane und geben Sie dort in der Zeile *Offset* bei *Leading* ebenfalls *15* ein. Es handelt sich bei den beiden Einstellungen in dieser Zeile um den Abstand des Drawers vom Fensterrand.

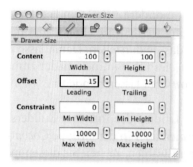

Bei vertikal erscheinenden Drawern entspricht der leading Offset dem linken Abstand zum Fensterrand.

Sie können jetzt die Funktionalität des Drawers gleich im Interface Builder durch den Simulator testen (*File|Simulate Interface*).

Hiernach entfernen Sie bitte wieder den Drawer nebst seinem View und ziehen die Connection des *Spielkind*-Buttons wieder auf *Converter|playWithViews:*.

Toolbars

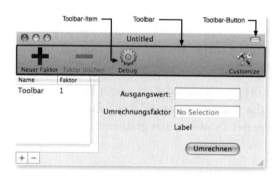

Toolbars werten eine Applikation deutlich auf.

Toolbars dienen der einfachen Erreichbarkeit von Anwendungsfunktionalität. Dies wird zum einen dadurch erreicht, dass der User die angebotenen Möglichkeiten jederzeit sieht, zum anderen dadurch, dass visuell ein Bezug zum Fenster hergestellt wird.

Toolbar-Struktur

Und hier kommt gleich ein wichtiger Punkt: Eigentlich sind Toolbars unabhängig von Fenstern. Man kann eine beliebige Anzahl von Toolbars im System anmelden und dann für verschiedene Fenster verwenden. Das ist insoweit sinnvoll, als dass es mehrere gleichartige Fenster geben kann, die sich die Toolbareinstellungen teilen. Dies ist beispielsweise bei einer dokumentenorientierten Anwendung der Fall, wenn mehrere Dokumente gleichzeitig geöffnet sind. Hat man indessen einen ganz anderen Fenstertypen, so kann diesem eine andere Toolbar zugewiesen werden.

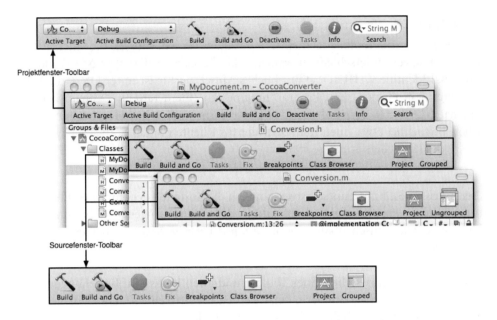

Drei Fenster teilen sich zwei Toolbars: Die Änderungen einer gemeinsamen Toolbar gelten für alle Fenster mit dieser Toolbar.

Sie können dies einmal ausprobieren, indem Sie in Xcode zwei Sourcefenster öffnen. Ändern Sie die Konfiguration einer Toolbar in einem Fenster, so wirkt sich dies automatisch auf das andere Fenster aus, das dieselbe Toolbar verwendet.

Ebenso wie mit den Toolbars in Bezug zu den Fenstern verhält es sich mit den einzelnen Elementen, den Toolbar-Items, in Bezug auf die Toolbar: Sie bekommen einen Identifier, werden in einem gemeinsamen Keller gehalten und können zwischen den Toolbars verteilt werden:

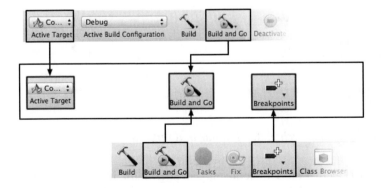

Gleiche Items wie »Build and Go« können in verschiedenen Toolbars enthalten sein.

> **GRUNDLAGEN**
>
> Da alle Items und Toolbars gemeinsam gehalten werden, müssen Sie einen Identifier systemweit unterschiedlich wählen. Man bezeichnet dies als einen »unique universal Identifier« (UUID). Ein übliches Mittel hierfür ist unter OS X die Verwendung von Firmen- und Programmnamen in einem Reverse-Domain-Name-Format (rDNS): @"com.Software #9811.LawFirm #9811.ClientToolbarItemIdentifier" bezeichnet etwa einen Itemidentifier für Klienten in der Software LawFirm #9811 des Herstellers Software #9811.

Aber beachten Sie bitte, dass selbstverständlich die Zustände der einzelnen Elemente in der Toolbar unabhängig sind. So sind in der vorangegangenen Abbildung etwa die Zustände des umschaltbaren Items *Grouped/Ungrouped* in den beiden Fenstern unterschiedlich.

Insgesamt bestehen zwischen einer Toolbar und ihren Items fünf Beziehungen, von denen zwei im Interface Builder gesetzt werden können, eine sich erst zur Laufzeit ergibt und eine nur durch den Code bestimmt werden kann:

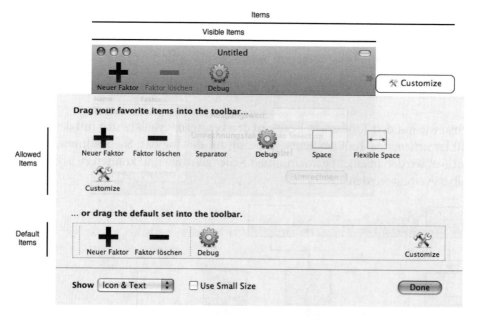

Es existieren fünf Beziehungen zwischen der Toolbar und ihren Items.

- Die *Allowed-Items* (Palette) sind diejenigen, die überhaupt in der jeweiligen Toolbar auftauchen dürfen. Diese werden im Konfigurationssheet oben angezeigt und lassen sich mit dem Interface Builder anlegen.

- Die *Default-Items* sind diejenigen, die der Programmierer als Vorgabe gedacht hat. Auch diese Gruppe lässt sich im Interface Builder konfigurieren.
- Die *Selectable-Items* stellen die Gruppe der Items dar, die man dauerhaft anwählen (selektieren) kann. Dies ist für Inspektoren und Voreinstellungsdialoge wichtig. Sie erscheinen bei Tiger unterlegt, bei Leopard vertieft. Öffnen Sie etwa die Voreinstellungen (*Interface Builder|Preferences*) des Interface Builders. Sie lassen sich derzeit nur im Code verwalten. Ein Beispiel folgt im Kapitel über Controller.
- Mit der Eigenschaft *Items* selbst bezeichnet die Toolbar die in ihr vorhandenen Items. Sie können vom Benutzer festgelegt werden, wenn dieser den Konfigurationsdialog öffnet.
- Schließlich werden zur Laufzeit die *Visible-Items* bestimmt, eine Untergruppe der Items. In ihnen fehlen diejenigen, die aufgrund von Platzmangel in das kleine Menü (Overflow-Menu) rechts an der Toolbar verbannt wurden.

Alle diese Gruppen werden im Code durch Arrays mit String-Instanzen dargestellt, wobei die einzelnen Strings die Identifier der Items sind. Da diese Programmierung recht langweilig und mühselig ist, kann man seit Leopard die wichtigsten Eigenschaften im Interface Builder setzen.

Eigene Toolbar erstellen

Öffnen Sie MyDocument.xib und dort das Dokumentenfenster. In der Library schauen Sie in der Gruppe *Cocoa|Application|Toolbars* nach und ziehen die oben links befindliche Toolbar auf das geöffnete Dokumentenfenster selbst, nicht auf das Symbol im Hauptfenster MyDocument.xib.

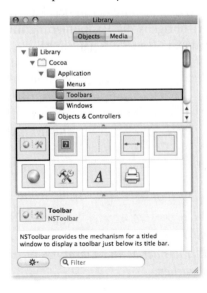

Die Toolbar-Elemente des Interface Builders

Sie sehen dann im Dokumentenfenster eine Standardtoolbar, mit der wir zunächst wenig anfangen können. Klicken Sie auf diese erneut. Es erscheint jetzt ein Konfigurationssheet (so heißt dieses Aufklappfenster), welches nur die Allowed-Items zeigt. Hier hinein müssen also alle Items, die wir später in unserer Toolbar erlauben wollen.

Zunächst sehen Sie dort bereits angelegt verschiedene Systemitems. Diese werden bereits von Cocoa angefertigt:

- *Farben* (*Colors*) öffnet den Systemfarbdialog. Diesen benötigen wir nicht, weshalb Sie bitte das Item in dem Sheet anklicken und löschen.

- Mit *Schriften* (*Fonts*) verhält es sich ähnlich. Auch dieses löschen Sie bitte, weil wir keine Verwendung dafür haben.

- Als Nächstes ist *Drucken* (*Print*) dran. Auch das bitte entfernen.

- Es existieren drei Arten der Seperatoren (*Seperator* oder *Space*). Es handelt sich nicht um anwählbare Items. Sie dienen vielmehr ausschließlich der Gruppierung. Wir lassen diese drin, um dem Anwender eben genau diese Möglichkeit zu bieten.

- Schließlich folgt das *Anpassen*-Item (Customize), welches Sie bitte auch in der Toolbar lassen.

Wir werden zunächst zwei einfache Items hinzufügen, nämlich unsere Buttons zum Hinzufügen und Entfernen. Dazu können wir uns des einfachsten Typen eines Items bedienen, nämlich eines einfachen Bildes. Der Interface Builder und Cocoa sorgen dafür, dass daraus ein »richtiges« Item wird. Wechseln Sie dazu in der Library oben auf *Media* und ziehen Sie das Bild mit dem »+« (*NSAddTemplate*) in den Kasten innerhalb des Sheets. Beim Einfügen funktioniert übrigens die Positionierung im Interface Builder nicht richtig. Fügen Sie es ein und platzieren Sie es ganz links.

Man kann Bilder aus der Media-Library zu Toolbar-Items machen.

DIE VIEWSCHICHT   KAPITEL 5

> **GRUNDLAGEN**
> Der Interface Builder 3 unterstützt erstmalig Toolbars. Allerdings lässt die Implementierung doch noch einiges zu wünschen übrig. So kann man bisher etwa nicht selbst Identifier vergeben. Vielmehr werden diese automatisch vom System erzeugt.

Sie geben im Inspector bitte auch die Bezeichner für den Benutzer im Attributes-Pane ein, also in diesem Falle *Hinzufügen*. Dies ist zweimal erforderlich, da die Bezeichnung in dem Sheet (*Pal. Label*) von denen in der Toolbar (*Label*) abweichen darf.

Jedes Item hat zwei Beschreibungstexte.

Um eine andere Methode kennenzulernen, wechseln Sie in der Library bitte wieder auf *Objects*. Jetzt ziehen Sie aus dem mittleren Bereich der Library das Symbol rechts neben der Toolbar mit dem Fragezeichen in die Toolbar.

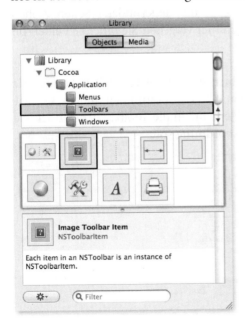

Es existieren auch vorgefertigte Items, …

Sie können jetzt im Inspector in der Zeile *Image* den Bildnamen *NSRemoveTemplate* eingeben.

… denen man dann noch ein Image zuweisen muss.

Auch hier geben Sie bitte einen Namen für das Sheet und einen für die Toolbar ein, ich schlage hier *Entfernen* vor.

> ➤ **TIPP**
>
> Sie können auf diese Weise auch die anderen Standarditems aus der Library in die Toolbar ziehen. Spielen Sie damit herum: Versuch macht schlau!

Schließlich gibt es eine weitere wichtige Möglichkeit: In einer Toolbar können sich nämlich nicht nur einfache Images, sondern auch andere Views einfügen. Beide werden automatisch zu einem Item »gewandelt«. (In Wahrheit wird ein Item erzeugt, welches das View besitzt.) Hierzu wechseln Sie in der Library wieder zu *Cocoa|Views & Cell|Input & Values* und suchen dann im mittleren Bereich nach dem Search Field. Es handelt sich hierbei um ein Textfeld mit Lupe und abgerundeten Seiten. Ziehen Sie auch dieses in den Kasten im Sheet. Auch hier vergeben Sie bitte die beiden Bezeichnungen, vielleicht »Suche«.

Nachdem Sie nun auf diese Weise die erlaubten Items festgelegt haben, können Sie diejenigen in der Standardeinstellung (Default-Items) bestimmen, indem Sie (wie später der Nutzer im fertigen Programm) Elemente in die Toolbar ziehen oder wieder daraus entfernen. Ich schlage folgende Anordnung vor:

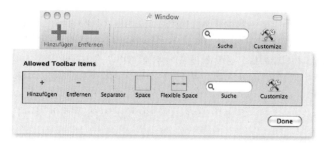

Das Ergebnis sollte schließlich so aussehen.

Sie können jetzt bereits im Interface Builder mit *File|Simulate Interface* die Konfiguration der Toolbar testen. Die beiden Items zum Anlegen und Löschen von Umwandlungen wollen wir aber auch noch mit Leben erfüllen. Sie sollen ja die gleiche Funktionalität wie die beiden Buttons unter dem Tableview haben. Was wäre naheliegender, als daher genau das im Interface Builder zu machen, was wir auch bei den Buttons machten? Eben ... Ziehen Sie also bei gedrückter [Ctrl]-Taste jeweils eine Verbindung von den Items im Sheet zu den Actions *add:* und *remove:* des Conversions Controllers. Sie müssen die Items wirklich im Sheet anfassen, nicht in der Toolbar selbst.

Wenn Sie jetzt das Programm mit *Build and Go* übersetzen, können Sie es über die Toolbar anstelle der Buttons bedienen.

> **➤ AUFGEPASST**
> Beachten Sie bitte auch einen kleinen Fortschritt: Wenn kein Element in der Faktorliste ausgewählt ist, wird das Item automatisch disabled, also nicht mehr anklickbar. Diese Funktionalität bietet unser Button noch nicht. Ich werde das Geheimnis darum im Kapitel über Controller aber noch lüften.

Entfernen Sie daher bitte die Buttons unterhalb des Tableviews und ziehen Sie das Tableview bis an den unteren Rand.

> **➤ HILFE**
> Sie können das Projekt in diesem Zustand als »Projekt-05-06« von der Webseite herunterladen.

Bleibt die Frage, was man unter Tiger macht. Zunächst gilt die hier aufgezeigte Struktur für Toolbars bereits unter Tiger. Wenn Sie diese daher verstanden haben, werden Sie die Apple-Dokumentation leicht nachvollziehen können. Dennoch hier kurz ein Rundgang: Sie müssen für die Toolbar ein Delegate im Interface Builder anlegen und in diesem die Methoden erstellen, die zum einen Arrays von Item-Identifiern zurückgeben:

- `-toolbarAllowedItemIdentifiers:` liefert die möglichen Items, also jene, die im Konfigurationssheet vorhanden sind.
- `-toolbarDefaultItemIdentifiers:` gibt ein Array zurück, welches die Standard-Items enthält.
- `-toolbarSelectableItemIdentifiers:` beinhaltet die selektierbaren Items.

Dabei sollen diese Methoden nicht die Items liefern, sondern lediglich einen Identifier. Dies kann entweder ein System-Identifier sein oder ein eigener. Typischerweise sieht die Methode etwa so aus:

```objc
- (NSArray)toolbarAllowedItemIdentifier:(NSToolbar*)toolbar
{
   if( [[toolbar identifier] isEqualToString:@"MyDocumentToolbar"]
) {
      return [NSArray arrayWithObjects:
               NSToolbarSpaceItemIdentifier, // Leerarum
               NSToolbarFlexibleSpaceItemIdentifier, // flexibel
               ...,
               @"MyAddItemIdentifier",
               ...,
               nil];
   }
   return nil;
}
```

Daher muss eine weitere Methode im Delegate existieren, die für einen Item-Identifier das Item erstellt:

```objc
- (NSToolbarItem*)toolbar:(NSToolbar *)toolbar
    itemForItemIdentifier:(NSString *)itemIdentifier
willBeInsertedIntoToolbar:(BOOL)flag
{
   NSToolbarItem* toolbarItem;
   toolbarItem = [[[NSToolbarItem alloc]
                              initWithItemIdentifier:itemIdentifier]
                              autorelease];

   if ([itemIdentifier isEqualToString:@"MeinItemIdentifier"]) {
      // Aussehen
      [toolbarItem setLabel:@"Hinfzufuegen"];
      [toolbarItem setPaletteLabel:@"Hinzufuegen"];
      [toolbarItem setToolTip:@"Fuegt eine Umrechnung hinzu"];
      [toolbarItem setImage:[NSImage imageNamed:...]];

      // Target-Action
      [toolbarItem setTarget:conversionsController];
      [toolbarItem setAction:@selector(add:)];
   } else if( ... ) {
   } else {
      toolbarItem = nil;
   }
}
```

```
    return toolbarItem;
}
```

Die Apple-Dokumentation hierzu ist übrigens hervorragend und enthält sogar eine Checkliste mit zahlreichen Code-Beispielen dazu, was genau getan werden muss. (Wenn das immer so wäre, wäre ich ein armer Mann ...)

Views und Controls

Views bzw. Controls haben neben ihren bereits besprochenen Koordinaten und ihrer Stellung in der Viewhierarchie weitere Eigenschaften. Ein paar davon will ich noch voranstellen:

Wichtige Eigenschaften

Tag
Nein, nicht vom deutschen Wort Tag ist die Rede, sondern vom englische »tag« (Markierung), das im Folgenden aber, so wie der deutsche Tag, großgeschrieben wird. NSView implementiert diese Eigenschaft mit der Methode -tag abstrakt und liefert -1 zurück. Die Subklasse NSControl erlaubt jedoch mittels der Methode -setTag: oder im Attributes-Pane des Interface Builders, jedem Control (und ein paar anderen Elementen wie Toolbaritems) eine Ganzzahl (NSInteger) zuzuordnen. Der Witz liegt vor allem in der Methode -viewWithTag: (NSView), die als Rückgabewert den ersten gefundenen View liefert, bei dem das Tag den angegebenen Wert hat. Damit lässt sich also in komplizierten View-Hierarchien schnell ein bestimmtes View finden.

Focus-Ring-Typ
Mit »Fokus« bezeichnet man die Eigenschaft eines Views, gerade für Benutzereingaben zuständig zu sein. Sie kennen das aus zahlreichen Applikationen: Wenn ein Textfeld aktiv ist, erhält es einen hellblauen Rand. Dieser Rand ist der Focus-Ring. Man kann das Aussehen dieses Focus-Ring sowohl aus dem Programm heraus mit -setFocusRingType: setzen, als auch – und dies ist praktisch wichtiger – im Interface Builder Einstellungen dafür vornehmen. Häufigster Fall ist es, den Focus-Ring für ein Tableview auszuschalten. Ihnen ist vielleicht auch schon aufgefallen, dass sich in unseren Applikationen nach einem Klick auf das Tableview ein fürchterlich aussehender Focus-Ring zeigt. Dieser ist eigentlich auch überflüssig, da man in Tableviews auch ohne ihn ganz gut die Selektion erkennen kann. Sie können das Zeichnen vermeiden, indem Sie bei selektierten Tableview im Inspector-Pane *Attributes* unten den Focus-Ring von *Default* auf *None* umstellen. Machen Sie dies; es sieht gleich deutlich schöner aus.

Farben

Einige Eigenschaften haben Farben als Parameter: Hintergrundfarbe, Umrandungsfarbe, Textfarbe usw. Farben werden in Cocoa durch Instanzen der Klasse NSColor abgebildet. Dabei gibt es sowohl verschiedene Convenience-Allocators für die einzelnen Farben (wie +whiteColor, +blueColor usw.) als auch entsprechende Methoden für die verschiedenen Farbsysteme (RGB, CMYK, HSV usw). Man kann Farben einen sogenannten Alphawert (alpha Value) mitgeben, der die Deckkraft einer Farbe bezeichnet. Hiermit sind also gegebenenfalls Transparenzeffekte möglich.

> ►AUFGEPASST
>
> Man kann mit einer völlig transparenten Farbe (alpha: 0 Prozent) übrigens Löcher in Fenster »schießen«. Damit beschäftigen wir uns im zweiten Band.

Häufig ist es angezeigt, sich nicht selbst Farben zu definieren, sondern Systemfarben zu verwenden. Diese gehen dann sogleich mit etwaigen Benutzereinstellungen für die Farben (Themes) einher. Auch hierzu kennt die Klasse NSColor entsprechende Klassenmethoden zur Erzeugung.

Wir können das einmal ausprobieren, indem wir die Actionmethode -calculate: ändern.

```
...
- (IBAction)calculate:(id)sender
{

    double input = [inputTextField doubleValue];
    double factor = [factorTextField doubleValue];

    double result = input * factor;

    NSColor* color;
    if( result > 100 ) {
       color = [NSColor redColor];
    } else {
       color = [NSColor controlTextColor];
    }

    [outputTextField setTextColor:color];
    [outputTextField setDoubleValue:result];
}

}
...
```

Sie sehen schon, dass bei einem Ergebnis größer als 100 eine rote Farbe erzeugt wird, die am Ende der Methode als Textfarbe gesetzt wird. Ist dies nicht der Fall, so wird allerdings nicht Schwarz erzeugt, sondern die Systemfarbe +controlTextColor verwendet. Dies ist eben besser, da bei einer Veränderung der Systemfarbe sich automatisch unser Programm daran anpasst.

> **▶TIPP**
>
> Sie können übrigens auch in allen Programmen im Systemfarbfenster den Pane *Farbpalette* und dann dort die Palette *Entwickler* auswählen, um eine Liste der Systemfarben nebst deren Erscheinung zu erhalten.

Praktisch zum Suchen: Auch das Fenster für Farben kennt die Systemfarben.

> **▶HILFE**
>
> Sie können das Projekt in diesem Zustand als »Projekt-05-07« von der Webseite herunterladen.

Control-Size

Instanzen der Klasse NSControl kennen zudem eine eigene Control-Size, die nichts mit den Koordinaten des Views zu tun haben. Vielmehr kann man Controls in den vordefinierten Größen *regular* (normale Größe), *small* (verkleinert) und *mini* (stark verkleinert) setzen lassen. Damit ändern sich nicht nur die Defaultgrößen selbst, sondern auch die verwendete Textgröße. Hiermit können Sie vor allem kleine Buttons und Texte erzeugen, die von geringerer Bedeutung sind. Im Interface Builder lässt sich diese Eigenschaft im Inspector-Pane *Size* als oberster Eintrag *Control Size* einstellen.

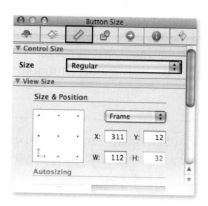

Unwichtigere Dinge können auch mal kleiner dargestellt werden.

Key-Loops

Zu jedem View kann gespeichert werden, welches das nächste View für Tastatureingaben sein soll, wenn der User die Tabulator-Taste drückt. Hierzu können Sie im Interface Builder bei gehaltener [ctrl]-Taste eine Verbindung von einem View zum nächsten ziehen und im aufspringenden Fenster *nextKeyView* anwählen. Es existiert die umgekehrte Eigenschaft previousKeyView, die den Vorgänger bestimmt. Der Interface Builder setzt dies automatisch in der umgekehrten Richtung.

Buttons

Die einfachen Action-Buttons müssen eigentlich nicht lange erklärt werden, zumal wir auch schon reichlich damit gearbeitet haben. Sie befinden sich in der Library hauptsächlich in *Cocoa|Views & Cells|Buttons*.

Bei dieser Vielfalt an Buttons sollten Sie aufpassen, nicht alles zu bunt zu machen. Achten Sie insbesondere darauf, welcher Button sich zu welchem Hintergrund eignet. Insgesamt empfiehlt es sich einfach, mal auf andere Applikationen zu schauen, wie dort Buttons verwendet werden. Es ist eher unwahrscheinlich, dass gerade Sie der Mensch sind, der ganz neue Gestaltungsideen entwickelt.

Allerdings lassen sich einige Buttonarten unterscheiden. Sie stammen übrigens alle von derselben Klasse NSButton ab, haben aber ein unterschiedliches Aussehen. Dies entspricht im Interface Builder der Einstellung *Style* im Attributes-Pane. Nur in wenigen Fällen ist wirklich eine Unterklasse vorhanden. Die zweite wichtige Einstellung zur Unterscheidung von Buttons ist ihr Klickverhalten, welches im Attributes-Pane der Einstellung *Mode* entspricht.

Schließlich kann man mit der Einstellung *Key Equiv.* (Key-Equivalent, Tastaturentsprechung) jedem Button ein Tastaturkürzel zuordnen. Dazu klicken Sie in das entsprechende Feld im Attributes-Pane, so dass ein Focus-Ring sichtbar wird und sodann die Tastenkombination auf der Tastatur. Sie können das in unserem Dokumentfenster mal für den Umrechnen-Button machen, indem Sie [Eingabetaste] drücken und zwar die mit dem Symbol ↵ und nicht die im Nummernblock. (Hatten Sie sich das vielleicht schon einmal gewünscht?)

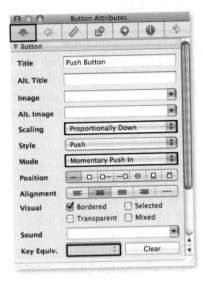

Die wichtigsten Eigenschaften von Buttons

Aktionsbuttons

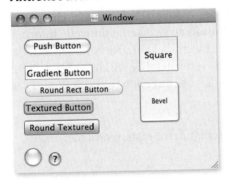

Ganz schön bunt hier: Über die Jahre haben sich einige Buttontypen angesammelt.

Die Aktionsbuttons besitzen den Mode *Momentary Push in* und dienen dazu, einfach eine Aktion auszulösen, so wie wir es bereits gemacht haben. Sie zeichnen sich nur während des Klickvorganges selektiert (und während die anschließende Methode läuft).

Umschaltbuttons

Ein und Aus: Diese Buttons schalten etwas um. Optionsknöpfe bilden dabei eine Gruppe.

Einige Buttons sind eigentlich nicht dazu gedacht, eine Aktion auszuführen, sondern stellen eine Einstellung, also einen Wert dar. Sie sind daher in der Library auch nicht bei den Buttons aufgeführt, sondern befinden sich mit Ausnahme des Disclosures in der Gruppe *Cocoa|Views & Cells|Input & Values*. Ich habe den Disclosure dennoch hier mit hereingenommen, da auch er einen Zustand anzeigt. Entsprechend hat er auch ein Value-Binding, welches seinen Zustand setzt.

Es sei angemerkt, dass eine solche Umschaltbuttons drei Zustände annehmen können: `NSOffState` (deselektiert), `NSOnState` (selektiert) und `NSMixedState`. Der letzte Status dient dabei nicht der Signalisierung eines Zwischenzustandes, so wie gelb bei einer Ampel. Vielmehr bedeutet er, dass, wenn mehrere Objekte ausgewählt sind, bei manchen der Zustand gesetzt, bei manchen nicht gesetzt ist. Dementsprechend sollen bei der Anzeige innerhalb einer Mehrfachauswahl die beiden anderen Zustände nur verwendet werden, wenn sie auf sämtliche selektierten Objekte zutreffen.

Bei den runden Optionsknöpfen (Radio-Buttons) verhält es sich ähnlich. Hier muss man aber berücksichtigen, dass ein einzelner Button an sich keine sinnvolle Information enthält, da nur einer von mehreren aktiviert werden kann. Sie befinden sich daher in einer sogenannten Matrix, die die Buttons verwaltet. Die wirkliche Einstellung ergibt sich dann aus dem `selectedIndex`- oder `selectedObject`-Binding. Dies harrt natürlich der Überprüfung:

In »Converter.h« erzeugen Sie eine neue Eigenschaft nebst Instanzvariable:

```
...
@interface Converter : NSObject<NSDecimalNumberBehaviors> {
    IBOutlet NSTextField*    inputTextField;
    IBOutlet NSTextField*    factorTextField;
    IBOutlet NSTextField*    outputTextField;

    NSInteger   selection;
}
@property( readwrite ) NSInteger selection;
...
```

Es müssen freilich die Accessoren in Converter.m implementiert werden:

```
@implementation Converter
@synthesize selection;
...

...
- (id)init
{
   self = [super init];

   if( self ) {
      self.selection = 0;

   }

   return self;
}
- (void)dealloc
{
   self.selection = 0;

   [super dealloc];
}
@end
```

Da wir nunmehr eine neue Eigenschaft haben, müssen wir -init und -dealloc implementieren:

Beides wieder speichern; dann in den Interface Builder wechseln. Dort ziehen Sie bitte ein Textfeld und aus der *Library* unter *Cocoa\Views & Cells\Inputs & Values* das Element mit den beiden Radio-Buttons ins Experimentierfenster. Im Attributes-Pane des Inspectors geben Sie 3 für die Anzahl der Rows ein. Ferner ziehen Sie bitte ein Textfeld in das Experimentierfenster, wenn sich dort nicht noch eines befindet. Zupfen Sie das Ganze wieder etwas schön.

Wechseln Sie jetzt zum Bindings-Pane und öffnen Sie das *Selected Index*-Binding, nachdem Sie die Gruppe der Radio-Buttons selektiert haben. Dort geben Sie als Ziel des Bindings (*Bind To:*) unsere Converter-Instanz (nicht: Conversions Controller!) an. Sie können jetzt keinen Controller-Key mehr eingeben, da der Interface Builder nur die Controller-Keys der Bindings-Controller (Array-Controller usw.) kennt.

Benutzen Sie daher den *Model Key Path* und tragen Sie den Namen unserer neuen Eigenschaft *selection* ein.

Etwas ungewöhnlich: Das Binding hängt an der Converter-Instanz.

Dieselbe Einstellung nehmen Sie bitte für das Value-Binding des Textfeldes vor. Wenn Sie jetzt die Applikation starten, werden Sie sehen, dass die jeweilige Selektion im Textfeld angezeigt wird, wobei die Zählung mit 0 beginnt.

Einen ähnlichen Fall haben wir, wenn Sie sich etwa in Mail die Optionsleiste anschauen, nachdem Sie einen Suchbegriff eingegeben haben:

Wie Radio-Buttons: die Suchoptionen von Mail

Um eine solche Leiste zu erhalten, müssen Sie der Matrix mehrere Spalten bei einer Zeile geben. Außerdem ist der Style der Buttoncells (bei selektiertem Eintrag in der NSMatrix) auf *Recessed* zu stellen. Dieser existiert allerdings nur unter Leopard.

Löschen Sie jetzt wieder die Instanzvariable, Property und Accessoren. Das -init und -dealloc reduzieren Sie bitte entsprechend, lassen diese aber bestehen:

```
...
- (id)init
{
    self = [super init];
    
    if( self ) {
```

```
    }
    return self;
}
- (void)dealloc
{
    [super dealloc];
}
@end
```

Im Interface Builder entfernen Sie die Radio-Buttons und das Textfeld aus dem Experimentierfenster.

Für den Disclosure finden Sie bei der View-Animation ein Beispiel.

Imageviews

Ein Imageview mit einer Bezel-Border

Mit einem Imageview kann man leicht ein Bild darstellen. Das war jetzt zu erwarten. Es wird durch die Klasse `NSImageView` abgebildet. Das war auch zu erwarten. Einsortiert ist das Imageview in der Library unter *Cocoa|Views & Cells|Inputs & Values*. Sie können sich aber gleich in der Media-Library bedienen und ein vorgefertigtes Bild verwenden.

Öffnen Sie hierzu wieder unser Experimentierfenster im Interface Builder. In der Library wechseln Sie oben auf *Media*. Klicken Sie da drunter im ersten Bereich auf *System*. Es erscheint eine neue Liste mit Bildern und Sounds.

Mit Leopard liefert OS X offizielle Icons zur freien Verwendung.

Ziehen Sie ein Bild Ihrer Wahl in das Experimentierfenster. Wie Sie am Inspector erkennen können, wurde damit ein Imageview erzeugt. Gut, ich wollte Ihnen das lediglich demonstrieren. Löschen Sie es gleich wieder.

> **TIPP**
>
> Einen Tipp gibt es aber noch: Auch das Image lässt sich per Bindings synchronisieren. Man benötigt dann halt eine Eigenschaft, die eine Instanz von NSImage speichert. Bei Core-Data ist das aber kein zulässiger Typ für ein Attribut. Hier gibt es einen Trick, den wir in Kapitel 7 besprechen.

Boxen

Die Box gruppiert einfach nur ihre Subviews.

Das wohl einfachste echte View ist die Box (NSBox). Sie ermöglicht die Gruppierung von Subviews in einem Kasten mit Titel. Sie finden sie in der Interface Builder-Library in der Gruppe *Cocoa|Views & Cells|Layout Views*. Sie können mal eine Box in das neue Fenster ziehen und dann andere Elemente wie die Ihnen bereits bekannten

Textfelder dort herein legen. Diese werden Subviews. Nehmen Sie dies einmal mit zwei Elementen vor. Sie können jetzt die umgebende Box auflösen, indem Sie im Menü *Layout* des Interface Builders auf *Unembed Objects* klicken. Jetzt bleiben nur die von Ihnen in die Box gelegten Subviews übrig.

Umgekehrt können Sie auch selektierte Views in eine neue Box schmeißen. Achten Sie darauf, dass ihre Elemente noch selektiert sind, und wählen Sie dann im Menü *Layout* den Eintrag *Embed Objects in\Box*.

Der Box kann im Attriutes-Pane des Inspectors der *Box Type Custom* gegeben werden, so dass sie letztlich nicht mehr sichtbar ist. Sie dient dann als reines Gruppierungselement. Dies kann die Viewhierarchie strukturieren und damit Arbeiten im Code erleichtern. So lassen sich etwa ganze Hierarchien mit einem Schlag ein- und ausblenden, verschieben usw. Dies nutzen wir im Abschnitt über View-Animation aus.

Tabviews

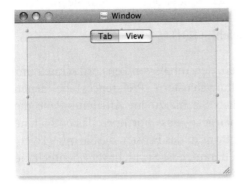

Mit Tabviews kann man mehrere Ansichten einfach umschalten.

So wie Instanzen der Klasse `NSBox` gruppieren auch Tabviews (`NSTabView`) Elemente des Benutzerinterfaces. Allerdings kann man zwischen mehreren Gruppen umschalten. In den Attributen kann man neben der Anzahl der Tabs auch deren Lage einstellen bis hin zum Ausblenden der Tabs. Spielen Sie einfach mal im *Attributes*-Pane des Inspectors etwas herum.

Jetzt wollen wir aber auch etwas Sinnvolles machen: Ziehen Sie ein Tabview in das Experimentierfenster, benennen Sie die beiden Tabs mit »Tiger« und »Leopard« und ziehen Sie ein paar `NSTextField`-Instanzen des Typs *Label* in den zuletzt benannten Tab. Auf den anderen Tab wechseln und Entsprechendes tun.

Wir haben jetzt also zwei Bereiche, die umschaltbar sind. Man kann sich das etwa so vorstellen:

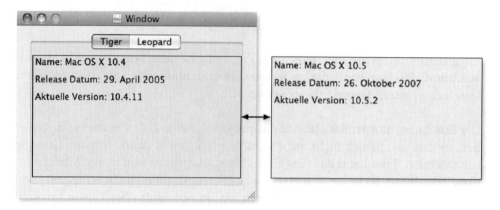

Der Programmierer erstellt nur die einzelnen Seiten. Die Verwaltung übernimmt das Tabview.

Sie können jetzt bereits das Tabview im Interface Builder testen, indem Sie im Menü *File* auf *Simulate Interface* klicken. Beenden Sie den Test wieder im Menü *Cocoa Simulator* mit *Quit Cocoa Simulator* (oder [Befehl]+[Q]).

Man kann Tabviews ebenfalls dazu verwenden, den Inhalt von Fenstern schnell umzuschalten. Sie kennen das etwa von Einstellungsfenstern (Preferences), bei denen man verschiedene Gruppierungen hat. Stellen Sie hierzu im *Attributes*-Pane die oberste Eigenschaft *Style* auf *Tabless*. Sie sehen jetzt, dass nur noch das enthaltene Subview erscheint. Ziehen Sie zudem zwei Buttons in das Fenster, die Sie mit »Tiger« bzw. »Leopard« beschriften. Achten Sie dabei darauf, dass Sie nicht versehentlich die Buttons in das Tabview legen, sondern darunter!

Dem *Tiger*-Button geben Sie den Tag 1, dem *Leopard*-Button den Tag 2. Dazu wählen Sie jeweils den Button an, selektieren im Inspector das Attributes-Pane und scrollen nach unten bis zur Gruppe *Control*.

Mit gehaltener [ctrl]-Taste verbinden Sie beide Buttons mit der Actionmethode -playWithViews: der Converter-Instanz. Wechseln Sie zu Xcode und öffnen Sie »Converter.h«. Ändern Sie die Outlets:

```
...
@interface Converter : NSObject<NSDecimalNumberBehaviors> {
    IBOutlet NSTextField*    inputTextField;
    IBOutlet NSTextField*    factorTextField;
```

```
    IBOutlet NSTextField*    outputTextField;
    IBOutlet NSTabView*      tabView;
}
…
```

Speichern Sie wieder »Converter.h«, damit der Interface Builder die Änderung mitbekommt. In Converter.m passen Sie die Actionmethode an:

```
…
- (IBAction)playWithViews:(id)sender
{
    switch( [sender tag] ) {
        case 1: // Tiger
            [tabView selectTabViewItemAtIndex:0];
            break;
        case 2: // Leopard
            [tabView selectTabViewItemAtIndex:1];
            break;
    }
}
…
```

Der Sender ist ja wieder einer unserer beiden Buttons. Dessen Tag-Eigenschaft bestimmt dann, welcher der beiden Tabview-Items angezeigt werden soll. Die entsprechende Methode eines Tabviews lautet wie ersichtlich `-selectTabViewItemAtIndex:`. Wenn Sie sich die Dokumentation zu Tabviews anschauen, sehen Sie auch noch einige andere Selektionsmethoden.

Wieder zurück in den Interface Builder verbinden Sie umgekehrt das neue Outlet tabView des Converters mit dem Tabview. Achten Sie dabei darauf, dass Sie auch wirklich das Tabview erwischen und nicht ein Element dort drin. Es erscheint beim richtigen Element, also dem Tabview, der Text *No Shadow Tab View* … Es ist bei Views mit Hierarchien nicht immer einfach, das Richtige zu erwischen.

Wenn Sie jetzt das Programm mit *Build and Go* starten, können Sie mittels der Buttons das Tabview umschalten.

Löschen Sie wieder das Tabview (mitsamt des enthaltenen Views) sowie die Buttons aus dem Fenster, entfernen Sie die Instanzvariable aus dem Header und leeren Sie wiederum die Methode -playWithViews:.

Splitviews

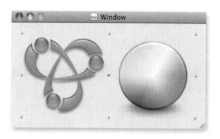

Die kleine Vertiefung verrät es: ein Splitview mit zwei Imageviews.

Auch das Splitview dient der Anordnung anderer Views. Bei einem Splitview sind allerdings alle (meist zwei) Bereiche gleichzeitig sichtbar und können in der Größe verändert werden. Testen wir das einmal aus:

Ziehen Sie zwei Images aus der Library bei der Ansicht Media aus System Media in unser Experimentierfenster, um zwei Instanzen eines Imageviews zu haben. Vergrößern Sie die Bilder deutlich, damit es später nicht zu einer Pixelfrickelei ausartet. Selektieren Sie jetzt beide Bilder und klicken Sie im Menü *Layout* auf *Embed Objects in|Split View*. Zunächst sieht aufgrund eines Fehlers des Interface Builders das Ganze manchmal etwas zerstört aus. Klicken Sie zweimal auf die Vertiefung zwischen den beiden Bildern (damit selektieren Sie den Splitvew selbst), so dass der Splitview aufgehellt in einem Rechteck mit abgerundeten Ecken erscheint, und bewegen Sie kurz die Vertiefung zwischen den Splitviews.

Mit *File|Simulate Interface* können Sie jetzt das Splitview testen. Ihnen wird dabei auffallen, dass das Splitview die Bilder entsprechend verzerrt. Dies ist klar: Er unterteilt sich in die beiden enthaltenen Subviews (und natürlich etwas Platz für die Vertiefung) und ändert daher bei einer Bewegung deren Frame. Beenden Sie den Simulator wieder.

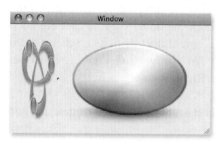

Ein Splitview passt die Größe seines Subviews an.

Ich habe Sie ein Splitview mit zwei Imageviews erzeugen lassen, um diesen Effekt zu demonstrieren. Wenn Sie jedoch in einige Anwendungen schauen, so sehen Sie, dass die Subviews eines Splitviews entweder wieder Gruppierungselemente wie `NSBox`, `NSCustomView` enthalten oder ein View mit Scrollern, einen sogenannten Scrollview, den wir gleich besprechen.

> **TIPP**
>
> Insgesamt wird die Viewhierarchie innerhalb von Splitviews gerne kompliziert, so dass sich einzelne Views im Dokumentenfenster nur schwierig selektieren lassen. Einfacher lassen sich einzelne Elemente im Hauptfenster in der hierarchischen Darstellung auswählen.

Löschen Sie wiederum das Splitview.

Progressindicator

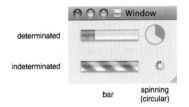

Die vier verschiedenen Progressindikatoren

Der Progressindicator dient dazu, den Fortschritt einer Operation anzuzeigen. Häufig wird er verwendet, um Speicheroperationen etwas unterhaltsamer zu gestalten. Dabei existieren zwei wichtige Eigenschaften, die sich seit Leopard beliebig kombinieren lassen:

- *Styles*: *indeterminated* bzw. *determinated*. Kennen wir den Gesamtumfang einer Operation (»insgesamt 5 Minuten« oder »insgesamt 1.048 Photos«), so können wir ihn als »Style determinated« verwenden, was bedeutet, dass der Benutzer den aktuellen Stand (»bereits 472 Photos bearbeitet«) etwa als Füllstand eines Balkens sieht. Weiß das Programm indessen nicht, wie groß der Gesamtumfang ist, so macht man den Progressindicator »indeterminated«, was ihn dann als animierten, gestreiften Balken (den sogenannten Barber Pole) oder als rotierendes Etwas zeigt. (Kennen Sie einen besseren Namen dafür?)

- *Behaviour*: *Spinning* (*circular*) bzw. *bar*. Der Progressindicator wird als Kreis (spinning) oder als Balken (bar) gezeichnet.

Die jeweiligen Kombinationen sehen Sie in der Graphik.

> **AUFGEPASST**
>
> Unter Tiger gab es keinen bestimmten runden Progressindicator. Verwenden Sie diesen also nicht, wenn Sie tigerkompatibel sein wollen.

Öffnen Sie zunächst »Converter.h« und passen Sie den Header an:

```
…
@interface Converter : NSObject<NSDecimalNumberBehaviors> \{
    IBOutlet NSTextField*     inputTextField;
    IBOutlet NSTextField*     factorTextField;
    IBOutlet NSTextField*     outputTextField;
    IBOutlet NSProgressIndicator* fortschrittDurchTechnik;

    NSInteger    progress;
}
@property( readwrite ) NSInteger progress;
…
```

Wie immer abspeichern, damit der Interface Builder die Änderung mitbekommt. Wechseln Sie jetzt wieder zu diesem und ziehen Sie einen balkenförmigen Progressindicator in unser Experimentierfenster. Sie finden ihn in *Cocoa|Views & Cells|Input & Values*.

Verbinden Sie das neue Outlet *fortschrittDurchTechnik* der Converter-Instanz mit dem Progressindicator. Ziehen Sie einen Button ins Experimentierfenster, den Sie mit »Start« beschriften und außerdem noch mit der Actionmethode -playWithViews: verbinden. Speichern.

Zurück in Xcode passen wir nun Converter.m an. Zunächst müssen wir am Anfang unserer Implementierung die Accessoren für die Eigenschaft progress erzeugen lassen:

```
…
@implementation Converter
@synthesize progress;
…
```

Da wir nunmehr eine neue Eigenschaft haben, müssen wir -init und -dealloc anpassen:

```
…
- (id)init
{
    self = [super init];

    if( self ) {
        self.progress = 0;

    }
```

```
      return self;
}

- (void)dealloc
{
   self.progress = 0;
   [super dealloc];
}
@end
```

Als Nächstes passen wir wiederum die entsprechende Actionmethode an:

```
...
- (IBAction)playWithViews:(id)sender
{
   if( self.progress == 0 ) {
      [fortschrittDurchTechnik startAnimation:sender];
      [sender setTitle:@"Stopp"];
      self.progress = 1;
   } else {
      [fortschrittDurchTechnik stopAnimation:sender];
      [sender setTitle:@"Start"];
      self.progress = 0;
   }
}
...
```

Schauen wir uns das wieder einmal genauer an: Das If dient dazu, festzustellen, ob die Animation bereits gestartet wurde. Ist dies nicht der Fall (If-Zweig), dann wird die Animation gestartet und der Titel des Buttons auf »Stopp« gesetzt, weil dies die Folge des nächsten Klicks wäre. Schließlich merkt sich die Instanz, dass sie die Animation gestartet hat.

Im Else-Zweig wird die Animation gestoppt, der Button wieder auf seine alte Beschriftung gesetzt und das Ganze wieder vermerkt. Also: *Build and Go* und testen. Sie können natürlich auch mal das Ganze als drehenden Progressindicator anzeigen lassen, indem Sie die Einstellung *Style* im Attrbiutes-Pane des Inspectors auf Spinning setzen.

Gut, das war der unbestimmte Progressindicator. Kommen wir zum bestimmten. Dazu nehmen Sie zunächst im Attributes-Pane den Haken vor »Indeterminated« heraus. Außerdem geben Sie einen Wertebereich von 0 bis 5 ein.

Die Einstellungen für unseren determinierten Progressindicator.

Wechseln Sie im Inspector des Interface Builders auf das Bindings-Pane und öffnen Sie die Einstellungen für das Value-Binding. Dort tragen Sie unseren Converter als Quelle und den Namen unserer Eigenschaft progress als Schlüssel ein. Zur Erinnerung: Das bedeutet, dass sich der aktuelle Wert des Progressindicators synchron zu unserer Eigenschaft progress im Converter verhalten soll.

Auch mit den Eigenschaften in unserem Converter kann man Views synchronisieren.

Passen wir die Actionmethode an:

```
...
- (IBAction)playWithViews:(id)sender
{
   if( self.progress == 0 ) {
      [fortschrittDurchTechnik startAnimation:sender];
      [sender setTitle:@"Step"];
      self.progress = 1;
   } else if( self.progress == 5 ) {
      [fortschrittDurchTechnik stopAnimation:sender];
```

Die Viewschicht

```
      [sender setTitle:@"Start"];
      self.progress = 0;
   } else {
      self.progress++;
      if( self.progress == 5 ) {
         [sender setTitle:@"Stop"];
      }
   }
}
...
```

Im Wesentlichen wird also die Animation jetzt erst gestoppt, wenn der Fortschritt bei 5 angekommen ist (Else-If-Zweig). Dazwischen (neuer Else-Zweig) wird er einfach um eins erhöht und bei Erreichen von 5 der Buttontext geändert. (Weil ja dann gestoppt wurde.)

Wieder mit *Build and Go* ausprobieren. Gegebenenfalls können Sie auch hier mal testweise den Progressindicator auf Spinning setzen.

Aber das war jetzt alles etwas tricky von mir: Der Witz eines solchen Progressindicators liegt ja nicht darin, dass der Benutzer ihn weiterstellt. Vielmehr soll ein Programm dies machen. Aber kein Problem – so denken wir uns –, einfach in einer Schleife erhöhen:

```
...
- (IBAction)playWithViews:(id)sender
{
   NSInteger newProgress;

   [fortschrittDurchTechnik startAnimation:sender];
   for( newProgress = 1; newProgress <= 5; newProgress++ ) {
      self.progress = newProgress;
      sleep( 1 );

   }
   [fortschrittDurchTechnik stopAnimation:sender];
}
...
```

Zur Erläuterung muss ich wohl nur ausführen, dass das `sleep()` dazu dient, unsere Methode für eine Sekunde anzuhalten. Sie würde sonst derart schnell durchrauschen, dass wir nichts bemerken würden. So dauert der gesamte Vorgang 5 Sekunden.

So, alles fein, so denken wir immer noch und starten wohlgemut mit *Build and Go* das Programm. Wenn wir auf den Button klicken, warten wir 5 Sekunden, es passiert nichts, und dann auf einmal sind gleich 100 Prozent erreicht. Fallen Ihnen jetzt auch die Liedzeilen „Wenn du denkst, du denkst, dann denkst du nur, dass du denkst …« ein? Was soll denn das? Da passiert ja gar nichts zwischendurch.

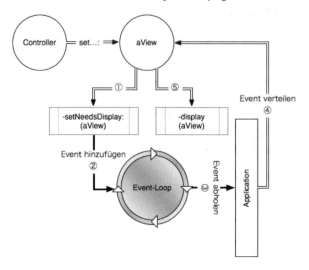

Schematisch: Üblicherweise verzögert sich das Neuzeichnen über die Event-Loop.

Der Grund ist einfach: Wenn wir bisher einen Wert in ein View setzten oder mittels Bindings automatisch synchronisieren ließen, so wusste das View, dass es sich neu zeichnen muss. Dies ist auch hier so. Allerdings zeichnet es sich dann nicht sofort neu. Vielmehr schickt es sich selbst ein Event zu, dass es sich neu zeichnen muss. Event? Genau das waren diese Benutzerinteraktionen. Sie können sich das also so vorstellen, dass das View eine geheime Neuzeichnen-Taste drückt. Dazu existieren die Methoden `-setNeedsDisplay:` und `-setNeedsDisplayInRect:`. Beide markieren ein View zum Neuzeichnen, wobei die letzte Methode die Möglichkeit lässt, Teilbereiche zu bestimmen. Das kann bei komplizierten Views wichtig sein, bei denen jedes weniger gezeichnete Pixel Performancegewinn bedeutet.

Nur: Unser Programm entnimmt erst dann wieder ein neues Event aus der Event-Loop, wenn die Methode fertig ist und die Controller an das System zurückgibt. Es wird also grob gesagt fünf Mal ein Neuzeichnen-Event ausgelöst und erst nach unserer Methode diese Events abgearbeitet, also neu gezeichnet. Dann steht das View aber bereits auf 5, also 100 Prozent.

➤ GRUNDLAGEN

Wieso macht man das so? Der Grund ist einfach: Genauso wie bei uns kommt es sehr häufig vor, dass ein View mehrfach die Anforderung zum Neuzeichnen bekommt. Dann kann man diese Events sammeln und daraus nur eines machen. Das macht das Programm schneller.

Eigentlich ist das also eine Funktionalität von OS X und Cocoa, die uns zugute kommt. Nur hier stört sie. Und deshalb fordern wir *ausnahmsweise* ein sofortiges Neuzeichnen ab:

```
…
- (IBAction)playWithViews:(id)sender
{
   NSInteger newProgress;

   [fortschrittDurchTechnik startAnimation:sender];
   for( newProgress = 1; newProgress <= 5; newProgress++ ) {
      self.progress = newProgress;
      [fortschrittDurchTechnik display];
      sleep( 1 );

   }
   [fortschrittDurchTechnik stopAnimation:sender];
}
…
```

➤ AUFGEPASST

Noch einmal als eindringlicher Hinweis: Dies ist eine Ausnahme! Sie rufen ansonsten nicht diese Methode auf, sondern die vorgenannten `-setNeedsDisplay:` und `-setNeedsDisplayInRect:`. Wir werden in diesem ersten Band diese Methoden übrigens gar nicht benötigen, da sich die von uns benutzten Views selbst diese Nachricht zuschicken, um sich nach einer Änderung zu aktualisieren. Sie spielen vielmehr eine bedeutende Rolle, wenn man eigene Views erstellt. Sollten Sie ohne mein Beisein schon in diese Richtung forschen, erinnern Sie sich bitte an meine Worte.

Wenn Sie jetzt das Programm starten, sehen Sie, dass sich der Progressindicator im Sekundentakt bewegt. Dennoch wird vielleicht der erfahrene und genaue Leser bemerken, dass da immer noch etwas nicht stimmt: Denn üblicherweise gleitet der Progressindicator zur nächsten Position. Bei uns springt er.

Die Ursache ist dieselbe. Bei einem `-display` zeichnet sich der Progressindicator genau ein Mal mit dem neuen Wert. Dies ist auch richtig: Stellen Sie sich vor, jedes Mal würde die Methode für eine geschätzte halbe Sekunde verweilen, nur um die Änderung sanft zu animieren. Das wäre grauenhafte Ressourcenverschwendung.

> **▶TIPP**
>
> Übrigens sollten Sie daher bei einer richtigen Applikation nicht in jedem Schleifendurchgang ein `-display` aufrufen, wenn Sie viele, viele kleine Schritte vornehmen. Das führt nur dazu, dass ein bemerkbarer Anteil der Rechenleistung darin verschwindet. Man kann sich auch hier wie beim ARP mit einer Modulo-Operation behelfen:

```
for( index = 0; … ) {
…
   if( (index % 100) == 0 ) {
      [myIndicator display];
   }
}
```

Aber wir können den Progressindicator dazu bewegen, seine Animation in einem Thread nebenläufig auszuführen. Sie erfolgt dann unabhängig von unserer Methode, gleichermaßen nebenher und unbemerkt.

> **▶GRUNDLAGEN**
>
> Threads können Sie sich wie »Multitasking« innerhalb des Programms vorstellen. Es werden dann zwei Methoden quasi-gleichzeitig ausgeführt. Im zweiten Band beschäftigen wir uns eingehend mit Threads.

```
…
- (IBAction)playWithViews:(id)sender
{
   NSInteger newProgress;

   [fortschrittDurchTechnik setUsesThreadedAnimation:YES];

   [fortschrittDurchTechnik startAnimation:sender];
   for( newProgress = 1; newProgress <= 5; newProgress++ ) {
      self.progress = newProgress;
      [fortschrittDurchTechnik display];
      sleep( 1 );
   }

}
```

```
    [fortschrittDurchTechnik stopAnimation:sender];
}
...
```

Wenn Sie jetzt die Applikation ausführen, läuft das doch schon sehr viel besser. Entfernen Sie wieder den neuen Code im Header und in der Impementierung. und den Progressindicator nebst Button im Experimentierfenster. Denken Sie auch daran, -playWithViews: wieder zu leeren.

Textfields

Mit dem Textfeld haben wir schon viel gearbeitet und Sie haben schon einiges gelernt. Etwas können wir allerdings noch in unserem Dokumentenfenster verfeinern:

Zunächst einmal löschen Sie den *Umrechnen*-Button in unserem Dokumentenfenster. Auch ein Textfeld ist ein Control. Daher kann es selbst Actionnachrichten versenden. Sie verbinden daher bitte die beiden oberen Textfelder mit dem Converter durch Ziehen vom Textfeld aus bei gedrückter [ctrl]-Taste. Im Converter wählen Sie dann bitte *calculate:*.

Standardmäßig schickt das Textfeld jetzt die Actionnachricht an den Converter, wenn Enter gedrückt wird oder es verlassen wird, etwa durch die [Tab]-Taste oder durch den Klick in ein anderes Feld. Dies ändern wir jetzt, indem wir im Attributes-Pane des Inspectors für beide oberen Textfelder in der Zeile *Action* das Pop-up auf *Sent On Enter Only* setzen. Jetzt muss der Benutzer wieder Enter drücken. Bitte setzen Sie für alle drei ganz rechts befindlichen Textfelder zudem die Ausrichtung (Alignment) auf rechtsbündig, wenn dies noch nicht erfolgt ist. Dies erwartet der User bei Zahlen eher.

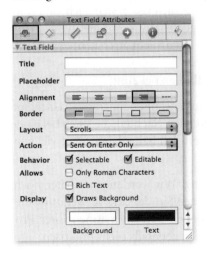

Rechtsbündig und ohne Button dürfte unsere Anwendung eher die User-Erwartung treffen.

> **HILFE**
> Sie können das Projekt in diesem Zustand als »Projekt-05-08« von der Webseite herunterladen.

Pop-up-Buttons

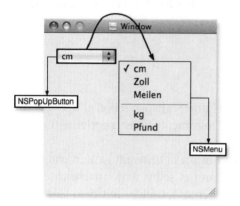

Pop-ups verbinden einen Button mit einem Menü.

Pop-up-Buttons kennen Sie selbst aus verschiedenen Programmen zur Genüge. Sie lassen den Anwender aus einer vorgefertigten Liste einen Eintrag auswählen. Sie finden sie in der Library unter *Cocoa|Views & Cells|Inputs & Values*.

Bei der Arbeit mit Pop-up-Buttons existieren zwei Schwierigkeiten. Zum einen müssen Sie verstehen, dass sich tatsächlich ein Menü öffnet, wenn der Benutzer – oder Sie im Interface Builder – das Pop-up betätigen. Sie können daher im Interface Builder bei geöffnetem Pop-up nicht nur Einträge duplizieren ([Befehl]+[D]), sondern auch aus der Gruppe *Cocoa|Application|Menus* der Library-Elemente in das Menü ziehen. Wichtig ist hier vor allem der horizontale Trennstrich. Grundsätzlich lassen sich auch Untermenüs über Pop-ups implementieren. Allerdings verlangt dies etwas Frickelei, weshalb ich davon abrate. Pop-ups dienen der Auswahl aus einer Liste, nicht aus einem Baum.

Pop-ups geben die Auswahl über verschiedene Methoden bekannt:

- `-indexOfSelectedItem` liefert den Index des ausgewählten Eintrags. Das scheint interessanter zu sein, hat aber den außerordentlichen Nachteil, dass sich bei einer Änderung der Anordnung auch der Index ändert. Ich halte daher nicht viel von der Verwendung.

- `-titleOfSelectedItem` liefert die Bezeichnung. Wir werden uns später noch mit der Lokalisierung beschäftigen. Aber bedenken Sie, dass die Verwendung dieser Methode dazu führt, dass Sie in verschiedenen Sprachversionen Ihres Programms verschiedene Text erhalten. Dies ist meist ebenfalls nicht praktisch.

- `-selectedItem` liefert das vom Benutzer ausgewählte Menü-Item zurück. Dies ist scheinbar nicht von Interesse. In Wahrheit handelt es sich jedoch um die beste Methode zur Abfrage der Auswahl, da Sie im Interface Builder jedem Menü-Item einen Tag zuweisen können. Und da dieser unabhängig von Anordnung und Sprachversion ist, kann man sich auf ihn verlassen. Typischer Code sieht etwa so aus:

```
switch( [[sender selectedItem] tag] ) {
    case 0:
        // Funktion 0
        break;

    case 1:
        // Funktion 1
        break;
…
    default:
        // WTF?
        break;
}
```

Der zweite gewichtige Punkt ist, dass bei der Verwendung von Bindings in Bezug auf Pop-up-Buttons nicht nur die Selektion, sondern auch der Inhalt der Liste über Bindings bereitgestellt werden soll. Dies ist für den Anfänger keineswegs trivial. Wir beschäftigen uns damit später noch.

Scrollviews

Das Scrollview zeigt uns einen Ausschnitt aus einem anderen View.

Womit wir zum Scrollview kommen, dem wohl kompliziertesten der Views. Hier benötigen wir ihn allerdings nur in einem Spezialfall, nämlich bei einem Tableview.

Diesen besprechen wir gleich genauer. Daher geht es mir vor allem darum, Ihnen die grundsätzliche Struktur zu vermitteln, um so eine Grundlage für eventuelle eigene Forschungen zu schaffen.

> **TIPP**
>
> Diese gruppierenden Views habe ich in den Beispielen stets über das *Layout|Embed Objects In*-Menü des Interface Builders erzeugt. Sie finden diese auch in der Library unter *Cocoa|Views & Cells|Layout Views*. Es ist aber meist einfacher, das jeweiligen Subview zunächst zu erstellen und dann über das Menü in eine Struktur zu legen.

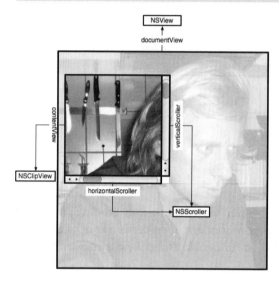

Ein Scrollview besteht aus bis zu zwei Scrollern und einem Clipview.

Ziehen Sie wiederum ein Image ins Experimentierfenster und vergrößern Sie das Image deutlich. Im Attributes-Pane setzen Sie das Scaling auf *Proportionally Up or Down*. Bei immer noch selektiertem Imageview wählen Sie im Menü *Layout|Embed Objcet in|Scroll View* an. Jetzt sehen Sie bereits das Scrollview. Das Documentview (dieses beinhaltet das eigentlich darzustellende View – siehe Abbildung – des Scrollviews) wird jetzt durch das Image gebildet. Nun verkleinern Sie das Scrollview. Sie sehen jetzt nur noch einen Ausschnitt des Imageviews.

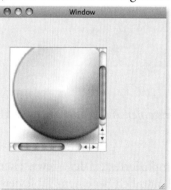

Das Scrollview legt sich über das Imageview.

> **TIPP**
>
> Es kann aufgrund eines Bugs sein, dass Sie weiterhin das gesamte Imageview sehen, welches dann aus dem Scrollview »herausfällt«. Sollte dies auch in Ihrer laufenden Applikation passieren, kann man sich helfen, indem man eine weitere NSBox-Instanz zum Clipping verwendet. Schön ist dieser Workaround nicht. Manchmal hat sich jedoch auch nur der Interface Builder verhaspelt, und es reicht, ein neues Window anzulegen und sämtliche Views dorthin zu kopieren.

Da liegt wohl noch ein Bug vor ... Eine Box hilft als Workaround.

Mit *File|Simulate*-Interface können Sie die Funktionalität testen.

Die Schwierigkeit bei einem Scrollview liegt darin, seine Struktur zu verstehen. Schauen wir uns also zunächst an, wie das Scroll-System in Cocoa aussieht. In Wahrheit besteht nämlich ein Scrollview aus mehreren Views, von denen nur der oberste eine Instanz der Klasse `NSScrollView` ist. In dieser befinden sich als Subviews die Scroller als Objekte der Klasse `NSScroller` und – sozusagen der »sichtbare Inhaltsbereich« – ein Contentview der Klasse `NSClipView`. Es können noch Ruler hinzutreten, wenn man will. Aber wir wollen es hier nicht unnötig verkomplizieren.

Wiederum als Subview des Contentviews wird dann das eigentliche View (Documentview) angemeldet, das im Prinzip von jeder `NSView`-Subklasse sein kann. Scrolling bedeutet daher nichts anderes, als die Position des Documentviews zu verändern. Sie können übrigens die verschiedenen Elemente mit Methoden von `NSScrollView` setzen und lesen. Insbesondere `-documentView` kann hier nützlich sein. Auf keinen Fall sollten Sie nach dem Motto »das erste Subview eines Scrollviews ist der vertikale Scroller« eine Viewhierarchie voraussetzen, sondern stets eine entsprechende Methode verwenden, um an Elemente zu gelangen.

Durch diese Struktur wird erreicht, dass die Darstellung des Dokumentes in dem Scrollview alleine der Klasse des Documentviews überlassen bleibt, während die Darstellung des Scrollviews selbst und seine Funktionalität durch Cocoa bereitgestellt wird. Außerdem hat selbstverständlich das Documentview seine eigene Größe, die von der Größe des Scrollviews unabhängig ist.

> **TIPP**
>
> In dem Beispiel mit den Imgaes im Splitview lag ja ein Problem darin, dass dieses seine Imageviews skalierte und dadurch verzerrte. Machen wir nicht unmittelbar das Imageview zum Subview des Splitview, sondern legen ein Scrollview dazwischen, so wird nur dieses Scrollview skaliert. Dieses verändert aber sein Imageview (also Documentview) nicht, so dass die Originalgröße erhalten bleibt und wir nunmehr scrollen können.

Wenn man ein Scrollview als Subview des Splitviews nimmt, wird dieses skaliert und das eigentliche View bleibt konstant.

Tableviews

Eines der wichtigsten Views ist von uns schon einige Male benutzt worden: das Tableview.

Struktur

Dabei handelt es sich in der äußeren Hülle um ein Scrollview. Dieser Scrollview besitzt oben einen Headerview, der nicht gescrollt wird, und darunter das eigentliche Tableview. Dieses Tableview selbst ist lediglich eine sich vergrößernde Tabelle ohne Scroller. Sie können sich das in der hierarchischen Ansicht des Interface Builders auch genauer ansehen. Neben den bekannten Scrollern tauchen da eben diese beiden Elemente auf.

Ein Tableview ist eigentlich ein ganzes Konglomerat aus Views.

Man kann dies übrigens auch mit ein paar Tricks zur Laufzeit betrachten. Ohne hier in die Details gehen zu wollen, sieht dies dann so aus:

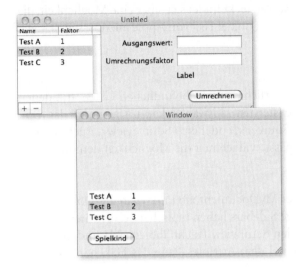

Schmutzige Tricks lassen uns beim Bau des Tableviews zuschauen.

> **HILFE**
> Wer die Hände nicht von schmutzigen Tricks lassen kann, kann sich das recht einfach nachbauen: In der hierarchischen Ansicht lässt sich das eigentliche Tableview aus dem Dokumentenfenster auf die oberste Ebene des Nib-Files kopieren. Auf der Webseite befindet sich ein Artikel, der das behandelt.

Der Tableview selbst (also sozusagen der scrollbare Dokumentenview des Scrollviews) besteht aus einzelnen Spalten. Diese Spalten sind keine Subviews. Vielmehr bedient sich das Tableview der Helferklasse `NSTableColumn`, welche unmittelbar von `NSObject` abgeleitet ist. Die Tablecolumns enthalten dabei die Angaben wie Breite, Resizingverhalten usw. Außerdem wird hier gespeichert, mit welchen Cells die einzelnen Zeilen dargestellt werden. Dies bedeutet, dass von Haus aus, alle Felder einer Spalte dieselbe Cell haben, also gleich gezeichnet werden.

Es existiert die Möglichkeit, dieses Verhalten über eine Data-Source zu ändern.

Data-Source

Und wo wir schon dabei sind: Da ein Tableview nicht nur einen Wert darstellt, sondern zahlreiche, gibt es keine Möglichkeit, die Werte explizit über `-setStringValue:` oder Ähnliches zu setzen. Vielmehr bedient sich das Tableview eines besonderen Delegates, einer sogenannten Data-Source, um seine Daten zu erhalten. Auch diese werden wir im Kapitel über die Controller besprechen.

Bleiben also hier nur ein paar Eigenschaften zu besprechen, um Möglichkeiten aufzuzeigen. Das Meiste erkennen Sie bereits unmittelbar aus dem Attributes-Pane des Inspectors im Interface Builder. Etwas versteckt findet sich aber eine Möglichkeit, die wichtig ist, um seine Applikation an das Look & Feel von Apple anzupassen. Ich will Sie daher hier kurz vorstellen:

Sourceview

Sie kennen aus Mail, iTunes usw. sicherlich die links befindlichen Listen, mit denen man Postfächer, Geräte, Wiedergabelisten usw. auswählen kann. Man nennt das recht uneinheitlich eine »Sidebar«, eine »Sourcelist« oder ein »Sourceview«. Auch wenn es nicht ganz zu unserem Programm passt, will ich hier die Möglichkeit demonstrieren, wie man so etwas programmiert:

Zunächst öffnen Sie wiederum unser MyDocument.xib und darin das Dokumentenfenster mit dem Tableview. Derartige Sidebars haben typischerweise keinen horizontalen Scroller. Sie selektieren also den Scrollview (nicht Tableview!) und entfernen ihn im Attributes-Pane, indem Sie bei dem Attribtes-Pane das Häkchen vor *Show Horizontal Scroller* entfernen.

Durch einen erneuten Klick in die Tabelle selektieren Sie das Tableview selbst. Wiederum im Attributes-Pane wählen Sie ganz oben in der Zeile *Highlight* den Stil *Source List* aus. Hierdurch wird zum einen die Selektion in der Tableview mit einem Verlauf gezeichnet. Zum anderen wird der Hintergrund hellblau.

Eine solche Sourcelist hat zudem in aller Regel nur eine Spalte und keinen Header. Setzen Sie also in der Gruppe *Columns* den Wert auf 1 und verbreitern Sie die Spalte so weit, dass sie den gesamten Tableview überdeckt. Schließlich selektieren Sie wieder den Tableview selbst und nehmen im Attributes-Pane das Häkchen vor *Headers* heraus. Hierdurch erreichen wir, dass kein Tabellenkopf mehr angezeigt wird. Übersetzen und starten Sie das Programm.

Wenn Sie es ganz schick machen wollen, können Sie alle Elemente auf der rechten Seite in eine Box legen (*Layout|Embed Objets In|Box*). Schalten Sie im Attributes-Pane den Rahmen aus, wie dies in dem entsprechenden Abschnitt beschrieben wurde. Bei selektiertem Scrollview die Border im Attributes-Pane ausschalten; dann fassen Sie die Box und den Scrollview wiederum in einen Splitview mit *Layout|Embed Objects in|Split View* ein, der im Attributes-Pane einen *thin Divider* verpasst bekommt. Achten Sie darauf, dass das Autoresizing des Splitviews, des Scrollviews, der Box sowie desjenige der in der Box enthaltenen Elemente ordentlich gesetzt ist. Grundregel: Die im Splitview befindlichen Elemente (Scrollview, Box) müssen sämtlicheAutoresizing-Optionen gesetzt haben, während die rechten Textfelder in der Box sich lediglich in der Breite anpasssen sollten. Das Ergebnis sieht doch schon ganz hübsch aus:

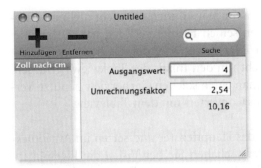

Zumindest der äußere Anstrich wird langsam professionell.

> **HILFE**
>
> Sie können das Projekt in diesem Zustand als »Projekt-05-09« von der Webseite herunterladen.

Selection

Man kann ebenfalls zwei wichtige Eigenschaften betreffend der Selektionsmöglichkeiten im Attributes-Pane für das Tableview in der Zeile *Selection* einstellen:

- Mit Multiple erlauben Sie dem Tableview die Auswahl mehrerer Einträge gleichzeitig. Dies ist für unsere Anwendung natürlich nicht sinnvoll. Lassen Sie es daher ausgeschaltet.

- Mit *Empty* erlauben Sie dem Tableview, dass gar nichts ausgewählt ist. Das ist zwar für unsere Anwendung ebenfalls sinnfrei. Sie können daher das Häkchen herausnehmen. Es sei allerdings angemerkt: In aller Regel müssen Sie ohnehin mit leeren Selektierungen herumhantieren, da ein Tableview ohne Einträge eine leere Selektion hat, Einstellung hin oder her. Man kann ja keinen Eintrag herzaubern.

Cornerview

Ein kleines Schmankerl bietet das Tableview noch: Die obere rechte Ecke neben dem Header und oberhalb des vertikalen Scrollers kann mit einem eigenen View belegt werden. Es ist also möglich, dort einen Button unterzubringen, der eine Funktionalität für das Tableview bietet. Damit wir das anschauen können, erweitern Sie bitte zunächst den Header von Converter.h:

```
@interface Converter : NSObject {
…
    IBOutlet NSTableView*    tableView;
}

…
@end
```

Speichern und zu MyDocument.xib wechseln. Wir können das nicht mehr an unserem Tableview testen, da dieses ja soeben seinen Header verloren hat. Ziehen Sie deshalb einen neuen Tableview in unser Experimentierfenster. Sie benötigen keine großartigen Bindungen, da es hier ja nicht um den Inhalt des Tableviews geht. Ich will Ihnen lediglich demonstrieren, wie man einen solchen Cornerview benutzt. Verbinden das neue Outlet tableView unseres Converters mit dem Tableview.

Nun ziehen Sie einen Pop-up-Button in das Hauptfenster und setzen im Attributes-Pane den Type auf *Pull Down*. Außerdem schalten Sie bei *Visual* die Eigenschaft *Bordered* aus. Dann doppelklicken Sie den Pop-up-Button selbst und editieren die Einträge:

Den obersten Eintrag lassen Sie zwar bestehen, setzen jedoch den Titel auf leer. Die weiteren Einträge bearbeiten Siie nach Ihrem Gusto. Da wir keine wirklich Verwendung dafür haben, ersparen wir es uns jetzt, für diese Einträge Actionmethoden zu setzen. Sie würden dies in gewohnter Manier mit einem Drag bei gedrückter [Ctrl]-Taste erledigen. Schließlich selektieren Sie den Tableview (nicht: Scrollview!) und verbinden Sie dessen cornerView-Outlet mit dem Pop-Up im Hauptfenster MyDocument.xib. Speichern.

Zurück in Xcode müssen wir noch dafür Sorge tragen, dass die Größe des Cornerviews angepasst wird. Dies hätten wir auch im Interface Builder erledigen könne. Zum einen ist das aber eine ziemliche Frickelei, zum anderen auch nicht ganz richtig, weil sich die Größe dieser Ecke ändern kann. Also müssen wir in den Code und fügen in Converter.m eine neue Methode -awakeFromNib ein, die wir vor dem -init platzieren:

```
...
- (void)awakeFromNib {
    NSView* cornerView = [tableView cornerView];
    NSSize size;
    size.height = [[tableView headerView] frame].size.height;
    id superview =   [[tableView superview] superview];
    if(    superview
        && [superview isKindOfClass:[NSScrollView class]] ) {
      NSView* ruler = [superview verticalScroller];
      size.width = [ruler frame].size.width;

      [cornerView setFrameSize:size];
    }
}
...
```

Das sollten wir uns anschauen, weil einige Techniken enthalten sind, die Sie so oder in anderer Form auch andernorts gut verwenden können:

- Zunächst wird über die Eigenschaft cornerView des Tableviews der Pop-up-Button ermittelt. Wir hatten dieses Outlet ja im Interface Builder gesetzt.
- Der Tableview wird nach seinem Header befragt und die Höhe übernommen.
- Jetzt wird es komplizierter: Ich hatte Ihnen ja gesagt, dass sich Tableviews in Scrollviews befinden. Dazwischen liegt noch der Clipview. Um also vom Tableview an den Scrollview zu kommen, muss zweimal `-superview` ausgeführt werden.
- Da das Ganze eine gewisse Struktur voraussetzt, wird als nächstes überprüft, ob es dieses Superview überhaupt gibt und ob es wirklich ein Scrollview ist.
- Ist dieser Test bestanden, so wird im Scrollview nach dem Scroller gefragt und dessen Breite entnommen.
- Die ermittelte Höhe und Breite wird schließlich gesetzt.

Wenn Sie alles speichern und das Programm starten, werden Sie bemerken, dass das Tableview im Experimentierfenster ein funktionierendes Menü in der oberen, rechten Ecke aufweist.

> **HILFE**
>
> Sie können das Projekt in diesem Zustand als Proojekt-05-10 von der Webseite herunterladen.

Bitte entfernen Sie wieder Tableview, Pop-up-Button im Interface Builder sowie -awakeFromNib und das Outlet in Xcode.

Outlineviews

Als »Outlineviews« bezeichnet man diejenigen Tableviews (es handelt sich tatsächlich bei `NSOutlineView` um eine Subklasse von `NSTableView`), welche Disclosures bieten, um hierarchische Datenstrukturen anzuzeigen. Ein typisches Beispiel ist die Projektleiste *Groups & Files* im Projektfenster von Xcode.

Was die Attribute angehen, wird vor allem die Einrückung hinzugefügt. Ansonsten sind sie den Tableviews sehr ähnlich.

Ein Unterschied ergibt sich beim Bezug der Daten, da diese jetzt ja eine Hierarchie bilden müssen. Das ist aber eigentlich kein Problem des Outlineviews, sondern des Tree-Controllers. Wir werden uns daher dort darum kümmern.

Weitere Views und Eigenschaften

Selbstverständlich existieren weitere Views in Cocoa, und die bereits vorgestellten haben auch noch hier nicht besprochene Eigenschaften. Vermutlich haben Sie das bereits bei Ihrer Arbeit im Interface Builder bemerkt.

Ebenso selbstverständlich kann ich das hier nicht alles besprechen, da wir dann den Umfang des New Yorker Telefonbuches erreichen würden. Aber Sie sollten das Grundverständnis für die Arbeitsweise von Views und Controls jetzt haben und sich ohne Weiteres auf die eigenständige Suche nach Neuem begeben können. Spielen Sie mit den Attributen verschiedener Views ruhig im Interface Builder etwas herum. Überhaupt kann Übung beim Handling im Interface Builder nicht schaden. Das ist anfangs etwas mühselig, wenngleich sich das Verfahren mit dem Interface Builder 3 deutlich verbessert hat.

Animation

Bereits mit Tiger kannte Cocoa ganz eingeschränkte Animationsfunktionalität. Diese ist mit Leopard drastisch überarbeitet worden. Ich werde mich daher auf das neue System stürzen. Wenn Sie Animation unter Tiger benötigen, lesen Sie die Dokumentation zu der Klasse `NSViewAnimation`. Sie ist recht einfach zu verwenden, allerdings in ihrer Funktionalität bei Weitem nicht so mächtig und bequem wie die Animation unter Leopard.

> ➤ **AUFGEPASST**
>
> Die Animationsunterstützung von Cocoa/Leopard hat übrigens eine interessante Historie: Ursprünglich wurde sie für das iPhone entwickelt. Da bemerkte man im Nebenzimmer, dass das eigentlich auch eine schöne Sache für Cocoa wäre und portierte es.

Bei der Implementierung von Animationen konnte das dynamische Verhalten von Objective-C voll ausgenutzt werden. Hierdurch entstand eine geniale Idee, die an Eleganz kaum zu überbieten ist: Jedes Objekt, welches Animation anbieten möchte – derzeit implementiert für `NSWindow` und `NSView` –, liefert auf Wunsch ein Animationsobjekt zurück. Dieser Animator fungiert nun anstelle des eigentlichen Views (oder Fensters.) Soll jetzt eine Eigenschaft eines Views gesetzt werden, zum Beispiel die Größe, so wird die Nachricht an den Animator gesendet. Dieser wiederum schickt daraufhin die Nachricht an den eigentlichen View – oder wer auch immer den Animator geliefert hat. Dabei interpoliert er zwischen Start- und Zielwert.

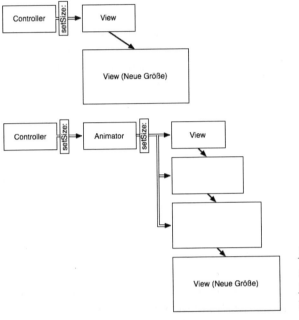

Ein Animator wiederholt einfach das Setzen der Eigenschaft mit interpolierten Werten.

Dabei lassen sich so ziemlich alle Eigenschaften eines Views oder Fensters auf diese Weise interpolieren. Wir sollten uns das mal ansehen: Zunächst machen wir etwas ganz Einfaches, wir verkleinern eine Box auf Knopfdruck. Dieses View soll bis zu der unteren Kante eines Labels zusammengezogen werden bzw. wieder bis zu einem anderen Label geöffnet werden.

Wechseln Sie nun wieder zu MyDocument.xib im Interface Builder und ziehen Sie eine Box in das Experimentierfenster herein, die Sie auf eine Custom-Box ohne Titel und mit dem Border-Type Line stellen. Es sollte nur noch ein Rechteck zu sehen sein.

Die Einstellungen für unsere Box

Nunmehr platzieren Sie am oberen Rand ein Label und einen Disclosure und am unteren Rand ebenfalls ein Textlabel. Beschriften Sie diese nach Ihrem Gusto und geben Sie dem oberen Textlabel im Attributes-Pane unter *Control* den *Tag* 1, dem unteren den *Tag* 2.

Ich habe auch noch ein Imageview hinzugefügt, um das Ganze etwas schöner aussehen zu lassen. Wählen Sie den Disclosure an und setzen Sie im Attributes-Pane in der Zeile *Visual* das Häkchen vor *Selected*. Entfernen Sie den *Spielkind*-Button. Das Ganze sollte in etwa so aussehen:

Eine einfache Box mit einem Label.

Abschließend ziehen Sie bitte eine Linie vom Disclosure zum Converter im Hauptfenster MyDocument.xib, um ihn mit der Actionmethode -playWithViews: zu verbinden. (So langsam sollten Sie das aus dem Eff-Eff beherrschen.) Außerdem setzen Sie den Disclosure im Attributes-Pane unter *Visual* auf *Selected*.

> **➤ AUFGEPASST**
>
> Das ist etwas »tricky« erledigt, wie auch anderes in der nachfolgenden Methode. Eigentlich sollte man in den Subviews nach der zum Öffnen notwendigen Größe suchen oder sich in einer Subklasse von NSBox Entsprechendes merken. Darum geht es hier aber nicht, sondern um die Animation. Deshalb verwende ich diesen Trick und andere Gemeinheiten, um den Code klar auf das Problem zu fokussieren. Im zweiten Band lernen Sie, wie man eigene Views erstellt, die das Ganze schöner kapseln können.

Zunächst geben wir zurück in Xcode nur die Source ein, die die Größenänderung durchführt, ohne dass dies animiert wird:

```
...
- (IBAction)playWithViews:(id)sender
{
    // Auch "tricky": Die Box ist der supersuperview
    NSView* view = [[sender superview] superview];
```

```
   // Ein paar Rechtecke
   NSRect viewRect  = [view frame];
   NSRect labelRect = [[view viewWithTag:1] frame];
   NSRect lastRect  = [[view viewWithTag:2] frame];

   float heightDiff = labelRect.origin.y - lastRect.origin.y;

   // wir erfragen den neuen Zustand
   if( [sender state] == NSOffState ) {
      heightDiff = labelRect.origin.y - lastRect.origin.y;
   } else {
      heightDiff = lastRect.origin.y - labelRect.origin.y;
   }

   viewRect.origin.y   += heightDiff;
   viewRect.size.height -= heightDiff;

   // wir setzen die Höhe auf das unterste Label
   [view setFrame:viewRect];
}
...
```

Dieser Code ermittelt zunächst das umgebene Boxview. Danach werden die Rechtecke unserer Views ermittelt. Schließlich wird mit diesen die Größenänderung durchgeführt.

Gut, wenn Sie jetzt das Programm starten und den Disclosure betätigen, reagiert die Box entsprechend. Bitte überprüfen Sie das!

Aber was hat das mit Animation zu tun? Richtig, gar nichts. Es ging mir erst einmal darum, die Funktionalität zu haben. Die Animation müssen wir jetzt noch hinzufügen. Und dies geschieht sagenhaft einfach:

```
...
- (IBAction)playWithViews:(id)sender
{
   // Auch "tricky": Die Box ist der supersuperview
   NSView* view = [[sender superview] superview];

   // Ein paar Rechtecke
   NSRect viewRect  = [view frame];
   NSRect labelRect = [[view viewWithTag:1] frame];
   NSRect lastRect  = [[view viewWithTag:2] frame];
```

```
      float heightDiff = labelRect.origin.y - lastRect.origin.y;

      // wir erfragen den neuen Zustand
      if( [sender state] == NSOffState ) {
         heightDiff = labelRect.origin.y - lastRect.origin.y;
      } else {
         heightDiff = lastRect.origin.y - labelRect.origin.y;
      }

      viewRect.origin.y += heightDiff;
      viewRect.size.height -= heightDiff;

      [[view animator] setFrame:viewRect];
}
...
```

War es das schon? Starten Sie die Anwendung mit *Build and Go* und bemerken Sie selbst die Antwort: Ja! Unglaublich einfach, nicht wahr?

Und weil die Animation nebenläufig erfolgt, können Sie auch gleich mehrere starten. Hierzu schieben Sie bitte die Box (mitsamt ihrem Inhalt) in die obere rechte Ecke des Fensters und duplizieren Sie sie mit [Befehl]+[D]. Das Duplikat einfach unter das Original schieben und das Fenster entsprechend so anpassen, dass nur noch die beiden Boxen zu sehen sind. Stellen Sie sicher, dass wiederum -playWithViews: (Converter) die Actionmethode des Disclosures ist. Wiederum starten Sie die Applikation, um zu überprüfen, dass nunmehr beide Boxen auf den Disclosure reagieren.

Als zweite Animation müssen wir daher jetzt dafür sorgen, dass sich die untere Box nach oben verschiebt, wenn die obere geschlossen wird.

```
...
- (IBAction)playWithViews:(id)sender
{
   float heightDiff;

   // Auch "tricky": Die Box ist der supersuperview
...

   // Ein paar Rechtecke
...

   // wir erfragen den neuen Zustand
```

```objc
   if( [sender state] == NSOffState ) {
      heightDiff = labelRect.origin.y - lastRect.origin.y;
   } else {
      heightDiff = lastRect.origin.y - labelRect.origin.y;
   }

   // alle Views durchgehen und
   // a) das angeklickte View veraendern
   // b) die darunter liegenden (y <) nach oben verschieben
   for( NSView* box in [[view superview] subviews] ) {
      NSRect boxRect  = [box frame];

      // Das angeklickte View
      if( box == view ) {
         boxRect.origin.y += heightDiff;
         boxRect.size.height -= heightDiff;
         [[box animator] setFrame:boxRect];

      // Ein anderes
      } else {
         // Liegt es tiefer? (= Ist y kleiner?)
         if( boxRect.origin.y < viewRect.origin.y ) {
            boxRect.origin.y += heightDiff;
            [[box animator] setFrame:boxRect];
         } // if( drunter )
      } // if( angeklicktes )
   } // for views
}
...
```

Bei einem Start des Programms mit *Build and Go* sehen Sie, dass beide Animationen gleichzeitig vorgenommen werden. Sie können auch noch weitere Kopien der Box in das Fenster legen.

> **HILFE**

Wenn man auch noch das Fenster anpassen will, muss man anders vorgehen: Durch die Höhenanpassung des Fensters verschiebt sich die untere Kante und damit der Ursprung des Koordinatensystems nach oben. Dies bedeutet, dass die unteren Views bereits vom Fenster »automatisch« nach oben gedrückt werden und von uns nicht verändert werden dürfen, während das angeklickte View und diejenigen, welche höher liegen, nach unten verschoben werden müssen, um letztlich an ihrem ursprünglichen Ort zu bleiben.

> **HILFE**

Sie können das Projekt in diesem Zustand als »Projekt-07-11« von der Webseite herunterladen.

Zusammenfassung

Sie haben jetzt doch schon recht umfangreiche Kenntnisse in der Anwendung von Klassen der Viewschicht erlangt. Sie sollten damit die alltäglichen Aufgaben erledigen können. Allerdings sind, wie bereits erwähnt, die Möglichkeiten unendlich, weshalb ein bisschen Eigenforschung nicht schaden kann. Glücklicherweise kann man auf der View-Ebene vieles schnell im Interface Builder ausprobieren. Das ist häufig schneller Erfolg sichtbar.

Ein wichtiger Punkt, nämlich die Data-Source eines Tableviews oder Outlineviews, ist dem nächsten Kapitel vorbehalten. Freuen Sie sich darauf!

Entfernen Sie jetzt bitte wieder das Experimentierfenster aus MyDocument.xib und die Methode -playWithViews: aus dem Header und der Implementierung von Converter.

Von Apple existieren zum Thema folgende Dokumente:

- *Window Programming Guide for Cocoa*
- *Sheet Programming Topics for Cocoa*
- *View Programming Guide for Cocoa*
- Zahlreiche Dokumente zu den einzelnen Klassen sind im jeweiligen Kopf der Klassendokumentation zu finden.

6

Die Controllerschicht

Steigen wir die Wendeltreppe des Programmiergrauens eine Stufe tiefer und begeben uns auf die Niederungen der Controllerschicht. Da Sie dann beide Partner der Beziehung »View zu Controller« kennenlernen, können auch einige offene Punkte aus dem letzten Kapitel geklärt werden. Auf der Controllerebene ist mehr Code angesagt, da eine Anwendung von ihren Controllern individuell geprägt wird. Aber mit etwas Übersicht bekommt man das in den Griff.

Die Controllerschicht

Da Controller eine sehr individuelle Angelegenheit sind, lassen sie sich im Vergleich zu Views schlechter kategorisieren. Dennoch gibt es typische Aufgabengebiete und vorgefertigte Controllerklassen. Es lässt sich also durchaus eine sinnvolle, wenn auch nicht immer scharfe Unterscheidung formulieren:

Zum einen haben wir Controller, die den Datenfluss besorgen. Hier sind zwei Gruppen zu nennen, die Sie zumindest schon dem Namen nach kennen:

- Bindings-Controller wie `NSArrayController`
- Data-Sources als eigene Klasse

Daneben gibt es Controller, die den Programmablauf (Kontrollfluss) implementieren:

- eigene Controller wie Converter
- Window-Controller und View-Controller mit lokaler Funktionalität
- der Applikationscontroller als Delegate von `NSApplication`
- Notification-Observer als Empfänger asynchroner Überwacher

Zu der letzten Gruppe kann man auch `NSDocument` zählen. Deren Instanzen sind allerdings auch gleichzeitig Ausgangspunkt für unser Model. Umgekehrt werden Sie sehen, dass man die dort anzusiedelnde Funktionalität auch gut in Window-Controller auslagern kann. Letztlich handelt es sich vielleicht um eine Zwischenschicht, die januskröpfig in beide Richtungen schaut. Ich bespreche die Klasse jedenfalls im Abschnitt über Models.

Aber im letzten Absatz befand sich noch eine wichtige Information: Bisher habe ich aus Vereinfachungsgründen zusätzliche Funktionalität stets in unserer Converter-Klasse implementiert. Irgendwie müssen wir das mehr strukturieren. Und auch darauf gehe ich ein.

Bindings-Controller, KVC, KVV und KVO

Das klingt ja schon in der Überschrift fürchterlich techi. Und das, wo Sie gerade aus dem gestalterischen View-Kapitel hierher gelangt sind. Ein Wechselbad der Gefühle!

Nein, so schlimm ist es gar nicht: Die vier Konzepte bezeichnet man als »Key-Value-Technologien«. Im Einzelnen gehören also dazu:

Key-Value-Coding und Key-Value-Validation

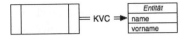

Key-Value-Coding erlaubt den schreibenden und lesenden Zugriff auf Eigenschaften einer Entität.

Key-Value-Coding (KVC) dient dazu, mittels Textschlüsseln Eigenschaften von Entitäten zu setzen oder zu lesen. Sie sind so etwas wie allgemeine Accessoren, die unabhängig von einer Klasse und deren Methoden verwendet werden können. Hiermit eng zusammen hängt Key-Value-Validation (KVV). Diese Technologie erlaubt die Überprüfung von Werten, die mit Key-Value-Coding gespeichert werden sollen.

Key-Value-Observation

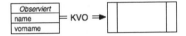

Key-Value-Observing unterrichtet einen Observer über Änderungen der observierten Eigenschaft einer Entität.

Key-Value-Observing (KVO) ermöglicht es, die Veränderung von Eigenschaften einer Entität zu überwachen. Wird eine Eigenschaft verändert, so erhält der Überwacher eine sogenannte Observierungsnachricht. Ich sage das hier zur Vollständigkeit. Erst im Band 2 werden wir dazu übergehen, explizit Key-Value-Observation einzusetzen. Hier beschränken wir uns auf die Anwendung durch Cocoa-Bindings.

Cocoa-Bindings

Cocoa-Bindings kombinieren diese Technologien, um einheitliche Schnittstellen für die Synchronisation der Daten anzubieten. Es ist dabei ein weit verbreiteter Irrglaube, dass Cocoa-Bindings etwas Neues wären. Nein, ganz überwiegend sind sie eine reine, allerdings geschickte Kombination von Key-Value-Observing und Key-Value-Coding.

Um uns klar zu machen, wer die drei beteiligten Objekte sind, denken wir an den Progressindicator aus dem letzten Kapitel. Dort hatten wir im Interface Builder (bestimmendes Objekt) gesagt, dass ein View (gebundenes Objekt) an die Eigenschaft progress unseres Controllers (observiertes Objekt) gebunden sein soll.

Es gibt also ein Objekt, welches über die Bindung bestimmt, ein gebundenes Objekt (View), welches eine Eigenschaft mit einem dritten Objekt (observiertes Objekt) synchronisiert.

> **GRUNDLAGEN**
>
> Natürlich ist der Interface Builder kein Objekt unseres ablaufenden Programms. In Wahrheit verbirgt sich in unserem Programm der Nib-Loader, der die im Interface Builder vorgenommenen Einstellungen in unserer Anwendung umsetzt. Daher ist es möglich, jede Einstellung, die wir im Interface Builder vornehmen, auch in unserem Code auszuführen. Etwas anderes macht der Nib-Loader ja nun auch nicht. Um etwa ein Binding zur Laufzeit zu setzen, existiert die Methode `-bind:toObject:withKeyPath:options:`.

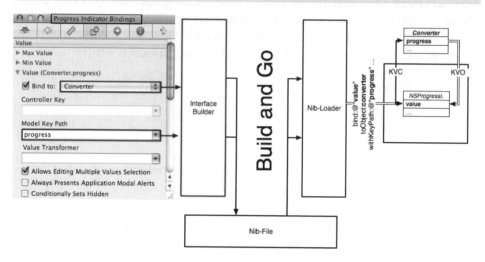

Der Nib-Loader setzt unsere Einstellungen zur Laufzeit um.

Hinter den drei Technologien verbirgt sich eine ausgefeilte Maschinerie der Laufzeit.

Diese Technologien dienen übrigens im Wesentlichen dazu, dass die Datensynchronisierung innerhalb des Programmes funktioniert. Sie dienen nicht dazu, irgendwelches Spezialverhalten zu implementieren. Es gibt daher nur wenige Ausnahmen, die auch noch immer weniger werden, welche dazu führen, dass man Bindings-Controller ableitet. Hier beschränken wir uns also zunächst auf das Standardverhalten.

Key-Value-Coding

Sie haben bisher zwei Typen von Accessoren kennengelernt, und zwar den klassischen Stil mittels expliziter Nachrichten und die Dot-Notation von Objective-C 2. Ganz kurz noch einmal vorgestellt:

```
// Klassischer Accessoren
[person setFirstname:…];
… = [person firstname];
// Dot-Getter in Objective-C 2
person.firstname = …;
… = person.firstname;
```

Beide Varianten hatten einen eklatanten Nachteil: Die Eigenschaft firstname der Entität person ist bereits in unserem Sourcecode fest enthalten. Sie wird so von dem Compiler übersetzt und lässt sich danach nicht mehr ändern. Das geht aber nicht, wenn wir eine solche Eigenschaft im Interface Builder setzen. Denn der Nib-Loader läuft erst nach der Übersetzung. Er muss also die Möglichkeit haben, diese Zeilen nachträglich zu ändern, wenn unser Programm bereits gestartet ist. Dies erlaubt letztlich Key-Value-Coding.

Einfache Accessoren (Getter und Setter)

Die Laufzeitumgebung von Objective-C sieht Nachrichten als eigene »Objekte« an und erlaubt es daher, diese erst zur Laufzeit zusammenzubauen. Dies sieht dann so aus:

```
// Key-Value-Coding-Accessoren
// statt [person setFirstname:…]
[person setValue:… forKey:@"firstname"];
// statt … = [person firstname]
… = [person valueForKey:@"firstname"];
```

»Moment, jetzt steht aber doch die Eigenschaft auch im Sourcecode«, höre ich Sie da sagen. Ja, das stimmt schon. Aber nicht mehr als fester Bestandteil, sondern als Parameter, und Parameter lassen sich ändern:

```
NSString* key = @"firstname";
[person setValue:… forKey:key];
… = [person setValueForKey:key];
```

Immer noch im Sourcecode? Gut, noch eine Stufe weiter:

```
NSString* key = … // Aus einer Datei lesen
[person setValue:… forKey:key];
… = [person setValueForKey:key];
```

Wir lesen jetzt also die `NSString`-Instanz aus einer Datei, also zur Laufzeit, und benutzen diese dann als Key. Damit können wir nach der Kompilierung den Schlüssel ändern. Vielleicht noch ein anderes Beispiel zum Verständnis: Wir wollen eine Eigenschaft ermitteln, wobei wir erst zur Laufzeit bestimmen können, welche das sein soll. Sei es nur, weil der Benutzer sich das selbst auswählen kann. Statisch sieht das so aus:

```
key = …; // Irgendwoher, vllt User-Interface.
if( [key isEqualToString:@"firstname"] ) {
   value = [person firstname];
} else if( [value isEqualToString:@"lastname"] ) {
   value = [person lastname];
}
```

Wir haben also ein If zur Unterscheidung und darin bereits feste Methoden, die der Compiler übersetzt und auflöst. Anders mit Key-Value-Coding:

```
key = …; // Irgendwoher, vllt User-Interface.
value = [person valueForKey:key];
```

> **GRUNDLAGEN**

Es wird also eine Indirektion hinzugefügt, wie das auch bei den Pointern war: Im Code steht nicht, welche Eigenschaft genommen werden soll, sondern, an welcher Stelle steht, welche Eigenschaft genommen werden soll. Statt firstname und lastname eben eine Variable, die firstname oder lastname als Inhalt hat.

Key-Value-Coding dient also vereinfacht gesagt dazu, erst zur Laufzeit zu bestimmen, welche Eigenschaft einer Entität benutzt werden soll.

Jede Eigenschaft lässt sich über einen Key spezifizieren.

Dies funktioniert nicht nur, wenn die Eigenschaft ein Attribut ist, sondern auch bei Beziehungen zu einer Entität:

```
// Statt
// Person* person = [group leader];
Person* person = [group valueForKey:@"leader"];
```

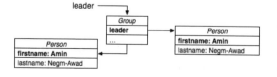

Wenn die Eigenschaft eine Beziehung ist, erhalte ich eben die bezogene Instanz.

Auf das Ergebnis dieser Operation, also die Person, kann ich wiederum Key-Value-Coding anwenden:

```
// Statt
// Person* person = [group leader];
// NSString* firstname = [person firstname];
Person* person = [group valueForKey:@"leader"];
NSString* firstname = [person valueForKey:@"firstname"];
```

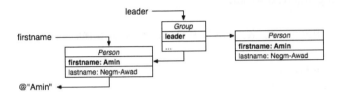

Auf das Ergebnis einer Key-Value-Methdoe kann ich wieder einen Key anwenden.

Weil dies aber recht häufig vorkommt, bietet Key-Value-Coding gleich die Möglichkeit, einen ganzen Schlüsselpfad anzugeben:

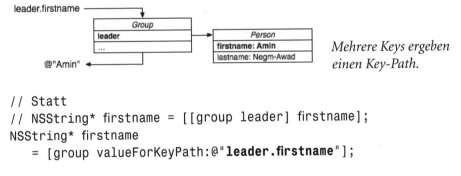

Mehrere Keys ergeben einen Key-Path.

```
// Statt
// NSString* firstname = [[group leader] firstname];
NSString* firstname
    = [group valueForKeyPath:@"leader.firstname"];
```

Dabei existieren vier Key-Value-Accessormethoden:

- `-valueForKey:` liefert den unter dem angegebenen Namen gespeicherten Wert zurück.

- `-setValue:forKey:` setzt den als Value-Parameter angebenen Wert für die Eigenschaft mit dem als Key-Parameter angegebenen Namen.

- `-valueForKeyPath:` arbeitet wie `-valueForKey:`, es kann jedoch ein Schlüsselpfad angegeben werden.

- `-setValue:forKeyPath:` arbeitet wie `-setValue:forKey:`, wobei auch hier ein Schlüsselpfad angegeben werden kann.

Wenn ich also etwa den Vornamen eines Gruppenleiters setzen möchte, so lautet die entsprechende Anweisung:

```
[aGroup setValue:@"Hans" forKeyPath:@"leader.firstname"];
```

Dabei ersetzt Key-Value-Coding nicht unsere Accessoren, sondern benutzt diese. Es ist daher weiter erforderlich, diese zu programmieren oder mittels @synthesize erzeugen zu lassen. Man bezeichnet das als »KVC-Compliance« (KVC-Einhaltung). Der obige Code führt zu folgenden Anweisungen:

```
// [aGroup setValue:@"Hans" forKeyPath:@"leader.firstname"];
// wird
id object = [aGroup leader];
[object setFirstname:@"Hans"];
```

> **AUFGEPASST**
>
> Wenn ich sage, dass die Accessoren weiterhin erforderlich sind, stimmt das nicht ganz: Wenn nämlich die Key-Value-Coding-Methoden keinen entsprechenden Accessor finden, versuchen sie, die Nachricht zu retten, indem sie unmittelbar auf die Instanzvariablen zugreifen, falls die Klasse dies mit der Methode +accessInstanceVariablesDirectly erlaubt. Von diesem Trick machen Sie bitte keinen Gebrauch. Key-Value-Coding wird übrigens auch noch einmal für Core-Data besprochen.

Zusammenfassung:

- Anstelle eines Zugriffes mittels Accessor-Nachrichten oder Dot-Notation können auch die KVC-Nachrichten verwendet werden.

- Dies setzt voraus, dass die Accessoren -*eigenschaft* und -set*Eigenschaft* für die entsprechenden Eigenschaften implementiert sind.

KVC-Benutzung und To-Many-Relationships

Dieses Key-Value-Coding, wie ich es bisher vorgestellt habe, ersetzt nur einfache Accessoren der Art -*eigenschaft* als Getter und -set*Eigenschaft*: als Setter. Dies gilt für alle Arten von Eigenschaften, also für Attribute, Master-Detail-Beziehungen und To-many-Beziehungen. (Vielleicht lesen Sie noch einmal den entsprechenden Abschnitt in Kapitel 3, um sich die Beziehungstypen in Erinnerung zu rufen.)

Bei To-many-Beziehungen – wie etwa die Beziehung einer Gruppe zu deren Mitgliedern in unserem Firmenbeispiel – hat dies aber einen Nachteil betreffend das Laufzeitverhalten. Denn hier wird die Eigenschaft durch eine Collection repräsentiert. Damit etwa ein Mitglied der Gruppe hinzugefügt wird, wäre folgender Code erforderlich:

```
Group* aGroup = … //
// Bisherige Mitglieder holen
NSSet* members = [aGroup valueForKey:@"members"];
// Veraenderliche Collection erzeugen
members = [NSMutableSet setWithSet:members];
// Neues Mitglied hinzufuegen
[members addObject:[Person …]];
// und wieder speichern:
[aGroup setValue:members forKey:@"members"];
```

Gehen wir das einmal im Einzelnen durch: Zunächst haben wir eine Gruppe, die über ein Set drei Personen als Members hat.

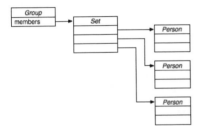

Die Ausgangssituation: Gruppe – Set – Personen

Dieses Set holen wir uns ab und erzeugen eine veränderliche Kopie mit `-setWithSet:`. Diese zeigt auf dieselben Personen wie das Ursprungsset, da bei der Kopie einer Collection die enthaltenen Mitglieder nicht mitkopiert werden.

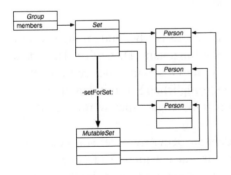

Wir erzeugen eine veränderliche Variante.

In das Mutable-Set fügen wir eine neue Person ein:

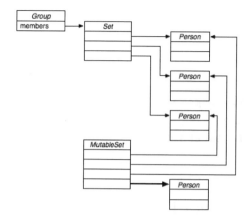

In das Mutable-Set können wir eine Person einfügen.

Letztlich wird durch die Nachricht `setValue:forKey:` am Ende des Codes das Setzen ausgeführt. Da es sich um eine Copy-Property handelte, wird hierbei wieder eine unveränderliche Kopie erzeugt.

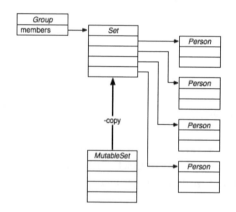

Schließlich wird die Veränderung zurückkopiert.

Sie merken schon, dass das ziemlich umständlich ist. Es ist aber zudem nicht so einfach ersichtlich, welche Instanz in der Collection hinzukam. Dies führt dazu, dass andere Technologien von Cocoa, wie das Key-Value-Observing, dies erst erneut ermitteln müssen, indem sie lokale Kopien des ursprünglichen Sets mit dem neuen vergleichen. Noch einmal von hinten durch die Brust ins Auge – auch wenn es geht!

Aus diesem Grunde gibt es besondere Methoden, die dem Anwender von Key-Value-Coding das Leben erleichtern und gleichzeitig für eine genauere Änderung der Collection sorgen. Dies sind `-mutableSetValueForKey:` und `-mutableSetValueForKeyPath:` für eine Eigenschaft, die über eine Instanz der Klasse `NSSet` modelliert wurde bzw. `-mutableArrayForKey:` und `-mutableArrayForKeyPath:`, falls die Eigenschaft ein Array ist. Obiger Code sähe also so aus:

```
Group* aGroup =   … //
// Bisherige Mitglieder holen
NSMutableSet* members = [aGroup mutableSetValueForKey:@"members"];
// Neues Mitglied hinzufuegen
[members addObject:[Person …]];
```

Der Trick liegt darin, dass wir ein ganz spezielles Set (bzw. ein ganz spezielles Array) bekommen, welches sich um das weitere Key-Value-Coding kümmert.

Zusammenfassung:

- Bei To-many-Relationships, die durch ein Set abgebildet sind, kann man `-mutableSetValueForKey:` zur einfachen Manipulation verwenden.
- Bei To-many-Relationships, die durch ein Array abgebildet sind, kann man `-mutableArrayValueForKey:` zur einfachen Manipulation verwenden.

KVC-Implementierung für Sets

Aber auch hier ist noch nicht das Optimum erzielt. Denn auch diese Spezialmethoden können nur unsere Standardaccessoren benutzen. Aber wir können ihnen helfen, ihre Arbeit performant zu erledigen. Dazu müssen wir in der entsprechenden Entität zusätzlich spezielle Key-Value-Coding-Methoden implementieren. Für ein Set lauten diese:

- `-addEigenschaftObject:` soll das übergebene Objekt der Collection hinzufügen, die für die Eigenschaft *Eigenschaft* steht. In unserem Falle also etwa `-addMembersObject:`.
- `-removeEigenschaftObject:` entfernt entsprechend wieder ein Objekt. In unserer Klasse Group hieße also die Methode `-removeMembersObject:`.
- `-addEigenschaft:` fügt die Mitglieder eines übergebenen Sets der Eigenschaft hinzu.
- `-removeEigenschaft:` entfernt die Mitglieder eines übergebenen Sets.
- Falls implementiert, verwendet das spezielle Set auch eine Methode `-intersectEigenschaft:`, wobei als Ergebnis diejenigen Elemente gespeichert werden müssen, die sowohl in der bisherigen Menge gespeichert waren als auch in der übergebenen (Schnittmenge).

Wichtig ist aber, dass diese Accesoren nicht durch `@synthesize` automatisch erzeugt werden. Dieses erstellt nur die Standard-Getter und -Setter.

Klarer wird das alles an einem Beispiel. Wir haben wieder eine Gruppenklasse mit einer To-many-Relationship zu Personen, die wir members nennen:

```
@interface Group : NSObject {
    NSMutableSet* members;
    ...
}
...
@end
```

In der Implementierung sollten wir folgende Methoden programmieren:

```
@implementation Group
// Standard-Accessoren -members und -setMembers:
@synthesize members;
- (void)addMembersObject:(id)value
{ [members addObject:value]; }
- (void)addMembers:(NSSet*)values
{ [members unionSet:values]; }
- (void)removeMembersObject:(id)value
{ [members removeObject:value]; }
- (void)removeMembers:(NSSet*)values
{ [members minusSet:values]; }
- (void)intersectMembers:(NSSet)values
{ [members intersectSet:values]; }
```

Sie sehen schon, dass das derart langweilig ist, dass ich die Methoden einzeilig programmiert habe. Jetzt hat unsere Klasse Group also passgenaue To-many-Accessoren, die für besseres Laufzeitverhalten sorgen. Wenn wir diese auch aus unserem eigenen Code heraus benutzen wollen, können wir die Methoden natürlich im Header bekannt machen. Aber es geht eben auch über -mutableSetValueForKey:.

Zusammenfassung:

- Auch bei To-many-Relationships, die mittels einer Set-Instanz abgebildet sind, reichen die üblichen Accessoren aus.
- KVC nutzt aber weitere Methoden, falls diese implementiert wurden. Diese verbessern die Ausführungsgeschwindigkeit unseres Programmes.

KVC-Implementierung für Arrays

Dasselbe Problem stellt sich, wenn eine Beziehung nicht mit einem Mutable-Set, sondern mit einem Mutable-Array implementiert wurde:

Die Controllerschicht   Kapitel 6

```
@interface Group : NSObject {
   NSMutableArray* members;
   ...
}
```

Allerdings hilft uns hier Xcode etwas. Wenn Sie die fett gedruckte Zeile testweise bei unserer Gruppenklasse eingeben und dann selektieren, klicken Sie bitte im Script-Menü auf *Code|Place Accessor Defs on Clipboard*. Wechseln Sie dann in die Implementierung und fügen Sie die Zwischenablage mit [Befehl]+[V] ein:

```
- (NSArray *)members {
   if (!members) {
      members = [[NSMutableArray alloc] init];
   }
   return [[members retain] autorelease];
}
- (unsigned)countOfMembers {
   if (!members) {
      members = [[NSMutableArray alloc] init];
   }
   return [members count];
}
- (id)objectInMembersAtIndex:(unsigned)theIndex {
   if (!members) {
      members = [[NSMutableArray alloc] init];
   }
   return [members objectAtIndex:theIndex];
}
- (void)getMembers:(id *)objsPtr range:(NSRange)range {
   if (!members) {
      members = [[NSMutableArray alloc] init];
   }
   [members getObjects:objsPtr range:range];
}
- (void)insertObject:(id)obj inMembersAtIndex:(unsigned)index {
   if (!members) {
      members = [[NSMutableArray alloc] init];
   }
   [members insertObject:obj atIndex:index];
}
- (void)removeObjectFromMembersAtIndex:(unsigned)theIndex {
   if (!members) {
```

```
        members = [[NSMutableArray alloc] init];
    }
    [members removeObjectAtIndex:theIndex];
}
- (void)replaceObjectInMembersAtIndex:(unsigned)theIndex
                         withObject:(id)obj {
    if (!members) {
        members = [[NSMutableArray alloc] init];
    }
    [members replaceObjectAtIndex:theIndex withObject:obj];
}
```

Dies sind also die Methoden, die man bei einer To-many-Relationsip für vollständige Key-Value-Coding-Implementierung programmieren sollte. Ich weiche bei der Art der Implementierung allerdings von Apples Vorschlag etwas ab. Die Methoden erzeugen nämlich die Collection erst auf Bedarf. Ich habe indessen in Kapitel 3 vorgeschlagen, dies gleich im Initialisierer leer zu machen. Außerdem kann man sich über @synthesize gleich die Standard-Accessoren erzeugen lassen, wenn man Objective-C 2 verwendet. Daher mein Vorschlag für die Implementierung:

```
@synthesize members;
- (NSUInteger)countOfMembers
{ return [members count]; }
- (id)objectInMembersAtIndex:(NSUInteger)index
{ return [members objectAtIndex:index]; }
- (void)getMembers:(id*)objsPtr range:(NSRange)range
{ [members getObjects:objsPtr range:range]; }
- (void)insertObject:(id)obj inMembersAtIndex:(NSUInteger)index
{ [members insertObject:obj atIndex:index]; }
- (void)removeObjectFromMembersAtIndex:(NSUInteger)index
{ [members removeObjectAtIndex:theIndex]; }
- (void)replaceObjectInMembersAtIndex:(NSUInteger)index
                         withObject:(id)obj
{ [members replaceObjectAtIndex:theIndex withObject:obj]; }
```

Sie sehen also, dass dies gar nicht so schwierig ist.

Wie gesagt: Dies alles ist nicht erforderlich. Sie können weiterhin wie bisher mit unveränderlichen Collections arbeiten und dann mit @synthesize oder zu Fuß nur die Standard-Accessoren implementieren. Es geht hier um Optimierung.

Was Sie jedoch auf keinen Fall tun dürfen, ist, eine Mutable-Collection als Instanzvariable zu verwenden und diese dann unmittelbar zu verändern:

```
// Nicht machen!
NSMutableSet* members = [group members]; // oder KVC-Methode
[members addObject:[Person …]];
```

Dies führt dazu, dass die anderen hier besprochenen Cocoa-Technologien nicht mehr funktionieren! Zumindest muss am Ende ein Aufruf eines Setters erfolgen:

```
[group setMembers:members];
```

Zusammenfassung:

- Auch bei To-many-Relationships, die mittels einer Array-Instanz abgebildet sind, reichen die üblichen Accessoren aus.
- KVC nutzt aber weitere Array-Methoden, falls diese implementiert wurden. Diese verbessern die Ausführungsgeschwindigkeit unseres Programms.

> **HILFE**
>
> Wenn Sie den nächsten Abschnitt über Key-Value-Observing gelesen haben, verstehen Sie auch ein weiteres Tutorial, welches sich auf meiner Webseite befindet. Dieses geht auf die Probleme bei einem gedankenlosen Umgang mit mutablen Collections genauer ein. Es wird am Ende des Kapitels in der Liste der weiterführenden Dokumente referenziert.

Fehlermethoden

Bei -valueForKey: und -setValue:forKey: kann es natürlich passieren, dass der angegebene Schlüssel gar nicht bei der Instanz vorhanden ist, die diese Nachricht bekam. In diesem Falle wird versucht, die Nachricht zu retten, indem die Methoden -valueForUndefinedKey: bzw. -setValue:forUndefinedKey: aufgerufen werden. Die Standardimplementierungen in NSObject erzeugen dann einfach einen Fehler. Wir können diese Methoden aber überschreiben. Das ist zuweilen praktisch, wenn wir ein »Zwischen- oder Stellvertreterobjekt« haben, welches selbst die Eigenschaft nicht implementiert, aber auf jemanden Rückgriff nehmen kann, der das tut. Eine Implementierung dieser Funktionalität sieht etwa so aus:

```
- (id)valueForUndefinedKey:(NSString*)key
{
    return [[self recourse] valueForKey:key];
}
```

```
- (void)setValue:(id)value forUndefinedKey:(NSString*)key
{
   [[self recourse] setValue:value forKey:key];
}
```

Eine weitere nützliche Methode stellt `-setNilValueForKey:` dar, die aufgerufen wird, wenn für einen Skalar wie einen Integer `nil` gesetzt werden soll.

Key-Value-Validation

Cocoa definiert ebenso Methoden `-validateValue:forKey:error:` und `-validateValue:forKeyPath:error:`, die ihrerseits eine Methode `-validateEigenschaft:error:` für die Überprüfung in der jeweiligen Klasse aufrufen.

Die entsprechende Validierungsmethode bekommt einen Vorschlag über ihren ersten Parameter und liefert bis zu zwei Werte zurück. Dabei sind drei Fälle zu unterscheiden:

- Über den ersten Parameter erhält die Methode den Vorschlag, insbesondere also eine Benutzereingabe. Stellt diese Benutzereingabe einen zulässigen Wert da, so wird einfach gar nichts unternommen und YES als Returnwert zurückgegeben.

- Ist der erste Parameter zwar nicht akzeptabel, lässt sich aber aus ihm ein akzeptabler Wert ableiten, so wird dieser erzeugt und über die Parameterliste (Vorsicht: Zeiger-Zeiger!) zurückgegeben. Auch in diesem Falle muss YES der Returnwert sein.

- Ist der erste Parameter nicht akzeptabel und lässt sich auch keiner erzeugen, so wird über den Error-Parameter (Vorsicht: Zeiger-Zeiger!) ein Error-Objekt zurückgeliefert. Der Returnwert muss hier auf NO lauten.

Stellen wir uns eine Eigenschaft lastname vor, die nur Namen akzeptiert, die aus höchstens vier Buchstaben bestehen. Eine entsprechende Validierungsmethode sähe so aus:

```
- (BOOL)validateLastname:(id*)value error:(NSError**)error
{
   // nil ist als Wert immer erlaubt.
   // Beachte aber den Zeiger-Zeiger!
   if( *value == nil ) {
      return YES; // alles okay
   }
   // Ein Wert mit bis zu 4 Buchstaben ist erlaubt:
```

```
    if( [(*value) length] <= 4 ) {
       return YES;
    }
    // Einen Wert mit mehr als 4 Buchstaben kann man anpassen:
    *value = [(*value) substringToIndex:4];
    return YES;
}
```

Soll indessen der Name mindestens vier Buchstaben enthalten, ist es natürlich nicht möglich, eine falsche Eingabe zu retten. Entsprechender Code:

```
- (BOOL)validateLastname:(id*)value error:(NSError**)error
{
    // nil ist als Wert nicht erlaubt.
    if( *value == nil ) {
       *error = [NSError errorWithDomain:@"reverse DNS"
                                    code:1
                                userInfo:@"Name zu kurz"];
       return NO; // Fehler!
    }
    // Ein Wert mit weniger als 4 Buchstaben ist nicht erlaubt:
    if( [(*value) length] < 4 ) {
       *error = [NSError errorWithDomain:@"reverse DNS"
                                    code:1
                                userInfo:@"Name zu kurz"];
       return NO; // Fehler!
    }
    return YES;
}
```

Die Domain müssen Sie freilich nach dem bereits beschriebenen System der Reverse-Domains umbenennen.

Key-Value-Observing

Key-Value-Observing sorgt dafür, dass die Änderung einer Eigenschaft zu einer Mitteilung an einen Observierer führt. Es ist damit die Grundlage von Bindings. Wir werden uns damit und mit Bindings hier nur strukturell beschäftigen, da Key-Value-Observing einiges Fortgeschrittenenwissen voraussetzt.

Sie haben das wörtlich zu nehmen: Key-Value-Observing überwacht eine Eigenschaft, nicht eine Instanzvariable! Dies bedeutet, dass eine spezielle Observierungsklasse zur Laufzeit zwischen Observierer und Observierten eingeschaltet wird. Wird an irgendeiner Stelle im Programm eine Nachricht an die eigentliche Entität geschickt, so wird diese Nachricht von der neuen Observierungsklasse abgefangen. Bemerkt sie dabei eine Nachricht, welche eine Eigenschaft verändert, so wird eine Observierungsnachricht ausgelöst.

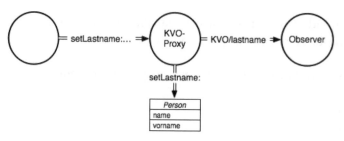

Der KVO-Proxy ist ein Drängler. Er fängt die Nachricht an die Entität Person ab.

Damit das funktioniert, muss der Proxy natürlich wissen, welche Nachrichten potentiell die Entität verändern. Und hier gilt eine Vereinbarung, dass nur die im Abschnitt »Key-Value-Coding« genannten Methoden dies tun. Dies ist auch der Hintergrund dafür, dass Sie stets eine der Standard-Aceessoren oder der erweiterten Methoden für To-many-Relationships verwenden müssen, um eine Eigenschaft zu verändern. Alles andere führt dazu, dass die Observierung nicht mehr funktioniert und das Programm fehlerhaft abläuft.

Also, bevor Sie tiefer in die Materie eingestiegen sind, können Sie es sich einfach machen:

- Bilden Sie alle Attribute mit Immutable-Containern ab, also zum Beispiel mit `NSString` anstelle von `NSMutableString`.

- Bilden Sie alle To-many-Relationships mit unveränderlichen Collections ab, also mit `NSArray` anstelle von `NSMutableArray` bzw. `NSSet` anstelle von `NSMutableSet`.

- Verwenden Sie zur Veränderung von sämtlichen Eigenschaften stets nur die Standard-Accessoren (ruhig auch in der Form der Dot-Notation).

- Bei To-many-Relationships können Sie auch die speziellen Key-Value-Methoden `-mutableSetValueForKey:` bzw. `-mutableArrayValueForKey:` verwenden und die Relationship mit Mutable-Collections aufbauen.

> **TIPP**
>
> Wenn Sie mal in einer ruhigen Minute die Dokumentation zu Key-Value-Coding und Key-Value-Observing durcharbeiten, werden Sie möglicherweise sehen, dass für Eigenschaften, die einen BOOL als Datentypen haben, auch andere Bezeichnungen für den Getter erlaubt sind. Ich würde Ihnen empfehlen, hiervon keinen Gebrauch zu machen, da dies nur eine weitere Ausnahme in Ihren Sourcecode einführt.

Bindings

Sie haben bereits Bindings verwendet. Dabei sind wir allerdings sehr simpel vorgegangen. Vermutlich bemerkten Sie schon, dass man im Inspector des Interface Builders viel mehr Einstellungen vornehmen konnte. Hierauf will ich eingehen.

Bindbare Eigenschaften

Jedes Objekt, insbesondere solche der View-Schicht, können verschiedene Eigenschaften zur Bindung anbieten. Öffnen Sie etwa noch einmal das Projekt aus dem letzten Kapitel oder (besser) laden Sie sich es als Projekt-06-start von der Webseite herunter. Dort MyDocument.xib öffnen. Mit einem Doppelklick auf das Dokumentenfenster holen Sie sich dieses nach vorne. Ziehen Sie jetzt einen Button in das Fenster und beschriften Sie ihn mit *Entfernen*.

Wie bereits in Kapitel 2 vorgenommen, setzen Sie seine Action auf den Array-Controller *Conversions Controller* und wählen dort die Methode *remove:* aus. Wenn Sie jetzt das Programm starten und testen, sollten wiederum über die Toolbar hinzugefügte Einträge gelöscht werden können. Ja, ja, ich weiß, soweit waren wir schon. Aber es geht hier um etwas anderes:

Fügen Sie einmal über die Toolbar ein paar Einträge zu der Tabelle hinzu. Jetzt klicken Sie in den Hintergrund des Tableviews, so dass kein Eintrag selektiert ist. Ich hatte Sie bereits darauf hingewiesen, dass sich das Entfernen-Item in der Toolbar automatisch grau darstellt und nicht mehr zu bedienen ist. Das ist auch richtig: Wenn kein Eintrag selektiert ist, kann auch nichts gelöscht werden. Unser Button ist aber noch bedienbar. Glücklicherweise führt seine unsinnige Betätigung allerdings nicht zum Absturz des Programms, sondern lediglich dazu, dass einfach nichts passiert.

Es stellt sich also die Frage, wie wir dafür sorgen können, dass auch unser Button ausgegraut wird, wenn kein Eintrag in der Tabelle selektiert ist. Der Trick besteht wiederum in den Bindings.

Im Interface Builder selektieren Sie diesen Button und wechseln auf das Bindings-Pane. Sie sehen dort eine ganze Reihe verknüpfbarer Eigenschaften.

Zahlreiche Eigenschaften eines Buttons können gebunden werden.

> **TIPP**
>
> Natürlich kann ich hier bei Weitem nicht sämtliche bindbaren Eigenschaften besprechen. Das ist wieder das Problem mit dem Telefonbuch von New York. Sie können aber eine Dokumentation zu den einzelnen Bindings abrufen, wenn diese auch sehr versteckt ist: Hierzu öffnen Sie die Dokumentation in Xcode und starten eine Suche wie abgebildet. Weil dies sehr schwer zu erreichen ist, setzen Sie bitte gleich mit *Edit\Add to Bookmarks* ein Lesezeichen darauf.

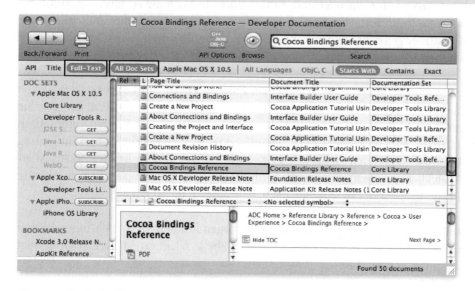

Gut gesucht ist halb gewusst: der Ort der Bindings-Referenz

Wir wollen ja erzielen, dass der Button nicht anzuklicken ist, wenn kein Eintrag im Tableview ausgewählt ist. Deshalb müssen wir die Eigenschaft *Enabled* des Buttons verwenden. Klicken Sie auf den entsprechenden Disclosure, um das Binding zu öffnen. Schauen Sie sich zum Verständnis vielleicht noch einmal die Graphik vom Anfang an: Wir haben jetzt die Eigenschaft enabled der Instanz Button, die sich synchron verhalten soll.

Synchron zu was? Über unsere Selektierung weiß ja der Array-Controller Bescheid, den wir *Conversions Controller* genannt hatten. Und deshalb binden wir den an. Und der hat wiederum eine Eigenschaft *canRemove*. Wenn also der Conversions-Controller uns sagt, dass ein Eintrag bei ihm gelöscht werden kann, so können wir unseren Button auf *Enabled* setzen. Deshalb binden wir das genau so:

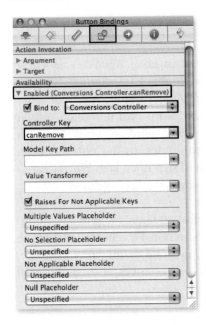

Die Bindung des Enabled-Status an die canRemove-Eigenschaft

Einen Model-Key-Path müssen wir nicht eingeben, da wir uns ja mit einer Eigenschaft des Array-Controllers selbst synchronisieren wollen. Also, noch einmal in einem Satz: Der Button ist enabled, wenn der Array-Controller einen Eintrag löschen kann. Oder anders: Die gebundene Eigenschaft enabled des Buttons verhält sich synchron zu der observierbaren Eigenschaft canRemove des Controllers.

Bitte starten Sie jetzt das Programm mit *Build and Go*, um dies zu testen.

Gut, dass war jetzt einfach ein Beispiel, um Ihnen ein anderes Binding als dieses ewige »Value« zu demonstrieren. Entfernen Sie den Button wieder.

> **GRUNDLAGEN**
>
> Das Gegenstück der bindbaren Eigenschaften, also das, woran gebunden wird, ist eine sogenannte observierbare Eigenschaft. Eine Eigenschaft ist observierbar, wenn sie KVC-compliant ist. Wie Sie für KVC-Compliance sorgen, habe ich ja ausführlich erläutert. Umgekehrt eine bindbare Eigenschaft (also ein Binding) selbst anzubieten, ist alles andere als lustig und bleibt Band 2 vorbehalten. Wir benötigen dies in der Regel auch nicht, da die Standardviews von Cocoa ausreichend Bindings anbieten.

Bindings-Optionen

Ich will noch die wichtigsten Optionen eines Bindings besprechen, die man im alltäglichen Gebrauch benötigt:

Bindings-Placeholder

Zu jedem Binding können Sie verschiedene Parameter angeben. Auch dies haben Sie vermutlich bereits bemerkt. Wählen Sie das Textfeld für den Umrechnungsfaktor an und öffnen Sie im Bindings-Pane des Inspectors das *Value*-Binding. Am Ende sehen Sie eine Liste von Platzhaltern (Placeholder). Geben Sie im Feld unterhalb von *No Selection Placeholder* den Text *Keine Auswahl* ein. Dieser wird angezeigt, wenn Sie keine Auswahl im Tableview getroffen haben und damit der Array-Controller keine Selektion kennt. Wenn Sie das Programm starten und sich noch kein Eintrag im Tableview befindet (also auch keiner ausgewählt ist), sehen Sie das Ergebnis.

Ich denke, dass sich die weiteren Placeholder von selbst erklären. Sie sind auch in der Bindings-Referenz erläutert. Nur eines: Der Multi-Selection-Placeholder ist dienlich, wenn man die mehrfache Selektion in einem Tableview (und damit dem Controller) erlauben würde. Hiermit in Zusammenhang steht die gleich besprochene Einstellmöglichkeit *Always use Mutliple Values Marker*.

Conditionally Sets ...

Mit diesen Chechboxes können Sie betimmen, ob die Eigenschaften Editable, Hidden usw. automatisch gesetzt werden sollen, wenn das Binding nicht zu einem gültigen Wert führt. Wenn Sie etwa für das mittlere Textfeld *Conditionally Sets Hidden* anklicken, verschwindet es automatisch, falls kein gültiger Wert ausgewählt ist.

Continuously Updated Values und Validates immediatly

Auch Bindings übernehmen einen Wert erst, wenn die [Eingabe]-Taste gedrückt oder das Feld verlassen wird. Dies bedeutet, dass eine Änderung in dem Textfeld für den Umrechnungsfaktor erst dann in unserem Model gespeichert wird. Manchmal will man jedoch, dass bereits während der Eingabe nach jedem Tastendruck der entsprechende Wert im Model gesetzt wird. Dann aktivieren Sie diese Option.

Entsprechendes gilt für die Validierung des eingegebenen Wertes bei *Validates immediatly*, wobei die Validierung bei ausgeschalteter Option ganz ausbleibt.

Value-Transformer

Vermutlich ist Ihnen bereits aufgefallen, dass man auch einen sogenannten Value-Transformer angeben kann. Hierbei handelt es sich um gesonderte Instanzen, die zur konstanten Umrechnung von Werten verwendet werden können. Dabei existiert immer eine Instanz, die einen Eingangswert aus der observierbaren Eigenschaft bekommt und daraus einen Ausgangswert für das Binding herstellt. Dies ist aber eine reine 1-zu-1-Umrechnung, so dass nicht mehrere observierbare Eigenschaften kombiniert werden können. Manche Value-Transformer können dabei auch die Rückrechnung vornehmen, also bei Eingabe der gebundenen Eigenschaft im User-Interface auch wieder die observierte Eigenschaft im Model setzen.

Getreu dem Motto dieses ersten Bandes »Lerne Cocoa richtig anwenden« will ich hier die wichtigsten vom System bereitgestellten Value-Transformer kurz benennen. Es sei aber angemerkt, dass man recht leicht eigene Transformer programmieren kann. Die Dokumentation zu der Klasse `NSValueTransformer` enthält vollständigen Beispielcode.

NSNegateBoolean

Dieser Value-Transformer dient für boolsche Werte und verneint diese immer. Er kann für den Zustand (etwa die Enabled-Eigenschaft) von Buttons hilfreich sein, wenn die observierte Eigenschaft »genau verkehrt herum« ist. Außerdem lässt sich hiermit ein Status für die Benutzeroberfläche umdrehen.

Der Negate-Boolean-Value-Transformer beherrscht auch die umgekehrte Transformation.

NSIsNil, NSIsNotNil

Diese beiden Transformer erzeugen einen boolschen Wahrheitswert in Abhängigkeit davon, ob die observierte Eigenschaft `nil` ist. Auch hiermit lassen sich häufig Zustände im User-Interface darstellen. Allerdings existiert keine umgekehrte Transformation, so dass sie sich nicht zur Eingabe von Werten eignen.

NSUnarchiveFromData, NSKeyedUnarchiveFromData

Diese beiden Transformer erwarten als observierbare Eigenschaft eine Instanz der Klasse `NSData` und wandeln die enthaltenen Daten in das gewünschte Objekt um. Mit dem dafür erforderlichen Protokoll `NSCoding` beschäftigen wir uns noch im Kapitel für die Model-Schicht. Der Transformer erlaubt auch die Rückumwandlung von der gebundenen zu der observierten Eigenschaft.

Der Array-Controller

Ich möchte zwei Controller, die in der praktischen Anwendung sehr wichtig sind, noch besprechen. Ich beginne dabei hier mit dem Array-Controller sozusagen »prototypisch«. Die anderen Controller funktionieren entsprechend.

In der Regel wollen wir ja einen View an das Model binden. Das hatten wir auch mit unseren Conversions so gemacht, die im Model gespeichert wurden und in einem View erschienen. Dazwischen liegen Bindings-Controller wie der Array-Controller. Sie haben daher zwei Seiten:

- Zum Model hin lassen sie sich selbst binden. Hier sind die verknüpfbaren Eigenschaften `contentSet` und `contentArray` wichtig. Werden diese – so wie wir es bereits getan haben – an das Model gebunden, so laufen sie also synchron zum Model. Dies bedeutet im Wesentlichen, dass die Eigenschaft `arrangedObjects` des Controllers die Elemente enthält, die sich im `contentSet` bzw. `contentArray` befinden.

- Zu dem View hin sind sie die observierten Objekte. Sie bieten wichtige Eigenschaften an, die man observieren kann, insbesondere `arrangedObjects` als Ansammlung aller Objekte und `selection` als das soeben ausgewählte Objekt.

- Da es sich um verschiedene Eigenschaften handelt, kann dazwischen der Controller noch Aufgaben wie Filterung und Sortierung vornehmen.

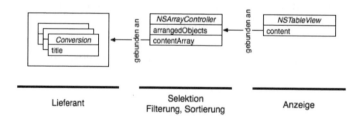

Bindings-Controller sind schizophren. Dadurch können sie zusätzliche Aufgaben wahrnehmen.

Diese Janusköpfigkeit ist wohl zunächst schwierig zu verstehen. Man kann sagen, dass die Daten über die Content-Bindings in den Controller gelangen und über die Eigenschaft `arrangedObjects` wieder (gefiltert usw.) an das View herausgegeben werden. Beachten Sie dabei bitte auch, dass die sortierten Daten des `arrangedObjects` ausgangs des Controllers stets als Array geliefert werden, da ja eine Reihenfolge besteht. Dies gilt auch dann, wenn eingangs des Array-Controllers die Eigenschaft `contentSet` – also eine unsortierte Menge – gebunden wurde.

Einstellungen im Attributes-Pane

Bei einem Array-Controller gibt es eigentlich wenig zu erläutern. Zu beachten ist aber, dass er wie jeder Controller sozusagen in zwei Modi laufen kann:

- Zum einen kann er Instanzen von Klassen verwalten. Dies machen wir im aktuellen Projekt »Cocoa Converter«. Es ist dann erforderlich, die Klasse anzugeben. Hierbei geht es weniger um die Bereitstellung von Daten als um die Actionmethoden zum Einfügen und Löschen von Instanzen. Diese müssen ja wissen, welche Klasse die erzeugte Instanz haben soll.

- Will man indessen Core-Data-Entitäten wie im Kapitel 2 verwalten, so läuft er im Modus Entity. Er erzeugt dann nicht Instanzen von Klassen, sondern Instanzen von Entitäten. Dies sind natürlich auch Instanzen von Klassen, nämlich meist von `NSManagedObject`. Aber eine Entität kennt ihre Klasse. Dazu kommen wir im Abschnitt über Core-Data.

Übrigens merkt sich ein Bindings-Controller, welche Schlüssel bereits in Bezug auf ihn verwendet wurden. Das erleichtert die Eingabe von Bindungen an ihn, da bereits Vorschläge für den Model-Key gemacht werden. Gibt man als Klasse zudem `NSMutableDictionary` an, so werden automatisch Instanzen mit eben diesen Keys erstellt. Dies führt dazu, dass man Entitäten, deren Klasse man noch nicht programmiert hat, schnell simulieren kann (Rapid-Prototyping).

Die Einstellung *Always Use Multi Values* Marker bedarf allerdings der Erläuterung. Wie Sie bereits bei den Bindings-Optionen gesehen hatten, können Placeholder-Texte gesetzt werden, wenn besondere Selektierungen vorliegen. Dies hatten wir ja auch für die leere Selektierung verwendet. Es gibt einen weiteren besonderen Fall, nämlich die Mehrfachselektierung. Wir benötigen sie nicht, da unser Tableview die Mehrfachselektierung nicht zulässt. Wenn dies allerdings so wäre, so ergäbe sich eine Fallunterscheidung:

- Sie haben eine Mehrfachauswahl, und die dargestellte Eigenschaft ist bei allen ausgewählten Einträgen gleich. Ein Beispiel sind etwa mehrere Umrechnungen, die alle denselben Umrechnungsfaktor haben.

- Sie haben eine Mehrfachauswahl, und die dargestellte Eigenschaft ist nicht bei allen ausgewählten Einträgen gleich. Es sind also mehrere Umrechnungen ausgewählt, die einen unterschiedlichen Umrechnungsfaktor haben.

Im zweiten Falle ist klar, dass eine »echte« Mehrfachauswahl vorliegt. Für eine Eigenschaft wird dann ein Multiselektions-Marker erzeugt, da sich ja die Eigenschaft nicht mehr einfach darstellen lässt. Diesem können wir eben in den Bindingsoptions einen Placeholder zuweisen.

Im ersten Falle ist es jedoch so, dass sich die Eigenschaft eigentlich noch darstellen ließe, eben durch den immer gleichen Wert. Dies macht der Array-Controller auch standardmäßig. Wenn Sie die Option *Always Use Multi Values* einschalten, wird dies nicht getan, sondern eben der Marker erzeugt.

Observierbare Eigenschaften

An Eigenschaften, die für eine Bindung dienen können, haben Sie bereits *arranged Objects* und *selection* kennengelernt. Es gibt weitere:

Selektierungen

Die aktuelle Selektierung wird durch folgende Eigenschaften zur Bindung angeboten, die Sie selbstverständlich auch durch entsprechende Methoden im Code abfragen können:

- *selection* beschreibt die aktuelle Selektierung.
- *selectedObjects* ist ein Array mit den aktuell ausgewählten Instanzen. Es handelt sich auch dann um ein Array, wenn lediglich eine Instanz ausgewählt wurde.
- *selectionIndex* bezeichnet den Index des gewählten Eintrages.
- *selectionIndexes* gibt die Indexe (ja, im technischen Bereich verwendet man diese Pluralbildung!) der Selektion wieder.

> **►GRUNDLAGEN**
>
> Hierbei wird als Collection ein sogenanntes Index-Set verwendet. Aus dem Code heraus wird man allerdings diese Eigenschaft kaum verwenden. Für die Arbeiten im Interface Builder reicht die grobe Vorstellung.

Wenn Sie aus dem Code heraus diese Eigenschaften abfragen, kann es zu Überraschungen kommen. Die von dem Array-Controller gelieferten Instanzen können nämlich eine andere Klasse haben. Es handelt sich um sogenannte Bindings-Proxys. Auf der Webseite gibt es einen Artikel dazu, den ich am Ende des Kapitels referenziert habe. Aber schon hier: Auf jeden Fall können Sie die KVC-Methoden `-valueForKey:` usw. auf dieses Objekt anwenden.

Inhalt

Bezogen auf den Inhalt gibt es zwei wichtige Eigenschaften, die als Angelpunkt für Bindings dienen können:

- *arrangedObjects* sollten Sie zwischenzeitlich zur Genüge kennen. Diese arranged Objects existieren auch, wenn, wie bei uns, der Array-Controller an ein Set gebunden ist. Die Reihenfolge ist dann freilich zufällig. Eine Sortierung kann aber sowohl über Sort-Descriptors im Array-Controller erfolgen als auch über den Tableview.

- *sortDescriptors* sind ein Array von Instanzen der Klasse `NSSortDescriptor`. Sie werden zuweilen im `-awakeFromNib` über ein Outlet auf den Array-Controller gesetzt. Ich gebe aber zu bedenken: Wenn die Einträge wie bei uns keine »natürliche« Reihenfolge besitzen, gibt es wenig Gründe, diese bereits im Array-Controller anstelle des Tableviews sortieren zu lassen. Wenn es indessen bereits eine natürliche Reihenfolge gibt, so haben wir den Controller an ein Array gebunden, das bereits eine Sortierung mitbringt. Gleich folgt ein Beispiel zur alphabetischen Sortierung der Umrechnungsfaktoren.
- *filterPredicate* erlaubt uns seit Tiger (OS X 10.4) die Filterung der angezeigten Elemente. Dies kann man zu einer Live-Suche verwenden. Auch dies implementieren wir gleich.

Sort Descriptors

Fangen wir mit der Implementierung der Sorterreihenfolge an: Zunächst bauen wir uns ein Outlet auf den Array-Controller in der Klasse MyDocument. Öffnen Sie »MyDocument.h«:

```
…
@interface MyDocument : NSDocument
{
    IBOutlet NSArrayController* conversionsController;
}
…
```

In der Implementierung müssen wir dann freilich etwas damit anfangen. Als richtigen Ort für die Initialisierung könnte man an `-awakeFromNib` denken. Allerdings haben Dokumente eine besser geeignete, spezielle Stelle, nämlich `-windowControllerDidLoadNib:`

```
…
- (void)windowControllerDidLoadNib:(NSWindowController*)ctr
{
    [super windowControllerDidLoadNib:ctr];
    NSSortDescriptor* descriptor
        = [[[NSSortDescriptor alloc]
                         initWithKey:@"name" ascending:YES]
                         autorelease];
    NSArray* descriptors = [NSArray arrayWithObject:descriptor];
    [conversionsController setSortDescriptors:descriptors];
}
…
```

Das ist eigentlich selbsterklärend: Man beachte lediglich, dass mehrere Sort-Deskriptoren angegeben werden können, die dann in der entsprechenden Hierarchie abgearbeitet werden.

Jetzt müssen Sie das Outlet in MyDocument.xib noch setzen, indem Sie eine Verbindung vom *File's Owner* (das ist ja hier das Dokument) zum Array-Controller *Conversions Controller* ziehen. Außerdem muss im Attributes-Pane des Array-Controllers die Eigenschaft *Auto Rearrange Content* gesetzt werden, damit dieser automatisch bei einer Änderung die Reihenfolge ändert. Sie können mit *Build and Go* die neue Funktionalität testen: Die einzelnen Einträge sollten sich jetzt automatisch sortieren.

> **➤HILFE**
>
> Sie können das Projekt in diesem Zustand als »Projekt-06-01« von der Webseite herunterladen.

Filter Predicate

Mit dem Filter-Predicate sorgen wir dafür, dass der Benutzer in unserem Programm suchen kann. Wie dies bei OS X üblich ist, machen wir das jedoch nicht durch einen Suchdialog, sondern durch eine Live-Suche. Das Suchfeld hatten wir ja bereits der Toolbar hinzugefügt.

Denken wir das mal durch: Der Array-Controller bietet eine Eigenschaft *Filter Predicate*, welche die Einträge filtert. Diese Eigenschaft lässt sich zur Bindung eines anderen Elementes verwenden, in diesem Falle zu der des Suchfeldes. Also müssen wir das Suchfeld in der Toolbar an diese Eigenschaft binden, damit es sich synchron zum Array-Controller verhält. Gesagt, getan:

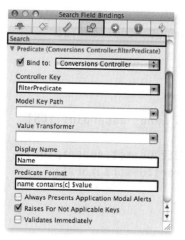

Öffnen Sie wiederum *MyDocument.xib* und dort das Dokumentenfenster. Klicken Sie zweimal auf die Toolbar, um das Konfigurationssheet zu öffnen. Dort ein Mal auf das Suchfeld klicken (selektiert das Toolbar-Item) und noch ein Mal (selektiert das Suchfeld). Im Bindings-Pane des Inspectors müssen Sie jetzt das *Predicate*-Binding wie in der Abbildung setzen:

Der Wert in einem Searchfield kann als Filterprädikat verwendet werden.

Das bedarf natürlich ein wenig der Erläuterung:

- Der *Display Name* dient der Bezeichnung der Art der Suche. In dem Suchfeld erscheint dies als grauer Text, wenn der Anwender noch nichts eingegeben hat. Wir wollen hier ausschließlich nach der Eigenschaft *Name* unserer Conversion-Instanzen suchen.
- Das *Predicate Format* bestimmt die Suche. Mit dem abgebildeten String geben wir an, dass wir nur diejenigen Einträge anzeigen wollen, die in der Eigenschaft *Name* den vom Benutzer eingegebenen Text (*value*) enthalten (*contains*). Das *[c]* sorgt dafür, dass die Suche *case-insensitiv* erfolgt, also ohne Berücksichtigung der Groß- und Kleinschreibung.

Sobald Sie ein solches Binding gesetzt haben, erscheint ein neues Binding *Predicate 2*. Sie können hier eine andere Suche mit einem anderen Namen und einem anderen Prädikat eingeben. Der Benutzer kann dann in einem Menü auswählen, wonach er suchen will. Sie kennen dies sicher aus anderen Applikationen. Wir haben dafür keine Verwendung.

Wie Prädikate funktionieren, wird von mir bei Core-Data besprochen. Hier geht es mir nur um die Hausmacherart und die Binding-Möglichkeit des Array-Controllers.

Der Tree-Controller

Ein Tree-Controller ist sozusagen das Bindings-Gegenstück zum Outlineview. So wie dieses Hierarchien anzeigen kann, verwaltet der Tree-Controller sie.

Prinzipiell funktioniert ein Tree-Controller nicht anders als ein Array-Controller. Er bietet kein Filter-Predicate, was Sie sicherlich schon in Applikationen bemerkt haben. Das macht ihn mir ein wenig madig.

Dafür enthält er zusätzliche Einstellungen für die Hierarchie in seinem Attributes Pane. Hier die wichtigsten:

- *Children* und die dazugehörigen Methoden `-childrenKeyPath` und `-setChildrenKeyPath:` bilden den Schlüsselpfad ab, der für die Einträge auf oberster Ebene die Kinderobjekte liefert. Die Model-Instanz muss entsprechend ein Array liefern, wenn diese Eigenschaft abgefragt wird.
- Die optionale Eigenschaft *Count* (`-countKeyPath`, `-setCountKeyPath:`) kann gesetzt werden, um eine eigene Eigenschaft für die Berechnung der Anzahl der Einträge anzugeben. Bleibt das Feld leer, so holt sich der Tree-Controller die Kinderarrays mittels des Children-Schlüsselpfades und wendet hierauf die Me-

thode `-count` (NSArray) an. Das Setzen dieses Schlüsselpfades bietet sich also an, wenn die Beschaffung des Arrays langsam ist, die Ermittlung der Anzahl indessen schnell.

- Die ebenfalls optionale Eigenschaft *Leaf* und die entsprechenden Accessor-Methoden geben einen Schlüsselpfad an, unter dem der Tree-Controller erfahren kann, ob das entsprechende Element überhaupt Kinder hat. Auch hier kann dies nützlich sein, wenn die Beschaffung der Kinder teuer (langsam) ist, diese aber ohnehin nicht angezeigt werden sollen. Auch ist zu bedenken, dass Eltern und Kinder nicht der gleichen Klasse angehören müssen. In diesem Falle ist es ein einfacher Trick, beiden Klassen eine Eigenschaft zu geben, die für die Eltern YES antwortet, um das Aufklappen des Outlineviews zu ermöglichen, und für die Kinder NO, um dies zu verhindern.

Der Dictionary-Controller

Mit Leopard existiert dieser neue Controller als Subklasse von `NSArrayController`, der seine Daten nicht aus einem Array oder einem Set beschafft, wie es der Array-Controller macht. Vielmehr ist die Datenquelle ein Dictionary. Auf der Seite zu einem Tableview hin existiert dann wieder die Eigenschaft `arrangedObjects`. Dabei macht der Dictionary-Controller aus einem Dictionary mit N Key-Value-Einträgen ein Array mit N Einträgen, wobei jeder Eintrag ein Dictionary mit den Schlüsseln `key` und `value` ist.

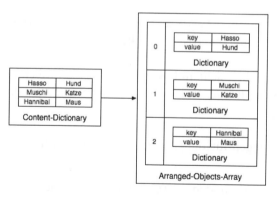

Dictionary-Einträge werden gleichermaßen um 90 Grad gedreht.

Bedenken Sie aber, dass die Eigenschaft *value* nur ihr im Dictionary gespeichertes Objekt liefert.

Machen wir ein einfaches, konkretes Beispiel mit Code: Sie speichern Ihre Familie in einem Dictionary. Dabei gehen wir von einer deutschen Standardfamilie nach DIN aus: Papi, Mami, Sohn und Tochter. Also haben wir Person-Instanzen, die jeweils die Eigenschaften *Vorname* und *Nachname* haben. Diese vier Personen speichern wir in einem Dictionary unter den Schlüsseln. Zunächst erstellen wir also in Converter.h wieder eine Eigenschaft:

```
...
@interface Converter : NSObject<NSDecimalNumberBehaviors> {
    IBOutlet NSTextField*    inputTextField;
    IBOutlet NSTextField*    factorTextField;
    IBOutlet NSTextField*    outputTextField;
    NSDictionary*  family;
}
@property( readwrite, copy ) NSDictionary* family;
- (IBAction)calculate:(id)sender;
@end
```

Entsprechendes bauen wir uns dann in der Inplementierung. Da wir in der aktuellen Fassung keine Klasse Person mehr haben, stelle ich Personen eben einfach auch als Dictionary dar. Damit haben Sie gleich ein Beispiel, wie man mit Dictionarys schnell Entitäten bauen kann:

```
@implementation
@synthesize family;
...
- (id)init
{
    self = [super init];
    if( self ) {
        NSDictionary* papa;
        NSDictionary* mama;
        NSDictionary* son;
        NSDictionary* daughter;
        // die vier Personen
        papa    = [NSDictionary dictionaryWithObjectsAndKeys:
                    @"Tony",    @"firstname",
                    @"Soprano", @"lastname",
                    nil];
        mama    = [NSDictionary dictionaryWithObjectsAndKeys:
                    @"Carmela", @"firstname",
                    @"Soprano", @"lastname",
                    nil];
        son     = [NSDictionary dictionaryWithObjectsAndKeys:
                    @"Anthony", @"firstname",
                    @"Soprano", @"lastname",
```

```
                        nil];
        daughter = [NSDictionary dictionaryWithObjectsAndKeys:
                    @"Meadow", @"firstname",
                    @"Soprano", @"lastname",
                    nil];
        // Die Familie ist das kontrollierte Dictionary
        self.family = [NSDictionary dictionaryWithObjectsAndKeys:
                        papa,     @"Papa",
                        mama,     @"Mama",
                        son,      @"Sohn",
                        daughter, @"Tochter",
                        nil];
    }
    return self;
}
- (void)dealloc
{
    self.family = nil;
    [super dealloc];
}
@end
```

Wir legen also unsere vier Personen an und machen daraus ein Dictionary mit den entsprechenden Schlüsseln. Wechseln Sie zum Interface Builder und ziehen Sie aus der Library unten aus der Gruppe *Cocoa | Objects & Controllers | Controllers* einen Dictionary-Controller in das Hauptfenster *MyDocument.xib*. Öffnen Sie dessen Bindings-Pane im Interface Builder und setzen Sie das Content-Binding wie folgt:

```
Bind To: Converter
Controller Key:
Model Key Path: family
```

(Sie merken schon: Ein solches Binding haben Sie schon so häufig gemacht, dass ich von Ihnen erwarte, es ohne Screenshot hinzubekommen.)

Jetzt ziehen Sie ein Fenster in das Hauptfenster *MyDocument.xib* und doppelklicken dies zum Öffnen. Dort ziehen Sie einen Tableview herein.

Für die beiden Spalten des Tableviews muss nun noch jeweils ein Binding her. Dies erfolgt jetzt wie bei einem »normalen« Array-Controller, wobei die linke Spalte an den Model Key Path value gebunden wird:

```
Bind To: Dictionary Controller
Controller Key: arrangedObjects
Model Key Path: key
```

Hiermit erhalten wir also aus unserem Ursprungsdictionary die gespeicherten Schlüssel.

Jetzt wird es etwas komplizierter. Denken wir nach: Das Array, welches im Tableview dargestellt wird, besteht aus Elementen mit einer Eigenschaft `key`, welche den Schlüssel enthält. Das hatten wir gerade. Dann haben wir noch value, welches die im Dictionary zu dem jeweiligen Schlüssel gespeicherte Instanz bezeichnet. Das war nach obigem Sourcecode ein Dictionary, welches wiederum die Schlüssel firstname und lastname kannte. Um also den Vornamen zu bekommen, müssen wir als Model Key Path zunächst das Dictionary holen und dann dort den Vornamen. Sieht im Ergebnis so aus:

```
Bind To: Dictionary Controller
Controller Key: arrangedObjects
Model Key Path: value.firstname
```

Gut, speichern, *Build and Go* und los. Sie sehen im neuen Fenster eine entsprechende Liste der Keys und der Eigenschaft firstname zu den dazu gespeicherten Werten.

Löschen Sie bitte wieder die Eigenschaft `family` aus dem Header, den Synthesize aus der Implementierung und bereinigen Sie wieder `-init` und `-dealloc`. Im Interface Builder entfernen Sie bitte wieder Controller und Fenster.

Der Defaults-Controller und Voreinstellungen

Eine besondere Form des Bindings-Controllers ist der Defaults-Controller. Er dient dazu, die Voreinstellungen (Defaults, Preferences) einer Anwendung zu verwalten. Dabei stellt er aber nur die halbe Wahrheit dar: Zusätzlich müssen wir nämlich noch im Code für die richtige Hintergrundmusik sorgen. Um das nicht zu zerfleddern, bespreche ich alles an dieser einen Stelle.

Defaultssystem

Defaults sind letztlich Property-Lists. In ihnen wird also mit dem Standardcontainer Information hinterlegt. Dabei besteht auf oberster Ebene ein Dictionary mit den verschiedenen Einstellungsgruppen. Natürlich kann man dann etwa auch Arrays speichern, was wir auch machen werden.

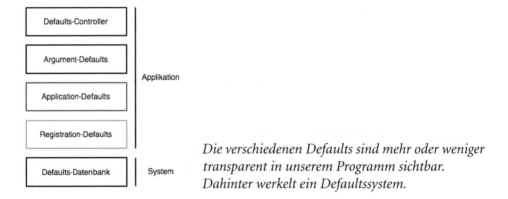

Die verschiedenen Defaults sind mehr oder weniger transparent in unserem Programm sichtbar. Dahinter werkelt ein Defaultssystem.

Grundsätzlich werden die Defaults vom System behandelt. Dabei kann es je nach Landeseinstellungen, Netzwerkumgebung usw. zu verschiedenen Defaultssätzen kommen. Dies ist aber Systemangelegenheit und für uns transparent.

> **➤ GRUNDLAGEN**
>
> Mit »transparent« bezeichnet man eine Eigenschaft, Fähigkeit usw., die für den Programmierer nicht sichtbar ist. So liegt es hier: Der Programmierer bekommt seine Defaults. Dahinter »versteckt« sich ein kompliziertes System von OS X, welches den Programmierer jedoch nicht zu interessieren braucht, da es für ihn unsichtbar, eben transparent ist.

Nur fast gänzlich transparent sind drei sogenannte Default-Domains, die gestapelt sind. Grundsätzlich können zu einer Applikation drei Sätze von Defaults relevant sein:

- *Registration-Domain* enthält üblicherweise feste Werkseinstellungen. Diese gelten also, wenn der Anwender keine Änderungen vorgenommen hat.

- Eine *Application-Domain* enthält Änderungen des Benutzers für die Anwendung. Diese gehen der Registration-Domain vor.

- Zudem können bei Programmstart Parameter übergeben werden, die nur für den einzelnen Programmlauf Defaults noch mal überschreiben: *Argument-Domain*.

- Der *Defaults-Controller* ist nicht für unsere Arbeit im Programm wichtig, sondern für die bindingskompatible Anbindung von Views, insbesondere im Einstellungsfenster.

Wenn wir also in unserem Programm einzelne Einstellungen abfragen, fallen wir nacheinander durch die Domänen durch, bis ein Treffer gefunden wird. Wir erfahren aber grundsätzlich nicht, aus welcher Domain der Treffer stammt. Daher »fast gänzlich transparent«. Hierbei ist es zudem noch wichtig, dass das Defaultssystem nicht ständig geänderte Einstellungen auf die Platte zurück schreibt. Vielmehr geschieht dies unregelmäßig, im Bedarfsfalle spätestens bei Beendigung der Anwendung. Sie sollten also in diesem Kapitel die Anwendung stets ordnungsgemäß über das Applikationsmenü *CocoaConverter* mit *Quit New Application* beenden!

> **GRUNDLAGEN**
>
> Darüber hinaus gibt es Defaults, die sich nicht auf unsere Anwendung beziehen, sondern global wirken oder etwa die Landeseinstellungen betreffen. Diese können gesondert abgefragt werden, etwa mit der bereits bekannten Klasse `NSLocale`. Wir konzentrieren uns hier auf die oben genannten Domains.

Registrationdefaults und Application-Delegate

Umgekehrt erfahren wir von der Existenz der verschiedenen Domains, wenn wir die Registration-Defaults setzen. Es ist nämlich erforderlich, dass wir für jede Einstellung in unserem Programm zunächst einen Standardwert angeben. Dies sollte so früh wie möglich erfolgen. Wir machen das auch gleich mit der Methode `-registerDefaults:` (`NSUserDefaults`).

Eine weitere Stufe stellen die sogenannten Initial-Values dar, die man mit der Methode `-setInitialValues:` (`NSUserDefaultsController`) setzen kann. Hierbei handelt es sich um die Standardeinstellungen für diejenigen Defaults, die der Benutzer verändern kann. Es ist nämlich ebenfalls sinnvoll, sich selbst Defaults anzulegen, die der Benutzer nicht ändern darf. Denken Sie etwa an den Fall, dass Sie mit einem bestimmen Webserver kommunizieren wollen und die URL speichern müssen. Einfach in den Defaults ablegen. Dem Benutzer geben wir aber kein User-Interface zur Änderung. Also: Diese Defaults müssen in den Registration gespeichert sein, tauchen in den Initial-Values jedoch nicht auf. Für eine Abfrage der Defaults aus unserem Programm heraus spielen sie indessen keine Rolle.

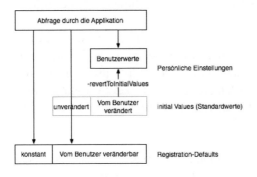

Alle Defaults benötigen eine Registrierung. Zu den editierbaren können wir Standards vorgeben.

Die Angabe der Initial-Values ist nicht zwingend erforderlich. Wenn man sie angibt, so kann man mit der Methode `-revertToInitialValues` (`NSUserDefaultsCon-`

troller) schnell zu diesen zurückkehren. Sie kennen das aus Einstellungsfenstern, in denen ein Button *Zurücksetzen* oder ähnlich existiert.

Ein Standardort für die Registrierung ist das Application-Delegate, mit dem wir uns später noch gesondert beschäftigen werden. An dieser Stelle erzeugen Sie sich bitte einfach eine entsprechende Subklasse von NSObject, die Sie »AppDelegate« nennen, in Xcode über *File | New File...* . Als Vorlage wählen Sie bitte *Objective-C class*. Wir machen darin gar nichts Berühmtes, sondern implementieren nur eine einzige Methode:

```
...
@implementation AppDelegate
+ (void)initialize
{
    NSDictionary* registers;
    NSUserDefaults* defaults;
    registers = [NSDictionary dictionaryWithObjectsAndKeys:
                              @"Amin", @"ersteller",
                              nil];
    defaults = [NSUserDefaults standardUserDefaults];
    [defaults registerDefaults:registers];
}
@end
```

> **➤ GRUNDLAGEN**
>
> Diese Methode +intialize ist der Initialisierer für Klassenobjekte. Er wird vor jeder Instantiierung garantiert aufgerufen. Eine Besonderheit dieses Klassenobjekt-Initialisierers liegt darin, dass er nicht selbst den Application-Delegate der Superklasse aufruft, da dies von dem Laufzeitsystem automatisch gemacht wird. +initialize (NSObject) ist also bereits ausgeführt, wenn diese Methode läuft.

Um die Defaults zu registrieren, erstellt die Methode also ein Dictionary, welches für den Schlüssel ersteller einen String Amin speichert. Jeder Defaultwert wird also unter einem Schlüssel gespeichert. Dabei muss diese Liste nicht vollständig sein. So können etwa zusätzlich dokumentenbezogene Defaults in +initialize (MyDocument) gesetzt werden. Wichtig ist aber, dass die Registrierungsdefaults vor ihrer Benutzung gesetzt sind.

Natürlich kann man daran denken, die Registerdefaults einfach als Property-Lists zu speichern und entsprechend zu laden. Und ja, das ist auch sinnvoll. Wir müssen dazu aber Property-Lists dem Projekt hinzufügen. Im Kapitel über Xcode werden Sie das genauer lernen. Ich will hier aber nicht von Höckchen auf Stöckchen springen.

Öffnen Sie jetzt *MainMenu.xib* (nicht: *MyDocument.xib*). Zunächst müssen wir unser Application-Delegate im Nib instantieren. Hierzu ziehen Sie aus der Library unter *Cocoa | Objects & Controllers | Controllers* den blauen Würfel aus dem mittleren Bereich der Library in den Nib. Im Info-Pane des Inspectors muss dann noch unsere Klasse AppDelegate eingetragen werden. Weil man es so selten macht, hier noch einmal ein Screenshot:

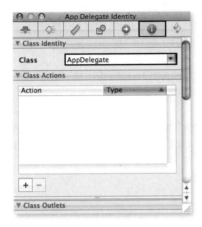

Dieser Custom-Controller bedient unser Application-Object.

Jetzt müssen wir freilich noch mitteilen, dass diese Instanz unser Application-Delegate sein soll. Dazu setzen wir ein Outlet vom File's Owner, der in MainMenu.xib die Application ist, zu unserem Delegate. (Sie wissen schon, mit gedrückter [ctrl]-Taste eine Verbindung ziehen. So langsam sollte ich das nicht mehr erwähnen müssen.)

Rekapitulieren wir noch einmal kurz, was geschieht:

- Wir haben uns eine neue Klasse `AppDelegate` geschaffen.
- Diese wird im MainMenu.xib instantiert.
- Daher wird zunächst die Methode `+initialize` der Klasse aufgerufen.
- Diese registriert einen Defaultwert.
- Die Verbindung von Application (File's Owner) zum Delegate ist hier eigentlich noch nicht erforderlich, weil alle vorgenannten Schritte auch ohnedies funktionieren. Aber wenn wir uns schon ein Delegate machen, sollten wir es auch setzen.

Ziehen Sie jetzt ein neues Fenster in das Hauptfenster *MainMenu.xib* und benennen Sie es *Preferences*. Außerdem sorgen Sie dafür, dass im Attributes-Pane des Inspectors für dieses Fenster kein Haken vor *Visible At Launch* und *Release When Closed* gesetzt ist. Das Ausschalten der ersten Option sorgt dafür, dass dieses Fenster nicht automatisch geöffnet wird, die zweite, dass es mehrmals nacheinander geöffnet werden kann. Dies entspricht ja auch dem erwarteten Verhalten eines Preferences-Fensters.

> **AUFGEPASST**
>
> Im Abschnitt über Window-Controller lernen Sie allerdings eine elegantere Art kennen.

Öffnen Sie dieses mit einem Doppelklick und ziehen Sie ein Label und ein editierbares Textfeld hinein. Das Label benennen Sie mit – huch – *Ersteller*.

Gut, wir sind im Kapitel über Bindings. Und jetzt kommen wir zu dieser Hälfte. Öffnen Sie für das Textfeld das *Bindings*-Pane im Inspector.

Setzen Sie jetzt das Value-Binding auf den bereits vorgewählten Eintrag *Shared User Defaults Controller* und binden Sie es an die Eigenschaft *values* mit dem *Model Key Path ersteller*. Auch hier noch einmal das Ergebnis:

Wir binden das Textfeld an einen ganz besonderen Controller für User-Defaults.

Sie werden bemerken, dass im Hauptfenster MainMenu.xib automatisch ein neues Objekt *Shared User Defaults Controller* aufgetaucht ist. Wie Sie an dem »shared« erkennen können, wird dieser geteilt; geteilt im Sinne von geteiltem Leid, nicht im Sinne von dividiert. Es handelt sich um einen Singleton, den es nur einmal gibt.

> **GRUNDLAGEN**
>
> Auch in dem vorher abgebildeten Code lag ein solcher Singleton vor, den wir uns mit `-standardUserDefaults` besorgten. Die Einstellungen werden also standardmäßig über einen einmaligen zentralen Defaultsstack verwaltet, wie Sie ihn in der Graphik eingangs des Abschnittes sehen konnten.

Auch hierbei handelt es sich daher nicht um eine Instanz im Nib, sondern um einen Verweis auf einen Singleton. Der Shared User Defaults Controller wird also nicht im Nib erzeugt.

Da sich das Fenster nicht automatisch öffnet, müssen wir es explizit dazu bringen. Dazu öffnen Sie im Hauptfenster MainMenu.xib mit einem Doppelklick die Menüleiste. Klicken Sie dort auf *New Application*, so dass sich das Menü öffnet. Nun ziehen Sie wiederum eine Action-Verbindung von dem Menüeintrag *Preferences* zu dem Fenster *Preferences* im Hauptfenster MainMenu.xib. Loslassen und im aufspringenden HUD die Methode `-makeKeyAndOrderFront:` anwählen. Diese sorgt dafür, dass ein noch nicht geöffnetes Fenster geöffnet, das Fenster nach vorne geholt wird und das Fenster den Fokus für Tastatureingaben erhält. Umgangssprachlich: Das Fenster wird im Vordergrund geöffnet.

Drücken Sie auf *Build and Go*. Wenn Sie jetzt die Voreinstellungen unseres Programmes öffnen, sehen Sie den voreingestellten String im Fenster. Beenden Sie das Programm mit *Quit*. (Nicht in Xcode mittels des *Task/Stop*-Items in der Toolbar abschießen!).

Wir haben also gesehen, dass der registrierte Defaultswert unter seinem Schlüssel `ersteller` im Preferencesfenster dargestellt werden kann. Um weitere Forschungen zu betreiben, starten Sie bitte das Programm *Terminal*, welches sich auf der Festplatte im Ordner `Programme/Dienstprogramme` befindet. Hierbei handelt es sich um ein kleines Programm, mit dem Sie Kommandozeilenprogramme starten können. Das machen wir jetzt auch. Geben Sie

```
defaults read com.yourcompany.CocoaConverter[Enter]
```

ein

> **▶ HILFE**
>
> Die Ausgabe links von der Schreibmarke nennt man »Prompt«. Sie zeigt an, dass man einen Befehl eingeben kann. Allerdings kann diese konfiguriert werden, weshalb ich nicht genau weiß, was bei Ihnen an dieser Stelle steht. Standard ist *Rechnername:Verzeichnis Nutzername*. Üblicherweise kürz man das mit einem ab, wie ich es hier getan habe.

Das Kommandozeilenprogramm defaults erlaubt es uns, die Einstellungen von Programmen anzuzeigen und zu verändern. In diesem Falle geben wir mit dem Befehl *read* an, dass die Einstellungen gelesen werden sollen. Als Parameter bekommt es zudem den Namen unserer Applikationsdomain com.yourcompany.CocoaConverter. Wie wir diesen ändern, erfahren Sie wiederum im Kapitel über Xcode.

> **HILFE**
>
> Sie haben möglicherweise die Applikation anders benannt. Um das überprüfen zu können, öffnen Sie bitte in der Projektleiste den Eintrag *Targets* und wählen Sie das darin befindliche Objekt an. Klicken Sie nun in der Toolbar auf *Info* und in dem dann aufspringenden Fenster auf den Tab *Properties*. In der zweiten Zeile finden Sie den Eintrag *Identifier*. Dieser ist maßgeblich und muss von Ihnen hinter dem *read* angegeben werden.

Vermutlich zu Ihrer Überraschung teilt uns jedoch defaults mit, dass es keine entsprechende Domäne findet.

```
2008-04-23 16:21:15.649 defaults[42327:10b]
Domain com.yourcompany.CocoaConverter does not exist
```

(Es kann sein, dass bereits von Cocoa selbst hier Einstellungen hinterlegt wurden. Dann findet defaults zwar die Domäne, zeigt allerdings nicht den Schlüssel `ersteller` an.) Das liegt daran, dass wir bisher nur Registration-Defaults haben. Diese befinden sich aber kodiert in unserem Programm, so dass sie nicht gespeichert werden müssen. Deshalb kennt Defaults diese nicht.

Wir müssen also mal einen Wert in den Defaults ändern. Dazu starten Sie wiederum unsere Applikation (das Terminal lassen Sie bitte offen) und geben in den Einstellungen anstelle von *Amin* einfach *Negm-Awad* ein. Wieder das Programm ordnungsgemäß mit *Quit* beenden. Wenn Sie jetzt den Befehl eingeben, wird die neue Einstellung erkannt:

```
defaults read com.yourcompany.CocoaConverter
{
    ersteller = "Negm-Awad";
}
```

Wunderbar! Jetzt starten Sie wieder unsere Applikation und können erkennen, dass sich dieser Wert tatsächlich auch dort wieder findet. Noch einmal beenden.

Wechseln Sie wieder ins Terminal. Jetzt löschen wir einmal die gespeicherten Defaults:

```
defaults delete com.yourcompany.CocoaConverter
defaults read com.yourcompany.CocoaConverter
2008-04-23 16:29:12.765 defaults[42465:10b]
Domain com.yourcompany.CocoaConverter does not exist
```

Aha, sie sind also verschwunden. Wieder das Programm starten. Siehe da: Auch im Preferencesfenster taucht wieder der alte Wert *Amin* auf.

Erkenntisse:

- Wir können in unserer Applikation Defaultwerte registrieren. Diese werden dann zur Laufzeit aus der Applikation erzeugt.

- Wenn der Benutzer Änderungen vornimmt, so werden diese in der Defaultsdatenbank gespeichert. Dies lässt sich mit dem Kommandozeilenprogramm defaults anzeigen und bearbeiten.

- Wenn sich dort ein abweichender Wert befindet, so wird dieser verwendet. Ist dies nicht der Fall, so gilt der Wert aus den Registrationdefaults.

> **HILFE**
>
> Sie können das Projekt in diesem Zustand als »Projekt-06-02« von der Webseite herunterladen.

Komplexe Bindings

Es gibt Bindings, die einen am Anfang herausfordern. Und dabei kann man in der Regel zwei Fälle unterscheiden: Die Hintereinanderschaltung von Bindings-Controllern und die Auswahl aus einer Liste als Wert eines anderen Objektes.

Bindingsketten

Denken wir uns eine einfache Datenstruktur aus, die Bindingsketten erfordert. Ach nein, brauchen wir uns gar nicht auszudenken, hatten wir nämlich schon: unser Firmenbeispiel aus dem Abschnitt zur Speicherverwaltung.

Kurz rekapitulieren: Wir hatten eine Firma, die verschiedene Gruppen kannte. Zu jeder Gruppe gehörten wieder mehrere Mitglieder. Schauen Sie sich vielleicht noch einmal die entsprechenden Graphiken an, und zwar sowohl als ERM als auch als lebende Instanzen.

Ach, bauen wir uns doch einmal schnell ein Core-Data-Projekt damit. Schließen Sie zunächst das offene Projekt sowohl in Xcode als auch den dazugehörigen Nib im Interface Builder. Erzeugen Sie dann in Xcode mit *File | New Project...* ein neues Projekt der Art *Core Data Document-bases Application*, welches Sie *CompanyCD* nennen.

Nach der Erzeugung öffnen Sie bitte durch Doppelklicken von *CompanyCD | Models | MyDocument.xcdatamodel* in der Projektleiste *Group & Files* das Modell und legen sich die zwei Entitäten Group und Person an, die Sie miteinander verbinden. Das Ergebnis sollte in etwa so aussehen:

Zwei Entitäten mit wenigen Attributen modellieren unsere Firma.

> **HILFE**
>
> Zur Erinnerung: In der linken, oberen Tabelle erscheinen die Entitäten. Sie können der Liste mit einem Klick auf + Elemente hinzufügen. In der mittleren Liste befinden sich die Eigenschaften der gerade links ausgewählten Entität. Hier können Sie mit dem Pop-up-Menü + Attribute und Beziehungen hinzufügen.

Beachten Sie bitte dabei die Pfeilspitzen der Beziehung: Von Group zu Person liegt eine 1-zu-n-Beziehung vor. Diese Beziehung muss gegenseitig invers sein. Stellen Sie das bitte unbedingt ein!

Sie sollten auch in jeder Entität mindestens ein Attribut mit einem Default-Wert besetzen, da sich sonst neue Einträge im User-Interface nur schwer erkennen lassen.

Bauen wir uns wieder ein simpelstes User-Interface dazu: MyDocument.xib öffnen. Benennen Sie bitte das Fenster mit *Company*. Im Fenster erzeugen Sie links ein einspaltiges Tableview mit zwei Buttons für Hinzufügen und Löschen. Rechts bringen Sie zunächst nur ein Textfeld unter, gegebenenfalls mit Label. Ich habe beim Tableview gleich wieder für die Sourcelist-Einstellungen gesorgt und das Autoresizing konfiguriert. Wichtig ist dies freilich nicht für die Funktionalität, die wir hier besprechen wollen. Aber: Übung macht den Meister!

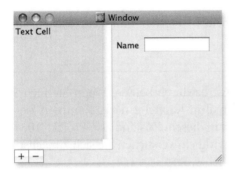

Das Grundfenster für die Gruppen des Unternehmens

Sie ahnen es schon: Ziehen Sie einen Array-Controller in das Hauptfenster und benennen Sie ihn als *Groups Controller*. In seinem Attriutes-Pane schalten wir ihn in den Mode *Entity* und geben als Bezeichnung der Entität *Group* ein. Außerdem setzen Sie das Häkchen vor *Prepares Content*.

Bei selektiertem Button im Company-Fenster verbinden Sie jeweils die beiden Buttons mit den Actionmethoden `-add:` bzw. `-remove:`.

Das Binding des Array-Controllers schauen wir uns jetzt aber mal etwas genauer an: Wir binden lediglich den *managed Object Context*, indem Sie im Bindings-Pane des Inspectors dieses Binding öffnen und als Ziel den *File's Owner* eintragen sowie *managedObjectContext* als *Model Key Path*. Wie ich Ihnen schon in Kapitel 2 sagte, ist dies sozusagen eine große Halde von Core-Data, in der eben Instanzen abgelegt werden. Wir binden aber keines der Content-Bindings! Daher weiß der Array-Controller nicht, woher er die Instanzen beziehen soll und nimmt einfach alle, die sich zu seiner Entität im Kontext befinden. Dies ist auch richtig, da wir tatsächlich alle Gruppen sehen wollen. Ermöglicht wird das übrigens durch die Einstellung *Prepares Content*.

Selektieren Sie jetzt die Tabellenspalte (wirklich die Spalte!) und binden Sie diese wie folgt:

```
Bind To: Groups Controller
Controller Key: arrangedObjects
Model Key Path: name
```

Das Textfeld binden Sie an die Selektion des Array-Controllers:

```
Bind To: Groups Controller
```

```
Controller Key: selection
Model Key Path: name
```

Das Programm starten, um die bisherigen Arbeiten zu testen: Einfügen, löschen, ändern! Funktioniert alles? Gut!

> **HILFE**
>
> Ich möchte eigentlich, dass Sie sich mal selbst da durch beißen. Wenn Sie nicht weiterkommen, schauen Sie ruhig noch einmal in Kapitel 2 nach. Kommen Sie gar nicht zurecht, können Sie sich das Projekt in diesem Zustand als »Projekt-106-start« von der Webseite herunterladen. Aber wirklich: Versuchen Sie sich zunächst selbst!

Ziehen Sie jetzt ein zweites Fenster in das Hauptfenster MyDocument.xib und benennen Sie es *Persons*. Achten Sie im Attributes-Pane darauf, dass das Häkchen vor *Visible At Launch* aktiviert ist. Bauen Sie bitte ein Tableview mit zwei Spalten nebst Buttons und zwei Textfeldern herein. Bei Personen haben wir jetzt zwei Eigenschaften. Den Tableview habe ich hier nicht als Sourcelist konfiguriert.

Natürlich muss dafür auch ein Array-Controller ins Hauptfenster, den Sie bitte *Persons Controller* nennen. Den stellen Sie ebenso ein wie den Groups-Controller, wobei Sie »natürlich« als Entität *Person* wählen. Denken Sie an das *Prepares Content* und das Binding für den *managed Object Context*!

Nun noch die Spalten des Tableviews und die Textfelder an den neuen *Person Controller* binden und die Buttons mit den Actionmethoden des Controllers. Wieder starten und testen.

Dennoch: Das ist nicht das, was Sie erwartet haben. Sie können nämlich jetzt Abteilungen anlegen, Sie können auch Personen anlegen, Sie können das aber nicht in Beziehung zueinander setzen.

Dies ist auch klar, wenn man sich das Ganze mal aufzeichnet:

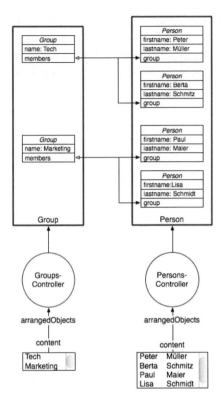

Ein Abbild der modernen westlichen Gesellschaft: jeder für sich und daher beziehungslos.

Okay, als Erstes benötigen wir dazu irgendwie ein User-Interface. Ziehen Sie bitte ein weiteres Tableview nebst Buttons in das Companyfenster, und zwar unterhalb des Gruppennamens. Bauen Sie dieses genau auf wie die Personenliste im Persons-Fenster. Wegen des doch recht komplexen Aufbaues und um Missverständnisse zu vermeiden, hier noch einmal ein Screenshot:

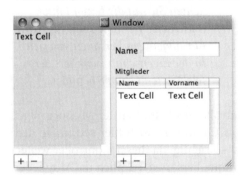

Die Personen, die Mitglieder einer Gruppe sind

Jetzt können Sie natürlich das Tableview wieder so wie im Personsfenster binden. Das Resultat wäre aber dann ja dasselbe: Es würden alle Personen erscheinen. Daran ändert sich ja nichts, bloß weil wir das Fenster gewechselt haben.

Überlegen wir mal: Wir benötigen genau diejenigen Personen, die zu der jeweiligen Gruppe gehören. Dies ist die Eigenschaft members einer bestimmten Gruppe, nämlich der lnks im Sourceview selektierten. Eine bestimmte Gruppe erhalten wir über die observierbare Selection-Eigenschaft des Array-Controllers für die Gruppe. Das hat beim Gruppennamen ja auch funktioniert.

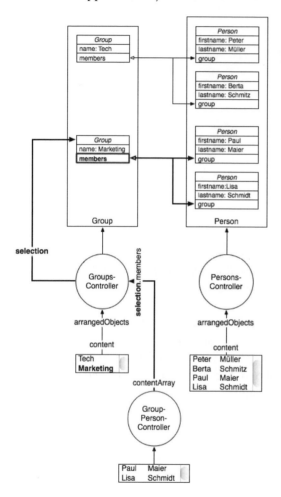

Achten Sie auf die fetten Linien und Texte: Wir holen uns als Array nur diejenigen Personen, die sich in der Eigenschaft members der selektierten Gruppe befinden.

Jetzt ziehen Sie also bitte einen weiteren Controller ins Hauptfenster MyDocument.xib und bezeichnen diesen als *Group-Persons Controller*. Auch hier setzen Sie den Modus *Entity* und als Eintität *Person*. Das ist so richtig, da dieser Controller weiterhin Personen verwalten soll, allerdings bestimmte Personen, nämlich die Mitglieder einer bestimmten Gruppe. Das Häkchen *Prepares Content* lassen Sie diesmal weg! Denn wir werden den Content binden. Damit bezieht er seinen Inhalt aus diesem Binding und hat selbst nichts vorzubereiten. Daher binden Sie bei diesem den *man-*

aged Object Context in gewohnter Manier und zusätzlich eben das Binding *Content Set*:

```
Bind To: Groups Controller
Controller Key: selection
Model Key Path: members
```

Das Tableview im Company-Fenster bitte dann an diesen Controller anstelle des Persons-Controllers binden. Ansonsten verändern sich die Bindings des Tableviews nicht. Außerdem verbinden Sie die Buttons darunter mit den entsprechenden Actionmethoden dieses Controllers.

Übersetzen, starten und testen! Legen Sie zwei Gruppen an und fügen Sie im Groups-Fenster diesen jeweils Personen hinzu. Bei einem Wechsel bemerken Sie den Bezug. Sie sehen ebenfalls im Persons-Fenster, wie die in der Gruppe angelegten Personen dort auch erscheinen. Dieses zeigt eben weiterhin sämtliche Personen an, unabhängig von der Gruppe.

Aber, sehen Sie das kleine Problem. Wenn Sie wieder eine Person aus der Gruppe löschen, dann verschwindet sie zwar dort einwandfrei, bleibt aber im Persons-Fenster erhalten. Das hat einen einfachen Grund: Dieser nunmehr gebundene Array-Controller kann ja zwei Möglichkeiten wahrnehmen:

- Die Person wird aus der Gruppe entfernt. Die Instanz bleibt dabei aber im Kontext erhalten.
- Die Person wird auch aus dem Kontext gelöscht.

Dabei kann man nicht davon sprechen, dass das eine richtig sei, das andere falsch. Vielmehr verhält es sich so, dass es auf die Anwendung ankommt. In unserem Beispiel liegt es nahe, die Personen insgesamt zu löschen. Aber wären die Gruppen so etwas wie Wiedergabelisten in iTunes, so wäre das sicher falsch: Bloß weil ich ein Lied aus der Wiedergabeliste lösche, soll es nicht insgesamt entfernt werden. Sie sehen also: Tatfrage!

Daher kann man das einstellen. Schauen Sie sich noch einmal im Bindings-Pane die Einstellungen für das Content-Set an: Dort gibt es die Option *Deletes Objetcs On Remove*. Wenn Sie diese anwählen, dann wird tatsächlich die Person nicht nur aus der Gruppe entfernt, sondern auch aus dem Kontext gelöscht. Probieren Sie es aus!

Hier kurz wieder die Handwerksregeln:

- Ein Array-Controller verwaltet eine Vielzahl von Instanzen.

- Wollen wir *sämtliche* Instanzen einer Entität verwalten lassen, so setzen wir die Option *Prepares Content* und lediglich das Binding *Managed Object Context*.

- Wollen wir indessen ganz bestimmte Instanzen verwalten lassen, die sich aus einer Beziehung in einem anderen Objekt ergeben, so setzen wir ein Content-Binding auf diese Beziehung. (Wird das Managed-Object-Context-Binding nicht gesetzt, so stiehlt es der Array-Controller aus dem selektierten Objekt, was in der Regel gewollt ist.)

- Auf jeder Ebene einer To-many-Beziehung benötigen wir einen weiteren Array-Controller. Würden wir unsere Mitglieder also wieder auf Einsatzorte verweisen, würden wir diese Eigenschaft wieder mittels eines Array-Controllers verwalten, wobei das Content-Binding eben auf die gerade ausgewählte Person mit dem Model-Key-Path *Einsatzort* lauten würde.

Verdeutlichen Sie sich vielleicht noch einmal die Unterschiede in der Konfiguration des Persons-Controllers einerseits und des Group-Persons-Controller andererseits.

> **HILFE**
>
> Sie können das Projekt ist in diesem Zustand als »Projekt-106-01« von der Webseite herunterladen.

Selektions-Bindings

Das Ganze sieht ja schon schön aus. Es gibt aber noch ein Binding, welches den Anfänger zur verzweifelten Weißglut bringen kann: das Auswahl-Binding.

Die Problemstellung ist einfach: Ich habe eine Auswahlmenge und ein Zielobjekt. Und ich will jetzt eine Beziehung vom Zielobjekt auf ein Objekt aus der Auswahlmenge zuweisen. Klingt nach einem Pop-up, nicht wahr? Wenn man dies allerdings binden will, ist Schluss mit einfach. Das liegt daran, dass wir zwei Richtungen für die Bindings haben: Die Quelle (Source), die uns die Liste der Einträge liefert, und das Ziel (Senke, Destination), in dem der ausgewählte Eintrag gesetzt werden soll. Zeichnen wir uns das zunächst einmal auf:

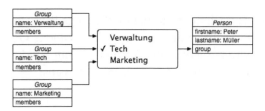

Partnerwahl: Die Quelle ist ein Array, die Senke ein einzelnes Objekt.

Quellbindung

Gut, versuchen wir ein Pop-up zu bauen, welches im Personenfenster die Auswahl einer Abteilung für die angezeigte Person erlaubt: Im Hauptfenster MyDocument.xib öffnen Sie das Persons-Fenster. Ziehen Sie aus *Library | Cocoa | Views & Cells | Inputs & Values* einen Pop-up-Button und platzieren Sie diesen unterhalb der Eingabefelder für die Namen, vielleicht noch daneben ein Label mit dem Text *Abteilung*. Jetzt müssen wir dem Pop-up also eine Quelle geben. Dazu wechseln Sie in das Bindings-Pane des Inspectors und setzen dort das *Content*-Binding.

```
Bind To: Groups Controller
Controller Key: arrangedObjects
Model Key Path:
```

Wir binden also die Quelle an die *arranged Objects* des Gruppencontrollers. Das ist ja auch einsichtig. Allerdings lassen wir das Feld *Model Key Path* bewusst leer, da wir wirklich eine Auswahl der einzelnen Gruppeninstanzen haben wollen. Anders formuliert: Wir wollen einer Person nicht den Namen einer Gruppe zuweisen, sondern wirklich die Gruppe als Instanz. Da kein *Model-Key-Path* eingegeben wird, müssen Sie das Häkchen vor *Bind To:* explizit setzen.

Starten Sie jetzt das Programm mit *Build and Go* und legen Sie zunächst drei Abteilungen an, wie aus der Abbildung ersichtlich. Wechseln Sie in das Personenfenster, klicken Sie auf das Pop-up. Erschrecken Sie bitte nicht. Ich weiß selbst, dass das seltsam aussieht. Wo liegt hierfür der Grund?

Wir haben ja den Content an die Group-Instanzen (Abteilungen) gebunden. Dies bedeutet, dass in der Tat der Inhalt des Pop-ups nicht durch die Namen der Gruppen gebildet wird, sondern durch die Gruppen selbst. Wir könnten jetzt unser Content-Binding so ändern, dass es auch einen Model-Key-Path auf name bekäme. Bloß würde dann eben zu der Person nicht die Abteilung gespeichert, sondern deren Name. Das passt schon nicht zu unserem Model, weil dies unter der Eigenschaft group eine Beziehung zu einer Group-Instanz erwartet und nicht den Gruppennamen als String.

▶BEISPIEL

Dies kann manchmal durchaus gewollt sein! So könnte man bei unserer Converter-Anwendung daran denken, dass wir eine Entität Einheit haben, die zu Beispiel als Attribut ein Kürzel wie @"cm" speichert. Hier wäre es möglicherweise richtig, einfach den gespeicherten String zur Auswahl anzubieten. Aber bedenken Sie: Wenn wir später den String ändern, würde sich das nicht mehr auf das »verweisende« Objekt auswirken, da keine Beziehung besteht. Will man das? Tatfrage! Hier sei lediglich die Möglichkeit erwähnt.

Langer Rede kurzer Sinn: Weil das Pop-up keinen blassen Schimmer davon hat, was angezeigt werden soll, und lediglich die verwiesenen Objekte kennt, behilft es sich etwas: Es schickt an jede der Group-Instanzen die Nachricht -description, die ja eine Beschreibung als String zurückliefert. Diesen verwendet der Pop-up dann.

Einen Ausweg aus diesem Dilemma bietet das Content-Value-Binding. Dieses erlaubt uns die angezeigten Werte zu bestimmen. Beenden Sie daher das Programm und zurück im Interface Builder wählen Sie das Pop-up an und setzen Sie zusätzlich das Content-Value-Binding wie folgt:

```
Bind To: Groups Controller
Controller Key: arrangedObjects
Model Key Path: name
```

Für dieses Binding fügen wir also einen Model-Key hinzu, um die angezeigte Eigenschaft zu bestimmen. Wenn Sie jetzt erneut das Programm starten, bemerken Sie, dass nach der Eingabe von Abteilungen das Pop-up nachvollziehbar aussieht.

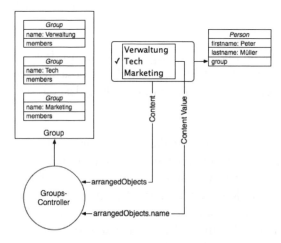

Die angezeigten Texte erhalten ein eigenes Binding.

Zielbindung

Gut, das war aber nur die Quelle. Bleibt das Ziel. Wir wollen, dass das ausgewählte Objekt in der Beziehung *group* der gerade angewählten Person gespeichert wird. Dazu setzen wir beim Pop-up das *Selected-Object*-Binding auf eben die Eigenschaft group der angezeigten Person:

```
Bind To: Persons Controller
Controller Key: selection
Model Key Path: group
```

Starten Sie das Programm mit *Build and Go*. Legen Sie wieder Gruppen und sodann im Persons-Fenster eine Person an. Zunächst wundern Sie sich vielleicht, dass *No Value* erscheint. Dies ist aber zutreffend, da in der Tat kein Abteilungswert für diese Person existiert. Wo sollte der auch herkommen?

Sie können aber jetzt in dem Pop-up-Menü eine Gruppe (Abteilung) auswählen, wenn Sie diese und eine Person eingegeben haben. Diese wird dann zu der Person gesetzt. Beachten Sie bitte auch, dass im Company-Fenster entsprechend die Listen der Personen aktualisiert werden! Bindings aktualisieren ja alles. Noch etwas: Nachdem Sie eine Gruppe ausgewählt haben, verschwindet der Eintrag *No Value*. Damit es weiterhin möglich ist, eine Person keiner Gruppe zuzuordnen, können Sie im Binding *Content Value* das Häkchen vor *Inserts Null Placeholder* setzen und unten unter *Null Placeholder* einen Text eingeben. Dann ist es ebenfalls möglich, den Verweis zu löschen.

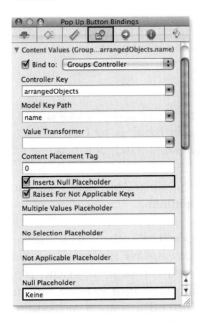

Soll nicht nur die Auswahl, sondern auch eine Nicht-Auswahl erscheinen, so müssen zwei Optionen gesetzt werden.

> **HILFE**
>
> Sie können das Projekt in diesem Zustand als »Projekt-06-102« von der Webseite herunterladen.

Aber noch sind wir nicht ganz fertig. Denn häufig genug soll das Auswahl-Binding nicht in einem gesonderten Pop-up stehen, sondern in einer Spalte des Tableviews. Und hier gibt es einen beliebten Fehler.

Öffnen Sie noch einmal das Persons-Fenster und fügen Sie dem Tableview unter Zuhilfenahme des Attributes-Panes eine dritte Spalte hinzu. Auf den Text in der ersten Zeile dieser Spalte ziehen Sie von *Library | Cocoa | Views & Cells | Cells* eine Pop-up-Cell. Jetzt wählen Sie bitte die zugehörige Spalte aus – nicht die Cell! Achten Sie auf den Titel des Attributes-Panes! – Und setzen Sie das Content-Binding und das Content-Value-Binding wie beim Pop-up-Button. Beim Selected-Object-Binding müssen wir allerdings anders vorgehen: Da wir uns in einer Tabelle befinden, können wir nicht `selection` als Controller-Key nehmen. Denn dies würde ja nur ein Objekt liefern. Das Tableview will aber ein Array, weil es ja Zeilen hat. Daher muss hier arrangedObjects ausgewählt werden:

```
Bind To: Persons Controller
Controller Key: arrangedObjects
Model Key Path: group
```

Falls diese Tabellenspalte noch ein Binding *Value* haben sollte, entfernen Sie dort bitte das Häkchen vor *Bind To:*. Denn für eine Spalte mit Pop-ups ist dies nicht mehr sinnvoll und führt daher zu einem Fehler.

> ➤ **AUFGEPASST**
>
> Es ist wichtig, dass Sie die Bindings der Tabellenspalte setzen, da die Cell ja vom Tableview für alle Zeilen verwendet wird. Setzen Sie die Bindings der Cell, so führt dies bei der Anzeige der Auswahl und bei der Aktualisierung zu Problemen.

Erneut mit *Build and Go* starten und testen. Geben Sie einige Abteilungen und Personen ein, ändern Sie die Bezeichnungen und die Zuordnung.

Ja, Pop-ups in Tableviews sind ein ekliges Thema. Deshalb habe ich mich nicht davor gedrückt und es hier aufgenommen. Zum Trainieren empfehle ich Ihnen, dass Sie sich zunächst das Ganze einmal aufzeichnen. Dann sollten Sie sich ein einfaches Pop-up für die aktuelle Selektion bauen. Wenn das funktioniert, richten Sie eine Spalte im Tableview ein. Im Prinzip gehen Sie also wie bei meinen Erläuterungen vor. So kann man nach und nach testen, ob man alles richtig gemacht hat.

> ➤ **HILFE**
>
> Sie können das Projekt in diesem Zustand als »Projekt-06-103« von der Webseite herunterladen.

Binding Operators

Die Controller verarbeiten auch spezielle Schlüssel, die nicht unmittelbar auf eine Eigenschaft verweisen. Hat man eine To-many-Beziehung, wie etwa unsere Gruppen auf die enthaltenen Mitglieder, so kann man bei Verwendung des entsprechenden Operators an Zusammenfassungen binden. Die wichtigsten Operatoren sind @count, welche die Anzahl der bezogenen Objekte liefern. In unserem Falle wäre dies etwa members.@count eine Bindung, die die Anzahl der Personen in einer Gruppe liefert. @avg, @max, @min errechnen aus einer Eigenschaft der bezogenen Objekte den jeweiligen Wert. Daher muss diese Eigenschaft hinter dem Operator angegeben werden. Also wieder unser Beispiel: members.@avg.age würde das durchschnittliche Alter aller Gruppenmitglieder liefern, wenn dieses in der Eigenschaft age zu jeder Person abgelegt ist.

Wir werden das gleich einmal anwenden.

Window-Controller und View-Controller

Eine wichtige Aufgabe übernehmen Window-Controller. Sie stellen ein Bindeglied zwischen einem Fenster und dem *File's Owner* – meist einem Dokument – dar. Sie sind optional, weshalb wir bisher ohne sie auskamen. Ich kann aber nur dringend anraten, für jedes Fenster (genauer: für jede Art von Fenster) einen Window-Controller anzubieten.

Aufgabe und Stellung

Ich weise mal auf die »Missstände« unserer bisherigen Arbeit hin: Wenn wir uns die verschiedenen Beziehungen im Nib der Applikation anschauen, entsteht ein ziemliches Geflecht.

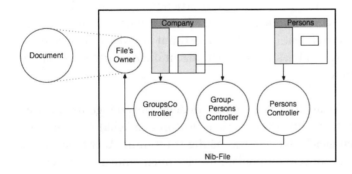

In Nibs entstehen schnell unübersichtliche Strukturen.

Aufteilung der Fensterverwaltung

Wir haben schon zwei Fenster in einem Nib gehabt, obwohl diese völlig unabhängig voneinander waren. Dies ist schon unübersichtlich – und nebenbei auch Speicherverschwendung, wenn nur eines benötigt wird. Hier wäre es schöner, zwei verschiedene Nibs zu haben, die jeweils ein Fenster beinhalten. Also muss jemand her, der Nibs verwaltet. Dies ist die erste und bereits eingebaute Aufgabe von Window-Controllern.

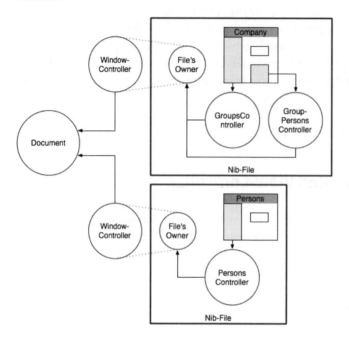

Aufgeteilt wird es schon übersichtlicher.

Aber denken Sie auch an unsere Converter-Anwendung zurück: Bei genauer Betrachtung bemerken Sie vielleicht, dass unsere Converter-Klasse Aufgaben wahrgenommen hat, die mit Konvertierung nichts zu tun hat. Denken Sie etwa an das -playWithViews:. Dies ist aber nicht gut. Denn ein reiner Converter, wie wir ihn davor hatten, übernimmt genau eine Aufgabe: Konvertieren. Lassen wir alles andere mit Bezug auf das Fenster weg, so können wir diese Klasse in jedem Fenster jeder Applikation immer wieder verwenden. Diese Reinheit erhöht also die Wahrscheinlichkeit der Wiederverwendung. Und das spart Arbeit, macht die zu wartenden Klassen klein und damit übersichtlich.

Wohin nun mit der Funktionalität, die wir einfach in den Converter gestopft hatten und die das Fenster betrifft? Richtig geraten, sie gehört in den Window-Controller. Hierzu müssen wir diesen gleich ableiten, was häufig vorkommt. Aber schauen wir uns die neue Struktur der Converter-Applikation jetzt noch einmal zur Übersicht an:

Die Controllerschicht

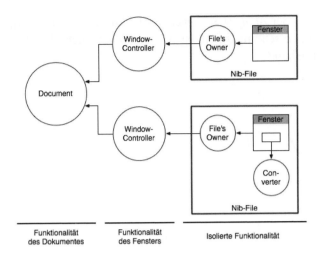

Der Window-Controller kümmert sich um alles Fensterspezifische.

Hieraus ergibt sich dann auch die Aufteilung:

- In die Dokumentenklasse gehört alles, was das gesamte Dokument betrifft. Hinsichtlich der Actions sind dies vor allem die Methoden, die sich im Menü *Ablage* (*File*) befinden. Die Eigenschaften sind zumeist Dokumenteneigenschaften, also letztlich (oberste) Teile des Models.

- Der Window-Controller enthält Actionmethoden, die das Fenster betreffen. Er ist auch Delegate für das Fenster und die Toolbar und verfügt meist über wenige Eigenschaften.

- Isolierte Funktionalitäten, wie sie unsere Converter-Klasse bietet, packen wir eben in eine isolierte Klasse, von der wir gegebenenfalls im Nib oder im Code eine Instanz erstellen (instantieren).

- Da wir schon einmal dabei sind: Es gibt noch einen Ort, der für Dinge steht, die sich auf die Anwendung an sich beziehen. Hierzu verwendet man das Application-Delegate, welches Sie ja auch schon kennengelernt haben.

Fenstertyp

Es gibt ein noch nicht angesprochenes Kriterium zum Unterscheiden von Fenstern. Ich nenne das mal »Fenstertypen«. Und dies hängt auch mit Window-Controllern zusammen:

Dokumentenfenster

Dokumentenfenster sind solche, die den Inhalt eines Dokuments zeigen. Sie teilen die Lebensdauer des Dokumentes: Werden sie geschlossen, so ist auch das Dokument weg. Umgekehrt gilt: Wird über *Ablage | Schließen* das Dokument geschlossen, so ist auch das Fenster weg. Dies erscheint Ihnen vermutlich so natürlich, dass Sie noch nie darüber nachgedacht haben.

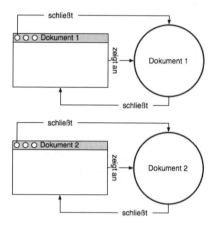

Dokumentenfenster und Dokument sind wie Eheleute: Keiner kann ohne den anderen.

Man hat übrigens in aller Regel ein Dokumentenfenster pro Dokument. Was wir also in der letzten Anwendung mit Groups- und Persons-Fenstern gemacht haben, ist mindestens schräg: Hat der Anwender nämlich zwei Dokumente geöffnet, so fehlt ihm die Zuordnung. Ein Missstand, den es zu beheben gilt.

Infofenster

Infofenster beziehen sich meist auf ein Element des Dokumentes. Denken Sie hier an die Infofenster in Xcode. Hier werden Detailinformationen zu einer Datei angezeigt.

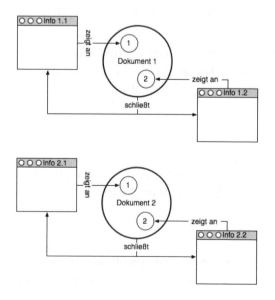

Werden sie geschlossen, so verändert sich am Dokument nichts. Wird indessen das Dokument geschlossen – auch über das Dokumentenfenster –, so schließt sich das Infofenster häufig mit. Lassen Sie sich also die Information zu einer Datei in Xcode anzeigen und schließen Sie dann das Projektfenster, so schließt sich das Infofenster mit. Probieren!

Ein Infofenster benötigt ein Dokument. Umgekehrt gilt das nicht.

Inspektoren

Inspektoren zeigen synchronisiert die Einstellung eines Elements in einem beliebigen Dokument. Wird das Dokument gewechselt, so aktualisieren sie sich eben. Sie sind daher in ihrer Lebenszeit in beiden Richtungen unabhängig. Weder schließen sie ein Dokument, noch werden sie durch ein Dokument geschlossen. Sie existieren auch immer nur ein Mal für alle Dokumente und blenden sich häufig auutomatisch aus, wenn die Applikation in den Hintergrund tritt.

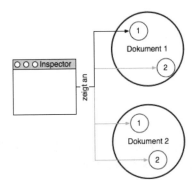

Inspektoren leben unabhängig von Dokumenten.

Applikationsfenster

Applikationsfenster sind solche, die unabhängig von Dokumenten vorhanden sind. Typisch sind hier das Voreinstellungsfenster und das Fenster mit dem Copyright.

Document-Window-Controller

Es gilt natürlich etwas praktische Erfahrung zu sammeln. Ich werde hier zeigen, wie man eigene Window-Controller erstellt und diese in das Dokument und den Nib einbindet, welche Probleme dabei auftreten und was es als Zückerli am Ende dazu gibt.

Der eigene Window-Controller

Machen wir uns zunächst einen Window-Controller für das Companyfenster, welches die Gruppen enthielt. Dazu legen Sie in Xcode eine neue Klasse mit *File | New File...* an. Als Vorlage wählen Sie wenig überraschend *Objective-C NSWindowController subclass*. Als Namen geben Sie *GroupsWC* an.

> **►TIPP**
>
> Objective-C ist geschwätzig. Und das ist auch gut so. Deshalb verwendet man tunlichst keine Abkürzungen. Ein paar haben sich aber als Akronym durchgesetzt: WC für »window controller« und MO für »managed Object«, das wir bei Core-Data näher kennenlernen.

Wir benötigen hier keine Funktionalität; es geht ja mehr ums Prinzip. Dennoch fügen Sie bitte in GroupsWC.m zwei Methoden ein:

```
...
@implementation GroupsWC
- (IBAction)tuWas:(id)sender
{
   NSLog( @"Gesagt, getan!" );
}
- (void)awakeFromNib
{
   NSLog( @"hallo" );
}
@end
```

-awakeFromNib ist von NSWindowController ererbt. Wir überschreiben diese Methode lediglich zum Test. Die Actionmethode -tuWas: muss demgegenüber noch in GroupsWC.h bekannt gemacht werden:

```
...
@interface GroupsWC : NSWindowController {
}
- (IBAction)tuWas:(id)sender;
@end
```

Nun müssen wir noch dem Dokument beibringen, beim Öffnen diesen Window-Controller zu verwenden. Dazu öffnen Sie bitte MyDocument.m. Diese Datei wurde ja gleich beim Anlegen des Projekts erzeugt. Aber gleichgültig, ob Sie eine Applikation mit Core-Data-Support ausgewählt haben oder nicht, so gibt es doch stets eine Methode -windowNibName:. Diese muss den Namen des Dokumenten-Nibs zurückgeben. Das macht sie auch ausgezeichnet mit MyDocument.xib. Da wir den Namen des Nibs nicht ändern wollen, belassen wir das auch so.

Wir fügen allerdings darunter eine neue Methode ein:

```
...
- (void)makeWindowControllers
{
   NSString* nibName = [self windowNibName];
   GroupsWC* wc = [[[GroupsWC alloc]
                              initWithWindowNibName:nibName]
                             autorelease];
```

```
    [self addWindowController:wc];
}
...
```

Sie macht etwas Einfaches: Zunächst wird mit der vorher beschriebenen Methode der Name der Nib-Datei geholt. Dann wird eine Instanz unseres neuen Controllers erzeugt und als Window-Controller dem Dokument hinzugefügt.

Da diese neue Klasse in MyDocument.m benutzt wird, muss außerdem am Anfang dieser Datei ein Import hinzugefügt werden:

```
...
#import "MyDocument.h"
#import "GroupsWC.h"
@implementation MyDocument
...
```

Document-Bindings

Starten Sie jetzt einmal testweise das Programm. Sie werden enttäuscht sein: Kein Fenster öffnet sich, dafür sehen Sie in der Konsole Fehlertexte:

```
>... [<GroupsWC 0x131e20> valueForUndefinedKey:]: this class is not
key value coding-compliant for the key managedObjectContext.
```

Was ist hier passiert? Wir hatten ja zwei Bindungen auf unseren *File's Owner*, nämlich die Managed-Object-Context-Bindings der beiden freien Array-Controller. Bisher war das Dokument unser *File's Owner* und als dieser hatte er hat auch eine entsprechende Eigenschaft, an die wir gebunden haben. Nunmehr ist aber unser Window-Controller *File's Owner*. Dieser hat keine entsprechende Eigenschaft.

Die Situation stellt sich also im Vergleich zur Lösung ohne Window-Controller wie folgt dar:

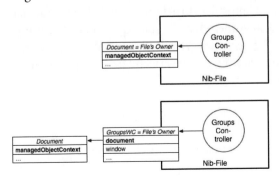

Bisher war MyDocument File's Owner. Das änderte sich.

Die Controller versuchen jetzt also, die Eigenschaft managedObjectContext des Controllers zu lesen – was mangels Existenz nicht funktioniert. Um das zu reparieren, existieren zwei Methoden:

- In dem Abschnitt über Key-Value-Coding hatte ich Fehlermethoden genannt. In der Tat könnten wir hier `-valueForUndefinedKey:` überschreiben und einfach den entsprechenden Wert aus dem Dokument liefern.

- Zwar verfügt unser Controller nicht über die Eigenschaften des Dokumentes – sprich: managedObjectContext –, dafür aber über eine Eigenschaft document, mit der man zum Dokument gelangt. Wir müssen daher nur den Key-Path für die beiden Controller verlängern: Aus dem Schlüsselpfad *eigenschaft* wird nun der Schlüsselpfad document.*eigenschaft*.

Die zweite Methode wenden wir hier mal an. Öffnen Sie MyDocument.xib. Im Hauptfenster geben wir zunächst bekannt, dass unser *File's Owner* nun eine andere Klasse, nämlich GroupsWC hat. Dazu selektieren Sie ihn im Hauptfenster und wechseln im Inspector auf das Info-Pane. Dort tragen Sie ganz oben unter *Class* unsere neue Klasse *GroupsWC ein*. Jetzt selektieren Sie wiederum im Hauptfenster MyDocument.xib den Eintrag *Groups Controller*. Im Bindings-Pane ändern Sie das Binding *Managed Object Context*:

```
Bind To: File's Owner
Controller Key:
Model Key Path: document.managedObjectContext
```

Dasselbe machen Sie bitte mit dem Persons-Controller und dem Group-Person-Controller.

> **TIPP**
>
> Sie mögen sich vielleicht gefragt haben, warum ich gerade hier den Window-Controller vorstelle. Immerhin benötigen wir keine Fensterfunktionalität für das Dokumentenfenster. Aber früher oder später erweitert sich eine Applikation eben doch so, dass man auf einen Window-Controller zurückgreifen will. Und dann viel Spaß beim Anpassen der Bindings! Daher mein Rat: Unabhängig von Ihrer anfänglichen Meinung sollten Sie jedem Fenster einen Window-Controller spendieren. Und wenn Sie nur die Klasse `NSWindowController` verwenden. Das spart spätere Änderungen, die nur mühselig sind.

Outlets

Und auf noch etwas will ich Sie aufmerksam machen:

DIE CONTROLLERSCHICHT KAPITEL 6

Natürlich existieren jetzt vom *File's Owner* die Outlets und Actions des Window-Controllers und nicht die des Documents. Tatsächlich haben wir die auch nie benötigt.

Ein Window-Controller bringt jedoch ein wichtiges Outlet mit, welches *window* heißt. Da ein Window-Controller dafür gedacht ist, ein Fenster zu verwalten, sollte er es auch kennen. Umgekehrt schickt uns ein Fenster gerne Nachrichten, wenn wir sein Delegate sind. Schauen Sie mal in die Dokumentation von `NSWindow`: Dort gibt es viele hilfreiche Delegate-Methoden, die wir implementieren können, wenn wir unterrichtet werden wollen. Aus diesem Grunde ist es stets eine gute Idee, diese Outlets zu verbinden. Ziehen Sie daher vom *File's Owner* eine Verbindung zum Company-Fenster, um das Window-Outlet zu setzen; und umgekehrt von dort eine auf den *File's Owner* für das Delegate-Outlet. Sie merken es schon: Ein Window-Controller ist dazu gemacht, *ein* Fenster zu verwalten. Wir müssen also über kurz oder lang das Personsfenster loswerden und werden das auch.

> **HILFE**
>
> Sie können das Projekt in diesem Zustand als »Projekt-106-04« von der Webseite herunterladen.

Actions und First Responder

Aber wir haben ja gerade eine Action hinzugefügt, nämlich `-tuWas:`. Natürlich können Sie jetzt einen Button im Fenster unterbringen und diesen mit der Actionmethode im *File's Owner*, also unserem Window-Controller verbinden. Damit kann ich Sie wirklich nicht mehr hinter dem Ofen hervorlocken.

Aber Sie lernen jetzt einen ganz wichtigen »Trick« kennen: Ich hatte Ihnen bereits berichtet, dass bei einer Systemnachricht die verschiedensten Objekte in unserem Programm unterrichtet werden können. Und ich hatte Ihnen gesagt, dass die Hintergründe kompliziert sind, man sich aber in aller Regel nicht darum kümmern muss. Hier will ich den Faden aus der Besprechung der Menüs aufnehmen. Sie erinnern sich? Letztes Kapitel?

Unser Applikationsmenü befindet sich ja in MainMenu.xib. Und es dürfte wenig überraschend sein, dass man Menüeinträgen wie Buttons eine Actionmethode zuweisen kann, die ausgeführt wird, wenn der Menüeintrag angeklickt wird. Das beherrschen Sie bereits auch. Aber ich hatte ja bereits gesagt, dass es da ein kleines Problem gibt …

Öffnen Sie MainMenu.xib (nicht: MyDocument.xib) und dort im Hautpfenster das Menü *MainMenu*. Mit einem Klick auf *Edit* können Sie das Menü ausklappen lassen.

Ziehen Sie nun aus der Library unter *Cocoa|Application|Menus* einen waagerechten Strich in das Menü an unterster Stelle. Noch darunter ziehen Sie einen Menüeintrag *Item*. Diesen doppelklicken Sie und tragen als Text *Tu was* ein.

So, jetzt müssen wir nur noch diesen Menüeintrag mit unserer Actionmethode verbinden. Nur mit welcher? Ich hatte das Problem schon angesprochen: Wie der Name des Menüeintrages bereits verrät, soll die Actionmethode -tuWas: von unserem Window-Controllers ausgeführt werden. Dieser ist nur nicht vorhanden, da in MainMenu.xib die Applikation der *File's Owner* ist, nicht unser Window-Controller. Verzweifelte Versuche, von dem Menüeintrag eine Verbindung zum *File's Owner* in MyDocument.xib zu ziehen, scheitern. Es gibt keinen Weg aus MainMenu.xib zu MyDocument.xib: »No way out«. Aus die Maus, und mit Maus meine ich hier das elektronisches Zeigegerät!

Aber es gibt eine Backstage-Tür mit der Aufschrift »First Responder«, sozusagen der Eingang für Groupies. Der First-Responder war ja derjenige, der eine Nachricht empfängt, wenn er gerade zuständig ist, etwa ein Textfeld, welches den Fokus hat. Dieses erhält dann die Nachricht, dass eine Taste gedrückt wurde, arbeitet das ab, und gut ist. Nur sind First-Responder höfliche Menschen. Wenn sie eine Nachricht erhalten, mit der sie nichts anfangen können, so leiten sie diese an den Next Responder weiter (hmmm, vielleicht ist »faul« das richtige Adjektiv und nicht »höflich«?). Sogar noch mehr: Wenn eine solche Nachricht im System verteilt wird, wird nachgeschaut, wer damit etwas anfangen kann. Und so kann die Nachricht nacheinander durch verschiedene Objekte geleitet werden. Man nennt dies die »Responder-Chain«. Ohne

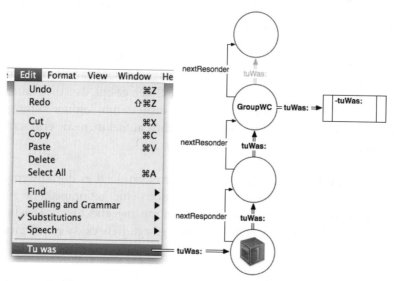

Die Responder-Chain für Dummies: Wer suchet, der findet, der tut was.

genauer auf die Einzelheiten einzugehen, wer wann kommt, befindet sich auch unser Window-Controller als Subklasse von NSResponder in dieser Responder-Chain. Und deshalb wird versucht, auch diesem die Nachricht -tuWas: zuzustellen – mit Erfolg, denn wir haben dies ja programmiert.

Im Überblick:

- Als Ziel für unsere Action wählen wir den First-Responder. Zur Laufzeit wird entschieden, welches Objekt das ist.

- Da dieses Objekt, welches es auch immer sein mag, die Methode -tuWas: nicht implementiert, reicht es diese Nachricht an den nächsten Responder weiter. Da auch dieser ...

- Irgendwann kommt die Nachricht bei unserem Window-Controller vorbeigeflogen. Da wir diese Nachricht implementieren, wird unsere Methode ausgeführt.

- Wir tun, was wir tun müssen, und reichen die Nachricht nicht an den nächsten Responder weiter.

Um das klar zu machen: Unser Window-Controller erhält nur dann die Nachricht, wenn sein Fenster gerade aktiv ist. Ansonsten befindet er sich nicht in der Responder-Chain. Ein anderer Window-Controller für ein anderes Fenster kann daher ebenfalls diese Nachricht implementieren und würde in diesem Falle die Nachricht fangen: Immer das aktive Fenster.

Begeben wir uns an die Umsetzung: Zunächst müssen wir dem first Responder in MainMenu.xib beibringen, dass es diese Nachricht überhaupt gibt. Üblicherweise haben wir das gemacht, indem wir eine entsprechende Klasse zugewiesen haben. Das geht hier nur nicht: Der Responder kann ja ganz viele unterschiedliche Klassen haben.

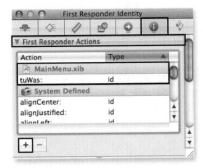

Eigene Methoden für die Responder-Chain

Daher wählen Sie bitte im Hauptfenster MainMenu.xib den *First Responder* aus und wechseln zum Identity-Pane des Inspectors. Dort klicken Sie zunächst auf den [+]-Button, um eine eigene Methode anzulegen. Diese benennen Sie dann mit *tuWas:*.

Jetzt ziehen Sie von dem neuen Menüeintrag eine Verbindung zum *First Responder* und wählen im HUD den Eintrag *tuWas:* aus. Ja, ja, ja, ja, Sie müssen möglicherweise ganz schön scrollen. Aber ich wollte die Methode nicht -aaaaRohrreinigung: nennen.

Das war es schon. Speichern, übersetzen, starten! Wenn Sie jetzt auf den Menüeintrag klicken, können Sie im Log erkennen, dass unsere Methode ausgeführt wurde. Aber jetzt wechseln Sie mal spaßeshalber zum Persons-Fenster und schauen Sie ins Menü. Der Menüeintrag ist ausgegraut! Klar, da dieses Fenster keine Verbindung zu unserem Window-Controller hat, landet er auch nicht in der Responder-Chain. Daher findet sich keine Methode -tuWas:. Dies wird automatisch bemerkt und der Menüeintrag ausgegraut. Dies wäre auch der Fall, wenn wir ein Fenster mit einem anderen Window-Controller hätten, welches die Methode nicht implementiert. Oder – und das können Sie auch schnell testen – sich etwas gar kein Fenster auf dem Schirm befindet.

Info-Window-Controller

Begeben wir uns gleich zum nächsten Typus von Festern, dem Infofenster. Die Besonderheit liegt hier darin, dass der Benutzer in einem anderen Fenster für das Öffnen sorgt, bei uns im Dokumentenfenster. Dennoch hat das Infofenster in der Regel einen Bezug zum Dokument. Daher muss die Anforderung von dem Window-Controller des Dokumentenfensters an das Infofenster weitergeleitet werden. Da jedoch nur der Window-Controller des Document-Windows weiß, welches Objekt selektiert ist, muss er diese Information hinzufügen.

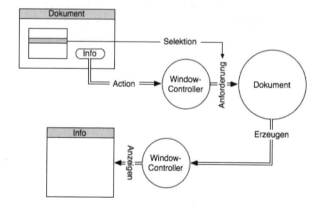

Das Infofenster gehört dem Dokument. Jedoch kennt nur der Document-Window-Controller den Bezug.

Bevor wir uns aber darum kümmern, sorgen wir uns zunächst um das Öffnen des weiteren Fensters. Ich fände es ganz gut, wenn ein Doppelklick auf eine Person ein Infofenster zur Person anzeigt. Machen wir die Vorbereitungen im Window-Controller für das Dokument. Im Header geben wir eine neue Action bekannt:

```
...
@interface GroupsWC : NSWindowController {
...
}
- (IBAction)tuWas:(id)sender;
- (IBAction)showInfoWindow:(id)sender;
@end
```

Natürlich müssen wir die in GroupsWC.m implementieren:

```
...
#import "GroupsWC.h"
#import "MyDocument.h"
@implementation GroupsWC
- (IBAction)showInfoWindow:(id)sender
{
    NSLog( @"Personenfenster öffnen" );
    id document = [self document];
    SEL showSelector = @selector( showInfoWindowForPerson: );
    if( [document respondsToSelector:showSelector] ) {
        [document performSelector:showSelector withObject:nil];
    }
}
- (IBAction)tuWas:(id)sender
...
```

Vielleicht erscheint Ihnen das `If` etwas merkwürdig. Die Ursache liegt in Folgendem: Grundsätzlich könnte unser Window-Controller ja an einem beliebigen Dokument hängen. Die Methode -document (`NSWindowController`) hat daher als Returnwert `id`. Wir können also nicht sicher sagen, ob die Dokumentenklasse die Methode -showInfoWindowForPerson: wirklich implementiert. Sicherer ist es dann, dieses mal vorher höflich anzufragen. Genau das geschieht hier mittels der Methode -`respondsToSelector:`.

Im Interface Builder doppelklicken Sie jetzt im Hauptfenster *MyDocument.xib* auf das Fenster *Company* und fügen einen weiteren Button ein. Ich habe ihn neben den Buttons für die Mitgliederliste einer Abteilung angelegt und ihm aus der Library das

Bild mit dem *i* im Kreis gegeben. Sie können aber auch einfach *Info* draufschreiben. Wer es ganz hübsch machen will, kann freilich dem Fenster auch eine Werkzeugleiste mit einem entsprechenden Item geben. Wichtiger ist es jetzt, dass Sie eine Actionverbindung vom Button (bzw. Item) zu der neuen Methode `-showInfoWindow:` des *File's Owner* – das ist immer noch der GroupsWC! – ziehen. Im HUD also dann *showInfoWindow:* anklicken.

Öffnen Sie dann »MyDocument.h« und fügen Sie im Header die Deklaration für die neue Methode hinzu:

```
…
@interface MyDocument : NSPersistentDocument {
}
- (void)showInfoWindowForPerson:(NSManagedObject*)person;
@end
```

In der Implementierung machen wir uns zunächst nur eine Mitteilung. Fügen Sie nach `-makeWindowControllers` folgende Methode ein:

```
…
- (void)showInfoWindowForPerson:(NSManagedObject*)person
{
    NSLog( @"Im Dokument" );
}
…
```

> **➤ AUFGEPASST**
>
> `NSManagedObject` ist die Basisklasse für Instanzen unter Core-Data. Die Bedeutung wird im Kapitel über die Modelschicht noch besprochen.

Zum Testen übersetzen und starten Sie das Projekt. Sie sollten jetzt in der Console-Log die entsprechende Ausgabe erhalten.

> **➤ HILFE**
>
> Sie können das Projekt in diesem Zustand als »Projekt-106-05« von der Webseite herunterladen.

Gut, jetzt haben wir den Weg aus dem Fenster über den Window-Controller bis zum Dokument geschafft. Das ist aber nur die halbe Miete. Wir müssen jetzt freilich noch einen Nib mit Fenster und zugehörigem Window-Controller erzeugen. Fangen wir mit Letztem an: Leiten Sie wieder mit *File | New File…* eine neue Klasse her, wobei

Sie als Vorlage *Objective-C NSWindowController subclass* wählen. Diese nennen Sie bitte *PersonInfoWC*.

Sie können die Source gleich wieder schließen, weil wir dem Controller keine besondere Funktionalität beifügen. Wie Sie gegebenenfalls dort Actions einbauen, wissen Sie nun langsam wirklich selbst ...

In MyDocument.m müssen wir jetzt die Methode zum Öffnen des Fensters entsprechend abändern. Außerdem muss der Header von PersonInfoWC importiert werden, damit die Klasse in MyDocument.m bekannt ist:

```
...
#import "MyDocument.h"
#import "GroupsWC.h"[XXX überprüfen, ob hervorgehoben werden muss]
#import "PersonInfoWC.h"
@implementation MyDocument
...
- (void)showInfoWindowForPerson:(NSManagedObject*)person
{
    PersonInfoWC* wc;
    wc = [[[PersonInfoWC alloc]
                    initWithWindowNibName:@"Person"]
                    autorelease];
    [self addWindowController:wc];
    [wc showWindow:self];
}
...
```

Außerdem bauen Sie bitte ganz am Ende eine Dealloc-Methode:

```
...
- (void)dealloc
{
    NSLog( @"Dokument wird geschlossen" );
    [super dealloc];
}
@end
```

Sie sehen aber schon im ersten Codezitat, dass wir einen neuen Nib-File benötigen, welcher Person heißt. Diesen legen Sie bitte an, indem Sie zunächst den Eintrag *Re-*

sources in der Projektleiste *Groups & Files* anwählen. Dann *File | New File…* im Menü anklicken und dann als Vorlage *Cocoa|Window XIB* auswählen.

Hierbei handelt es sich um die Vorlage für einen Nib-File, die bereits ein Fenster enthält. Nachdem Sie dies erledigt haben, auf *Next* klicken und auf der nächsten Seite in gewohnter Manier einen Dateinamen angeben, wobei Sie *Person.xib* wählen. Die automatisch geöffnete Gruppe *Resources* können Sie wieder schließen. Die Gruppe *NIB Files* in der Projektleiste *Groups & Files* sollte jetzt einen Eintrag Person.xib zusätzlich enthalten. Doppelklicken Sie hierauf.

> **▶AUFGEPASST**
>
> Mit Nib-Files und der Gruppe *Resources* beschäftigen wir uns im Kapitel Xcoding eingehender. Es sei hier allerdings bereits angemerkt, dass der fehlende Disclosure vor Person.xib so in Ordnung ist.

Nach einiger Zeit sollte im Interface Builder die neue Nib-Datei erscheinen. Benennen Sie das dort im Hauptfenster Person.xib enthaltene Fenster von *Window* nach *Person* um. Als Nächstes melden wir auch hier unseren neuen Window-Controller an. Dazu selektieren Sie den *File's Owner* und wählen im Inspector das Identity-Pane aus. Dort wiederum in dem Feld *Class* unsere neue Klasse *PersonInfoWC* eintragen.

Ziehen Sie nun ein Outlet vom *File's Owner* zu dem Fenster *Person* und klicken Sie im HUD auf *window*, damit unser Controller sein Fenster kennt und umgekehrt. Dies ist wichtig, damit der Window-Controller gelöscht wird, wenn der Benutzer das Fenster schließt.

Starten und testen Sie das Programm. Ein Klick auf den *Info*-Button sollte jeweils ein neues – noch leeres – Fenster öffnen.

Bevor wir dieses befüllen, möchte ich Ihnen aber noch etwas demonstrieren: Kommentieren Sie mal die Zeile in -showInfoWindowForPerson: (NSDocument), welche den Window-Controller dem Dokument hinzufügt, aus:

```
…
- (void)showInfoWindowForPerson:(NSManagedObject*)person
{
    PersonInfoWC* wc;
    wc = [[[PersonInfoWC alloc]
                    initWithWindowNibName:@"Person"]
                    autorelease];
//  [self addWindowController:wc];
    [wc showWindow:self];
```

```
    sleep(1);
}
...
```

Die erste Zeile muss jetzt grün erscheinen, da die Schrägstriche ja dazu führen, dass es sich nur noch um einen nicht zu übersetzenden Kommentar handelt. Wenn Sie jetzt erneut die Anwendung testen, dann bemerken Sie, dass das Fenster eine Sekunde erscheint. Wieso? Nun, wir erzeugen ja eine Instanz des neuen Window-Controllers. Außerdem sagen wir dieser, dass sie ihr Fenster anzeigen soll. Das macht sie auch. Am Ende der Methode wird dann mit sleep() noch eine Sekunde gewartet. Aber die Instanz wird im Autorelease-Pool erzeugt. Also wird sie nach Beendigung der Methode wieder zerstört. Dabei schließt sie natürlich ihr Fenster. Schwupp, weg ist es wieder. Damit ist die Arbeitsweise des Autorelease-Pools veranschaulicht.

Nehmen Sie die Zeile wieder herein, indem Sie die Schrägstriche am Anfang der Zeile löschen und löschen Sie die Zeile mit dem sleep().

> **HILFE**
>
> Sie können das Projekt in diesem Zustand als »Projekt-106-06« von der Webseite herunterladen.

Bisher fügen wir aber dieser Liste noch nicht die ausgewählte Person hinzu. Dies müssen wir zunächst in unserem GroupsWC einbauen. Dazu besorgen wir uns ein Outlet auf den Group-Persons-Controller:

```
...
@interface GroupsWC : NSWindowController {
    IBOutlet NSArrayController* personsController;
}
...
```

In der Implementierung

```
...
- (IBAction)showInfoWindow:(id)sender
{
    NSLog( @"Personenfenster öffnen" );
    id document = [self document];
    SEL showSelector = @selector( showInfoWindowForPerson: );
    if( [document respondsToSelector:showSelector] ) {
        NSArray* persons = [personsController selectedObjects];
        if( [persons count] > 0 ) {
```

```
            NSManagedObject* person = [persons objectAtIndex:0];
            [document performSelector:showSelector
                           withObject:person];
        }
    }
}
...
```

Im Wesentlichen wird also der Array-Controller nach den selektierten Objekten befragt, und falls mindestens eines angewählt ist, das erste als Parameter der Document-Methode überegben.

Öffnen Sie MyDocument.xib und ziehen Sie das Outlet *personsController* vom *File's Owner* auf den *Group-Persons Controller*. Im HUD dann entsprechend *personsController* anklicken.

Kommen wir also zum Fenster und seinem Controller selbst. Zunächst muss ja dieser die angezeigte Person kennen. Daher benötigt er eine entsprechende Eigenschaft nebst Instanzvariable. Also erweitern wir »PersonInfoWC.h« entsprechend:

```
...
#import <Cocoa/Cocoa.h>
@class Person;[XXX fett überprüfen]
@interface PersonInfoWC : NSWindowController {
    NSManagedObject* person;
}
@property( readwrite, retain ) NSManagedObject* person;
@end
...
```

Entsprechende Implementierung:

```
...
@implementation PersonInfoWC
@synthesize person;
- (id)initWithWindowNibName:(NSString*)nibName
{
    self = [super initWithWindowNibName:nibName];
    if( self ) {
        self.person = nil;
    }
    return self;
```

```
}
- (void)dealloc
{
    NSLog( @"weg" );
    self.person = nil;
    [super dealloc];
}
@end
```

in seinem Nib, dem Person.xib, müssen wir jetzt freilich entsprechende Textfelder einbauen und Bindings setzen. Ziehen Sie dazu zwei Textfelder mit jeweils einem Label in das Persons-Fenster. Das Value-Binding der beiden Textfelder setzen Sie bitte wie folgt:

```
Bind To: File's Owner
Controller Key:
Model Key Path: person.firstname
```

bzw.

```
Bind To: File's OWner
Controller Key:
Model Key Path: person.lastname
```

Wir sagen also, dass die Texfelder ihre Werte von der Eigenschaft person unseres Window-Controllers beziehen sollen, wobei auf das Ergebnis – eine Person-Instanz – zusätzlich der Schlüssel *firstname* bzw. *lastname* angewendet wird.

Rekapitulieren wir, wie weit wir sind:

- Unsere GroupsWC-Instanz holt sich bei einem Klick auf den Button das ausgewählte Objekt ab und sendet es innerhalb einer Nachricht an die `MyDocument`-Instanz.
- Die PersonInfoWC-Instanz verwaltet eine Person-Instanz und lässt in ihrem Nib auf die Eigenschaften zugreifen.
- Dann fehlt uns nur noch das Zwischenglied in MyDocument.xib, welches die übergebene Person-Instanz im PersonInfoWC setzt.

Erledigen wir das auch noch in MyDocument.m:

```
...
- (void)showInfoWindowForPerson:(NSManagedObject*)person
```

```
{
    NSLog( @"Im Dokument" );
    PersonInfoWC* wc;
    wc = [[[PersonInfoWC alloc]
                        initWithWindowNibName:@"Person"]
                        autorelease];
    wc.person = person;
    [self addWindowController:wc];
    [wc showWindow:self];
}
...
```

Voilá! Ja, ich weiß, hier sind drei Klassen beteiligt und das Ganze ist noch etwas verwirrend. Dennoch dürfte das Grundkonzept deutlich geworden sein:

- Jedes Fenster hat seinen Nib und seinen Window-Controller. Dort wird lokale Funktionalität implementiert.

- Muss zwischen den Window-Controllern kommuniziert werden, führt der Weg über das Dokument (oder über das Application-Delegate, falls wir kein Dokument haben).

Übersetzen und starten Sie die Applikation. Legen Sie eine Gruppe mit zwei Personen an. Wählen Sie die eine oder andere aus und lassen Sie sich durch Klick auf den Info-Button ein entsprechendes Persons-Fenster anzeigen. Sie können auch mehrere Info-Fenster für eine Person öffnen. Beachten Sie, dass wenn in einem Fenster eine Änderung vorgenommen wird, sich alle Fenster aktualisieren!

> **GRUNDLAGEN**

Vergleichen Sie dieses Verhalten mal mit einer typischen Windowsanwendung: Dort würde das Infofenster für eine Person einen OK-Button haben. Der Grund ist, dass es eine Mitteilung über die Synchronisierung geben muss. In Objective-C ist das nicht notwendig, weil die Sprache ausreichend Dynamik bietet, Binding-Controller zu implementieren. Das vereinfacht die Programmierung ganz erheblich und sorgt für unmodale Anwendungen.

> **HILFE**

Sie können das Projekt in diesem Zustand als »Projekt-106-07« von der Webseite herunterladen.

Die Controllerschicht   Kapitel 6

Allerdings ist es eigentlich nicht richtig, dass der Benutzer zu einer Person mehrere Fenster öffnen kann. Der Grund dafür ist ja, dass unser Document jedes Mal eine neue Instanz erzeugt. Können wir das ändern?

Der Gedanke ist einfach: Bevor eine neue Instanz erzeugt wird, fragen wir einfach ab, ob es bereits einen Person-Info-Window-Controller für eben diese gibt. Falls ja, holen wir den nur nach vorne, anstatt einen neuen zu erzeugen. Da dies doch einiges an Änderungen bedeutet, sollten Sie die Methode komplett neu eintippen:

```
...
- (void)showInfoWindowForPerson:(NSManagedObject*)person
{
    NSWindowController*    wc;
    PersonInfoWC*          personWC = nil;
    NSManagedObjectID* personID = [person objectID];
    // Alle bestehenden Window-Controller ueberpruefen
    for( wc in [self windowControllers] ) {
        // Ist es ueberhaupt ein Person-Info-WC?
        if( [wc isKindOfClass:[PersonInfoWC class]] ) {
            personWC = (PersonInfoWC*)wc;
            // Hat er dieselbe Person-ID?
            if( [[personWC.person objectID] isEqualTo:personID] ) {
                //////////
                break;
                //////////
            }
        }
    }
    // Kein Window-Controller      gefunden, also erzeugen
    if( wc == nil ) {
        personWC = [[[PersonInfoWC alloc]
                                initWithWindowNibName:@"Person"]
                                autorelease];
        personWC.person = person;
        [self addWindowController:personWC];
    }
    // nach vorne damit
    [personWC showWindow:self];
}
...
```

Eigentlich sollte sich der Code von alleine erklären. Aber ein paar Hinweise will ich schon geben:

- `-windowControllers` (`NSDocument`) liefert alle unserem Dokument hinzugefügten Window-Controller, also auch unseren GroupsWC.
- Aus diesem Grunde muss zunächst in der Schleife abgefragt werden, ob der gerade aktuell gelesene Window-Controller eine Instanz der Klasse PersonInfoWC ist. Denn nur diese interessieren uns. Dies geschieht in der Zeile

```
if( [wc isKindOfClass:[PersonInfoWC class]] ) {
```

- Ist dies der Fall, können wir dem Compiler mitteilen, dass er diese Instanz als eine Instanz von PersonInfoWC betrachten kann. Dies geschieht durch

```
personWC = (PersonInfoWC*)wc;
```

- Da wir es mit Core-Data zu tun haben, ergibt sich ein Problem: Wir müssen darauf vergleichen, ob wir bereits ein Fenster für *dieselbe* Instanz geöffnet haben. Core-Data darf jedoch Instanzen auslagern und wieder neu laden. Es gibt jedoch das Versprechen, dass dann dieselbe Instanz verwendet wird. Man nennt dies »Uniquing«.

Wir haben allerdings noch ein Problem: Was soll passieren, wenn eine Person gelöscht wird und noch ein Infofenster für sie offen ist? Es gibt hier verschiedene Lösungen: Zum einen kann das Löschen von Instanzen über eigene Actionmethoden erfolgen, die dann einfach das Fenster mit der Instanz suchen, schließen und erst danach den Array-Controller mit der Löschung beauftragen. Sie werden aber gleich noch sehen, dass es sogenannte Notifications gibt. Und wenn ein Managed-Object gelöscht wird, so wird eine entsprechende Nachricht ausgelöst. Diese kann man abfangen und dann ebenfalls das Fenster löschen. Ich komme später darauf zurück. Akzeptieren Sie hier bitte das bisherige Verhalten.

Ein weiteres Problem bleibt: Wenn Sie mehrere Infofenster geöffnet haben, können Sie das Dokumentenfenster schließen und dennoch bleibt das Dokument geöffnet. Versuchen Sie es einfach mal: Programm starten, eine Gruppe mit einem Mitarbeiter hinzufügen und sich dessen Infofenster anzeigen lassen. Dann schließen Sie das Dokumentenfenster. Es ist schon erstaunlich, dass das Infofenster bestehen bleibt. Aber erst wenn Sie dieses schließen, erfolgt die Nachfrage zum Speichern. Klicken Sie auf *Don't Save*, so erscheint danach im Log die Nachricht aus dem `-dealloc` (`MyDocument`):

```
>… Dokument wird geschlossen
```

Der Hintergrund ist, dass sich ein Dokument automatisch schließt, wenn es keinen Window-Controller mehr hat. Solange also noch einer für unser Infofenster vorhanden ist, lebt das Dokument weiter. Es kann ja nun wirklich nicht wissen, welche Rolle den verbleibenden Window-Controllern zukommen soll.

Aber wir können einem Window-Controller mitteilen, ob er das Dokument schließen soll, und zwar auch dann, wenn noch weitere existieren. Letztlich ist das die Eigenschaft als Dokumentenfenster:

```
...
- (void)makeWindowControllers
{
   NSString* nibName = [self windowNibName];
   GroupsWC* wc = [[[GroupsWC alloc]
                         initWithWindowNibName:nibName]
                        autorelease];
   [self addWindowController:wc];
   [wc setShouldCloseDocument:YES];
}
...
```

Wir sagen also dem zunächst erzeugten Window-Controller für das Dokumentenfenster, dass er das Dokument schließen darf. Das Dokument schließt daraufhin alle anderen Window-Controller, also auch diejenigen für unser Infofenster. Wenn Sie dies austesten, werden Sie sehen, dass sich die Applikation so verhält, wie man es von OS-X-Anwendungen erwartet.

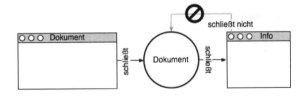

Nur dem Dokumentenfenster geben wir die Macht über das Dokument.

> **► HILFE**
> Sie können das Projekt in diesem Zustand als »Projekt-106-08« von der Webseite herunterladen.

Inspector-Controller

Bei einem Inspector und seinem Window-Controller stellt sich die Problematik anders dar:

- Ein Inspector existiert nur einmal pro Applikation. Es handelt sich also nicht um einen Window-Controller des Dokumentes, sondern der Anwendung.
- Ein Inspector arbeitet mit verschiedenen Fenstern. Er muss sich daher auf das jeweils aktuelle Fenster synchronisieren.

Zunächst benötigen wir freilich wieder eine Actionmethode, die den Window-Controller für das neue Fenster anlegt. Da der Inspector applikationsglobal ist, muss diese entsprechend in einer Instanz enthalten sein, die nur einmal in unserer Anwendung existiert. Da bietet sich das Applikationsdelegate an.

Da wir noch keines haben, müssen wir uns erst einmal eine entsprechende Klasse anlegen und davon eine Instanz in MainMenu.nib herstellen. Erzeugen Sie also in Xcode mit *File|New File...* eine neue Klasse, wobei Sie als Vorlage *Objective-C class* wählen. Als Namen vergeben Sie bitte *AppDelegate*. In der neuen Klasse legen wir eine Actionmethode an, die wir zunächst bis auf ein Log leer lassen. Im Header AppDelegate.h:

```
...
@interface AppDelegate : NSObject {
}
- (IBAction)showInspector:(id)sender;
@end
```

Entsprechend in der Implementierung AppDelegate.m:

```
...
@implementation AppDelegate
- (IBAction)showInspector:(id)sender
{
    NSLog( @"Inspector" );
}
@end
```

Machen wir dies erreichbar: Öffnen Sie MainMenu.xib und ziehen Sie aus der Library unter *Cocoa | Objects & Controllers* ein *Object* in das Hauptfenster. Im Identity-Pane des Inspectors setzen Sie als Klasse bitte *AppDelegate*. Ziehen Sie vom *File's Owner* – das ist im MainMenu.xib die Applikation – eine Verbindung zum *AppDelegate* und verbinden Sie im HUD das Outlet *delegate*. Hiermit haben wir also unser Application-Delegate erzeugt und mit der Anwendung verbunden.

Wir benötigen aber noch einen Menüeintrag zum Aufruf der neuen Methode: Öffnen Sie im Hauptfenster mit einem Doppelklick *MainMenu* und dort das *Window-*

Menü. Ziehen Sie aus der Library unter *Cocoa | Application | Menus* ein *Menu Item* und einen Trennstrich in das *Window*-Menü. Das Menü-Item beschriften Sie mit *Show Inspector*. Sie können auch, wenn Sie wollen, im Attributes-Pane ein Tastaturkürzel eingeben. Das Ergebnis:

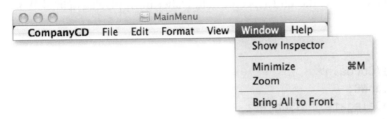

Ein neuer Menüintrag für den Inspector

Wählen Sie im Hauptfenster *MainMenu.xib* den *First Responder* aus und schalten Sie im Inspector (des Interface Builders) auf das *Identity*-Pane. Dort fügen Sie eine weitere Actionmethode *showInspector:* ein. Verbinden Sie jetzt den neuen Menüeintrag mit dieser Methode des First-Responders. Schließen und dabei natürlich speichern!

> **▶GRUNDLAGEN**
>
> Man hätte jetzt freilich die Verbindung vom Menüeintrag unmittelbar zum Application-Delegate ziehen können. Es befindet sich ja ebenfalls in MainMenu.xib. Aber so geben wir der Action die Möglichkeit, durch die Responder-Chain zu laufen, so dass auch andere sie abgreifen können. Implementieren Sie etwa eine Methode -showInspector: in MyDocument, so wird diese vorher gefunden und es könnte ein spezialisierter Inspector für dieses Dokument angezeigt werden.

Wenn Sie das Programm übersetzen und starten, sollte bei einem Klick auf den Menüeintrag der ensptechende Text in der Console erscheinen. Damit haben wir die wichtigsten Orte zur Abarbeitung von Menübefehlen zusammen:

- Das Application-Delegate arbeitet applikationsglobale Funktionen ab,
- das Dokument entsprechend dokumentenbezogene und
- der Window-Controller fensterbezogene.

Damit sollten Sie eigentlich alle praxisrelevanten Fälle erschlagen können.

Jetzt muss natürlich im Application-Delegate der Window-Controller erzeugt werden. Bevor wir damit loslegen, erzeugen wir uns eine entsprechende Klasse InspectorWC: *File | New File ... | Objective-C NSWindow Controller Subclass ...* Kennen Sie ja nun schon. Sie können die Sourcen gleich wieder schließen, da wir hier keine Änderungen vornehmen.

In AppDelegate.m (in der Gruppe Classes der Projektleiste) machen wir zunächst den neuen Window-Controller bekannt und erzeugen eine Instanz von ihm. Aber wohin damit? Sie erinnern sich ja noch, dass wir den im Autorelease-Pool erzeugen und er daher gleich wieder verschwindet. Daher muss eine Instanzvariable in unser Application-Delegate, welche diesen Inspector hält. Daher in AppDelegate.h als Vorarbeit:

```
...
#import <Cocoa/Cocoa.h>
@class InspectorWC;
@interface AppDelegate : NSObject {
    InspectorWC* inspectorWC;
}
@property( readwrite, retain ) InspectorWC* inspectorWC;
- (IBAction)showInspector:(id)sender;
@end
```

AppDelegate.m:

```
...
#import "AppDelegate.h"
#import "InspectorWC.h"
@implementation AppDelegate
@synthesize inspectorWC;
- (IBAction)showInspector:(id)sender
{
    InspectorWC* wc;
    wc = [[[InspectorWC alloc]
                    initWithWindowNibName:@"Inspector"]
                    autorelease];
    self.inspectorWC = wc;
    [wc showWindow:self];
}
- (id)init
{
    self = [super init];
    if( self ) {
        self.inspectorWC = nil;
    }
    return self;
}
- (void)dealloc
```

```
{
    self.inspectorWC = nil;
    [super dealloc];
}
@end
```

Natürlich muss noch die entsprechende Nib-Datei her, die Sie wie beim Infofenster anlegen und Inspector.xib nennen. Dort wählen Sie den *File's Owner* im Hauptfenster an und geben ihm im *Identity*-Pane des Inspectors (der Inspector des Interface Builders) als *Custom Class* wiederum *InspectorWC*. Löschen Sie das bereits enthaltene Fenster und ziehen Sie aus der Library unter *Cocoa | Application | Windows* ein *Panel* in das Hauptfenster *Inspector.xib* und benennen Sie es *Inspector*. Dies ist erforderlich, damit unser Fenster verschwindet, wenn die Applikation deaktiviert wird. Dies ist das übliche Verhalten für Inspektoren.

Außerdem ziehen Sie eine Verbindung vom *File's Owner* zum Fenster und setzen das *window*-Outlet im aufspringenden HUD. Umgekehrt setzen Sie das Delegate-Outlet des Panels. Gut, übersetzen und starten! Überprüfen Sie bitte, ob sich das Fenster öffnet und wie ein Inspector verhält.

Bitte beachten Sie Folgendes: Wenn Sie den Inspector das erste Mal auf den Schirm holen, dann erscheint er wie gewohnt. Schieben Sie ihn ein bisschen zur Seite und klicken Sie erneut auf den Menüeintrag. Jetzt passiert etwas Seltsames: Das alte Fenster verschwindet, und an der Originalstelle erscheint ein neues Fenster. Wieso ist das so?

Wir haben mal wieder Speicherverwaltung visualisiert: Die Actionmethode erzeugt eine entsprechende Instanz des Inspectors. Rufen wir sie ein zweites Mal auf, so wird eine neue Instanz erzeugt. Diese weisen wir unserer Eigenschaft zu, womit die alte Instanz ein `-release` erhält – und damit verschwindet. Dafür wird die neue Instanz auf den Schirm gebracht.

Das ist nicht nur unschön, sondern fehlerhaft. Deshalb ändern wir das Application-Delegate so, dass es nur einmalig einen Inspector erzeugt:

```
...
@implementation AppDelegate
@synthesize inspectorWC;
- (IBAction)showInspector:(id)sender
{
    // Nur, wenn es noch keinen gibt:
    if( !self.inspectorWC ) {
```

```
        InspectorWC* wc;
        wc = [[[InspectorWC alloc]
                      initWithWindowNibName:@"Inspector"]
                      autorelease];
        self.inspectorWC = wc;
    }
    [self.inspectorWC showWindow:self];
}
…
```

> **TIPP**
>
> Das umschließende If-Konstrukt verhindert die zweite Erzeugung – und bedingt die Einrückung des bisherigen Codes. Damit Sie das nicht von Hand machen müssen, können Sie den Block markieren und in Xcode *Edit | Format | Re-Indent* anwählen.

Wenn Sie dies jetzt starten, sehen Sie das gewünschte Verhalten: Es wird nur ein Fenster erzeugt und bei einem weiteren Versuch wird dies nach vorne geholt.

Das sieht eigentlich von der Benutzeroberfläche schon gut aus. Aber es wird natürlich noch nichts angezeigt. Und jetzt kommen wir zu einem Problem: Wir müssten, was auch immer wir anzeigen wollen, zum gerade aktiven Dokument synchronisieren. Und – weil wir so langsam den Cocoa-Crack-Bereich erreichen wollen – zudem die Selektion im Dokument synchronisieren. Eins nach dem anderen:

Dokumentensynchronisation

Den ersten Schritt erreichen wir über einen Trick. Jede Applikation hat ein Main-Window. In einer Applikation mit Dokumenten ist dies das aktive Dokumentenfenster. Da wir einen Window-Controller für den Nib hatten, hat entsprechend dieses Main-Window einen zugehörigen Window-Controller. Dieser Window-Controller hatte wieder ein Dokument. Letztlich haben wir also zum Dokument einen Schlüsselpfad, nur eben etwas länger:

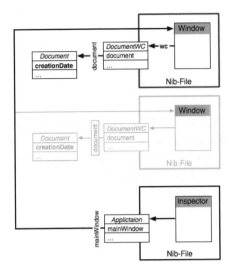

Ein etwas längerer Weg führt zum aktiven Dokument.

Damit wir aber auch eine Dokumenteneigenschaft zum Anzeigen haben, geben wir dem Dokument eine solche. In MyDocument.h:

```
...
@interface MyDocument : NSPersistentDocument {
    NSDate* creationDate;
}
@property( readwrite, copy ) NSDate* creationDate;
- (void)showInfoWindowForPerson:(NSManagedObject*)person;
@end
```

Und entsprechend in »Document.M«:

```
...
@implementation MyDocument
@synthesize creationDate;
- (id)init
{
    self = [super init];
    if (self != nil) {
        self.creationDate = [NSDate date];
    }
    return self;
}
...
- (void)dealloc
```

```
{
    self.creationDate = nil;
    [super dealloc];
}
@end
```

Speichern und schließen. Wechseln Sie nun in Inspector.xib, ziehen Sie ein Label in das Fenster Inspector und machen Sie das Label schön breit. Auf dieses werfen Sie aus der Library einen *Date Formatter* (*Cocoa | View & Cells | Formatters*) und konfigurieren ihn im Attributes-Pane des Interface-Builder-Inspectors so, dass er nur die Zeit anzeigt:

```
Date Style: No Date Style
Time Style: Medium
```

Selektieren Sie wieder das Label (nicht: Formatter) und wechseln Sie zum Bindings-Pane. Dort setzen Sie das Binding für den Value wie folgt:

```
Bind To: Application
Controller Key:
Model Key Path: mainWindow.windowController.document.creationDate
```

Sie sehen also, dass wir letztlich den Schlüsselpfad auf der vorangegangenen Zeichnung setzen. Speichern, *Build and Go* und mit zwei nacheinander geöffneten Dokumenten testen. Wenn Sie den Inspector öffnen, sollte bei der abwechselnden Wahl des Dokumentenfensters jeweils ein anderes Datum erscheinen.

Sie bemerken vielleicht, dass die Anzeige nur erfolgt, wenn das Gruppenfenster *Company* aktiv ist. Haben wir indessen die Personenliste (Persons-Fenster) im Vordergrund, so funktioniert das Ganze nicht. Das liegt daran, dass wir nur einen Window-Controller haben, der genau ein Fenster verwaltet – sonst hieße er ja auch Window*s*-Controller. Dies war unser Company-Fenster. Würden wir das Persons-Fenster in einen eigenen Nib stopfen, der einen eigenen Window-Controller hat, wäre dies kein Problem mehr. Aber das ist untunlich: Ich hatte ja bereits gesagt, dass dieses Fenster bereits aus gestalterischen Gründen verschwinden wird. Der Benutzer kann es ja bei mehreren geöffneten Dokumenten nur schwer zuordnen. Bleiben wir daher beim Company-Fenster.

»Und wieso wird der Inspector nicht Main-Window?«, höre ich Sie fragen. Ganz einfach: Inspektoren sind Panels und werden daher nie Main-Window. Wenn Sie also versuchen, durch einen Klick den Inspector zum Main-Window zu machen, so geschieht dies einfach nicht. Das letzte Dokumentenfenster bleibt Main-Window. Sie können mal testweise im Attributes-Pane den Utility-Style des Inspector-Panels ausschalten und im Identity-Pane als Klasse NSWindow anstelle von NSPanel eintragen. Jetzt wird das Inspector-Fenster das Main-Window – allerdings gar nicht erst geöffnet, weil jetzt sein Controller nicht über die Eigenschaften verfügt, die wir in den Bindings gesetzt hatten. Es gibt daher eine Expections:

>… [<InspectorWC 0x1b3c70> valueForUndefinedKey:]: this class is not key value coding-compliant for the key creationDate.

Klar: Jetzt wird unser (ganz normales) Fenster zum Main-Window und versucht, beim InspectorWC die entsprechende Eigenschaft zu lesen. Die gibt es aber nicht. Folge: Fehler!

> **HILFE**

Sie können das Projekt in diesem Zustand als »Projekt-106-09« von der Webseite herunterladen.

Selektionssynchronisierung

Nachdem wir also nun wissen, wie wir das Dokument synchronisieren, gehen wir an die Synchronisation innerhalb des Dokumentes. Auch hierzu müssen wir uns den richtigen Pfad vorstellen. Bevor wir damit aber loslegen, bedienen wir uns eines kleinen Tricks:

Das Problem liegt ja darin, dass die aktuelle Selektion im Array-Controller der Groups gespeichert ist. Da aber jedes Dokument seinen eigenen Nib lädt, hat auch jedes Dokument seinen eigenen Array-Controller. Man müsste also zwischen den Array-Controllern binden, was alles andere als eine lustige Angelegenheit wird.

Aber der Array-Controller hat ein Selection-Indexes-Binding. Dies bedeutet, dass wir die Nummern der selektierten Objekte in der Eigenschaft einer Entität speichern können. Und das ist der erste Schritt: Wir geben unserem Window-Controller eine entsprechende Eigenschaft und binden den Array-Controller daran.

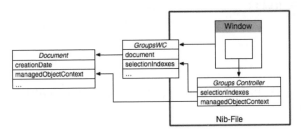

Die Selektion wird in unserem Window-Controller aktualisiert.

Natürlich muss die Eigenschaft beim Window-Controller noch her:

Also Entsprechendes im Header einfügen:

```
...
@interface GroupsWC : NSWindowController {
   IBOutlet NSArrayController* personsController;
   IBOutlet NSArrayController* groupsController;
   NSIndexSet* selectionIndexes;
   id selectedGroup;
}
@property( readwrite, copy ) NSIndexSet* selectionIndexes;
@property( readwrite, retain ) id selectedGroup;
...
```

In der Implementierung:

```
...
@implementation GroupsWC
@synthesize selectionIndexes, selectedGroup;
...
- (id)initWithWindowNibName:(NSString*)nib
{
   self = [super initWithWindowNibName:nib];
   if( self ) {
      self.selectedGroup = nil;
      self.selectionIndexes = [NSIndexSet indexSet];
   }
   return self;
}
- (void)dealloc
{
   self.selectedGroup = nil;
   self.selectionIndexes = nil;;
   [super dealloc];
}
@end
```

In MyDocument.xib binden Sie jetzt bitte das Bindings *Selection Indexes* entsprechend an den *Groups Controller*.

```
Bind To: File's Owner
```

```
Controller Key:
Model Key Path: selectionIndexes
```

Damit erreichen wir, dass die Änderung der Selektion unserem Window-Controller mitgeteilt wird. Außerdem setzen Sie das neue Outlet groupsController. Jetzt kommt der Trick: In dem Setter für die Selektion holen wir uns das selektierte Objekt und speichern dies in der weiteren Instanzvariable selectedGroup:

```
@implementation GroupsWC
@synthesize selectedGroup; // selectionIndexes entfernen!
- (NSIndexSet*)selectionIndexes { return selectionIndexes; }
- (void)setSelectionIndexes:(NSIndexSet*)value
{
   // Zunaechst ein normaler Setter
   if( value != selectionIndexes ) {
      [selectionIndexes release];
      selectionIndexes = [value retain];
   }
   // selectedGroup synchronisieren
   NSArray* selectedItems = [groupsController selectedObjects];
   if( !selectedItems || ([selectedItems count] == 0) ) {
      self.selectedGroup = nil;
   } else {
      self.selectedGroup = [selectedItems objectAtIndex:0];
      NSLog( @"Gruppe: %@", selectedGroup );
   }
}
```

Sie sollten das jetzt ebenfalls testen und den Log überprüfen. Bei Selektierungen sollte die entsprechende Gruppe erscheinen.

Das ist aber nur die erste Hälfte, da damit lediglich erreicht ist, dass die Selektion aktualisiert wird – und zwar im jeweiligen Window-Controller.

Jetzt müssen wir uns gleichermaßen einen Rückweg legen vom Inspector zur jeweiligen Selektion. Um dies zu machen, öffnen Sie zunächst Inspector.xib. Ziehen Sie ins Fenster zunächst unter *Cocoa | Objects & Controllers | Controllers* einen *Object Controller*, den Sie mit *Selected Group Controller* benennen.

Jetzt wird es interessant: Auch dieser Object-Controller hat ein Content-Binding. Und dieses setzen wir jetzt analog unserem Binding für das creationDate. Wir biegen lediglich an einer anderen Stelle ab:

```
Bind To: Application
Controller Key:
Model Key Path: mainWindow.windowController.selectedGroup
```

➤ GRUNDLAGEN

Benötigt man überhaupt einen Object-Controller? Immerhin verwaltet der ja nur die ohnehin selektierte Gruppe, so dass wir Bindings unmittelbar anlegen könnten. Aber es ist gut, in einem weiteren Nib erst einmal einen Anker zu haben. Dies erleichtert weitere Bindings.

Das nutzen wir jetzt aus: Löschen Sie in Inspector.xib das Label im Fenster und ziehen Sie ein neues hinein, welches Sie mit *Gruppenname* beschriften. Daneben ziehen Sie ein Textfeld. Dessen *Value* binden Sie wie folgt:

```
Bind To: Selected Group Controller
Controller Key: selection
Model Key Path: name
```

Fertig. Testen Sie bitte das Programm mit mehreren Gruppen in mehreren Dokumenten. Verändern Sie dabei auch den Namen der Gruppe im Inspector.

➤ HILFE

Sie können das Projekt in diesem Zustand als »Projekt-106-10« von der Webseite herunterladen.

Zusammenfassen

Zuletzt will ich Ihnen noch ein Beispiel für ein Bindings-Aggregat geben.

Ziehen Sie jetzt zwei weitere Label in das Fenster, die Sie unterhalb der bestehenden Elemente anordnen. Das erste Label bezeichnen Sie mit *Größe*. Beim zweiten Label setzen Sie das Value-Binding

```
Bind To: Selected Group Controller
Controller Key: selection
Model Key Path: members.@count
```

Sie erinnern sich sicherlich noch an die Operatoren, die ich Ihnen genannt hatte. Hier wenden wir einen an, um uns die Anzahl der Mitglieder anzeigen zu lassen.

Übersetzen, Starten, testen! Es erscheint jetzt die Anzahl der Mitglieder.

DIE CONTROLLERSCHICHT KAPITEL 6

> **HILFE**
> Sie können das Projekt in diesem Zustand als »Projekt-106-11« von der Webseite herunterladen.

Umschalten

Ich habe aber noch ein Versprechen offen: das umschaltbare Fenster. Dazu müssen wir einige Dinge erledigen. Zunächst öffnen Sie bitte wieder den *Inspector.xib*. Dort klicken Sie im Hauptfenster auf das enthaltene Fenster *Inspector*, um dieses zu öffnen. Ziehen Sie aus der Library unter (*Cocoa | Application | Toolbars*) eine Toolbar auf das geöffnete Fenster und klicken Sie auf diese, um das Konfigurationssheet zu öffnen. Entfernen Sie jetzt sämtliche Elemente aus dem Konfigurationssheet.

In der Library wechseln Sie ganz oben auf *Media* und wählen darunter *System Media* an. In dem mittleren Bereich suchen Sie zunächst nach dem Bild mit dem Namen *NSInfo* und ziehen das in das Konfigurationssheet. Ebenso verfahren Sie mit dem Bild *NSUserAccounts*. Beide Items ziehen Sie zudem oberhalb des Konfigurationssheets, damit diese als Standard der Toolbar hinzugefügt sind. Außerdem wählen Sie nacheinander die beiden Items an und geben ihnen im Attributes-Pane den Namen und Palettennamen *Gruppe* bzw. *Mitglieder*. Speichern. Insgesamt muss das so aussehen:

Die Umschalttoolbar

Öffnen Sie InspectorWC.h und fügen Sie ein Outlet und zwei Actionmethoden ein:

```
...
@interface InspectorWC : NSWindowController {
    IBOutlet NSTabView* tabView;
}
```

```
- (IBAction)showGroup:(id)sender;
- (IBAction)showMembers:(id)sender;
@end
```

Wechseln Sie in die Implementierung InspectorWC.m und fügen Sie dort die entsprechenden Definitionen der Methoden hinzu:

```
…
@implementation InspectorWC
- (IBAction)showGroup:(id)sender
{
    [tabView selectTabViewItemAtIndex:0];
}
- (IBAction)showMembers:(id)sender
{
    [tabView selectTabViewItemAtIndex:1];
}
@end
```

Wechseln Sie wieder in den Interface Builder. Dort müssen wir jetzt den Items im Konfigurationssheet die Actionmethoden des InspectorWC zuordnen. Dieser ist ja unser Window-Controller. Also ziehen Sie bitte entsprechende Verbindungen von den jeweiligen Items im Konfigurationssheet auf den File's Owner und wählen Sie im HUD *showGroup:* bzw. *showMembers*. Außerdem ziehen Sie aus der Toolbar selbst (also nicht aus dem Konfigurationssheet) eine Verbindung zum File's Owner und wählen im HUD *delegate* an. Damit ist unsere Window-Controller-Klasse das Delegate der Toolbar.

Vergrößern Sie das Fester und ziehen Sie aus der Library – auf *Objects* wechseln nicht vergessen! – unter *Cocoa | Views & Cells | Layout Views* ein *Tab View* in das Fenster. Die bisherigen Elemente ziehen Sie dann in den ersten Tab hinein. Den zweiten lassen Sie vorerst leer.

Umgekehrt jetzt noch die Verbindung vom InspectorWC – immer noch der *File's Owner* – zum Tabview ziehen. Achten Sie darauf, dass Sie wirklich den Tabview erwischen. Es muss *Top Tab View…* erscheinen. Loslassen und *tabView* auswählen. Übersetzen und starten Sie das Programm. Überprüfen Sie, ob sich mit den Items in der Toolbar das Tabview umschalten lässt.

Gut, so weit waren wir schon einmal und natürlich muss das schöner werden. Kümmern wir uns zunächst darum, dass die Items in der Toolbar dauerhaft anwählbar sind, also mehr als Umschaltbuttons denn als Actionsbuttons erscheinen. Dazu müssen wir in dem Delegate der Toolbar eine Methode implementieren. Da wir den File's Owner, also unseren InspectorWC, zum Delegate der Toolbar erklärt hatten, schreiben wir dort die Methode:

```
...
...
@implementation InspectorWC
- (NSArray*)toolbarSelectableItemIdentifiers:(NSToolbar*)toolbar;
{
    NSLog( @"toolbar: %@", [toolbar items] );
    NSMutableArray* selectables = [NSMutableArray array];
    for( NSToolbarItem* item in [toolbar items] ) {
        [selectables addObject:[item itemIdentifier]];
    }
    return selectables;
}
...
```

Da wir die Toolbar mitsamt Items im Interface Builder erzeugt hatten, gibt der Interface Builder selbst den Items UUID. Diese sind mehr oder weniger zufällig, so dass wir nicht in unserem Code ein Array eigener Identifier zurückgeben können, wie wir es müssten. Aber wir haben es hier einfach: Da wir in einem Inspector sämtliche Toolbar-Items anwählbar machen wollen, nehmen wir einfach alle Items in der Toolbar und speichern deren Identifier in einem Array. Dieses Array der Identifier können wir zurückgeben.

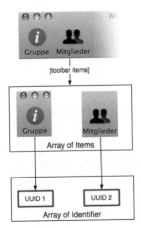

Wir machen aus einem Array von Items ein Array von Identifiern.

> **TIPP**
> Ebenso kann man freilich bei einem umschaltbaren Fenster für Voreinstellungen vorgehen.

Wenn Sie die Applikation übersetzen und testen, bemerken Sie, dass sich entsprechend die Items selektieren lassen. Sieht gleich viel besser aus. Allerdings ist beim Start keines selektiert. Dies ändern wir noch. Wie ich bereits sagte, ist die Methode -awakeFromNib der richtige Ort, derlei Nib-Initialisierungen vorzunehmen:

```
...
- (void)awakeFromNib
{
   // Setze Item mit Index 0
   NSToolbar* toolbar = [[self window] toolbar];
   NSArray* items = [toolbar items];
   NSToolbarItem* item = [items objectAtIndex:0];
   [toolbar setSelectedItemIdentifier:[item itemIdentifier]];
   // Setze Tabview-Pane mit Index 0
   [tabView selectTabViewItemAtIndex:0];
}
@end
```

Wir sollten zuletzt noch dem zweiten Pane des Tabviews irgendwie einen Sinn geben und es außerdem selbst verschwinden lassen, so dass der Benutzer nichts von unseren Tricksereien erfährt.

Fangen wir mit dem ersten an und öffnen wiederum *Inspector.xib*. Ziehen Sie aus der Lib unter *Cocoa | Objects & Controllers | Controllers* einen neuen *Array Controller* in das Hauptfenster. Nennen Sie ihn *Members Controller*. Dessen Content-Set-Binding setzen Sie wie folgt:

```
Bind To: Selected Group Controller
Controoller Key: selection
Model Key Path: members
```

Natürlich auch wieder im Attributes-Pane die Einstellung *Mode* auf *Entity* setzen und als *Entity Name* das Wort *Person* eingeben.

Wir machen uns also auch hier zunutze, dass der Group Controller bereits den gesamten Key-Path bis zur selektierten Gruppe kennt, und greifen dann dort nur noch die members-Eigenschaft ab.

In unserem Inspector-Fenster (nicht dem des Interface Builders) wechseln Sie bitte im Tabview auf die zweite Ansicht, ziehen aus der Library unter *Cocoa | Views & Cells | Data Views* einen Tableview und ziehen ihn in das zweite Pane des Tabviews. Binden Sie seine Spalten an den *Members Controller*, wobei Sie als *Model Key Path* firstname bzw. lastname verwenden. Starten Sie das Programm, um zu überprüfen, ob auch der Tableview ordnungsgemäß funktioniert.

Wenn dies der Fall ist, wechseln Sie wieder in den Interface Builder. Am besten ist es, wenn Sie das Hauptfenster jetzt wieder in den mittleren Viewmode schalten. Wir werden dem Tabview seine Äußerlichkeiten nehmen. Es ist dann sehr schwierig, die einzelnen Elemente und Panes zu selektieren. Am einfachsten geht es eben, wenn Sie dies im Hauptfenster erledigen.

Bei einem »unsichtbaren« Tabview lässt es sich am leichtesten mit der hierarchischen Ansicht im Hauptfenster arbeiten.

Schalten Sie zunächst im Attributes-Pane bei selektiertem Tabview – *Top Tab View (NSTabview)* – den *Style* auf *Tabless*. Frickeln Sie den Tabview selbst so, dass er den gesamten Contentview des Fensters bedeckt. Außerdem sollten Sie sein Autosizing so einstellen, dass er sich in horizontaler wie vertikaler Richtung vergrößert. Ebenso können Sie das Tableview im Tabview einstellen. Geben Sie sich ein bisschen Mühe bei der Anordnung der Elemente, auch wenn es eine schreckliche Frickelei ist. Aber das müssen Sie auch mal üben.

Zur Belohnung sehen Sie nach einem Programmstart, dass sich der Inspector nun wie ein »richtiger« Inspector verhält und auch so aussieht.

> **▶HILFE**
>
> Sie können das Projekt in diesem Zustand als »Projekt-106-12« von der Webseite herunterladen.

View-Controller

Mit Leopard sind View-Controller als Instanzen der Klasse `NSViewController` verfügbar. Sie erledigen im Prinzip dieselbe Arbeit, die auch ein Window-Controller macht. Der Unterschied liegt darin, dass ein Nib-File nur mit einem View verwaltet wird.

Die Rolle der document-Eigenschaft übernimmt bei einem View-Controller die Eigenschaft `representedObject`. Auf der anderen Seite, also innerhalb des Nibs steht ein Outlet view. Daneben kann eine weitere Eigenschaft title verwendet werden, die keine interne Bedeutung hat, sondern lediglich als für den Anwender der Klasse nützlich erachtet wurde.

Um einen View-Controller samt Nib herzustellen, verwenden Sie die Methode `-initWithNibName:bundle:`. Bundles werden im Kapitel über Xcode genauer erläutert. Ich werde noch ein Beispiel für View-Controller bringen.

Notifications

Notifications sind asynchrone Nachrichten, die innerhalb eines Programms oder sogar zwischen den Programmen ausgetauscht werden. Sie dienen dazu, »abrupte« Zustandsänderungen mitzuteilen.

Grundsätzlich erfolgt die Observierung in der Art, dass ein Observierer angemeldet wird, der auf bestimmte Notifications von bestimmten Objekten hören soll. Sowohl die Notification, die gefangen werden soll, als auch das Senderobjekt können dabei auf `nil` gesetzt werden, so dass man etwa alle Notifications eines Objektes oder sogar alle Notification aller Objekte fangen kann. Letzteres machen wir uns gleich zu Forschungszwecken zu eigen. Es handelt sich bei beiden Parametern also um Filter:

Notification	Senderobjekt	Empfangen werden
Angegeben	Angegeben	Die angegebene Notification des angegebenen Objektes
`nil`	Angegeben	Alle Notifications des angegebenen Objektes
Angegeben	`nil`	Die angegebene Notification aller Objekte
`nil`	`nil`	Alle Notifications aller Objekte

Man kann zwischen »programmlokale« Notifications und Distributed-Notifications unterscheiden. Erste werden nur innerhalb des Programms weitergereicht, während letztere die Überwachung anderer Programme ermöglichen.

Die Controllerschicht

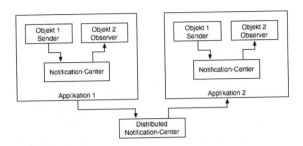

Lokal oder systemweit: Notifications unterrichten über wichtige Vorfälle.

Die Unterscheidung resultiert daraus, dass Notifications, die über das `NSNotificationCenter` verschickt werden, in der Applikation verbleiben, während Notifications, die über das `NSDistributedNotificationCenter` verschickt werden, an alle Programme weitergereicht werden. Da man auf die Objekte anderer Anwendungen nicht zugreifen kann, ist hier das angegebene Objekt das andere Programm an sich. Wir machen das gleich einmal.

Lokale Notifications

Notifications innerhalb eines Programms haben an Bedeutung verloren. Dies liegt daran, dass grundsätzlich die Regel gilt, dass jedes Objekt, welches eine Notification versendet, ein Delegate haben sollte und dass für jede ausgelöste Notification eine Delegatemethode implementiert werden sollte.

Dennoch ist es manchmal so, dass Ereignisse – meist Zustandsänderungen – in einem Programm erfolgen, die eine Vielzahl von anderen Objekten interessieren könnten. Hier hilft es häufig nicht, ein Delegate zu haben. Stellen Sie sich etwa vor, dass Sie eine Anwendung schreiben, die mit einem Webserver kommuniziert. Die Kommunikation wird von einer Instanz verwaltet.

Hier kann es natürlich passieren, dass die Verbindung ausfällt. In diesem Falle ist es zwar richtig und tunlich, der Kommunikationsinstanz ein Delegate zu geben. Aber die Information nur des Delegates wird häufig nicht ausreichen. Vielmehr existieren vielleicht zahlreiche Instanzen in Ihrem Programm, die darüber informiert sein müssen, dass die Verbindung nicht mehr da ist.

Als praktischen Anwendungsfall lassen wir den InspectorWC immer dann eine Notification auslösen, wenn der Inspector sein Pane wechselt. In unserem Dokument werden wir diese fangen. Bauen wir zunächst den Versand in InspectorWC.m ein.

Hierbei will ich Sie zunächst auf eine Besonderheit aufmerksam machen: Wir haben an einigen Stellen Strings als »Marker« für verschiedene Dinge benutzt. So haben wir etwa im Kapitel 4 Strings als Keys eines Dictionarys verwendet. Dies ist auch bei Notifications der Fall. Diese Strings als Klarnamen einzugeben, ist in Ordnung, wenn die Verwendung der Marker lokal begrenzt bleibt.

Hier müssen wir jedoch diesen String über mehrere Module hinweg benutzen: In InspectorWC dient er uns als Name der Notification, wenn wir sie senden. In MyDocument dient er dazu, die zu fangende Notification zu spezifizieren. Wir haben jetzt das Problem, dass bei einer Änderung des Namens mehrere Stellen im Programm betroffen sind. Das ist nicht gut, weil der Verlust des Überblickes droht.

Man kann jedoch eine allgemeine Variable versprechen, die auch für andere sichtbar ist. Da sie für andere sichtbar sein soll, muss das Versprechen (also eine Deklaration) im Header enthalten sein. Dies erledigen wir in InspectorWC.h:

```
...
#import <Cocoa/Cocoa.h>
extern NSString* const inspectorPaneChangedNotificaton;
@interface InspectorWC : NSWindowController {
...
```

Zwei Teile werden Sie mittlerweile ohne Weiteres verstehen:

```
extern NSString* const inspectorPaneChangedNotificaton;
```

Hier wird also eine Variable bezeichnet, die einen String enthält (genauer: auf eine String-Instanz zeigt). Da sich die Zeile außerhalb irgendeines Blockes – einer Methode, einer Klassendeklaration, eines `If`-Blockes usw. – befindet, ist sie überall – man sagt »global« – gültig.

Das `extern` am Anfang sorgt dafür, dass diese Variable an dieser Stelle nicht angelegt wird, sondern lediglich ein Versprechen ist, diese Variable anzulegen. Sie können es lesen als »ich verspreche, dass diese Variable irgendwo anders angelegt wird«. Dies ist erforderlich: Unser Header wird ja an verschiedenen Stellen importiert. Würde jedes Mal eine Variable tatsächlich angelegt, hätten wir diese mehrfach. Wir wollen aber gerade, dass sie zentral verwaltet wird.

Also bisher haben wir damit: „Ich verspreche, irgendwo eine Variable zu definieren, die die ID einer String-Instanz enthält."

Bleibt noch das `const`. Hiermit wird festgelegt, dass die ID nicht verändert werden darf. Würde man also irgendwo etwas wie

Die Controllerschicht

```
inspectorPaneChangedNotificaton = AnotherString;
```

oder auch nur

```
inspectorPaneChangedNotificaton = @"Hallo";
```

schreiben, so würde der Compiler dies nicht zulassen:

```
error: assignment of read-only variable 'inspectorPaneChangedNo-
tificaton'
```

Das hat einen einfachen Grund: Da wir eine globale Variable haben, kann da jeder dran herumfummeln. Man stelle sich nur vor, wenn nach Anmeldung der Notification der Text geändert würde und daher Notifications mit ganz anderen Namen geschickt würden. Sie würden nicht mehr gefangen. Aus diesem Grunde verbieten wir die Änderung. Wir haben also gar keine Variable im eigentlichen Sinne, sondern eine Konstante.

> **▶GRUNDLAGEN**
>
> Globale Variablen sind höchst gefährlich, weil im Prinzip jeder unbemerkt ihren Wert ändern kann. Das kann man nicht kontrollieren. Deshalb empfiehlt es sich, diesen Marker als Konstante anzulegen. Andererseits muss ich zugeben, dass es schon krimineller Energie bedarf, an fremden Variablen herumzufummeln.

Also bedeutet dieses Satz jetzt endgültig: »Ich verspreche, dass es eine ID für eine String-Instanz geben wird, die jedoch nicht geändert werden darf.«

In einem zweiten Schritt müssen wir jetzt den Inhalt dieser Konstante einmalig festlegen. Wie jedes Versprechen lösen wir auch dieses in der Implementierung ein:

```
...
#import "InspectorWC.h"
NSString* const inspectorPaneChangedNotificaton
    = @"com.Software #9811.CompanyCD.inspector.paneCanged";
@implementation InspectorWC
...
```

Da wir darauf achten müssen, dass derselbe Text nicht zweimal verwendet wird, empfiehlt sich wieder das rDNS-System, wobei ich hier immer noch den Klassennamen hinzufüge: »com.firma.klasse.identifier«.

Notification auslösen

Deutlicher wird das Ganze, wenn wir diese Konstante einmal anwenden. Denn wir müssen natürlich noch die Notification auslösen. Zunächst scrollen Sie bis -showGroup: herunter und fügen folgenden Code ein:

```
...
- (IBAction)showGroup:(id)sender
{
   [tabView selectTabViewItemAtIndex:0];
   // Notification
   NSNotificationCenter* center;
   center = [NSNotificationCenter defaultCenter];
   [center postNotificationName:inspectorPaneChangedNotificaton
                         object:self];
}
...
```

Wir holen hier also das Standard-Defaultcenter in der Zeile

```
center = [NSNotificationCenter defaultCenter];
```

Da dort kein distributed steht, ist es das programmlokale Center, und unsere Notifications werden nur im Programm verschickt. Das eigentliche Versenden erfolgt dann in der nächsten Zeile, wobei wir den Namen der Notification und den Absender (uns selbst) als zusätzliche Information angeben.

Denselben Code fügen Sie bitte ebenso am Ende von -showMembers: an.

Notification fangen

Damit haben wir also erreicht, dass bei Ausführung dieser Methoden eine Notification verschickt wird. Nun müssen wir diese noch fangen. Das soll in MyDocument.m geschehen. Wir benötigen einen Import, damit wir die Notification kennen:

```
...
#import "MyDocument.h"
#import "GroupsWC.h"
#import "PersonInfoWC.h"
#import "InspectorWC.h"
@implementation MyDocument
@synthesize creationDate;
...
```

Als Nächstes müssen wir eine Methode schreiben, die ausgeführt wird, wenn die Notification eintritt. Wir machen es uns einfach:

```
…
@implementation MyDocument
@synthesize creationDate;
- (void)inspectorPaneSelection:(NSNotification*)notification
{
   NSLog( @"Notification %@ von %@",
         [notification name],
         [notification object] );
}
…
```

Mit diesem Wissen melden wir uns für diese Notification an:

```
…
- (id)init
{
   self = [super init];
   if (self != nil) {
      self.creationDate = [NSDate date];
      NSNotificationCenter* center;
      center = [NSNotificationCenter defaultCenter];
      [center addObserver:self
                 selector:@selector( inspectorPaneSelection: )
                     name:inspectorPaneChangedNotificaton
                   object:nil];
   }
   return self;
}
…
```

Wie Sie bereits sehen, warten wir dabei nur auf die Notification. Der Absender ist uns gleichgültig. Denn der Parameter `object` ist `nil`. Sie sehen hier aber auch, dass wir bei der Anmeldung die soeben programmierte Methode mit angeben.

Wer sich anmeldet, muss sich auch abmelden:

```
…
- (void)dealloc
{
```

```
    NSNotificationCenter* center;
    center = [NSNotificationCenter defaultCenter];
    [center removeObserver:self];
    self.creationDate = nil;
    [super dealloc];
}
...
```

> **AUFGEPASST**
>
> Ein wichtiger Hinweis zur Implementierung: Die Observierung der Notification in -`dealloc` abzumelden, ist nicht wirklich schön: In -`dealloc` soll für die Speicherverwaltung gesorgt werden, nicht zusätzliche Abmeldeaufgabe implementiert sein. Bedenken Sie, dass bei Garbage-Collection -`dealloc` nicht mehr aufgerufen wird! Hier wäre aber keine Implementierung von -`finalize` notwendig, da es sich um eine Weak-Reference handelt. Es ist also in diesem Falle richtig. Dennoch: Wenn es irgendwie geht, vermeiden Sie funktionalen Code im -`init`... und -`dealloc`. Im Rahmen der Distributed-Notifications sehen Sie sogleich ein besseres Design.

Beachten Sie dabei Folgendes:

- Mit -`removeObserver:` (`NSNotificationCenter`) meldet sich das Dokument bei seiner Zerstörung von sämtlichen Notifications ab.

- Wir müssen uns stets abmelden, wenn wir uns zerstören. Sonst wird die Notification ins Niemandsland geschickt.

- Wenn wir ein bestimmtes Objekt als Sender ausgewählt haben, müssen wir uns bei diesem abmelden, bevor es zerstört wird. Die Anmeldung für Notifications führt nicht zu einem -`retain`.

Wenn Sie jetzt das Programm übersetzen und starten, dann bemerken Sie, dass bei einer Änderung des Tabs im Inspector entsprechende Mitteilungen in der Console landen.

```
>... Notification com.Software #9811.InspectorWC.paneChanged von
<InspectorWC: 0x1b31e0>
```

Öffnen Sie ein zweites Dokument, so wird dieser Text zweimal gedruckt.

> **HILFE**
>
> Sie können das Projekt in diesem Zustand als »Projekt-106-13« von der Webseite herunterladen.

Notifications und Delegating

Das ist ja auch richtig: Jede Instanz unseres Dokumentes meldet sich für die Notification an und erhält damit auch die Benachrichtigung. Wir können also auf diese Weise wie versprochen eine ganze Reihe von Objekten informieren – im Unterschied zum Delegating.

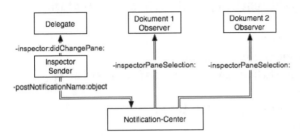

Notifications und Delegates

Delegating hat demgegenüber den Vorteil, dass das Delegate antworten kann. Damit können Should-Methoden implementiert werden, die als Rückgabewert mitteilen, ob die Operation wirklich ausgeführt werden kann. Sie können also anders als Notification-Observer Kontroller ausüben. Delegates bekommen bei einem Ereignis nämlich bis zu drei Nachrichten:

- `-delegierer:shouldEtwasInteressantesTun`: wird ausgeführt, bevor eine Aktion stattfindet. Über den Rückgabewert kann das Delegate bestimmen, ob diese Aktion wirklich ausgeführt werden darf. Dies wäre bei uns `-inspector:shouldChangePane:`.

- `-delegierer:willEtwasInteressantesTun`: wird ausgeführt, bevor eine Aktion stattfindet. Das Delegate kann aber die Aktion nicht verhindern. Dies wäre bei uns `-inspector:willChangePane:`.

- `-delegierer:didEtwasInteressantesTun`: wird ausgeführt, nachdem eine Aktion stattfand. Dies wäre bei uns `-inspector:didChangePane:`.

> ➤ **GRUNDLAGEN**
>
> Zur Namenskonvention: Da wir grundsätzlich in Englisch programmieren, ist die Reihenfolge der Wörter bei allen der drei Methodenarten etwas anders: *-object:did-VerbNoun:*, wie Sie es in den Beispielen jeweils sehen.

Distributed-Notifications

Wie bereits erwähnt, existieren Notifications, die zwischen den Programmen transportiert werden. Für viele Problemstellungen ist es interessant zu wissen, was ein anderes Programm gerade macht. Wir probieren das einmal in AppDelegate.m aus:

```
…
- (void)talkWithMe:(NSNotification*)notification
{
    NSLog( @"Notification %@", notification );
}
- (void)applicationDidFinishLaunching:(NSNotification*)notific
{
    // Guck mal, wer da spricht
    NSDistributedNotificationCenter* center;
    center = [NSDistributedNotificationCenter defaultCenter];
    [center addObserver:self
              selector:@selector( talkWithMe: )
                  name:nil
                object:nil];
}
- (void)applicationWillTerminate:(NSNotification*)notification
{
    NSDistributedNotificationCenter* center;
    center = [NSDistributedNotificationCenter defaultCenter];
    [center removeObserver:self];
}
- (id)init
…
```

> **AUFGEPASST**
>
> Hier sehen Sie das bessere Design: An- und Abmeldung der Observierung werden in funktionalen Methoden vorgenommen, nicht im -dealloc. Dummerweise gibt es für ein Dokument keine Methode, die zuverlässig beim Schließen aufgerufen wird.

Eigentlich keine große Änderung gegenüber der lokalen Notification. Wir benutzen lediglich das Distributed-Notificationcenter. Allerdings lassen wir zunächst auch den Namen offen, da wir ja noch gar nicht wissen, wer welche Notifications verschickt. Aus diesem Grunde lassen wir uns auch einfach die Notification als Ganzes auf der Console loggen. Neugier!

Starten Sie das Programm und spielen Sie mit Ihrem System herum. Einfach mal in iTunes einen Song abspielen, auf ein paar Webseiten herumsurfen usw. Sie werden erstaunt sein, was alles an Notifications bei Ihnen ankommt!

Lied startet in iTunes:

```
>… Notification NSConcreteNotification 0x114240 {name = com.apple.
iTunes.playerInfo; object = com.apple.iTunes.player; userInfo = {
    Artist = "Red Hot Chili Peppers";
    Location = "file://localhost/Users/Amin/Music/iTunes/iTunes%20
Music/Red%20Hot%20Chili%20Peppers/Unbekanntes%20Album/01%20Break-
ing%20The%20Girl.mp3";
    Name = "Breaking The Girl";
    "Player State" = Playing;
    "Store URL" = "itms://itunes.com/link?n=Breaking%20The%20
Girl&an=Red%20Hot%20Chili%20Peppers";
    "Total Time" = 295967;
    "Track Number" = 1;
}}
```

Allerdings ist es zuweilen erforderlich, dass Sie in das Console-Fenster wechseln, damit dieses aktualisiert wird.

> **HILFE**
>
> Sie können das Projekt in diesem Zustand als »Projekt-106-14« von der Webseite herunterladen.

Sie sollten jetzt zumindest die Überwachung der Distributed-Notifications herausnehmen, da dies auf Dauer doch etwas nervt.

Data-Sources

Delegates haben wir schon an vielen Stellen benutzt. Das System sollte klar sein: Jemanden zum Delegate machen und in diesem die interessanten Methoden implementieren.

Data-Sources sind eigentlich ein Unterfall dieser Delegates, wobei sie – insoweit abweichend – für das Funktionieren des Delegierers notwendig sind. Sie dienen der Datenbeschaffung, wenn die Verwendung von Bindings unpraktisch oder untunlich ist. Das Grundsystem funktioniert dabei so, dass der View bestimmte Daten, die er gerade benötigt, bei seiner Data-Source abfragt. Dieser kleine Satz impliziert aber jede Menge Schwierigkeiten:

- Da wir keine Bindings mehr haben, haben wir keine Überwachung mehr. Damit bemerken wir nicht mehr, wenn über den +-Button und den Array-Controller Gruppen hinzugefügt werden.

- Ebenso wenig bemerken wir es, wenn sich der Gruppenname im rechten Teil des Fensters ändert.

- Die Selektion wird ebenfalls nicht mehr automatisch synchronisiert, was für unseren Inspector wichtig ist.

Bindings einreißen und Data-Source vorbereiten

Zunächst heißt es, alte Mauern einzureißen. Damit die Arbeit jedoch nicht überhand nimmt, lasse ich auch etwas stehen. Wir wollen es ja nicht übertreiben.

Öffnen Sie bitte GroupsWC.h. Zunächst muss das Einfügen und Löschen von Gruppen über den GroupsWC laufen, damit er dies mitbekommt. Dazu legen wir zwei Actions an. Zudem wird es gleich nötig sein, dass wir die Sidebar kennen, weshalb wir ein Outlet anlegen:

```
...
@interface GroupsWC : NSWindowController
{
    IBOutlet NSArrayController* personsController;
    IBOutlet NSArrayController* groupsController;
    IBOutlet NSOutlineView*     sidebarView;
    NSIndexSet* selectionIndexes;
    NSArray* groupsSorts;
}
@property( readwrite, copy ) NSIndexSet* selectionIndexes;
@property( readwrite, copy ) id selectedGroup;
- (IBAction)addGroup:(id)sender;
- (IBAction)removeGroup:(id)sender;
- (IBAction)tuWas:(id)sender;
- (IBAction)showInfoWindow:(id)sender;
@end
```

Natürlich müssen wir jetzt die Implementierung in GroupsWC.m entsprechend anpassen:

```
...
#pragma mark Actions
- (IBAction)addGroup:(id)sender
{
    [groupsController add:sender];
}
```

```
- (IBAction)removeGroup:(id)sender
{
    [groupsController remove:sender];
}
- (IBAction)showInfoWindow:(id)sender
{
...
```

Eigentlich ist das nichts Spannendes: Wir erhalten die Action und leiten sie dann an den Groups-Controller weiter. Wozu eigentlich der Zirkus? Kommt noch …

Öffnen Sie MyDocument.xib und ziehen Sie die Verbindung von den Buttons zum Hinzufügen und Löschen der Gruppen auf unseren GroupsWC, also den *File's Owner*. In dem aufpoppenden HUD wählen Sie entsprechend *addGroup:* bzw. *removeGroup:*. Das Outlet *sidebarView* lassen Sie noch unbesetzt.

Übersetzen und testen Sie vielleicht schon an dieser Stelle die Funktionalität. Es wird gleich komplizierter, und Fehler werden dann schwieriger zu finden sein.

Die Urgründe

Kommen wir zum nächsten Schritt, der Implementierung der Data-Source. In MyDocument.xib entfernen Sie das Value-Binding für die Tablecolumn. Wählen Sie dazu das Tableview an und nehmen Sie das Häkchen vor *Bind To:* im Attributes-Pane heraus. Damit synchronisiert sich jetzt die Tabelle nicht mehr automatisch mit dem Array-Controller. Vielmehr müssen wir später die Tabelle von der Data-Source manuell befüllen. Das wollen wir ja auch.

Apropos Tabelle … Wir machen aus dem Tableview jetzt ein Outlineview, also eine hierarchische Tabelle. Dazu wählen Sie den Tableview (nicht den Scrollview oder die Tablecoulmn!) an und wechseln im Inspector auf das Identity-Pane. Dort wählen Sie als *Class NSOutlineView*.

Ziehen Sie eine Verbindung vom *File's Owner* zum Outlineview. Zudem ziehen Sie umgekehrt zwei Verbindungen vom Outlineview (dem früheren Tableview) auf unseren GroupsWC, also den *File's Owner*. Im HUD wählen Sie einmal *dataSource* und einmal *delegate* aus.

> **▶TIPP**
>
> Bei verschachtelten Views ist es häufig notwendig, jedenfalls einfacher, das entsprechende View – hier also das Outlineview – vorher zu selektieren.

Wir haben damit also bestimmt, dass GroupsWC sowohl Datenlieferant als auch Delegate des Outlineviews ist. Natürlich müssen wir dann auch das Data-Source-Protokoll des Outlineviews implementieren. Dies machen wir also. Ob des Umfanges bespreche ich das jetzt Methode für Methode, die Sie aber bitte so untereinander in GroupsWC.m einfügen.

```
...
- (IBAction)tuWas:(id)sender
{
...
}
#pragma mark -
#pragma mark Data Source
- (NSInteger)          outlineView:(NSOutlineView*)outlineView
            numberOfChildrenOfItem:(id)item
{
   if( !item ) {
      return [[groupsController arrangedObjects] count];
   }
   return 0;
}
...
```

Diese Methode wird vom Outlineview aufgerufen, wenn es erfahren will, wie viele Einträge vorhanden sind. Dies gilt natürlich zunächst für die oberste Ebene. Generell zeigt ein Outlineview an, dass es eine Abfrage auf oberster Ebene stellt, indem der Parameter `item` den Wert `nil` hat. Dies fragen wir hier ab und geben entsprechend die Anzahl der Gruppen zurück. Später werden wir auch Verschachtelungen implementieren. Da aber unsere Gruppen keine Kindelemente haben, können wir 0 zurückgeben.

Um diese zu erfahren, benutzt das Outlineview die Data-Source-Methode `-outlineView:child:ofItem:`. Wir überlassen dabei die Arbeit weiterhin dem Array-Controller.

```
...
- (id)outlineView:(NSOutlineView*)outlineView
            child:(NSInteger)index
           ofItem:(id)item
{
   if( !item ) {
      return [[groupsController arrangedObjects]
```

DIE CONTROLLERSCHICHT

```
                    objectAtIndex:index];
    }
    return nil;
}
...
```

Auch hier gilt, dass `item` den Wert `nil` hat, wenn die oberste Ebene abgefragt wird. Und auch hier machen wir es uns einfach und befragen dann einfach den Array-Controller danach.

Die nächste Data-Source-Methode, die wir implementieren:

```
...
- (BOOL)       outlineView:(NSOutlineView*)outlineView
        isItemExpandable:(id)item
{
    return NO;
}
...
```

Hiermit versucht der Outlineview zu erfahren, ob ein Eintrag geöffnet werden kann, also einen Disclosure hat. Zunächst verbieten wir das mit dieser Implementierung für alle Einträge.

Weiter im Protokoll:

```
...
- (id)           outlineView:(NSOutlineView*)outlineView
    objectValueForTableColumn:(NSTableColumn*)tableColumn
                       byItem:(id)item
{
    return [item valueForKey:@"name"];
}
...
```

Eigentlich dürfte sich die Methode von selbst erklären. Da es um den Wert eines konkreten Eintrages geht, kann hier `item` nicht `nil` sein, sondern ist stets eines der Items, die wir mit `-outlineView:child:ofItem:` zurückgegeben haben. Mit dem Parameter `tableColumn` können wir bei mehrspaltigen Outlineviews unterscheiden, welche Spalte gerade abgefragt wird.

Umgekehrt existiert zum Setzen der angezeigten Eigenschaft:

```
...
- (void)outlineView:(NSOutlineView*)outlineView
    setObjectValue:(id)value
    forTableColumn:(NSTableColumn*)tableColumn
         byItem:(id)item
{
   [item setValue:value forKey:@"name"];
}
#pragma mark -
#pragma mark Instantiation
- (void)awakeFromNib
...
```

Diese letzte Methode muss nicht implementiert werden. Sie dient dazu, einen vom Benutzer eingegebenen Wert zu speichern. Was wir auch devot implementieren, damit der Benutzer in dem Outlineview editieren kann.

Hiernach können Sie das Projekt übersetzen und starten. Wenn Sie jedoch versuchen, eine Gruppe anzulegen, geschieht etwas Seltsames. Ausweislich der rechten Seite des Fensters wird eine Gruppe erzeugt. Nur erscheint nichts in unserem Outlineview. Wieso ist das so?

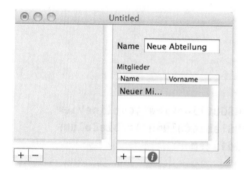

»Si tacuisses ...« Unser Outlineview scheint durch Schweigen den Philosophen zu mimen.

Die Sache ist recht einfach: Bisher hat sich unser Tableview über den Array-Controller mit Bindings synchronisiert. Dieses Binding fehlt jetzt. Also gibt es auch keine Synchronisation. Vielmehr müssen wir dem Outlineview explizit sagen, dass neue Informationen vorliegen. Dies erledigen wir in den Actionmethoden, nachdem wir ein Element eingefügt haben:

```
...
- (IBAction)addGroup:(id)sender
{
   [groupsController add:sender];
```

```
    [sidebarView reloadData];
}
- (IBAction)removeGroup:(id)sender
{
    [groupsController remove:sender];
    [sidebarView reloadData];
}
...
```

Wenn Sie jetzt das Programm starten, werden Sie auch bei dem ersten Hinzufügen nichts bemerken. Fügen Sie allerdings eine weitere Gruppe hinzu, so erscheint die erste!??!?! Ja, das ist seltsam. Der Grund ist einfach: Das -add: (NSArrayController) fügt das Element nicht sofort ein. Vielmehr wartet es einen Durchgang der Runloop. Damit kommt unser -reloadData (NSOutlineView) zu früh und bekommt von dem neuen Eintrag nichts mit. Dies führt häufig zur Verwunderung und war schon Anlass zu einer großen Anzahl an Threads in Entwicklerforen. Um die Verzögerung zu vermeiden, müssen wir eine andere Methode des Array-Controllers verwenden:

```
...
- (IBAction)addGroup:(id)sender
{
    NSManagedObjectContext* context;
    NSEntityDescription* entity;
    NSManagedObject* groupMO;
    context = [[self document] managedObjectContext];
    entity = [NSEntityDescription entityForName:@"Group"
                           inManagedObjectContext:context];
    groupMO = [[[NSManagedObject alloc]
                            initWithEntity:entity
               insertIntoManagedObjectContext:context]
                            autorelease];
    [groupsController addObject:groupMO];
    [sidebarView reloadData];
}
...
```

Da wir erst im nächsten Kapitel über Core-Data im Detail sprechen, will ich hier nur den Gang skizzieren: In den ersten Zeilen erzeugen wir ein Managed-Object, also eine Instanz unserer Gruppe. Da bei Core-Data jedoch Managed-Objects zu einer Entität gehören und sich in einem Kontext befinden, müssen wir dies bei der Objekterzeugung mit angeben. Das so erzeugte Objekt teilen wir dann dem Array-Controller mit.

Erneut testen und starten und – aaaaah! Ist es nicht schön, wenn der Schmerz nachlässt?

Wir können aber jetzt zum Abschluss die drei Systeme des Datenflusses gegenüberstellen:

- Setter aus Kapitel 2 setzen unmittelbar die Werte in den Views.
- Data-Sources werden von Views befragt. Der Zeitpunkt der Abfrage kann mit einer Reload-Methode ausgelöst werden.
- Bindings kümmern sich um alles von alleine. (In Wahrheit benutzen sie im Hintergrund Key-Value-Observations, was wir im zweiten Band genauer sehen werden.)

Manuelle Synchronisation der Auswahl

Aber dennoch funktioniert da einiges immer noch nicht: Wenn Sie auf einen Eintrag in der Sidebar klicken und den Namen ändern, synchronisiert sich das auf der rechten Seite. Umgekehrt funktioniert das nicht. Ändern Sie den Namen der Gruppe, passiert in der Sidebar zunächst nichts. Mit ein bisschen Herumgespiele am Fenster (vergrößern) kommt man dann zuweilen zum Erfolg. Auch hier liegt das Problem darin, dass wir an der Sidebar keine Bindings haben, so dass keine automatische Synchronisation erfolgt.

Bauen wir die ein? Nein. Schauen Sie sich mal andere Programme an, ob man da die Sidebareinträge an verschiedenen Stellen des Programms ändern kann. Das geht nicht. Also könnten wir es uns einfach machen und das Textfeld auf der rechten Seite herausnehmen. Machen Sie das aber noch nicht, schon damit wir besser testen können.

> **POWER USER**
>
> Dasselbe Problem taucht freilich im Inspector auf. Sie könnten auch dort das Textfeld entfernen. Es gibt noch Möglichkeiten, außerhalb von Bindings für Synchronisierungen zu sorgen. Das will ich hier zwar nicht besprechen, da es zu weit vom Thema wegführt, komme aber später darauf noch einmal zurück und biete eine andere Lösung an.

Wir sind also immer noch nicht fertig. Wenn Sie etwas herumspielen und insbesondere auch Gruppen selektieren und löschen, werden Sie bemerken, dass die falschen Gruppen selektiert sind. Irgendwie ist die Auswahl zwischen Sidebar und Detailinformation auf der rechten Seite noch nicht synchron.

Irgendwie? Na, auch das ist klar: Die Selektion im Outlineview ist ja völlig unabhängig von der Selektion des Array-Controllers.

Wir machen jedoch (fast immer) den Outlineview zum Boss. Sein Delegate erfährt, wenn sich die Selektion ändert. Darauf hören wir und setzen entsprechend unsere Eigenschaft selectedGroup, damit der Inspector funktioniert!

```
…
#pragma mark -
#pragma mark Delegate
- (void)outlineViewSelectionIsChanging:(NSNotification*)notif
{
   NSOutlineView* outlineView = [notif object];
   NSInteger row = [outlineView selectedRow];
   if( row == -1 ) {
      self.selectedGroup = nil;
   } else {
      self.selectedGroup = [outlineView itemAtRow:row];
   }
}}
#pragma mark -
#pragma mark Instantiation
```

Beachten Sie dabei, wie man an die aktuelle Selektion kommt: Mit dem Delegate wird eine Instanz von `NSNotification` geschickt, die das Outlineview enthält. Das befragt man dann nach der Selektion.

Jetzt kann aber die rechte Seite unseres Fensters nicht mehr an der Selektion des Array-Controllers hängen. Vielmehr müssen wir den Inhalt des Textfeldes und des Mitglieder-Tableviews an den Window-Controller binden. Dazu stellen Sie für das Textfeld und den Array-Controller *Group-Persons Controller* hinter *Bind To:* anstelle von *Groups Controller* nunmehr *File's Owner* ein. Im *Model Key Path* ersetzen Sie dann *selection…* durch *selectedGroup…* .

Bitte testen Sie dies jetzt und ändern Sie in der Sidebar den Namen einer Gruppe. Dies sollte sich rechts im Fenster synchronisieren und auch im Inspector – allerdings nicht umgekehrt! Dies liegt daran, dass die dort noch arbeitenden Bindings ja nicht unseren Windows-Controller über die Änderung informieren. Haben Sie schon bemerkt, dass man Sidebar-Einträge in vielen Applikationen nur modal verändern kann …?

> **GRUNDLAGEN**
>
> Wir werden im zweiten Band sehen, dass es mit eigener Observierung möglich ist, hierüber informiert zu werden. Hier will ich es so belassen, wie Sie es aus vielen Anwendungen kennen. Vielleicht sollten Sie das Textfeld auf der rechten Seite und im Inspector entfernen oder wenigstens im Attributes-Pane das Häkchen vor *Enabled* wegnehmen, um später nicht verwirrt zu werden. Alternativ können Sie natürlich auch eine Action an das Textfeld hängen und selbst die Aktualisierung vornehmen. Das ist bloß Aufwand, den ich Ihnen hier nicht zumuten will. (Freiwillige vor?)

Bleibt nur noch die Selektion eines neu eingefügten Elementes bzw. nachdem ein Element gelöscht wurde:

```
...
- (IBAction)addGroup:(id)sender
{
...
   [groupsController addObject:groupMO];
   [sidebarView reloadData];
   [sidebarView selectRow:[sidebarView rowForItem:groupMO]
      byExtendingSelection:NO];
   [sidebarView editColumn:0
                       row:[sidebarView rowForItem:groupMO]
                 withEvent:nil
                    select:YES];
   self.selectedGroup = groupMO;
}
- (IBAction)removeGroup:(id)sender
{
   if( self.selectedGroup ) {
      NSInteger index = [sidebarView selectedRow];
      if( index != -1 ) {
         [sidebarView deselectRow:index];
      }
      [groupsController removeObject:selectedGroup];
      self.selectedGroup = nil;
      [sidebarView reloadData];
   }
}
```

Damit wird nicht nur der neue Eintrag selektiert, sondern gleich auch zum Editieren geöffnet. Wiederum testen Sie das bitte.

> **HILFE**
> Sie können das Projekt in diesem Zustand als »Projekt-106-15« von der Webseite herunterladen.

Es war jetzt aber eigentlich wenig zielführend, nach langatmiger Source etwas zu haben, was vorher für »kost nix« ohnehin da war. Aber Sie dürfen nicht übersehen, dass wir jetzt die Kontrolle über den Outlineview haben. Und das nutzen wir jetzt für schöne Dinge aus.

Personen zum Outlineview hinzufügen

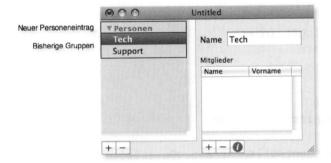

Zu den Gruppen gesellt sich jetzt ein Eintrag für die Personen.

Die erste Herausforderung besteht darin, einen Eintrag *Personen* als obersten anzuzeigen. Dabei bedienen wir uns eines Tricks: Bei der Abfrage der Elemente fangen wir einfach den Eintrag mit dem Index 0 ab und »faken« einen. Hierzu erzeugen wir uns wiederum eine Stringkonstante, die für den Eintrag steht, die wir aber nicht publik machen. (Geht ja auch niemanden etwas an.)

```
...
#import "GroupsWC.h"
#import "MyDocument.h"
NSString* const personsPlaceholderItem = @"PersonsPlaceholder";
@implementation GroupsWC
...
```

Zunächst erhöht das die Gesamtzahl unserer Einträge. Neben den Gruppen befindet sich ja noch unser Personeneintrag im Outlineview. Also müssen wir eine 1 addieren:

```
...
- (NSInteger)          outlineView:(NSOutlineView*)outlineView
            numberOfChildrenOfItem:(id)item
```

```
    {
        if( !item ) {
            return [[groupsController arrangedObjects] count] + 1;
        }
        return 0;
    }
...
```

Als Nächstes geben wir diesen Eintrag zurück, wenn die Zeile mit dem Index 0 angefordert wird, und außerdem rechnen wir ansonsten den Offset des Indexes um 1 zurück.

```
...
- (id)outlineView:(NSOutlineView*)outlineView
            child:(NSInteger)index
           ofItem:(id)item
    {
        if( !item ) {
            if( index == 0 ) {
                return personsPlaceholderItem;
            } else {
                return [[groupsController arrangedObjects]
                                    objectAtIndex:index - 1];
            }
        }
        return nil;
    }
...
```

Dann müssen wir den Wert dieses Eintrages anders bestimmen:

```
...
- (id)              outlineView:(NSOutlineView*)outlineView
      objectValueForTableColumn:(NSTableColumn *)tableColumn
                         byItem:(id)item
    {
        if( item == personsPlaceholderItem ) {
            return @"PERSONEN";
        }
        return [item valueForKey:@"name"];
    }
...
```

In der Selektierungsmethode muss angepasst werden. Zur Übersicht im Ganzen:

```
...
- (void) - (void)outlineViewSelectionIsChanging:(NSNotification*)
notif
{
   NSOutlineView* outlineView = [notif object];
   NSInteger row = [outlineView selectedRow];
   switch( row ) {
      // Nichts ausgewaehlt
      case -1:
         self.selectedGroup = nil;
         break;
      // Personeneintrag ausgewaehlt (sollte nicht passieren!)
      case 0:
         self.selectedGroup = nil;
         break;
      default: {
         NSManagedObject* item = [outlineView itemAtRow:row];
         NSString* entityName = [[item entity] name];
         if( [entityName isEqualToString:@"Group"] ) {
            self.selectedGroup = item;
         } else {
            self.selectedGroup = nil;
         }
         break;
      }
   }
}
...
```

Es werden also zunächst die Fälle aussortiert, dass keine Selektion vorliegt (case -1) oder dass der Personeneintrag (case 0) selektiert wurde. Ist dies nicht der Fall (default), dann wird die Selektion geholt und nachgefragt, ob es sich um eine Gruppe handelt – was bisher zwingend ist. Die Gruppe wird dann als selektierte gesetzt.

Das funktioniert jetzt auch schon ganz schön. Allerdings bleiben noch Probleme zu beseitigen:

- Der Personeneintrag darf nicht editierbar sein, was jetzt noch zu einem Absturz führt.

- Der Personeneintrag darf nicht selektierbar sein, da ich ihn lediglich als Oberpunkt für die einzelnen Personen haben möchte.

Die Selektierbarkeit ist einfach auszuschließen. Hierzu existiert eine Delegatemethode, die aufgerufen wird, um überhaupt die Möglichkeit einer Selektion des gewünschten Eintrages abzufragen. Diese fügen wir einfach unmittelbar an:

```
...
- (BOOL)     outlineView:(NSOutlineView*)outlineView
        shouldSelectItem:(id)item
{
   if( item == personsPlaceholderItem ) {
      return NO;
   }
   return YES;
}
...
```

Für das Verbot, den Eintrag zu editieren, müssen wir nach der obigen Delegatemethode eine weitere einführen. Und wir führen sogar noch eine weitere ein, die das Ganze etwas schicker aussehen lässt. Diese Delegatemethode wird jedoch nur unter Leopard aufgerufen und ist daher unter Tiger wirkungslos:

```
...
- (BOOL)         outlineView:(NSOutlineView*)outlineView
       shouldEditTableColumn:(NSTableColumn*)tableColumn
                        item:(id)item
{
   if( item == personsPlaceholderItem ) {
      return NO;
   }
   return YES;
}
// Nur bei Leopard aufgerufen!
- (BOOL)outlineView:(NSOutlineView*)outlineView
        isGroupItem:(id)item
{
   if( item == personsPlaceholderItem ) {
      return YES;
   }
   return NO;
}
```

```
#pragma mark -
...
```

Starten und testen! Sie werden bemerken, dass nunmehr der Eintrag *Personen* nicht selektier- und editierbar ist. Erkennen Sie auch die Darstellung des Eintrages *Personen*? Es handelt sich eben um ein Groupitem. Vergleichen Sie das mal mit iTunes ...

> **➤ HILFE**
>
> Sie können das Projekt in diesem Zustand als »Proket-106-16« von der Webseite herunterladen.

Gruppen und ihre Elemente

Bleibt noch die Frage, wie wir die Personen jetzt in diesen Personeneintrag gezogen bekommen. Eigentlich machen wir wiederum exakt dasselbe wie bei den Gruppen, eben nur eine Ebene tiefer. Allerdings gibt es ein paar besondere Klippen. Gehen wir das erneut en bloc durch.

```
...
#pragma mark Data Source
- (NSInteger)outlineView:(NSOutlineView*)outlineView
  numberOfChildrenOfItem:(id)item
{
   // Wurzelelement
   if( !item ) {
      return [[groupsController arrangedObjects] count] + 1;
   }
   // Personeneintrag
   if( item == personsPlaceholderItem ) {
      return [[personsController arrangedObjects] count];
   }
   // Gruppen und einzelne Personen haben keine Kinder
   return 0;
}
- (id)outlineView:(NSOutlineView*)outlineView
           child:(NSInteger)index
          ofItem:(id)item
{
   // Wurzelelement
   if( !item ) {
...
```

```objc
    }
    // Personeneintrag
    if( item == personsPlaceholderItem ) {
       return [[personsController arrangedObjects]
                                 objectAtIndex:index];
    }
    // Gruppen
    return nil;
}
```

Wie bereits angekündigt, machen wir exakt das, was wir eine Ebene höher mit den Gruppen gemacht haben. Beachten Sie aber bitte, dass nichts addiert werden muss, da wir innerhalb dieser Untergruppe keinen »gefakten« Eintrag haben.

```objc
- (BOOL)    outlineView:(NSOutlineView*)outlineView
       isItemExpandable:(id)item
{
    if( item == personsPlaceholderItem ) {
       return YES;
    } else {
       return NO;
    }
}
```

Nunmehr erlauben wir, dass der Personeneintrag geöffnet werden darf. Es wird daher auch gleich ein Disclosure davor erscheinen.

```objc
- (id)outlineView:(NSOutlineView*)outlineView
objectValueForTableColumn:(NSTableColumn *)tableColumn
           byItem:(id)item
{
    // Wurzelelement
    if( item == personsPlaceholderItem ) {
       return @"Personen";
    }
    // Personen
    if( [[[item entity] name] isEqualToString:@"Person"] ) {
       return [NSString stringWithFormat:@"%@, %@",
                        [item valueForKey:@"lastname"],
                        [item valueForKey:@"firstname"]];
    }
    // Gruppen
```

Die Controllerschicht

```
        return [item valueForKey:@"name"];
}
```

Hier ist etwas fundamental Neues: Das Outlineview fragt ja nacheinander die Einträge ab. Es wird daher auch diejenigen für die einzelnen Personen ermitteln wollen. Personen haben aber ganz andere Attribute als die Gruppen. Daher wird zunächst ermittelt, ob das aktuelle Item zu der Entität Person gehört, und dann wird eine Kombination aus Nach- und Vornamen zurückgegeben. Ansonsten handelt es sich um eine Instanz der Group-Entität, was zum bisherigen Code führt. Ja, es kommt ja noch ein Core-Data-Kapitel …

Diese Abfrage nutzen wir auch in weiteren Methoden zur Unterscheidung zwischen Personen und Gruppen:

```
...
#pragma mark Delegate
- (BOOL)outlineView:(NSOutlineView*)outlineView
   shouldSelectItem:(id)item
{
   // Personeneintrag
   if( item == personsPlaceholderItem ) {
      return NO;
   }
   // Gruppen und Personen
   self.selectedGroup = item;
   return YES;
}
- (BOOL)          outlineView:(NSOutlineView*)outlineView
       shouldEditTableColumn:(NSTableColumn*)tableColumn
                        item:(id)item
{
   // Personeneintrag
   if( item == personsPlaceholderItem ) {
      return NO;
   }
   // Personen
   if( [[[item entity] name] isEqualToString:@"Person"] ) {
      return NO;
   }
   return YES;
}
...
```

Der Rest sollte sich dann selbst erklären, enthält er nur noch bekannte Elemente.

Starten und Testen: Legen Sie eine neue Gruppe und dann in dieser einen Mitarbeiter an. Öffnen Sie den Disclosure für die Personen. Die Person erscheint dort jetzt. Wenn Sie allerdings einen weiteren Mitarbeiter der Gruppe hinzufügen, aktualisiert sich die Personenliste nicht automatisch: Wieder keine Bindings.

> **HILFE**
>
> Sie können das Projekt in diesem Zustand als »Projekt-106-17« von der Webseite herunterladen.

Ansichten tauschen

Aber auch darum kümmern wir uns jetzt, indem wir die Oberfläche etwas umgestalten. Ich hatte Ihnen ja auch versprochen, dieses komische Personenzweitfenster loszuwerden. Damit beginnen wir jetzt und im nächsten Abschnitt wechseln wir dann geschmeidig gleitend dazu, die Zuordnung per Drag & Drop zu implementieren.

Ich hatte Ihnen ja schon davon erzählt, dass man Views zur Laufzeit austauschen kann. Und genau das werden wir mal machen. Und dabei löse ich auch gleich das Versprechen ein, View-Controller zu benutzen. Die Struktur der Lösung mit einem Window-Controller und mehreren nachgeladenen Nibs sieht grob so aus:

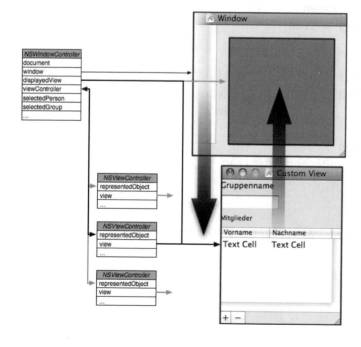

Wir tauschen zur Laufzeit die Views im Fenster aus und bedienen uns dabei der View-Controller.

Die Controllerschicht

Treffen wir zunächst einige Vorbereitungen in unserer Source. Im Header unseres Window-Controllers legen wir Outlets und eine Instanzvariable an und definieren neue Actions. Die Outlets dienen dazu, später verschiedene Elemente des User-Interfaces zu adressieren. Die Outlets ermöglichen es uns, auch Personen einzufügen. Denn ebenso wie bei den Gruppen müssen wir auch jetzt über den Window-Controller gehen, damit dieser das Einfügen miterlebt. Außerdem können wir alles um die Selection-Indexes-Eigenschaft löschen, da wir nun wirklich die Selektierung von Hand machen.

```
...
@interface GroupsWC : NSWindowController
{
    IBOutlet NSArrayController* personsController;
    IBOutlet NSArrayController* groupsController;
    IBOutlet NSOutlineView*     sidebarView;
    IBOutlet NSView*            displayedView;
    NSIndexSet* selectionIndexes;
    id          selectedGroup;
    id          selectedPerson;
    NSViewController* viewController;
}
@property( readwrite, retain ) id selectedGroup;
@property( readwrite, retain ) id selectedPerson;
@property( readwrite, retain )NSViewController* viewController;
- (IBAction)addGroup:(id)sender;
- (IBAction)removeGroup:(id)sender;
- (IBAction)addPerson:(id)sender;
- (IBAction)removePerson:(id)sender;
- (IBAction)remove:(id)sender;
...
```

Natürlich müssen wir jetzt in die Implementierung wechseln und dort entsprechend Code bauen:

```
...
@implementation GroupsWC
@synthesize selectedGroup;
@synthesize selectedPerson;
@synthesize viewController;
...
```

Unmittelbar nach den Accessoren bauen wir eine kleine Methode zum Umschalten der Ansicht ein:

```
...
#pragma mark -
#pragma mark Panes
- (void)selectPane:(NSView*)view
{
   // Lade den View-Controller
   NSViewController* newController;
   newController = [[[NSViewController alloc]
                                      initWithNibName:nibName
                                               bundle:nil]
                                      autorelease];
   [newController setRepresentedObject:self];
   NSView* view = [newController view];
   // Setze die Eigenschaften
   NSRect frame = [displayedView frame];
   NSView* superview = [displayedView superview];
   [displayedView removeFromSuperview];
   [view setFrame:frame];
   [superview addSubview:view];
   // Merke neuen View und View-Controller
   displayedView = view;
   self.viewController = newController;
}
#pragma mark -
#pragma mark Actions
...
```

Beachten Sie, wie ich den View-Controller lade: Eigentlich unterscheidet sich das gar nicht so sehr vom Laden eines Window-Controllers im Dokument. Der übergebene Parameter `bundle` wird etwas näher in Kapitel 8 erläutert. Hier reicht aus zu wissen, dass mit `nil` erreicht wird, dass der Nib-File in unserer Applikation gesucht wird. Anschließend tragen wir uns selbst als angezeigtes Objekt ein. Die Eigenschaft Represented-Object eines View-Controllers entspricht also etwa dem document eines Window-Controllers. Man könnte hier auch daran denken, gleich die angewählte Gruppe oder Person zu nehmen. Dann müsste dies aber jedes Mal aktualisiert werden, wenn die Auswahl wechselt. Außerdem sollte unser Controller schon eine eigene Eigenschaft haben, verwaltet er die Selektion doch.

Danach kommt nichts wirklich Berauschendes: Das Outlet selectedView zeigt auf die aktuelle Anzeige. Von ihr wird der Frame und der Superview ermittelt. Die neue Anzeige erhält exakt die Größe der entfernten. Beide Views werden ausgetauscht. Schließlich wird die neue Anzeige als die ausgewählte gemerkt.

> **AUFGEPASST**
>
> Hat da jemand »Speicherverwaltung« gesagt? Eigentlich verlieren wir ja den alten View, wenn er als Subview entfernt wird. Wir legen nachher aber alle Ansichten als Top-Level-Objekte in den Nib. Und diese werden ja automatisch vom Nib gehalten. Um Top-Level-Objekte müssen wir uns eben nie kümmern. Das machen `NSWindowController` und `NSViewController` selbst ganz automatisch.

Den Bereich mit der Data-Source können Sie überspringen. Erst beim Delegate geht es weiter: Wir müssen ja bei einer Änderung der Auswahl je nachdem die Anzeige für Gruppen oder Personen einblenden. Außerdem müssen wir nunmehr die Selektion der Personen auch implementieren:

```
…
- (void)outlineViewSelectionIsChanging:(NSNotification*)notif
{
   NSOutlineView* outlineView = [notif object];
   NSInteger row = [outlineView selectedRow];
   switch( row ) {
      // Keine Auswahl
      case -1:
         self.selectedGroup = nil;
         self.selectedPerson = nil;
         [self selectPane:@"EmptyPane"];
         break;
      // Personeneintrag ausgewaehlt (sollte nicht passieren!)
      case 0:
         self.selectedGroup = nil;
         self.selectedPerson = nil;
         [self selectPane:@"PersonPane"];
         break;
      // Gruppe oder Person ausgewaehlt
      default: {
         NSString* nibName;
         NSManagedObject* item = [outlineView itemAtRow:row];
         NSString* entityName = [[item entity] name];
         if( [entityName isEqualToString:@"Group"] ) {
            self.selectedGroup = item;
```

```
              self.selectedPerson = nil;
              [self selectPane:@"GroupPane"];
           } else {
              self.selectedGroup = nil;
              self.selectedPerson = item;
              [self selectPane:@"PersonPane"];
           }
           break;
      }
   }
}
...
```

Bei den Actions geht es weiter. Hier müssen wir etwas erweitern:

```
...
- (IBAction)addGroup:(id)sender
{
...
   self.selectedGroup = groupMO;
   self.selectedPerson = nil;
   [self selectPane:@"GroupPane"];
}
...
```

Diese beiden Zeilen bewirken Folgendes: Zum einen hatten Sie schon bemerkt, dass eine neue Eigenschaft für die selektierte Person angelegt wurde. Wird eine Gruppe hinzugefügt, so soll automatisch diese selektiert werden. Daher muss eine etwaige Personensauswahl auf nil gesetzt werden. Außerdem soll sich die rechte Seite ja umschalten. Dies geschieht mit der soeben eingefügten Methode -selectPane:. Nach -removeGroup: fügen wir die aus dem Header bekannten Actionmethoden ein. Bei -addPerson: habe ich lediglich die wichtigen Punkte des Sourcecodes hervorgehoben, den Sie bitte nach -removeGroup: so komplett eingeben:

```
...
- (IBAction)addPerson:(id)sender
{
   NSManagedObjectContext* context;
   NSEntityDescription* entity;
   NSManagedObject* personMO;
   context = [[self document] managedObjectContext];
   entity = [NSEntityDescription entityForName:@"Person"
```

```
                              inManagedObjectContext:context];
    personMO = [[[NSManagedObject alloc]
                                initWithEntity:entity
                   insertIntoManagedObjectContext:context]
                                autorelease];
    [personsController addObject:personMO];
    [sidebarView expandItem:[sidebarView itemAtRow:0]];
    [sidebarView reloadData];
    [sidebarView selectRow:[sidebarView rowForItem:personMO]
        byExtendingSelection:NO];
    self.selectedGroup = nil;
    self.selectedPerson = personMO;
    [self selectPane:@"PersonPane"];
}
- (IBAction)removePerson:(id)sender
{
    [personsController remove:sender];
    self.selectedPerson = nil;
    [sidebarView reloadData];
}
...
```

Das ähnelt freilich sehr stark dem Einfügen einer Gruppe. Bitte beachten Sie aber die Methode `-expandItem:` der Klasse `NSOutlineView`, mit der sich ein Disclosure vom Programm aus öffnen lässt.

Im User-Interface wird es später gesonderte Buttons für das Hinzufügen von Personen und Gruppen geben. Dies ist auch erforderlich, da ja sonst unbekannt ist, was eingefügt werden soll. Zum Löschen werden wir allerdings nur einen Button anbieten. Denn hier können wir selbst aus der aktuellen Auswahl ermitteln. Also benötigen wir zum Abschluss noch eine Methode, die genau dies tut:

```
...
- (IBAction)remove:(id)sender
{
    id item = [sidebarView itemAtRow:[sidebarView selectedRow]];
    [[self window] endEditingFor:item];
    if( [[[item entity] name] isEqualToString:@"Person"] ) {
        [self removePerson:sender];
    }
    if( [[[item entity] name] isEqualToString:@"Group"] ) {
        [self removeGroup:sender];
```

```
    }
    [self selectPane:@"EmptyPane"];
    [sidebarView selectRowIndexes:[NSIndexSet indexSet]
            byExtendingSelection:NO];
}
...
```

Schließlich müssen wir das -awakeFromNib: noch anpassen, wobei wir gleich ein weiteres Problem beseitigen: Ihnen fiel vielleicht schon auf, dass nach dem Laden eines Dokumentes die Anzeige nicht synchron ist. Dies liegt an einer Verzögerung beim Laden. Hier zeige ich Ihnen einen kleinen Trick, der das Problem beseitigt:

```
...
-(void)refresh
{
    [sidebarView reloadData];
}
- (void)awakeFromNib
{
    [self selectPane:@"EmptyPane"];
    [self performSelector:@selector( refresh )
            withObject:nil
            afterDelay:0.0];
}
...
```

In der ersten Zeile wird einfach beim Start zunächst eine leere Anzeige in das Fenster gebracht. Die zweite Nachricht dient dazu, die Methode -refresh später aufzurufen. Der Trick liegt darin, dass dieser Aufruf über die Event-Loop erfolgt. Zu diesem Zeitpunkt ist aber bereits das Dokument geladen. Im zweiten Band schauen wir uns ja die Event-Loops genauer an. Merken Sie sich bloß diesen Trick.

In der Initialisierung und bei der Dekonstruktion fügen wir unsere neuen Eigenschaften ein:

```
...
- (id)initWithWindowNibName:(NSString*)nib
{
    self = [super initWithWindowNibName:nib];
    if( self ) {
        self.selectedGroup = nil;
        self.selectedPerson = nil;
```

```
        self.viewController = nil;
    }
    return self;
}
- (void)dealloc
{
    self.selectedGroup = nil;
    self.selectedPerson = nil;
    self.viewController = nil;
    [super dealloc];
}
...
```

Öffnen wir zunächst MyDocument.xib, um diese Änderungen des Codes im User-Interface zu reflektieren. Zunächst verbinden Sie zur Sicherheit erneut die Outlets *groupsController* mit dem *Groups Controller* und *personsController* mit *Persons Controller* (nicht: *Group-Persons Controller*!).

Jetzt bauen wir die verschiedenen Ansichten ein. Sie haben ja schon bemerkt, dass drei Nib-Dateien existieren sollen, die die verschiedenen Ansichten »Gruppe«, »Person« und »leer« anzeigen und dann dynamisch geladen werden.

Group Pane

Dann müssen wir freilich diese Nibs anlegen. Beginnen wir mit dem für die Gruppe, damit wir das aus dem Haupt-Nib MyDocument.xib entfernen können: Ohne den noch offenen *MyDocument.xib* zu schließen, wechseln Sie bitte zu Xcode und wählen dort im Menü *File | New File...* und im aufspringenden Fenster links *Cocoa*, um rechts auf *View XIB* zu klicken. Auf *Next* klicken und im nächsten Fenster *Group-Pane* eingeben. *Finish*. Den neuen Nib öffnen Sie jetzt.

Sie haben in diesem Nib lediglich einen leeren *Custom-View*. Dies ist sozusagen die Hülle. Zunächst teilen wir über das Identity-Pane des Inspectors mit, dass der *File's Owner* die Klasse *NSViewController* hat, Verbinden Sie dann im Hauptfenster *Group-Pane.xib* das Outlet *view* des *File's Owner* mit dem *Custom-View*. Jetzt haben wir also den Nib erzeugt und die Grundarbeiten getätigt.

Als Nächstes legen Sie bitte im neuen Fenster einen *Object Controller* an, den Sie in der Library unter *Cocoa | Objects & Controllers | Controllers* finden, und benennen ihn mit *Selected Group Controller*. Dies ist wieder unser Anker als Ausgangspunkt. Wie müssen wir diesen binden, um an die selektierte Gruppe zu kommen? Der Weg ist einfach: Unser File's Owner ist ein View-Controller. Dieser hat eine Eigenschaft Represented-Object. Das ist dann der Window-Controller. Und der hat wiederum eine Eigenschaft selectedGroup. Also setzen wir auch das Content-Object-Binding entsprechend:

```
Bind To: File's Owner
Controller Key:
Model Key Path: representedObject.selectedGroup
```

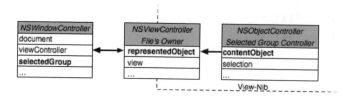

Drei Schritte für den Anker: Der View-Controller gehört dem Window-Controller, dieser verwaltet die Selektion.

Da wir in diesem View auch wieder die Mitglieder anzeigen wollen, ziehen Sie bitte aus MyDocument.xib den Group-Persons Controller in das Hauptfenster des neuen Nibs GroupPane.xib. Setzen Sie das Content-Set-Binding auf den Selected Group Controller:

```
Bind To: Selected Group Controller
Controller Key: selection
Model Key Path: members
```

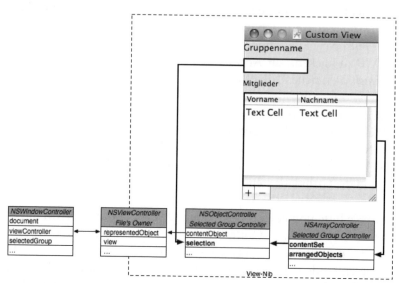

Innerhalb des Nibs benutzen wir nur noch den Object-Controller als Anker.

Da der Nutzer über diesen Controller auch neue Mitglieder einfügt, ist es zudem erforderlich, dem Controller den Managed-Object-Context mitzuteilen. Dazu setzen wir das entsprechende Binding auf:

```
Bind To: File's Owner
Controller Key:
Model Key Path: representedObject.document.managedObjectContext
```

Bedenken Sie, dass der File's Owner der View-Controller ist. Dieser hat wiederum eine Eigenschaft Represented-Object, der auf den Window-Controller verweist. Das hatten wir ja oben im Code gesetzt. Vom Window-Controller aus gelangen wir mit document an das Dokument, welches uns den Kontext anbietet.

Nun öffnen Sie bitte den View und passen ihn in der Größe in etwa der rechten Seite im bisherigen Dokumentenfenster an. Sie sollten außerdem sein Autosizing so setzen, dass er in der Höhe angepasst wird (alle drei senkrechten Linien aktiviert), in der Breite setzen Sie indessen nur die rechte, waagerechte Option.

> **▶TIPP**
>
> Autosizing kann frickelig sein, bis es passt. Hier ist häufig Probieren angesagt. In diesem Falle wird es noch schwieriger, da der View sich ja noch nicht in seinem Fenster befindet. Es vereinfacht die Sache ungemein, wenn Sie zunächst der Box im Hauptfenster das Autosizing verpassen und das im Interface Builder testen. Haben Sie die passenden Werte gefunden, so übernehmen Sie diese einfach in die View-Nibs. Bedenken Sie dabei, dass das Autosizing der im View enthaltenen Objekte (Tabelle, Textfelder usw.) sich wiederum auf das Superview beziehen. Das ist aber meist einfach zu handhaben.

Ziehen Sie nun aus der rechten Seite des bisherigen Dokuementenfensters sämtliche Elemente (Textfeld für Gruppennamen samt Label, Tableview für die Mitglieder samt Label, Buttons unterhalb des Tableviews) in das neue View. Platzieren Sie diese am Rand und verkleinern Sie das Fenster *Custom-View* entsprechend.

Setzen Sie nun das Value-Binding des Textfeldes auf den neuen *Selected Group Controller*:

```
Bind To: Selected Group Controller
Controller Key: selection
Model Key Path: name
```

Sie müssen leider auch die Tabellenspalten des Tableviews neu binden, wobei Sie einfach die Einstellungen aus dem bisherigen Dokumentenfenster übernehmen. Die beiden Buttons zum Hinzufügen und Löschen von Mitgliedern verbinden Sie nun mit unserem neuen *Group-Persons Controller* in *GroupPane.xib*, ebenfalls wie das bisher der Fall war. Den Button für das Infofenster entfernen Sie bitte. Speichern und schließen Sie zunächst einmal den Nib *GroupPane.xib*. Sie können jetzt sämtliche Elemente auf der rechten Seite des Dokumentenfensters von *MyDocument.xib* löschen.

Was haben wir bisher erreicht: Wir haben die gruppenbezogenen Elemente des User-Interfaces in einen eigenen Nib gesteckt, der ein View verwaltet. Als Anker nahmen wir wiederum einen Object-Controller, den wir an die aktuelle Selektierung im Dokumentenfenster banden. Dann haben wir die User-Interface- Elemente und den Array-Controller für die Mitglieder wiederum gebunden. Kurz gesagt: Wir haben das entsprechende User-Interface für Gruppen verpflanzt. Christian Barnard wäre stolz auf uns.

Empty Pane

Legen Sie nun einen weiteren neuen Nib für einen View an, den Sie diesmal *EmptyPane* nennen. Auch diesen öffnen. Als Erstes wieder – weil man es so leicht vergisst – den *File's Owner* anwählen und im Identity-Pane als Klasse *NSViewController* eintragen. Dann sein View-Outlet wieder mit dem Custom-View verbinden.

Passen Sie wiederum Größe und Autosizing des Custom-Views etwas an. Da hier nichts Besonderes angezeigt werden soll, ziehen Sie einfach ein Label in die Mitte des Custom-Views, welches Sie auf *Nichts ausgewählt* (oder was immer Sie wollen) setzen. Beim Autosizing empfiehlt es sich, für das Label sämtliche Optionen auszuschalten. Wieder schließen.

Zuletzt widmen wir uns noch kurz dem MyDocument.xib. Im Code hatten wir ja einen jeweils neuen View immer an die Stelle des bereits bestehenden Views gesetzt. Schauen Sie ruhig noch einmal in die Methode -selectPane:. Dann muss es aber ein erstes View geben. Genau dieses ziehen wir jetzt auf die rechte Seite des Dokumentenfensters, und zwar in Form einer Box ohne Titel. Es ist also nur ein Stellvertreter für die später zu ladenden Views. Platzieren Sie es demnach so, dass der von Ihnen gerade erstellte Custom-View im GroupsPane.xib dort seine endgültige Parkposition erreichen kann (und Sie die Sicherheitsgurte lösen dürfen). Dann verbinden Sie das Outlet *displayedView* des File's Owner mit dieser Box. Wir haben jetzt also diese Box als erstes sichtbares View angelegt. Im `-awakeFromNib` wird es ja sogleich ausgetauscht.

Sie können an dieser Stelle bereits ein wenig testen und Gruppen anlegen, diese anwählen oder auch in der Sidebar durch einen Klick »ins Leere« alles deselektieren.

Person Pane

Eine Ansicht fehlt allerdings noch: die für Personen. Zunächst legen Sie hierfür wiederum einen Nib an, den Sie dann wenig einfallsreich *PersonPane* nennen. Mit einem Doppelklick öffnen. Wieder ein bisschen in der Größe anpassen, außerdem den File's Owner setzen und das View-Outlet verbinden. Notfalls schauen Sie bitte noch einmal oben bei den bisherigen Panes nach.

Wiederum ziehen wir einen Object-Controller in das Fenster und benennen ihn mit *Selected Person Controller*, um einen Anker zu haben. Diesen entsprechend binden:

```
Bind To: File's Owner
Controller Key:
Model Key path: representedObject.selectedPerson
```

Öffnen Sie zudem in *MyDocument.xib* das *Persons*-Fenster mit einem Doppelklick. Hier entfernen Sie sämtliche Elemente bis auf die beiden Textfelder nebst Labels. Wählen Sie nun alle Elemente aus und ziehen Sie diese in den *Custom-View* des neuen Nibs. Binden Sie die Textfelder jetzt an den neuen Object-Controller, etwa für den Vornamen:

```
Bind To: Selected Person Controller
Controller Key: selection
Model Key Path: firstname
```

Das *Persons*-Fenster löschen Sie in MyDocument.xib. Übersetzen und starten Sie die Applikation. Legen Sie zwei Gruppen an und fügen Sie einer von ihnen zwei Personen hinzu. Wenn Sie jetzt den Diclosure vor *Personen* öffnen, sollten die Personen erscheinen. (Bedenken Sie aber, dass wir insoweit noch keine Synchronisation programmiert haben. Wenn Sie jedoch die Personengruppe schließen und erneut öffnen, sollte sie aktualisiert werden.) Wichtig ist hier: Wenn Sie eine Person anwählen, sollte rechts entsprechend der View mit den Angaben zur Person landen. Analog gilt dies für die Gruppe. Klicken Sie ins Leere, so sollte ebenfalls entsprechend der EmptyPane erscheinen.

> **HILFE**
>
> Sie können das Projekt in diesem Zustand als »Projekt-106-18« von der Webseite herunterladen.

Personen anlegen

Wir sind aber noch nicht fertig! Denn es muss freilich eine Möglichkeit geben, Personen hinzuzufügen, ohne sie gleich als Gruppenmitglieder zu bestimmen. Dies ist auch eine Vorabreit für das spätere Drag & Drop. Wir machen uns das nicht einfach, sondern benutzen dafür ein kleines Pull-down-Menü. Dazu ziehen Sie nicht etwa ein Menü, sondern einen Pop-up-Button in das *Company*-Fenster von MyDocument.xib, und zwar unterhalb des Outlineviews. Zur Erinnerung: Der Pop-up-Button befindet sich in der Library unter *Cocoa | Views & Cells | Inputs & Values*, nicht in der Gruppe *Buttons*! Im Attributes-Pane des Inspectors stellen Sie zunächst in der oberen Gruppe *Pop Up Button* den *Type* auf *Pull Down*. Außerdem setzen Sie die Eigenschaft *Arrow* auf *No Arrow*. Dann scrollen Sie bis zur Gruppe *Button* herunter und setzen dort den *Style* auf *Gradient*. Im Size-Pane setzen Sie die Größe wie beim bisherigen *Hinzufügen*-Button. Löschen Sie jetzt letzteren und schieben Sie den Pop-up-Button an die Stelle des bisherigen Buttons.

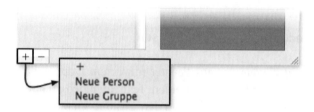

Der Nutzer kann jetzt entscheiden, ob er Personen oder Gruppen hinzufügen will.

Durch einen Doppelklick auf den Button öffnen Sie diesen. Sie finden bereits drei Einträge vor. Den ersten bezeichnen Sie wieder mit dem Pluszeichen, wie es auch beim bisherigen Button zum Hinzufügen der Fall war. Den zweiten Eintrag benennen Sie bitte mit *Neue Person* und ziehen sogleich seine Action auf den *File's Owner*. Hier muss dann konsequent *addPerson:* im HUD angewählt werden. Dies wiederholen Sie mit dem dritten Eintrag, wobei Sie freilich *Neue Gruppe* bzw. *addGroup:* verwenden. Den bisherigen Button zum Hinzufügen können Sie entfernen. Dasselbe gilt für den *Hinzufügen*-Button im GroupPane. Personen können jetzt ja unten links im Fenster hinzugefügt werden. Um diese dann einer Gruppe zuzuordnen, werden wir gleich Drag & Drop verwenden. Also gibt es keinen Grund mehr für diesen Button. Öffnen Sie daher GroupPane.xib und entfernen Sie diesen Button.

Schließlich müssen wir den Button zum Entfernen noch mit unserer neuen Actionmethode `-remove:` des File's Owners verbinden, damit je nach Selektierung Personen bzw. Gruppen geändert werden können.

Speichern, starten, testen! Sie können jetzt über den neuen *Hinzufügen*-Button Personen und Gruppen hinzufügen.

> **HILFE**
>
> Sie können das Projekt in diesem Zustand als »Projekt-106-19« von der Webseite herunterladen.

Manuelle Synchronisation der Attribute

Ein – uns bereits bekanntes – Problem taucht allerdings wieder auf: Wenn man rechts in der Detailansicht den Namen einer Person ändert, synchronisiert sich die Personenliste links nicht. Dasselbe Problem haben wir bei den Gruppen »gelöst«, indem wir die Änderung nur in der Sidebar zuließen. Aber das funktioniert hier schon deshalb nicht, weil ein aus Vor- und Nachnamen zusammengesetztes Attribut angezeigt wird. Wir können also die Eingaben nur auf der rechten Seite vornehmen.

Nein, diesmal müssen wir uns der Sache heroisch stellen. Es gibt verschiedene Möglichkeiten, die Synchronisation wieder zu erzeugen. Die einfachste wollen wir hier besprechen.

> **▶BEISPIEL**
>
> Eine Möglichkeit wäre es auch, die Textfelder an Eigenschaften im *File's Owner* zu binden. Wird der Setter dann in GroupsWC aufgerufen, aktualisiert er zum einen den Outlineview und reicht zum anderen die Änderung an das selektierte Item weiter. Für Bindungen an den Controller hatten wir uns aber schon Code angeschaut. Daher beschreiten wir einen anderen Weg.

Auch ein Textfeld kann also Actions auslösen. Diese wird ausgelöst, wenn die Editierung abgeschlossen ist. Sei es, weil der Benutzer in dem Feld [Enter] drückt, sei es, weil er das Feld verlässt. Und hierfür bieten wir einfach eine Actionmethode an, die dann die Aktualisierung durchführt. Zunächst das Versprechen im Header:

```
...
@interface GroupsWC : NSWindowController
{
...
}
...
- (IBAction)remove:(id)sender;
- (IBAction)updatePerson:(id)sender;
...
```

Dann die Implementierung:

```
...
- (IBAction)remove:(id)sender
{
...
}
```

```
- (IBAction)updatePerson:(id)sender
{
   id item = [sidebarView itemAtRow:[sidebarView selectedRow]];
   if( [[[item entity] name] isEqualToString:@"Person"] ) {
      [sidebarView reloadItem:item];
   }
}
...
```

Die ersten beiden Zeilen im Methodenrumpf sollten Sie bereits kennen. Neu ist, dass nicht die gesamte Sidebar mit -reload aktualisiert wird, sondern lediglich das geänderte Item mit -reloadItem:.

Wechseln Sie nun wieder zu PersonPane.xib in den Interface Builder. Jetzt haben wir ein Problem: Der File's Owner ist ein View-Controller. Dieser kennt die neue Methode nicht. Also können wir von den Textfeldern keine Verbindung zur Methode ziehen. Wir müssten ja die Verbindung zum File's Owner von MyDocument.xib ziehen. Das ist ja unser GroupsWC. Es gibt zwei Wege aus dem Dilemma:

- Wir leiten jetzt auch den View-Controller ab und fügen dort ebenfalls eine Actionmethode ein. Diese schickt dann die Nachricht einfach weiter an den Window-Controller GroupsWC.

- Da unser Window-Controller in der Responder-Chain ist, schicken wir die Nachricht einfach an den First Responder.

Die zweite Variante wollen wir durchführen. Klicken Sie also in PersonPane.xib auf den *First Responder*, um diesen zu selektieren. Legen Sie dann im Identity-Pane eine neue Methode *updatePerson:* an. Verbinden Sie schließlich die Textfelder mit dieser Actionmethode.

Da wir hier schon einmal sind, können wir gleich auch noch eine Ungereimtheit beseitigen: Es fehlte die Tab-Funktionalität, da wir keine Key-Loop haben. Diese legen wir an, indem wir vom einen Textfeld eine Verbindung auf das andere ziehen und umgekehrt. Im HUD klicken Sie jeweils auf *nextKeyView*.

Jetzt sollte auch die Synchronisierung funktionieren. Spielen Sie ruhig ein bisschen herum, setzen Sie Breakpoints im Code, um den Kontrollfluss nachzuvollziehen, oder einfach Logs.

> **HILFE**
>
> Sie können das Projekt in diesem Zustand als »Projekt-106-20« von der Webseite herunterladen.

Sie können freilich ebenso eine Synchronisation für die Gruppennamen einbauen. Übrigens gibt es noch mehr zu synchronisieren. Man denke hier etwa an das Undo, welches eine eingefügte Person automatisch wieder verschwinden lässt – ohne dass es der Outlineview bemerkt. Wir können hier von Höckchen auf Stöckchen kommen … Ich erspare uns das, da es sich hierbei nicht um eine Monographie zum Thema Data-Sources handelt. Dies gilt umso mehr, als man sich mit Bindings dieser Probleme entledigt.

Auf den Undo-Manager an sich gehe ich freilich noch ein.

Drag & Drop-Controller

Allerdings existiert jetzt in der Applikation keine Möglichkeit mehr, Personen den Gruppen zuzuordnen. Ich hatte bereits erwähnt, dass wir dies mit Drag & Drop erledigen wollen.

Es gibt eigene Protokolle für die Drag & Drop-Funktionalität. Deren Implementierung ist wichtig, wenn man eigene Views ableitet, was wir hier nicht tun müssen. Bei bestehenden Views, für die Drag & Drop nahe liegend ist, sind diese bereits vorbereitet oder sogar vollständig implementiert. Für Tableviews und Outlineviews existiert bereits eine Teilimplementierung, die wir noch über die Data-Source auffüllen müssen. Hiermit wollen wir uns beschäftigen.

> ➤ **AUFGEPASST**
>
> Das Dragging ist Teil der Data-Source, nicht des Delegates. Das führt zu der lustigen Begebenheit, dass wir eine Data-Source haben müssen, wenn wir Dragging implementieren – auch dann, wenn wir die Daten über Bindings besorgen. Die eigentliche Aufgabe der Data-Source ist dann allerdings stillgelegt. Sie finden dazu einen Eintrag in meinem Blog. Allerdings ist bereits von einem Apple-Mitarbeiter angekündigt worden, diesen Umstand zu beseitigen.

Bei einer Drag-Operation sind drei Partner beteiligt:

- die Source ist das View, welches die Daten liefert, von der also gezogen wurde.
- die Destination ist das View, auf die gezogen wurde.
- die Zwischenablage , über welches die Daten transferiert werden.

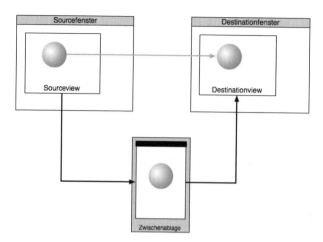

Bei einer Drag & Drop-Operation könnnen die Daten über die Zwischenablage ausgetauscht werden.

Der letzte Punkt mag Sie vielleicht überraschen, da man bei dem Begriff Zwischenablage ja eher an Copy & Paste denkt. Aber bei genauer Betrachtung ist ja auch das Drag (Copy) & Drop (Paste) eine Copy & Paste-Operation. Und daher wird diese Funktionalität tatsächlich über eine Zwischenablage implementiert, nämlich über das Drag-Pasteboard.

> **GRUNDLAGEN**
>
> Es gibt noch weitere Pasteboards: So kann man etwa mit [Ctrl]-[E] einen markierten Text in das Find-Pasteboard kopieren. Öffnen Sie danach das Findpanel: Sie finden dort den markierten Text. Auch wenn eine Applikation mehrere Suchmöglichkeiten hat, bemerkt man häufig, dass in einem Findpanel eingegebener Text in einem anderen auftaucht. Ferner gibt es noch Pasteboards für Zeichen- bzw. Texteinstellungen.

Dieses Pasteboard tauscht die Daten aus. Dabei können verschiedene Formate gewählt werden. Da wir ein Drag & Drop ausschließlich innerhalb unserer Applikation benötigen, definieren wir uns einen eigenen Formattypen am Anfang der Datei GroupsWC.m:

```
...
NSString* const personsPlaceholderItem = @"PersonsPlaceholder";
NSString* const personPboardType
    = @"com.Software #9811.DataSource.personPastebaordType";
@implementation GroupsWC
...
```

Dragging

Ein Outlineview verlangt von uns die Implementierung einer Methode, um das Dragging zu ermöglichen. Diese schreiben wir uns vor den Actions herunter:

```
...
- (BOOL)outlineView:(NSOutlineView*)outlineView
        isGroupItem:(id)item
{
...
}
#pragma mark -
#pragma mark Dragging
- (BOOL)outlineView:(NSOutlineView*)outlineView
         writeItems:(NSArray*)items
       toPasteboard:(NSPasteboard *)pasteboard
{
   id item = [items objectAtIndex:0];
   // Haben wir ein managed Object?
   if( ![item isKindOfClass:[NSManagedObject class]] ) {
      return NO;
   }
   // Ist es eine Person?
   if( ![[[item entity] name] isEqualToString:@"Person"] ) {
      return NO;
   }
   // Hole Daten
   NSInteger row = [sidebarView rowForItem:item];
   NSNumber* rowID = [NSNumber numberWithInt:row];
   // Definierre Typen im Pasteboard
   NSArray* types = [NSArray arrayWithObject:personPboardType];
   [pasteboard declareTypes:types owner:self];
   // Schreibe Daten
   [pasteboard setPropertyList:rowID
                       forType:personPboardType];
   return YES;
}
#pragma mark -
...
```

Diese Methode wird von dem Outlineview aufgerufen, wenn der Benutzer versucht, eine Dragging-Operation zu starten. In dem Parameter items erhalten wir die gezogenen Einträge, wobei wir uns nur für den ersten interessieren. Diesen überprüfen wir darauf, ob es sich um ein managed Object (und damit nicht um unseren Placeholder für die Personengruppe) handelt. Hiernach, wenn dies also sichergestellt ist, überprüft die Methode, ob eine Instanz der Entität Person vorliegt. Nur dann überlebt die Methode die beiden ersten Ifs. Diese geben ein NO zurück, lehnen also die Dragging-Operation ab. Also: Nur die einzelnen Personen können gezogen werden, nicht der Personeneintrag oder die Gruppen.

Andernfalls schreiben wir die Daten in das Pasteboard, nachdem wir unseren Typen deklariert haben. Es ist möglich, mehrere Typen anzugeben, um etwa Vor- und Nachname als String in das Pasteboard zu schreiben. Wir können damit freilich unser Objekt nicht identifizieren, da es mehr als eine Person mit gleichem Namen geben kann.

> **AUFGEPASST**

Ich bediene mich hier eines dreckigen Tricks und notiere einfach die Zeilennummer. Schöner wäre es freilich, wenn wir bereits eine eindeutige Personennummer hätten. Ebenfalls ist es möglich, die sogenannte Object-ID zu verwenden. Beides verlangt aber tiefere Kenntnisse von Core-Data. Ich will hier nicht zu weit vom Thema abweichen. Aber unverhofft kommt oft, und ich gehe darauf noch ein.

Sie können das Programm bereits jetzt starten und testen, ob ein Dragging eingeleitet wird, wenn Sie eine Person »ziehen«, andernfalls nicht.

Dropping

Der Konterpart ist das Dropping. Zunächst müssen wir dem Outlineview mitteilen, welche der gezogenen Typen er akzeptiert. In unserem Falle ist das nur unser eigener Typ:

```
…
- (void)awakeFromNib
{
   [self selectPane:@"EmptyPane"];
   [self performSelector:@selector( refresh )
            withObject:nil
            afterDelay:0.0];
   NSArray* types = [NSArray arrayWithObject:personPboardType];
   [sidebarView registerForDraggedTypes:types];
}
…
```

Dann müssen zwei Delegatemethoden implementiert werden, die das Dropping unmittelbar betreffen: Die eine wird benutzt, um die Zulässigkeit des Drops zu überprüfen. Dadurch kann das Outlineview eine Rückmeldung an den Benutzer geben, ob an der entsprechenden Stelle ein Dropping zulässig ist. Die andere dient dazu, den Drop dann endgültig durchzuführen, wenn der Benutzer die Maustaste loslässt:

```
...
#pragma mark Dragging
- (BOOL) outlineView:(NSOutlineView*)outlineView
         writeItems:(NSArray*)items
        toPasteboard:(NSPasteboard *)pasteboard
{
...
}
- (NSDragOperation)outlineView:(NSOutlineView *)outlineView
                  validateDrop:(id<NSDraggingInfo>)info
                  proposedItem:(id)item
            proposedChildIndex:(NSInteger)index
{
   // ist das Ziel ein managed Objekt?
   if( ![item isKindOfClass:[NSManagedObject class]] ) {
      return NSDragOperationNone;
   }
   // Ist das Ziel eine Gruppe?
   if( ![[[item entity] name] isEqualToString:@"Group"] ) {
       return NSDragOperationNone;
   }
   // Hole das Pasteboard
   NSPasteboard* pboard = [info draggingPasteboard];
   // Haben wir eine Person?
   NSNumber* rowID
      = [pboard propertyListForType:personPboardType];
   if( rowID == nil ) {
      return NSDragOperationNone;
   }
   return NSDragOperationCopy;
}
- (BOOL)outlineView:(NSOutlineView*)outlineView
         acceptDrop:(id<NSDraggingInfo>)info
               item:(id)item
         childIndex:(NSInteger)index
{
   // Hole das Pasteboard
   NSPasteboard* pboard = [info draggingPasteboard];
```

```
    // Hole Daten
    NSNumber* rowID
        = [pboard propertyListForType:personPboardType];
    NSInteger row = [rowID integerValue];
    // Hole Person
    NSManagedObject* person = [sidebarView itemAtRow:row];
    // füge Person der Gruppe hinzu
    [person setValue:item forKey:@"group"];
    return YES;
}
#pragma mark -
...
```

Ich möchte darauf hinweisen, dass das aktuell verwendete Pasteboard im Parameter info enthalten ist. Man muss es sich zunächst mit -draggingPasteboard abholen, um es befragen zu können. Dies geschieht in beiden Methoden.

Da ja verschiedene Typen in einem Pasteboard enthalten sein können, muss eine Einigung über den angebotenen (bei uns nur: personPboardType) und den akzeptierbaren (bei uns ebenfalls nur personPboardType) stattfinden. Nur die Schnittmenge kann dann wirklich zum Datenaustausch herangezogen werden. Werden viele Typen gleichzeitig angeboten, so gibt es eine einfache Methode, den bevorzugten Typen zu finden, bei der die Destination eine Liste der akzeptierten Typen an die Methode -availableTypeFromArray: übergibt. Dabei wird ein Array der Typen mitgeteilt, welches sortiert ist. Als Ergebnis erhält man den Typen mit dem kleinsten Index, der auch von der Quelle unterstützt wird. Man sollte daher das Array von »Dieses Format habe ich gerne« zu »Na ja, wenn's sein muss« aufbauen. Meist läuft das darauf hinaus, dass man informationsreiche, jedoch spezialisierte Formate an den Anfang stellt.

Bitte starten und testen Sie das Programm. Legen Sie zwei Personen und zwei Gruppen an. Wählen Sie eine Gruppe aus und ziehen Sie dann eine Person auf diese Gruppe in der Sidebar. Sie können jetzt rechts in der Mitgliederliste erkennen, dass diese hinzugefügt wurde. Aber jetzt kommt noch etwas: Belassen Sie die Selektion auf der Gruppe, ziehen Sie aber dieselbe Person in die andere Gruppe. Sie verschwindet aus der ersten!

Der Effekt ist zu erklären: Wir hatten die Beziehung zwischen Gruppe und Person als 1-zu-n-Beziehung aufgebaut. Dies bedeutet, dass sich zwar mehrere Personen in einer Gruppe befinden können, nicht jedoch eine Person in mehreren Gruppen enthalten sein kann. Durch die Neuzuweisung in die andere Gruppe lässt Core-Data diese automatisch aus der ersten Gruppe verschwinden. Wir werden uns damit noch im Rahmen von Core-Data beschäftigen.

> **HILFE**
>
> Sie können das Projekt in diesem Zustand als »Projekt-106-21« von der Webseite herunterladen.

Ja, diese Data-Sources sind nicht einfach zu handhaben. Überlegen Sie sich mal, was als Code hinzugekommen ist! Da sind Bindings doch einfacher. Aber wir haben auch schöne Funktionalität untergebracht.

Es gibt übrigens andere Möglichkeiten, eigene »Controller-Elemente« in ein Table- oder Outlineview einzuschmuggeln. Dies verlangt aber fortgeschrittene Kenntnisse. Mir kam es hier darauf an, dass Sie mit Data-Sources und Drag & Drop in Outlineviews zurechtkommen.

Zusammenfassung

Das war ein ganz schönes Stück Arbeit, aber ja auch lehrreich. Controller sind der Bereich, der die eigene Anwendung ausmacht. Hier ist Coden angesagt. Es ist schon schön, wenn Sie die einzelnen Arten der Controller, wie sie in der Einleitung vorgestellt wurden, unterscheiden können. Dann ist es Ihnen möglich, hier nachzuschlagen, wie man etwas implementiert. Programmieren lernt sich am Anfang schon sehr stark übers Nachmachen.

Sie können hier übrigens noch experimentieren: Wie wäre es, wenn Sie auch das Dragging auf die Mitgliederliste einer Gruppe zulassen? Oder aber Sie schauen sich mal an, was man im Pasteboard sieht, wenn aus AddressBook eine Person auf den Outlineview gezogen wird. Wäre ja eine sinnvolle Erweiterung ...

Dokumente von Apple zu den hier angesprochenen Themen:

- Key-Value Coding Programming Guide
- Key-Value Observing Programming Guide
- Cocoa Bindings Programming Topics
- Value Transformer Programming Guide
- User Defaults Programming Topics for Cocoa
- Document-based Applications Overview (Window-Controller, Fensterverhalten)

- Notification Programming Topics for Cocoa
- Table View Programming Guide (Data-Source)
- Outline View Programming Topics for Cocoa (Data-Source)
- Drag and Drop Programming Topics for Cocoa

Und auf der Webseite zum Buch:

- Besseres Key-Value-Coding
- Binding-Proxys beseitigen

7

Die Modelschicht

In diesem Kapitel beschäftigen wir uns mit der letzten Schicht des Model-View-Controller-Musters.

Die Modelschicht

Sie haben ja bereits fleißig mit Modellen gearbeitet. Dabei benutzten wir Core-Data ebenso, wie wir eigene Modelklassen entwickelten. Damit sind Sie eigentlich schon ziemlich fit, was die praktische Arbeit mit Models angeht.

Zunächst geht es mir in diesem Kapitel darum, die Modellierung genauer zu erklären. Wir hatten ja bisher recht einfache Modelle mit maximal zwei Entitäten. Aber auch hier kann man viel falsch machen. Mir geht es darum, dass Sie ein Gefühl dafür entwickeln, wie man sich ein gutes Model baut und was es gut macht.

Ferner müssen wir uns um das Speichern und Laden von Daten (Persistenz) kümmern. Core-Data erledigt das weitestgehend für uns. Wenn wir jedoch ohne Core-Data arbeiten, müssen wir selbst Hand anlegen.

Ähnlich wie mit dem Speichern verhält es sich mit dem Undo-Management. Bei der Verwendung von Core-Data ist das eine erledigte Arbeit. Haben wir unsere eigenen Modelle, müssen wir uns Gedanken machen. Aber auch, wenn Sie beabsichtigen, mit Core-Data zu arbeiten, sollten Sie beide Punkte hier durcharbeiten. Es ist mindestens wichtig für eine Anpassung des Standardverhaltens. Sie werden auch sehen, dass Ideen der Persistenz in anderen Bereichen eine Rolle spielen.

Grundlagen

Fangen wir also mal wieder mit ein paar Grundlagen an.

Inhalt

Zuweilen stellt sich die Frage, was überhaupt Bestandteil des Models ist. In unseren Applikationen drängte sie sich wenig auf. Aber es gibt auch andere Fälle. Ausgangspunkt unserer Überlegungen ist das MVC- Muster. Die grobe Aufteilung hatten wir ja schon angesprochen:

- Die Views stellen die Daten dar.
- Der Controller kümmert sich um den Kontroll- und Datenfluss im Programm.
- Das Model speichert die Daten als Informationen.

Meist ist die Angelegenheit ziemlich einfach zu entscheiden: Ins Model gehört die Datenbasis des Programmes und die unmittelbar damit zusammenhängende Funktionalität. Aber zuweilen wird die Fragestellung schwieriger.

Informationen

Stellen Sie sich eine Anwendung vor, die einen industriellen Prozess kontrolliert. Hierbei wird auch die Temperatur eines Kessels überwacht. Dies ist eine Information, die in dem Programm verarbeitet wird. Man kann diese Information daher im Model speichern, etwa in einer Tabelle als Verlauf.

Nun kann diese Temperatur auch einen kritischen Wert annehmen, sagen wir bei 70 °C. Damit uns der Benutzer ausreichend Aufmerksamkeit schenkt, fangen wir an, die Temperaturanzeige ab 60 °C rot darzustellen. Wir haben keinen Zweifel: Das ist keine neue Information, sondern die abweichende Darstellung in der View-Schicht. Wir werden also gar keine Farbinformation in unserem Model vorfinden, sondern nur die eigentliche Information Temperatur.

> ➤ **AUFGEPASST**
>
> Die Information, dass gerade *ab 60 °C* die Anzeige farblich umspringen soll, kann indessen wieder eine Information sein, die im Model zur Entität Kessel gespeichert wird. Vielleicht ist es aber auch eine Benutzereinstellung.

Aber man kann daraus nicht schließen, dass Farbinformationen nur dargestellt werden und deshalb nie ein Bestandteil des Models wären. Aber das ist nicht richtig: Denken Sie nur an eine Notizzettelapplikation, bei der ich verschiedenen Zetteln Farben geben kann, um Gruppen zu bilden. Rot = beruflich, gelb = privat usw. Diese Information beschreibt wirklich unseren Notizzettel. Sie ist daher im Model gespeichert.

Es gibt Indizien, mit denen man sich einigermaßen gut klarmachen kann, was ins Model gehört:

- Informationen, die in der Datei gespeichert werden, gehören eher ins Model.
- Informationen, die an verschiedenen Stellen des Programms abgerufen werden, gehören eher ins Model.
- Werden Informationen tatsächlich oder zumindest gedacht mit ganz unterschiedlichen User-Interface dargestellt, gehören sie eher ins Model.

Bedenken Sie, dass ein Model in der Regel aus einem Dokument besteht, welches viele Controller hat und viele Views. Die Zentralität der Information ist also ein gutes Indiz.

Nicht ins Model gehören dagegen reine Darstellungsmittel einer anderen Information, wie im vorangegangenen Temperaturbeispiel die Farbe. Gespeichert wird die Temperatur. Beim Laden des Dokumentes muss sich die Anzeige synchronisieren. Unsere Konvertierungstabelle indessen ist unabhängig von der Benutzerschnittstelle. Prinzipiell spricht nichts dagegen, sie in verschiedenen Fenstern zu verwenden, sie mit verschiedenen Controllern zu bearbeiten, sie über das Internet zugänglich zu machen usw.: Model!

Fähigkeiten

Was die Fähigkeiten von Klassen angeht, so ist vor allem eine Abgrenzung zum Controller erforderlich. Grundsätzlich ist das Model fähigkeitsarm. Es existieren Methoden zum Datenzugriff, ja. Das macht dann aber auch schon den Löwenanteil einer Modelklasse aus.

Aber bleiben wir bei unserem Notizzettelbeispiel: Sicherlich wird im Model gespeichert sein, an welcher Stelle die Notizzettel liegen. Der User soll sie ja platzieren können, und das muss auch gespeichert werden. Eine echte Eigenschaft des Models. Nun gibt es aber eine Funktion *anordnen*. Hiermit soll der Haufen mal wieder etwas schöner aussehen.

Diese Funktion lässt sich sicherlich auch im Controller implementieren, handelt es sich ja um eine Spezialität des Programms. Aber ist das wirklich sinnvoll? Die Methode wird nichts anderes machen, als Eigenschaften – nämlich die Lage – des Models zu verändern. Man kann sie daher ebenso gut im Model programmieren. Dies hat dann den Vorteil, dass man sie lediglich einmalig entwickeln muss und sie sich im gesamten Programm gleich verhält.

Auch unsere Methode -calculate: in den Converter-Beispielen ließe sich wunderbar im Model implementieren.

Sie sehen schon: Bei beiden Fragen ist es so, dass sie sich manchmal nicht mit einem »Ja« oder »Nein« beantworten lassen, sondern eher mit einem »Besser« oder »Schlechter«. Jeder Ort hat seine Vor- und Nachteile. Beim Programmieren löst sich jedoch die Frage häufig von ganz allein.

Modellierung

Eine theoretisch gut beschriebene Angelegenheit ist die eigentliche Erstellung eines Models, die sogenannte Modellierung. Wenn Sie im Internet nach »Normalisierung« googeln, werden Sie eine Unzahl von Seiten finden, die das theoretisch anspruchsvoll bearbeiten. Hier will ich dem Konzept des Buches folgend versuchen, das Ganze anschaulich zu erklären:

Wenn Sie Ihr eigenes Programm planen, werden Sie schnell eine Liste mit den Daten erstellen, die Sie benötigen. Sie werden häufig auch von ganz alleine diese Daten Entitäten zuordnen, die Sie in Beziehung setzen. Denken wir nur an unsere Gruppen und Personen als Mitglieder dieser Gruppen. Manchmal verhaspelt man sich jedoch bei dieser Modellierung. Um das zu vermeiden, normalisiert man sein Model.

Problemstellung

Diese Normalisierung dient dazu, redundante Informationen zu vermeiden. Mit »Redundanz« bezeichnet man den Zustand, dass eine Information in dem Model mehrfach gespeichert ist. Das ist aus zwei Gründen nachteilig:

- »Mehrfach gespeichert« bedeutet, dass mehrfacher Speicherplatz benötigt wird. Spätestens dann, wenn der physisch im Computer eingebaute Speicher nicht mehr ausreicht, muss das Betriebssystem Daten auf die Festplatte kopieren. Das macht den Computer langsam. Allerdings kann eine wiederholte Speicherung auch zu einem schnelleren Zugriff führen, etwa wenn man zur raschen Suche einzelne Eigenschaften einer Entität gesondert ablegt.

- Ist eine Information mehrfach gespeichert, so bedeutet das aber auch eine erhebliche Gefahr: Handelt es sich nämlich um dieselbe Information, so ist es grundsätzlich denkbar, dass sie versehentlich unterschiedlich gespeichert ist. Das Programm geht aber etwa bei einer Suche davon aus, dass diese unterschiedlichen Speicherungen gleich sind. Diese sogenannte Inkonsistenz führt schnell zu einem unkontrollierten Verhalten der Anwendung bis hin zum Absturz.

Den zweiten Punkt will ich an einem Ihnen bereits bekannten Beispiel erläutern: Wir hatten ja Gruppen, die Personen als Mitglieder hatten. Umgekehrt gehörte eine Person zu einer Gruppe. Diese Information »Gruppenzugehörigkeit einer Person« ist in unserem Model also doppelt gespeichert. Zum einen nämlich verweist die Gruppe auf ihre Mitglieder, zum anderen das Mitglied auf die Gruppe. Dies bedeutet, dass ich die Information, ob eine Person Mitglied einer Gruppe ist, sowohl dadurch ermitteln kann, dass ich die group-Eigenschaft einer Person befrage oder aber dadurch, dass ich in der members-Eigenschaft einer Gruppe die Person suche.

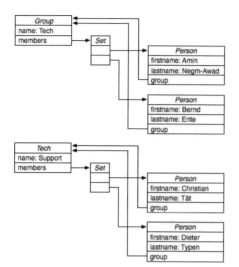

Aufgedröselt: die Verweise zwischen Gruppen und Benutzer

Diese doppelte Speicherung nehmen wir hin, da sie nur sehr wenig Speicherplatz kostet – es wird ja nur eine ID gespeichert. Gleichzeitig aber birgt sie die Gefahr, dass die wechselseitigen Verweise aus dem Ruder laufen, man sagt »inkonsistent« werden.

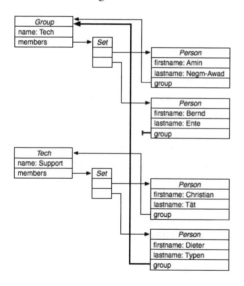

Inkonsistente Rückbeziehungen führen zur Verwirrung.

Schauen Sie sich die letzte Abbildung genau an: Die Gruppe »Support« verweist unter anderem auf das Mitglied »Dieter Typen«. Diese Person jedoch verweist auf die Gruppe »Tech«. Das entspricht nicht mehr unserer Erwartung. Und das ist das Schlimme: Bei einem solchen Fehler verhält sich eine Anwendung zunächst ganz normal. Erst viel später im Programmlauf, möglicherweise erst nach weiteren Benutzeraktionen, ergeben sich dann merkwürdige Dinge. Es wird übel, den Fehler zu finden. Streichen Sie schon einmal Ihren Jahresurlaub.

> **GRUNDLAGEN**
>
> Core-Data sorgt automatisch für die Konsistenz von Hin- und Rückbeziehungen, wenn wir diese als inverse Relationship angeben.

Das gilt übrigens nicht nur für Beziehungen. Stellen Sie sich vor, dass Sie in dem Programm mit Personen zusätzlich eine Adressliste erstellen sollen. Speichern Sie dort Namen erneut als Attribut einer Entität AddressBookEntry, so kann es passieren, dass bei Änderung des Namens nur in Person, das Adressbuch den veralteten Namen enthält, der bei den Personen gar nicht mehr existiert. Und dann programmieren Sie eine schlaue Suchfunktion, mit der man den Namen aus dem Adressbuch in der Personenliste suchen kann … *peng*.

Also: Redundanz verschwendet Platz und ist gefährlich. Manchmal macht man das bewusst, um das Programm schneller zu machen, weil etwa ansonsten gesucht werden müsste. Hier muss man peinlich genau darauf achten, sich nicht ein Loch ins Knie zu bohren. Am besten man implementiert bereits auf unterster Ebene der Accessoren einen Check und gegebenenfalls eine Korrektur.

Modellierungsregeln

Wie gesagt, hier sollen handwerkliche Regeln anschaulich verdeutlicht werden. Ihnen mag das vielleicht profan vorkommen. Aber bitte bedenken Sie, dass wir bisher auch stets ein vergleichbar einfaches Model hatten. Wenn Sie eigene Anwendungen schreiben, haben Sie häufig eine Vielzahl von Entitäten mit einer Vielzahl von Eigenschaften. Da verliert man leicht den Überblick, wenn man sich nicht an Regeln hält.

Damit erleichtert man sich übrigens ganz häufig auch einfach die Wartung des Programms.

Group
NSString* name
NSString* person1
NSString* person2
NSString* person3
NSString* person4

Schlechter geht's nimmer!

Stellen wir uns ein miserables Model vor, welches wir nach und nach verbessern: Irgendwer kam auf den schlauen Gedanken, in dem Programm nur eine Entität Group anzulegen. Die hat einen String für den Gruppennamen und vier weitere für Mitglieder. Dort werden jeweils Vor- und Nachnamen verkettet gespeichert.

Grundüberlegung

Eigentlich liegt diesen Regeln eine Überregel zugrunde: »Modelliere so, wie etwas ist!« Vermischen Sie also nicht Dinge, die unterschiedlich sind, in einer Entität. Vermischen Sie nicht Attribute, die sich teilen lassen, in einem Attribut. Überlegen Sie bei der Einführung von Beziehungen, was wirklich wovon abhängt.

Modelliere atomar!

Informationen sollten gesondert abgelegt werden. In dem obigen Beispiel gibt es die Information *Vorname* und die Information *Nachname*. Also sollten auch zwei Attribute Vorname und Nachname vorhanden sein.

Stellen Sie sich nur vor, dass Sie zuweilen diese Reihenfolge benötigen – etwa für ein Adressfeld –, zuweilen aber das Format »Nachname, Vorname« – etwa für ein Firmenadressbuch. Schönes Gefrickel gibt das, aus einem Attribut die gesonderte Information herauszuholen! Und seit eigentlich keine Bindestriche mehr in kombinierten Nachnamen geschrieben werden, kann es sogar unmöglich sein, später noch festzustellen, was Vor- und was Nachname ist: Mehrere Informationen zu kombinieren ist vergleichsweise einfach. Sie zu trennen indessen schwierig.

> **►BEISPIEL**
>
> Ein schönes Beispiel findet sich in Apples Adressbuchanwendung. Hier sind Straße und Hausnummer in einem Feld gespeichert. Ziemlich unpraktisch, wenn man ein Programm zur Postleitzahlensuche schreibt.

Also müssen die vier Attribute person1 bis person4 eigentlich acht Attribute sein (jeweils Vorname und Nachname für vier Personen). Müssten, ich bleibe beim Konjunktiv, denn:

Wiedervereinigung: Füge zusammen, was zusammen gehört!

Wir haben hier viermal dieselbe Art von Information gespeichert, nämlich den Namen einer Person. Dies liegt daran, dass diese Information (inzwischen wissen wir: zwei zusammengehörige Informationen) eine eigene Entität bilden. Mit einem ersten Schritt erreichen wir dadurch eine klarere Zuordnung der einzelnen Attribute:

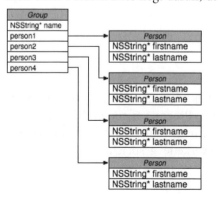

Personen bilden eine eigene Entität.

Dies hat auch gleich den Vorteil, dass es uns wesentlich leichter fällt, später weitere Attribute einer Person hinzuzufügen. Wir müssen dies nur einmal in der Definition der Entität machen, anstatt viermal diese Felder einfügen.

> **GRUNDLAGEN**
>
> Ist es nicht blödsinnig, dass ich zunächst die Informationen *Vorname* und *Nachname* in zwei Eigenschaften trennte, um sie dann wieder in einer neuen Entität zu bündeln? Nein, ist es nicht: Zum einen sind es gesonderte Informationen, die also in gesonderten Eigenschaften gespeichert sein müssen. Zum anderen gehören diese beiden Informationen zusammen, weil sei ein Ding beschreiben, nämlich eine Person – nicht eine Gruppe. Deshalb müssen sie in einer neuen Entität gebündelt sein. Wie gesagt: Modelliere so, wie etwas ist.

Wiederhole dich nicht!

Aber diese Zusammenfassung ist es immer noch nicht. Denn wir stottern hier. Mal abgesehen von der unpraktischen Begrenzung auf vier Personen, muss man später auch auf jede Person einzeln zugreifen. Technologien wie Prädikate, die wir noch kennen lernen, werden dann mächtig holprig. Daher machen wir aus den vier einzelnen Verweisen eine To-Many-Relationship:

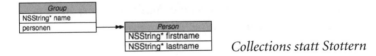

Collections statt Stottern

Trenne, was nicht zusammengehört!

Ein weiteres Problem sieht man häufig nicht: Das mag daran liegen, dass es erst dann anschaulich wird, wenn man sich konkrete Instanzen vorstellt und diese wie in einem Tableview untereinander notiert. Nehmen wir an, dass zu jeder Person zwei Adressen gespeichert werden. Wir betrachten dabei alleine aus Gründen der Einfachheit nur die Stadt. (In Wahrheit würden natürlich mehrere Attribute vorhanden sein.) Unsere Gruppe »Tech« würde, um sämtliche Informationen zu enthalten, wie folgt aussehen:

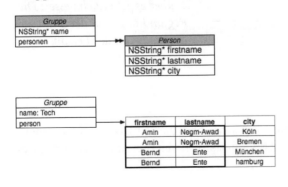

Gemischtwarenladen: Ich bin nicht zwei Negms.

Mutmaßlich werden Sie selbst schon erkennen, dass da etwas falsch läuft: Bloß weil ich zwei Wohnorte habe, existiere ich ja nicht zweimal. Vielmehr handelt es sich bei der Stadt, in der ich wohne um eine neue Entität. Richtig modelliert:

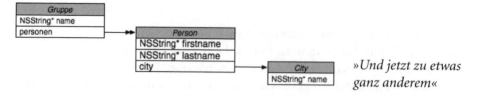

»Und jetzt zu etwas ganz anderem«

Überlege dir die wirklichen Abhängigkeiten!

Es gibt aber auch die umgekehrte Situation. Stellen Sie sich im obigen Beispiel vor, dass die Stadt so etwas wie die Filiale ist, in der das jeweilige Mitglied sitzt. Sie können es sich sogar einfach machen und nur eine Stadt annehmen. Die verschiedenen Städte sind wiederum einer Regionaldirektion zugeordnet. Somit hat jede Person eine Stadt und eine Regionaldirektion. Man könnte also darauf kommen, diesen Teil wie folgt zu modellieren:

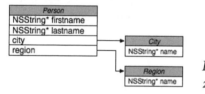

Eine Person wird einer Stadt und einer Region zugeordnet. Falsch ist das nicht, ...

Wir haben jetzt den Zustand, dass die Beziehung region von der Beziehung city abhängig ist: Ändert sich die Stadt, so kann sich die Region ändern. Umgekehrt ist das sogar zwingend.

Zur Wahrung der Konsistenz ist es daher angeraten, die Region nicht aus der Person zu bestimmen, sondern aus der Stadt. Wir verketten also die beiden Beziehungen.

... aber es geht auch besser: Die Region hängt von der Stadt ab, die Stadt von der Person.

Dokumente

Wir haben ja schon einige Anwendungen geschrieben, die mit Dokumenten umgingen. Die Basisklasse für Dokumente ist NSDocument. Bereits bei Anlage des Projektes wird hiervon eine Subklasse erzeugt, die im Template `MyDocument` heißt. In dieser Subklasse werden typischerweise die Wurzeln unseres Models modelliert.

Daneben kümmert sich das Dokument vor allem darum, dass einerseits Dokumente geladen und gespeichert werden und andererseits darum, dass Undoing funktioniert.

Um diese Technologien in Applikationen ohne Core-Data zu erläutern, bitte ich Sie zunächst, sich von der Webseite das Projekt-07-start zu besorgen. Es handelt sich um das letzte Projekt aus Kapitel 4.

Um allerdings die Probleme deutlicher zu machen, müssen wir hier noch eine Ergänzung vornehmen. Zur Erinnerung: Wir hatten damals im Dokument Konvertierungen gespeichert, wobei wir ein `NSSet` von Dictionarys verwendeten. Dies bauen wir auf eine eigene Klasse um. Legen Sie also zunächst in Xcode mit *File | New File...* eine neue Datei an, wobei Sie im Dialog links *Cocoa* und rechts *Objective-C class* wählen. Nach einem Klick auf *Next* geben Sie als Namen *Conversion.m* an.

In »Conversions.h« geben wir der Klasse zwei Eigenschaften:

```
...
@interface Conversion : NSObject {
    NSString*    name;
    NSNumber*    factor;

}
@property( readwrite, copy ) NSString* name;
@property( readwrite, copy ) NSNumber* factor;
@end
```

Entsprechend bauen wir die Implementierung:

```
...
@implementation Conversion
@synthesize name, factor;

- (id)init
{
   self = [super init];

   if( self ) {
      self.name = @"Ohne Namen";
```

```
        self.factor = [NSNumber numberWithDouble:1.0];
    }

    return self;
}

- (void)dealloc
{
    self.factor = nil;
    self.name = nil;

    [super dealloc];
}
@end
```

Zuletzt müssen wir nur noch dafür sorgen, dass der Array-Controller im Nib auch Instanzen unserer neuen Klasse erzeugt. Dazu öffnen Sie bitte MyDocument.xib und wählen dort den Conversions Controller an. Im Attributes-Pane geben Sie hinter *Class Name* als Text *Conversion* ein, damit der Array-Controller weiß, was er herzustellen hat.

> **HILFE**
>
> Sie können das Projekt in diesem Zustand als »Projekt-07-01« von der Webseite herunterladen.

Laden und Speichern

Bei der Übertragung des Dokumentes von einer Datei oder in eine Datei existieren grundsätzlich zwei Probleme:

- Es muss ein Speicherort oder eine Datei vom Benutzer ausgewählt werden. Beim Speichern muss diese Datei angelegt werden. Hierum kümmert sich bereits das System, so dass wir damit wenig Sorge haben.

- Die Daten, also unser Dokument, muss für die Speicherung serialisiert werden. Dies bedeutet, dass wir die unter Umständen komplizierte Struktur in einen Informationswurm verwandeln, also hintereinander anordnen.

Eigentlich klingt das einfach. Wir könnten ja einfach alle Instanzen einer Entität durchgehen, in einer Property-List verwandeln und speichern. Das Problem liegt jedoch in den Beziehungen. In unserem Programm werden diese ja durch die IDs der Objekte abgebildet. Dabei handelt es sich jedoch um Speicherstellennummern. Diese können nicht wieder verwendet werden. Der Grund ist einfach: Sie hängen von dem aktuellen Zustand das Programms ab. Wenn schon Dokumente geladen sind, können bei einem späteren Laden des gespeicherten Dokumentes die Speicherstellennummern ungültig sein. Außerdem hatten wir im Kapitel über Container gesehen, dass dieses »dumme« Speichern dazu führen kann, dass sich Elemente verdoppeln. So funktioniert das Ganze also nicht.

Glücklicherweise existieren in Cocoa Klassen, die diese Probleme lösen. Die Basisklasse ist dabei `NSCoder`. Für uns sind davon vier Subklassen interessant:

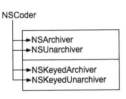

Für die Serialisierung werden vier Subklassen von `NSCoder` angeboten, die sich in zwei Paare einteilen lassen.

- Die Klassen `NSArchiver` und `NSUnarchiver` dienen zum Abspeichern bzw. Laden von Instanzen, ohne dass die einzelnen Eigenschaften bezeichnet werden.

- Die Klassen `NSKeyedArchiver` und `NSKeyedUnarchiver` haben dieselbe Aufgabe, geben aber jeder Eigenschaft einen Namen, der wieder einmal `Key` heißt.

Es gibt zwei Gründe, Schlüssel für Eigenschaften zu verwenden: Zum einen kann beim Lesen einer Instanz die Reihenfolge der Eigenschaften selbst bestimmt werden. Sie kann also anders lauten als beim Abspeichern. Das ist häufig praktisch. Zum anderen können neue Eigenschaften unter einem neuen Schlüssel gespeichert werden, so dass alte Programmversionen einfach nur die alten Eigenschaften lesen, neue Programmversionen alle. Ich rate daher dringend an, die bereits mit Jaguar (Mac OS X 10.2) eingeführten Klassen `NSKeyedArchiver` und `NSKeyedUnarchiver` zu verwenden.

Beim Laden oder Speichern gehen wir so vor, dass wir die zu ladenden bzw. speichernden Daten in eine Instanz der Klasse `NSData` umwandeln. Das ist die Serialisierung bzw. Deserialisierung. Diese Instanz wird dann von Cocoa abgespeichert bzw. geladen. Das eigentliche Speichern nennt man »Archivierung«, das Laden dann – richtig geraten – »Dearchivierung«. Herein ins Vergnügen:

Dokumenttyp

Bevor wir aber loslegen, müssen wir unserem Dokument einen Typen geben. Hierzu öffnen Sie in der Projektleiste *Groups & Files* den Eintrag *Target*. Wählen Sie dann in der Gruppe das aktuelle Target *Converter* aus. Nun klicken Sie auf in der Werkzeugleiste des Projektfensters auf *Info*. Im folgenden Fenster wählen Sie den Tab *Properties*. Wir legen jetzt also Einstellungen für unser Target fest, welches die Applikation war.

> **HILFE**
>
> Weil es schon so lange her ist, hier noch einmal die Erinnerung: Target ist das Ergebnis unseres Projektes. Dabei können in einem Projekt mehrere, unterschiedliche Targets vorhanden sein. Meist hat man jedoch ein Target, welches eine Applikation ist.

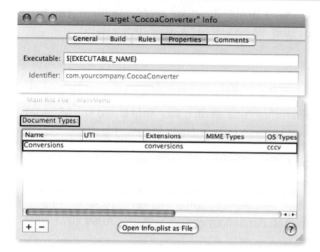

Die Einstellungen für ein Dokument

Wir werden hier nur einen Auszug behandeln, nämlich den unteren Bereich für die Dokumente. Die weiteren Einstellungen bespreche ich im nächsten Kapitel.

Für jeden Dokumententyp – eine Applikation kann mehrere verwalten – werden hier ein paar grundlegende Einstellungen vorgenommen:

- *Name* bezeichnet den Klarnamen des Dokumentes. Bitte tragen Sie hier *Conversions* ein.

- *UTI* ist ein neues System von Typ-Identifikatoren. Es hat den Vorteil hierarchisch organisiert zu sein. Lassen Sie das Feld bitte leer.

- *Extension* ist das Dateinamensuffix. Wir benutzen hier *conversions*, was Sie bitte eintragen.

- Der *MIME Type* ist ein Medientypensystem, welches von der Internet assigned Numbers Authority (IANA) gepflegt wird. Es findet vor allem im Internet und bei E-Mails Anwendung. Wir lassen das Feld frei.

- Mit *OS Type* kann ein Kürzel aus vier Buchstaben angegeben werden, welches das Format bezeichnet. Sie tragen hier *cccv* ein. *Class* ist diejenige Klasse, die der Dokumentencontroller erzeugen soll, wenn eine entsprechende Datei geöffnet wird. Sie können also verschiedene Dateitypen von verschiedenen Dokumenten-Subklassen bearbeiten lassen. Wir belassen es bei unserer Klasse *MyDocument*.

- Mit *Icon File* können wir dem Dokument ein Piktogramm zuweisen. Wie diese Piktogramme erstellt und ins Projekt integriert werden, besprechen wir im Kapitel Xcode. Lassen Sie jetzt das Feld frei.

- *Store Type* bestimmt das Datenformat bei Core-Data. Ich komme darauf gleich zurück. Lassen Sie das Feld unverändert.

- Mit *Role* kann angegeben werden, was unser Programm mit dem Dokument anfangen kann. Wird es wie bei uns auch bearbeitet, so ist *Editor* einzutragen. Kann es nur angezeigt, aber nicht bearbeitet werden, so verwendet man *Viewer*. Schließlich kann *None* eingetragen werden, wenn das Programm nichts mit dem Dateiinhalt anfangen kann, jedoch anderweitig Informationen aus der Datei verwendet. Ein Beispiel ist der Finder. Belassen Sie das Feld auf *Editor*.

- Schließlich sagt *Package*, dass die Datei als *Bundle* gespeichert werden soll. Was ein Bundle ist, sehen wir im Kapitel über Xcode. Lassen Sie diese Option ausgeschaltet.

Schließen Sie das Fenster wieder.

Serialisieren

Um unser Dokument abzuspeichern, können wir verschiedene Methoden schreiben. Der Document-Controller schaut nach, was wir so anzubieten haben. Hierzu findet sich im Dokument-Template ein Kommentar. Dort wird auch beschrieben, dass für Panther-Systeme (Mac OS X 10.3) andere Methoden verwendet werden müssen. Ich halte Panther-Unterstützung nun nicht mehr für erforderlich.

- Mit `-fileWrapperOfType:error:` geben wir einen sogenannten File-Wrapper zurück. Die Klasse `NSFileWrapper` bildet einen Dateieintrag ab. Die Daten müssen dann freilich dort gespeichert sein.

- Mit `-writeToURL:ofType:error:` oder `-writeToURL:ofType:forSaveOperation:originalContentsURL:error:` kann das Schreiben von Dokumenten selbst übernommen werden.

- In aller Regel können wir einfach die bereits im Template enthaltene Methode `-dataOfType:error:` ausformulieren.

Wir wählen wie fast immer die letzte Variante. Öffnen Sie MyDocument.m. Dort scrollen Sie bis zu der Methode `-dataOfType:error:`. Löschen Sie dort die Kommentare. Stattdessen schreiben wir zunächst einen Testcode:

```
...
- (NSData*)dataOfType:(NSString*)typeName
          error:(NSError**)outError
{
```

```
    NSData* data = nil;

    if( [typeName isEqualToString:@"Conversions"] )
    {
       data = [@"Hallo" dataUsingEncoding:NSUTF8StringEncoding];

    } else if ( outError != NULL ) {
       *outError = [NSError errorWithDomain:NSOSStatusErrorDomain
                                       code:unimpErr
                                   userInfo:NULL];
    }
    return data;
}
...
```

Die Methode überprüft also zunächst, ob es sich um das erwartete Dateiformat handelt. Ist dies der Fall, wird testweise mal der String »Hallo« als UTF8-String in eine Data-Instanz umgewandelt. Dies geben wir zurück. Cocoa selbst speichert es dann unter der vom Benutzer angegebenen Adresse.

Starten Sie das Programm, fügen Sie einen neuen Eintrag hinzu und speichern Sie das Ganze, am besten auf dem Schreibtisch. Sie können sich bereits jetzt im *Sichern*-Dialog unsere neue Endung *conversions* anzeigen lassen. Hiernach suchen Sie die Datei bitte im Finder. Lassen Sie sich mit [Befehl]+[I] eine Info anzeigen.

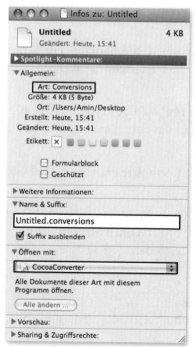

Sie können jetzt sehen, dass unsere Einstellungen dem Finder bekannt sind.

Der Finder kennt unsere Einstellungen.

Es stellt sich natürlich die Frage, warum gerade der Finder an diese Informationen kommt. Der Hintergrund ist, dass ein Systembestandteil, die Launch-Services, Programme nach Informationen über Dokumente durchsuchen. Und der Finder wiederum befragt diese Launch-Services.

Als Nächstes machen Sie bitte einen [ctrl]-Klick auf die Datei und wählen *Öffnen mit | Anderem Programm ...* . In dem folgenden Dialog wählen Sie *TextEdit* aus. Sie sehen, dass unser »Hallo« in der Datei steht.

Gut, wir waren also prinzipiell in der Lage, das Datenformat zu konfigurieren und Daten dort abzulegen. Jetzt wollen wir aber wirklich das Dokument speichern. Dazu erweitern wir zunächst die Methode um einen Coder:

```
...
- (NSData*)dataOfType:(NSString*)typeName
               error:(NSError**)outError
{
    NSMutableData* data = nil;

    if( [typeName isEqualToString:@"Conversions"] ) {
        data = [NSMutableData data];
        NSKeyedArchiver* coder
            = [[[NSKeyedArchiver alloc]
                         initForWritingWithMutableData:data]
                         autorelease];
        [coder setOutputFormat:NSPropertyListXMLFormat_v1_0];
        [coder encodeObject:@"Hallo" forKey:@"Nur ein Test"];
        [coder finishEncoding];
    } else if ( outError != NULL ) {
...
    return data;
}
```

Zunächst erzeugen wir also ein veränderliches Datenobjekt, also eine Instanz der Klasse `NSMutableData`. Für dieses legen wir einen Keyed-Archiver an. Als Nächstes müssen wir diesem sagen, in welchem Format die Daten gespeichert werden sollen. Hierbei existieren zwei Formate, die Sie bereits aus dem Abschnitt über Property-Lists kennen.

> **➤AUFGEPASST**
> Damit wir das gleich besser lesen können, wählen wir das XML-Format. Dieses Format verbraucht allerdings recht viel Speicher, so dass in der Auslieferungsversion Ihres Programms auch sehr gut Binary als Format verwendet werden kann.

Dann machen wir es uns erneut einfach und speichern nur einen String unter dem Schlüssel »Nur ein Test«. Dazu dient die Methode -encodeObject:forKey:. Selbstverständlich können Sie auch andere Datentypen speichern, wobei die Methoden entsprechend -encodeInteger:forKey: für eine Variable vom Typen NSInteger, -encodeFloat:forKey: für einen Float usw. lauten. Verwenden Sie NSArchiver anstelle von NSKeyedArchiver, ist das forKey: jeweils wegzulassen.

Schließlich müssen wir dem Coder mit -finishEncoding mitteilen, das wir fertig sind.

Testen Sie das wieder und öffnen Sie danach bitte wieder den erzeugten Output mit TextEdit. Sie sehen dann aber auch, dass eine Property-List erzeugt wurde. Allerdings ist offenkundig ihr Aufbau schon etwas komplizierter. Darauf komme ich gleich zurück.

Wir unternehmen jetzt den nächsten Schritt und speichern das Dokumentenobjekt. Da gibt es aber nicht viel, lediglich unser Set mit den Conversions.

```
...
        [coder setOutputFormat:NSPropertyListXMLFormat_v1_0];
        [coder encodeObject:self.conversions
                    forKey:@"conversions"];
        [coder finishEncoding];
...
```

Gut, jetzt muss der Archiver aber noch wissen, wie er die einzelnen Conversion-Instanzen speichern kann. Dazu öffnen wir Conversion.m und fügen eine Methode ein:

```
...
@synthesize name, factor;

- (void)encodeWithCoder:(NSCoder*)coder
{
    [coder encodeObject:self.name   forKey:@"name"];
    [coder encodeObject:self.factor forKey:@"factor"];
}


- (id)init
...
```

Diese Methode wird automatisch vom Archiver aufgerufen, wenn er die Conversion-Instanz im Set sieht. Das ist nicht einfach zu verstehen: Der Archiver weiß von uns, dass er ein Set speichern soll. Ein Set ist aber für ihn auch nur ein fremdes Ding. Daher befiehlt er mit der Methode -encodeWithCoder: dem Set: »Wandele dich mal in Daten um!«

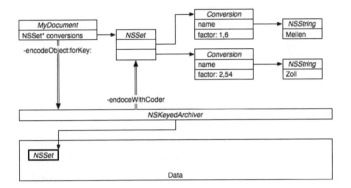

Archiver und Model spielen Ping-Pong.

Hierbei macht das Set seinerseits nichts anderes als wir im obigen Code: -encodeObject:forKey: an den Archiver zu senden und zwar für jedes enthaltene Objekt. Damit weiß der Archiver jetzt wieder, dass er Instanzen der Klasse Conversion speichern soll. Und schickt daher an jede Instanz entsprechend -encodeWithCoder:.

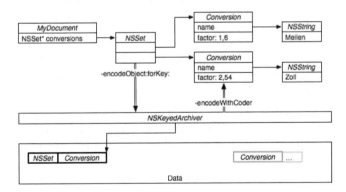

Für jede Instanz in dem Set wird wiederum eine -encode:forKey-Nachricht ausgeführt.

Darauf reagiert die einzelne Instanz im Set wiederum damit, dass für jedes Attribut eine -encodeObject:forKey:-Nachricht an den Coder gesendet wird, die wiederum zu einem -encodeWithCoder: für die Attribute führt.

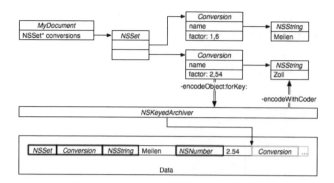

Tischtennis-Rundlauf: Jeder spielt nacheinander mit dem Archiver.

Da für die beteiligten Klassen `NSSet`, `NSString` und `NSNumber` bereits die entsprechenden Methoden implementiert sind, müssen wir nur noch dafür sorgen, dass dies auch für unsere eigene Klasse `Conversion` gilt. Und das hat der obige Code erledigt.

Aber wieso gibt es ein so kompliziertes gemischtes Doppel? Wäre es nicht einfacher, wenn wir etwa in unserem `-encodeWithCoder:` einfach die entsprechende Methode von `NSString` aufrufen würden? Der Grund liegt in der Lösung der eingangs besprochenen Probleme:

- Da der Archiver die einzelnen Objekte »sieht«, kann er die ihm übergebene ID (Speicherstellennummer) in eine Pesistenz-ID umwandeln. Er nummeriert einfach die Objekte durch. Die Verweise zwischen den Objekten werden dann durch diese Persistenz -IDs ersetzt. (Und beim Laden wird rückaufgelöst.)

- Hätten wir einen Zyklus im Graphen, etwa einen Rückverweis, so erkennt das der Archiver automatisch und speichert dieses Objekt nicht neu. (Allerdings empfiehlt es sich häufig, einfache Rückverweise erst gar nicht zu speichern.) Ebenso werden mehrfache Referenzierungen erkannt. Beim Laden wird durch den Setter die Lage automatisch wieder hergestellt, aber eben unabhängig von der Anzahl der Referenzierungen nur einmal. Dies löst das Problem der doppelten Instanzen.

Starten Sie das Programm wieder und geben Sie zwei Umrechnungen ein, die Sie *Zoll* und *Meilen* nennen. Speichern.

> **➤ AUFGEPASST**
>
> Da bei Ihnen die Speicherung anders aussehen kann, habe ich die Datei als Codertest auf der Seite zum Buch hochgeladen. Bitte laden Sie sich diese herunter und öffnen Sie diese im TextEdit. Ich habe dort auch von Hand die Nummerierungen eingefügt, wie Sie diese unten sehen. Diese werden also nicht vom Coder erzeugt.

DIE MODELSCHICHT   KAPITEL 7

Schauen wir uns einmal die Dateistruktur an, indem Sie wieder die Datei in TextEdit öffnen. Auf oberer Ebene sieht diese so aus:

```xml
<?xml version="1.0" encoding="UTF-8"?>
<!DOCTYPE plist PUBLIC "-//Apple//DTD PLIST 1.0//EN" "http://www.apple.com/DTDs/PropertyList-1.0.dtd">
<plist version="1.0">
<dict>
    <key>$archiver</key>
    <string>NSKeyedArchiver</string>
    <key>$objects</key>
    <array>
    …
    </array>
    <key>$top</key>
    <dict>
        <key>conversions</key>
        <dict>
            <key>CF$UID</key>
            <integer>1</integer>
        </dict>
    </dict>
    <key>$version</key>
    <integer>100000</integer>
</dict>
</plist>
```

Wir haben es also mit einer Property-List zu tun, die auf oberster Ebene ein Dictionary enthält. Uns interessieren dabei zwei Einträge in dem Dictionary, nämlich *$objects*, zu dem ein Array gespeichert ist, und *$top*, welcher wiederum ein Dictionary enthält.

Das Top-Objekt stellt denjenigen dar, der die Speicherei angefangen hat, also unser Dokument. Es enthält nur einen Wert, nämlich für den Key *conversions*. Das ist ja auch richtig, denn diesen Key hatten wir in MyDocument.m benutzt. Bisher wissen wir also: Es gibt ein Top-Objekt (unser Dokument), welches eine Eigenschaft *conversions* gespeichert hat. In diesem Key müsste sich aber doch unser Set befinden? Stattdessen steht da nur die Nummer namens *CF$UID*! Dies ist unsere Persistenz-ID. Diese Zeile bedeutet also, dass wir in unserem Dokument unter dem Schlüssel *conversions* das Objekt Nummer 1 gespeichert haben.

Gut, dann scrollen wir mal hoch in das $objects-Array und schauen uns Objekt Nummer 1 an. Das müsste ja das zweite Objekt in dem Objects-Array sein, da ab 0 gezählt wird:

```
...
    <key>$archiver</key>
    <string>NSKeyedArchiver</string>
    <key>$objects</key>
    <array>
       <string>$null</string>                    // Nummer 0
       <dict>                                    // Nummer 1
          <key>$class</key>
          <dict>
             <key>CF$UID</key>
             <integer>9</integer>
          </dict>
          <key>NS.objects</key>
          <array>
             <dict>
                <key>CF$UID</key>
                <integer>2</integer>
             </dict>
             <dict>
                <key>CF$UID</key>
                <integer>6</integer>
             </dict>
          </array>
       </dict>
       <dict>                                    // Nummer 2
...
    </array>
    <key>$top</key>
...
```

Es handelt sich um ein Dictionary mit den Schlüsseln $class und NS.objects. Hmm, das müsste ja aber eigentlich unser Set sein. Unter $class wird die Klasse gespeichert. Aber auch hier erfolgt ein Verweis (CF$UID) auf den Eintrag 9, der die Klasse und die Vererbungshierarchie beschreibt. Objekt 9 war ja das letzte vor $top:

```
...
       <real>1.6000000000000001</real>          // Nummer 8
       <dict>                                    // Nummer 9
```

Die Modelschicht   Kapitel 7

```
            <key>$classes</key>
            <array>
               <string>NSSet</string>
               <string>NSObject</string>
            </array>
            <key>$classname</key>
             <string>NSSet</string>
        </dict>
    </array>
    <key>$top</key>
```
...

Hier sehen wir es also: In der Tat soll die Klasse NSSet sein, und auch die Vererbungshierarchie wird mitgeteilt!

Gut, Objekt 1 ist also das erwartete Set. Schauen wir uns den Inhalt an, der sich im Array zum Schlüssel NS.objects befindet.

```
            <dict>                                        // Nummer 1
                <key>$class</key>
                <dict>
                    <key>CF$UID</key>
                    <integer>9</integer>
                </dict>
                <key>NS.objects</key>
                <array>
                    <dict>
                        <key>CF$UID</key>
                        <integer>2</integer>
                    </dict>
                    <dict>
                        <key>CF$UID</key>
                        <integer>6</integer>
                    </dict>
                </array>
```

Wie Sie erkennen können, wird zu jedem im Set enthaltenen Objekt ein Dictionary angelegt, welches schließlich die Nummer des Objektes angibt. Unser Set enthält also die Objekte 2 und 6. Das müssten also die Conversions-Instanzen aus unserem Programm sein. Gut, Nummer 2 können wir schnell nachprüfen. Das folgt ja sogleich. Es handelt sich wiederum um ein Dictionary mit 3 Einträgen,

```
<dict>                              // Nummer 2
   <key>$class</key>
   <dict>
     <key>CF$UID</key>
     <integer>5</integer>
   </dict>
   <key>factor</key>
   <dict>
     <key>CF$UID</key>
     <integer>4</integer>
   </dict>
   <key>name</key>
   <dict>
     <key>CF$UID</key>
     <integer>3</integer>
   </dict>
</dict>
```

Zunächst folgt wieder die Bezeichnung der Klasse. Sie können dem folgen, wenn Sie wollen. Sie werden dort als Klassennamen Conversion und die Vererbungshierarchie finden. Danach kommen aber schon unsere Schlüssel *factor* und *name*. Auch diese verweisen wiederum auf die entsprechenden Einträge. Nehmen wir den letzen mit der Nummer 3, der ja unmittelbar auf unser Dictionary folgt. Schau an, dort steht also der String mit unserem Namen:

```
<string>Zoll</string>               // Nummer 3
```

Sie müssen sich damit nicht im Einzelnen auseinandersetzen. Ich wollte Ihnen die Logik demonstrieren, weil es zuweilen zu Testzwecken ganz angenehm ist, das gespeicherte Format anzuschauen. Wichtig für Sie ist es, zu erkennen, dass jedes Objekt statt seiner ID eine CF$UID bekommt und alle Verweise aufgelöst werden. Ich habe Ihnen das, soweit es unsere Daten betrifft, noch einmal aufgezeichnet:

Die Modelschicht

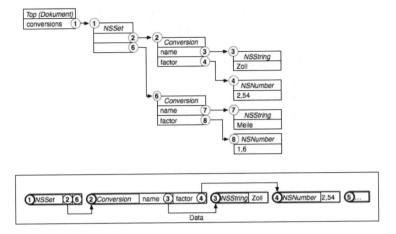

Platt gemacht: Aus den Verweisen werden Zahlen.

> **➤ GRUNDLAGEN**
>
> Die Abspeicherung der Klasseninformation ist dafür wichtig, dass bei der Deserialisierung auch wieder entsprechende Instanzen erzeugt werden können.

> **➤ HILFE**
>
> Sie können das Projekt in diesem Zustand als »Projekt-07-02« von der Webseite herunterladen.

Deserialisierung

Wer »A« sagt, muss auch »B« sagen. Wer speichert, muss auch laden. Also begeben wir uns an die Deserialisierung. Da Sie jetzt eigentlich schon alles über das Prinzip wissen, gestaltet sich die Angelegenheit knapp und kurz:

Zunächst müssen wir in MyDocument.m das Laden wieder anstoßen. Dazu füllen wir die Methode -readFromData:ofType:error: aus. Sie ist sozusagen das Spiegelbild zu -dataOfType:error:.

```
...
- (BOOL)readFromData:(NSData *)data
           ofType:(NSString *)typeName
           error:(NSError **)outError
{
    if( [typeName isEqualToString:@"Conversions"] ) {
        NSKeyedUnarchiver* coder
            = [[[NSKeyedUnarchiver alloc]
```

```
                                    initForReadingWithData:data]
                                    autorelease];
        self.conversions
            = [coder decodeObjectForKey:@"conversions"];
        [coder finishDecoding];
    } else if ( outError != NULL ) {
        *outError = [NSError errorWithDomain:NSOSStatusErrorDo-
main
                                        code:unimpErr
                                    userInfo:NULL];
    }
    return YES;
}
@end
```

Und zu -encodeWithCoder: spiegelbildlich müssen wir in Conversion.m eine Methode -initWithCoder: implementieren:

```
...
@implementation Conversion
@synthesize name, factor;

#pragma mark Serialization
- (void)encodeWithCoder:(NSCoder*)coder
{
    [coder encodeObject:self.name   forKey:@"name"];
    [coder encodeObject:self.factor forKey:@"factor"];
}

- (id)initWithCoder:(NSCoder*)coder
{
    self = [super init];
    
    if( self ) {
        self.name   = [coder decodeObjectForKey:@"name"];
        self.factor = [coder decodeObjectForKey:@"factor"];
    }
    return self;
}
#pragma mark -

#pragma mark Instantiation
```

Die Modelschicht

```
- (id)init
...
```

Das ist ein bisschen erstaunlich: Neben die »Standardinitialisierungskette« aus Kapitel 3 tritt eine zweite, die für die Deserialisierung zuständig ist: Sollte die Superklasse – was bei `NSObject` nicht der Fall ist – selbst `-initWithCoder:` implementieren, so muss entsprechend dieser Initialisierer und nicht der Designated-Initializer der Superklasse aufgerufen werden!

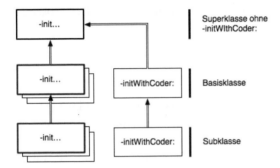

Beim Decoding wird nicht der Designated-Initializer (fett), sondern `-initWithCoder:` der Superklasse aufgerufen, wenn er bei dieser implementiert ist.

Selbstverständlich existieren wiederum entsprechende Methoden wie `-decodeIntegerForKey:`, `-decodeFloatForKey:` usw. für andere Typen. Bei einem einfachen Archiver gibt es diese Methoden dann ohne `ForKey:`.

Sie müssen jetzt zunächst das Programm mit *Build and Go* übersetzen, wobei Sie es gleich wieder beenden. Jetzt führen Sie einen Doppelklick auf die soeben gespeicherte Datei aus. Das Programm sollte starten und das Dokument anzeigen.

> **HILFE**
>
> Sie können das Projekt in diesem Zustand als »Projekt-07-03« von der Webseite herunterladen.

Handwerksregeln

Gut, das war zwischenzeitlich recht anspruchsvoll. Aber bedenken Sie als Quintessenz, was Sie letztlich zur Archivierung an Sourcecode benötigen: Ein paar läppische Zeilen ...

- Schreiben Sie in Ihrer Dokumentenklasse für die Serialisierung eine Methode `-dataOfType:error:`, welche ein Data-Objekt liefert, und eine Methode `-readFromData:ofType:error:`, welche ein übergebenes Data-Objekt deserialisert.

- Für die Serialisierung bzw. Deserialisierung verwenden Sie einen Archiver als Subklasse von `NSCoder`. Hiermit starten Sie die Serialisierung bzw. Deserialisierung.

- Für jede Model-Klasse in Ihrem Programm schreiben Sie die Methoden `-encodeWithCoder:` bzw. `-initWithCoder:`, die wiederum die Methoden `-encode…:forKey:` und `-decode…:forKey:` verwenden.

> **►HILFE**
>
> Sie können das Projekt in diesem Zustand als »Projekt-07-03« von der Webseite herunterladen.

Undo

Eine wichtige Standardfunktion für Anwendungen ist das Undo-Management (Change-Management). Natürlich lässt sich dieses auch für Applikationen implementieren, die nicht mit Dokumenten arbeiten. Im Prinzip läuft das gleich: Es gibt einen sogenannten Undo-Manager pro Model, der das Undo und Redo verwaltet. Bei Applikationen mit Dokumenten ist dieser deshalb pro Dokument vorhanden, bei Anwendungen ohne Dokumente pro Applikation.

> **►GRUNDLAGEN**
>
> Die Applikation legt nicht automatisch einen Undo-Manager an. Es kann bei ganz einfachen Anwendungen ausreichen, den automatisch vom Fenster angelegten Undo-Manager zu verwenden. Ansonsten empfiehlt sich, im Application-Delegate selbst eine Instanz zu erzeugen und einen Getter zur Verfügung zu stellen.

Zusätzlich kann es aber weitere Undo-Manager geben, die rein lokale Funktionalität haben. So legen etwa Textviews einen eigenen Undo-Manager an. Das Undo wird daher innerhalb dieses Textviews gehandhabt und bezieht sich nur auf dieses. Dies funktioniert, weil die Undo-Funktion ja vom Menü aus aufgerufen wird und daher die Responder-Chain durchläuft.

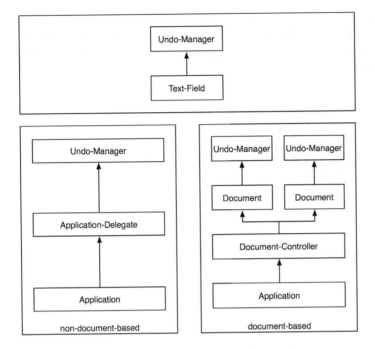

Jedes Model hat seinen Undo-Manager. Zudem können weitere Elemente über einen privaten Undo-Manager verfügen.

Undo-Stack

Die vom Benutzer gemachten Änderungen werden vom Undo-Manager über einen sogenannten Undo-Stack – bzw. Redo-Stack für die Menüfunktion *Bearbeiten | Wiederherstellen* – verwaltet. Im Prinzip verhält es sich dabei so, dass bei jeder Operation eine Methode für ein Undo registriert wird. Klickt der Benutzer im Menü *Bearbeiten* auf *Widerrufen*, so wird diese Undo-Methode ausgeführt. Es ist auch möglich, mehrere Methoden mit `-beginUndoGrouping` und `-endUndoGrouping` (beide `NSUndoManager`) zu Gruppen zusammenzufassen, die nur einen Eintrag bilden.

Wir haben also zu jeder Funktion des Programms eine Umkehrfunktion. Diese Umkehrfunktion ist meist aber selbst auch eine Funktion des Programms und hat daher ihrerseits eine Umkehrfunktion.

> **▶BEISPIEL**
>
> Unser Programm hat die Funktion »Umrechnung einfügen«. Die Umkehrfunktion ist offenkundig »Umrechnung löschen". Hiervon ist aber wiederum die »Umrechnung einfügen« die Umkehrung.

Am besten lässt sich das an einer Sitzung demonstrieren: Nehmen wir unser Programm und fügen eine Umrechnung hinzu. Die entsprechende Methode nimmt die Änderung am Model durch und speichert im Undo-Manager zugleich die gegenteilige Funktion »Umrechnung löschen«.

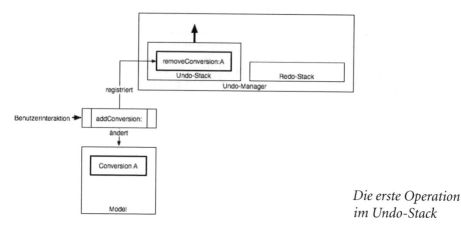

Die erste Operation im Undo-Stack

Wir fügen eine weitere Umrechnung B hinzu. Wieder wird das Model entsprechend geändert und die Umkehrfunktion gespeichert.

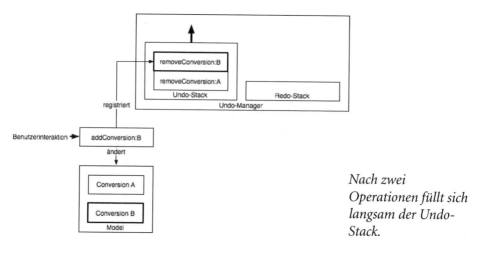

Nach zwei Operationen füllt sich langsam der Undo-Stack.

Jetzt löscht der Benutzer wieder die Umrechnung A. Nicht über die Undo-Funktion im Menü, sondern wirklich über den Löschbutton. Dies wird ebenfalls »ganz normal« registriert. An der Umkehrfunktion ist es jetzt freilich, die Umrechnung A einzufügen. Also: Jede Funktion des Programms hat eine Umkehrfunktion, welche in der Regel wiederum eine Funktion des Programms ist.

Die Modelschicht

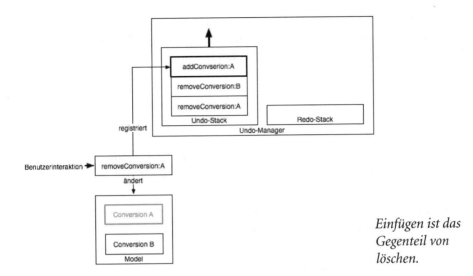

Einfügen ist das Gegenteil von löschen.

Jetzt stellen wir uns vor, dass der Benutzer eilig *Widerrufen* (Undo) im Menü *Beabreiten* anklickt, weil er gar nicht A löschen wollte. Ein Versehen! Die letzte Operation, das Löschen von A, muss rückgängig gemacht werden. Der Undo-Manager entnimmt jetzt den obersten Eintrag von dem Undo-Stapel – addConversion:A – und führt mit dieser Methode die Operation durch. Damit ist die Umrechnung A wieder dem Model hinzugefügt, die Löschoperation ist also rückgängig gemacht. Et voilá!

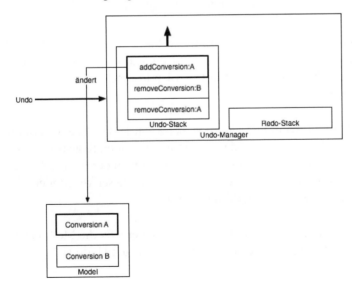

Bei einem Undo wird die letzte Operation auf dem Undo-Stack ausgeführt.

Gleichzeitig muss aber diese Undo-Operation von dem Undo-Stack entfernt werden, damit bei einem – gedachten – erneuten Undo die nächste Operation rückgängig gemacht wird. Dies macht der Undo-Manager automatisch:

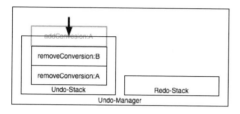

Eine durchgeführte Undo-Operation wird vom Stack entfernt.

Aber der aufmerksame Leser bemerkt hier ein Problem: Diese soeben vom Undo-Manager ausgeführte Methode addConversion:A würde ja ihrerseits wieder ihr Gegenteil registrieren! So würde also sogleich wieder ein removeConversion:A auf dem Undo-Stack landen. Das Ergebnis sähe so aus:

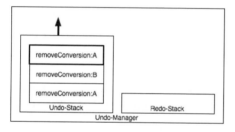

Fehler: Eine Undo-Operation darf keine Undo-Operation registrieren!

Dies ist offenkundig falsch, dann wir kämen im Undo-Stack gar nicht mehr zurück zu removeConversion:B: Ein erneutes Undo des Nutzers würde vielmehr A wieder entfernen und eine Einfügeoperation für A auf den Undo-Stack legen. Der Stapel würde also nicht schrumpfen.

Hier kommt ein Trick zum Tragen: Der Undo-Manager hat ja die letzte Operation durchgeführt. Er »weiß«, dass er sich gerade im Undoing befindet. Registriert daher die von ihm ausgeführte Methode ihre Umkehrfunktion, so zieht der Undo-Manager eine lange Nase und wirft diese nicht auf den Undo-Stack. Dieser vermindert sich also tatsächlich, wie in der vorletzten Abbildung gezeigt.

Aber der Undo-Manager ist auch nicht faul: Vielmehr wirft er jetzt die Methode auf den Redo-Stack. Die wirkliche Lage nach einem durchgeführten Undo sieht also so aus:

Die Modelschicht

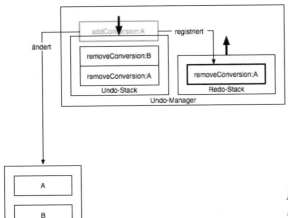

Die Undo-Registrierung während einer Undo-Operation landet auf dem Redo-Stack.

Dies ist auch richtig, wenn wir alles noch einmal Revue passieren lassen: Der Benutzer hatte A entfernt. Er drückte auf Undo, was A wieder zum Vorschau brachte. Jetzt ist er mit dem Undo aber nicht zufrieden und wählt *Wiederholen* (Redo). Damit muss A wieder gelöscht werden. Genau dies befindet sich auf dem Redo-Stack!

Ja, das ist nicht ganz einfach zu verstehen, weil es mächtig verschachtelt ist und dann auch noch mit Seitenausgang. Aber fassen wir mal zusammen, was unsere Tätigkeit ist: Wir müssen einfach bei einer Operation ihr Gegenteil im Undo-Manager registrieren. Dieser kümmert sich dann schon darum, dass dies auf dem richtigen Stapel landet und führt gegebenenfalls die Operationen durch. Wir bauen das gleich ein.

Undo implementieren

Machen wir uns also daran und implementieren Undo. Es sei bereits hier erwähnt, dass man ein eigenes Undo für alle sich gegenseitig beeinflussenden Bereiche einer Anwendung implementieren muss, da sonst Inkonsistenzen drohen. Stellen Sie sich vor, dass Ihr Undo-Stack durcheinander gerät und Attribute von Objekten geändert werden, die schon längst nicht mehr existieren. Das hört sich nicht gut an. Ich werde das hier aber wiederum nur exemplarisch machen und überlasse Ihnen die Restarbeit zu Übungszwecken – wenn Sie üben wollen.

Ich hatte bereits erwähnt, dass es eine gute Idee ist, für jedes Dokument einen Undo-Manager zu besitzen. Die Standardimplementierung von `NSDocument` erzeugt automatisch einen solchen. Wir müssen uns darum also nicht kümmern.

Worum wir uns aber – anders als bei der Verwendung von Core-Data – kümmern müssen, ist die Bedienung des Undo-Managers. Dazu spendieren wir unserem Dokument zwei Actionmethoden `-add:` und `-remove:`.

```
…
#import <Cocoa/Cocoa.h>

@interface MyDocument : NSDocument
{
   NSSet* conversions;


   IBOutlet NSArrayController*  conversionsController;
}
@property( readwrite, copy ) NSSet* conversions;

- (IBAction)add:(id)sender;
- (IBAction)remove:(id)sender;
@end
```

Dementsprechend implementieren wir die Methoden. Dabei existiert noch ein kleines Problem. Um dies zu erkennen, fangen wir jedoch einfach mal an:

```
…
#import "MyDocument.h"
#import "Conversion.h"
…
@implementation MyDocument
@synthesize conversions;

- (IBAction)add:(id)sender
{
   Conversion* newConversion;

   newConversion = [[[Conversion alloc] init] autorelease];

   [conversionsController addObject:newConversion];
}

- (IBAction)remove:(id)sender
{
   [conversionsController remove:sender];
}
…
```

Wir machen hier nichts Neues: Wird ein Objekt eingefügt, so erzeugen wir uns eines und sagen dem Array-Controller, dass er es hinzufügen soll. Beim Löschen leiten wir einfach die Anfrage an ihn weiter. Öffnen Sie nun noch »MyDocument.nib« und verbinden Sie das soeben angelegte Outlet *conversionsController* des *File's Owners* – das ist unser Dokument – mit dem *Conversions Controller*. Außerdem öffnen Sie bitte im Fenster *Document* die Toolbar und ziehen von den Items für *Hinzufügen* bzw. *Löschen* Actionmethoden zu dem *File's Owner*. Hiernach sollten Sie das Programm starten und testen, ob sich Umrechnungen einfügen und wieder entfernen lassen.

Gut, bauen wir das eigentliche Undo-Management ein. Hierbei existieren zwei Methoden. Bei der einen geben wir explizit die Undo-Methode an, bei der anderen wird dies aufgezeichnet. Ich präsentiere Ihnen beide:

```
...
- (IBAction)add:(id)sender
{
   // Undo
   NSUndoManager* undoManager = [self undoManager];
   SEL selector = @selector( remove: );
   [undoManager registerUndoWithTarget:self
                              selector:selector
                                object:nil];

   // Funktionalität
   Conversion* newConversion;

   newConversion = [[[Conversion alloc] init] autorelease];

   [conversionsController addObject:newConversion];

}

- (IBAction)remove:(id)sender
{
   // Undo
   NSUndoManager* undoManager = [self undoManager];
   id undoProxy = [undoManager prepareWithInvocationTarget:
self];
   [undoProxy add:nil];

   // Funktionalität
```

```
    [conversionsController remove:sender];
}
...
```

In beiden Fällen besorgen wir uns zunächst den Undo-Manager des Dokumentes. Aber jetzt geht es unterschiedlich weiter. Im oberen Falle des `-add:` geben wir explizit ein Objekt und einen Selector an, der das Undo ausführen soll. Wir sagen also, dass die Undo-Operation die Actionmethode `-remove:` ist. Wie Sie erkennen können, ist es dabei zusätzlich möglich, einen Parameter anzugeben, den wir aber mit `nil` unbesetzt lassen. Wir werten ja in `-remove:` ohnehin den Parameter nicht aus.

Im zweiten Falle (der Implementierung in `–remove`) muss umgekehrt `-add:` aufgerufen werden. Hier wenden wir allerdings einen Trick an, wie man ihn in nur wenig Programmiersprachen formulieren kann: Der Undo-Manager gibt uns ein Stellvertreterobjekt (Proxy) an, dem wir die Nachricht schicken, die bei einem Undo ausgeführt werden soll. Natürlich versteht er diese Nachricht gar nicht. Das ist aber gleichgültig. Er führt sie auch nicht aus, sondern nimmt sie auf. Wird Undo vom Benutzer angeklickt, so spielt er einfach diese Nachricht wieder ab: Anrufbeantworter!

Jetzt starten Sie bitte das Programm und fügen Sie eine Umrechnung ein. Benennen Sie diese mit *Zoll*. Dann fügen Sie erneut eine Umrechnung ein, die Sie mit *Meile* benennen. Wählen Sie jetzt aber in der Sidebar wieder den ersten Eintrag *Zoll* aus.

Öffnen Sie das Menü *Bearbeiten*. Sie können schon erkennen, dass der Menüpunkt *Widerrufen* jetzt nicht mehr ausgegraut ist. Klar, unser Dokument hat einen Undo-Manager und dieser hat auch Operationen gespeichert, die rückgängig gemacht werden können. Das ist schon einmal schön. Wenn Sie jetzt aber auf *Undo* klicken, wird nicht etwa der letzte Eintrag *Meile* wieder gelöscht, sondern die Umrechnung mit dem Namen *Zoll*. Bei einem Redo wird zudem eine Umrechnung mit dem Standardnamen eingefügt, jedoch nicht unsere alte Umrechnung Meile – auch nicht Zoll. Wieso?

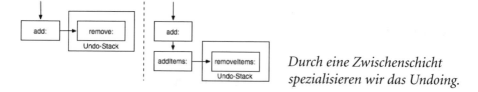

Durch eine Zwischenschicht spezialisieren wir das Undoing.

Der Grund ist ganz einfach: Wir haben die jeweils komplementären Actionmethoden als Undo-Methoden angegeben. Dies funktioniert aber nicht: Die Remove-Action löscht schließlich das gerade *aktuell ausgewählte* Element, nicht das zuletzt eingefügte. Wir benötigen also Methoden, die zielgerecht eine bestimmte Umrechnung einfügen bzw. löschen. Um dies zu bewerkstelligen, bauen wir eine Zwischenschicht ein:

```objectivec
...
- (void)addItems:(NSArray*)newConversions
{
   // Undo
   NSUndoManager* undoManager = self.undoManager;
   id undoProxy = [undoManager prepareWithInvocationTarget:self];
   [undoProxy removeItems:newConversions];

   // Funktionalitaet
   [conversionsController addObjects:newConversions];
}

- (void)removeItems:(NSArray*)oldConversions
{
   // Undo
   NSUndoManager* undoManager = self.undoManager;
   id undoProxy = [undoManager prepareWithInvocationTarget:self];
   [undoProxy addItems:oldConversions];

   // Funktionalitaet
   [conversionsController removeObjects:oldConversions];
}

- (IBAction)add:(id)sender
{
   Conversion* newConversion;
   newConversion = [[[Conversion alloc] init] autorelease];

   [self addItems:[NSArray arrayWithObject:newConversion]];
}

- (IBAction)remove:(id)sender
{
   NSArray* oldConversions;
   oldConversions = [conversionsController selectedObjects];

   [self removeItems:oldConversions];
}
...
```

> **AUFGEPASST**
>
> Wieso nenne ich die Methoden …Items:? Der Grund liegt darin, dass die Methode `addConversions:` eine KVC-Methode für das Set conversions ist.

Allerdings ist diese Source noch nicht kompilierbar. Der Grund liegt darin, dass in -addItems: die Methode -removeItems: verwendet wird. Sie wird jedoch erst später definiert, ist dem Compiler also zu diesem Zeitpunkt noch unbekannt. Würden wir die beiden Methoden in der Reihenfolge austauschen, träte das Problem umgekehrt auf. Wie man es auch macht: Jeder benötigt den anderen und müsste daher nach diesem stehen. Ein Teufelskreis!

Bisher war das kein Problem, da im Header die wechselseitigen Methoden ohnehin bekannt gemacht wurden. Dies ist nicht mehr der Fall. Natürlich wäre es jetzt eine einfache Lösung, eben auch diese Methoden in den Header aufzunehmen. Ich will aber lieber die Gelegenheit wahrnehmen, einen Einsatzzweck für Kategorien zu demonstrieren. Am Anfang von MyDocument.m fügen Sie bitte folgenden Code ein:

```
…
#import "MyDocument.h"
#import "Conversion.h"

@interface MyDocument( UndoingAddition )
- (void)addItems:(NSArray*)conversions;
- (void)removeItems:(NSArray*)conversions;
@end

@implementation MyDocument
…
```

Hier definieren wir also eine Kategorie UndoingAddition, die die Methoden enthält. Dadurch kann sich der Compiler darauf verlassen, dass später diese Methoden der Klasse MyDocument hinzugefügt werden. Es spielt dabei keine Rolle, ob dies in einer gleichnamigen Kategorie geschieht oder in der Klassendefinition selbst, wie wir es machen.

Wenn Sie jetzt das Programm starten, sollten Undo und Redo wie erwartet funktionieren. Aber eben nur funktionieren. Und gut ist schließlich nicht gut genug. Schön wird es, wenn wir auch noch einen erklärenden Text hinzufügen. Dies lässt sich leicht mit der Methode -`setActionName:` (NSUndoManager) am Ende der Undo-Operation bewerkstelligen:

Die Modelschicht

```
...
- (void)addItems:(NSArray*)newConversions
{
   // Undo
...
   [undoManager setActionName:@"Insertion"];

   // Funktionalitaet
   [conversionsController addObjects:newConversions];
}

- (void)removeItems:(NSArray*)oldConversions
{
   // Undo
...
   [undoManager setActionName:@"Deletion"];

   // Funktionalitaet
   [conversionsController removeObjects:oldConversions];
}
...
```

Bitte beachten Sie, dass nur der Text für das Redo angepasst werden müsste, je nachdem, ob wir uns gerade im Undo befinden. Sie können dies etwa testweise im -removeItems: implementieren:

```
...
- (void)addItems:(NSArray*)newConversions
{
   // Undo
...
   if( [undoManager isUndoing] ) {
      [undoManager setActionName:@"Insertion"];
   } else {
      [undoManager setActionName:@"Deletion"];
   }

   // Funktionalitaet
...
```

> **HILFE**
>
> Sie können das Projekt in diesem Zustand als »Projekt-07-04« von der Webseite herunterladen.

Undo deaktivieren und Undo-Stack leeren

Natürlich kann man jetzt noch an Undo-Unterstützung für die Attribute denken. Und wir machen das auch mal für das Attribut name, um ein paar Probleme aufzuzeigen:

Das erste Problem besteht darin, Änderungen der Attribute mitzubekommen. Dies läuft ja über den Array-Controller und Bindings, also gleichermaßen an uns vorbei. Erst im Model erfahren wir von der Änderung, namentlich im Setter für die entsprechende Eigenschaft. Dort ist es aber nicht einfach, das aktuelle Dokument zu bekommen, damit dieses den Undo-Manager liefert. Wir bauen hier einfach einen Rückverweis von der Model-Instanz auf das Dokument. Ändern Sie Conversion.h:

```
...
#import <Cocoa/Cocoa.h>

@class MyDocument;

@interface Conversion : NSObject {
    MyDocument* document;
...
}
@property( readwrite, assign ) MyDocument* document;
...
```

Bitte beachten Sie den Setter-Typen für den Rückverweis! Um keinen Retainkreis zu erhalten, muss hier ein Assign stehen. Sie können hierzu noch einmal im Kapitel 3 unter »Assign – Zyklen und der Softy unter den Settern« nachlesen.

Bei Attributen kann man das Undoing unmittelbar im Setter einbauen. Ändern Sie Conversion.m wie folgt:

```
...
@implementation Conversion
@synthesize factor, document; // name entfernt, weil:

- (NSString*)name { return name; }
- (void)setName:(NSString*)value
```

```
{
   NSUndoManager* undoManager;
   undoManager = [self.document undoManager];

   NSString* title
      = [NSString stringWithFormat:@"Set conversion name to %@",
        value];
   [undoManager setActionName:title];
   id proxy = [undoManager prepareWithInvocationTarget:self];
   [(Conversion*)proxy setName:name];


   // Neuen Wert setzen
   if( value != name ) {
      [name release];
      name = [value retain];
   }
}
...
```

Überraschend ist hier vielleicht die Typumwandlung in der Zeile

`[(Conversion*)proxy setName:name];`

Der Hintergrund ist einfach: Die Methode `-setName:` existiert mehrfach in Cocoa, und zwar mit unterschiedlichen Parametern. Da der Proxy mit `id` typisiert ist, warnt uns der Compiler. Er kann ja nicht wissen, welches `-setName:` welcher Klasse mit welchem Parameter wir meinen. Um dieses Warning zu vermeiden, teilen wir den Typen explizit mit.

Allerdings haben wir noch ein Problem, welches nicht so offensichtlich ist: Sowohl bei der Initialisierung wie auch im `-dealloc` werden ja die Setter benutzt. Dies führt dazu, dass Undo-Methoden registriert werden. Das ist aber gerade bei der Deallokation gefährlich und kann dazu führen, dass Nachrichten an verstorbene Objekte geschickt werden. Unser Objekt wird ja nach dem Dealloc entfernt, aber der Setter im Dealloc würde noch eine Registrierung durchführen. Es gibt grundsätzlich drei Ansätze, diesem Problem zu begegnen:

- Wir umgehen die Undo-Registrierung, indem wir bei der Intitialisierung und im `-dealloc` keine Setter verwenden. Dies machen wir gleich einmal.

- Wir schalten die Undo-Registrierung in den beiden Fällen explizit mit `-disableUndoRegistration` (NSUndoManager) aus und mit `-enableUndoRegistration` wieder ein, wenn wir unsere Arbeit getätigt haben.
- Wir verwenden wieder zwei Ebenen: Den echten Setter, der keine Registrierung vornimmt, und darüber eine öffentliche Methode, die genau dies macht und dann den echten Setter aufruft. Bei der Initialisierung und im `-dealloc` verwenden wir nur unsere echten Setter.

Wir implementieren aber die erste Lösung, weil sie bequemer ist. (Auch wenn ich nicht gerade ein Freund von direkten Zugriffen auf Instanzvariablen bin. Aber sei's drum.)

```
...
- (id)init
{
    self = [super init];

    if( self ) {
        name = @"Ohne Namen"; // Kein Setter!
        self.factor = [NSNumber numberWithDouble:1.0];
    }

    return self;
}

- (void)dealloc
{
    self.factor = nil;
    [name release]; // Kein Setter!

    [super dealloc];
}
@end
```

Ein ähnliches Problem stellt sich häufig nach dem Laden des Dokumentes, da es passieren kann, dass beim Ladevorgang Undo-Operationen registriert werden. Dies soll der Benutzer natürlich nicht rückgängig machen können. Es ist daher eine gute Idee, nach Abschluss des Ladevorganges den Undo-Stack zu löschen. Hierzu dient die Methode `-removeAllActions` (NSUndoManager).

Wir müssen aber noch daran denken, die neue `document`-Eigenschaft zu setzen, wenn wir eine neue Instanz der Klasse Conversion herstellen. Dazu fügen wir eine Zeile in MyDocument.m ein:

```
...
- (IBAction)add:(id)sender
{
   Conversion* newConversion;
   newConversion = [[[Conversion alloc] init] autorelease];
   newConversion.document = self;

   [self addItems:[NSArray arrayWithObject:newConversion]];
}
...
```

Nach alledem sollte das Undo-Management auch bei dem Attribut funktionieren. Testen!

> **HILFE**
>
> Sie können das Projekt in diesem Zustand als »Projekt-07-05« von der Webseite herunterladen.

Handwerksregeln

Sie sehen also, dass Undo-Management durchaus auch Kopfschmerzen bereiten kann. Man muss halt das System verstanden haben. Glücklicherweise bietet Core-Data automatisches Undo.

Man kann in etwa die Vorgehensweise beim Undo-Management wie folgt zusammenfassen:

- Zu jedem Model – sei es ein Dokument oder ein Applikationsmodell – besitzen wir einen Undo-Manager. Bei Dokumenten wird dieser automatisch erzeugt.
- Zu jeder Aktion registrieren wir eine Gegenaktion. Hieraus resultieren zwei Stapel, um deren Verwaltung wir uns nicht kümmern müssen.
- Bei der Initialisierung und bei der Deallokation von Objekten verwenden wir kein Undo-Management.

Schließen Sie das Projekt.

Der Dokumentencontroller

Sie hatten bereits eingangs gesehen, dass unterhalb der einzelnen Dokumente der Document-Controller liegt. In aller Regel haben Sie nichts mit ihm zu tun, da die Dokumentenverwaltung vom Menü ins System automatisch an Ihnen vorbeiläuft.

Allerdings sollten Sie sich ruhig einmal die Methodenliste anschauen, da hier viele Informationen über Dokumente abgefragt werden können. So beantwortet uns etwa der Document-Controller die Nachfrage nach der Dokumentklasse für eine Datei, wie wir sie ganz am Anfang des Kapitels in Xcode angegeben hatten.

Der Document-Controller ist ein Singleton (Einzelstück), so dass Sie ihn stets mit

```
… = [NSDocumentController sharedDocumentController];
```

ereichen können

Core-Data

Sie haben schon bemerkt, dass Cocoa zwar viel automatische Funktionalität bietet, aber man doch noch zulangen muss. Die Hauptgebiete waren hierbei zum einen die Persistenz (laden und speichern) der Dokumente und das Undo-Management. Und weil das eine immer wieder vorkommende Aufgabe ist, hat Apple mit Tiger (Mac OS X 10.4) begonnen, Core-Data einzuführen. Core-Data nimmt uns diese Aufgaben ab.

> **➤ HILFE**
>
> Für den folgenden Abschnitt verwenden Sie bitte wieder eine Kopie des letzten Projektes aus Kapitel 6 oder laden sich dieses gleich als »Projekt-107-start« von der Webseite herunter.

Grundlagen

Aufgabe von Core-Data

Sie haben ja bereits mit Core-Data gearbeitet und sicherlich im Laufe des Buches bemerkt, dass vieles damit einfacher ist. Und tatsächlich übernimmt Core-Data für uns vor allem folgende Aufgaben:

- Laden und Speichern von Dokumenten
- Undo-Management

- einfache Modellerstellung
- Bereitstellung von Meta-Informationen

Der Trick von Core-Data liegt darin, dass unser Model eine eigentlich immer gleiche Ansammlung von Entitäten mit Attributen und Beziehungen ist. Man kann das also formalisieren. So etwas gibt es grundsätzlich auch in anderen Programmiersprachen und Frameworks. Die beliebteste Methode ist die, eine Datenbank zu nehmen und an das Programm anzubinden. Ebenso gibt es Systeme, die uns sozusagen den Source-Text »tippen«. Beides hat erhebliche Nachteile. Grundsätzlich wird die Beschreibung unseres Objekt-Graphen zur Übersetzungszeit hergestellt. Zur Laufzeit ist alles statisch. Außerdem befindet sich die Beschreibung gleichermaßen außerhalb unseres Programms und damit außerhalb unserer Kontrolle. Oder eben durch fremde Hand in unsere Quelle getippt, was die Sache nur noch schlimmer macht. Kontrolle haben wir jedenfalls nicht.

Da wir aber schon an einigen Stellen bemerkt haben, dass Objective-C und Cocoa dynamisch funktionieren und uns jederzeit die Kontrolle überlassen, gehen sie natürlich nicht diesen Weg. Vielmehr wird in eine externe Datei eine Beschreibung angelegt, die zur Laufzeit zur Verfügung steht. Sie können das mit Nibs und Bindings vergleichen. Auch diese werden erst zur Laufzeit »interpretiert«. Auch hier wird dies von vielen anderen Systemen bei der Übersetzung des Programms festgelegt, nicht bei Cocoa.

Damit dürfte wieder einmal Cocoa mit Core-Data technologisch das meiste andere auf dem Markt um Längen schlagen. Sie wussten mutmaßlich schon, warum Sie sich einen Mac gekauft haben. Fügen Sie Core-Data der Liste hinzu.

Was ist Core-Data?

Aber Core-Data ist auch nicht alles. Es ist zu allererst keine Datenbank, wobei ich hiermit Datenbank synonym für »relationales Datenbanksystem« verwende. Apple drückt das einfach aus: »It is not in and of itself a database.« Viele Begriffe der objektorientierten Programmierung und der Datenbank-Programmierung überschneiden sich, decken sich sogar. Gerade bei der Modellierung des Objekt-Graphen werden Ideen aus der Datenbank-Technologie verwendet. Aber das dürfen wir nicht verwechseln, weil die Konzeption eine andere ist.

Verweise in Core-Data und Datenbanken

Datenbanken gehen von Datenbeständen aus, die mehr oder weniger »einfach da« sind. An diesen schicken wir Anfragen und erhalten daraufhin geordnete Antworten. Sie kennen das vermutlich von Webshops, bei denen Sie nach Artikeln suchen können. Der interne Aufbau von Datenbanken ähnelt dabei dem eines Objekt-Graphen nicht unerheblich, insbesondere sind die Beziehungstypen vergleichbar. Allerdings ist eine Datenbank wesentlich geordneter: Alle Instanzen einer Entität werden in einer Tabelle zusammengefasst. Das Ganze sieht etwa so aus wie ein Tableview. Aber: Das gilt wirklich für alle Instanzen.

Denken wir an unsere Gruppen und deren Personen als Mitglieder. Wir hatten einzelne Beziehungen von der Gruppe zu den Mitgliedern, die wir etwa mit -members oder einer ähnlichen Methode abfragen konnten. Die Mitglieder einer Gruppe sind also der Gruppe zugeordnet. In einer Datenbank ist hingegen diese Zuordnung nur mittelbar vorhanden. Vielmehr wird zunächst nach den Entitäten sortiert. Das kann man mit der Personenliste in der Sidebar vergleichen: Alle Personen zusammen und die Gruppenzugehörigkeit sieht man nicht unmittelbar.

Groups			Persons		
idx	name	idx	first name	last name	grp
1	Tech	1	Amin	Negm	1
2	Marketing	2	Peter	Müller	2
		3	Berta	Schmitz	1
		4	Dieter	Meier	2

Nach Entitäten zusammengefasst: Datenbank

Bei einer Datenbank werden also alle Personen fest in einer Tabelle zusammengeschnürt. Die einzelnen Zeilen bilden dabei unsere Instanzen und werden auch tatsächlich »Row« oder »Datensatz« genannt. Die Spalten bilden die Eigenschaften.

Verweise erfolgen dann bei Datenbanken anders herum: Jede Zeile in dieser Tabelle (Row, Datensatz) erhält (im einfachsten Falle) eine Nummer, die man »Index« nennt. Mit diesem Index kann dann eine Instanz eindeutig identifiziert werden. Verweist ein Eintrag auf einen anderen Eintrag, so wird die Nummer des anderen Eintrages gespeichert. Deshalb hat in der Datenbank die Tabelle *groups* keine Spalte *members*. Eine Gruppe hat also keine Mitglieder, sondern es wird umgekehrt zu jeder Person gespeichert, zu welcher Gruppe sie gehört. Achten Sie auf die Pfeilrichtungen: Sie sind »verkehrt herum«!

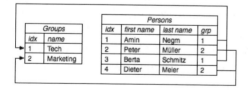

Verkehrte Welt: Personen verweisen auf Gruppen.

Dies bedeutet, dass man eine Gruppeninstanz – also eine Zeile in der Gruppentabelle – gar nicht befragen kann, welche Personen ihre Mitglieder bilden. Vielmehr muss man sich den Index einer Gruppe merken und dann die Personentabelle komplett dahingehend durchsuchen, welche Zeilen diesen Index für die Gruppe haben.

Die Modelschicht KAPITEL 7

> **GRUNDLAGEN**
>
> Der Grund dafür liegt darin, dass Datenbanken im Prinzip von festen Größen für einen Datensatz ausgehen. Mehrfachbeziehungen können also nicht modelliert werden, da der beziehende Datensatz ja je nach Anzahl an Beziehungszielen unterschiedlich groß wäre. Aus diesem Grunde existieren auch nicht unmittelbar n:m-Beziehungen bei Datenbanken. Man bricht diese auf. Wir werden das später auch machen – allerdings aus einem ganz anderen Grunde.

Dokumente und Datenpools

Ein weiterer Unterschied liegt darin, dass eine objektorientierte Anwendung ein Model kennt, welches geladen (geöffnet) wird. Klar, man kann Core-Data auch bei Applikationen verwenden, die keine Dokumente besitzen. Aber prinzipiell geschieht das Gleiche: Eine Datei wird geöffnet. Damit »gehört« diese Datei mit diesem Objekt-Graphen der öffnenden Applikation.

> **GRUNDLAGEN**
>
> Wenn wir eine Anwendung ohne Dokumente haben, dann wird die Datei automatisch im Verzeichnis »~/Library/Application Support/*Programmname*« abgelegt.

Für Datenbanken ist das eher ein abwegiger Gedanke: Meist hat man einen Datenbank-Server (auf dem gleichen oder einem anderen Computer) und jede Anwendung meldet sich dort lediglich an. Die Datenbank »gehört« dem Server. Daher ist in der Philosophie von Core-Data die fehlende Netzwerkfähigkeit kein Zufall, sondern ein Zeichen dieser Philosophie. Theoretisch ließe sich dies von Apple noch implementieren. Es ist aber eben nicht der Ansatz.

Gemeinsamkeiten

Jetzt kommen wir zu den Gemeinsamkeiten: Wenn Sie sich eine Schere und einen Kleber nehmen würden, könnten Sie einen Objekt-Graphen in die Datenbank umwandeln. Letztlich müssten Sie nur verschieben und nummerieren. Das kann Core-Data selbst! Man kann nämlich den Objekt-Graphen im Format der Datenbank MySQL abspeichern lassen. Man kann also nicht sagen, dass in einer Datenbank mehr oder weniger Information gespeichert ist als in einem Objekt-Graphen. Sie ist nur anders angeordnet.

Aufbau

Core-Data besteht aus zahlreichen Klassen, deren Instanzen in verschiedenster Weise miteinander interagieren. Sie haben auch schon einiges gesehen, ohne dass ich das näher erläuterte. Ich will hier mal die wichtigsten Komponenten und ihre Aufgaben darstellen.

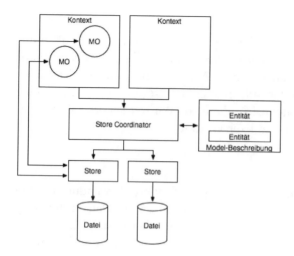

Die Möglichkeiten sind umfassend, jedoch selten benötigt.

Persistent-Store

Sie sehen in der Graphik, dass auf unterster Ebene eine Datei durch einen Persistent-Store verwaltet wird. Seit Leopard gibt es offiziell die Klasse `NSPersistentStore`, so dass es denkbar ist, eigene Storetypen zu programmieren. Die Bezeichnung »Datei« ist übrigens in der Graphik nicht ganz richtig, weil ein Store auch im Hauptspeicher liegen kann, dann also nicht ohne Weiteres persistiert.

Bisher existieren folgende Stores:

- *XML*: Die Daten werden als XML-Datei geschrieben. Der Vorteil dieses Formats liegt darin, dass man die gespeicherten Daten mit einem Text-Editor anschauen kann, was zu Debuggingzwecken nützlich ist. Der Nachteil liegt im langsamen Laden und Speichern. Außerdem wird stets der komplette Objektgraph von dem Massenspeicher gelesen, was speicheraufwendig ist.

- *Binary*: Die Daten werden für den Menschen nicht-lesbar geschrieben. Dadurch schrumpft die Dateigröße ganz erheblich. Aber auch hier ist es so, dass beim Laden der gesamte Objektgraph in den Hauptspeicher geholt wird.

- *SQL*: Die Dateien werden in eine SQLite-Datenbank geschrieben. Das Laden funktioniert hier lazy, so dass also nur gerade benötigte Teile in den Hauptspeicher geholt und bei Bedarf zurück geschrieben werden. Für die Release-Version ist dies in der Regel das bevorzugte Format.

- *In-Memory*: Die Daten werden nicht auf den Massenspeicher abgelegt.

Wie Sie schon in den bisherigen Applikationen sehen konnten, bleibt es standardmäßig dem Benutzer überlassen, in welchem Format er die Daten ablegen möchte. Der File-Save-Dialog bietet ein entsprechendes Popup. Wie bereits demonstriert, kann man aber in den Einstellungen des Targets vorhandene Dokumententypen entfernen und so bestimmte Dateiformate erzwingen.

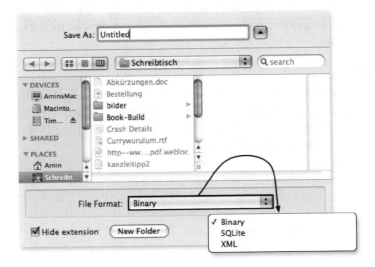

Core-Data unterstützt drei verschiedene Dateiformate.

Store-Coordinator und Managed-Object-Model

Mehrere Stores können gleichzeitig geöffnet sein, was jedoch in aller Regel nicht notwendig ist. Der Store-Coordinator verschmelzt diese dann zu einem virtuellen einheitlichen Store. Das Ganze ist allerdings durch zwei Umstände stark begrenzt:

- Instanzen, die in verschiedenen Stores – »Dateien« – liegen, können nicht aufeinander verweisen.

- Alle Stores müssen dieselbe Struktur haben. Man kann sich allerdings hier – wenn Sie selbst ein wenig forschen wollen – mit sogenannten Configurations etwas behelfen. Meist ist das aber schlicht nicht notwendig.

Dem Store-Coordinator hält eine Beschreibung des Models zugeordnet, welche durch eine Instanz der Klasse `NSManagedObjectModel`) abgebildet wird. Dies ist die Beschreibung, die wir im Modeller eingeben. Hieraus resultiert übrigens auch die oben als Zweites genannte Einschränkung: Da nur eine Model-Beschreibung pro Store existiert, müssen alle Stores dieser entsprechen, also dieselbe Struktur aufweisen. Die Beschreibung enthält wiederum die Beschreibungen der einzelnen Entitäten. Diese bespreche ich wegen der Bedeutung sogleich in einem gesonderten Abschnitt.

Kontexte

Oberhalb des Store-Coordinators existieren endlich unsere Kontexte als Instanzen der Klasse `NSManagedObjectContext`, mit denen wir unmittelbar interagieren.

Auch das hatten wir schon einmal kurz gemacht. In dem Kontext befinden sich die einzelnen Instanzen, die Managed-Objects. Dabei ist aber zu beachten, dass Core-Data jedenfalls dann, wenn wir einen SQL-Store verwenden, Instanzen automatisch auf Platte auslagert bzw. bei Bedarf nachlädt. Für uns als Programmierer ist dies aber nicht sichtbar, »transparent«.

Persistent-Document

Diese Struktur ist recht kompliziert – und komplizierter als meist notwendig. Um die Handhabung zu vereinfachen, existiert die Klasse `NSPersistentDocument`, welche eine Subklasse von `NSDocument` ist. Nutzen wir Core-Data, so sind unsere Dokumente wiederum Subklassen von `NSPersistentDocument`.

Dies Core-Data-Dokument baut sich einen vereinfachten Stapel:

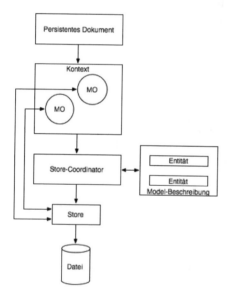

Das persistente Dokument erledigt die Hauptarbeit für uns.

Damit wird der uns vor allem interessierende Kontext zu einer Eigenschaft des Dokumentes. Und genau so hatten wir ja auch in den bisherigen Core-Data-Anwendungen unsere Array-Controller gebunden.

Wichtig ist, dass es nur einen Kontext pro Dokument gibt und nur einen Store.

Modelbeschreibung

Ein Core-Data-Dokument enthält nicht nur die eigentlichen Daten, sondern gleich auch eine Beschreibung des Modelles. Jedes Objekt gehört dabei zu einer Entität.

Jede Entität hat eine Klasse. Daraus folgt, dass eine Instanz unter zwei Blickwinkeln abstrahiert werden kann: Zum einen erhält sie Eigenschaften aufgrund ihrer Entitätszugehörigkeit (Entitätseigenschaften), zum anderen aufgrund ihrer Klassenzugehörigkeit (Klasseneigenschaften).

> **TIPP**
>
> Von Christian Kienle existiert das Programm »Core Data Viewer«, mit dem sich sogar fremde Core-Data-Dokumente betrachten lassen.

Entitäten und Klassen sehen sich also sehr ähnlich. Und sicherlich haben Sie bereits bemerkt, dass wir im Modeller eine Klasse angeben können. Wir haben davon einfach bisher keinen Gebrauch gemacht und die Klasse einfach auf NSManagedObject belassen. Also besitzt eine Instanz im laufenden Programm (selbstverständlich) auch eine Klasse.

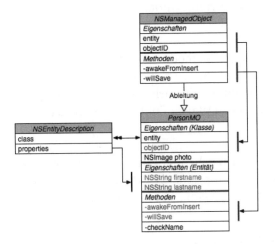

Eigenschaften können von der Klasse oder der Entität stammen, Methoden nur von der Klasse.

Es stellt sich also die Frage, wie das miteinander konkurriert und wann man welche Technologie einsetzt. Als Übersicht:

- Entitäten können nur die Core-Data-Attribute abbilden, also diejenigen Typen, die Sie im Modeller einstellen können. Sollen Attribute anderer Typen gespeichert werden, so bedarf es einer Subklasse von NSManagedObject oder anderer Lösungen, die wir gleich besprechen. Also: Eigenschaften können von der Entität oder der Klasse herrühren.

- Entitätsbeschreibungen enthalten keine Methoden. Diese lassen sich nur über eine Subklasse hinzufügen. Also: Methoden können nur von der Klasse herrühren.

- Jede Entität verweist auf genau eine Klasse. Eine Klasse kann aber für mehrere Entitäten verwendet werden. Genau genommen hatten wir das schon mit der Klasse NSManagedObject gemacht, die ja sowohl bei der Entität Group als auch bei der Entität Person eingetragen war, also zweimal verwendet wurde.

Ich werde zunächst die über die Entität vorhandene Beschreibung des Models erläutern. Danach erzeugen wir uns auch eine Subklasse, die wir im weiteren Verlauf dieses Buches mit Funktionalität ausstatten.

Entitätsbeschreibung

Unser Graph bestand aus Instanzen, die Attribute und Beziehungen enthielten. Diese Eigenschaften hatten die Instanzen bisher in allen Fällen aufgrund ihrer Zugehörigkeit zu einer Entität – Group oder Person. Core-Data speichert für jede Entität eine sogenannte Entity-Description, also eine Beschreibung dieser Entität. In der Beschreibung steht etwa: »Eine Person hat die Attribute *Vorname* und *Nachname* und eine Master-Detail-Beziehung zu einer Gruppe.«

Man gelangt an die Beschreibung mittels der Methode +entityForName:inManagedObjectContext: (NSEntityDescription). Tatsächlich benötigen wir diese Methode weniger zur Analyse der Beschreibung. Vielmehr werden wir noch Fälle kennen lernen, in denen Methoden von Core-Data die Entität als Parameter erwarten.

Die Entitätsbeschreibung enthält wiederum Beschreibungen für die Attribute, die Beziehungen und die sogenannten Fetched-Propertys. Jede dieser Beschreibungen besitzt ihre eigene Klasse, die von NSPropertyDescription abgeleitet ist. Schauen wir uns das an.

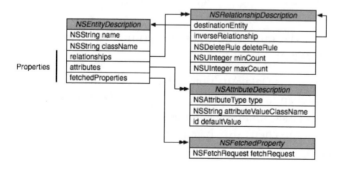

Die wichtigsten Attribute und Beziehungen der Model-Beschreibung

Allgemeine Eigenschaftsbeschreibung (Property-Description)

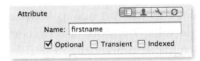

Die allgemeinen Einstellungsmöglichkeiten für Eigenschaften

Die Beschreibung aller Eigenschaften enthält neben dem Namen der Eigenschaft vor allem zwei wichtige Einträge, die Sie auch im Modeller bereits gesehen haben:

- *Optional* legt fest, ob die entsprechende Eigenschaft `nil` sein darf, also bei einem Attribut keine Daten enthält oder bei einer Beziehung kein verwiesenes Objekt. Dies wird beim Abspeichern des Models überprüft.

- *Transient* bestimmt, ob diese Eigenschaft gespeichert – und dann natürlich wieder geladen – werden soll. Ist dies eingeschaltet, so erfolgt keine Speicherung. (Transistenz ist sozusagen das Gegenteil von Persistenz.)

Bei Attributen kann man zudem explizit angeben, ob diese einen *Index* haben. Ist dies gesetzt, so können Stores Suchoperationen auf dieses Attribut auf Kosten des Speichers beschleunigen. In aller Regel benötigen Sie das nicht.

Attributbeschreibung

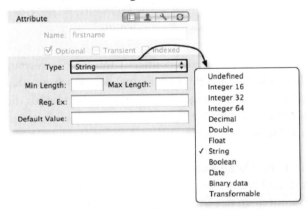

Die Attributeinstellungen

Die Attributbeschreibung enthält zunächst den Typen des Attributs. Ich gehe davon aus, dass sich die meisten der angebotenen Attributtypen von selbst erklären. Allerdings sind auch solche anzutreffen, die der Erläuterung bedürfen:

- *Undefined* bezeichnet eine Instanz einer beliebigen und damit auch für Core-Data unbekannten Klasse. Das Attribut nimmt am automatischen Undo-Management teil, jedoch nicht am Speichern. Das Attribut muss also transient (nicht-persistent) sein.

- *Binary Data* bezeichnet eine NSData-Instanz.

- *Transformable* (nur Leopard) bedeutet ebenfalls, dass das Attribut als `NSData`-Instanz gespeichert wird, jedoch automatisch ein Value-Transformer verwendet wird, der zwischen `NSData` und der gewünschten Klasse umwandelt.

Wir werden gleich anhand eines Beispieles die verschiedenen Lösungsmöglichkeiten für Attribute durchgehen, die nicht dem Standard entsprechen.

Darüber hinaus kann ein Standardwert eingegeben werden (*Default Value*) und Wertebereiche (*Min Value, Max Value*), die sich bei Strings auf die Länge beziehen (*Min Length, Max Length*).

Relationships

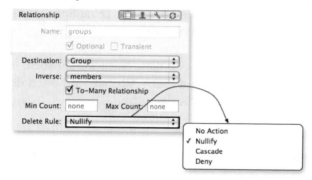

Die Einstellungen für eine Beziehung

Die Relationship-Descriptions (beschreiben die Beziehungen) werden Sie vermutlich sofort einordnen können (sonst lesen Sie bitte noch einmal den Abschnitt über Objektarten im Kapitel »C und Objective-C«). Eigentlich ist nur der Eintrag für die Delete-Rule (Löschregel) noch erläuterungsbedürftig. Dies unternehme ich später bei der Besprechung des Lebenszyklusses gesondert.

Zu beachten ist jedoch noch, dass Core-Data automatisch für die Konsistenz von Hin- und Rückbeziehung sorgt, wenn die inverse Beziehung gesetzt wird. Dies gilt auch für n:m-Beziehungen, die überhaupt noch der Untersuchung bedürfen:

Wie Sie bereits gelernt haben, liegt eine n:m-Beziehung vor, wenn beide Beziehungen Mehrfachbeziehungen (To-many-Relationship) sind. Klar wird das an einem Beispiel: Wir haben wieder unsere beliebte Firma. Hier gab es ja Gruppen und diese hatten Mitglieder. Bisher hatten wir das als 1:n-Beziehung modelliert: Eine Gruppe kann viele Mitglieder haben, aber jedes Mitglied gehört genau zu einer Gruppe. Ich bin aber nun ein vielseitig begabter Mensch, weshalb die Firmenleitung überlegt, mich sowohl in die Gruppe Tech als auch in die Gruppe Marketing zu stecken. Die

Rückbeziehung von Person zur Gruppe muss jetzt auch eine 1:n-Beziehung sein. So wie bei der Gruppenehe.

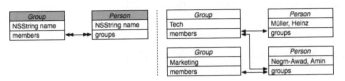

2+2=3: Zwei Gruppen mit zwei Mitgliedern ergeben drei Beziehungen.

Bauen wir das doch einmal ein. Zunächst öffnen Sie den Core-Data-Modeller mit einem Doppelklick auf *Models | MyDocument.xcdatamodel* in der Projektleiste und ändern die Rückbeziehung *group* der Entität *Person* auf die Entität *Group*. Zunächst muss der Name jetzt *groups* anstelle von *group* lauten, da wir ja eine Mehrfachbeziehung haben. Zudem klicken Sie jetzt das Häkchen vor *To-Many-Relationship* an, um wirklich eine Mehrfachbeziehung auch in dieser Richtung zu haben.

Das ist aber nicht alles, da wir jetzt auch das Einfügen einer Person in eine Gruppe anpassen müssen. Dies geschah ja in GroupsWC.m durch Drag & Drop:

```
…
- (BOOL)outlineView:(NSOutlineView*)outlineView
        acceptDrop:(id<NSDraggingInfo>)info
              item:(id)item
        childIndex:(NSInteger)index
{
…
    // fuege Person der Gruppe hinzu
    NSMutableSet* groups
       = [person mutableSetValueForKey:@"groups"];
    [groups addObject:item];

    return YES;
}
…
```

item war unser Drop-Ziel, also die Gruppe. Wir machen hier also nichts anderes, als uns die Eigenschaft groups der Person zu holen und die neue Gruppe einzufügen. Auch hier: Core-Data kümmert sich automatisch um die umgekehrte Beziehung, fügt jetzt also diese Person auch den Mitgliedern der Gruppe hinzu.

Wenn Sie jetzt das Programm übersetzen und starten, fügen Sie bitte eine Person und zwei Gruppen ein. Sie können jetzt erkennen, dass Sie die Person beiden Gruppen hinzufügen können, ohne dass sie in der anderen verschwindet.

> **HILFE**
>
> Sie können das Projekt in diesem Zustand als »Projekt-107-01« von der Webseite herunterladen.

Fetched-Propertys

Ich habe noch etwas Neues: Die Fetched-Propertys (abgefragte Eigenschaften). Bei diesen handelt es sich ebenso wie bei Beziehungen (Relationships) um Verbindungen zu anderen Entitäten. Allerdings sind diese »weich«, in der Sprache der Speicherverwaltung keine Referenz, sondern ein reiner Verweis. Stellen Sie sich einfach eine Bibliotheks-Applikation vor, die natürlich für verschiedene Bibliotheken die einzelnen Bücher enthält. Beziehung zwischen Bibliothek und Buch. Diese ist fest. Das Buch ist dort. Brennt die Bibliothek ab, brennen die Bücher ab. Dies nennt man eine Contains-Beziehung, ganz anschaulich eben.

Anders verhält es sich, wenn Sie vor Ihrem Urlaub eine Leseliste machen: Auch dieser fügen Sie Bücher zwar hinzu. Diese Bücher »gehören« jedoch nicht der Leseliste. Brennt die Leseliste ab, brennen die Bücher nicht ab. Es ist eine weiche Verbindung: Fetched-Property.

Allerdings sei darauf hingewiesen, dass derartige weiche Beziehungen keinesfalls durch Fetch-Propertys modelliert werden müssen. In unserem Beispiel waren etwa die Beziehungen zwischen Gruppen und ihren Mitgliedern auch weich: Das Löschen der Gruppe führte nicht zum Löschen ihrer Mitglieder. Dies ist dann eine Frage der Delete-Rules, die wir gleich besprechen werden.

> **AUFGEPASST**
>
> Es ist kein Zufall, dass ähnliche Konzepte immer wieder auftauchen. Sie müssen diese jetzt auch nicht in ihren Feinheiten verstanden haben. Einfach immer wieder anwenden und dabei darüber nachdenken, was man gerade tut. Beispiele sind zwar eine schöne Hilfe. Sie müssen aber durchdacht werden. Auch im Examples-Order von Apple werden Sie viele Lösungen finden. Einfaches Herauskopieren bringt Sie nicht weiter. Durcharbeiten und verstehen!

Dies führt in der praktischen Anwendung zu einigen Unterschieden:

- Beziehungen haben in aller Regel eine Rückbeziehung. Also: Bibliotheken haben Bücher, Bücher stehen in einer Bibliothek. Eine Fetched-Property ist aber häufig nur in einer Richtung vorhanden. (Wieso sollte ein Buch wieder auf eine Leseliste verweisen?)

- Bei Beziehungen stellt sich ein anderes Löschproblem: Was ist, wenn eine Bibliothek gelöscht wird? Werden dann auch die Bücher gelöscht? Das Löschen einer Leseliste führt selbstverständlich nicht dazu, dass irgendwer auf den Gedanken käme, auch die Bücher zu löschen.

Fetched-Propertys werden durch Abfragen – Fetch-Requests – definiert, die typischerweise ein Filter-Prädikat und einen Sort-Descriptor haben, etwa: »Gib mir alle Romane (Prädikat) in der Reihenfolge der Autoren!« Die einzelnen Elemente besprechen wir noch. Diese Abfrage wird übrigens nicht automatisch aktualisiert, wie das bei Bindings auf einer Relationship wäre.

> **BEISPIEL**
> Eine »intelligente Gruppe« in unserer Beispielapplikation wäre ein Kandidat für Fetched-Propertys. Bei einem Wechsel der Selektion in der Sidebar müsste dann die Fetched-Property aktualisiert werden.

Klassen und Entitäten

Wie bereits ausgeführt, ist man bei Core-Data nicht auf die vorgefertigte Basisklasse `NSManagedObject` festgelegt, sondern kann eigene Subklassen in den Graphen integrieren. Die Fähigkeit birgt ein riesiges Potential, da sich letztlich das gesamte Verhalten für unsere Zwecke anpassen lässt. Wir fangen damit mal an, auch wenn wir es hier noch nicht benötigen:

Öffnen Sie den Modeller. Im oberen Bereich geben Sie in der linken Liste der Entitäten in der Spalte *Class* anstelle von *NSManagedObject* als Klasse *PersonMO* ein. Dies bedeutet jetzt also, dass in dieser Entität nicht Instanzen der Klasse `NSManagedObject`, sondern solche von PersonMO landen.

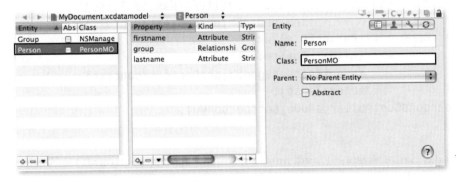

Das erste Mal eine eigene Klasse für die Entität

Natürlich müssen wir uns diese Klasse noch programmieren. Daher schließen Sie den Modeller bitte wieder und erzeugen sich mit *File | New File…* eine neue Klasse PersonMO. Als Vorlage wählen Sie bitte einfach *Objective-C class*. Sobald der Header erscheint, ändern Sie bitte die Basisklasse.

```
...
#import <Cocoa/Cocoa.h>


@interface PersonMO : NSManagedObject {

}

@end
```

Da wir zunächst keinen Nutzen aus der eigenen Subklasse ziehen, führen wir ansonsten keine Änderungen durch: schließen und speichern!

Natürlich muss jetzt bei einem -addPerson: im Controller auch wirklich eine Instanz dieser Subklasse erzeugt werden. Öffnen Sie wieder GroupsWC.m und scrollen Sie bis zur Actionmethode:

```
...
- (IBAction)addPerson:(id)sender
{
   NSManagedObjectContext* context;
   NSEntityDescription* entity;
   PersonMO* personMO;

   context = [[self document] managedObjectContext];
   entity = [NSEntityDescription entityForName:@"Person"
                    inManagedObjectContext:context];
   personMO = [[[PersonMO alloc]
              initWithEntity:entity
              insertIntoManagedObjectContext:context]
              autorelease];
   [personsController addObject:personMO];
...
```

Damit das Ganze akzeptiert wird, muss am Anfang der Datei PersonMO importiert werden:

```
...
#import "GroupsWC.h"

#import "PersonMO.h"

NSString* const personsPlaceholderItem = @"PersonsPlaceholder";
...
```

Übersetzen und testen …

Instanzverwaltung

Neben diesen Beschreibungen des Objekt-Graphen muss natürlich Core-Data auch die gespeicherten, einzelnen Daten besorgen, also die einzelne Instanz der Klasse Person usw.

Diese Aufgabe von Core-Data – mit der wir viel häufiger in Kontakt kommen – hängt zentral mit dem Managed-Context zusammen. Er sorgt für die Erzeugung der einzelnen Instanzen und stellt die Verbindungen zwischen den Instanzen her.

Objekt-ID

Core-Data hält zu jeder Instanz, gleich welcher Entität und Klasse, eine eindeutige Objekt-ID. Diese lässt sich zu einem Managed-Object mittels der Methode `-objectID` abfragen und ändert sich erst, wenn das Objekt abgespeichert wird. Die Objekt-ID ist als Instanz der Klasse `NSManagedObjectID` modelliert. Sie erlaubt die Umwandlung in einen Universal Ressource Identifier (URI), der wiederum durch eine Instanz der Klasse `NSURL` (Universal Ressource Locator) dargestellt wird.

> **▶GRUNDLAGEN**
>
> URL? Ist das nicht das mit dem Internet? Nein, denn mit einem URL bezeichnet man schlicht und einfach eine Information, die etwas eindeutig verortet. Das benutzt man auch im Internet, um eine Seite zu finden, ist aber nicht hierauf beschränkt. Man kann eben auch Managed-Objects in einem Dokument damit bestimmen.

Wir werden diese Objekt-ID ganz am Ende des Kapitels verwenden, um eine Reihenfolge in Listen zu modellieren.

Instanzerzeugung

Ebenfalls ist es möglich, einzelne Instanzen erzeugen zu lassen. Wir haben dies ja auch schon gemacht, nämlich im Kapitel 6, als wir das Drag & Drop implementierten, sowie gerade mit unserer neuen Subklasse. Mit dem jetzigen Wissen können Sie mit der Objekterzeugung viel mehr anfangen. Schauen wir uns das kurz noch einmal an:

```
- (IBAction)addPerson:(id)sender
{
    NSManagedObjectContext* context;
    NSEntityDescription* entity;
    PersonMO* personMO;

    context = [[self document] managedObjectContext];
    entity = [NSEntityDescription entityForName:@"Person"
                        inManagedObjectContext:context];
    personMO = [[[PersonMO alloc]
                initWithEntity:entity
                insertIntoManagedObjectContext:context]
                autorelease];
    [personsController addObject:personMO];
...
```

Die Vorgehensweise ist also letztlich ein Wandern am Core-Data-Stack, der von dem Persistent-Document ausgeht. Im Einzelnen holen wir den Kontext des Dokumentes. Dies funktioniert, weil standardmäßig ein Kontext pro Dokument existiert. Innerhalb dieses Kontextes suchen wir als Nächstes nach der Entität für eine Person. Mit diesen Angaben können wir schließlich das Objekt erzeugen und den Designated-Initializer eines managed Objects, `-initWithEntity:insertIntoManagedObjectContext:`, ausführen.

Natürlich lässt sich das entsprechend anpassen, wenn dieses Codefragment häufiger verwendet wird. Man könnte eine entsprechende Methode in der eigenen Subklasse von `NSPersistentDocument` anbieten oder `NSManagedObject` ableiten und einen neuen Designated-Initializer anbieten, der lediglich ein Dokument als Parameter erwartet und dann entsprechend dem obigen Code eine Instanz im Kontext erzeugt.

> **➤GRUNDLAGEN**
>
> Der obige Code ist deshalb etwas unschön, weil die Änderung der Klasse im Modeller eine Änderung der Klasse im Sourcetext bedingte. Man kann bei der Entität zur Laufzeit die eingestellte Klasse abfragen und dann eine Instanz von dieser erzeugen. Dies spart die Änderung im Sourcecode, bedingt aber genauere Kenntnisse vom Laufzeitsystem. Dies bespreche ich im zweiten Band.

Wird eine neue Instanz erzeugt und in einen Kontext eingefügt, so erhält sie eine awakeFromInsert-Nachricht. Dies kann man etwa dazu verwenden, Initialisierungsarbeiten bezogen auf den Kontext vorzunehmen. Fügen Sie in PersonMO.m folgenden Code ein:

```
...
@implementation PersonMO
- (void)awakeFromInsert
{
    [super awakeFromInsert];
    NSLog( @"Eingefuegt" );
}
@end
```

Wenn Sie jetzt eine Person hinzufügen, so erhalten Sie eine entsprechende Nachricht im Log. Dies gilt aber nicht, wenn ein Dokument geladen wird: Hier wird die Instanz ja nicht (erneut) in den Kontext eingefügt, sondern befand sich bereits in ihm.

Wird eine Instanz lediglich dem Store entnommen, so wird vielmehr ihre Methode -awakeFromFetch ausgeführt. Für den umgekehrten Fall existieren die Methoden -willSave und -didSave, welche anders als die awake-Methoden nicht einen Anruf an super enthalten müssen.

> **HILFE**
>
> Sie können das Projekt im aktuellen Zustand als »Projekt-107-02« von der Webseite herunterladen.

Speicherverwaltung

Grundsätzlich gelten dieselben Regeln für Core-Data wie auch ansonsten: Wenn Sie sich dauerhaft einen Zeiger auf ein Managed-Object besorgen, so müssen Sie ein -retain ausführen, bei Freigabe ein -release. Core-Data selbst sorgt nicht dafür, dass Instanzen im Speicher bleiben, wenn ein SQL-Store verwendet wird. Es steht vielmehr frei, die Instanz aus dem Hauptspeicher zu entfernen und stattdessen auf Platte zu speichern. Man kann allerdings mit -setRetainsRegisteredObjects: (NSManagedObjectContext) ein -retain auf alle in einem Kontext befindlichen Objekte erzwingen.

Instanzvernichtung

Scharf zu trennen von der Lebensdauer im Hauptspeicher ist die Lebensdauer im Model. Da ja Instanzen aus dem Hauptspeicher entfernt werden können, ohne dass sie aus dem Model verschwinden, muss sich das schon aus diesem Grunde verschieden verhalten. Aber noch mehr: Für die Lebensdauer im Model gilt kein Retain-Counting! Dies bedeutet, dass eine Instanz, welche nicht mehr verwiesen wird, dennoch im Model erhalten bleibt.

➤ GRUNDLAGEN

> Ich hätte es schön gefunden, wenn die Regeln des Reference-Countings auch auf Verweise in Core-Data Anwendung gefunden hätten. Allerdings neige ich auch dazu, der Speicherverwaltung derlei inhaltliche Aufgaben zu übertragen, die sich trennen lassen. Wie dem auch sei: Meine Anfrage an Apple, dies gleichzustellen, wurde mit einem »Behaves as intended« beantwortet, was so viel heißt wie: »Nö, wir wollen das aber nicht.« – höflich formuliert.

Bleibt also die Frage, wie man Instanzen wieder aus dem Model entfernt:

Löschen und Array-Controller

Wie wir bereits gesehen hatten, kann man einen Array-Controller im Conent-Set-Binding so einstellen, dass er entfernte Instanzen löschen soll. Dies ist nicht immer tunlich. Schauen wir uns unsere Applikation an:

- Die Array-Controller, die die Personen und die Gruppen auf »höchster« Ebene verwalten, sollen in der Regel die Instanz auch löschen. Wenn wir also im Outlineview gerade die Gruppe Persons geöffnet haben, so soll das Löschen einer Person diese auch aus dem Model entfernen. Gleiches gilt für das Entfernen einer Gruppe aus dem Outlineview. Da wir hier Array-Controller auf höchster Ebene haben (kein Content-Set-Binding), werden die Instanzen automatisch gelöscht.

- Wird indessen ein Mitglied in einer Gruppe entfernt, so wollen wir in der Regel nicht, dass die Person auch in dem Model gelöscht wird. Hier hängt der Array-Controller mit seinem Inhalt an den Einstellungen des Content-Set-Bindings. Üblicherweise will man bei dem Entfernen einer Instanz lediglich aus der gebundenen Beziehung nicht, dass die entfernte Instanz gelöscht wird. Die Option bleibt dann deaktiviert.

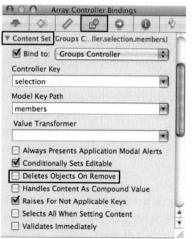

Der Array-Controller kann angewiesen werden, die entfernten Instanzen automatisch aus dem Model zu löschen.

Sie können sich die Unterscheidung auch gut bei iTunes klarmachen: Wird ein Lied aus der Bibliothek gelöscht, so soll es aus dem Model entfernt werden. Der Array-Controller für die Bibliothek löscht also die von ihm verwalteten Instanzen. Gleiches gilt, wenn eine Wiedergabeliste gelöscht wird: Sie wird aus dem Model entfernt. Wird indessen ein Lied aus einer Wiedergabeliste entfernt, so soll es grundsätzlich im Model erhalten bleiben. Der Array-Controller für die Lieder in den Wiedergabelisten löscht also nichts im Model.

> **GRUNDLAGEN**
>
> Wieder eine Ausprägung der »Besitzt«-Regel: Eine Gruppe besitzt keine Mitglieder, sondern verweist auf sie, wie eine Leseliste. Das Streichen eines Titels auf einer Leseliste führt nicht dazu, dass das Buch zerstört wird. Streichen Sie indessen einen Titel aus einer Bibliothek, so wird das Buch aus der Bibliothek entfernt.

Sie können das unterschiedliche Verhalten dann mal ausprobieren, indem Sie die Eigenschaft *Deletes Objects on Removes* des Content-Set-Bindings setzen. Tatsächlich sehen Sie dann im laufenden Programm nicht das automatische Verschwinden der Person. Das ist jedoch nur ein Synchronisationsfehler. Sie ist tatsächlich gelöscht worden, was Sie etwa erkennen können, wenn Sie den Disclosure für die Personen in der Sidebar einmal schließen und wieder öffnen, so dass eine Neusynchronisation erfolgt. Schalten Sie diese Option aber wieder aus.

> **GRUNDLAGEN**
>
> Woran liegt der Synchronisationsfehler? Das Löschen der Instanz im Kontext erfolgt automatisch. Wir bemerken hiervon nichts, wie auch. Diesen Fall können wir reparieren, indem wir den Button zunächst mit einer Methode unseres Controllers verbinden, der den Array-Controller mit der Löschung beauftragt und dann an das View ein `-reloadData` schickt. Aber wir benötigen das in unserer Applikation nicht, da wie dargestellt das Löschverhalten nicht der Intention des Benutzers entsprechen wird. Der wird sich nämlich bedanken, wenn er eine Person aus einer Gruppe entfernt, um sie in eine andere zu stopfen – und sie dann verschwindet und neu eingegeben werden muss.

Löschen im Code

Um selbst Instanzen aus dem Model zu entfernen, existiert die Methode `-deleteObject:` (`NSManagedObjectContext`). Sie können freilich in der Regel diese Aufgabe einem Array-Controller übertragen, wie wir es taten.

> **AUFGEPASST**
>
> Wenn ein Array-Controller seinen Inhalt nicht selbst über ein Content-Binding bezieht, sondern alle Instanzen einer Entität verwaltet, so bemerkt er nicht automatisch, wenn eine Instanz aus dem Model entfernt wird. Es gibt kein Binding auf eine Entität. Es empfiehlt sich daher in diesem Falle, Instanzen über den Array-Controller zu löschen.

Delete-Rules

Wenn eine Instanz – gleich auf welche Weise – gelöscht wird, so stellt sich die Frage, was mit den Instanzen geschehen soll, auf die sie verweist. Wie bereits ausgeführt, wird eine Instanz nicht automatisch aus dem Model entfernt, wenn sie nicht mehr benutzt wird, weil es kein Reference-Counting für die Lebensdauer in einem Model gibt.

Sie können für jede Beziehung im Modeller daher eine Löschregel einstellen, wie mit einem verwiesenen Objekt umgegangen werden soll. Schauen wir uns in unserem Model den Verweis members von Group auf Person an:

- *No Action*: Es geschieht gar nichts mit der verwiesenen Person-Instanz, insbesondere wird der Rückverweis unangetastet gelassen. Man muss sich dann klar darüber sein, dass jetzt ein Verweis der Person auf eine Gruppe vorliegt, die nicht mehr im Model vorhanden ist. Das Model ist inkonsistent, weshalb diese Einstellung nur dann sinnvoll ist, wenn man programmatisch selbst die Sache in die Hand nimmt und die Konsistenz wider herstellt: absolute Ausnahme!

- *Nullify*: Die Personinstanz bleibt erhalten und ihr Rückverweis wird auf Null gesetzt. Dies entspricht der Entfernung von Gruppe, wobei dann die Person erhalten bleibt. Von der Bedeutung her ist dies die richtige Deletion-Rule, wenn wir einen reinen Bezug zu einer anderen Instanz haben. Dies modelliert also eine weiche Beziehung.

- *Cascade*: Das Löschen der verweisenden Instanz führt zum Löschen der verwiesenen Instanz. Löschen wir also eine Gruppe, so wird jede Person, die in ihr enthalten ist, ebenfalls gelöscht. Bedenken Sie, dass es für den Rückverweis wiederum eine Deletion-Rule gibt, dass also das Löschen der Person wieder Auswirkungen auf die Gruppen haben kann. Dies ist die richtige Deletion-Rule, wenn eine Instanz eine andere besitzt.

- *Deny*: Das Löschen der verweisenden Instanz wird verweigert, wenn noch ein Verweis vorhanden ist. Es wäre also nicht möglich, eine Gruppe zu löschen, wenn sich noch Mitglieder in ihr befinden.

Moment, habe ich Ihnen nicht gerade etwas in zwei Abschnitten doppelt erzählt? Nein, wenn Sie genau aufpassen: Im ersten Falle ging es um die Frage, ob eine Instanz gelöscht werden soll, wenn sie aus einer Beziehung entfernt wird. In diesem Abschnitt ging es um die Frage, ob eine Instanz gelöscht werden soll, wenn die verweisende – also eine andere Instanz, bei uns Group – gelöscht wird. Da allerdings beiden Fragen dieselbe Semantik zugrunde liegt, nämlich »Contains-Beziehung oder Verweis?«, werden sie häufig parallel zu beantworten sein.

Abweichungen zwischen Store und Kontext

Da die Lebensdauer von Instanzen im Hauptspeicher von der im Store abweichen kann, existieren Methoden zur Abfrage:

Mit den Methoden `-isInserted`, `-isDeleted`, `-isUpdated` und `-isInFault` (alle `NSManagedObject`) lässt sich der Lebenszustand eines Objektes im Vergleich zu seinem Store ermitteln. Der Kontext führt zudem Buch, so dass man sich mit den Methoden `-insertedObjects`, `-deletedObjects` und `-updatedObjects` (alle NSManagedObjectContext) gleich eine ganze Sammlung besorgen kann.

Mit `-registeredObjects` erhalte ich sämtliche Objekte. Wie bereits erwähnt, ist dies aber nicht bindings-compliant, lässt sich also nicht über in Binding synchronisieren. Dies führt zu den bemerkten Synchronisationsproblemen.

Anpassung

Wie ich bereits ausführte, ist Core-Data ein Bestandteil unseres Programms. Damit ist gemeint, dass das, was uns Core-Data erzeugt, für uns verwaltet usw., »echte« Objekte unseres Programms sind. Sie können daher abgeleitet werden, was wir ja auch schon taten.

Dementsprechend ist es grundsätzlich möglich, alles mit einem Managed-Object zu machen, was wir auch mit einem »normalen« Objekt machen könnten. Die mit Abstand wichtigsten Fälle der Anpassung will ich hier besprechen:

Accessoren

Es gibt für eigene Accessoren einer Core-Data-Eigenschaft vor allem zwei Gründe:

- Man will aus dem Programm heraus bequem mit den üblichen Accessoren auf die Eigenschaften des Objektes zugreifen anstelle die KVC-Methoden zu benutzen. Das kann auch erforderlich sein, wenn ein Projekt nachträglich auf Core-Data umgestellt wird, so dass in den Benutzerklassen des Models einfach noch die entsprechenden Accessoren stehen, etwa wenn eine Instanz person zu einem Managed-Object wurde:

```
[person setFirstname:@"Amin"];
```

- In den Accessoren soll etwas erledigt werden.
- Als Spezialfall des vorangegangenen Punktes: Es sollen Attributtypen unterstützt werden, die Core-Data nicht kennt. Hiermit beschäftige ich mich in einem eigenen Unterabschnitt sogleich.

Wie können wir also eigene Accessoren implementieren? Es gibt seit Leopard verschiedene Wege:

Dynamische Accessoren

Dynamische Accessoren werden von Apple dringend angeraten, wenn die Software lediglich unter Leopard laufen soll und es nur darum geht, aus Bequemlichkeit eigene Accessoren anzubieten. Wir gehen hierbei im Header genauso vor, wie wir dies auch ansonsten machen, deklarieren also im Header Propertys. Geben wir unserer Person-Klasse entsprechende Accessoren für firstname und lastname:

```
...
@interface PersonMO : NSManagedObject {

}

@property( retain ) NSString* firstname;
@property( retain ) NSString* lastname;
@end
```

Bei der Auswahl der Parameter sind allerdings Beschränkungen vorhanden, da Core-Data sonst mit dem faulen Laden Probleme bekäme. Allerdings sind diese Beschränkungen akademischer Natur und fallen bei Anwendung der hier vertretenen Ansicht zur Speicherverwaltung ohnehin nicht auf:

- `assign` ist ausgeschlossen und wird als `retain` behandelt. Um Rückverweise (hierfür benötigten wir `assign` ja vor allem) kümmert sich Core-Data ohnehin selbst.
- `copy` ist für Master-Detail-Relationships nicht möglich. Ich hatte hier aber bereits bei der Speicherverwaltung erwähnt, dass dies ohnehin untunlich ist. Auch für die anderen Fälle sollte man allerdings davon absehen, da es zusätzlichen Speicher verbraucht. Wieder kümmert sich Core-Data um die Kapselung.
- Bleibt `retain` übrig, welches nahezu immer verwendet werden sollte.

Natürlich müssen die Accessoren noch implementiert werden. Leider können wir sie nicht mit `@synthesize` automatisch erstellen lassen, da der generierte Code ja auf Instanzvariablen zugreifen würde. Diese haben wir aber nicht, da wir auf Entitätsattribute, nicht auf Klassenattribute zugreifen. Die Accessoren sehen daher anders aus. Sie können es in PersonMO.m einmal ausprobieren:

```
...
@implementation PersonMO
@synthesize firstname, lastname;
...
```

führt zu einer Fehlermeldung des Compilers:

```
error: synthesized property 'lastname' must either be named the
same as a compatible ivar or must explicitly name an ivar
```

Also: Es gibt keine entsprechende Instanzvariable (ivar).

Der richtige Weg unter Tiger war es, eigene Accessoren zu schreiben, die – wie wir sogleich sehen – anders funktionieren. Dies ist unter Leopard jedoch nicht erforderlich. Vielmehr simulieren Managed-Objects die nicht vorhandenen Accessoren. Wir müssen sie also gar nicht synthetisieren.

Allerdings können Sie jetzt erneut das Projekt nicht übersetzen, da ja der Compiler nur die Source sieht und dort keine Accessoren für die Eigenschaften findet. Der Compiler kann nicht wissen, dass wir es hier mit Core-Data zu tun haben und Core-Data für Managed-Objects eben diese Accessoren zur Laufzeit (also nach der Übersetzung) erzeugt. Es müsste also eine Möglichkeit geben, den Compiler zum Schweigen zu bringen, frei nach dem Motto: »Beschwer dich nicht darüber, es kümmert sich schon jemand um die Erzeugung.« Und diese Möglichkeit nennt sich `@dynamic`:.

```
...
@implementation PersonMO
@dynamic firstname, lastname;
...
```

Der Compiler weiß jetzt, dass sich jemand um die Accessoren zur Laufzeit kümmert. Jetzt können wir also mittels normaler Accessoren anstelle von Key-Value Coding auf die Attribute zugreifen, etwa in GroupsWC.m:

```
...
- (IBAction)addPerson:(id)sender
```

```
{
…
   personMO = [[[PersonMO alloc]
                       initWithEntity:entity
            insertIntoManagedObjectContext:context]
                       autorelease];
   [personMO setFirstname:@"Vorname"];
   [personsController addObject:personMO];
…
```

Fügen Sie diese Zeile jedoch nur testweise ein und nehmen Sie sie nach dem Test wieder heraus. Dann erscheint wieder der Defaultwert, den wir im Modeller eingegeben hatten.

Ausformulierte Accessoren

Diese Möglichkeit der dynamischen Generierung existiert aber zum einen nur unter Leopard, zum anderen hilft sie nicht immer. Möchte ich etwas in den Accessoren erledigen, so müssen wir freilich selbst den Code formulieren können. Das ist an sich kein Problem, allerdings ist der Aufbau der Accessoren etwas anders, da ja Core-Data die Daten speichert.

Machen wir ein kleines Spielchen und setzen uns eine Paraphe für jede Person zusammen. Hierbei handelt es sich um ein Namenskürzel, welches man verwendet, wenn man seine Identität angeben, jedoch nicht unterschreiben will. Sie kennen das vielleicht von Ihrem Lehrer, der unter die Korrektur seine Paraphe setzt. Jedes Mal, wenn der Nachname des Objektes gesetzt wird, nehmen wir die ersten vier Buchstaben des Namens, um ihn selbst als Eigenschaft des Schlüssels *shortName* zu setzen. Wir hängen uns dazu in die Accessoren der registrierten Eigenschaft *lastname* und setzen in deren Setter die registrierte Eigenschaft *shortName*.

Öffnen Sie nunmehr PersonMO.m und fügen Sie die Accessoren hinzu:

```
…
@implementation PersonMO
@dynamic firstname, lastname;

- (NSString*)lastname
{
   [self willAccessValueForKey:@"lastname"];
   id value = [self primitiveValueForKey:@"lastname"];
   [self didAccessValueForKey:@"lastname"];
   NSLog( @"lastname" );
```

Die Modelschicht

Kapitel 7

```
    return value;
}

- (void)setLastname:(NSString*)value
{
    [self willChangeValueForKey:@"lastname"];
    [self setPrimitiveValue: value forKey: @"lastname"];
    [self didChangeValueForKey:@"lastname"];
    NSLog( @"setLastname" );
}
...
```

> **➤ GRUNDLAGEN**
>
> Wie Sie erkennen können, habe ich das Attribut *lastname* von dem `@dynamic` nicht entfernt. Es kann dort bleiben, da unsere ausprogrammierten Accessoren den dynamischen von Core-Data vorgehen. Soll der Code unter Tiger lauffähig sein, so müssen Sie freilich die Zeile mit dem `@dynamic` insgesamt löschen und sämtliche Accessoren von Hand programmieren, wenn Sie solche in Ihrem Code verwenden wollen.

In den Accessoren sind ein paar Dinge erläuterungsbedürftig:

Die erste und dritte Zeile der Methodenrümpfe sind sogenannte KVO-Nachrichten. In diesem Band will ich mich auf die Beschreibung ihrer Funktion beschränken: Wie bereits erläutert, beobachtet das Key-Value-Observing die Methodenaufrufe und teilt Änderungen automatisch mit. Bindings können sich etwa daraufhin synchronisieren. Dies nennt man »automatisches Key-Value-Observing«.

Bei Core-Data ist dies ausgeschaltet. Deshalb müssen die Accessoren selbst eine Änderung von Eigenschaften mitteilen. Und genau dies machen diese beiden Methoden, wie man an ihrem Namen schon erkennen kann. Merken Sie sich einfach dieses System und die Notwendigkeit, dass bei Managed-Objects derlei KVO-Nachrichten verschickt werden müssen. Man nennt dies »manuelles Key-Value-Observing«.

Zwischen den KVO-Nachrichten befinden sich aber ebenfalls bemerkenswerte Methoden. Core-Data verwendet KVC, um die Zugriffe auf Objekt-Eigenschaften zu implementieren. KVC seinerseits sucht nach Accessor-Methoden und ruft diese gegebenenfalls auf. Es wird dabei fündig, da wir ja gerade diese Accessoren implementieren. Das hatten wir schon im Kapitel 6.

Aber nun muss der Wert ja auch gespeichert werden. Dies geschieht nicht in einer Instanzvariable, da es sich ja um ein Entitätsattribut handelt. Unser üblicher Setter ist also sinnwidrig. Man könnte jetzt auf den Gedanken kommen, wieder Key-Value-Coding zu benutzen:

```
- (NSString*)lastname
{
    [self willAccessValueForKey:@"lastname"];
    id value = [self valueForKey:@"lastname"];
    [self didAccessValueForKey:@"lastname"];
    NSLog( @"lastname" );

    return value;
}
```

Bloß würde die KVC-Methode -valueForKey: ja nun nach unserem Getter suchen, ihn finden und erneut aufrufen. In unserem Getter würden wir wieder die KVC-Methode verwenden. Die wiederum ... usw. usf. Also: In einem Accessor einer Eigenschaft darf man nicht die KVC-Methoden mit dem Schlüssel für eben diese Eigenschaft benutzen. Das hat auch nichts mit Core-Data zu tun, sondern ist eine generelle Regel, die wir bisher einfach nicht beachten mussten.

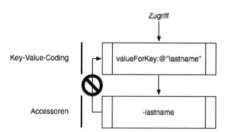

Key-Value-Drehwurm: Accessoren dürfen keine KVC-Methoden mit ihrem eigenen Schlüssel verwenden.

Schön, jetzt wissen wir, warum wir nicht KVC-Methoden benutzen dürfen. Bleibt die Frage, was diese Primitive-Methoden sollen. Sie sind sozusagen ein Zugriffssystem, welches unterhalb unserer Accessoren angeordnet sind, ein Extra-KVC nur für den Zugriff auf Entitätsattribute. Das Managed-Object fügt also eine weitere Ebene ein:

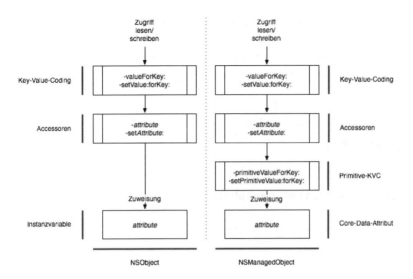

KVC vs. pKVC: noch eine Zwischendecke

Übersetzen und testen Sie das Projekt. Die Applikation müsste sich wie bisher verhalten. Das ist natürlich noch kein Erfolg. Wir könnten jetzt ein weiteres Attribut im Modeller hinzufügen, welches die Paraphe enthält. Das ist aber zum einen nicht sonderlich herausfordernd, zum anderen überflüssig: Als Entitätsattribut würde die Paraphe gespeichert werden, was nicht erforderlich ist, da sie ja aus dem Nachnamen berechnet werden kann. Schicker wäre es, wenn wir ein Klassenattribut verwenden könnten. Und genau damit beschäftigen wir uns im nächsten Unterabschnitt …

> **TIPP**
>
> Eine andere und einfachere Möglichkeit, die Persistenz eines Attributes zu verhindern, besteht darin, im Modeller die Option *Transient* auszuwählen. Ich wähle hier zu Lehrzwecken nicht diesen Weg. Wir werden Klasseneigenschaften später aus ganz anderem Grunde benötigen, worauf ich Sie aber sanft vorbereiten will.

> **HILFE**
>
> Sie können das Projekt in diesem Zustand als »Projekt-107-03« von der Webseite herunterladen.

Klasseneigenschaften

Sie hatten ja bereits gelernt, dass eine Eigenschaft – fast immer ein Attribut – seine Existenz aus der Entität in Core-Data beziehen kann oder aufgrund einer Instanzvariable, die wir in der Klasse angelegt hatten. Und Sie hatten im letzten Unterabschnitt gelernt, wie man mit Entitätsattributen umgeht.

Hier wollen wir uns nun mit den Eigenschaften beschäftigen, die eine Instanz aufgrund ihrer Klassenzugehörigkeit erhält. Dies ist eigentlich recht einfach, da Managed-Objects – ich wiederhole mich da gerne – ganz normale Objekte sind. Also machen wir es im Header wie bei ganz normalen Objekten:

```
...
@interface PersonMO : NSManagedObject {
    NSString* paraphe;

}
@property( copy ) NSString* paraphe;

@property( retain ) NSString* firstname;
...
```

In der Implementierung synthetisieren wir dann die entsprechende Methode:

```
...
@implementation PersonMO
@synthesize paraphe;

@dynamic firstname, lastname;
...
```

> **GRUNDLAGEN**
>
> Obwohl die synthetisierten Methoden keine KVO-Nachrichten enthalten, konnte ich nie ein Synchronisierungsproblem feststellen. Die Dokumentation äußert sich leider nicht explizit hierüber. Sollte ein Synchronisierungsproblem von einem Leser mal beobachtet werden, würde ich sehr gerne das Projekt zur Forschung erhalten. Die Frage, ob man auch bei Klasseneigenschaften die KVO-Nachrichten erzeugen muss, kann ich daher bislang nur mit einem »Nein« beantworten. Wir werden aber gleich ohnehin sehen, dass die praktische Anwendung für Klasseneigenschaften in der Spiegelung einer Entitätseigenschaft liegt. Und hier sind wegen der letzteren ohnehin KVO-Nachrichten erforderlich, so dass sich die Frage in der Praxis nicht mehr wirklich stellt.

Natürlich müssen wir die Paraphe noch setzen, wenn der Nachname sich ändert:

```
...
- (void)setLastname:(NSString*)value
{
    [self willChangeValueForKey: @"lastname"];
```

```
   [self setPrimitiveValue: value forKey: @"lastname"];
   [self didChangeValueForKey: @"lastname"];

   if( [value length] > 4 ) {
      [self setParaphe:[value substringToIndex:4]];
   } else {
      [self setParaphe:value];
   }
}
...
```

Ich empfehle hier übrigens, insgesamt die Logs zu entfernen, da die Konsole doch langsam etwas geschwätzig wird.

Wechseln Sie nun zu PersonPane.xib und öffnen Sie dort das View *Custom View*. Fügen Sie ein Textfeld für die Paraphe ein und binden Sie dieses wie die anderen Textfelder, wobei Sie freilich *paraphe* als *Model Key Path* verwenden. Im Attributes-Pane des Inspectors schalten Sie *Selectable* und *Editable* aus. Die Paraphe soll ja nur angezeigt werden. Übersetzen, starten, testen ...

Sie werden nach dem Einfügen einer Person bemerken, dass sich das Paraphenfeld nicht automatisch setzt. Der Defaultwert aus dem Modeller wird nicht über unseren Setter ausgeführt. Wir könnten jedoch im -awakeFromInsert den von Core-Data vorgesetzten Defaultwert abfragen und wiederum die ersten vier Zeichen in die Paraphe setzen:

```
...
- (void)awakeFromInsert
{
   [super awakeFromInsert];

   id value = [self lastname];
   if( [value length] > 4 ) {
      [self setParaphe:[value substringToIndex:4]];
   } else {
      [self setParaphe:value];
   }
}
@end
```

Aber so wichtig ist das wahrlich nicht: Es befindet sich ja noch kein sinnvoller Nachname bei der Person, und wenn dieser eingegeben wird, setzt sich die Parapheneigenschaft ohnehin neu.

Viel wichtiger ist etwas anderes: Wenn Sie ein Dokument mit einer Person abspeichern, schließen und erneut laden, werden Sie bemerken, dass die Paraphe vergessen wurde. Dies liegt daran, dass die Klasseneigenschaften nicht von Core-Data gespeichert werden. (Das wollten wir ja gerade.) Man könnte auf den Gedanken kommen, nach dem Laden eines Dokumentes alle Paraphen neu zu setzen. Nur: Core.-Data lagert ja auch zwischendurch Instanzen aus und lädt sie bei Bedarf nach. Das funktioniert also nicht dauerhaft. Vielmehr müssen wir die Klasseneigenschaft genau dann setzen, wenn Core-Data einmal geruht, die Instanz in den Hauptspeicher zu holen. In diesem Falle wird -awakeFromFetch aufgerufen:

```
…
- (void)awakeFromInsert
{
…
}

- (void)awakeFromFetch
{
   [super awakeFromFetch];

   id value = [self lastname];
   if( [value length] > 4 ) {
      [self setParaphe:[value substringToIndex:4]];
   } else {
      [self setParaphe:value];
   }

}
@end
```

Wenn Sie jetzt das soeben gespeicherte Dokument öffnen, klappt es auch mit der Paraphe.

> **HILFE**
>
> Sie können das Projekt in diesem Zustand als »Projekt-107-04« von der Webseite herunterladen.

Eigene Attributtypen

Einer der häufigsten Motivationen, eine eigene Subklasse zu erstellen, sind eigene Attributtypen. Core-Data bietet ja nur die im Modeller aufgelisteten.

Insgesamt lassen sich mehrere Lösungsmöglichkeiten für dieses Problem finden. Wir ackern dies mal am Beispiel eines `NSImage`-Attributes durch. Denn Images sind kein zulässiger Attributtyp von Core-Data.

Zunächst öffnen Sie bitte wiederum PersonPane.xib und dort im Hauptfenster *Custom View*. Wir geben jeder Person ein Bildchen. Dazu vergrößern wir den View und ziehen ein Imageview hinein. Sie finden dies in der Library des Interface Builders unter *Cocoa | Views & Cells | Input & Values* als *Image Well* (nur, falls Sie es schon vergessen haben sollten …). Sie sollten vielleicht auch in MyDocument.xib das Fenster entsprechend verbreitern, damit das Bild hinpasst. Aber zunächst testen wir die Funktionalität, nicht die »Schönheit« der Unser-Interfaces.

Konvertierung in der View-Schicht

Natürlich muss dieses Bild im Model gespeichert und mit der Viewschicht verbunden werden. Deshalb setzen wir analog zu den beiden Textfeldern ein Binding. Und hier eröffnet sich gleich die erste Möglichkeit, die Konvertierung: Das View ist in der Lage, mit einem Standardattributtypen umzugehen und selbst daraus eine Anzeige zu erstellen. Dies gilt zum Beispiel für das Imageview.

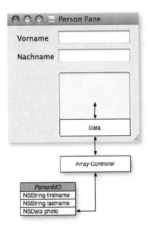

Erst auf der Viewebene wird aus Daten ein Bild.

Wir setzen daher das *Data*-Binding des Views und verbinden es dabei mit einem noch zu implementierenden Attribut *photo*.

```
Bind To: Selected Persons Controller
Controller Key: selection
Model Key Path: photo
```

Außerdem müssen Sie für das Imageview im Attributes-Pane des Inspectors die Option *Editable* einschalten. Speichern, schließen.

Im Core-Data-Modeller müssen wir zur Entität Person noch das Attribut *photo* mit dem Datentypen Binary Data hinzufügen. Weil's schon etwas länger her ist, hier zur Erinnerung:

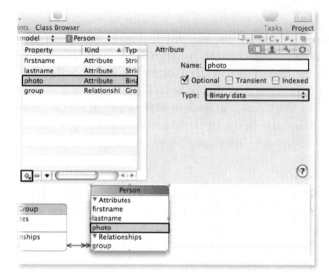

Datenwurm als Ausgangspunkt

Starten und testen Sie das Programm. Sie müssten jetzt Bilder, etwa aus iPhoto, auf das Imageview ziehen können. Sie können das auch abspeichern und wieder laden, denn es handelt sich ja um ein Entitätsattribut.

Ganz schön Schäuble: Jetzt speichern wir zu unseren Teammitgliedern gleich auch ein Photo.

> **HILFE**
>
> Sie können das Projekt in diesem Zustand als »Projekt-107-05« von der Webseite herunterladen.

Natürlich funktioniert das nur, wenn das View ein entsprechendes Data-Binding anbietet. Neben dem Imageview für Bilder ist hier vor allem das Textview (nicht: Textfield) zu nennen, welches die Eingabe formatierten Textes erlaubt. Die meisten Views arbeiten aber ohnehin auf den vorhandenen Attributtypen.

Value-Transformer

Eine daher mit Leopard eingeführte Methode liegt darin, ein Standardattribut zu modellieren und mittels eines Value-Transformers in den gewünschten Typen umzuwandeln. Gespeichert wird also in einem Standardattribut, und bei dem Zugriff hieraus wird gleichermaßen im Vorbeigehen daraus der gewünschte Datentyp hergestellt.

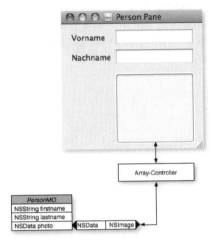

Schein und Sein: Nach außen erscheint das Attribut wie eines von der Klasse NSImage.

Um das zu erreichen, müssen wir zunächst das Data-Binding des Imageviews in PersonPane.xib mithilfe des Interface Builders wieder beseitigen und an seine Stelle das *Value*-Binding setzen. Denn dieses erwartet wirklich eine Instanz der Klasse `NSImage`. Bitte erledigen Sie das.

➤HILFE

Derzeit hat der Interface Builder einen kleinen Bug. Wenn Sie das Data-Binding ausschalten, wird nicht automatisch das Value-Binding freigegeben. Selektieren Sie daher kurz den Hintergrund des Person-Panes im Interface Builder und dann wieder das Imageview. Jetzt müssten Sie das Value-Binding setzen können.

Im Modeller ändern Sie bitte den Attributtypen für die Eigenschaft *photo* von *Binary Data* auf *Transformable*. Als *Value Transformer* tragen Sie nichts ein, was automatisch zur Verwendung einer Instanz von `NSKeyedUnarchiveFromDataTransformer` führt. Wie bereits im letzen Kapitel ausgeführt, wandelt dieser Transformer eine

Instanz mittels des Protokolls NSCoding in eine NSData-Instanz um bzw. zurück. Damit sind sämtliche Klassen, die das genannte Protokoll beherrschen, abgedeckt! Selbst wenn ein Objekt dies nicht anbietet, so kann es über eine Kategorie ergänzt werden. Damit dürfte sich das Problem der eigenen Attributtypen in Leopard weitestgehend erledigt haben. Übersetzen, starten und testen ...

> **HILFE**

Sie können das Projekt in diesem Zustand als »Projekt-107-06« von der Webseite herunterladen.

Instanzvariable mit eigenen Accessoren

Eine weitere Lösung haben Sie eigentlich bereits kennengelernt: Sie erzeugen sich eine typgerechte eigene Instanzvariable und dafür eigene Accessoren. Diese wandeln »on the fly« oder bei jedem Zugriff zwischen einem Standardtypen (NSData, NSString, Integers) und Ihrem Typen hin und her.

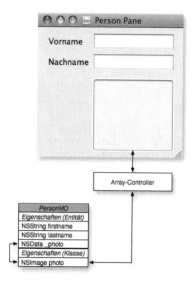

Vorder- und Hintergrund: Eine Klasseneigenschaft nimmt die gewünschte Klasse und wandelt diese in eine Entitätseigenschaft für Core-Data um.

Da wir eigene Accessoren bereits durchgenommen haben, will ich hier lediglich auf die entscheidenden Punkte eingehen:

- Beachten Sie bei der Implementierung die oben dargestellten *Regeln für eigene Accessoren*!

- Es gibt grundsätzlich *zwei Strategien* für den Zeitpunkt der Umwandlung: aktuell und verzögert.

- Bei der *aktuellen Umwandlung* wandelt der Setter den übergebenen neuen Wert unmittelbar in ein Entitätsattribut um und speichert ihn ab. Der Getter liest umgekehrt das Entitätsattribut und wandelt es in eine Instanz der gewünschten eigenen Klasse zurück. Wir benötigen hier also keine eigene Instanzvariable, sondern haben letztlich eine berechnete Eigenschaft. Dies verbraucht wenig Speicher, hat aber den Nachteil der ständigen Umwandlung.

- Bei der *verzögerten Umwandlung* arbeiten die Accessoren auf einer Instanzvariable der eignen Klasse. In den Methoden -awakeFromFetch und -willSave wird dann die Umwandlung in das Entitätsattribut vorgenommen, wenn die Instanz aus dem Store im Hauptspeicher landet bzw. umgekehrt auf dem Massenspeicher abgelegt wird. Hier muss also die Eigenschaft durch eine Instanzvariable dargestellt werden, was zusätzlichen Speicherverbrauch bedeutet. Dafür ist dieses System schneller, weil es nicht bei jedem Zugriff umwandelt.

Wenn Sie jedoch für Leopard entwickeln, sollten Sie dringend die Transformerlösung einsetzen! Wer dennoch in dieser Richtung forschen will, findet in der Apple-Dokumentation zu diesem Thema sowohl für Leopard als auch für Tiger kommentierte und ausführliche Code-Beispiele zu den verschiedenen Strategien. Mit dem jetzigen Wissen von den Accessoren unter Core-Data haben Sie damit gewiss keine Verständnisprobleme mehr.

Fetch-Requests

Wie Sie bereits gelernt hatten, unterscheidet sich Core-Data ganz erheblich von einer Datenbank. Der Knackpunkt lag darin, dass Verweise von einer Entität auf eine andere gespeichert wurden und daher nicht mittels einer Suche über einen rückverweisenden Index aufgelöst werden mussten. Also: Um sämtliche Personen einer Gruppe zu finden, müssen nicht sämtliche Instanzen der Entität Person durchsucht werden, um deren Group-Eigenschaft mit einer Group-ID zu vergleichen. Denn jede Gruppe »weiß« bereits über ihre Beziehung *members*, welche Personen zu ihr gehören.

Dennoch kann es Situationen geben, in denen wir eine allgemeine Suche über eine Entität starten wollen. In solchen Fällen kann man ganz in Datenbankmanier eine Abfrage aller Instanzen einer Entität bewerkstelligen. Man nennt dies einen »Fetch-Request«. Wir werden das einmal machen.

> **▶ GRUNDLAGEN**
>
> Damit hier keine Missverständnisse aufkommen: Fetch-Requests sind nicht mit SELECT-Anweisungen von SQL vergleichbar. Insbesondere existiert kein JOIN im eigentlichen Sinne: Core-Data ist keine Datenbank.

Es ist mal wieder an der Zeit, etwas mit Menüs zu machen. Öffnen Sie MainMenu.xib und wählen Sie dort im Hauptfenster den Verweis *First Responder* an. Wechseln Sie im Inspector auf das Identity-Pane. Fügen Sie den *Actions* eine neue Aktion *dumpPersons:* hinzu. Öffnen Sie nun die Menüleiste *MainMenu*. Klicken Sie auf *View*, damit sich das entsprechende Menü öffnet. Ziehen Sie von *Cocoa | Application | Menus* ein *Menu Item* in das Menü, welches Sie mit *Dump Persons* benennen. Ziehen Sie eine Verbindung vom Menüeintrag zum *First Responder* und klicken Sie im HUD auf *dumpPersons:*.

> **AUFGEPASST**
>
> Da sich unser Window-Controller GroupsWC (mittelbar) in der Responder-Chain befindet, können wir die Actionmethode dort implementieren.

Schließen Sie MainMenu.xib wieder und öffnen Sie stattdessen GroupsWC.m. Fügen Sie am Ende der Actionmethoden eine neue ein:

```
...

- (IBAction)dumpPersons:(id)sender {
  NSManagedObjectContext* context;
  NSEntityDescription* entity;
  NSFetchRequest* fetch;
  NSError* error = nil;
  NSArray* result;

  context = [[self document] managedObjectContext];
  entity = [NSEntityDescription entityForName:@"Person"
                      inManagedObjectContext:context];
  fetch = [[[NSFetchRequest alloc] init] autorelease];

  [fetch setEntity:entity];
  result = [context executeFetchRequest:fetch error:&error];

  if( !result ) {
     NSLog( @"Fehler: %@", [error localizedDescription] );
  } else {
     NSLog( @"Personen\n%@", result );
  }

}
#pragma mark -

#pragma mark Data Source
...
```

Zunächst können Sie die Minimalzutaten eines Fetches erkennen:

- Kontext (`NSManagedObjectContext`),
- Entität (`NSEntityDescription`),
- Fetch-Request (`NSFetchRequest`) selbst,
- Ergebnis-Array (`NSArray`) und
- Fehlercode (`NSError`).

Die Entität ist eine Eigenschaft des Fetch-Requests und wird daher gesetzt. Dann wird der Fetch-Request im Kontext ausgeführt. Das Objekt der Klasse `NSFetchRequest` beschreibt also nur den Fetch. Die Funktionalität wird vom Kontext bereitgestellt. Ist der Fetch fehlgeschlagen, so wird als Ergebnis `nil` geliefert. Ist er erfolgreich, findet jedoch keine Instanzen, so wird ein leeres Array zurückgeliefert. Finden sich Instanzen, so werden diese im Array zurückgeliefert.

> **POWER USER**
>
> Durch Leopard wurden neue Methoden eingeführt, mit denen die genaue Art des Ergebnisses festgelegt werden kann. Im zweiten Band werden Sie den Nutzen besser verstehen. Für die Ermittlung von Instanzen sind die Defaulteinstellungen ausreichend. Wichtig ist in diesen Zusammenhang allerdings, dass die Ausgabe im Log Ihnen zuweilen unvollständig erscheint. So wird der zweite Treffer etwa nicht mit seinen Eigenschaften angezeigt. Dies findet sein Bewenden darin, dass Core-Data faul ist und die Abfrage häufig auf den Store auslagern kann. Dann werden die Treffer nicht sofort geladen. Um hier zum Testen vollständige Ergebnisse zu sehen, sollten Sie deshalb den Personen-Disclosure im Dokumentenfenster öffnen. Das forciert ein Laden der Instanzen.

Starten Sie das Programm und geben Sie bitte drei Personen ein: *Amin Negm-Awad*, *Sami Negm-Awad* und *Dieter Müller*. Wählen Sie dann im Menü *Dump Persons* und beachten Sie die drei Instanzen im Log. Speichern Sie dieses Dokument zur späteren Verwendung.

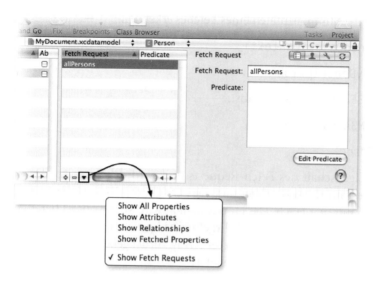

Um Fetch-Requests im Model-Designer zu definieren, sollte man die Ansicht umschalten.

Alternativ kann ein Fetch auch gleich im Model-Designer angelegt werden. Öffnen Sie mit einem Doppelklick auf das Model in *Groups & Files* den Model-Designer.

Sie können in dem mittleren Bereich für die Eigenschaften rechts in die Request-Ansicht umschalten, wie Sie es oben in der Abbildung ersehen können. Der +-Button fügt dann einen neuen Fetch-Request ein, wenn Sie eine Entität ausgewählt haben. Wählen Sie Person. Benennen Sie den Fetch-Request mit *allPersons* und lassen Sie das Prädikat darunter leer. (Alternativ können Sie auch gleich auf den +-Button klicken und *Add Fetch Request* anklicken. Die Ansicht wird dann automatisch umgeschaltet.)

Ein so eingegebener Fetch-Request kann dann im Code abgeholt werden. Ändern Sie den Code in *GroupsWC.m*.

```
...
- (IBAction)dumpPersons:(id)sender {
  NSManagedObjectContext* context;
  NSManagedObjectModel* model;
  NSFetchRequest* fetch;
  NSError* error = nil;
  NSArray* result;

  context = [[self document] managedObjectContext];
```

```
   model = [[self document] managedObjectModel];
   fetch = [model fetchRequestTemplateForName:@"allPersons"];

   result = [context executeFetchRequest:fetch error:&error];

   if( !result ) {
      NSLog( @"Fehler: %@", [error localizedDescription] );
   } else {
      NSLog( @"Personen\n%@", result );
   }
}
...
```

Bitte testen Sie den neuen Code unter Zuhilfenahme der vorhin erzeugten Datei.

> **HILFE**
>
> Sie können das Projekt in diesem Zustand als »Projekt-107-07« von der Webseite herunterladen.

Prädikate

Ein Prädikat ist eine Verbindung zwischen einer Instanz und einer Eigenschaft, der logische Wahrheitswerte zugeordnet werden können. Man kann sie sich allerdings auch einfacher als eine Bedingung vorstellen, mit der man Ansammlungen von Instanzen (Collections) in der Weise filtern kann, dass in der Ergebnismenge nur dasjenige Element enthalten ist, auf das die Bedingungen zutrifft: ein Filter. Wir haben auch bereits bei einem Projekt Prädikate kennengelernt, nämlich als Filterprädikat für einen Array-Controller, welches wir an ein Suchfeld banden. Prädikate lassen sich jedoch auch für Fetch-Request in Core-Data einsetzen und sogar für die Filterung von Arrays im Code. Ich nutze hier also Core-Data eigentlich nur als Aufhänger für vielfältige Anwendungsmöglichkeiten.

Fügen wir unserem Fetch-Request ein Prädikat hinzu:

```
...
- (IBAction)dumpPersons:(id)sender {
   NSManagedObjectContext* context;
   NSManagedObjectModel* model;
   NSPredicate* predicate;
   NSFetchRequest* fetch;
   NSError* error = nil;
```

```
        NSArray* result;

        // Fetch vorbereiten
        context = [[self document] managedObjectContext];
        model = [[self document] managedObjectModel];
        predicate = [NSPredicate
                    predicateWithFormat:@"lastname = 'Negm-Awad'"];

        // Fetch durchführen
        fetch = [model fetchRequestTemplateForName:@"allPersons"];
        [fetch setPredicate:predicate];
        result = [context executeFetchRequest:fetch error:&error];

        // Ergebnis abfragen
        if( !result ) {
           NSLog( @"Fehler: %@", [error localizedDescription] );
        } else {
           NSLog( @"Personen\n%@", result );
        }
    }
    ...
```

Wir haben hier also ein einfaches Prädikat, welches lediglich die Aussage macht, dass der Nachname auf »Negm-Awad« lautet. Wenn Sie nun das abgespeicherte Dokument laden und den Fetch ausführen, sehen Sie lediglich mich und einen meiner Brüder im Log.

Damit haben Sie auch schon den Aufbau eines Prädikates: »Eigenschaft – Operator – Wert« Allerdings kann vor der Eigenschaft noch ein Aggregat gesetzt werden. Im Einzelnen:

Eigenschaft (Key)

Die Eigenschaft ist in der Regel der Schlüssel eines Attributes, wie eben oben *lastname*. Neben der Spezifikation im Klartext können Sie die entsprechende Eigenschaft auch in den Formatstring einfügen lassen. Es ist jedoch wichtig, dass Sie dann als Platzhalter im Formatstring nicht %@, sondern %K verwenden. Ansonsten würde der Name der Eigenschaft in Anführungszeichen gesetzt, also zum Wert anstelle eines Schlüssels werden.

Es kann sich jedoch auch um eine Master-Detail-Beziehung handeln. Dann kann abgefragt werden, ob diese nil ist oder ob ein Schlüsselpfad eingegeben werden soll, etwa @"group.name = 'Tech'". Dieser Ausdruck, auf Personen angewendet, würde alle Instanzen finden, deren Master-Detail-Beziehung group auf eine Abteilung verweisen, die den Namen »Tech« trägt. Günstig ist es in der Regel, gleich die Gruppe selbst einzutragen, was vom Code aus möglich ist. (Machen wir gleich.) Es ist aber zu beachten, dass dies nicht notwendig dasselbe Ergebnis zeitigen muss. Das wird klar, wenn man sich vor Augen führt, dass zwei Gruppen »Tech« heißen können.

Bezeichnet die Eigenschaft eine To-Many-Beziehung, ist so etwas Ähnliches wie primitive Joins möglich. Allerdings sind die Einsatzmöglichkeiten sehr beschränkt, was die Operatoren angeht. Darauf komme ich am Ende zurück.

Wert

Der Wert lässt sich wie hier häufig durch Klartext bestimmen.

- Für logische Werte dürfen die Konstanten YES und NO verwendet werden.

- Ebenso ist es möglich, mit NIL (oder auch NULL) zu vergleichen.

- Zahlen werden in »amerikanischer« Schreibweise angegeben, wobei Tausendertrenner nicht verwendet werden, jedoch Exponentialschreibweise (17.02e69).

- Texte stehen in einfachen (') oder doppelten Hochkommata (").

- Kalendarische Daten werden über einen speziellen CAST-Operator eingefügt. Bitte beachten Sie hierzu die Anmerkung nach der Liste und verwenden Sie eine NSDate-Instanz, die Sie mittels %@ einfügen.

- Es können Mengen angegeben werden, wobei die Elemente in geschweiften Klammern stehen: { "Sa", "So" }. Mengen mit zwei Elementen können auch als Bereichsangabe verwendet werden. Hierzu folgt ein Beispiel.

- Schließlich kann, wie oben dargestellt, ein Objekt angegeben werden. Dies muss dann im Code mittels %@ eingefügt werden. Beachten Sie bitte auch hier die nachfolgende Anmerkung:

Um sich von derartigen Syntaxpfriemeleien fernzuhalten, empfiehlt es sich, das Prädikat zusammensetzen zu lassen. Wir können unseren bisherigen Code so entlasten:

```
...
- (IBAction)dumpPersons:(id)sender {
    ...
    // Fetch vorbereiten
    context = [[self document] managedObjectContext];
    model = [[self document] managedObjectModel];
    predicate = [NSPredicate predicateWithFormat:@"lastname = %@",
                             @"Negm-Awad"];
```

```
        // Fetch durchführen
   ...
}
...
```

Dies funktioniert auch bei Mengenangaben, wobei dann ein Array verwendet wird.

Operator

Als Operatoren kommen freilich zunächst die aus einem If bekannten Vergleiche in Betracht, wobei etwas mehr Formulierungsfreiheit als bei C gilt:

Für Größenvergleiche stehen =, == (Gleichheit), != (Ungleichheit), > (Eigenschaft ist größer), >=, => (Eigenschaft ist größer oder gleich), < (Eigenschaft ist kleiner), <=, =< (Eigenschaft ist kleiner oder gleich) zur Verfügung.

Eine Bereichsüberprüfung ist mittels BETWEEN möglich, wobei eine Menge mit zwei Werten folgen muss. Der Vergleich wird ausschließlich der Grenzen vorgenommen. Beispiel:

```
...
- (IBAction)dumpPersons:(id)sender {
...
   // Fetch vorbereiten
   context = [[self document] managedObjectContext];
   model = [[self document] managedObjectModel];
   // @"lastname BETWEEN { 'Na', 'Nx' }
   NSArray* bounds;
   bounds = [NSArray arrayWithObjects:@"Na", @"Nx", nil];
   predicate = [NSPredicate
               predicateWithFormat:@"lastname BETWEEN %@",
               bounds];
   NSLog( @"Praedikat: %@", predicate );

   // Fetch durchführen
   ...
}
...
```

Für Textvergleiche existieren ferner spezielle Operatoren: BEGINSWITH, CONTAINS und ENDSWITH sollten sich selbst erklären. Mit LIKE können Sie die Wildcards ? (steht für genau ein wahlfreies Zeichen) und * (steht für beliebig viele – auch 0 – wahlfreie Zeichen) verwenden. Durch ein angehängtes [cd] wird erreicht, dass die

Die Modelschicht
Kapitel 7

Suche nicht zwischen Groß-/Kleinschreibung (c) und verschiedenen diakritischen Zeichen (d) unterscheidet. Sehr mächtig ist der Operator MATCHES, der einen Vergleich mit regulären Ausdrücken zulässt. Dies kann jedoch nicht auf SQL-Stores eingesetzt werden.

```
...
    // Fetch vorbereiten
    context = [[self document] managedObjectContext];
    model = [[self document] managedObjectModel];
    predicate = [NSPredicate
                    predicateWithFormat:@"lastname LIKE %@",
                                        @"Negm*"];
    NSLog( @"Praedikat: %@", predicate );

    // Fetch durchführen
...
}
...
```

Die oben erwähnten Mengen können Sie mit IN abfragen:

```
...
    // Fetch vorbereiten
    context = [[self document] managedObjectContext];
    model = [[self document] managedObjectModel];
    NSArray* firstnames = [NSArray arrayWithObjects:
                                    @"Amin",
                                    @"Dieter",
                                    nil];
    predicate = [NSPredicate
                    predicateWithFormat:@"firstname IN %@",
                                        firstnames];
    NSLog( @"Praedikat: %@", predicate );

    // Fetch durchführen
...
}
...
```

Mehrere dieser Prädikate können mittels AND, OR und NOT logisch verknüpft werden.

645

To-Many-Beziehungen und Aggregate

Wenn es sich bei der Eigenschaft um eine 1:n-Beziehung handelt, können hierauf Aggregatsfunktionen ausgeführt werden. ANY und SOME sind erfüllt, wenn die angehängte Eigenschaft mindestens ein Mal in der Gruppe der verwiesenen Objekte anzutreffen ist. Entsprechendes gilt für NONE (keines) und ALL.

Ändern Sie den Code für den Fetch in GroupsWC.m:

```
...
// Fetch vorbereiten
   context = [[self document] managedObjectContext];
   model = [[self document] managedObjectModel];

   predicate = [NSPredicate
            predicateWithFormat:@"ANY groups.name = 'Tech'"];
   NSLog( @"Praedikat: %@", predicate );

   // Fetch durchführen
...
```

Legen Sie in dem bestehenden Dokument zwei Gruppen *Tech* und *Support* an. Mich ziehen Sie bitte in beide Gruppen, meinen Bruder nur nach *Tech*, Herrn Müller nur nach *Support*. Speichern. Dann klicken Sie wiederum auf *View | Dump Persons*. Sie finden jetzt alle Personen – und nur Personen, das ist nicht gleichzeitig ein Join –, die mindestens einer Gruppe angehören, welche »Tech« heißt. Da auch unmittelbar auf die Gruppeninstanz verglichen werden kann, ist dies häufig sinnvoller (und performanter). Machen wir mal einen Filter auf die gerade angewählte Gruppe:

```
...
   // Fetch vorbereiten
   context = [[self document] managedObjectContext];
   model = [[self document] managedObjectModel];

    predicate = [NSPredicate
            predicateWithFormat:@"ANY groups = %@", group];

   NSLog( @"Praedikat: %@", [predicate predicateFormat] );

   // Fetch durchführen
...
```

Starten Sie wieder die Anwendung und laden Sie erneut das Dokument. Wählen Sie eine Gruppe aus. Testen. Dann die nächste Gruppe. Testen. Es werden jetzt die jeweiligen Mitglieder in der gerade ausgewählten Gruppe gefunden.

> **AUFGEPASST**
>
> Was passiert eigentlich, wenn keine Gruppe ausgewählt ist? Dann wird mit `nil` verglichen. Dieser Vergleich scheitert jedoch auch bei Personen, die wirklich keiner Gruppe angehören. Denn die Eigenschaft groups einer Person ist ja seit dem Einbau der n:m-Beziehung ein Set. Wenn keine Gruppe zu der Person gespeichert ist, so ist die Eigenschaft ein leeres Set, nicht `nil`! Diese Person wird also nicht gefunden. Die richtige Abfrage müsste also darauf lauten, dass die Anzahl der Gruppen zu dieser Person 0 beträgt. Man müsste die Bedingung also auf die Größe des Sets formulieren. Geht das? Ja, das geht, und jetzt zeige ich Ihnen auch wie:

Ebenfalls ist es möglich, bei einer To-Many-Beziehung mit `SIZE` die Kardinalität (Größe, Anzahl der Mitglieder in der To-Many-Beziehung) abzufragen. Lassen wir uns alle Personen anzeigen, die genau zu einer Gruppe gehören, deren *groups*-Beziehung also ein Mitglied hat.

```
…
// Fetch vorbereiten
    context = [[self document] managedObjectContext];
    model = [[self document] managedObjectModel];

    predicate = [NSPredicate
                predicateWithFormat:@"groups[SIZE] = 1"];
    NSLog( @"Praedikat: %@", predicate );
…
```

Der vorstehende Code findet also meinen Bruder und Herrn Müller. Statt des `SIZE` können Sie auch `FIRST` und `LAST` verwenden oder einen Index in die eckigen Klammern schreiben. Bedenken Sie aber, dass Sie es bei Core-Data mit Sets zu tun haben, die keine Ordnung kennen.

Aggregate dürfen nicht kombiniert werden.

Prädikaterzeugung

Neben dieser Prädikaterzeugung im Code können Sie auch im Model zu einem Fetch-Request gleich ein Prädikat eingeben. Das wird Ihnen vermutlich vorhin schon aufgefallen sein.

Bei der Erzeugung eines Prädikates – gleichgültig, ob im Core-Data-Modeller oder im Code – ist es zudem möglich, anstelle von Werten und Schlüsseln Variablen einzusetzen, etwa `@"firstname = $FIRSTNAME"`. Es handelt sich dann um ein Template. Die Auflösung eines Templates kann dann mit der Methode `-predicateWithSubstitutionVariables:` (NSPredicate) erfolgen. Ist das Template im Modeller angelegt worden, so kann das Abholen des Fetch-Requests und das Ersetzen der Variablen mit der Methode `-fetchRequestFromTemplateWithName:substitutionVariables:` (NSManagedObjectModel) in einem Rutsch erfolgen.

Schließlich können Sie der Dokumentation entnehmen, dass sich um Prädikate eine ganze Reihe von Klassen befinden. Sie können damit sozusagen die Einzelteile eines Prädikates selbst zusammensetzen. Für den Gebrauch in der üblichen Anwendungsprogrammierung ist das allerdings in der Regel nicht notwendig.

Ergänzend sei noch erwähnt, dass die Klasse `NSRuleEditor` existiert, welche ein User-Interface für die Eingabe von Prädikaten bietet.

Sortierung

Zuweilen will man die Instanzen sortiert haben. Bei Core-Data stellt sich das Problem aktuell, da Beziehungen mit Instanzen der Klasse `NSSet` abgebildet werden. Diese kennen aber keine Sortierung.

> **▶GRUNDLAGEN**
>
> Weil dies immer wieder Anlass für Diskussionen ist: Es ist richtig, dass Core-Data erst einmal keine Sortierung unterstützt. So liegt es etwa bei unseren Beziehungen. Es gibt kein erstes, zweites usw. Mitglied. Alle Mitglieder sind gleichberechtigt. Tatsächlich ist die Sortierung recht selten ein Problem des Models.

Möglichkeiten der Sortierung

Es gibt verschiedene Stellen der Sortierung. Eine Sortierung ist ja nur dann notwendig, wenn ich eine Vielzahl von Elementen darstelle. Dies geschieht vor allem in einem Tableview. Dieser bietet aber bereits selbst in seiner Titelzeile dem Benutzer die Möglichkeit an, die Einträge zu sortieren. Derlei Ansichtssortierungen brauchen wir daher in der Regel nicht näher zu beachten. Sie sind bereits implementiert.

Auf der Ebene des Array-Controllers ist es ebenfalls möglich, Sortierungen anzugeben. Dies kann recht einfach mit sogenannten Sort-Deskriptoren geschehen, die wir gleich besprechen.

Ins Model gehören Sortierungen nur in Ausnahmefällen. Dies kann etwa der Fall sein, wenn wir eine Aufgabenliste haben, bei der ein Punkt auf den nächsten aufbaut. Hier – und nur in solchen Fällen – ist die Reihenfolge wirklich eine Frage des Models. Und hier existieren mit Core-Data Probleme, da, wie bereits erwähnt, Mengen als Verweise benutzt werden, also unsortierte Container.

Sort-Deskriptoren

Ebenso wie Prädikate vielfältig einsetzbar sind, gilt dies auch für sogenannte Sort-Deskriptoren, Instanzen der Klasse `NSSortDescriptor`. So können Sie etwa Array-Controllern einen Sort-Deskriptor geben oder Arrays damit sortieren.

Ein Sort-Deskriptor ist ziemlich genau das, was es heißt: Die Beschreibung einer Sortierung. Dabei erhält er drei Eigenschaften:

- einen Schlüssel (Key) als den Namen der Eigenschaft, nach der sortiert werden soll
- die Angabe, ob aufsteigend oder absteigend sortiert werden soll
- optional eine Vergleichsmethode, die von jeder zu sortierender Instanz implementiert wird und die mindestens in der Lage ist, mit Instanzen derselben Klasse zu vergleichen

Die Beschreibung der Klasse `NSSortDescriptor` ist übersichtlich und dürfte keine Probleme aufwerfen. Hier nur ein Beispiel:

```
...
- (IBAction)dumpPersons:(id)sender {
    NSManagedObjectContext* context;
    NSManagedObjectModel* model;
    NSPredicate* predicate;
    NSSortDescriptor* sort;
    NSFetchRequest* fetch;
    NSError* error = nil;
    NSArray* result;

    // Fetch vorbereiten
    context = [[self document] managedObjectContext];
    model = [[self document] managedObjectModel];
    predicate = [NSPredicate
                    predicateWithFormat:@"lastname = 'Negm-Awad'"];
    sort = [[[NSSortDescriptor alloc]
                    initWithKey:@"firstname"
                    ascending:YES]
```

```
                          autorelease];

// Fetch durchführen
fetch = [model fetchRequestTemplateForName:@"allPersons"];
[fetch setPredicate:predicate];
[fetch setSortDescriptors:[NSArray arrayWithObject:sort]];
result = [context executeFetchRequest:fetch error:&error];

// Ergebnis abfragen
```
...

Reihenfolgeeigenschaft im Model

Wenn bereits im Model eine Reihenfolge festgelegt werden soll, so muss eine Eigenschaft angelegt werden, auf die später sortiert werden kann. Häufig ist das trivial, etwa, wenn es darum geht, die Reihenfolge der Eingabe auszuzeichnen: Erstellen Sie sich ein Attribut insertionDate, welches Sie im `-awakeFromInsert` einfach mit der aktuellen Uhrzeit setzen. Das Ganze kann etwa so aussehen:

```
- (void)awakeFromInsert
{
   [super awakeFromInsert];
   [self setValue:[NSDate date] forKey:@"insertionDate"];
}
```

Reihenfolgeattribut modellieren

Anders sieht es jedoch aus, wenn eine Reihenfolge durch den Benutzer festgelegt wird. Ein Beispiel dafür sind Wiedergabelisten in iTunes. Allerdings sieht man hier auch gleich ein Problem, wenn man genau hinschaut: Die Sortierung ist keine Eigenschaft eines Titels. Das kann auch gar nicht sein, weil ja ein Titel in verschiedenen Wiedergabelisten stehen kann – und jedes Mal an einem anderen Platz.

Erst in einer Widergabeliste erhält ein Lied eine Nummer zur Sortierung.

Übertragen wir das mal auf unsere Gruppenmitglieder: Das scheint gar nicht einfach zu modellieren zu sein. Wir müssen für jede Beziehung von einer Gruppe zu einer Person einen Sortierindex festlegen. Eine Beziehung hat aber keine Eigenschaften. Der Trick besteht darin, die Beziehung zu personalisieren, das heißt, aus ihr eine Entität zu machen. Wie geht das?

Öffnen Sie bitte unser Core-Data-Model und fügen Sie eine neue Entität ein, die Sie *GroupPerson* nennen.

> **HILFE**
>
> Vorsicht Falle! Möglicherweise befindet sich der Modeller noch in der Ansicht *Show Fetched Requests*. Schalten Sie ihn mit dem kleinen Menü unterhalb der Eigenschaftsliste wieder zurück auf *Show All Properties*.

Diese Entität legen wir später für jede einzelne Beziehung einer Gruppe zu einer Person an. Sie erhält drei Eigenschaften:

- *order* als Int32 gibt später die Sortierung an, ist also unser eigentliches Ziel.
- *group* ist eine Beziehung, die auf eine Gruppe verweist. Die inverse Beziehung von der Person auf GroupPerson ist jedoch eine To-Many-Beziehung, da ja eine Person in vielen Gruppen sein kann, also viele Beziehungen zu Gruppen hat. Setzen Sie also diese Beziehung und ihre inverse Beziehung.
- *person* ist eine Beziehung die auf eine Person verweist. Auch hier bleibt die inverse Beziehung eine To-Many-Beziehung, denn eine Gruppe hat viele Beziehungen auf ihre Mitglieder.

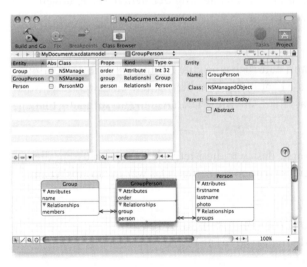

Trippelschritt: Eine neue Entität schafft Prioritäten in unserer Beziehung.

Man kann sich das vielleicht klarer machen, wenn man die Zugehörigkeit einer Person zu einer Gruppe als Mitgliedschaft ansieht, für die ein Mitgliedsausweis (GroupPerson) erstellt wird. Es existieren dann vier Ausweise: Ich habe im Beispiel des letztens Dokumentes zwei (einmal »Tech«, einmal »Support«) und mein Bruder und Herr Müller je einen Ausweis.

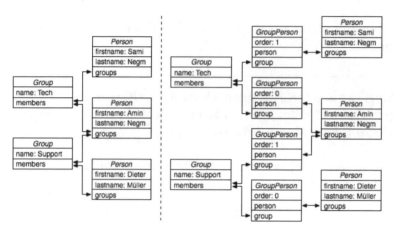

2 Gruppen + 3 Personen = 4 Mitgliedsausweise

Einfügen

Gut, natürlich existieren jetzt in unserem Code geschätzt 435873456 Stellen, an denen von einem anderen Beziehungsgefüge ausgegangen wird. Schon die Fetch-Requests aus dem letzten Abschnitt funktionieren nicht mehr. Darum wollen wir uns hier nicht kümmern, sondern uns auf die Herstellung der neuen Beziehungen und dann auf deren Sortierung konzentrieren.

> **➤TIPP**
>
> Wie im Vorwort erwähnt: Es kann natürlich eine gute Übung sein, die Anwendung ansonsten anzupassen. Aber es ist mühselig und hier Seitenverschwendung, was gleich zur Feststellung führt, dass man sein Model von Anfang an sorgfältig planen sollte.

Das bedeutet natürlich zu allererst, dass wir die Methode ändern müssen, die ein neue Person per Drag & Drop einer Gruppe hinzufügt. Das war in GroupsWC.m:

```
…
- (BOOL)outlineView:(NSOutlineView*)outlineView
       acceptDrop:(id<NSDraggingInfo>)info
             item:(id)item
       childIndex:(NSInteger)index
```

```
{
    // Hole das Pasteboard
    NSPasteboard* pboard = [info draggingPasteboard];

    // Hole Daten
    NSNumber* rowID
        = [pboard propertyListForType:personPboardType];
    NSInteger row = [rowID integerValue];

    // Hole Person
    NSManagedObject* person = [sidebarView itemAtRow:row];

    // fuege Person der Gruppe hinzu
    //     Ein neues Beziehungsobjekt erzeugen:
    NSManagedObjectContext* context;
    NSEntityDescription* entity;
    NSManagedObject* membership;

    context = [[self document] managedObjectContext];
    entity = [NSEntityDescription entityForName:@"GroupPerson"
                        inManagedObjectContext:context];
    membership = [[[NSManagedObject alloc]
                                    initWithEntity:entity
                    insertIntoManagedObjectContext:context]
                                        autorelease];

    //    Beziehungen setzen
    [membership setValue:person forKey:@"person"];
    [membership setValue:item   forKey:@"group"];

    return YES;
}
...
```

Sie erkennen vermutlich schon den Unterschied: Anstatt einfach eine Beziehung zu setzen, erzeugen wir uns ein Beziehungsobjekt und setzen das. Die Reihenfolgeeigenschaft order selbst lassen wir noch außen vor. Das Ganze soll erst einmal wieder so wie vorher funktionieren.

Das tut es nämlich noch nicht. Sie können es ja mal probieren. Das Problem liegt darin, dass der Tableview, der für eine Gruppe die Mitglieder anzeigte, an der members-Eigenschaft hing und dort eine Aufzählung von Personen erwartete. Er bekommt jetzt aber eine Liste von Mitgliedschaften, die lediglich auf eine Person verweisen. Daher muss im Nib eine Anpassung erfolgen:

Öffnen Sie GroupPane.xib und dort im Hauptfenster das *Custom View*. Bei beiden Spalten des Tableviews muss im Binding vor dem eigentlich *Model Key Path* noch ein *person* eingefügt werden. Aus *lastname* wird also *person.lastname* und aus *firstname* ein *person.firstname*. Dies spiegelt das Zwischenobjekt wieder, das wir ja gerade erzeugt hatten. Bitte ändern Sie in den Attributen des *Group-Person Controllers* auch die Entität von *Person* auf *GroupPerson*.

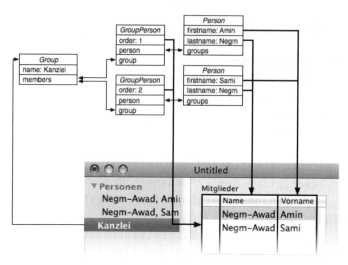

Die Reihenfolge ergibt sich aus der Mitgliedschaft, die persönlichen Daten aus der Person.

Und weil Sie schon dabei sind, erzeugen Sie bitte im Tableview für die einzelnen Mitglieder der Gruppe eine neue Spalte für unseren Index. Dazu wählen Sie das Tableview an (nicht: das Scrollview oder die Tablecolumn!) und erhöhen die Anzahl der Spalten im Attributes-Pane um 1. Diese neue Spalte ziehen Sie ganz nach vorne, so dass sie die erste Spalte wird. Außerdem setzen Sie deren *Value*-Binding auf ... ja, worauf eigentlich? Jetzt haben wir ja wirklich die Eigenschaft order unserer neuen Entität. Dementsprechend binden wir auch hieran. Das Binding lautet also:

```
Bind To: Group-Person Controller
Controller Key: arrangedObjects
Model Key Path: order
```

Sie sehen also, dass der Schlüsselpfad ein Element kürzer ist. Dies ist auch klar: Wir greifen dieses Attribut bereits bei der GroupPerson-Entität ab, also eine Stufe vorher.

Für diese erste Spalte löschen Sie bitte auch im Attributes-Pane das Häkchen vor *Editable*. Der User soll hier nichts eingeben können.

Übersetzen und überprüfen Sie das Projekt bis an diese Stelle, indem Sie drei Personen anlegen und diese zwei ebenfalls angelegten Gruppen zuordnen. Einfach wie beim letzten Dokument.

Bleibt natürlich noch die Aufgabe, zunächst einen Index einzufügen. Dieser sollte tunlichst fortlaufend sein. Also müssen wir beim Einfügen einer Person in die Gruppe abfragen, was der bisher höchste Index ist, diesen um eins erhöhen und dann als Index für die neue Person verwenden. Das ist recht einfach:

```
…
- (BOOL)outlineView:(NSOutlineView*)outlineView
        acceptDrop:(id<NSDraggingInfo>)info
              item:(id)item
        childIndex:(NSInteger)index
{
…
    // fuege Person der Gruppe hinzu
    //    Hoechsten Index suchen
    int maxIndex = 0;
    NSArray* memberships = [item valueForKey:@"members"];
    for( NSManagedObject* membership in memberships ) {
        int index = [[membership valueForKey:@"order"] intValue];
        if( index > maxIndex ) {
            maxIndex = index;
        }
    }

    //    Ein neues Beziehungsobjekt erzeugen:
…

    //    Beziehungen setzen
    [membership setValue:person forKey:@"person"];
    [membership setValue:item    forKey:@"group"];
    [membership setValue:[NSNumber numberWithInt:maxIndex+1]
              forKey:@"order"];

    return YES;
}
…
```

Wir gehen also einfach die bisherigen Mitgliedschaften durch und betrachten dabei die einzelnen Indexe. Die Eigenschaft order verhält sich also lokal zur Gruppe, soll heißen, es werden nur die Mitgliedschaften in dieser Gruppe betrachtet. Ein Index kann also in verschiedenen Gruppen doppelt belegt sein. Das ist auch richtig, wenn Sie noch einmal an das iTunes-Beispiel denken.

> **AUFGEPASST**
>
> Man hätte ja auch an eine Abfrage mittels eines Fetch-Requests denken können. Dies hat jedoch zwei Nachteile: Zum einen würde dann der Index über alle Instanzen in allen Gruppen durchgeführt, was inhaltlich nicht richtig ist. Außerdem müssten dann sämtliche Mitgliedschaften von Core-Data geladen werden! Hier wird wieder der Unterschied zu einer Datenbank deutlich: Dort würde man in der Tat sämtliche Mitgliedschaften laden, um in einer WHERE-Klausel eine Filterung auf die aktuell in Rede stehende Gruppe zu erzielen. Die Gruppen verweisen ja nicht auf die Mitgliedschaften (oder letztlich die Personen). Übrigens: Es ist möglich, dass in der Indizierung Lücken entstehen, nämlich wenn Personen wieder aus einer Gruppe entfernt werden. Wenn Sie wollen, dann können Sie sich bei der Löschoperation eine Neuindizierung programmieren, also die Nummern unter Beibehaltung der Reihenfolge neu vergeben.

An dieser Stelle könnten wir uns übrigens auch darum kümmern, dass Personen nicht doppelt einer Gruppe hinzugefügt werden. Sie könnten in der Schleife gleichzeitig abfragen, ob membership.person bereits auf die einzufügende Instanz verweist. Noch schöner wäre es freilich, die gesamte For-In-Schleife in die Validierungsmethode zu kopieren und dort bereits NO zurückzuliefern, wenn sich die Person bereits in der Gruppe befindet. Aber halten wir uns nicht mit Dingen auf, die Sie selbst erledigen können.

Bitte übersetzen und testen Sie erneut die Applikation. Speichern Sie das Ergebnis diesmal wieder.

Reihenfolgeeigenschaft per Drag & Drop und die Objekt-ID

Implementieren wir die Sortierung mittels Drag & Drop innerhalb der Mitgliederliste. Im Prinzip funktioniert das ebenso wie das bereits implementierte Drag & Drop für das Outlineview. Es ist sogar einfacher, da wir ja keine Hierarchien berücksichtigen müssen.

Allerdings haben Sie inzwischen einiges über Dokumente, Modelle und Core-Data gelernt. Deshalb können wir jetzt das Pasteboard wesentlich eleganter bedienen. Wir speichern dort nicht mehr einen Row-Index, sondern die Objekt-ID. Das hat einen immensen Vorteil: Unser Row-Index war eine lokale Bezeichnung innerhalb des Outlineviews. Die Objekt-ID ist indessen innerhalb des Dokumentes für alle bekannt und eindeutig.

> **AUFGEPASST**
>
> Wenn Sie diesen Abschnitt durchgearbeitet haben, ist es daher eine sehr gute Übung, das Drag & Drop für den Outlineview entsprechend auf die Objekt-ID anzupassen. Überlegen Sie sich auch, wie man unmittelbar aus der Sidebar Personen in das Members-Tableview ziehen könnte. Auf der Webseite zum Buch finden Sie das als Aufgabe.

Bevor wir aber loslegen, überlegen wir uns, wie wir vorgehen müssen. Unser MyDocument.xib weiß ja nichts mehr von den einzelnen Views. Wir können daher schon kein Outlet erstellen. Und die hier zu implementierende Funktionalität ist ja eigentlich auch auf das View beschränkt. Daher ist es eine gute Idee, sich einen View-Controller zu erstellen, der diese Aufgabe übernimmt. Dieser bildet dann mit seinem Nib eine funktionale Einheit, die unabhängig wiederverwertet werden kann. Und unser GroupsWC wird nicht noch größer.

Frisch Gesellen! seid zur Hand: Zunächst erzeugen wir uns eine neue Klasse *GroupPaneVC* mit *File | New File…*, wobei wir als Vorlage *Objective-C class* verwenden. Die Superklasse passen wir in GroupPaneVC.h an und fügen gleich bei der Gelegenheit ein neues Outlet auf das Tableview ein:

```
…
@interface GroupPaneVC : NSViewController {
    IBOutlet NSTableView*   membersView;
}
@end
```

Gleich wieder schließen. Bei einem Wechsel auf das Group-Pane müssen wir dann freilich unsere Subklasse erzeugen. Öffnen Sie dazu GroupsWC.m und führen Sie folgende Änderungen durch:

```
…
#import "GroupsWC.h"

#import "PersonMO.h"
#import "GroupPaneVC.h"

#import "MyDocument.h"
…
- (void)selectPane:(NSString*)nibName
```

```
{
   // Lade den View-Controller
   NSViewController* newController;

   // GroupPaneVC
   if( [nibName isEqualToString:@"GroupPane"] ) {
      newController = [[[GroupPaneVC alloc]
                                      initWithNibName:nibName
                                               bundle:nil]
                                      autorelease];
   // Alle anderen
   } else {
      newController = [[[NSViewController alloc]
                            initWithNibName:nibName
                                     bundle:nil]
                            autorelease];
   }
}
...
```

Hiermit wird nun also unsere Subklasse eines View-Controllers geladen. Testen Sie im Programm, ob der Group-Pane ordentlich angezeigt wird. Wenn dies der Fall ist, öffnen Sie GroupPaneVC.m:

Bei einem Tableview muss zunächst mitgeteilt werden, welche Datentypen verwendet werden dürfen. Dies erledigen wir am Anfang der Datei und im -awakeFromNib:

```
...
NSString* const memberPboardType
   = @"com.Software #9811.Company.memberPastebaordType";

@implementation GroupPaneVC
- (void)awakeFromNib
{
   types = [NSArray arrayWithObject:memberPboardType];
   [membersView registerForDraggedTypes:types];
}
@end
```

Ich führe hier einen neuen Pasteboard-Type ein. Der Hintergrund ist, dass wir diesmal nicht die Row-ID ins Pasteboard stopfen, sondern die Objekt-ID von Core-Data, also andere Daten. Außerdem werden wir gleich GroupPerson-Instanzen verschieben, nicht Personen! In dem Pasteboard befinden sich also tatsächlich verschiedene Informationen.

Im Interface-Builder setzen wir das Outlet. GroupPane.xib öffnen. Wählen Sie den *File's Owner* an und geben Sie ihm im Identity-Pane des Inspectors die *Class* mit dem Namen *GroupPaneVC*. Dann vom *File's Owner* auf das Tableview (befindet sich im Group Pane) die Verbindung *membersView* ziehen. Umgekehrt muss der *File's Owner* zur Data-Source und Delegate des Tableviews werden. Bitte auch diese Verbindung ziehen. Das waren die Vorarbeiten.

Objekt-ID und Objekt-URL

Wir fangen zunächst ganz klein an:

```
@implementation GroupPaneVC

-       (BOOL)tableView:(NSTableView*)tableView
  writeRowsWithIndexes:(NSIndexSet *)rowIndexes
           toPasteboard:(NSPasteboard*)pasteboard
{
   // items ermitteln
   NSDictionary* binding;
   binding = [tableView infoForBinding:@"content"];
   NSLog( @"binding: %@", binding );

   NSArrayController* arrayController;
   arrayController = [binding objectForKey:NSObservedObjectKey];
   NSArray* items = [arrayController arrangedObjects];
   items = [items objectsAtIndexes:rowIndexes];
   NSLog( @"Items: %@", items );


   // Objekt-IDs serialisieren:
   NSMutableArray* itemURLs = [NSMutableArray array];
   for( id item in items ) {
      NSManagedObjectID* objectID = [item objectID];
      NSURL* objectURL = [objectID URIRepresentation];
      [itemURLs addObject:objectURL];
   }
   NSData* data;
   data = [NSKeyedArchiver archivedDataWithRootObject:itemURLs];
```

```
    NSString* path = @"~/Desktop/drag.plist";
    path = [path stringByExpandingTildeInPath];
    [data writeToFile:path atomically:YES];

    return NO;
}
...
```

Wie Sie am Ende erkennen können, verbietet diese Methode noch das Dragging. Es geht mir zunächst um den Umgang mit Managed-Objects und dem Pasteboard und ein paar andere Feinheiten, für die Sie langsam alt genug sind (in Cocoa-Jahren gemessen).

Zunächst mag die Ermittlung der gezogenen Items überraschen. Wir fragen mit der Methode `-infoForBinding:` beim Tableview ab, welche Parameter das Content-Binding hat. Dies wird uns als Dictionary zurückgegeben. In diesem Dictionary befindet sich ein Key für das Objekt, an das gebunden ist, also unser Array-Controller. Mit diesem Trick erspart man sich ein weiteres Outlet. Von dem Array-Controller werden dann die Mitgliedschaften abgeholt und anhand der Zeilenindexe gefiltert. Danach enthalten also items die gezogenen Mitgliedschaften.

> **▶AUFGEPASST**
> Unser Array-Controller verwaltet jetzt ja Instanzen der Klasse `GroupPerson`, der Tableview zeigt diese an. Diese Instanzen erhalten wir daher auch, nicht die dahinter stehenden Personen. Denken Sie daran!

Jetzt müssen wir eigentlich nur noch die Objekt-IDs der Items ermitteln und in dass Pasteboard stopfen. Allerdings beherrscht die Klasse `NSManagedObjectID` nicht das Coding-Protokoll. Deshalb wandeln wir die Objekt-ID in eine Objekt-URL um. Die Objekt-URLs werden dann mittels eines Coders in eine Data-Instanz serialisiert. Schließlich schreiben wir das Ganze auf die Platte.

> **▶GRUNDLAGEN**
> Na, müssen Sie vielleicht noch einmal in den Abschnitt über Serialisierung schauen? Ich hatte Ihnen ja schon dort gesagt, dass man Serialisierung für verschiedene Zwecke gebrauchen kann.

Da wir eine Schleife haben, können Sie im Interface Builder übrigens Mehrfachselektierungen für den Tableview zulassen. Dies ist im Attributes-Pane einstellbar (*Selection | Multiple*).

Übersetzen und starten Sie die Anwendung. Fügen Sie zwei Personen ein und legen Sie diese in eine Gruppe. Jetzt ziehen Sie bitte eine Person. Das funktioniert wegen des NO am Ende der Methode nicht. Aber auf Ihrem Desktop müsste jetzt eine Datei »Drag.plist« vorhanden sein, die Sie sich mal anschauen können: In ihr befindet sich die Objekt-URLs. Diese beginnen mit *x-coredata*.

Objekt-URL und Pasteboard

Nachdem wir also die Objekt-URLs in eine Data-Instanz gestopft haben, kann diese in dem Pasteboard gespeichert werden:

```
…
    NSData* data;
    data = [NSKeyedArchiver archivedDataWithRootObject:itemURLs];


    NSArray* types = [NSArray arrayWithObject:memberPboardType];
    [pasteboard declareTypes:types owner:self];

    [pasteboard setData:data forType:memberPboardType];

    return YES;
}
…
```

Fügen wir eine primitive Validierungsmethode hinzu, am besten nach der Drag-Methode von oben:

```
…
- (NSDragOperation)tableView:(NSTableView*)tableView
              validateDrop:(id<NSDraggingInfo>)info
               proposedRow:(NSInteger)row
     proposedDropOperation:(NSTableViewDropOperation)operation
{
if( operation == NSTableViewDropAbove ) {
        return NSDragOperationMove;
    }

    return NSDragOperationNone;
}
…
```

Wir können uns das hier so einfach machen, weil wir nur innerhalb des Tableviews Drag & Drop anbieten. Die Abfrage dient dazu, dass nur Verschiebungen zwischen zwei Einträgen möglich sind. Wenn der Nutzer auf einen anderen Eintrag ziehen will, wird die Methode mit `NSTableViewDragOn` aufgerufen, was wir mit der Verweigerung einer Drag-Operation quittieren. Diese Verweigerung ist eine von mehreren Antwortmöglichkeiten. Hier die wichtigsten:

- `NSDragOperationNone`: Der Drop wird verweigert.
- `NSDragOperationCopy`: Der Drop führt zu einer Kopie an der Zielstelle.
- `NSDragOperationLink`: Der Drop führt zu einer Referenz an der Zielstelle.
- `NSDragOperationMove`: Der Drop führt dazu, dass das Objekt an die Zielstelle verschoben wird.
- `NSDragOperationDelete`: Der Drop löscht das Ursprungsobjekt (Papierkorb!).

Nun müssen wir nur noch beim Drop die Daten zurückwandeln und entsprechend durchnummerieren. Das ist aber gar nicht so einfach, wie es klingt. Nähern wir uns der Sache vorsichtig an:

```objc
…
- (BOOL)tableView:(NSTableView*)tableView
      acceptDrop:(id<NSDraggingInfo>)info
             row:(NSInteger)row
   dropOperation:(NSTableViewDropOperation)operation
{
    NSPasteboard* pasteboard = [info draggingPasteboard];
    NSData* data = [pasteboard dataForType:memberPboardType];
    NSArray* itemURLs;
    itemURLs = [NSKeyedUnarchiver unarchiveObjectWithData:data];
    NSLog( @"URLs: %@", itemURLs );

    return NSDragOperationMove;
}
…
```

Wenn Sie jetzt einen Drag & Drop-Zyklus durchführen, sollten im Log die entsprechenden URIs landen.

Als nächsten Schritt machen wir aus diesen URIs wieder Instanzen;

```
...
- (BOOL)tableView:(NSTableView*)tableView
       acceptDrop:(id<NSDraggingInfo>)info
              row:(NSInteger)row
    dropOperation:(NSTableViewDropOperation)operation
{
   NSPasteboard* pasteboard = [info draggingPasteboard];
   NSData* data = [pasteboard dataForType:memberPboardType];
   NSArray* itemURLs;
   itemURLs = [NSKeyedUnarchiver unarchiveObjectWithData:data];

   // Gezogene Instanzen: Zurueckwandeln URI -> MO
   NSWindowController* wc = self.representedObject;
   NSManagedObjectContext* context
       = [[wc document] managedObjectContext];

   NSPersistentStoreCoordinator* coordinator;

   coordinator = context.persistentStoreCoordinator;
   NSManagedObjectID* objectID;
   NSManagedObject* item;
   NSMutableArray* items = [NSMutableArray array];
   for( id itemURL in itemURLs ) {
      objectID = [coordinator
                  managedObjectIDForURIRepresentation:itemURL];
      item = [context objectWithID:objectID];
      NSLog( @"object %@", item );
      [items addObject:item];
   }
...
```

Ich muss hier eigentlich gar nicht viel erklären. Sie sollten sich bloß anschauen, wie man mit URLs wieder an die Instanzen kommt. Das Ganze wird dann einfach in einem Array gespeichert. Dieses Array enthält items, also alle verschobenen Group-Person-Instanzen.

Da wir auf den Mitgliedern arbeiten wollen, holen wir uns diese als Nächstes:

```
...
   // alle Mitgliedschaften holen
   NSDictionary* binding;
```

```
    binding = [membersView infoForBinding:@"content"];
    NSArrayController* arrayController;
    arrayController = [binding objectForKey:NSObservedObjectKey];
    id allItems = [arrayController arrangedObjects];
...
```

Wir haben jetzt also ein zweites Array, welches alle Mitglieder (genauer: Mitgliedschaften) enthält. Aber wir müssen aufpassen: Da in dem Tableview ja irgendeine unbestimmte Ordnung geherrscht haben kann, befinden sich diese Mitgliedschaften nicht notwendigerweise in der richtigen Reihenfolge (iTunes verweigert übrigens in diesem Falle das Drag & Drop …). Wir sortieren uns also zunächst das Array, um eine sichere Basis zu haben:

```
...
    // Nach dem Index sortieren.
    NSSortDescriptor* sort;
    sort = [[[NSSortDescriptor alloc]
                            initWithKey:@"order" ascending:YES]
                            autorelease];
    NSArray* sorts = [NSArray arrayWithObject:sort];
    allItems = [allItems sortedArrayUsingDescriptors:sorts];
...
```

Ach, wie schön, da haben Sie ja gleich eine Anwendung für den Sort-Descriptor bei einem Array. Erst jetzt kommt die eigentliche Arbeit: Wir gehen das Array der verschobenen Items durch, entfernen dies im Array aller Items und fügen es an der neuen Stelle wieder ein. Wenn jedoch das verschobene Item vor dem Einfügepunkt liegt, so vermindert sich der Index. Im Code sieht das so aus:

```
...
    // Veraenderliche Variante erzeugen
    allItems = [NSMutableArray arrayWithArray:allItems];

    // Jeden gezogene Eintrag aus dem Array entfernen und an die
    // Stelle des Zieles einfuegen
    NSEnumerator* itemsEnum = [items reverseObjectEnumerator];
    for( item in itemsEnum ) {
       // Entferne alten Eintrag
       NSInteger oldIndex = [allItems indexOfObject:item];
       if( oldIndex != NSNotFound ) {
          [allItems removeObjectAtIndex:oldIndex];
```

```
        // Korrigiere Ziel, wenn vor dem Ziel entfernt wurde
        if( oldIndex < row ) {
            row--;
        }
    }

    // Fuege an neuer Stelle ein
    [allItems insertObject:item atIndex:row];
}
```
...

Jetzt sollte allItems die neue Reihenfolge widerspiegeln. (Die Hoffnung stirbt bekanntlich zuletzt.) Unser Ziel war es aber, dass die Eigenschaft order der Mitgliedschaften geändert wird. Bisher haben wir aber lediglich ein sortiertes Array mit den alten Werten für order. Deshalb müssen wir noch diese neue Ordnung in die Instanzen zurück schreiben und schließlich die Anzeige aktualisieren:

...
```
    // Die Indizierung dieses Arrays als order verwenden:
    for( row = 0; row < [allItems count]; row++ ) {
        item = [allItems objectAtIndex:row];
        [item setValue:[NSNumber numberWithInt:row+1]
            forKey:@"order"];
    }

    [arrayController rearrangeObjects];

    return NSDragOperationMove;
}
```
...

> **AUFGEPASST**
>
> Wie man das Array umschaufelt, ist freilich nicht eine Frage von Cocoa, sondern eine allgemeine algorithmische. Mir geht es hier vor allem darum, dass Sie den Umgang mit den beteiligten Eigenschaften und die Bedienung von Core-Data lernen. Bedenken Sie, dass diese Verschiebeoperationen sehr komplex sein können, wenn die Ausgangsselektion Unterbrechungen aufweist und dann noch »in sich selbst« gezogen wird.

Das war jetzt wirklich nicht einfach. Sie sollten sich aber merken, wie man mit Managed-Objects ins Pasteboard bekommt, also das gesamte Jedöns mit Objekt-IDs und

Objekt-URIs und so weiter. Außerdem möchte ich, dass Sie verstanden haben, wie sich Reihenfolgen in Core-Data modellieren lassen.

Das Drag & Drop war eigentlich nur Zubrot, um das es mir hier nicht primär ging.

> **HILFE**
>
> Sie können das Projekt in diesem Zustand als »Projekt-107-08« von der Webseite herunterladen.

Applikationsmodelle

Zuweilen haben wir Anwendungen, die keine Dokumente benutzen. iTunes ist ja etwa so ein Fall, weil es auf einer einheitlichen Musikdatenbank beruht. Es stellt sich die Frage, wie man die vorher besprochenen Technologien dann implementiert.

Zugriff

In jeder unserer Anwendungen hatten wir Daten in Entitäten gespeichert. Manchmal musste man auf einzelne Instanzen zugreifen, etwa auf Personen, die zu einer Gruppe gehören, Das war einfach, weil wir in diesen Fällen eine Group-Instanz hatten, die über eine members-Eigenschaft verfügte.

Zuweilen haben wir aber auch anders auf das Model zugegriffen: Die Gruppen etwa – oder auch die Liste sämtlicher Personen – befanden sich nicht in Abhängigkeit einer höheren Hierarchieebene. Sie konnten das daran erkennen, dass die entsprechenden Array-Controller kein Content-Set-Binding hatten. Wir haben darüber ja auch schon im Rahmen der Instanzvernichtung gesprochen.

An diese Entitäten, die ich »Wurzelentitäten« nennen möchte, kommen wir also nicht über ein anderes Objekt unseres eigentlichen Models. Wie haben wir das bisher gehandhabt?

In unserem Converter-Beispiel ohne Core-Data-Unterstützung war die Wurzelentität einfach eine Eigenschaft unserer Klasse MyDocument. In den Core-Data-Beispielen, etwa Company, konnten wir das Dokument nach dem Managed-Object-Context befragen. Über dieses gelangten wir etwa im Fetch-Beispiel an einzelne Entitäten wie die Personen. Beides, also sowohl die von uns modellierten Eigenschaften als auch der Kontext, hingen also am Dokument – welches wir jetzt ja nicht mehr haben.

Ohne Core-Data-Support

In Anwendungen, die ohne Dokumente arbeiten, tritt an die Stelle des Dokumentes das Application-Delegate. Würde also unsere Converter-Applikation ohne Dokumente arbeiten, so wäre die Liste der einzelnen Konvertierungen nicht Eigenschaften des Dokumentes, sondern des Application-Delegates:

```
@interface AppDelegate : NSObject {
    NSArray* conversions;
}
@property( retain ) NSArray* conversions;
@end
```

Nach der Erzeugung des Projektes müssen Sie sich also sogleich eine Klasse AppDelegate als Ableitung von `NSObject` anlegen. In MainMenu.xib erstellen Sie dann eine Instanz davon und verbinden das delegate-Outlet des File's Owners – das ist das Applikationsobjekt – mit dem Delegate.

Im Code

Dies bedeutet, dass wir im Code etwa durch folgende Nachrichten an unser Model gelangen:

```
NSAppliaction* application = [NSApplication sharedApplication];
NSArray* conversions = [[[application delegate] conversions];
```

Da `NSApplication` einen Singleton erzeugt, können wir das von jeder Stelle des Programms aus machen.

Um die Sache einfacher zu gestalten, kann man in der Klasse für das Application-Delegate auch gleich eine Kategorie definieren. Im Header des Delegates, den Sie dann in anderen Dateien importieren, müssen Sie freilich ein entsprechendes Interface schreiben. Ich setze es meist hinter dem Interface für die eigentliche Klasse.

```
@interface AppDelegate : NSObject {
...
@end

@interface NSApplication( easyMethodsAddition )
+ (NSArray*)conversions;
@end
```

Entsprechend muss eine Implementierung her. Ich nehme dies meist nach der eigentlichen Klassendefinition vor, also im Falle einer gedachten Applikation »Company« mit der Delegateklasse `AppDelegate`:

```
@implementation NSApplication( DirectAccessAddition )
+ (NSArray*)conversions
{
   id appDelegate = [[self sharedApplication] delegate];
   return [delegate conversions];
}
…
@end

@implementation Company_AppDelegate
…
@end
```

Die obige Zeile zum Zugriff auf die Konvertierungsliste reduziert sich dann auf:

```
NSArray* persons = [NSApplication conversions];
```

Im Nib

Etwas einfacher ist es im Nib: In MainMenu.xib befindet sich bereits das Application-Delegate, so dass Sie gleich dorthin Verbindungen ziehen können. Sind Sie in einem anderen Nib-File, so existiert der Verweis *Shared Application*. Dieser hat wiederum eine Eigenschaft delegate, mit der Sie zum Delegate gelangen.

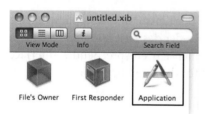

Der Weg zum Model über die Applikation ist einfach.

Haben Sie nach obigem System Actionmethoden über eine Kategorie in die Applikationsklasse exportiert, können Sie auch hierauf zugreifen.

Mit Core-Data-Support

Wenn Sie mal ein Core-Data-Projekt ohne Dokumentenunterstützung erstellen, sehen Sie, dass gleich ein Applikationsdelegate mit dem Namen `Projektname_AppDelegate` erzeugt wird. Dieses sorgt für den Aufbau des Stapels und bietet Methoden etwa zur Ermittlung des Kontexts. Tatsächlich wird auch ein Core-Data-Dokument erzeugt, welches jedoch in einem bestimmten Applikationsordner gespeichert wird.

Sie richten Ihre Frage nach dem Kontext also nicht mehr an das Persistent-Document, sondern an das Applikationsdelegate. Dies sieht dann so aus:

```
id appDelegate = [[NSApplication sharedApplication] delegate];
context = [delegate managedObjectContext];
```

Eine Instanz dieser Klasse ist auch schon im Nib-File »MainMenu.xib« instantiert worden, so dass Sie darauf zugreifen können

Undo-Management

Da der Undo-Manager von dem Dokument gehalten wird, müssen Sie sich bei Anwendungen ohne Dokumente und Core-Data-Support im Application-Delegate selbst eine Instanz erzeugen und über eine Eigenschaft verfügbar machen.

Bei Anwendungen mit Core-Data-Support wird automatisch ein Undo-Manager erzeugt. Sie holen ihn statt bei dem Dokument einfach beim Managed-Object-Context ab, wenn Sie sich in das Undo-Management von Core-Data einmischen wollen. In der Regel läuft das aber alles automatisch.

Laden und Speichern

Da es keine Dokumente gibt, gibt es freilich auch keinen Dokumentencontroller, der das Öffnen von Dokumenten übernehmen könnte. Die Menüeinträge *Öffnen ..., Sichern* usw. sind also eigentlich nicht mehr sinnvoll und können häufig von Ihnen aus dem Menü entfernt werden. Schauen Sie sich das auch einmal in iTunes an. Sollten Sie, aus welchen Gründen auch immer, weiterhin diese Menüeinträge haben wollen, so können Sie natürlich Actionmethoden in Ihrem Delegate programmieren und die Menüeinträge mit diesen verbinden.

Meist will man aber, dass die Daten im Applikationsmodell gleich bei Programmstart geladen und bei Programmende automatisch gespeichert werden. Um dies zu bewerkstelligen, können Sie die Delegatemethoden `-applicationDidFinishLaunching:` und `-applicationShouldTerminate:` in dem Application-Delegate implementieren.

Selbstverständlich müssen Sie sich dann um den Ort des Speicherns selbst kümmern. Es ist Standard, derlei Daten in dem sogenannten Application-Support-Folder abzulegen. Diesen erhalten Sie mit folgendem Code:

```objc
NSString* appName = @"..."; // Der Name Ihrer Appliaktion
...

- (NSString*)applicationSupportFolder
{
   NSString* path;

   // Den Pfad zu den Applikationsverzeichnissen abholen
   NSArray* paths = NSSearchPathForDirectoriesInDomains(
                       NSApplicationSupportDirectory,
                       NSUserDomainMask,
                       YES );
   if( [paths count] > 0 )
      // Der erste ist der Richtige
      path = [paths objectAtIndex:0];
   } else {
      // Wenn es keinen Pfad gibt, das Temporaerverzeichnis
      path = NSTemporaryDirectory();
   }

   // Das eigene Subverzeichnis an den Pfad anhaengen
   path = [path stringByAppendingPathComponent:appName];

   // Ueberpruefen, ob es bereits da ist
   NSFileManager* fileManager = [NSFileManager defaultManager];

   if ( ![fileManager fileExistsAtPath:path isDirectory:NULL] ) {
      // falls nicht, dann erzeugen
      BOOL success = [fileManager createDirectoryAtPath:path
                                             attributes:nil];
      if( !success ) {
         path = nil;
      }
   }

   return path;
}
```

Bei Core-Data-Anwendungen ohne Dokumente wird dies automatisch erledigt.

Zusammenfassung

Sie haben nunmehr die Konzepte der Modellierung unter Cocoa gelernt. Dabei haben Sie mit Undoing ebenso Bekanntschaft gemacht wie mit Persistenz.

Mit Core-Data haben Sie eine sehr mächtige Technologie in der Hand. Sie verwaltet nicht nur den Objekt-Graphen. Auch müssen Accessoren in der Regel nicht mehr geschrieben werden, die Serialisierung muss nicht mehr langweilig implementiert werden. Ein Undo-Manager wird auch gleich mitgebracht.

Dennoch ist Core-Data von Ihnen voll kontrollierbar. Sie können Code in die so geschaffenen Objekte einschleusen, als ob es ganz normale Objekte wären.

Als Zubrot bekommen Sie mit Prädikaten auch noch eine kleine, feine Klasse, die sich vielseitig einsetzen lässt, auch wenn kein Core-Data benutzt wird. Auch die Probleme der Reihenfolge dürften sich erklärt haben.

Sicherlich gibt es viele weitere Aspekte der Modellierung, die hier nicht alle erläutert werden konnten: Sie können mehrere Kontexte gleichzeitig benutzen, Sie können dass Persistenzverhalten anpassen, Sie können Beziehungen filtern usw. Ich habe Ihnen die grundsätzliche Arbeitsweise von Core-Data erläutert und gezeigt, wie man darin herumoperiert. Sie sind jetzt gerüstet, sich das restliche Wissen zu erarbeiten.

Dokumente von Apple zu den hier angesprochenen Themen:
- Document-Based Applications Overview
- Undo Architecture
- Core Data Programming Guide
- Model Object Implementation Guide
- Predicate Programming Guide
- Sort Descriptor Programming Topics

Auf der Webseite zum Buch:
- Core Data ist keine Datenbank! (Blog)

DATA QUEST — The World of Macintosh

Infos und Aktionen:
www.dataquest.ch

Beratung und Verkauf
Kompetente Verkäufer und ein grosses Macintosh-Sortiment finden Sie in unseren sechs Filialen.

Online Shop www.dataquest.ch – täglich aktuell
Sie finden über 2'000 Artikel mit Produktebeschrieb und Bild im Shop.

Schulen und Institute
Edukative Institutionen, Lehrer und Studenten erhalten Spezialrabatte auf Apple Rechner und diverse Software.

24 Stunden Lieferservice
Alle Bestellungen, die bis 15.30 Uhr bei uns eingehen, werden am gleichen Tag (sofern ab Lager lieferbar) per Post «Priority» versandt.

Service und Support
Für Notfälle wählen Sie unsere Hotline 0900 57 62 92 (SFr. 3.13 pro Min.).

Vermietung
Mieten Sie Apple Rechner und Peripherie zu günstigen Preisen für Hardware-Engpässe, Messen und Präsentationen, Tel. 044 745 77 19.

Authorised Reseller

Solution Expert Education

Premium Reseller

Data Quest AG
Theaterplatz 8
3000 **Bern 7**
Tel. 031-310 29 39
Fax 031-310 29 31

Data Quest AG
Pilatusstrasse 18
6003 **Luzern**
Tel. 041-248 50 70
Fax 041-248 50 71

Data Quest AG
Baarerstrasse 11
6300 **Zug**
Tel. 041-725 40 80
Fax 041-725 40 81

Data Quest AG
Bahnhofplatz 1
8001 **Zürich**
Tel. 044-265 10 10
Fax 044-265 10 11

Data Quest AG
Riedstrasse 10
8953 **Dietikon**
Tel. 044-745 77 99
Fax 044-745 77 88

Data Quest AG
Weinbergstr. 71
8006 **Zürich**
Tel. 044-360 39 14
Fax 044-360 39 10

8

Xcode & Co

Nachdem Sie die wichtigsten Bestandteile von Objective-C und Cocoa kennengelernt haben, wollen wir mal einen Blick auf Xcode werfen. Zwar sind die Standardeinstellungen meist sinnvoll und ausreichend. Dennoch vereinfacht natürlich die vertiefte Kenntnis des Handwerkzeugs die tägliche Arbeit. Hierbei nehme ich auch gleich die Gelegenheit wahr, ein paar Worte dazu zu verlieren, wie Sie aus Ihrem Wissen eine Applikation machen.

Xcode & Co

Sie haben im Laufe des Buches ständig mit Xcode und der dahinter liegenden Maschinerie gearbeitet. Aber Xcode bietet unendlich viel mehr, als Sie bisher erlebt haben. Eigentlich kann man alleine mit dieser Thematik ein ganz eigenes Buch füllen. Hier will ich mit Ihnen ein paar Grundbegriffe durchgehen und außerdem diejenigen Möglichkeiten erkunden, die entsprechend Ihrem jetzigen Wissensstand sinnvoll eingesetzt werden können.

Projekt und Projektdateien

Öffnen Sie zur Veranschaulichung das letzte Projekt aus dem letzten Kapitel oder laden Sie das Projekt-08-start von der Webseite herunter.

Das Projekt ist die Verwaltungseinheit, in der sämtliche Informationen gesammelt werden, sozusagen das Dokument, an dem Sie arbeiten. Zum Projekt gehören natürlich die einzelnen Dateien, aber auch Einstellungen, wie wir noch sehen werden. Auch die Ergebnisse unserer Arbeit, insbesondere also die Targets, sind Bestandteil des Projektes. Den gesamten Inhalt können Sie eben in der Projektleiste *Groups & Files* sehen.

Externe Datei hinzufügen

Üblicherweise fügen Sie einem Projekt Dateien hinzu, indem Sie diese über das Menü erzeugen. Das haben Sie ja nun schon einige Male gemacht. Manchmal hat man aber eine bereits fertige Datei, die man dem Projekt hinzufügen möchte, ohne eine neue zu erzeugen. Sie können diese einfach an die entsprechende Stelle in der Projektleiste ziehen. Es erscheint dann ein Sheet, welches verschiedene Konfigurationsmöglichkeiten anbietet:

Fügt man eine Datei hinzu, so können einige Einstellungen vorgenommen werden.

Copy Files to destination group's folder
Hierdurch können Sie mitteilen, ob die in das Projekt gezogene Datei in den Projektordner kopiert werden soll. Dies ist häufig der Fall, etwa wenn Sie eine Ressource hinzufügen wollen. Lassen Sie das Kästchen leer, so merkt sich Xcode den Pfad zu der Datei, ohne eine Kopie zu erzeugen.

Reference Type
Mit diesem Popup bestimmen Sie, wie das Projekt sich den Ort der Datei merken soll. Die relativen Pfade sind sinnvoll, wenn Sie die hinzugefügte Datei gemeinsam mit dem Projekt verschieben wollen. Da die Pfade immer vom Projekt aus gesehen werden, bleiben sie dann gültig.

Befindet sich hingegen die hinzugefügte Datei außerhalb der Projektstruktur an einem festen Ort, so können Sie absolute Pfade verwenden. Dies führt dazu, dass nachdem Sie das Projekt verschoben haben, ohne die bezogene Datei mitzunehmen, diese an ihrem ursprünglichen Ort gesucht wird.

Text Encoding
Sie stellen hiermit die Zeichenkodierung für die neue Datei ein. Die Zeichencodes werden im Abschnitt über den Texteditor genauer besprochen.

Recursivly create groups for any added folders und Create Folder References for any added folders
Wenn Sie einen Ordner in das Projekt ziehen, stellt sich die Frage, wie Xcode damit umgehen soll. Zum einen können Gruppen für die enthaltenen Ordner angelegt werden, also die Ordnerstruktur in der Projektleiste als Gruppenstruktur dargestellt werden. Dies erreichen Sie mit der Option *Recursivly create groups for any added folders*.

Wählen Sie indessen *Create Folder References for any added folders*, so werden die Ordner als Datei in die Projektleiste eingefügt. Sie erkennen dies daran, dass die Ordner in *Groups & Files* blau anstatt gelb dargestellt werden. Ich empfehle in aller Regel nicht die Arbeit damit, da die Synchronisation zwischen Dateisystem und Xcode in meiner Sicht nicht sehr ausgereift ist.

Add To Targets
Da Sie mehrere Targets haben können, stellt sich die Frage, ob eine hinzugefügte Datei zu allen Targets gehören soll. Wir verwenden bisher nur ein Target, so dass sich die Frage nicht wirklich stellt. Merken Sie sich aber bitte die Einstellungsmöglichkeit, da wir sogleich ein Beispiel für eine Datei haben werden, die zu keinem Target gehört:

Unternehmen wir mal den Versuch, eine solche Datei einem Projekt hinzuzufügen. Zunächst müssen Sie sich natürlich ein Bild besorgen. Zeichnen Sie in einem Graphikprogramm ein Bild, welches Sie als PNG-Datei mit 512 x 512 Pixeln exportieren. Sollte Ihr Programm ein solches Format nicht anbieten, können Sie auch eine TIFF-Datei erzeugen lassen. Diese Datei benennen Sie bitte mit *ApplicationsIcon.png* (oder eben *.tiff*).

> **➤HILFE**
>
> Wenn Ihnen hierzu die Muße oder die gestalterische Kraft fehlt, können Sie auch ein vorgefertigtes Bild von der Webseite herunter laden, welches ich dort hinterlegt habe.

Diese Bilddatei ziehen Sie bitte in die Gruppe *Resources* des Projektes und setzen, wie oben abgebildet, die Einstellungen im Importdialog.

Die Datei ist jetzt Ihrem Projekt hinzugefügt worden. Sie können das an verschiedenen Stellen sehen:

- Wenn Sie in der Projektleiste *Target | CompanyCD* anklicken, wird rechts in der Liste die Datei angezeigt.

- Wenn Sie die Datei anklicken und sich den Info-Dialog anzeigen lassen, ist im Target-Tab des Infofensters das Häkchen gesetzt.

- Im Interface Builder taucht sie in der Library bei den Medien auf. Sie können das überprüfen, wenn Sie eine Nib-Datei neu öffnen und in der Library nachschauen.

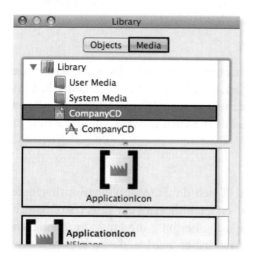

Die Bilder in unseren Targets erscheinen automatisch im Interface Builder.

Übersetzen Sie das Projekt neu und gehen Sie es im Finder in Ihr Build-Verzeichnis. Dies liegt standardmäßig in dem Projektverzeichnis. Dort folgen Sie dem Ordner Debug und öffnen mit einem Rechtsklick auf die Applikation das Paket (*Paketinhalt zeigen*). Dort folgen Sie dann *Contents | Resources*. In dem Verzeichnis liegt Ihre neue Datei Applikationsicon. Es ist also von Xcode in das fertige Programm kopiert worden.

Sie können dieses Bild übrigens auch vom Programm aus laden. Dazu gibt es eine einfache Methode:

```
NSImage* image = [NSImage imageNamed:@"Dateiname"];
```

> **AUFGEPASST**
>
> Diese Methode schaut zunächst nach, ob bereits eine Image-Instanz mit diesem Namen existiert, und wenn dies nicht der Fall ist, wird nach einer entsprechenden Datei gesucht. Es bietet sich daher an, die File-Extension anzugeben, wenn man wirklich eine Datei laden will, indessen sie wegzulassen, wenn man auch ein bereits so benanntes Bild akzeptiert.

Schließen Sie das Fenster im Finder wieder. Wählen Sie jetzt bitte wieder in der Projektleiste von Xcode die neue Datei an und wechseln Sie nach einem Klick auf *Info* im aufspringenden Fenster auf den Tab *Target*. Nehmen Sie das Häkchen vor dem Target heraus. Jetzt haben Sie Xcode mitgeteilt, dass diese Datei nicht zum fertigen Target gehört. Führen Sie jetzt in der Werkzeugleiste *Build | Clean* durch und übersetzen Sie das Projekt erneut. Wenn Sie jetzt wieder in das Paket der Anwendung schauen, werden Sie bemerken, dass es nicht dorthin kopiert wurde. Das wollen wir auch, und Sie belassen daher alle Einstellungen so. Bitte schließen Sie auch wieder das Fenster im Finder.

Übrigens: Wenn Sie wieder den Nib im Interface Builder schließen und neu öffnen, fehlt das Bild auch in der Media-Library. Dies ist auch richtig: Da das Bild sich nicht mehr im Target befindet, wird es nicht in die fertige Applikation kopiert. Damit ist es im User-Interface nicht mehr verwendbar. Der Nutzer erhält dieses Bild ja gar nicht mehr in Ihrem Programm.

Dateien bearbeiten und entfernen

Üblicherweise bearbeiten Sie Dateien in Xcode selbst. Für die meisten Dateitypen existiert ein integrierter Editor. Das ist in aller Regel für Sourcen richtig, da der Texteditor von Xcode gut integriert ist. Ich bespreche diesen in einem eigenen Abschnitt, da er besonders wichtig ist. Manche Leute benutzen allerdings lieber ihren Haus-

und-Hof-Editor, den sie bereits lange kennen, wie etwa vim. Es verbleibt hier jedoch die Behandlung von Dateien für externe Resourcen wie Bilder und Töne, für die Xcode keinen Editor anbietet.

File Types

Xcode bietet einige Einstellungen, die sich darauf beziehen, wie Dateien bearbeitet werden. Sie erreichen diese über das Menü *Xcode | Preferences | File Types*.

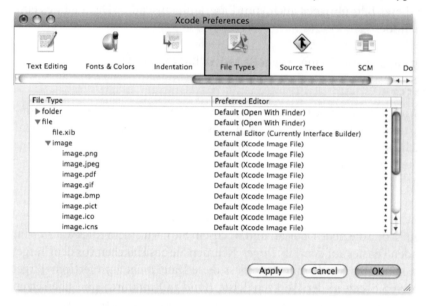

Die Xcode bekannten Dateitypen

Sie sehen eine hierarchisch strukturierte Liste mit den verschiedensten Arten von Dateien, die Xcode kennt. Unsere Implementierungsdateien gehören etwa zu *file | text | sourcecode | sourcecode.c | sourcecode.c.objc*.

Öffnen Sie einmal die Gruppe *image* und suchen Sie dort *image.icns*. Hierbei handelt es sich um eine Icons-Datei, die Bilder in verschiedenen Größen enthält. Sie werden etwa für das Application-Bild im Dock verwendet. Dies wollen wir einmal setzen. Schließen Sie zunächst wieder die Preferences.

Suchen Sie mit Spotlight das Programm *Icon Composer* und starten Sie es. Sie sehen ein Fenster, welches verschiedene Felder für Bilder von 512 x 512 Pixel bis herunter zu 16 x 16 Pixel enthält. Ziehen Sie das Bild aus dem letzten Abschnitt in das größte der Felder (*512*). Wenn Sie der *Icon Composer* fragt, sagen Sie ihm, dass er das Bild für alle kleineren Größen kopieren soll (*Copy to all smaller sizes*). Es werden auch automatisch die Hitmasken erzeugt, wie Sie mit einem Klick unten rechts auf *Masks* testen können. Hitmasken geben an, an welcher Stelle des Bildes ein Klick als Klick auf das Bild (Hit, Treffer) angesehen werden soll. Natürlich können Sie auch selbst Hitmasken erzeugen und hier herein ziehen.

Wählen Sie unten den Tab *Preview* aus, so können Sie das Bild in den verschiedenen Größen betrachten. Die Zwischengrößen werden automatisch vom System erzeugt.

Speichern Sie nun die erzeugte Icons-Datei im Projektverzeichnis ab. Diese fügen Sie diesmal anders dem Projekt hinzu, nämlich, indem Sie auf Resources in der Projektleiste einen Rechtsklick ausführen und im Popup-Menü *Add | Existing Files* anwählen. Im nächsten Dialog behandeln Sie die Datei wie vorhin bei der eigentlichen Bilddatei. Achten Sie bitte darauf, dass das Häkchen vor dem Target gesetzt ist. Diese Datei wollen wir nämlich wirklich als Bildchen für unsere Applikation dem fertigen Programm beifügen. Sie sehen gleich auch noch, warum.

Wenn Sie jetzt allerdings einen Doppelklick auf die Datei ausführen, landen Sie nicht automatisch wieder im Icon Composer.

Um dies zu erreichen, wählen Sie bitte wieder die *Preferences* und dort *File Types* an. Suchen Sie die Gruppe *image* und dort *image.icns*. Stellen Sie in der rechten Spalte *Preferred Editor* die Option *Open With Finder* ein. Jetzt verwendet Xcode nicht mehr die eigene Einstellung zum Öffnen dieses Dateityps, sondern das Programm, das auch der Finder zum Öffnen der Datei benutzt. Und für Icons-Dateien ist das der Icon Composer. (Wenn dies auf Ihrem System nicht der Fall sein sollte, stellen Sie es bitte im Finder in gewohnter Manier ein.)

Klicken Sie also auf *Apply* und schließen Sie die *Preferences* wieder. Wenn Sie jetzt einen Doppelklick auf die Datei in der Projektleiste durchführen, sollte sie im Icon Composer geöffnet werden.

Kontextmenü

Das Kontextmenü in der Projektleiste bietet noch einige andere Möglichkeiten.

Open With Finder, Reveal in Finder

Unabhängig von den Einstellungen in den Preferences erhalten Sie auch bei einem Rechtsklick auf die Datei in der Projektleiste den Eintrag *Open With Finder*. Praktisch ist in diesem Zusammenhang zuweilen auch der Eintrag *Reveal in Finder*, der die Datei im Finder zeigt.

Touch, Untouch

Mit den Einträgen *Touch* und *Untouch* können Sie bestimmen, ob die Datei im nächsten Build-Prozess behandelt (übersetzt) werden soll. Sie können das in der Liste auf der rechten Seite des Projektfensters auch an einem Häkchen in der Spalte mit dem Hammer erkennen und einstellen.

Rename

Hiermit können Sie die Datei umbenennen. Dies führt allerdings nicht dazu, dass überall der Dateibezug mit geändert wird.

Ändern Sie also den Dateinamen einer Klasse von ... sagen wir GropusWC auf DocumentWC, so ändert das nicht die Klassenbezeichnung, die Imports usw. Dies müssen Sie entweder von Hand erledigen oder aber das Refactor-Tool von Xcode verwenden. Wir werden das gleich einmal machen.

Delete

In dem Kontextmenü können Sie auch mit *Delete* eine Datei wieder aus dem Projekt entfernen. Dies funktioniert zudem mit einer Löschtaste. In beiden Fällen fragt Sie zudem Xcode, ob die Datei auch auf der Festplatte gelöscht werden soll.

Target

In der Regel und in allen Fällen in diesem Buch enthält ein Projekt genau ein Target, welches zudem eine Applikation ist. (In Kapitel 3 haben wir mal ein Kommandozeilenprogramm erstellt. Dafür ist aber eigentlich Cocoa nicht einmal das Mittel der Wahl.) Sie müssen sich daher nicht wesentlich darum kümmern. Allerdings ist es dann doch grundlegend zu wissen, was ein Target ist und wie man daran herumschraubt.

Target-Settings

Wählen Sie im Projektfenster das Target *CompanyCD* in der Gruppe *Targets* an und klicken Sie auf Info oder tippen Sie [Befehl]+[I]. Es erscheint ein Fenster mit den Target-Einstellungen, die durch Tabs strukturiert sind.

Die verschiedenen Gruppen der Target-Einstellungen

General

Hier können Sie zum einen den Namen des Targets angeben, zum anderen Target-Dependencies und Linked-Librarys.

Die generellen Einstellungen eines Targets

Der Target-*Name* ist nicht der Name Ihres späteren Programms. Er hat vor allem die simple Bedeutung, die Targets im Projekt namensmäßig unterscheiden zu können.

Die *Direct Dependencies* benötigen dies hier nicht, da in unserem Rahmen Xcode alle Abhängigkeiten selbst ermittelt. Auch hierauf kommen wir im Rahmen des Build-Prozesses zurück.

Die *Linked Libraries* stellen die von Ihnen verwendeten Frameworks dar. Sie sehen hier Cocoa, da dies das Framework ist, mit dem wir arbeiten.

Build

Die Build-Einstellungen sind deutlich wichtiger. Sie betreffen die Art der Erzeugung des Targets. Wegen des Bezugs habe ich ihnen einen eigenen Abschnitt spendiert. Es sei hier nur erwähnt, dass Sie sowohl über die Info des Projektes Einstellungen treffen können als auch für jedes Target. Dabei gilt der Grundsatz, dass das Target vorgeht.

Eine Einstellung – genauer betrachtet drei – will ich aber schon hier ansprechen, weil sie nicht den eigentlichen Übersetzungsvorgang betreffen: Suchen Sie mithilfe der Suchbox oben rechts die Build-Variable *Product Name*. Diese bestimmt wesentlich den Namen Ihrer Anwendung. Derzeit müsste dort *CompanyCD* stehen. Ändern Sie dies in *Company*. Wenn Sie jetzt die Applikation starten, sollte dies entsprechend oben links in der Menüzeile als Programmname erscheinen.

Dies ist aber nur ein Teil der Wahrheit. Dem Programmnamen werden die Build-Variablen *Executable Prefix* und *Executable Suffix* hinzugefügt. Letztere wiederum wird aus *Executable Extension* ermittelt, welches Sie einstellen können. Hier sollten Sie keine Einstellungen vornehmen.

Das Gesamtkunstwerk ist eine Build-Variable mit dem Namen EXECUTABLE_NAME. Das sollten Sie sich jetzt merken.

Rules

Die Rules (Build-Regeln) legen fest, wie Teile des Projektes übersetzt werden. Ich bespreche sie daher im Build-Prozess.

Propertys

Unter diesem Tab können Sie allgemeine Einstellungen treffen. Das ist wesentlich wichtiger.

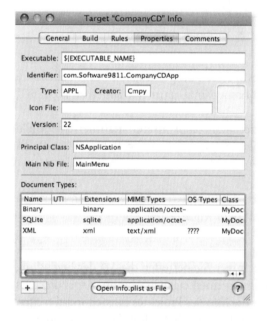

Mindestens einmal pro Projekt sollten die Target-Propertys gesetzt werden.

Executable

Dies ist der Name Ihrer Anwendung. Huch, da ist ja wieder dieses EXECUTABLE_NAME. Durch die Klammerung wird der Inhalt der Build-Variablen ausgelesen und hier eingesetzt. Also zusammengefasst: Sie geben in den Build-Einstellungen den *Product Name* ein, und durch ein paar automatische Ergänzungen wird daraus der EXECUTABLE_NAME. Dieser wird dann als Name der Anwendung verwendet. Sie sollten nur *Product Name* setzen.

Identifier

Der Identifier ist ein systeminterner Name der Anwendung. Da der Programmname mehrfach verwendet werden kann, ist hier eine eindeutige Zuordnung notwendig. Sie sollten hier wieder das System der rDNS verwenden und tragen dort bitte *com.Software9811.CompanyCDApp* ein. Hiermit kann etwa das Betriebssystem die Core-Data-Version von der Version ohne Core-Data unterscheiden. Aber auch ansonsten kann es ja Programme mit dem Namen »Company« von anderen Herstellern geben.

Creator

Der Creator ist eine vor allem früher wichtige Bezeichnung zur Unterscheidung von Dateitypen gewesen. Moderne Versionen von OS X benötigen diesen nicht mehr. Dennoch sollten Sie einen Creator-Code eintragen, und zwar mit *Cmpy*.

Icon File

Hier können Sie das Icon der Applikation angeben. Sie hatten dies ja oben dem Projekt hinzugefügt, damit es in die fertige Applikation kopiert wird. Geben Sie hier einfach den Namen ohne Dateiendung ein. Wenn Sie [Enter] drücken, sollte es rechts erscheinen.

Main Nib File

Hiermit bestimmen Sie den Nib, der applikationsglobal geladen wird. Wir hatten bisher den Standard MainMenu.nib verwendet, wogegen auch nichts spricht.

Document Types

Die Dokumenteinstellungen hatte ich ja bereits besprochen. Es sei hier jedoch noch erwähnt, dass die Spalte *Icon File* das Bild für die Datei festlegt. Sie müssen dazu wie beim Application-Icon eine Icons-Datei anlegen, diese dem Projekt hinzufügen und den Namen dann hier eintragen.

Open As Info.plist File

Die Einstellungen werden in einer Property-List »Info.plist« gespeichert, die der Anwendung beigefügt wird. Sie können diese daher auch in einem Editor öffnen. Meist besteht dazu kein Anlass.

Das Application-Bundle

Das Ergebnis Ihrer Arbeit ist in diesem ersten Band eine Anwendung. Diese Anwendung wird in einem speziellen Verzeichnis, dem Application-Bundle, gespeichert. Auch die bereits auf Ihrem Rechner befindlichen Anwendungen sind solche Application-Bundles.

Der Unterschied zu einem normalen Verzeichnis liegt zunächst einmal in der Bedienung durch den Benutzer. Klickt man auf ein »normales« Verzeichnis, so wird dieses im Finder geöffnet, je nach Ihren Finder-Einstellungen in einem Extrafenster oder nicht. Bei einem Application-Bundle indessen wird das im Verzeichnis enthaltene Programm ausgeführt. Der Benutzer hält also das Bundle für eine einzelne ausführbare Datei.

Um wirklich in das Verzeichnis zu schauen, müssen Sie im Finder einen Rechtsklick ([ctrl]-Klick) durchführen und im Popup-Menü *Paketinhalt zeigen* anklicken. Es erscheint dann ein neues Fenster, welches ausschließlich das Verzeichnis *Contents* enthält. Dieses können Sie dann wie gewohnt öffnen.

Um Ihr eigenes Programm zu öffnen, müssen Sie zunächst in das Verzeichnis *Build | Debug* in Ihrem Projekt wechseln. Haben Sie ein zentrales Build-Verzeichnis angelegt, so öffnen Sie dieses und suchen dort nach *Debug* und dann nach Ihrem Projektnamen. Dann jeweils die obigen Schritte durchführen, um wirklich an den Inhalt zu kommen.

Die Bundle-Struktur

Das Application-Bundle hat eine feste Struktur. Die wichtigsten Komponenten sind:

- Info.plist enthält eine Beschreibung des Bundles. Sie können dies mit einem Texteditor verändern. Dazu besteht allerdings häufig kein Anlass, da Sie die notwendigen Einstellungen wie oben gezeigt in Xcode vornehmen können. Xcode erzeugt dann eine entsprechende »Info.plist«.
- MacOS enthält den ausführbaren Teil der Anwendung, sozusagen das »Programm« selbst.
- In Ressources landen die Ressourcen des Projektes, insbesondere die Nibs. Dies schauen wir uns gleich genauer an.

Ressourcen und Lokalisierung

In dem Application-Bundle befinden sich auch die Ressourcen des Projektes im Unterordner Resources. Als Ressourcen kommen üblicherweise in Betracht:

- die aus den Xibs übersetzten Nibs mit Fenstern, Dialogen, Menüs usw.

- eine Stringdatei mit Klartexten, die nicht in einem Nib enthalten sind, sondern aus dem Code heraus benutzt werden. Dies war etwa in unserem ersten Projekt der Fehlertext. Hiermit müssen wir uns noch befassen.
- das Managed-Object-Model einer Core-Data-Anwendung
- weitere Ressourcen wie Bilder, die wir explizit dem Projekt hinzugefügt haben
- Sprachverzeichnisse wie English.lproj

Diese lproj-Ornder (localized project) wie English.lproj sind noch merkwürdig. Habe ich noch nicht erläutert. Und wenn Sie mal in das originale Projektverzeichnis schauen (dort, wo sich die Xcode-Projektdatei befindet), dann werden Sie sehen, dass sich dort ein Pendant befindet. Und vermutlich bemerken Sie auch, dass sich die von Xcode vorgesetzten Xibs MainMenu.xib und MyDocument.xib (wenn sie eine Dokumentenanwendung haben) in diesem Ordner befinden, nicht aber von uns selbst erzeugte Xibs. Schließlich können Sie eine Parallele in der Projektleiste finden: MainMenu.xib und MyDocument.xib haben einen Disclosure vor ihrem Namen, lassen sich also öffnen, unsere Xibs wie »PersonPane.xib« indessen nicht. Öffnen Sie den Disclosure vor MainMenu.xib, so erscheint dort ein Untereintrag *English*. Was hat es damit auf sich?

Lokalisierung zur Laufzeit

Betrachten wir die Angelegenheit von der Laufzeit aus: Wenn Sie ein Nib laden, etwa für einen Window- oder View-Controller, so geben Sie ja den Namen des Nib-Files an. Das hatten wir schon, etwa:

```
GroupsWC* wc = [[[GroupsWC alloc]
                    initWithWindowNibName:nibName]
                 autorelease];
```

Das gilt im Prinzip für jede Ressource. Ich hatte Ihnen oben etwa gesagt, wie Sie Bilder laden können:

```
NSImage* image = [NSImage imageNamed:@"BildName"];
```

Ihnen ist vielleicht dabei schon aufgefallen, dass gar nicht ein vollständiger Pfad angegeben wird, sondern eben wirklich nur der Name. Der Grund dafür liegt darin, dass Sie mehrere gleichnamige Ressource-Dateien in einem Projekt haben können. Zur Laufzeit wird dann vom System die passende Nib-Datei gesucht. Dabei respektiert aber das Laufzeitsystem die Spracheinstellungen des Benutzers. Hat er Deutsch als Primärsprache angegeben, so wird zunächst nach einer deutschen Ressource-Datei mit diesem Namen gesucht. Wird diese nicht gefunden, so sucht das System nach der Ressource in derjenigen Sprache, die Sie als Nächstes in den Spracheinstellungen angegeben haben usw.

Lokalisierte Dateien im Projekt

Dies setzt aber voraus, dass das System überhaupt weiß, welche Datei in welcher Sprache verfasst ist. Dazu werden die Ressourcen in verschiedene Sprachverzeichnisse gestopft. »Englisch.lproj« ist ein solches Sprachverzeichnis, eben fürs Englische. Machen wir einen kleinen Versuch und erstellen eine deutsche Fassung von einer Nib-Datei. Wie Sie sich vielleicht erinnern, hatten wir im Menü in MainMenu.xib einen Eintrag *Show Inspector* hinzugefügt. Den übersetzen wir jetzt:

Zunächst müssen wir eine deutsche Fassung von der Datei anlegen. Suchen Sie in der Projektleiste nach der Datei *MainMenu.xib*. Lassen Sie sich nun die Info dafür anzeigen. Sie sehen schnell, dass hier von Lokalisierungen die Rede ist und bisher eine Lokalisierung existiert, nämlich für Englisch.

Monolingual: Unser MainMenu.xib spricht bisher nur Englisch.

Fügen Sie jetzt mit dem Button *Add Lozalisation* Deutsch (*German*) als weitere Sprachvariante hinzu und schließen Sie das Fenster jetzt wieder. In der Projektleiste können Sie jetzt sehen, dass sich in der Gruppe MainMenu.xib nunmehr zwei Einträge befinden, für jede Sprache einer. Auch in dem Projektverzeichnis findet sich jetzt ein neuer Ordner German.lproj. Überprüfen Sie das mit dem Finder. Und wenn Sie das Projekt neu übersetzen, so werden Sie auch im Application-Bundle ein entsprechendes Verzeichnis finden.

Klicken Sie allerdings auf den Eintrag *German* in der Gruppe *MainMenu.xib* in der Projektleiste, so sind Sie vielleicht enttäuscht: Denn auch diese neue Datei enthält weiterhin den Menüeintrag *Show Inspector*. Dies liegt daran, dass wir lediglich eine deutsche Sprachvariante erzeugt haben, aber Xcode natürlich nicht automatisch für uns übersetzt. Sie können jetzt natürlich die Übersetzung im Interface Builder übernehmen. Hilfreich ist hierbei der Menüeintrag *Tools | Strings* im Interface Builder,

der alle Zeichenketten im Interface Builder anzeigt. Aber es gibt noch eine andere Möglichkeit:

Textextraktion mit dem ibtool

Mit Xcode wird ein Programm namens »ibtool« mitgeliefert, welches in der Lage ist, Strings aus Nibs zu extrahieren und übersetzte Fassungen wieder einzufügen. Öffnen Sie wieder die Anwendung Terminal (notfalls mit Spotlight suchen, Sie kennen das schon von den Defaults) und geben Sie

```
$ cd
```

gefolgt von einem Leerzeichen ein, jedoch ohne die Eingabetaste zu betätigen. Ziehen Sie Ihr Projektverzeichnis in das Terminalfenster. Es dürfte ein ziemlich langer Dateipfad erscheinen. Drücken Sie jetzt die Eingabetaste. Sie sind jetzt in das Projektverzeichnis gewechselt. cd steht nämlich für *change directory*. Zur Überprüfung können Sie einmal *ls* eingeben, was den Inhalt des Verzeichnisses ausgeben sollte.

> **▶ GRUNDLAGEN**
>
> Das Terminalprogramm benutzt standardmäßig eine Bash(-Shell), die zahlreiche Kommandos bietet. Sie können im Internet das Handbuch dieser Shell herunterladen. Hier erläutere ich allerdings nur die für unsere Zwecke notwendigen Befehle.

Jetzt tippen Sie bitte

```
$ ibtool --generate-stringsfile English.lproj/MainMenu.strings English.lproj/MainMenu.xib
```

Wir sagen damit dem Programm, dass es aus der Datei MainMenu.xib die Zeichenketten extrahieren und in der Datei MainMenu.strings speichern soll. Wenn Sie im Finder im Projektverzeichnis in das Unterverzeichnis English.lproj schauen, finden Sie auch dementsprechend die Datei M*ainMenu.strings*. Ziehen Sie diese Datei nun im Projektfenster von Xcode in die Gruppe *Resources* und achten Sie – das ist wichtig! – darauf, dass beim *Hinzufügen*-Dialog als Zeichenvorrat *Unicode (UTF-16)* ausgewählt ist. Dies liegt darin, dass die String-Dateien bevorzugt in diesem Format gespeichert werden. Wir haben jetzt also eine Datei mit den Zeichenketten in MainMenu.xib erzeugt und dem Projekt hinzugefügt. Sie können im rechten Teil des Projektfensters bereits die Zeichenketten ersehen.

Da sich diese Datei im Ordner English.lproj befindet, geht Xcode – zurecht – davon aus, dass es sich um eine englische Sprachfassung handelt.

Bitte lassen Sie das Terminalfenster geöffnet!

Deutsche Sprachfassung erstellen

Nun müssen wir zunächst eine deutsche Sprachfassung von dieser Datei erzeugen. Dies erledigen Sie exakt so, wie Sie es bereits mit MainMenu.xib gemacht haben: In Xcode das Infofenster für MainMenu.strings öffnen, *Add Localization* ... Wenn Sie jetzt den Disclosure öffnen, können Sie beide Sprachfassungen sehen.

> **►TIPP**
>
> Manchmal spinnt Xcode etwas und der Disclosure lässt sich nicht mehr öffnen. In diesem Falle schließen Sie zunächst die übergeordnete Gruppe Resources und öffnen Sie diese erneut. Dann sollte sich auch MainMenu.strings öffnen lassen. Funktioniert dies immer noch nicht, beenden Sie Xcode und starten Sie es neu.

Mit einem Doppelklick öffnen Sie bitte die deutsche Sprachfassung. Gerade im MainMenu.xib gibt es natürlich viele Einträge, für die es feste Übersetzungen gibt. So wird *File* in *Ablage* übersetzt usw. Apple bietet hierfür ein als »AppleGlot« bezeichnetes Wörterbuch und Hilfsprogramme an. Ich will hier den Rahmen des Buches nicht sprengen, aber noch auf die Anwendung Localization Suite der Firma blue-tec hinweisen. Wenn Sie diesen Abschnitt durchgearbeitet haben, verstehen Sie die Vorgänge hinter dem Vorhang und können sich auch mit der Dokumentation von Apple zu den Hilfsprogrammen befassen.

Wir suchen jetzt exemplarisch den Eintrag *Show Inspector* und ändern ihn in *Inspektor einblenden*. Zu diesem Zeitpunkt haben wir jetzt also eine lokalisierte Fassung der Zeichenketten in unserem Nib – nicht mehr und nicht weniger.

Sprachfassung wieder einfügen

Wir müssen also noch diese deutsche Sprachfassung in unseren deutschen MainMenu.xib einbauen. Auch hier hilft uns das ibtool. Im Terminal tippen Sie:

```
ibtool --strings-file German.lproj/MainMenu.strings --write German.lproj/MainMenu.xib English.lproj/MainMenu.xib
```

Dadurch wird eine neue Datei *MainMenu.xib* im Ordner *German.lproj* erzeugt, wobei die englische Sprachfassung als Vorlage dient und die Texte wie in der deutschen *MainMenu.strings* gesetzt werden. Als Ergebnis können Sie jetzt einmal testweise die deutsche Version von *MainMenu.xib* von Xcode aus öffnen und finden im Menü tatsächlich *Inspektor einblenden* anstelle von *Show Inspector*.

> **►GRUNDLAGEN**
>
> Es war also gar nicht notwendig, zunächst in Xcode eine deutsche Fassung von MainMenu.xib zu erstellen. Ich habe dies hier nur gemacht, um Ihnen anfangs das Grundprinzip der Ordnerstruktur zu erläutern.

Übersetzen und starten Sie das Programm. Im Menü *Window* finden Sie jetzt ebenfalls den Eintrag *Inspektor einblenden*.

Sie können übrigens die Anwendung mit der englischen Fassung laufen lassen. Dazu wählen Sie das Programm in der Gruppe *Executable* in der Projektleiste an und lassen sich die Info anzeigen. Im Arguments-Tab können Sie manuell die Sprache setzen:

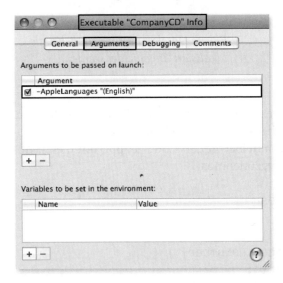

Englisch erzwungen: Unabhängig von Ihren Spracheinstellungen wird das Programm auf Englisch gestartet.

Grundsätzlich bearbeiten Sie auch im weiteren Verlauf nur die englische Sprachfassung. Außerdem: Dieser Textaustausch reicht in der Regel nicht. Da die Texte in verschiedenen Sprachen unterschiedliche Längen haben, muss jetzt der Nib-File auch graphisch angepasst werden. Bei einem Menü war das nur deshalb nicht notwendig, da sich Menüs in ihrer Größe automatisch anpassen.

Lokalisierte Fassung vorbereiten

Die bisherigen Schritte waren allerdings nur möglich, weil MainMenu.xib bereits einen Disclosure in der Projektleiste hatten. Unsere eigenen Xib-Dateien müssen hierzu zuerst vorbereitet werden. Dazu wählen Sie diese in der Projektleiste an und lassen sich das Infofenster anzeigen. Dort klicken Sie auf *Make Localizable*. Jetzt existiert automatisch eine englische Sprachfassung für diese Nib-Datei, die Sie nach obigem Schema anpassen können.

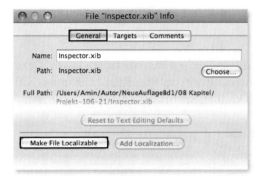

Eigene Dateien müssen zunächst als lokalisiert angemeldet werden.

Lokalisierte Klartexte

In wenigen Fällen benötigen Sie Klartexte, die nicht in einer Nib-Datei, sondern im Code stehen. Wir hatten dies etwa bei der Fehlermeldung im Umrechnungsprogramm in Kapitl 4. Ich hatte das unmittelbar in den Code getippt, um diesen Abschnitt, vier Kapitel später, nicht vorwegzunehmen.

```
- (IBAction)calculate:(id)sender
{
...
   if(   [input isEqualToNumber:noNumber] ) {
      text = @"Kein Eingabewert";
   } else if( [factor isEqualToNumber:noNumber] ) {
      text = @"Kein Umrechnungsfaktor";
   } else {
      result = [input decimalNumberByMultiplyingBy:factor
                              withBehavior:self];
      if( [result isEqualToNumber:noNumber] ) {
         text = @"Fehler!";
      } else {
         text = [result descriptionWithLocale:locale];
      }
   }

   [outputTextField setStringValue:text];
}
```

Tatsächlich ist es aber kein guter Programmierstil, wenn Texte, die der Benutzer sieht, im Sourcecode stehen. Wie wollen Sie nämlich später die Übersetzung vornehmen?

Um dieses Problem zu lösen, öffnen Sie bitte das Projekt aus Kapitel 4 in seiner letzten Fassung. Wählen Sie die Gruppe *Resources* an und wählen Sie im Menü von *Xcode*

File | NewFile. Im anschließenden Dialog selektieren Sie links den letzten Eintrag *Others* und dann rechts ganz unten *Strings File*. Benennen Sie diese Datei mit »*Localizable.strings*«.

Sie haben jetzt eine leere Datei erzeugt, in der die englische und eine übersetzte Fassung erscheinen. Zunächst müssen wir dieser Datei englische Vorgabetexte geben. Löschen Sie in der Datei den Kommentar und fügen Sie als einzige Zeile ein:

```
"NoInputError"="No Input Value";
```

Ändern Sie nun die Source:

```
- (IBAction)calculate:(id)sender
{
…
    if(    [input isEqualToNumber:noNumber] ) {
        text = NSLocalizedString ( @"NoInputError",
                                   @"No Input Value" );
    } else if( [factor isEqualToNumber:noNumber] ) {
…
}
```

Hierdurch erreichen wir zunächst, dass anstelle der Zeichenkette NoInputError diejenige in unserer Datei »Localizable.strings« erscheint. Um gleich einem Missverständnis vorzubeugen: Nicht entscheidend ist der zweite Parameter in der Klammer. Dieser wird nur dann verwendet, wenn sich in »Localizable.strings« kein Eintrag für NoInputError findet! Das ist also ein reiner Notausgang.

Starten Sie das Programm und klicken Sie auf *Umrechnen* ohne einen Eingabewert. Es erscheint jetzt – vermutlich abgeschnitten – der Text aus »Localizable.strings«. Immerhin haben wir jetzt erreicht, dass der Klartext nicht mehr in unserer Source steht. Aber übersetzt ist er immer noch nicht.

Dazu müssen wir zunächst wie vorher beschrieben eine lokalisierte Datei aus »Localizable.strings« machen. Also in *Groups & Files* anwählen, Infofenster öffnen und auf *Make File Localizable* klicken. Wählen Sie oben wieder das Target *General* und fügen Sie eine deutsche Lokalisierung hinzu. Schließen Sie das Infofenster wieder.

Nun öffnen Sie die deutsche Fassung in »Localizable.strings« und ändern den englischen Text rechts vom Gleichheitszeichen in einen deutschen:

```
"NoInputError"="Kein Eigabewert";
```

Übersetzen und starten Sie das Programm erneut. Wenn Sie nun auf *Umrechnen* klicken, ohne dass ein Eingabewert vorhanden ist, erscheint die deutsche Meldung.

> **TIPP**
>
> Sie können mehrere dieser Dateien anlegen. »Localizable.strings« ist lediglich die Defaultdatei. Daneben bietet Cocoa Funktionen und eine Methode, bei der Sie den Dateinamen als Parameter `table` übergeben können, etwa `+localizedString-ForKy:value:table:` (NSBundle).

Schließen Sie bitte wieder das Converter-Projekt und kehren Sie zum letzten zurück.

Das »Über«-Fenster

Ein Programm hat üblicherweise im Programmmenü einen Menüpunkt *Über Programmname*, mit dem man sich Informationen zum Programm anzeigen lassen kann. Sie können dies freilich auf verschiedene Weisen implementieren:

- Sie legen sich ein Fenster in MainMenu.xib an und verbinden den Menüpunkt mit der Actionmethode -makeKeyAndOrderFront: des Fensters.

- Sie machen einen neuen Nib – was besser ist – und öffnen das Fenster mit einem Window-Controller. Kennen Sie schon.

- Sie benutzen den Projektsupport, was wir einmal machen wollen.

In der Gruppe *Resources* befindet sich eine Klartextdatei »Credits.rtf«, die standardmäßig angezeigt wird. Es handelt sich um eine normale Datei im *Rich-Text-Format* (RTF). Diese lässt sich mit den meisten Texteditoren bearbeiten und auch lokalisieren. Sie können hier einfach Ihren Kram herein schreiben. Am unteren Ende dieser vorgefertigten Über-Box befindet sich zudem ein Copyright-Hinweis. Diesen können Sie in I*nfoPlist.strings* setzen.

Texteditor und Code-Generierung

Bei der bisherigen Arbeit mit Xcode sind Ihnen sicherlich einige Features des Texteditors aufgefallen. Es gibt aber weitere Helferlein, die man gesehen haben sollte.

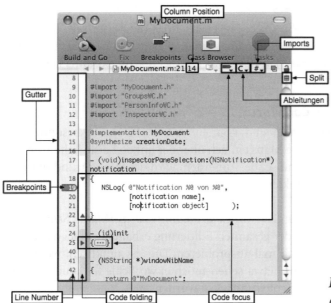

Die wichtigsten Elemente des Editorfensters

Einstellungen

Xcode erlaubt es, das Aussehen und die Bedienung des Editors in vielen Teilen zu konfigurieren. Wichtig sind dabei die Einstellungen *Text Edit Preferences* und *Key Bindings*.

Text Edit Preferences

Mit *Xcode | Preferences | Text Editing* erreichen Sie die Einstellungen für den Texteditor. Ich will hier ein paar Worte zu den nicht offensichtlichen Einstellungen verlieren:

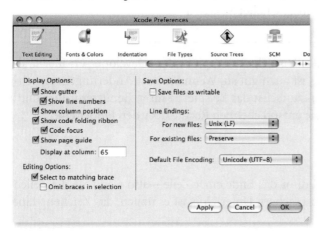

Die Texteinstellungen des Editors

Show gutter, Show line numbers

Hiermit können Sie in einem Sourcecode-Fenster links die Leiste mit Zeilennummern einschalten. Sie sollten dies unbedingt eingeschaltet lassen, da sich mit dem Gutter auch Funktionalität erreichen lässt. Das Beispiel der Breakpoints kennen Sie bereits.

Show cold folding ribbon, Code focus

Wenn diese Optionen eingeschaltet sind, können Sie links Blöcke, insbesondere Methoden einklappen. Wenn Sie die Maus einfach über der linken Leiste halten, erscheinen zudem dort Blockanfang und -ende. Außerdem wird der Hintergrund mit jeder Blockebene nach außen hin dunkler.

Schalten Sie zudem über das Menü *View | Code Folding | Focus Follows Selection* ein, so bleibt dieser Effekt während der gesamten Editierung erhalten, wobei der Cursor als aktuelle Position gilt. Einfach mal ausprobieren. Dies ist praktisch, wenn man verschachtelte Methoden hat und etwa sehen möchte, wo Schleifen anfangen und welche Variablen innerhalb der Schleife angelegt wurden.

Select to matching brace, Omit braces in selection

Wenn Sie Klammern haben, dann können Sie mit einem Doppelklick auf eine Klammer den gesamten Text selektieren. Dies funktioniert auch bei Stringinstanzen mit @" und ". Ist die zweite Option ebenfalls eingeschaltet, so wird nur der Text zwischen den Klammern selektiert, jedoch nicht die Klammern selbst.

Save File as writable

Diese Option sorgt dafür, dass eine Datei als beschreibbar gespeichert wird, auch wenn Sie eine Datei öffnen, die keinen Schreibzugriff zulässt. Dies ist normalerweise nicht erforderlich, da Sie natürlich bereits Schreibrechte auf Ihre eigenen Dateien haben. Ist dies nicht der Fall, so sollten Sie sich zuerst fragen, woran das liegt. Ich empfehle daher, diese Option ausgeschaltet zu lassen.

> **►TIPP**
>
> Die mitgelieferten Sourcecode-Beispiele von Apple in dem Developer-Ordner sind etwa nicht beschreibbar. Dies ist auch gut so: Wenn Sie dort Änderungen vornehmen wollen, kopieren Sie sich zunächst das Beispiel in Ihren Benutzerordner und schalten Sie gegebenenfalls die entsprechenden Rechte über den Finder ein.

Line Endings

Es gibt drei Systeme, wie ein Editor das Ende einer Zeile – also wenn Sie die Zeilenschalttaste betätigt haben – abspeichert. Unter Unix ist es üblich, das Zeichen »Line Feed« zu verwenden.

Default File Encoding

Nicht nur das Zeilenende, sondern auch der Text dazwischen muss natürlich gespeichert werden. Da es verschiedene Zeichenformate von ASCII aus der Urzeit der Computertechnik bis zum bereits in Kapitel 4 angesprochenen Unicode gibt, kann hier das Format eingestellt werden. Die Standardeinstellung verwendet den Zeichenvorrat *Unicode*, der als *UTF8* kodiert wird. Dies ist meist sinnvoll. Ich möchte jedoch hier dringend davor warnen, im Sourcecode selbst Sonderzeichen wie Umlaute zu verwenden. Beschränken Sie sich auf die englischen Zeichen.

Sie können übrigens in dem Infofenster zu jeder Datei ([alt]+[I]) diese Einstellung für die geöffnete Datei setzen.

Indention

Mit den Voreinstellungen für die Indention (*Xcode | Preferences | Indention*) bestimmen Sie in letzter Instanz, wie Blöcke eingerückt werden. Die hier dargestellten Einstellungen hab ich etwa für die Code-Beispiele im Buch vorgenommen. Sie sollten sich selbst erklären.

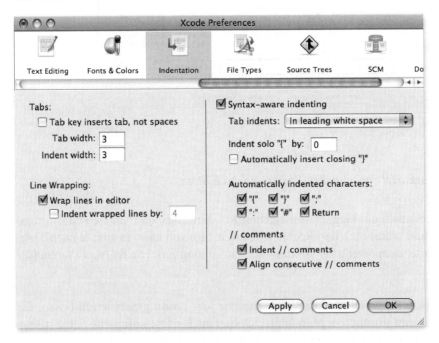

Tischerücken: Die Indention-Einstellungen bestimmen Art und Ort der Einrückung.

Wenn ich mal kein Buch schreibe, bevorzuge ich es allerdings, Tabs wirklich als Tabs zu behandeln. Dies führt dazu, dass sich jeder Leser der Sourcen das einfach selbst setzen kann.

> **POWER USER**
>
> Es gibt erbitterte Streitigkeiten darüber, wo man etwa eine geschweifte Klammer aufsetzt, ob davor eingerückt wird, danach, dahinter, dabei oder sonst wo. Gleiches natürlich für die geschlossene Klammer. Ach ja, man kann auch darüber sprechen, wo Leerzeichen bei Parametern hingehören. Sie können sich stundenlang an diesen Diskussionen beteiligen. Ich empfehle Ihnen jedoch, die Zeit lieber dazu zu nutzen, sich mit einem Hammer auf die Finger zu hauen. Hierin kann man wenigstens irgendeinen Sinn erkennen.

Key Bindings

Mit den Key-Bindings können Sie in den Preferences von Xcode die Tastaturkürzel setzen. Dabei existieren zwei Reiter *Menu Key Bindings* bzw. *Text Key Bindings*. Die ersten enthalten einfach die Kürzel für das Menü, die zweiten für den Editor. Hiervon wollen wir sprechen.

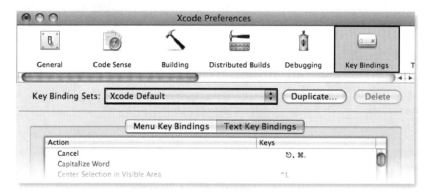

Die Tastaturkürzel zur schnellen Bedienung des Editors

Ich bin persönlich ein Gegner von eigenen Key-Bindings, da man sich dann umgewöhnen muss, wenn man den Rechner wechselt. Sinnvoll kann es aber je nach Tastatur sein, unter dem Menü *Key Bindings* die Einstellung *Edit | Select Next Placeholder* zu setzen.

Für Umsteiger sei erwähnt, dass sich komplette Key-Binding-Sets setzen lassen, die andere Editoren simulieren. Man kann sich hier auch selbst komplette Sätze zusammenbauen, was sinnvoll ist, um für andere den Standard zu erhalten.

Code-Sense

Diese Seite zeigt Einstellungen im Zusammenhang mit der automatischen Erkennung von Identifiern im Sourcetext. Die Einstellungen sind in der Regel zweckmäßig gesetzt und selbsterklärend. *Insert argument placeholders for completions* führt dazu, dass bei Texteinfügung aus dem Popup mit Deklarationen nicht nur die Methodennamen selbst, sondern auch die Parameter eingefügt werden. Um zwischen diesen zu wechseln, muss ein Tastaturkürzel getippt werden, welches sich wie erwähnt in den Key-Bindings einstellen lässt. Default hierfür ist [ctrl]+[/], also [ctrl]+[Umschalttaste]+[7] auf einer deutschen Tastatur.

Code-Generierung

An einigen Stellen bietet Xcode an, Code für uns zu tippen. Das kann die Arbeit bequemer gestalten. Aber gerade am Anfang sollten Sie einige Male den Code noch manuell eingeben. So lernt man einfach besser. Dennoch (Sie befinden sich immerhin schon im Kapitel 8) will ich die wichtigsten Möglichkeiten kurz vorstellen.

Core-Data

Wenn Sie im Modeller von Core-Data eine Entität mit Eigenschaften definiert haben, können Sie einzelne oder auch mehrere Eigenschaften anwählen und dann über den Menüpunkt *Design | Data Model | Copy Method Implementations to Clipboard* bzw. *Copy Method Declarations to Clipboard* sowie deren Entsprechungen für Objective-C 2 den entsprechenden Sourcecode in der Zwischenablage generieren lassen, den Sie dann nur noch mit [Befehl] + [V] in den Sourcecode einfügen müssen.

Interface Builder

Sie können auch im Interface Builder Klassen mit Outlets und Actions versehen und daraus mit *File | Write Class Files...* Sourcecode-Dateien erzeugen lassen. Was auf den ersten Blick sehr praktisch aussieht, entpuppt sich schnell als haarig: Der Interface Builder erzeugt die Dateien ohne Rücksicht auf Verluste. Befindet sich bereits eigener Code in dem Header oder der Implementierungsdatei, werden wir aufgefordert, mühsam die jeweils zu übernehmenden Stellen auszuwählen. Das Ganze artet in enorme Arbeit aus. Daher ist diese Option allenfalls dann sinnvoll, wenn Sie erstmalig eine neue Klasse erzeugen.

Skriptmenü

Im Skriptmenü bietet Xcode unter *Code* Möglichkeiten der Code-Generierung, wenn Sie eine Zeile mit einer Eigenschaft im `@interface`-Block markiert haben und dann im Skript-Menü einen der Einträge *Code | Place Accessor Decls on Clipboard* bzw. *Place Accessor Defs on Clipboard* anwählen. Auch dieser wird dann zunächst in die Zwischenablage kopiert und kann mit [Befehl] + [V] in den Sourcecode eingefügt werden.

Ebenfalls recht praktisch sind die Einträge unter *Comment*. Hiermit können Sie einen selektierten Teil im Text auf einen Schlag zum Kommentar erklären bzw. dies wieder umkehren. Man benutzt das, um Code kurzfristig und zu Testzwecken auszuschalten.

Refaktorierung

Xcode bietet zudem die Möglichkeit, Bezeichner wie Klassen- oder Methodennamen auf einen Schlag zu ändern. Wir machen dies einmal für GroupsWC, den wir in DocumentWC umbenennen. Dies ist angezeigt, da wir ja nur noch ein Hauptfenster für das Dokument haben.

> **➤GRUNDLAGEN**
>
> Mit »Refaktorierung« oder »Refactoring« bezeichnet man die Änderung eines bestehenden Sourcecodes in eine neue Version, ohne dass von außen eine Änderung bemerkt wird. Der Begriff Refactor ist also insoweit missverständlich, als nicht die Klasse GroupsWC refaktoriert wird – sie ändert ja ihren Namen und das ist außerhalb von GroupsWC bemerkbar. Vielmehr wird der Sourcecode in seiner Gesamtheit refaktoriert, was zu einer Anwendung führen soll, die sich in ihrem Verhalten nicht unterscheidet.

Öffnen Sie dazu GroupsWC.h und markieren Sie den Klassennamen GroupsWC, den wir ändern wollen.

```
...
@interface GroupsWC : NSWindowController
{
...
```

Nunmehr klicken Sie im Menü von Xcode *Edit | Refactor...*. Es erscheint eine Dialogbox, in der Sie oben links die Art der Refaktorierung wählen können. Belassen Sie dies auf *Rename*.

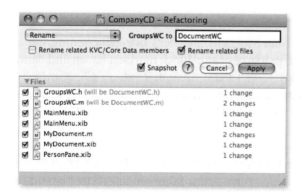

Das Refaktorierungsfenster nach einem Klick auf Preview

Rechts können Sie jetzt den neuen Namen eingeben. Tippen Sie hier *DocumentWC*. An der Stelle, an der in der Abbildung *Apply* steht, befindet sich jetzt noch ein Button *Preview*. Hiermit starten Sie den Refaktorierungsprozess und erzeugen zunächst eine Vorschau. Klicken Sie darauf. Das Fenster sollte jetzt in etwa wie in der Abbildung aussehen. Sie können auf eine einzelne Datei klicken und sich die Unterschiede anzeigen lassen:

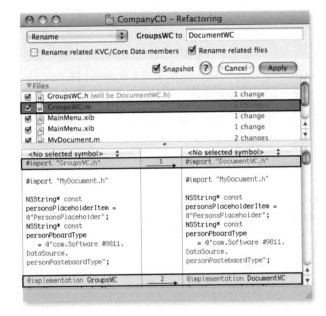

Zur Sicherheit wird die Trefferliste angezeigt.

Klicken Sie auf eines der Pfeilchen, so können Sie individuell entscheiden, ob die linke (alte) Version beibehalten oder durch die rechte (neue) Version ersetzt werden soll.

Klicken Sie jetzt auf *Apply*. Die Refaktorierung wird durchgeführt. Die Anwendung sollte sich danach ohne Probleme übersetzen lassen und wie gewohnt funktionieren.

➤AUFGEPASST

Leider trifft Xcode nicht immer alle Änderungen richtig. Das kann auch gar nicht funktionieren, da ja auch zur Laufzeit Namen von Klassen und Methoden gebildet werden können. Und eine komplette Laufzeitanalyse ist nicht möglich. Es kann also vorkommen, dass Sie selbst noch Hand anlegen müssen.

Konvertierung zu Objective-C 2

Sie können im Menü *Edit* mit *Convert to Objective-C 2.0...* alten (Objective-C-1)-Code nach Objective-C 2 übersetzen lassen. Da dies der Einsteigerband ist und ich Objective-C 2 verwende, sollte das eigentlich nicht notwendig sein. In dem geöffneten Projekt findet Xcode daher auch keine Stelle, an der es etwas zu tun gäbe.

Der Build-Prozess

Weniger zur Manipulation als vielmehr zum Verständnis will ich einen Einblick in den Build-Prozess geben. Dieser besteht nämlich nicht nur darin, Sourcen zu kompilieren und die Ergebnisse zu linken.

Build-Phasen

Der Prozess ist in Phasen unterteilt. Dies kann man wortgetreu als zeitliche Abläufe verstehen, in denen aus einer Eingabedatei wie unserem Sourcecode durch den Compiler eine Ausgabedatei wie der übersetzte Maschinencode erzeugt wird.

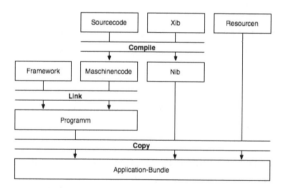

Stufenweise: Jede Build-Phase hat eine Eingabe und eine Ausgabe.

> **➤ AUFGEPASST**
>
> Es sei erwähnt, dass obige Abbildung einen schematischen Überblick enthält. So sind Teile des Prozesses für Sie nicht sichtbar, andere können hinzutreten. Es ist allerdings schon ein großer Fortschritt, wenn Sie verstehen, wie ein Build-Prozess prinzipiell abläuft. Eingreifen müssen Sie als Einsteiger nicht. Ich gehe hierauf auch noch ein.

Besser ist es allerdings, wenn man sich eine Build-Phase als einen funktionellen Bestandteil des Build-Prozesses denkt: Jede Build-Phase übernimmt eine bestimmte Aufgabe. Dabei bestehen aber teilweise Abhängigkeiten. Wird die Ausgabe einer

Build-Phase wieder als Eingabe einer anderen verwendet, so beachtet Xcode das und ordnet die verschiedenen Phasen zeitlich richtig an. Dies ist in der Abbildung etwa bei der Compile-Build-Phase und der Link-Build-Phase der Fall.

Die Build-Phasen sind in der Projektleiste in der Gruppe *Target* und dann innerhalb des einzelnen Targets enthalten. Dies liegt daran, dass jedes Target eigene Build-Phasen haben kann. Wenn Sie auf die einzelnen Phasen klicken, können Sie rechts in der Dateileiste die betroffenen Dateien sehen.

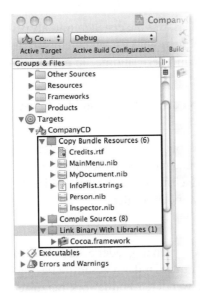

Die Build-Phasen in der Projektleiste

Sie können selbst Build-Phasen anlegen, indem Sie in der Projektleiste einen [ctrl]-Klick durchführen und im Pop-Up-Menü *Add | New Build Phase* anwählen. Dies ist jedoch in der Regel nicht erforderlich.

Copy

Die Copy-Build-Phasen kopieren Dateien aus Ihrem Projektordner in das zu erstellende Programm. Das ahnten Sie schon. Xcode legt bei Anwendungen bereits die Copy-Phase *Copy Bundle Resource* an. Fügen Sie Resourcen nach dem obigen Verfahren hinzu, so werden diese standardmäßig in dieser Phase ausgenommen und damit kopiert.

Allerdings sehen Sie nicht alle Dateien, die kopiert werden. Dies liegt daran, dass zum Beispiel Sources vom Compiler übersetzt werden müssen. Es erfolgt also keine einfache Kopieraktion, sondern eine Übersetzung. Man kann sagen, dass in der Copy-Phase all diejenigen Dateien landen, die ohne weitere Behandlung durch Xcode im Application-Bundle landen. Das sind vor allem Ressourcen wie unsere Icons.

Compile Sources

Die Compile-Build-Phasen übersetzen eine Projektdatei in eine »ausführbare« Datei.

Dies kennen Sie bereits aus Kapitel 1 für Sourcecode. Aber es existieren weitere Fälle, in denen eine Übersetzung notwendig ist. Zusammengefasst:

- Zunächst werden Ihre Sources kompiliert und gelinkt. Hierum kümmert sich die GNU Compiler Collection (gcc).

- Dann gehört hierher unser Core-Data-Model. Das, was Sie erstellen und abspeichern, ist so noch nicht auslieferungsfähig. Vielmehr wird es von einem speziellen Compiler, dem »Managed Object Model Compiler« (momc) in eine mom-Datei übersetzt.

- Dateien, die als Xib gespeichert sind, werden von dem Interface Builder-Compiler in Nibs übersetzt.

Wie was übersetzt wird, bestimmen die Build-Rules. Sie können sich die Regeln anschauen, indem Sie das Target in der Projektleiste wählen und sich die Info anzeigen lassen. Es gibt dort einen Eintrag *Rules*, in dem aufgelistet ist, auf welche Weise die einzelnen Eingabedateien in Ausgabedateien umgewandelt werden.

Link Binary with Libraries

Wie bereits im ersten Kapitel erläutert, erfolgt die Übersetzung jeder Sourcedatei in genau eine Datei mit Maschinencode. Diese beiden müssen dann zusammengefügt werden. Außerdem ist eine Verbindung zu dem verwendeten Framework herzustellen.

Hierum kümmert sich Xcode in der Link-Build-Phase. Wenn Sie diese öffnen, so erscheint das Framework Cocoa, welches wir ja nutzten.

Xcode-Einstellungen

Xcode selbst nimmt Einfluss auf den Build-Prozess. Daher werden entsprechende Einstellungen angeboten.

Building

Die wichtigen Einstellungen finden Sie unter *Xcode | Preferences | Building*.

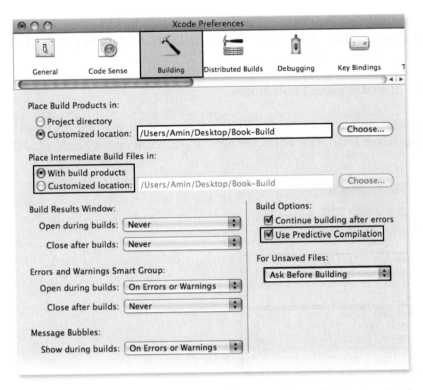

Die Einstellungen von Xcode betreffen auch nur das Verhalten von Xcode.

Place Build Products in, Place Intermediate Build Files In

Wenn Xcode das Target erstellt, so muss dieses natürlich irgendwo gespeichert werden. Außerdem werden dabei Zwischendateien erzeugt. Auch diese finden einen Ort auf Ihrer Festplatte. Die Pfade lassen sich hier einstellen.

Die Standardeinstellung speichert beide Filetypen in dem Projektverzeichnis. Das klingt zunächst schön ordentlich, da dann alles beisammen ist. Tatsächlich ergeben sich hieraus aber zwei erhebliche Nachteile:

- Time Mashine durchsucht Ihr gesamtes Nutzerverzeichnis. Da sich Ihre Projekte darin befinden und dann darin wiederum die Build-Dateien, findet Time Mashine jedoch ständig neue. Dies führt dazu, dass diese unentwegt auf Ihrem Back-up-Medium landen – obwohl die Build-Dateien das unwichtigste überhaupt sind: Sie lassen sich ja jederzeit neu erzeugen. Wenn Sie indessen wie in der Abbildung ein zentrales Build-Verzeichnis verwenden, können Sie dies bei Time Mashine in den *Einstellungen* unter *Optionen* ausschließen.

- Wenn Sie Ihr Projekt an andere verschicken, so ist es ebenfalls überflüssig, zuweilen sogar kontraproduktiv, wenn Sie die ganzen Build-Dateien mitschicken.

Man löscht daher vorher in einem Projekt den Build-Ordner. Hat man hier, wie abgebildet, ein zentrales Build-Verzeichnis, so ist das nicht mehr notwendig. Der Projektordner bleibt »sauber«.

Ich empfehle daher die obigen Einstellungen.

Eine weitere Stelle, an der Sie dies festlegen können, ist das Infofenster für das Projekt. Die hier eingestellten Dateipfade überschreiben die generellen in den Xcode-Einstellungen.

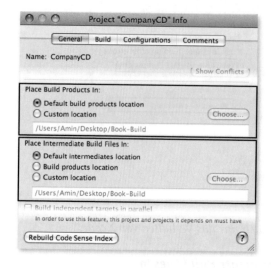

Pro Projekt: Sie können auch einzelne Orte für das Projekt angeben.

Build Results Window, Error and Warnings Smart Group, Message Bubbles

Unten links finden Sie Einstellungen, wann bestimmte Anzeigen erscheinen sollen. Es war ja so, dass, wenn wir einen Fehler machten, automatisch eine Fehlerliste erschien. Dies wird eben durch die Einstellung *Error and Warnings Smart Group* konfiguriert. Sie sollten die Einstellungen so belassen.

Use Predictive Compiling

Mit dieser Einstellung wird Xcode veranlasst, während Sie noch an den Texten arbeiten, Kompilierungen zu versuchen. Sind Sie dann fertig und klicken auf *Build and Go*, ist die halbe Miete schon gezahlt.

For Unsaved Files

Klicken Sie auf *Build and Go* und es existieren noch ungespeicherte Dateien, so fragt Xcode nach, was geschehen soll. Sie werden das sicherlich schon versehentlich bemerkt haben.

Hier können Sie Xcode in einer Auswahlmöglichkeit veranlassen, automatisch zu speichern. Manche Programmierer mögen dieses automatische Speichern.

Distributed Builds

Ein eigenes Pane neben *Building* heißt *Distributed Build*. Hiermit ist es möglich, den Build-Prozess auf mehrere Computer in einem Netzwerk zu verteilen. In der Standardeinstellung findet Xcode dabei automatisch geeignete Computer im Netzwerk.

Compilerschalter

Viele der von uns erstellten Dateien müssen erst für den Computer übersetzt werden. Seien es die Source, die durch den Objective-C-Compiler gcc laufen, seien es die Xib-Dateien, die vom Interface Builder Compiler zu Nibs übersetzt werden, seien es unsere Core-Data-Modelle, die der momc (Managed Object Model Compiler) verarbeitet. Alle diese Übersetzungsvorgänge finden in der Compile-Phase statt. Und alle diese Übersetzungsvorgänge lassen sich konfigurieren. Man spricht hierbei von »Compilerschaltern«.

Die unendlichen Weiten des Universums: Compilerschalter bestimmen die Übersetzung.

> **>GRUNDLAGEN**
>
> Genau genommen betreffen diese im Falle von Sourcen auch den Linker. Aber man spricht dennoch von Compilerschaltern, da de facto die funktionell getrennten Teile durch einen Compiler gcc durchgeführt werden.

Schaltersätze

Sie können einzelne Schalter auf verschiedenen Ebenen setzen und sich Schaltersätze anlegen:

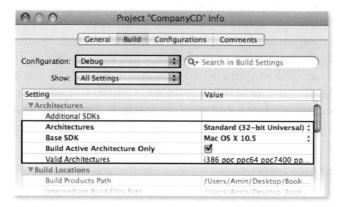

Die Build-Einstellungen kennen Konfigurationen und Ebenen.

Projekt- und Target-Ebene

Es ist prinzipiell möglich, diese Schalter für das gesamte Projekt zu setzen, indem man sie in *Groups & Files* (zum Beispiel *CompanyCD* ganz oben in der Liste) auswählt und sich dann die Info anzeigen lässt. Oder aber man wählt ein einzelnes Target aus und holt sich dafür das Infofenster auf den Schirm. In beiden Fällen müssen Sie im Infofenster auf den Tab *Build* wechseln. Existieren Abweichungen zwischen den Projekteinstellungen und den Targeteinstellungen, so werden diese fett hervorgehoben. Außerdem können Sie in der Pop-Up *Show* oberhalb der Liste mit der Einstellung *Settings Defined at This Level* die Ansicht auf die auf der entsprechenden Ebene gesetzten Schalter filtern.

Build-Configurations, Debug und Release

Ebenso besteht die Möglichkeit, die Einstellungen gesondert in sogenannten Build-Configurations abzuspeichern. Damit können Sie dann in der Toolbar des Projektfensters schnell zwischen den verschiedenen Schaltern wechseln.

Schneller Schalterwechsel: Haben Sie Build-Configurations angelegt, so lassen sich die kompletten Sätze mit zwei Klicks umschalten.

Wichtig sind hierbei die bereits vorgefertigten Sätze *Debug* und *Release*. Der erste Satz dient dazu, die Schalter während der Entwicklung Ihrer Software zu bestimmen. Der zweite Satz dient dazu, das fertig getestete Projekt in einen auslieferungsfähigen Zustand zu versetzen. Der wesentliche Unterschied besteht darin, dass während des Testens zum einen zusätzliche Informationen für den Debugger in das fertige Programm eingefügt werden. Zum anderen werden nicht alle Symbole aufgelöst, damit die Übersetzung des Projektes schneller vonstatten geht. Beide Eigenschaften möchten Sie aber beseitigen, wenn Sie die fertige Anwendung ausliefern. Daher müssen Sie vorher einmal Ihr Projekt mit der Konfiguration *Release* übersetzen.

Einen weiteren Unterschied können Sie erkennen, wenn Sie bei der Konfiguration *Debug* in der Toolbar *Build | Clean All* anklicken und dann das Projekt neu übersetzen. In der Statuszeile am unteren Ende des Projektfensters erscheinen jetzt nacheinander die Übersetzungsvorgänge, zum Beispiel *Precompiling 1 of 1 prefix headers…* . Schalten Sie die Konfiguration auf Release um und übersetzen Sie das Projekt, so werden es auf einmal 2 Prefix-Headers, die übersetzt werden müssen. Auch Ihre Sourcecode-Dateien scheinen sich magisch zu verdoppeln. Dies hat einen einfachen Grund: In der Debug-Configuration werden Ihre Dateien nur in den Maschinencode für den Rechner erzeugt, vor dem Sie gerade sitzen. Also *entweder* nur für einen Mac mit PPC *oder* für einen Mac mit einem Intel-Prozessor. Schalten Sie auf *Release*, so wird der Maschinencode für Macs mit einem PPC *und* für Macs mit einem Intel erzeugt. In Kapitel 1 lernten Sie ja bereits, dass der Maschinencode, den der Compiler erzeugt, immer zu einem bestimmten Prozessor passt. Daher muss jetzt jede Source doppelt durch den Compiler laufen.

▶ GRUNDLAGEN

Es ist also möglich, auf einem Intel-Mac Maschinencode für einen PPC-Mac zu erzeugen und umgekehrt. Gibt es eine Abweichung zwischen dem Übersetzungssystem und dem Zielsystem, so nennt man dies »Cross-Compiling« oder »X-Compiling«. Dies ist auch für das iPhone wichtig: Hier wird auf einem Mac der Maschinencode erzeugt und auf einem anderen System, dem iPhone, das Programm dann ausgeführt: Cross-Compiling.

gcc (Objective-C-Compiler)

Zwei wichtige Compilerschalter kennen Sie bereits aus Kapitel 2: *-Wall* und *Treat Warnings as Errors*. Auch finden Sie hier Schalter, deren Wert Sie an anderer Stelle setzen können, etwa in der Gruppe *Build Locations* die Ihnen von vorhin noch in Erinnerung gebliebenen Dateipfade für die Build-Produkte. Ich bevorzuge es generell, hier keine Einstellungen vorzunehmen, wenn mir Xcode ein anderes User-Interface anbietet. Dies ist ja bei den Build-Locations, wie soeben gesehen, der Fall.

Ich möchte Ihnen zwei Schaltergruppen vorstellen, die zumindest für das Verständnis auch von einem Einsteiger gekannt werden sollten:

Architecture, Valid Architectures, Build Active Architectures only

Hier geben Sie ein, für welche Prozessoren die Anwendung übersetzt werden soll und ob Sie eine als 32-Bit- und/oder 64-Bit-Version möchten. Die Einstellung *Build Active Architectures only* führt dazu, dass letztlich nur die Versionen erzeugt werden, die auf dem Rechner, vor dem Sie sitzen, lauffähig sind. Dies ist in der Debug-Konfiguration standardmäßig gesetzt. Wenn Sie ganz oben im Fenster die *Configuration* auf *Release* umschalten, bemerken Sie, dass sich der Haken entfernt, also für alle angegebenen Architekturen Code erzeugt. Dies ist genau das, was ich Ihnen erläutert hatte: So lange Sie in der Entwicklungskonfiguration *Debug* sind, wird nur für Ihren Rechner Code erzeugt. Wollen Sie das Projekt ausliefern, so wird automatisch für alle angegebenen Systeme der Code erzeugt. Belassen Sie aber schließlich die Einstellung auf *Debug*.

> **➤ GRUNDLAGEN**
>
> Üblicher Code in Anwendungssoftware sollte sich ohne Probleme auf allen Zielplattformen übersetzen lassen. Die versteckten Implikationen, die es geben kann, bespreche ich im zweiten Band, sie sind allerdings in aller, aller Regel unerheblich und müssen nicht beachtet werden. Aber schon hier: Es ist schlicht eine Mär, dass 64-Bit-Applikationen schneller seien als 32-bittige. Häufig ist sogar das Gegenteil der Fall. Es gibt also zunächst keinen Grund dafür, auch 64-Bit-Applikationen erzeugen zu lassen.

System Development Kit (SDK)

Für Sie auch praktisch relevant ist das verwendete SDK. Sie können dies unter dem Schalter *Base SDK* in der Gruppe *Architectures* einstellen oder in dem Tab *General*, wenn Sie das Infofenster vom Projekt aus geöffnet haben. Dort existiert eine entsprechende Einstellung *Base SDK for All Configurations*.

Mit diesem Schalter können Sie bestimmen, ob Ihre Anwendung für Leopard (Mac OS X 10.5) oder Tiger (Mac OS 10.4) gebaut werden soll. Sie können mit dem Installationstool von Xcode auch SDKs für frühere Versionen installieren. Meist ist 10.5 allerdings die richtige Einstellung. 2009 kommt ja schon 10.6 – Snow Leopard.

> **➤ GRUNDLAGEN**
>
> Wenn Sie ein SDK vor 10.5 verwenden, so fehlen freilich auch die Methoden und Klassen, die erst mit 10.5 kamen. Umgekehrt kann es passieren, dass Methoden und Klassen aus 10.4 nicht mehr verwendet werden sollen. Die Verfügbarkeit bzw. Apples Wunsch, eine Methode nicht mehr zu verwenden, ergibt sich aus der Dokumentation (»Available in …« / verfügbar) bzw. »Deprecated in …« / unerwünscht). Selten ist auch noch die Verwendung nicht als unerwünscht markiert, dann wird davon abgeraten. `NSCalendarDate` ist etwa so ein Fall.

Interface Builder Compiler

Der Interface Builder Compiler übersetzt Xibs in Nibs. Solange Sie die Projekte unter Leopard übersetzen – wovon ich ausgehe –, können Sie unabhängig vom Zielsystem Xibs verwenden.

Möchten Sie auf älteren Systemen übersetzen oder editieren, dann können Sie die entsprechenden Formate Nib 3 und Nib 2 unter *File | Save As...* einstellen. Ich rate allerdings dringend dazu, zur Softwareentwicklung stets das neueste Betriebssystem zu verwenden.

Show Notices

Sie können in der Gruppe Interface Builder Compiler wie beim gcc die Warnings und Errors ein- und ausschalten. Wichtig ist hierbei der Schalter *Show Notices* (Hinweise). Diese Hinweise werden erzeugt, wenn Ungereimtheiten auftreten, die in der Schwere noch unter Warnungen liegen. Klassisch sind hier Views, die sich am Rande überdecken oder abschneiden. Der Witz ist, dass diese Hinweise sogar dann erzeugt werden können, wenn Sie sich an die Hilfslinien im Interface Builder halten. Ich schalte daher die Option *Show Notices* aus.

Deployment Target

Allerdings können Sie auch zu jedem Nib-File sagen, für welches System er übersetzt werden soll. Dann überprüft der Compiler, ob die von Ihnen vorgenommenen Eigenschaften bereits für das Zielsystem vorhanden sind.

Um diese Einstellung zu treffen, öffnen Sie bitte einen Nib und klicken Sie im Hauptfenster auf den Info-Button in der Toolbar.

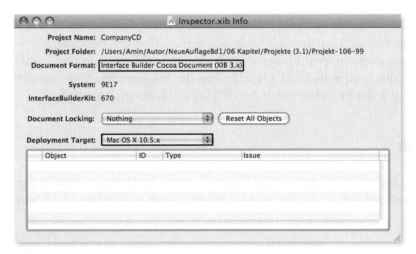

Zielsystem- und Formateinstellungen im Interface Builder

momc (Core-Data-Compiler)

Der *Data Model Compiler* (Core-Data-Compiler) besitzt ebenfalls wenige Einstellungen. Sie sollten diese unangerührt lassen.

Debugger

Die meiste Zeit der Softwareentwicklung verbringt man mit dem Eintippen von Sourcecode? Weit gefehlt! Die meiste Zeit verbringt man damit, die Software zu planen, zu testen und die Fehler zu beseitigen. Glücklicherweise existieren Debugger, bei Xcode gdb (GNU Debugger), die einem die Arbeit deutlich erleichtern. Sie hatten bereits in Kapitel 2 gesehen, dass der Debugger dazu benutzt werden kann, das Programm anzuhalten und ihm beim Ablauf zuzuschauen.

> ▶ **AUFGEPASST**
>
> Die Kunst bei kniffligen Debugging-Aufgaben liegt häufig darin, den richtigen Haltepunkt (Breakpoint) zu finden. Meist geht man dabei von dem sichtbaren Fehler aus und verfolgt das Problem nach und nach zur Quelle zurück. Das ist nicht immer leicht und verlangt ganz einfach Erfahrung.

Einstellungen

Xcode bietet bereits einige Einstellungen für den Debugger, die Sie mit *Xcode | Preferences | Debugging* erreichen. Die wichtigste ist *On Start*, mit der Sie mitteilen, was beim Start des Programmes erscheinen soll. Dort sollte noch *Show Console* aus Kapitel 2 stehen. Belassen Sie das zunächst so.

Ferner können Sie mit *Load symbols lazily* bestimmen, dass der Debugger die in Ihrem Programm verwendeten Klassen-, Methoden-, Variablennamen usw. erst laden soll, wenn dies notwendig ist. Das beschleunigt den Programmstart. Weil es aber unter Xcode 3.0 damit Probleme gab, habe ich diese Einstellung ausgeschaltet.

Breakpoints

Öffnen Sie die Datei AppDelegate.m und suchen Sie nach der Methode -showInspector: Mit einem Klick auf die Zeilennummer daneben können Sie einen Breakpoint setzen.

In jedem Fenster mit Sourcecode können Breakpoints gesetzt werden.

Sie können die Liste der Breakpoints mit dem Menüeintrag *Run | Show | Breakpoints* anschauen.

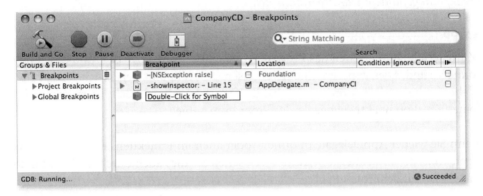

Die Liste sämtlicher Breakpoints

Hier sehen Sie auch einen weiteren Eintrag *-[NSException raise]*, der auf der Methode `-raise` der Klasse `NSException` hängt. Zum einen können Sie daran erkennen, wie Sie derartige Breakpoints setzen, ohne den Sourcecode zu haben. Das funktioniert auch mit anderen Methoden von Cocoa. Zum anderen ist dieser Breakpoint sehr praktisch. Eine Exception wird nämlich immer dann ausgelöst, wenn Cocoa nicht weiter weiß. Ein Beispiel ist hierfür etwa ein Tippfehler im Interface Builder, zum Beispiel bei Bindings.

> **➤AUFGEPASST**
>
> Bisher wurde dann ein Log in die Konsole gedruckt, der die Fehlerursache enthält. Dieser erscheint jetzt nicht sofort, sondern erst nach einem Continue, was wir gleich besprechen werden.

Starten Sie jetzt das Programm und klicken Sie dort im Menü *Window* auf *Inspektor einblenden*. (Sollten Sie noch das Argument *AppleLanguages* gesetzt haben, steht der Text dort freilich auf Englisch. Dies ist aber gleichgültig.)

Sie werden bemerken, dass nichts passiert. Das liegt daran, dass das Programm an dieser Stelle angehalten hat. Erkennbar ist das an der letzten Zeile im Projektfenster, der sogenannten Statuszeile:

Breakpoint gefunden: Das Programm steht.

> **TIPP**
>
> Zuweilen flucht man, weil das Programm scheinbar abgestürzt ist – und das ganz ohne Grund. Dies kann an einem vergessenen Breakpoint liegen. Ich überprüfe daher in diesem Falle immer zunächst die Statuszeile, ob ich nicht irgendwo noch einen Breakpoint aktiv habe, der das Programm anhielt.

Wenn Sie wieder AppDelegate.m öffnen (oder auch im Projektfenster, wenn AppDelegate.m in der Projektleiste selektiert ist), sehen Sie dies auch durch die blau unterlegte Zeile mit dem roten Pfeil.

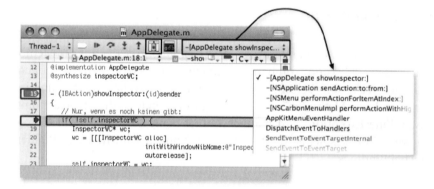

Hier ist die Stelle des Übels.

Vielleicht verwundert es Sie dabei, dass diese Zeile etwas unterhalb unseres Breakpoints liegt. Dies findet seine Ursache darin, dass der Debugger prinzipbedingt nur in einer Zeile anhalten kann, die ausführbaren Code enthält. Die Zeilen zwischen dem Breakpoint und der jetzt aktiven Zeile enthalten aber nur Bezeichnungen, die wir vergeben hatten, und eine geschweifte Klammer. Hier wird nichts vom Computer getan. Übrigens: Die markierte Zeile ist noch nicht ausgeführt. Es wird immer davor angehalten.

Oben rechts können Sie den Call-Stack aufklappen. Wie bereits in Kapitel 2 kurz erwähnt, ist dies der Weg zu der aktuellen Methode. In diesem Falle ist also -show-

Inspector: (AppDelegate) von -sendAction:to:from: (NSApplication) ausgeführt worden, dies wiederum von ...

Sie können auch mit der Spraydose, zwei Items links neben dem Call-Stack, den Debugger öffnen. Dies ist aber häufig nicht notwendig. Wenn Sie es tun, dann sollten Sie wieder gleich in der oberen linken Ecke den obersten Eintrag im Call-Stack anklicken, damit Sie den entsprechenden Sourcecode sehen.

Auch im Debugger existiert ein Call-Stack, der zur richtigen Stelle führt.

Sie sollten das Debuggerfenster wieder schließen.

Step und Continue

Es ist natürlich schön zu wissen, dass wir an diese Stelle in unserem Programm gelandet sind. Jetzt wollen wir ihm auch bei der Arbeit zuschauen: Dazu dienen Elemente im Editorfenster, die entsprechend auch im Debugger existieren.

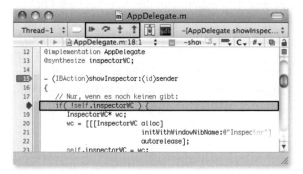

Diese vier Schaltflächen bestimmen den weiteren Verlauf unseres Programmes.

- Das ganz links liegende Symbol (*Continue Execution*) führt einfach dazu, dass das Programm fortgesetzt wird – bis wieder ein Breakpoint auftritt.

- Die Schaltfläche mit dem Pfeil über dem Punkt (*Step over method or function call*) lässt das Programm bis zur nächsten Zeile in dieser Methode weiterlaufen. Sollten in der Zeile andere Aufrufe von Methoden liegen, so werden diese auch ausgeführt, der Debugger zeigt dies jedoch nicht an.

- Der Pfeil, der auf den Punkt (*Step into method or function call*) zeigt, folgt einem Methodenaufruf. Wird also in der blau unterlegten Zeile eine Methode aufgerufen, folgt das Fenster automatisch diesem Aufruf und zeigt diese Methode an.

- Der Pfeil der vom Punkt weg zeigt (*Step out of current method or funcation call*) führt das Programm fort, bis man wieder in der aufrufenden Methode ist.

Das Ganze muss ich natürlich an einem praktischen Beispiel erläutern. Und dabei bringe ich Ihnen gleich eine andere hervorragende Eigenschaft bei: Fix – die Operation am lebenden Objekt.

Öffnen Sie mit der Projektleiste die Datei InspectorWC.m und fügen Sie ganz am Ende folgenden Code ein:

```
...
- (id)initWithWindowNibName:(NSString*)nibName
{
    return [super initWithWindowNibName:nibName];
}
@end
```

Wir haben jetzt also den Designated-Initializer überschrieben, so dass dieser ausgeführt wird. Der macht natürlich nichts, sondern ruft nur den Designated-Initializer der Basisklasse auf. Bedenken Sie, dass unser Programm gerade läuft. Dennoch ist es uns möglich, es neu zu kompilieren und sozusagen das laufende Programm »unter dem Arsch des Debuggers« auszutauschen. Als Ergebnis existiert diese neue Methode, ohne dass wir das Programm neu gestartet haben. Um das zu erreichen, klicken Sie bitte auf *Run | Fix*.

> ➤ **AUFGEPASST**
>
> Es kann passieren, dass Fix nicht funktioniert, weil die Änderungen zu grundlegend sind, um sie in das laufende Programm zu injizieren. In diesem Falle erscheint ein Sheet, welches darauf aufmerksam macht, und Sie müssen das Programm neu starten.

Schließen Sie das Fenster mit *InspectorWC.m* wieder, um das Fenster *AppDelegate.m* erneut zu sehen. Ziehen Sie den Breakpoint ein paar Zeilen tiefer auf die Zeile:

```
wc = [[[InspectorWC alloc]
```

Klicken Sie jetzt auf *Continue*. Das Programm läuft bis zu dieser Zeile. Nun klicken Sie auf *Step Into*, also auf den Pfeil, der auf den Punkt zeigt – und schwubbdiwupp sind wir in unserer neuen Methode -`initWithWindowNibName:`. Hätten wir *Step Over* angeklickt, dann wären wir nicht hier herein geraten, sondern hätten gleich die nächste Zeile in -showInspector: gesehen.

Klicken Sie als Nächstes auf den Pfeil, der vom Punkt wegzeigt. Jetzt müsste das Programm so lange laufen, bis wir wieder in den Aufrufer gelangen, also -showInspector:. Und das geschieht auch.

Mit *Step Over* (Pfeil über dem Punkt) können Sie jetzt noch mal einen Schritt ausführen lassen. Mit *Continue* führen Sie dann das Programm fort, und der Inspector erscheint tatsächlich in unserer Anwendung. (Sie müssen das Dokumentenfenster unserer Anwendung aktivieren, da der Inspector ja automatisch ausgeblendet wird, wenn unsere Applikation inaktiv ist.)

Die erste eigene Applikation

Sie kommen zum Ende dieses Buches. Und Sie haben es vermutlich angefangen, weil Sie eine bestimmte Anwendung programmieren wollten. Es ist jetzt also an der Zeit, dass Sie Ihre Anwendung aus dem gelernten Wissen erstellen. Legen Sie also los …

Sie können nicht? Okay, Sie haben dieses Buch einmal gelesen und noch einmal, weil man beim zweiten Male alles viel besser versteht. Sie haben eigentlich auch alles verstanden. Aber wenn Sie jetzt mit Ihrer Applikation anfangen wollen, stehen Sie wie ein Ochs vorm Berge.

Nein, Sie sind nicht der Erste und aktuell auch nicht der Einzige. Dieses Gefühl, alles verstanden zu haben, jedoch nichts zu wissen, hat jeder Programmierer durchlebt. Und vorher schon Goethes »Faust«. Es gibt Bücher dazu, wie man Applikationen schlau entwickelt und entwirft – ganz unabhängig von Programmiersprache und Framework. Aber wollen Sie die jetzt auch noch durcharbeiten? Sic!

Daher will ich hier wieder ganz untechnisch erläutern, wie Sie jetzt das gelernte Wissen auch umsetzen. Nein, nicht im Kleinen die Beispiele abtippen und verändern, sondern im Großen. Wie man halt ein Projekt so angeht …

Ich stelle Ihnen mal die Phasen vor, mit denen ich das angehe. Aber bitte nicht zu fest verstehen: Programmieren ist trotz aller theoretischen Fesseln ein lebendiger Prozess, der sich auf allen Ebenen ständig bewegt. Das Gerüst dient also zum Festhalten, nicht zum Einsperren. Es gibt sogar Leute, die davon ausgehen, dass sich der Prozess der Softwareentwicklung gar nicht wirklich vorhersehen lässt. Sie empfehlen daher, einfach mit einer Minimalversion anzufangen, die durch ständige Wiederholung aller Entwicklungsschritte nach und nach ausgebaut wird. Man nennt dies »Extreme-Programming« (XP).

Leistungsumfang

Es mag lächerlich klingen: Zunächst müssen Sie einmal festlegen, was Sie wollen. So einfach ist das nicht. Ich programmiere an einer Anwaltssoftware. Was muss eine Anwaltssoftware können? Da fallen einem Dinge ein wie Akten verwalten, Mandanten verwalten, Fristen, Termine. Es müssen Dokumente geschrieben werden können und dort sollten automatisch Dinge eingesetzt werden. Fangen Sie mit der Grundausstattung an. Man kann viel mehr mit einer Anwaltssoftware machen. Aber erst einmal das, was unabdingbar ist.

Auf welchem System soll Ihre Software laufen (Tiger, Leopard)? Grundsätzlich gilt bei einem neuen Projekt die Regel: Aktuell + letzte Version. Das wären also Leopard und Snow Leopard. Tiger? Wenn Sie fertig sind, ist Tiger bereits in der Mottenkiste.

Arbeitsabläufe

Als Nächstes ist es eine gute Idee, die geplanten Arbeitsabläufe festzulegen. Das unterscheidet übrigens OS-X-Anwendungen von denen anderer Betriebssysteme: Es ist ganz typisch, dass sich bereits der Entwickler Gedanken darüber gemacht hat, wie ein typischer Ablauf der alltäglichen Dinge aussieht, anstatt unzählige Konfigurationsmöglichkeiten zur Verfügung zu stellen, aus denen sich dann der Benutzer ein halbwegs passables User-Interface zusammenbauen kann.

Auch in meiner Anwaltssoftware existieren solche typischen Abläufe wie »Posteingang bearbeiten«, »Akten vorlegen«, »Schreiben«, »Abrechnen«, »Fristen« usw. Manche dieser Tätigkeiten sind einfach Einstellungsfelder, andere sollten über ein eigenes User-Interface ablaufen, welches vielleicht modal ist und automatisch weitere Einstellungen vornimmt.

User-Interface

Ich schaue mir dann gerne gleich an, wie das Ganze auf dem Schirm aussieht. Man kann damit früh die Konsistenz prüfen. Außerdem fällt einem bei der Erstellung des User-Interfaces früh auf, dass etwas fehlt oder noch sinnvoll wäre. Es ist auch motivierend, sich die Applikation visuell anzuschauen.

Entwerfen Sie also früh ein User-Interface für die Arbeitsabläufe. Das kann, muss aber nicht im Interface Builder erfolgen.

Model

Im User-Interface sieht man auch gut die Daten, die man zur späteren Bearbeitung modellieren muss. Sie sollten also hier anfangen, die Attribute der einzelnen Entitäten festzulegen und die Beziehungen zwischen ihnen zu definieren. Sammeln Sie dies zunächst mit den beiden genialsten Entwicklerwerkzeugen, die jemals erfunden worden sind: mit Papier und Bleistift.

Hier muss natürlich Ordnung geschaffen werden. Denken Sie an meine Worte: Modellieren Sie so, wie etwas ist. Hierbei wird Ihnen auch auffallen, dass Sie möglicherweise Entitäten und Attribute benötigen, die im User-Interface nicht erscheinen. Ein Beispiel seien hier etwa Reihenfolgeattribute.

Wenn Sie der Meinung sind, dass Ihr Model fertig ist, modellieren Sie es gleich im Core-Data-Modeller – oder über eigene Klassen, wenn Sie kein Core-Data verwenden.

Controller aufbauen

Sie sollten jetzt möglichst schnell die Grundfunktionalität der Controller implementieren, also insbesondere die Möglichkeit, Instanzen herzustellen und zu verbinden. Damit ist es Ihnen möglich, bereits früh, einfach und flexibel anpassbar ein »lebendes« Model zu haben. Ziehen Sie also Bindings und fügen Sie Buttons zur Verwaltung hinzu.

Von diesem Ausgangspunkt aus können Sie dann nach und nach spezialisierte Funktionalität in die Controller bringen und so Ihre Applikation aufbauen. Sie erhalten dabei bereits mit wenig Code eine nutzbare Applikation.

Testen und Fehlersuche

Sie sollten bei jedem Entwicklungsschritt testen. Leider übersieht man leicht Auswirkungen von Änderungen, insbesondere dann, wenn die Software nicht feingliedrig strukturiert ist.

Natürlich werden Sie feststellen, dass Sie beim Programmieren Fehler machen. Die Zeit, Fehler zu erkennen und zu beseitigen, dürfte nach der Planung den größten Teil der Entwicklungszeit ausmachen. Oder umgekehrt: Nichts ist so schnell erledigt wie das eigentliche Eintippen der Sourcen.

Im zweiten Band werde ich Sie mit einer Methode traktieren, die man gemeinhin als »Unit-Testing« bezeichnet. Von Xcode wird sie unterstützt. Der Grundgedanke dabei ist, dass Sie sich zu Ihrem eigentlichen Code einen Textcode hinzuschreiben, den Sie ständig ausführen können. So kann schnell bei einer Änderung der ordnungsgemäße Zustand des Programmes überprüft werden. Wenn Sie auf Band 2 nicht warten können, finden Sie hierzu bereits Dokumentation bei Apple.

Zusammenfassung

Sie haben jetzt Ihr Werkzeug leidlich kennengelernt. Damit schließt sich der Kreis von Kapitel 2 hier: Sie sind fit dafür, typische Programmieraufgaben umzusetzen.

Sie sollten nunmehr auch grundsätzlich verstanden haben, was das Projekt an un vöör sich ist und wie es mit dem Target zusammenhängt. Außerdem können Sie wichtige Einstellungen vornehmen, um Xcode und seine Bestandteile an Ihre Gewohnheiten und Zwecke anzupassen.

Die Arbeit mit dem Debugger ist vor allem Erfahrungssache. Ich habe Ihnen hier die prinzipiellen Möglichkeiten gezeigt. Sie werden aber selbst bemerken, dass Sie mit zunehmender Arbeit am Debugger schneller Fehler aufspüren können. Da kann Ihnen auch kein Buch helfen: Erfahrungen müssen Sie selbst machen.

Wichtige Dokumente von Apple zu den angesprochenen Themen:

- Xcode Quick Tour Guide for Mac OS X
- Xcode Overview
- Xcode Debugging Guide

Für den Compiler gcc und den Debugger gdb existieren Homepages:

- http://gcc.gnu.org/
- http://www.gnu.org/software/gdb/gdb.html

Auf meiner Webseite sollten Sie auf jeden Fall die gesammelten Leserschwierigkeiten im Auge behalten:

- Tutorials: Xcode 3/3 – Troubleshooting

Viel Spaß!

9

Von C++ zu Objective-C

C++ gehört zu den meist verbreiteten Sprachen, wenn neue Projekte erstellt werden. Dies hängt freilich mit Windows und Linux zusammen, für die C++ wohl immer noch Haus-und-Hof-Sprache ist. Auf dem Mac ist C++ eine wichtige Programmiersprache für die kernelnahe Entwicklung. Für Anwendungsprogrammierung hat sie so gut wie keine Bedeutung.

Ein guter Grund, den Umstieg zu erleichtern.

Von C++ zu Objective-C

Viele Leute, die auf dem Mac anfangen zu programmieren, haben bereits Vorkenntnisse. Und am häufigsten ist hier wohl C++ anzutreffen. Daher habe ich mich entschlossen, ein kleines Umsteigerkapitel zu schreiben. Aber gleich zu Beginn: Dieses Kapitel ersetzt nicht den Rest des Buches für C++-Programmierer. Es soll lediglich die bereits gewonnenen Erkenntnisse über den Unterschied zu C++ pointiert hervorheben.

Und damit sind wir bereits bei einem anderen Thema: Es hat keinen Sinn, Konzepte von C++ eins zu eins auf Objective-C zu übertragen. Es sind konzeptionell völlig unterschiedliche Sprachen. Leider sind sogar Begriffe in beiden Sprachen unterschiedlich belegt, was eine große Gefahr von Missverständnissen birgt. Ich würde Ihnen daher fast anraten, eine Flasche Wodka zu litern, um einfach alles zu vergessen, was Sie jemals über C++ gelernt haben. Da ich Sie aber nicht in den Alkoholismus treiben will, existiert eben der Text, der typische Grundprobleme und ihre Lösungen gegenüberstellt.

Geschichte und Abstammung

C++ geht wesentlich auf Simula-67, eine Programmiersprache von Ole-Johan Dahl und Kristen Nygaard, zurück. Die Referenzversion der Sprache stammt aus dem Jahr 1967. Eine der Errungenschaften ist in Simula-67 die Klasse. C++ hieß daher auch ursprünglich C with classes.

Erst später, nämlich in den 70ern, entwickelte Kay das Konzept der objekt-orientierten Programmierung (OOP). Das Konzept von Simula-67 – und mittelbar von C++ – stand da bereits fest und wurde also vor der Erfindung der OOP entwickelt!

Aus Simula-67 ging auch Smalltalk-80 hervor. Smalltalk-80 entstand gemeinsam mit der Idee der graphischen Benutzeroberfläche am Xerox PARC und war die Programmiersprache, die als erste Kays Vorstellung von OOP umsetzte. (Kein Wunder, Kay entwickelte ja Smalltalk). Die grundlegende Errungenschaft von Smalltalk bestand im dynamischen Dispatching von Methoden oder eben der dynamischen Typisierung. (Es handelt sich nicht um die gleichen Gedanken, sie hängen hier aber eng zusammen.)

➤ GRUNDLAGEN

Als Objective-C-Quereinsteiger hält man die Sprache zunächst für schwach typisiert. Dies ist nicht richtig: Jede Instanz hat genau eine Klasse. Dies lässt sich auch nicht durch Casting ändern. Damit ist Objective-C sogar außerordentlich streng typisiert. Dass erst zur Laufzeit die Typisierung aufgelöst wird, hat nichts mit Strenge, sondern mit Dynamik zu tun.

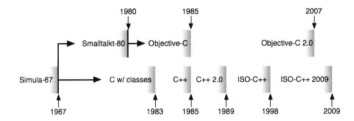

Wir alle sind ein bisschen Simula. Aber Objective-C wartete noch einen Moment.

Die Konzepte von Smalltalk sind damit, anders als diejenigen von C++, von Anfang an für die objekt-orientierte Programmierung von Applikationen entwickelt worden.

➤ GRUNDLAGEN

Der wohl entscheidendste Unterschied zwischen Smalltalk und Objective-C ist das Fehlen des Datentypen Block. Selektoren schwächen diese Lücke ab, da auch mit ihnen die polymorphe Zuweisung von Codeblöcken möglich ist. Aber der Codeblock an sich muss bereits vollständig vom Programmierer formuliert und vom Compiler übersetzt sein.

Historisch interessant sind dabei zwei Dinge: Zum einen wurde C with Classes erst 1983 »fertig gestellt« (wenn man so etwas überhaupt sagen kann), also nachdem bereits die objekt-orientierte Programmierung von Smalltalk-80 bekannt war. Dennoch behielt man die statische Typisierung bei.

Das zweite sind die zahlreichen Baustellen, die C++ mitmachte, um an moderne Technologien anschließen zu können. Das zeigt sich nicht nur an den häufigeren Releases, sondern auch inhaltlich: Nachträglich wurden zu C++ hinzugefügt oder verändert:

- virtuelle Funktionen
- Referenzen
- Überladen
- Typüberprüfung

- abstrakte Klassen
- Klassenfunktionen
- Exceptions
- Mehrfachvererbung
- Generische Programmierung
- Namespaces

Man hat den Eindruck, dass C++ ständig der Entwicklung hinterherhechelte. Die Sprache wurde komplizierter und komplizierter.

Im Gegensatz dazu hat Objective-C bis heute keine wesentliche Veränderung erhalten. Zwar ist 2007 Objective-C 2.0 eingeführt worden. Neben dem neuen Speichermodell

- Garbage-Collection

haben aber keine konzeptionellen Neuerungen Einzug gehalten. Wichtige Erweiterungen wie Properties und Dot-Notation sind reine Syntax-Bequemlichkeit, dienen also der Erleichterung der Programmierarbeit, nicht der Umsetzung neuer Konzepte.

Grundlegende Unterschiede

Es gibt viele Einzelpunkte, an denen man Objective-C und C++ unterscheiden kann. Das ist aber schräg, weil sich Sprachfeatures bei unterschiedlichen Konzepten nur schwer gegenüberstellen lassen. Wir werden gleich einige typische Aufgabenstellungen durchschauen, die die völlig unterschiedlichen Ansätze aufzeigen. Hier geht es mehr um den Grundgedanken.

Polymorphie

Eine der wesentlichen Grundeigenschaften vieler objektorientierter Programmiersprachen ist die Polymorphie. Sie bedeutet, dass ein und dasselbe »Aufruf« im Ausgangscode dazu führt, dass unterschiedliche Methoden bzw. Funktionen ausgeführt werden, und zwar in Abhängigkeit von Bedingungen, die erst zur Laufzeit bekannt sind (Dispatch).

Allerdings unterscheiden sich die Ideen von Polymorphie in C++ und Objective-C ganz erheblich:

Polymorphie in C++

Meiner Meinung nach lassen sich die fundamentalen Unterschiede am besten vom Dispatching aus erläutern. Das scheint mir überhaupt der Unterschied zu sein, der vieles andere wenn nicht erzwingt, so doch nahe legt. Und das Ganze lässt sich auch noch sprachlich festnageln. Wunderbar, der Autor freut sich!

In C++ spricht man davon, dass eine Memberfunktion *aufgerufen* wird. Eigentlich ist das auch richtig. C++ führt lediglich eine Indirektion für den Aufruf in Form einer Sprungtabelle ein. Dabei muss die Memberfunktion bereits in der Basisklasse deklariert sein, damit der Compiler den Index berechnen kann. Der *Compiler* bestimmt also den Aufruf aus dem *Typen* des Objektes:

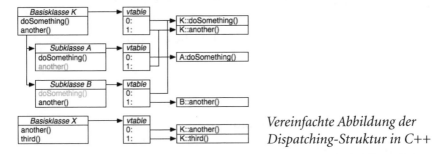

Vereinfachte Abbildung der Dispatching-Struktur in C++

Dementsprechend existiert Polymorphie innerhalb der Klassenhierarchie:

```
K* o = … // K, A oder B
o->doSomething(); // K::doSomething() oder A::doSomething()
o->another();     // K::another()     oder B::another()
```

Diese Auflösung bis zur `vtable` wird vom Compiler, also zur Übersetzungszeit, vorgenommen. Dabei entfernt der Compiler also schon den Methodennamen.

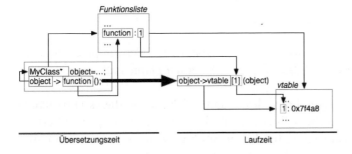

Anonymität: Zur Laufzeit sind die Methodennamen unbekannt.

Dies führt dazu, dass sich gleichnamige Methoden verschiedener Klassen nicht polymorph verhalten. Eine typfremde Klasse X, die ebenfalls `another()` implementiert, kann daher an der obigen Polymorphie nicht teilnehmen. Auch ein Casting hilft da nicht:

```
X*xo = …; // X-Instanz
K* o = (K*)xo;
o->another();
```

> **AUFGEPASST**
>
> Ein C-Cast würde hier funktionieren, wenn `X::another()` zufällig denselben Index bekäme wie `K::another()`. Das ist aber eben reine Glückssache.

Dementsprechend ist es in C++ sinnfrei, `void*` für Aufrufe zu benutzen:

```
void* o = …; // K, A, B, X
o->another();
```

Denn der Compiler kann keinen Index zuordnen.

Polymorphie in Objective-C

Bei Objective-C wird der Methodenname nicht in einen Index umgewandelt. Vielmehr ist der im Aufruf enthaltene Text eine Nachricht, die zur Laufzeit mit einer Methode assoziiert wird. Vereinfacht kann man also sagen, dass die »vtable« von Objective-C keine Tabelle (kein Array) wie in C++ ist, sondern ein assoziatives Dictionary.

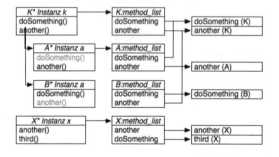

Objective-C-Polymorphie: Nur eine Frage der Namen …

Dabei ist es logischerweise eine Frage des Instanzobjektes, wie dieses Dispatching funktioniert. Zwar wird dies ebenfalls (zur Laufzeit) über Klassen implementiert, da sich in Objective-C zur Laufzeit Methoden nicht ohne weiteres austauschen lassen. Hierbei handelt es sich jedoch um eine Optimierung des Laufzeitsystems, die logisch, nicht zwingend ist.

> **GRUNDLAGEN**
>
> Deutlich wird dies, wenn man bedenkt, dass tatsächlich für einzelne Instanzen (nicht: Klassen!) zuweilen Methoden ausgetauscht werden, etwa beim Key-Value-Observing. Technisch funktioniert das dann über die Erzeugung einer neuen Klasse. Für den Programmierer fühlt sich das aber wie ein verändertes Verhalten der Instanz, nicht der Klasse an, weil er die Klasse gar nicht kennt. Denn nur diese eine Instanz erhält ein neues Verhalten. Einen weiteren Fall bilden mangels entsprechender Methode gescheiterte Nachrichten, die pro Instanz unterschiedlich abgearbeitet werden können.

Die Auflösung einer Nachricht wird nicht von dem Compiler vorgenommen. Er ist genau genommen an der Auflösung gar nicht beteiligt. Die Warnings, die er ausgibt, falls er zu einer Klasse keine entsprechende Methode findet, ist eben nur eine Warnung. Der von ihm generierte Code ändert sich nicht in einem Bit. Daher wird jede Nachricht an jedes Objekt dynamisch aufgelöst. Dies gilt auch für Klassenmethoden. Die einzige Ausnahme sind Nachrichten an super, welche tatsächlich schon zur Übersetzungszeit an die Klasse gebunden werden.

Weil der Compiler an der Auflösung der Nachricht grundsätzlich nicht beteiligt ist, kann ihm die Klasse gleichgültig sein. Deshalb ist es auch möglich, Nachrichten an Instanzen unbekannter Klassen zu versenden:

```
id o = …; // K, A, B
[o soSomething]; // -doSomething (K) oder -doSomething (B)
[o another]; // -another (K) oder -another (A)
```

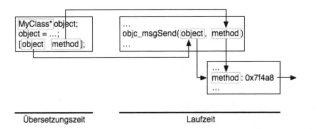

Hauptsache, die Methode ist vorhanden.

Hieraus folgt dann auch, dass eine Nachricht an eine Instanz einer gänzlich typfremden Klasse geschickt werden kann, wie etwa K und X, die in meinem Beispiel keine Verwandtschaft aufweisen:

```
id o = …; // K, A, B, X
[o another]; // -another (K), -another (A) oder -another (X)
```

Natürlich muss es daher auch den entsprechenden Datentypen id geben. Dieser stellt sich also als eine Folge des dynamischen Dispatchings dar.

> **GRUNDLAGEN**
>
> Dieses Verhalten gilt auch dann, wenn wir in unserem Code typisieren. Jede Nachricht, auch eine, die aus Sicht des Programmierers gar keiner Polymorphie bedarf, wird von dem Laufzeitsystem, nicht vom Compiler, aufgelöst. Darüber hinaus existiert etwas wie »unbemerkte Polymorphie«, wenn Laufzeitveränderungen vorgenommen werden. Ein Schlüsselwort virtual ist daher bei Objective-C ebenso sinnwidrig wie Namespaces.

Als Zubrot ist es daher auch möglich, Nachrichten erst zur Laufzeit zu erzeugen. Dazu existiert zum einen die Klasse NSInvocation, es gibt aber auch einfachere Varianten. Dies wird etwa beim Key-Value-Coding ausgenutzt:

```
// Schematisch:
- (void)setValue:(id)value forKey:(NSString*)key
    NSString* first = [[key substringToIndex:1] uppercaseString];
    NSString* rest = [key substringFromIndex1];
    NSString* methodName
       = [NSString stringWithFormat:@"set%@%@:", first, rest];
    SEL selector = NSSelectorFromString( methodName );
    If( [self repondsToSelector:selector] ) {
       [self performSelector:selector withObject:value];
    }
    ...
}
```

Entsprechendes gilt für Klassen, was etwa bei der Archivierung nützlich ist:

```
NSString* className = ...; // Datei
class Class = NSClassFromString( className );
SEL initSelector = @selector( initWithCoder: );
if( [Class instancesRespondsToSelector:initSelector] ) {
   id instance = [Class alloc];
   [instance initWithCoder:self];
} else {
   // Exception
}
```

Die Code-Zitate sind freilich schematisch zu verstehen.

Schlüsselwörter und Codemagie

Programmiersprachen benötigen »Axiome«, also Bezeichner, die von selbst, automatisch »einfach da sind«. Sie bilden das Fundament, auf dem der Programmierer sein Haus errichtet. Man nennt solche eingebauten Bezeichner »Schlüsselwörter«. In Objective-C ist die Anzahl dieser Schlüsselwörter sehr klein, die Sprachdefinition auch aus diesem Grunde extrem dünn. Man erkennt dies etwa bei der Objekterzeugung, die kein Bestandteil der Sprachdefinition ist, wie das bei new in C++ der Fall ist.

In Objective-C sind sämtliche über C hinausgehende Schlüsselwörter durch ein @ gekennzeichnet. Die einzige Ausnahme bildet der Typ id, der aber in Wahrheit keine Ausnahme darstellt. Darauf komme ich sogleich zu sprechen. Damit wird eine vollständige Trennung zwischen Objective und C erzielt, was zwei wesentliche Folgen hat:

- Der objektorientierte Aufsatz ist abstrakt von dem rein prozeduralen Teil C. Man kann ihn daher prinzipiell auch auf andere Programmiersprachen setzen. Objective-Pascal ist ein solcher Anwendungsfall.

- Der prozedurale Teil C ist unangetastet: Anders als in C++ sind Änderungen weder notwendig, noch tatsächlich vorgenommen worden. Damit ist jeder Objective-C-Compiler automatisch ein C-Compiler. Mit C ist hier wirklich klassisches C gemeint und nicht Änderungen, die vom objekt-orientierten Aufsatz gemacht wurden.

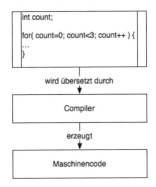

for *erzeugt automatisch Maschinencode.*

Klassisch werden solche Schlüsselwörter vom Compiler selbst ausgewertet und gegebenenfalls durch ein Stück Code ersetzt. Man betrachte etwa das for in C++: Der Compiler erzeugt anhand der Angaben im For-Code, der die Funktionalität einer For-Schleife bildet.

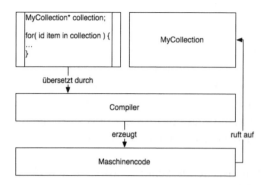

Der Compiler greift auf die Source zurück.

In Objective-C existieren jedoch Fälle, in denen ein Schlüsselwort nicht vom Compiler ausschließlich fest in Code übersetzt wird, sondern in Aufrufe des Frameworks. (Dies ist unsichtbar sogar recht häufig der Fall.) Ein praktisches Beispiel ist etwa die For-In-Schleife: Sie erzeugt nicht ausschließlich eigenen Maschinencode, sondern benutzt das `NSFastEnumeration`-Protokoll und befragt damit die Collection nach den zu iterierenden Objekten. Das führt dazu, dass man sich selbst Collections bauen kann, die bei der Iteration etwa Verwaltungsobjekte in der Collection auslässt, vervielfältigt usw.

> ➤ **AUFGEPASST**
>
> Man mag einwenden, dass sich Ähnliches in C++ mittels einer For-Schleife und Überschreiben etwa des Inkrement-Operators ebenfalls erzielen ließe. Das will ich nicht bestreiten. Der Unterschied liegt jedoch darin, dass in diesem Falle gerade dies im Schleifenkopf explizit enthalten ist. Bei der For-In-Schleife ist indessen die Benutzung des Fast-Enumeration-Protokolls nicht in der Source erkennbar. Der Compiler selbst benutzt also das Protokoll.

Eine Sonderstellung besitzt das bereits angesprochene Schlüsselwort `id`. Üblicherweise sind im Sprachumfang definierte Typen im Compiler fest eingebaut. `id` jedoch ist in einem Header definiert, der bei einer Objective-C-Source vom Compiler importiert wird. Damit ist die Definition nicht im Compiler enthalten.

> ➤ **GRUNDLAGEN**
>
> Zuweilen wird eingewendet, dass ein Objective-C-Compiler kein sprachkonformer C-Compiler sei, weil der Bezeichner `id` als Schlüsselwort reserviert ist und daher in einer C-Source nicht enthalten sein darf. Nach dem C-Standard sei jedoch `id` ein zulässiger Bezeichner im zu übersetzenden Programm. Dieses Argument trifft jedoch nicht zu: `id` ist nicht im Compiler enthalten. Übersetzt ein Objective-C-Compiler eine C-Source, so wird der entsprechende Header nicht importiert, so dass `id` weiterhin als Bezeichner in der C-Source zulässig bleibt. Der Compiler wird gleichermaßen »automatisch« zum C-Compiler, weil er selbst `id` nicht kennt.

Operatoren und Overloading

In Objective-C erfolgt die Bindung des Laufzeitsystems alleine anhand des Methodennamens. Die Methodensignatur ist unerheblich.

> **GRUNDLAGEN**
>
> Der Methodenname ist die vom Programmierer gewählte Bezeichnung ohne die Typen. So habe ich es ja auch in Kapitel 3 beschrieben. Die Methodensignatur ist lediglich die Typisierung des Rückgabewertes und der Parameter. Eine Actionmethode kann also ganz verschiedene Namen haben. Wir haben ja auch schon zahlreiche verwendet. Die Signatur einer Actionmethode lautet allerdings stets void-id.

Damit existiert nicht die Möglichkeit des Überladens. Es können also nicht in einer Klasse zwei gleichnamige Methoden add: koexistieren, die sich lediglich im Typen des Parameters unterscheiden. Stattdessen verwendet man häufig eine Typbeschreibung im Namen (+numberWithInt:) oder gleich einen sprechenden Namen, der den Typen klarstellt (+groupWithPerson:). Aufgrund des dynamischen Verhaltens von Objective-C ist es aber selbstverständlich möglich, zur Laufzeit Entscheidungen über einen Parameter zu treffen:

```
- (void)dumpObject:(id)object
{
if( [object isKindOfClass:[NSString class]] ) {
   NSLog( @"%@",[object substringToIndex:5];
} else if( [object isKindOfClass:[NSNumber class]] ) {
   …
}
```

Hiervon hatten wir auch im Kapitel 6 Gebrauch gemacht, als es um die Selektion der Personen bzw. Gruppen in der Sidebar ging.

Objekte erhalten allein Nachrichten. Auf sie können keine Operatoren angewendet werden. So etwas wie

```
NSNumber* summand1 = …;
NSNumber* summand2 = …;
NSNumber* summe = summand1 + summand2;
```

ist daher in C++, jedoch nicht Objective-C möglich. Stattdessen würde man etwa schreiben:

```
NSNumber* summand1 = …;
NSNumber* summand2 = …;
NSNumber* summe = [summand1 numberByAddingNumber:summand2];
```

All diese Eigenschaften machen Objcetive-C wesentlich geschwätziger, wie man schon am letzten Beispiel sieht, Ihnen als C++-Programmierer sicherlich schon aufgefallen ist. Letztlich wird der Code dadurch aber fast wie eine natürliche Sprache lesbar.

Typische Problemstellungen

Mit diesem Vorwissen kann man sich einige typische Problemstellungen und ihre unterschiedlichen Lösungen anschauen. Dies ist mir deshalb wichtig, weil Umsteiger gerne ein Problem in »C++-Manier« angehen, was dann einfach nicht zu Objective-C passt.

Funktionalitätserweiterung

Häufig kommt es vor, dass man eine Basisklasse hat, die bereits eine bestimmte Funktionalität anbietet. Sie soll jedoch um weitere Fähigkeiten erweitert werden. Oft erledigt man dies mit Subklassen.

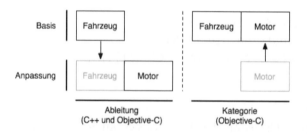

Kategorien erweitern die Basisklasse.

In Objective-C sind darüber hinaus Kategorien denkbar. Hiermit lassen sich, wie im Kapitel 3 beschrieben, zu einer Klasse nachträglich Methoden hinzufügen, die auch bereits die Basisklasse beherrscht. Dies ist dann wichtig, wenn fremder, bereits compilierter Code (etwa Frameworks) Instanzen der entsprechenden Klasse erzeugen. Denn auch diese werden mit unserem Code »infiziert«. In Kapitel 3 hatte ich bereits darüber gesprochen.

Man verwendet dies gerne bei Fähigkeiten, die uns einfach die Arbeit erleichtern sollen:

```
// [[window contentView] viewWithTag:…] nervt!
```

```
// Funktioniert ohne Subklasse bei allen Fenstern
@interface NSWindow( ViewAddition )
- (NSView*)viewWithTag:(NSInteger)tag;
@end

@implementation( ViewAddition )
- (NSView*)viewWithTag:(NSInteger)tag
{
   return [[self contentView] viewWithTag:tag];
}
@end
```

Natürlich gibt es auch kompliziertere Anwendungsfälle. Beispielcode, der aus einem Array von Entitäten ein Array von Attributen macht:

```
@interface NSArray( AttributeAddition )
- (NSArray*)arrayWithAttributeOfItems:(NSString*)key;
}
@end

@implementation NSArray( AttributeAddition )
- (NSArray*)arrayWithAttributeOfItems:(NSString*)key
{
   NSMutableArray* attributeArray
      = [NSMutableArray arrayWithCapacity:[self count]];
   SEL attributeSelector = NSSelectorFromString( key );
   for( id item in self) {
      [attributeArray addObject:[item attributeSelector]];
   }
   return attributeArray;
}
@end
```

Funktionalitätsspezialisierung

Die Spezialisierung einer vorhandenen Funktionalität ist ein Klassiker der klassenbasierten objekt-orientierten Programmierung. Eine Subklasse ist hier natürlich ebenfalls naheliegend.

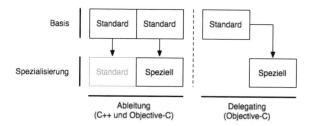

Anstelle virtueller Methoden können Delegates eingesetzt werden.

Allerdings ist es in Objective-C häufig sinnvoll, ein Delegate anzubieten, welches genauere Auskunft über ein Verhalten gibt. Dieses erhält bei Bedarf eine Nachricht.

Umgekehrt sollte man bei der Anwendung einer Klasse zunächst schauen, ob eine entsprechende Delegatemethode existiert, und diese in der Regel gegenüber der Ableitung des Anbieters bevorzugen. Dies ermöglicht auch die Kombination mehrerer Delegates in einer Klasse, etwa einem Window-Controller. Es ist ein klassischer Umsteigerfehler, eine Lösung in einer Ableitung zu suchen, die man mit einem Delegate schnell und einfach formulieren könnte.

> **GRUNDLAGEN**
>
> Wieso ist Delegating besser als Subclassing? Beim Ableiten gibt die Basisklasse mehr Informationen frei. Die Kapselung wird also abgeschwächt. Beim Delegating wird indessen nur ein definiertes Interface verwendet.

Funktionalitätskombination

Bei C++ existiert die Möglichkeit, Funktionalität zu kombinieren, indem man Mehrfachvererbung einsetzt. Ich muss nicht über Flüche darüber berichten.

Objective-C verzichtet gänzlich auf Mehrfachvererbung. Sollen wirklich zwei verschiedene Dinge zu einer kombiniert werden, so bietet es sich an, eine neue Klasse zu erstellen, die zwei Instanzen als Member hat. Die Methoden der beinhalteten Klassen werden von der Fassade angeboten, die sie dann an die Memberinstanzen weiterleitet. Hierbei kann bei überschneidender Funktionalität der beiden Ausgangsklassen eine Entscheidung getroffen werden.

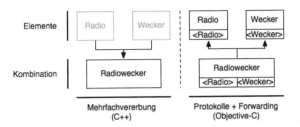

Eine vordere Klasse ist das Tor, welches die Funktionalität der hinteren Klassen zugänglich macht.

Im Fortgeschrittenenband werden wir sehen, dass es dabei nicht erforderlich ist, den Methodensatz in der vorderen Klasse wirklich stumpf nachzubauen. Vielmehr kann ohne Kenntnis der einzelnen Methoden in den hinteren Klassen eine Nachricht von der vorderen Klasse weitergeleitet werden. Dies löst auch gleich die Problematik, dass die Wartung einer Ausgangsklasse die Wartung der vereinigenden Klasse bedingt.

> **▶ GRUNDLAGEN**
>
> Schon als Vorgeschmack: Wird an ein Objekt eine Nachricht gesendet, die dieses nicht versteht, so führt das nicht automatisch zu einer Exception des Laufzeitsystems. Vielmehr wird eine weitere Methode -forwardInvocation: aufgerufen, die nur in der Basisimplementierung eine Exception auslöst. Überschreibt man also die Methode, so kann man nachfragen, ob sie bei einer der hinteren Instanzen implementiert ist. Ist dies der Fall, so leitet man einfach die Nachricht weiter. Nur wenn niemand eine entsprechende Methode bereitstellt, wird eine Exception ausgelöst.

Typunabhängige Kodierung

Jeder, der Erfahrung mit Softwareentwicklung hat, bemerkt an vielen Stellen, dass letztlich gleicher Code auf verschiedenen Typen ausgeführt wird. Man denke hier nur an ein Array, welches eine Memberfunktion zur Sortierung bereithält. Der Algorithmus ist gleich, muss jedoch Vergleiche auf ihm möglicherweise unbekannte Typen durchführen. Das beißt sich mit dem statischen Typkonzept von C++. Als Lösung wurden Templates eingeführt, die denselben Code für unterschiedliche Typen generieren.

In Objective-C sind Templates von Anfang an nicht notwendig. Durch die »Typisierung« mit id lässt sich von vornherein Code typunabhängig formulieren.

Kommunikation zwischen den MVC-Schichten

Da sich Objective-C auf die Abarbeitung von Nachrichten verlässt und sich diese zudem zur Laufzeit bauen lassen, bedarf es keiner Konzepte wie Signals, Slots oder Message-Maps, die Systemnachrichten mit Memberfunktionen verbinden. Typerwartungen sind nicht erforderlich, da zur Laufzeit Überprüfungen bis zur Methodenebene vorgenommen werden können.

Frequently asked questions

Ist die Verwendung von `id` nicht gefährlich?
Nein: Man bekommt immer beigebracht, dass man typisieren soll, was das Zeug hält. Dies soll Laufzeitfehler vermeiden. Aber tatsächlich taucht die Problematik überraschend selten auf.

In gefühlten 98,572 Prozent der Fälle wird auch in Objective-C typisiert. Der Compiler verwendet zwar nicht für seine eigene Arbeit die Typinformation, überprüft sie aber für den Nutzer. Hier existiert also kein Unterschied.

In 1,398 Prozent der Fälle wird tatsächlich in Objective-C untypisiert gearbeitet. (An 100 Prozent fehlen diejenigen Fälle, die gemeinsam mit einzelnen Socken in der Waschmaschine verschwinden.) Hier scheint es also ein Gefahrenpotential zu geben. Aber es passiert nichts.

Schauen wir uns das genauer an: Notwendige Methoden von Data-Sources werden gleich zu Beginn des Setzens abgefragt. Fehlt hier etwas, so wird etwa gleich beim Laden des Nibs eine Exception ausgelöst. Die Fehlerentdeckungszeit verlängert sich auf einen Turn-around.

Wirklich gefährlich wird es dann, wenn dynamisch zugewiesen wird. Wird die zugewiesene neue Data-Source nicht ein einziges Mal getestet, könnte ein Fehler erst später auffallen. Nur: Haben Sie bisher eine einzige Klasse völlig ungetestet auf die Menschheit losgelassen? Dann haben Sie andere Probleme …

Tatsächlich werden Ihnen derlei Fehler in der Wirklichkeit nicht passieren. Es ist einfach eine Mär.

Ist das dynamische Dispatching nicht fürchterlich langsam?
Erstaunlicherweise nicht. Während man bei C++ von etwa 113 bis 150 Prozent eines C-Calls ausgeht, spricht man bei Objective-C von 150 bis 200 Prozent. Wiederholte

Nachrichten werden schneller gebunden, da zur Laufzeit ein Cache gebildet wird, der sich die erstmaligen Auflösungen merkt.

Das alles betrifft aber nur den eigentlichen Call, also nur einen Anteil der Programmausführung. Hier gibt es zudem einen Fortgeschrittenentrick, das Dispatching auszuschalten und es sogar häufig schneller als unter C++ zu machen. Meistens spielt die Ausführungsgeschwindigkeit des eigenen Codes aber schlicht keine Rolle.

Insgesamt ist aber etwas anderes wichtig: Die Ausführungszeit eines Programms hängt nicht von einem Call ab. Ich meine damit nicht den Anteil an dem Laufzeitverhalten, sondern etwas Prinzipielles: Die Möglichkeiten der Optimierung sind zahlreich. Auf einen atomaren Call zu blicken, ist blind. Sie werden viel schneller funktionsfähige Anwendungen haben, so dass Sie viel mehr Zeit für wirklich intelligente Optimierungen erhalten. Denken Sie etwa an die Lazyness von Core-Data, die vielmehr Optimierung bietet als die Beschleunigung eines Calls. Optimierung ist kein atomares Problem!

Wird Objective-C interpretiert?

Man mag zuweilen denken, dass sich gewisse Techniken von Objective-C nur dann implementieren lassen, wenn das Programm interpretiert wird. Dies stimmt aber nicht. Sämtlicher Code wird kompiliert. Es ist lediglich möglich, zur Laufzeit nach Klassen- und Methodenbezeichnern zu suchen.

Wieso gibt es keine Templates in Objective-C?

Sie sind nicht erforderlich, da sich typunabhängiger Code mit der Typisierung von `id` formulieren lässt.

Wieso gibt es keine Namespaces in Objective-C?

Die Sprache lebt ja davon, dass die Bindung zur Laufzeit über die Gleichnamigkeit erfolgt. Namespaces wären daher in vielen Fällen sogar gegenkonzeptionell.

Bei globalen Bezeichnern behilft man sich notfalls damit, dass man den »Namespace« zum Bestandteil des Namens macht. So werden Frameworks etwa stets zwei bis drei Buchstaben vorangestellt.

Welche Rollen spielen Klassen überhaupt noch in Objective-C?

Sie vereinfachen die Programmierarbeit, da man Funktionalität in höheren Abstraktionsebenen bündeln kann. Außerdem lassen sich auf diese Weise Laufzeit-Typchecks vereinfachen. Für das Laufzeitsystem sind sie eine praktische Möglichkeit, Informationen über alle Instanzen einer Klasse zu bündeln und damit Speicher zu sparen.

Tatsächlich interessiert aber die Klasse wenig. Es ist sogar durchaus üblich, bei einer Factory des Frameworks eine andere als die erwartete Klasse zu bekommen. Da sie dieselbe äußere Funktionalität bietet, fällt dies in der Regel gar nicht auf.

Für C++ gibt es zahlreiche Frameworks. Wie sieht das mit Objective-C aus?

Die Verbreitung von C++ führt unbestritten dazu, dass es Frameworks für alles und jedes gibt. Die Lage unter Objective-C verbessert sich aber zunehmend. Dies liegt auch daran, dass Apple immer mehr Standardtechnologien schon zum Betriebssystembestandteil macht und in Cocoa »hochwrappt«.

Sie können C++ und Objective-C recht frei mischen. Die entsprechenden Implementierungsdateien müssen das Suffix .mm aufweisen, wenn man dem Compiler nicht explizit sagt, dass er die Source als Objective-C++ behandeln soll.

Häufig empfiehlt sich aber der Rückgriff auf ein C-Framework, welches mit ein paar Objective-C-Klassen gewrappt werden sollte.

Index

Verzeichnis der Schlüsselwörter und Bezeichner

--... 157
!=... 166, 167
?.. 160
{}.. 157, 169
@""... 309
/.. 156
&&... 167
%... 156, 359
++.. 156
<.. 166
<=... 166
=.. 322
==... 166, 322
>.. 166
>=... 166
||.. 167
+ (Addition)... 155
assign..246, 250, 269
@avg (Key)... 471
BOOL... 137
break... 160, 165
case.. 160
char.. 137
@class.. 204
_cmd.. 176
const..138, 512, 513
continue.. 166
copy (Eigenschaft)....................................181, 297
@count (Key).. 471
%d... 146
default... 160
do... 164
double.. 93, 137
else... 157
@encode.. 300, 301
extern... 512
%f... 141
float.. 137
for... 164
IBAction.. 80
IBOutlet.. 79
id.. 80
if... 157
@implementation.....................................81, 182
#import... 183
- (Instanzmethode).. 174
int... 137
@interface..77, 178
INT_MAX... 137
+ (Klassenmethode)....................................... 174
long.. 137
long long.. 137

main().. 135
@max (Key).. 471
@min (Key).. 471
* (Multiplikation)... 156
nil... 223
NO... 168
NSCriticalWarningStyle................................. 362
NSDecimalNoScale... 307
NSInteger.............................. 137, 180, 310, 576
NSLocalizedString()....................................... 691
NSLog().......................................81, 82, 88, 141, 146, 309
NSMixedState.. 384
NS.objects.. 580
NSOffState... 384
NSOnState... 384
NSPoint.. 139
NSRange.. 139, 299
NSRect... 139, 299
NSRoundPlain.. 307
NSSize... 139, 299
NSStringEncoding... 309
NSUInteger................................... 137, 163, 326
NSUTF8StringEncoding................................. 311
<operator>=.. 156
@optional... 291
OR.. 645
* (Pointer).. 144
& (Pointer)... 144
#pragma... 184
@property.. 181, 225
@protocol... 290
readwrite... 181
@required... 291
retain (Eigenschaft)....................................... 197
return... 173
SEL.. 361
@selector... 361
self... 176
short... 137
SIZE... 647
sleep().. 397
SOME.. 646
static.. 138
struct.. 138
- (Subtraktion)... 156
super... 187, 193
switch... 160
@synthesize... 625
@sythesize... 183
typedef... 138
unichar... 137
unsigned.. 137
while... 161, 322
? (Wildcard).. 644
* (Wildcard).. 644

Index

YES 168
$class 580
$objects 579
$top 579
ALL 646
AND 645
ANY 646
BEGINSWITH 644
BETWEEN 644
CFUID 579
CONTAINS 644
Dictionary 326
@dynamic 625
ENDSWITH 644
FIRST 647
IN 645
LAST 647
LIKE 644
MATCHES 645
MyDocument
    +initialize 454
NONE 646
NOT 645
NSAlert 361
NSApplication 420
    -beginSheet:modalForWindow:modal-
      Delegate:didEndSelector:contextInfo: 366
    -endSheet 366
    -sharedApplication 365
NSArchiver 576
NSArray 317, 325
    +arrayWithCapacity 326
    +arrayWithContentsOfFile 332
    +arrayWithContentsOfURL 332
    +arrayWithObjects 318, 326
    -objectAtIndex 326
    -objectEnumerator 322
    -reverseObjectEnumerator 323
    -sortedArrayUsingDescriptors: 664
    -subarrayWithRange 326
    -writeToFile:atomically 332
    -writeToURL:atomically 332
NSArrayController 420
    -add 377
    -add: 525
    -addObject: 525
    -remove 377
NSAutoreleasePool 256
NSBox 388, 392
NSBundle
    +localizedStringForKey:value:table: 692
NSButton 382
    -title 341
NSCalendar 316
NSCalendarDate 316

NSCharacterSet
    -whitespaceCharacterSet 314
NSClipView 405
NSCoding 636
    -encodeWithCoder: 576
    -initWithCoder: 584
NSColor 380
    +blueColor 380
NSControl 96, 103, 349, 379, 381
    -doubleValue 94
    -setDoubleValue 90
    -setDoubleValue: 91
NSCountedSet 317, 325
NSCustomView 392
NSData 298, 316
NSDate 298, 316
NSDateFormatter 299, 316
NSDecimalNumber 298, 302, 356
    -notANumber 305
NSDecimalNumberBehaviour 307
    -exceptionDuringOperation:error:left-
      Operand:rightOperand 307
    -roundingMode 307
NSDictionary 317
    -allKeys 326
    -allValues 326
    +dictionaryWithContentsOfFile 332
    +dictionaryWithContentsOfURL 332
    -mutableCopy 327
    -writeToFile:atomically 332
    -writeToURL:atomically 332
NSDocument 325, 420
    -addWindowController: 485
    -dataOfType:error: 573
    -fileWrapperOfType:error: 573
    -makeWindowControllers 476
    -readFromData:ofType:error: 583
    -windowControllerDidLoadNib: 445
    -writeToURL:ofType:error: 573
    -writeToURL:ofType:forSaveOperation:original-
      ContentsURL:error: 573
NSDocumentController
    +sharedDocumentController 602
NSDraggingInfo
    -draggingPasteboard 555
NSDragOperationCopy 662
NSDragOperationDelete 662
NSDragOperationLink 662
NSDragOperationMove 662
NSDragOperationNone 662
NSDrawer 349, 368
    -toggle 369
NSEntiityDescription
    -entityForName:inManagedObjectContext:... 525
NSEntityDescription

+entityForName:inManagedObjectContext:... 638
NSEnumerator ... 322
   -nextObject ... 322
NSError ... 311
   +errorWithDomain:code:userInfo: ... 574
NSFastEnumeration ... 728
NSFetchRequest ... 639
   -setEntity: ... 638
   -setPredicate ... 642
   -setSortDescriptors: ... 650
NSFileWrapper ... 573
NSGarbageCollector
   -collectExhaustively ... 271
   -collectIfNeeded ... 271
   +defaultCollector ... 271
   -disable ... 271
   -enable ... 272
NSHashTable ... 319
NSImage ... 635
NSImageView ... 387
NSKeyedArchiver ... 575
   -encodeFloat:forKey: ... 576
   -encodeInteger:forKey: ... 576
   -encodeObject:forKey: ... 575, 576
   -finishEncoding ... 575
   -initForWritingWithMutableData: ... 575
   -setOutputFormat: ... 575
NSKeyedUnarchiveFromDataTransformer ... 635
NSKeyedUnarchiver ... 583
   -decodeFloatForKey: ... 585
   -decodeIntegerForKey: ... 585
   -decodeObjectForKey: ... 584
   -finishDecoding: ... 584
   -initForReadingWithData: ... 584
NSKeyValueBindingCreation
   -infoForBinding: ... 660
NSKeyValueCoding
   -mutableArrayValueForKey: ... 428
   -mutableArrayValueForKeyPath: ... 428
   -mutableSetValueForKey: ... 428
   -mutableSetValueForKeyPath: ... 428
   -setNilValueForKey: ... 434
   -setValue:forKey: ... 425
   -setValue:forKeyPath: ... 425
   -setValueForUndefinedKey: ... 433
   -validateValue:forKey:error: ... 434
   -validateValue:forKeyPath:error: ... 434
   -valueForKey: ... 425
   -valueForKeyPath: ... 425
   -valueForUndefinedKey: ... 433, 478
NSKeyValueObserving
   -didAccessValueForKey: ... 626
   -didChangeValueForKey: ... 627
   -willAccessValueForKey: ... 626
   -willChangeValueForKey: ... 627

NSLocale ... 304
   +currentLocale ... 304
NSManagedContext
   -objectWithID: ... 663
NSManagedObject
   -awakeFromFetch ... 619, 632, 637
   -awakeFromInsert ... 619, 631, 650
   -didSave ... 619
   -initWithEntity:insertIntoManagedObject-
   Context: ... 525, 618
   -isDeleted ... 623
   -isInFault ... 623
   -isInserted ... 623
   -isUpdated ... 623
   -primitiveValueForKey: ... 626
   -setPrimitiveValue:forKey: ... 627
   -willSave ... 619, 637
NSManagedObjectContext ... 607
   -deletedObjects ... 623
   -deleteObject: ... 621
   -executeRequest: ... 638
   -insertedObjects ... 623
   -persistentStoreCoordinator ... 663
   -registeredObjects ... 623
   -setRetainsRegisteredObjects: ... 619
NSManagedObjectID ... 660
   -URIRepresentation ... 659
NSManagedObjectModel ... 607
   -fetchRequestFromTemplateWithName:
   substitutionVariables: ... 648
NSManagedObjectsContext
   -updatedObjects ... 623
NSMangedObjectModel
   -fetchRequestTemplateForName: ... 641
NSMapTable ... 319
NSMenu ... 353
NSMutableArray ... 325
NSMutableData ... 317
NSMutableDate ... 316
NSMutableSet ... 297
   -setWithSet: ... 427
NSMutableString ... 255, 297, 309, 315
   - replaceOccurrencesOfString:withString ... 315
NSNotification
   -name ... 515
   -object ... 515
NSNotificationCenter
   -addObserver:selector:name:object: ... 515
   -postNotificationName:object: ... 514
   -removeObserver: ... 516
NSNull ... 321
NSNumber ... 180, 209, 298, 301, 318
   -boolValue ... 302
   +numberWith… ... 302
   -…Value ... 302

Index

NSNumberFormatter 299
NSObject 78, 186
  +alloc 190, 220, 234
  -autorelease 258
  -awakeFromNib 352
  -class 343
  -copy 234, 297, 326
  -dealloc 193, 223, 245, 249, 516
  -description 310
  -finaize 516
  -init 220
  +intialize 454
  -isEqual: 284
  -mutableCopy 297
  -performSelector:withObject:afterDelay: 542
  -release 220, 227, 234, 246, 249, 340
  -respondsToSelector: 483
  -retain 234, 246, 340, 516
  retain 319
NSOutlineView 411, 521
  -editColumn:row:withEvent:select: 528
  -expandItem: 541
  -outlineViewSelectionIsChanging: 527
  -reloadData 525
  -selectRow:byExtendingSelection: 528
NSOutlineView (Data-Source)
  -outlineView:acceptDrop:item:childIndex: 555
  -outlineView:child:ofItem: 522
  -outlineView:isGroupItem: 532
  -outlineView:isItemExpandable: 523
  -outlineView:numberOfChildrenOfItem: 522
  -outlineView:objectValueForTableColumn:
  byItem: 523
  -outlineView:setObjectValue:forTableCo-
  lumn:byItem: 524
  -outlineView:validateDrop:proposedItem:
  proposedChildIndex: 555
  -outlineView:writeItems:toPasteboard: 553
NSOutlineView (Delegate)
  -outlineView:shouldEditTableColumn:item:.. 532
NSPanel 349, 501
NSPasteboard
  -declareTypes:owner: 553
  -propertyListForType: 555
  -setPropertyList:forType: 553
NSPersistentDocument 608
  -managedObjectContext 525
  -managedObjectModel 641
NSPersistentSoreCoordinator
  -managedObjectIDForURIRepresentation: ... 663
NSPoint 299
NSPointerArray 319
NSPopUpButton 402
  -indexOfSelectedItem 402
  -selectedItem 403
  -titleOfSelectedItem 402
NSPredicate 641
  -predicateWithFormat: 642
NSProgressIndicator 349, 393
  -setUsesThreadedAnimation: 400
  -startAnimation 395
  -stopAnimation 395
NSPropertyDescription 610
NSPropertyListSerialization 332
  +dataFromPropertyList:format:error-
  Description 333
  +propertyListFromData:mutabilityOption:
  format:errorDescription 333
NSResponder 347, 369
  -mouseDown: 347
  -mouseUp: 347
NSRuleEditor 648
NSScanner 315
  +localizedScannerWithString 316
  -scanLocation 316
  +scannerWithString 316
  -scanUpToString:intoString 316
  -setScanLocation 316
NSScroller 405
NSScrollView 403
  -documentView 405
NSSet 219, 297, 317, 323
  -allObjects 326
  -anyObject 325
NSSortDescriptor 649
  -initWithKey:ascending: 649
NSSplitView 392
NSString 180, 297, 298, 308, 309, 326
  -appendString 196
  -characterAtIndex 314
  -compontentsSeperatedByString 314
  -dataUsingEncoding: 574
  -length 314
  -pathComponents 315
  +pathWithComponents 315
  +string 309
  +stringByAbbreviatingTildeInPath 315
  +stringByAppendingString 313
  +stringByExpandingTildeInPath] 315
  +stringByReplacingCharactersInRange 313
  +stringByReplacingOccurencesOfString:
  withString 314
  +stringByReplacingOccurencesOfString:
  withString:options:range 314
  +stringByTrimmingCharactersInSet 314
  +stringWithContentsOfFile:enconding:error. 311
  +stringWithContentsOfURL:enconding:
  error 311
  +stringWithFormat 309
  +stringWithString 309

```
      -substringFromIndex ........................ 314
      -substringToIndex ............................ 314
      -substringWithRange ........................ 314
NSTableColumn ........................................... 407
NSTableView ................................................ 406
NSTableViewDragOn .................................. 662
NSTableViewDropAbove ............................ 661
NSTabView ........................................... 349, 389
      -selectTabViewItemAtIndex: ........... 391, 508
NSTextField ............................... 79, 347, 401
      -doubleValue .................................... 150
NSTextFieldCell ........................................... 347
NSToolbar .................................................... 370
      -items .................................................. 507
      -setSelectedItemIdentifier: ................ 506
NSToolbar (Delegate)
      -toolbarAllowedItemIdentifiers: ....... 377
      -toolbarDefaultItemIdentifiers: ........ 377
      -toolbar:itemForIdentifier:willBeInsertedInto-
      Toolbar: .............................................. 378
      -toolbarSelectableItemIdentifiers: ... 377, 507
NSToolbarItem
      -itemIdentifier ................................... 507
NSTreeController
      -childrenKeyPath ............................... 447
      -countKeyPath ................................... 447
      -setChildrenKeyPath ......................... 447
      -setCountKeyPath ............................. 447
NSUndoManager ......................................... 586
      -beginUndoGrouping ........................ 587
      -disableUndoRegistration ................. 600
      -enableUndoRegistration .................. 600
      -endUndoGrouping ........................... 587
      -prepareWithInvocationTarget: ....... 593, 595
      -registerUndoWithTarget:selector:object: .... 593
      -removeAllActions ............................. 600
      -setActionName: ............................... 596
NSUserDefaults
      -registerDefaults: ............................... 453
NSUserDefaultsController
      -setInitialValues: ............................... 453
NSValue .......................................... 298, 299, 318
      -getValue ........................................... 301
      -...Value ............................................ 300
      -valueWith… ..................................... 299
      +value:withObjCType .......................... 300
NSValueTransformer .................................. 441
NSView ....................................................... 349
      -addSubview: .................................... 339
      -display ............................................. 399
      -frame ............................................... 341
      -removeFromSuperview ................... 339
      -setFocusRingType: ........................... 379
      -setNeedsDisplay: ............................. 398
      -setNeedsDisplayInRect: .................. 398
```

```
      -setTag: ............................................. 379
      -subviews .................................. 339, 343
      -superview ................................. 339, 341
      -tag .................................................... 379
      -viewWithTag: ................................... 379
      -window ............................................ 339
NSViewAnimation ...................................... 412
NSViewController ...................................... 510
      -initWithNibName:bundle: ............... 510
      -representedObject ........................... 538
NSWindow .......................................... 349, 357, 501
      -makeKeyAndOrderFront: ................ 457
      -orderOut .......................................... 367
      -toolbar ............................................. 508
NSWindowController
      -awakeFromNib ................................. 476
      -setShouldCloseDocument .............. 493
      -showWindow: ................................... 485
NSWindow (Delegate)
      -windowDidResize: ........................... 357
      -windowWillResize:
         toSize: .............................................. 358
```

Stichwortverzeichnis

A

Ableitung 27
About-Box. *Siehe* Über-Fenster
Accessor
   Arten 422
Accessoren 224, 254, 266
   Managed-Object 623
Action 80
   anlegen 79
   verbinden 85
Action (Werkzeugleiste) 53
Active Build Configuration 53
Active Target 52
Addition 155
Adresse 143
Alert 360, 361
Animation 412
Anwendung
   Bundle. *Siehe* Bundle
   Icon 683
   Planung 715
   Projektart 48
   Systembezeichnung 683
AppKit 33
Application-Controller 420
Application-Delegate 454
   Verbinden 455
Application (Nib-File) 62

INDEX

Application-Objekt 263, 366
Applikation
    Projektart 48
Applikationscontroller. *Siehe* Application-Controller
Applikationsfenster 353, 475
Applikationsmodell 666
Archiver 571
ARP 256, 263
Array 325
    Erzeugung 326
    Kapazität 326
    Veränderung 326
Array-Controller 442
    Einstellung 443
    freier Content 461
    gebundener Content 463
    Mehrfachauswahl 443
    Observierare Eigenschaften 444
    und Core-Data 443
    Vernichtung von Core-Data-Instanzen ... 620
Assign-Setter 251
Attribut 153
Ausklappfenster. *Siehe* Sheet
Automatic-Support 350
Autorelease-Pool 253, 256, 487
    Anker 263
    Anonyme Objekte 253
    Berechnete Eigenschaft 254
    Lebensdauer 262
    Problemstellung 253
Autosizing 67

B

Basisklasse 28, 203
Bedingte Zuweisung 159
Bedingung 166
    Entweder-Oder 167
    falsch 168
    Gleichheit 166
    Gleichheit und Zuweisung 168
    Größer 166
    Kleiner 166
    Oder 167
    Und 167
    Ungleichheit 166
    Verknüpfung 167
    wahr 168
Beziehung 153
    1-zu-1 154
    1-zu-n 154
    1-zu-n-Beziehung 556
    als Entität 651
    Anmelden 246
    aufgeben 246
    Contains 614, 622

Kardinalität 154
Master-Detail 155
n-zu-m 154, 612
To-Many 155, 219
    und KVC bei To-Many-Beziehung 426
Verweis 614, 621, 622
Beziehungen 614
Bild
    als Core-Data-Attribut 633
Binary-Store 606
Binding 421, 437
    abfragen 660
    Auswahl 466
    Beteiligte Objekte 421
    Bindbare Eigenschaften 437
    Conditionally Set 440
    Continiously Updated Values 440
    Model-Key-Path 654
    Operatoren 470
    Option 440
    Placeholder 440
    Validates immediatly 440
    Verkettung 459
Bindings-Controller 420
Block 169
Bookmarks 52
Box 388
    Subviews hinzufügen 388
Breakpoint 101, 710
    Aktivieren/Deaktivieren 54
    Continue 713
    Eine Zeile ausführen 714
    Exception 711
    Liste 711
    Methode betreten 714
    Methode verlassen 714
    Programm fortführen 714
    Verrschiebung 712
Build 54
Build and Go 54
Build-Prozess 42, 53, 700
    Abhängigkeiten 700
    Architektur 708
    Build-Variablen 681
    Compile-Phase 702
    Copy-Phase 701
    Einstellung 681
    Fehler 98
    Link-Phase 702
    Pfade 703
    Phasen 700
    Release 707
    Results-Fenster 704
Schalter. *Siehe* Compilerschalter
SDK 708

Ungesicherte Datei 704
Xcode-Einstellungen 702
Bundle 683
Dokument 573
Inhalt anzeigen 684
Sprachverzeichnis 685
Struktur 684
und Ressource 684
Button 382
Aktionsbutton 383
Key-Equivalent 382
Library (Interface Builder) 69
Mode 382
Optionsknopf 384
Status 384
Style 382
Umschaltbutton 384

C

C 30
C++ 719
Cell 344
Selektion 65
und Views 344
Change-Management 602
Characterset 314
Class-Browser 349
Classes
Projektleiste 74
Clear Log 88
Cocoa 20, 262
Cocoa-Binding
Aggregat 504
Code-Generierung 697
Coder 575
Codevervollständigung 90
Collection 152, 317
Abzählung 321
Anzahl der Elemente 321
Enumerator 322
heterogen 318
Kopie 320
Speicherverwaltung 318
Compiler 38
Compileroptionen 56
Treat Warnings as Errors 57
Wall 57, 168
Compilerschalter 705
Configurations 706
Ebenen 706
Projekt 706
Target 706
Connnections-Pane 87
Console. *Siehe* Log
Container 152, 296

Collection 296
convenience Copy 297
Dezimalzahl 302
Immutable 297
Mutable 297
Skalar 296
skalarer 298
Struktur 299
Wert 299
Zahl 301
Continue (Debugger) 104
Continue Execution 714
Control 349
Control-Size 381
Controller 420
Aufgabengebiete 473
Klassenhierarchie 420
Controller-Schicht 72
convenience Allocator 258, 266
convenience Copies 283
Copy-Setter 240
Garbage-Collection 268
Core Data 111
Core-Data 33, 617
Aufbau 605
Aufgabe 602
Begriff 603
Codegenerierung 697
Configuration 607
Datenbank 603
Dokument 605
Fetched-Property 614
Instanzverwaltung 617
Managed-Object-Context 607
Managed-Object-Model 607
Model-Beschreibung 603
n-zu-m-Beziehung 613
Persistent-Document 608
Persistenz 602
Rückbeziehung 613
Store-Coordinator 607
Storetyp 606
Undo-Management 560, 611
Core-Data-Projektart 47
Credits.rtf 692

D

Data-Source 407
Synchronisation der Auswahl 526
Synchronisation von Attributen 549
Data-Sources 420, 519
Synchronisation 519
Datei
Editor 677
entfernen 680

Index

umbenennen 680
Dateiendung 572
Dateipfad 314
    Komponenten 315
    Tilde 315
Datenbank
    n-zu-m-Beziehung 605
    Relation 604
Datenfluss 420
Daten (technisch) 316
    Mapped-Data 317
Datum (kalendarisch) 316
DBA 48
Deactivate/Activate (Werkzeugleiste) 54
Debugger 42, 100, 710
    anzeigen 713
    Arguments 103
    Breakpoint. *Siehe* Breakpoint
    Callstack 103
    Call-Stack 712
    Continue 104
    Einstellungen 710
    Fix 714
    Load symbols lazily 710
    Locals 103
    Step Over 103
    Variablenansicht 103
Debugging-Preferences
    Load symbols lazily 100
    On Start 101
Defaults 451
    Application-Domain 452
    Argument-Domain 452
    Registration-Defaults 453
    Registration-Domain 452
    Standardeinstellung 453
Defaults-Controller 451
defaults (Programm) 457
Definition 81
Deinitialisierung
    Instanzobjekt 193
Deklaration 81
Dekrement 157
Delegate
    und Notifiication 511
Delegation 306
    Fenster 356
    Toolbar 377
Delete-Rule 612, 622
Deprecation 708
Deserialisierung 583
Designated-Initializer
    Deserialisierung 585
Dezimalbruch 138
Dezimalzahl (Container) 302

Veränderung 303
Dezimalzahlen
    Berechnungsfehler 306
Dictionary
    erzeugen 327
    und Entität 327
Dictionary-Controller 448
Die Werkzeugleiste
    Projektfenster 52
Dispatching 720, 723, 724, 734, 735
Division 156
Document-based Application 48
Dokument 568
    Klasse 572
    Laden 570
    Systemtyp 571
Dokumentation (Xcode) 95
Dokumentencontroller 602
Dokumentenfenster 353, 473
Dokumentformat
    Binary 575
Do-Schleife 163
Dot-Notation 224, 422
Drag & Drop 551
    Destination 551
    Outlineview 551
    Source 551
    Zwischenablage 551
Drawer 349, 368
    Content-View 369
    Parent-Window 369

E

Editor. *Siehe auch* Texteditor
    auswählen 677
    festlegen 679
Editor (Werkzeugleiste) 54
Eigenschaft 153
    berechnete 179
    Deklaration 181
    Liste 180
    optional 611
    readwrite 181
    Synthetisierung 183
    transient 611
    und Instanzvariable 179
Eigenschaften
    Kopie und Verweis 196
Embed Objects in
    Box 389
    Scroll View 404
    Split View 392
Entität 152
    Eigenschaft 152
Entity-Description 610

Enumerator 322
Error and Warnings 51
Erzeugung
    Instanzobjekt 190
Event 347, 366
    Zeichnen 398
Event-Loop 542
Exception 305
Executables 51
Extension (Dokumentdefinition) 572
Extreme-Programming 716

F

Farbe 380
    Alphawert 380
    Standardfarben 380
    Systemfarben 380
fast Enumeration 322
Fenster 337, 349, 353
    Animation 412
    Applikationsbereich 338
    Autosizing 67
    Contentview 338
    Delegate 356
    Eigenschaften 355
    Klassen 349
    Sheet 360
    Size-Pane (Inspector) 68
    Systembereich 338
    Titelleiste 338
    Toolbar. *Siehe* Toolbar
    Typ 473
    Überlappung 337
    und Views 338
    Window-Level 356
    Z-Ordering. *Siehe* Z-Ordering
Fetched-Property 614
Fetch-Request 637
    Bereichsprüfung 644
    Beziehung 642, 646
    boolsche Konstante 643
    Case-Modifier 645
    Eigenschaft 642
    Fließkommazahl 643
    Kalendarisches Datum 643
    Logische Verknüpfung 645
    Nullwert 643
    Operator 644
    Stringkonstante 643
    Stringvergleich 644
    Vergleich mit Mengenangabe 643
    Vergleich mit Mengenprüfung 645
    Vergleichsoperator 644
    Wert 643
File's Owner 61, 119, 351

File Type 678
Find in Project 51
Find Results 51
First Responder 62, 495, 637
    Window-Controller 479
Fix 714
For-In-Schleife 165
Formatter 299
For-Schleife 164
Fortschrittsanzeige 393
    Animation 395
    bar 393
    Behaviour 393
    determinated 393
    inderminated 393
    spinning 393
    Style 393
Forward-Deklaration 204
Foundation 33
Foundation Tool 133
Framework 20, 32, 41
Funktion 169
    Abbruch 173
    Deklaration 173
    Kopf 170
    Parameter 170
    Rückgabewert 170, 173
Funktionskopf. *Siehe* Funktion
Funktionsparameter. *Siehe* Funktion

G

Ganzzahl 137
Garbage-Collection 215, 267
    Assign-Setter 269
    Benutzung 271
    Copy-Setter 268
    Finalisierung 272
    Forcieren 271
    Probleme 272
    Required 268
    Supported 268
    Unsupported 267
    Verhindern 271
    Weiche Collections 273
    Weiche Verweise 273
gcc. *Siehe auch* GNU Compiler Collection
    Treat Warnings As Errors 707
    Wall 707
gdb. *Siehe* GNU Debugger; *Siehe* Debugger
Genauigkeit
    von Dezimalbrüchen 137
Getter 225
Gleichheit
    von Instanzobjekten 284
Globale Identifier 511

Index

GNU Compiler Collection 38
GNU Debugger. *Siehe* Debugger
GUI 262
    Modalität 21

H

Haltepunkt. *Siehe* Breakpoint
hard reference 251
Header. *Siehe auch* Headerdatei 177
Headerdatei 40, 76
Headerview 406
Head-up-Display. *Siehe* HUD-Fenster
Hierarchie 252
HIG. *Siehe* Human-Interface-Guidelines
Hitmaske 678
HUD-Fenster 354
Human-Interface-Guidelines 65, 353

I

IANA 572
ibtool 687
    Text einfügen 688
    Textextraktion 687
Icon Composer 678
Icon File 573
Identity-Pane 84
If-Kaskade 159
Imageview 387
Image Well 633
Implemenierungsdatei 40
Implementation. *Siehe* Implementierungsdatei
Implementierung. *Siehe auch* Implementierungs-
datei 182
Implementierungsdatei 76, 81
import 78
Import 183
importieren 40
Infofenster 474, 482
    Binding 489
    Dokument schließen 492
Infofenster (Fenstertyp) 354
InfoPlist.strings 692
Information-Hiding 179
Info (Werkzeugleiste) 54
Initialisierung
    Aufrufreihenfolge 205
    Designated-Initializer 205
    Instanzobjekt 186
    Scheitern 189
    Secondary-Initializer 205
    Superklasse 187
Inkrement 156
In-Memory-Store 606
Inspector 349

Interface Builder 66
    Size-Pane 67
Inspektor 493
    Singleton 494
    Synchronisation 494, 498, 501
Inspektoren 475
Inspektor (Fenstertyp) 354
Instanz. *Siehe* Instanzobjekt
Instanzmethode 174
Instanzobjekt 27, 151
    Core-Data 617
    Deinitialisierung 193
    Erzeugung 190, 193
    Freigabe 220
    Initialisierung 186
Instanzvariable 78, 180
    Namenskonvention 180
    und Eigenschaft 179
Instanzvariablen 178
Integrated-Developer-Envirement 36
interface 78
Interface Builder 33, 37, 60
    Action verbinden 85
    Autosizing 67
    Codegenerierung 697
    Hilfslinien 65
    Inspector 66
    Library 63
    Nib-Hauptfenster 60
    Outlet verbinden 87
    Selektion 65
Interface Builder Compiler
    Show Notices 709
    Target 709
ivar 625

K

Kardinalität
    einer Beziehung 154
Kategorie 286, 301
    Forward 288, 596
    Funktionseinheit 288
Key-Loop 382
Key-Value-Coding 421
    Accessor 423
    Array-Accessoren 430
    Compliance 426
    Set-Accessoren 429
    To-Many-Beziehung 426
Key-Value-Observing 421
    automatisch 627
    manuell 627
Key-Value-Technologie 420
Key-Value-Validation 421
Klasse 24, 74

Ableitung 178
  anlegen 76
  Instanzvariablen 78
  Namen ändern 698
  und Core-Data-Entität 615
  Zuweisungsregeln 149
Klassenbeschreibung 177
Klassendefinition 221
Klassenmethode 152, 174
Klassenobjekt 24, 151, 152
Kommentare 77
Komponente
  einer Struktur 139
Konsistenz 563
Konsole. *Siehe* Log
Konstante 513
Kontrollfluss 420
Kontrollstruktur 31, 157
Kopie
  Immutables 244
KVC-Compliance 426

L

Label 66
Launch-Services 575
length 139
Library 32
Library (Interface Builder) 63
  Buttons 69
  Label 66
  Views & Cells 69
Linker 39, 41
Load symbols lazily 100
location 139
Log
  Automatisch anzeigen 88
  Clear Log 88
Lokale Variable 93
Lokalisierung
  Datei lokalisieren 689
  Klartext 690

M

MainMenu.xib 60, 351, 353
Main-Window 500
Managed-Object
  ausformulierte Accessoren 626
  dynamische Accessoren 624
  Eigene Attributtypen 633
  Entfernen und Löschen 620, 621
  gespiegelte Attribute 636
  Instanzvernichtung 619
  Klasseneigenschaften 629
  Objekt-ID 617, 656, 659

Reihenfolgeattribut 650
Subklasse 615
Transformable-Attributes 635
Managed-Object-Context 617
Map. *Siehe* Dictionary
Maschinencode 38
Master-Detail-Beziehung
  Fetch-Request 642
Mehrfachauswahl 160
Mehrfachverzweigung. *Siehe* Mehrfachauswahl
Menü 353
  Tag 403
Message. *Siehe* Nachricht
Methode 23, 174
  _cmd 176
  Kopf 174
  Name 175
  Namen ändern 698
  Parameter 175
  Rückgabewert 175
  Rumpf 176
  self 176
  überschreiben 29
  virtuell 29
MIME Type 572
Modalität 361
Model 560
Model-Beschreibung 607, 608
  Attribut 611
  Beziehungstyp 612
  Binary-Data-Attribut 612
  Entität 610
  Transformable-Attribut 612
  Undefined-Attribut 611
Model-Designer
  Fetch-Request 640
Modellierung 562
  Handwerksregeln 565
Model-View-Controller 72
  Aufteilungsregeln 561
  Controller-Schicht 72
  Einordnung von Eigenschaften und Fähigkeiten .. 560
  View-Schicht 72
Module 39
Modulo 156, 359
momc 710
Multiplikation 156
MVC. *Siehe* Model-View-Controller
MyDocument 569
MyDocument.xib 60, 351

N

Nachricht 22, 90, 724
  an Klassenobjekt 151

self 176
New Project 47
NextStep 33
Nib-File 350
    Initialisierung 352, 445
    und Xib-File 351
Nib-Files 60
Nib-Hauptfenster 60
Normalisierung 562
Not A Number 304
Notification 510
    Anmelden 515
    Controller 420
    Distributed 517
    Empfangen 515
    Lokal 511
    Observer 420
    und Delegate 511

O

Objective-C 20
Objective-C 2
    Konvertieren 700
Objekt 23
    Erzeugen im Interface Builder 82
    ID 148
Objekt-orientierte Programmierung ... 21, 720
Objektvariablen 147
OS Type 572
Outlet 79, 143
    anlegen 79
    verbinden 87
Outlineview 411, 521
    Dragging 553
    Dropping 554
    Eintrag auswählen 527
    Eintrag editieren 528
    Wurzel 522

P

Package (Dokumentdefinition) 573
Panel 349, 500
Parameter 93
    Funktion 170
Parametervariable 93
Persistent-Store 606
Persistenz 560
Plist. *Siehe* Property-List
Polymorphie 29, 208
    C++ vs. Objective-C 722
pool 256
Pop-up-Button 402
Prädikat 641
    Erzeugung 647

Templatevariable 648
Präprozessor 40, 77
Preferences. *Siehe* Defaults
Programmiersprache 20
Progressindicator. *Siehe* Fortschrittsanzeige
Project Symbols 52, 89
Projekt 674
    anlegen 47
    Application 48
    Art 47
    Bestehende Datei hinzufügen 674
    Core Data 47
    Datei 48
    Datei hinzufügen 679
    DBA 48
    Document-based 48
    Ressource 676
    Target. *Siehe* Target 675
    Targetdateien 677
    Template 47
    Verzeichnis 48
Projektdatei 48
Projekteinstellungen 56
Projektfenster 50
    Die Werkzeugleiste 52
Projektleiste 50
    Bookmarks 52
    Classes 74
    Error and Warnings 51, 97
    Executables 51
    Project Symbols 52, 89
    SCM 52
    Targets 50
Projektordner 48
Projektverzeichnis 48, 183
Property-List 328
    Array 329
    Data 329
    Date 329
    Dict 329
    Dokument 579
    False 329
    info 329
    Integer 329
    Real 329
    speichern 332
    String 329
    Struktur 329
    True 329
    Umwandlung 330
    XML-Property-List 328
Property-Lists
    Defaults 329
Protokoll 290, 306
    Definition 290

Informelles 291
Verwendung 290
Push Button
Library 69

Q

Quick Model 55

R

Rapid-Prototyping 443
rDNS-Format 372
Read all Class Files 85
Redo 586
Redundanz 563
Refaktorierung 698
Reference-Count. *Siehe* Retain-Count
Reference-Counting 215, 216
Handwerksregeln 265
Objektnetz 216
Retain-Zyklen. *Siehe* Retain-Zyklen
Viewhierarchie 340
Referenz 251
Referenzkreis 251
Referenzzyklen
Beim Speichern 578
Reihenfolgeattribut
Drag & Drop 656
Relation. *Siehe* Beziehung
Relationship. *Siehe* Beziehung 614
Relationship (Core-Data)
Cascade 622
Deny 622
No Action 622
Nullify 622
Relationship-Descriptions 612
Research Assistant 95
Responder 347
Klassen 348
Responder-Chain 480, 638
Undo 586
Ressource
Bundle 684
Lokalisierung 685, 686
Retain-Count 230, 232, 233, 263
Erhöhung 234
Verminderung 234
Retain-Setter 240
Retain-Zyklen 246, 250
gleichberechtigte Instanzobjekte 252
Hierarchie 250
Return. *Siehe auch* Returnwert
Returnwert 92
Role (Dokumentdefinition) 573
Rückgabewert

Funktion 170
Methode 175

S

Scanner 315
Lesen 316
Position 316
Schleife 31, 161
abweisend 163
Abzählung einer Collection 321
annehmend 164
break 165
continue 166
Do 163
Endlosschleife 163
For 164
For-In 165
While 161
Schlüsselwort 727
SCM 52
Scroller 405
Scrollview 403
Documentview 405
Struktur 405
Search Field 376
Search (Werkzeugleiste) 55
Selektor 362
Serialisierung 570, 573
Set 323
counted Set 325
Setter 225
Shallow-Copy
Collection 320
Sheet 360, 364
deaktivieren 367
entfernen 367
öffnen 366
Siedebar. *Siehe* Sourceview
Simula-67 720
Singleton
Application 366
Size-Pane (Interface Builder)
Fenster 68
Skalar 136
Skriptmenü
Codegenerierung 697
Smalltalk-80 .... 720, 721
Sonderzeichen 36
Sortierung
Core-Data 648
Model-View-Controller 648
Sort-Deskriptor 649
Source 38, 134
Sourcelist. *Siehe* Sourceview
Sourceview 408

Index

Speicherverwaltung 214, 215
    Collection 318
    Core-Data 619
    Garbage-Collection 267
    RC vs. GC.. 274
    Reference-Counting 216
Splitview... 392
SQL-Store 606
Step into method or function call 714
Step out of current method or funcation call 714
Step Over... 103
Step over method or function call 714
Store Type 573
String. *Siehe auch* Dateipfad 152, 308
    Datei lesen.. 311
    Erzeugung.. 309
    Formatierungssymbole....................... 309
    String anhängen................................... 313
    Teile austauschen 314
    veränderlicher 315
    Webseite lesen 311
    Zeichenkodierung............................... 308
Struktur... 138
    Zuweisung... 141
Subklasse
    erweiternd.. 208
    spezialisierend..................................... 203
Subklassen... 28
Subtraktion 156
Subview... 338
Superklasse.. 28
Swapping... 317

T

Tablecolumn 407
Tableview 406
    Data-Source... 407
    leere Selektion..................................... 409
    Mehrfachauswahl................................ 409
    Selection... 409
    Spalte.. 407
    Struktur.. 406
Tabulatortaste
    Key-Loop 382
Tabview 389
    Tabless 390
    Tag... 390
Target 39, 680
    Dateien... 677
    Eigenschaften 682
    Icon File 683
    Identifier 683
Targets 50
Tasks (Werkzeugleiste) 54
Tastaturbelegung.. 36

Templates.. 733
Terminal (Programm) 457
Texteditor
    Aussehen 693
    Automatisches Vervollständigen 696
    Code-Focus.. 694
    Code-Generierung.............................. 692
    Einrückung.. 695
    Einstellungen 693
    Farben... 696
    Folding 694
    Tastaturkürzel 696
    Zeichenkodierung............................... 695
    Zeilenkodierung 694
Text-Edit-Preferences
    Show Line Numbers 101
Text Edit Prerences....................................... 693
Textfeld 401
    Alignment 401
Titlebar. *Siehe* Titelliste
Toolbar 338, 370
    Allowed-Items 372, 374
    Anpassen-Item.................................... 374
    Default-Items...................................... 373
    Delegate 377
    Drucken-Item 374
    erstellen 373
    Farben-Item 374
    Identifier 371
    im Code konfigurieren 377
    Item 371
    Item hinzufügen 374
    Item im Code erzeugen 378
    Items 373
    Schriften-Item 374
    Selectable-Items 373
    Seperator-Item 374
    Tiger 377
    und Fenster 370
    UUID 507
    Visible-Items....................................... 373
Treat Warnings as Errors 57
Tree-Controller 412, 447
    Blatt.. 448
Typ 26, 31, 79, 136
    einfacher 136
    Protokoll.. 290
Typisierung 733, 735
    dynamische 720
    strengeStrenge.................................... 721

U

Über-Fenster 692
Undo-Management 560, 586
    Attribute.. 598

Deaktivieren..598
implementieren 593
Initialisierung und Dealloc........................599
Laden eines Dokumentes 600
und Dokument..591
Undo-Manager 586, 671
    deaktivieren 600
    Proxy...594
    Undo-Stacks leeren...................................600
Undo-Stack...587
Unembed Objects 389
Unicode..308
Unit-Testing...717
User-Defaults. *Siehe* Defaults
UTF-8 309
UTF-16 309
UTI..572
UUID 372

V

Value (Container) 299
    Veränderung...301
Value-Transformer..441
    Core-Data-Attribut 612
Variable 92
    lokal 93
Vererbung...27
Vergleich. *Siehe* Bedingung
Verzweigung... 31, 157
    Bedingte Zuweisung 159
    If-Else..157
    Switch...160
View 338, 349
    Animation...412
    Autosizing 67
    Bounds...343
    Focus-Ring-Typ...379
    Klasse 349
    Koordinaten 342
    Selektion 65
    Tag..379
    und Cells 344
    und Fenster 338
ViewAustauschen...536
View-Controller.......................... 351, 420, 471, 510
Viewhierarchie 338
View-Schicht... 72, 336
vim 678
Vorzeichen 137

W

Wall 57
Warnings all 57
weak reference...251

weiche Beziehung 251
Werkzeugleiste
    Ansichten umschalten 505
    Item auswählen 506
    Konfigurationssheet.................................505
Wertebereich
    von Skalaren 137
While-Schleife..161
Wiederholung. *Siehe* Schleife
Window. *Siehe* Fenster
Window-Controller....................351, 420, 471
    als first Responder 479
    Erzeugung im Dokument.......................476
    Speicherverwaltung 487, 497
    Window-Outlet 478
Window-Level...356
Window (Nib-File) 61
Wurzelklasse..178

X

Xcode 33
    Codevervollständigung.............................90
    Error..97
    Installation 34
    Klasse anlegen 76
    Lokalisierung anlegen..............................686
    Preferences 88
    Tastaturkürzel 696
    Warning 97
Xib
    und Nib...709
Xib-Compiler..709
XML
    Dokumentformat 575
    Property-List...328
XML-Store..606

Z

Zahlen (Container)..301
    Veränderung...302
Zeichenkette. *Siehe* String
Zeiger 142
    auf Objekt..143
    auf Variable...144
    auf Zeiger... 143, 146
    Zeiger-Zeiger..311
Zones...281
Z-Ordering... 337, 356
Zuweisungsregeln 149